TONY BLAIR

A JOURNEY

布莱尔回忆录

旅程

[英国] 托尼·布莱尔 著 李永学 董宇虹 江凌 译

凤凰出版传媒集团 译林出版社

■ 中文版前言

托尼·布莱尔

1989 年,我第一次到中国,而今重来,眼前的变化让人难以置信。我所说的变化无关经济增长,也无关摩天大楼,而是指中国国民的面貌。遥想当年,中国单调沉闷又缺乏信心,而今,这个国家生气勃勃,充满自信。

1997 年,作为新任英国首相,我主持了香港回归中国的仪式(正文也提到了)。让我印象最深的,便是东道主中国人对国家的热爱和自豪。东道主告诉我,他们会一直铭记我为香港回归中国所作的努力。事实的确如此。

2008 年,我出席了北京奥运会,当时的场面极为壮观。世界上有许多人对中国所知甚少,对于这些人来说,中国似乎忽然间登上了国际舞台。整场盛会完美无瑕。不过我最感兴趣的,还是成千上万的志愿者,他们彬彬有礼,举止谦恭,竭力展示中国最好的一面。

迄今为止,我已经两次到过贵州省的贵阳市。贵州是中国的贫困省份,我去那里是为了探讨中国既可持续又与环境相协调的发展方式。第一次去时,安排了官方会谈,我见到了贵州省的领导。那位领导知道我对宗教感兴趣,于是第一句话就说:"我是这个省的领导,也是个穆斯林。"

记忆中,不同的时期浮现出不同的中国,但有两点始终不变:持续的进步,永远的骄傲。对于每一个外来者,中国都有太多值得了解的地方。

写这篇前言,我的内心怀着深深的谦卑。现在,我会定期前往中国。这是一种享受。这个国家和这里的国民令人赞叹。然而,每次重来,让我感触最深的并非对中国更加熟悉,而是仍然存在的广阔的未知领域。每一次探索都让我想要更加深入。我始终意识到,还有太多东西尚待了解。

于是便有了这篇简短的前言，它是一个外来者对于中国及其未来的观点。至少，它可以告诉中国读者，西方人如何看待他们。

我们先从一个矛盾开始，它以双重方式引起了许多混乱。中国对自己的定位是发展中国家，事实上中国也的确是。自20世纪70年代末期敞开国门以来，中国的进步极为显著，在整个人类发展史上堪称史无前例。绝对贫困人口的数量减少了五亿，贫困率由百分之六十五降至百分之四。即使参照国际贫困线，贫困状况（尤其在农村地区）得到如此改善也是非凡的成就。

中国逐步实现工业化，国民生活水平不断提高，并且跃升为世界遥遥领先的消费品、耐用品生产国：这些因素改变了中国的经济面貌。它也意味着，中国在世界经济体系中的角色改变了。随着金融危机席卷西方，八国集团迅速增容为二十国集团；同样明显的是，中国的领导地位得到了承认。

作为一场壮观的盛事，2008年北京奥运会向世界宣告的，正是有识之士早已洞见的：中国已成为世界舞台上的强国。

然而，中国的力量本身很容易蒙蔽视野，让我们看不见中国人如何看待自身：中国还是发展中国家。在我们眼中，中国是新兴的力量，她自信、豪迈，意志坚定。的确，中国人对自己所取得的成就无比骄傲。但他们也知道，贫困在中国还没有完全消除，贫困人口仍然为数众多；知道北京和上海并不能代表整个中国，正如纽约和华盛顿不能代表美国；知道与进步同样惊人的，是相伴而生的焦虑。

西方人往往认为，这段航程的掌舵者镇定而富有才能，遵循着周密的计划前进。中国领导人却完全知道，他们所施展的，是难度最高也最危险的平衡技艺。如何让西部农村腹地跟上东部沿海地区的步伐？如何促进商业增长，又兼顾基本的公平原则，维护社会的凝聚力？如何对待五十六种甚至更多的民族与文化？如何让“一个中国”原则得到贯彻，不是作为政治咒语，而是作为国家使命？如何实现可持续增长？如何在全球最好地发挥中国的影响力，负责任地运用这种力量，同时牢记：在中国历史上，他国的帝国主义干涉曾经造成怎样的破坏？如何为了经济增长而追求必要的商品繁荣，同时避免新殖民倾向的嫌疑？

矛盾就在这里。我们看到的是中国的力量，中国人看到的则是中国面临的挑战。领导层的注意力指向了国内，原因当然在于，中国面临的挑战与人类历史上任何谋求发展的国家所面临的挑战同样巨大。

更何况，我们都关心结果。中国如何发展，如何找到自己的道路并且走向远大前程,这会深刻地影响我的孩子们,正如第二次世界大战的结果塑造了我这一代人的憧憬与情感。对于我们的世界观来说,这将是一个全新的维度。

我们需要的是稳妥、可靠的渐进,不需要也不想要出现混乱,陷入动荡。中国领导层近期对异见的态度似乎更为严厉。或许,这样的态度是因为明年即将到来的领导层换届,同时也是为了杜绝出现“阿拉伯之春”运动,使国家陷入动荡。强硬的态度背后,是潜在的忧虑。对“失控”的畏惧不仅来自那些有根有据地预见到失控前景的人,它同时也是一种真正的担忧:如果失去坚强领导,一个十三亿人口的国度该何去何从,遵循什么样的原则?

这样的焦虑也反映在中国对美国的态度以及美国对中国的态度上。对于中国的崛起,有些美国人的确心怀畏惧,甚至是怀着憎恶。但就大多数美国人来说——欧洲人更是如此,他们只想弄清一个问题:中国崛起对他们意味着什么?中国对美国的态度也并不明确,一方面是怀疑,另一方面又赞赏美国所象征的东西。有趣的是,中国自己所持的各种态度同样不够明朗。中国的外交政策总是小心翼翼,在联合国安理会的争端中宁愿保持谨慎,这引起了广泛议论。我曾听到一位美国高层人士对此颇有微词,于是问他:如果情况相反,中国的外交政策坚决而果断,你觉得如何?设想一下,如果中国认为自己在外事方面与美国扮演着同样的角色,我们真的会安心于此吗?我们自问这个问题,中国也会自问。

正是在这样一个充满着不确定因素的世界上,中国领导层对稳定的强调才应该得到理解。他们知道,中国必须变革。事实上,在短短二十年间,中国已经发生了急剧的变迁。然而,即将到来的转变才是最为剧烈的,这一点他们同样清楚。表象之下是密切的探索与激烈的争论,想弄清怎样才能既实现转变又不至于影响稳定,而维持这种稳定对他们、对我们都有好处。我希望中国在政治上进步,继续推进人权保护,同时进一步对外开放。但我知道,实现这一过程的方式和速度必须让中国及其国民受益,我们也会从中受益。

话虽如此,政治中还有一个永恒的托辞:每一个政治体制都是独特的。已经记不清有多少次,这个国家或者那个国家的人对我说:“我所面临的情形不同,这个国家很独特。”这样的话几乎总是错的:在世界上,的确有一些国家实现进步的经验是普遍适用的。中国规模庞大、国情复杂,这些都很独特,但我想,上述经验在一定程度上仍然适用。这些经验将有助于分析我所归纳的中国面临的三个主要挑战:

- 政治改革
- 惠及所有人的经济繁荣
- 和谐的社会发展

如前所述，我提出这些想法时心里满是谦卑。它们是来自世界其他地方的经验，中国必须作出判断，看看这些经验是否能为己所用。

一、政治改革：更多地还权于民

显而易见，中国政治制度的改革需要时间。但在过去的数十年中，中国已经排除了“文革”的余毒，重整旗鼓，表现出新的气象。现在的问题是，如何应对继续变革的压力，这种压力随着国家日益繁荣必然会浮出水面。多数中国人都看重稳定，认为稳定是改善生活水平的重要内容。但是随着新的社交媒体、出行方式和互联网的出现，中国的新兴中产阶层必然会要求更多的话语权和其他权力。

“阿拉伯之春”运动具有阿拉伯世界的许多特征，因而是独特的。但我认为，它在某些方面具有广泛的适用性。某些首领之所以倒台，是因为他们根本无意向人民交出权力。利比亚这样的国家本有丰富的潜力，却在开放方面过于迟钝。变革还没有真正开始，革命已经接踵而来。

但在其他地方，比如埃及、突尼斯、叙利亚，已经出现了变革。多数国际经济机构都对此表示赞赏。那么，问题何在？问题就在于，统治力量变成了脱离实际的精英，数量很小，与人民割裂开来。在此情形下，仅有变革是不够的。

不要误会我：在经济方面，中国与上述国家有天壤之别。更何况，中国还有另一个优势可以利用。对于共产党来说，只要在吸纳党员和章程规定方面接受新的思想、新的声音，并且最重要的是与新兴中产阶层互动，它就能不断地与人民保持接触。换句话说，党的发展成了政治改革的核心。如果再与权力下放——包括在地方上对于某些职位实行直接选举——相结合，就能提供渐进的道路，走向更多的政治开放并承担更大的政治责任。

最重要的是，它让人民看到，和平又稳定的进步之路是存在的。我关注的焦点在于强化党的能力，让它成为这个过程的创造者，而不仅仅是调控者。中国的领导层是睿智的，既有聪明才智又有创造能力，足当此任。

如果这样的道路能够出现，在中国及其领导层经历改革之时，西方国家的人民就是他们同一战壕的兄弟。“阿拉伯之春”带来的另一个关键启示是，外部世界对局势的看法会转而影响内部的力量格局。这是我们所处的信息时代生出的一个结果，它不会消失。外部感知就这样清晰而又深入地与内部互动。

二、惠及所有人的经济繁荣：中国的第三条道路

中国面临的经济挑战包括两个方面。一是应对宏观问题，重新调整以促进消费，管理货币，并避免经济过热或投机泡沫。所有这些方面都很棘手，要求格外小心，并且要求具有高度的智慧。但它们属于是非问题，也就是说，它们是必须作出的判断。这样的判断可能很好，也可能很糟，但都不会决定中国的经济模式。我感兴趣的在于后一个问题。

中国面临的挑战，是要提出一种意识形态，它秉承 1949 年以来新中国的社会主义之根，同时又允许自由企业的繁荣发展。尤其是，在市场与对社会平等的要求之间存在着紧张关系——我们对此都不陌生。当前，随着对金融危机的后果深入思考，这种紧张关系正在撕裂西方社会，尤其是欧洲。

欧洲的论战焦点在于金融危机如何发生以及如何走出危机。观点总是趋向于两极：一方为欧洲传统的社会模式辩护，另一方则声称这种模式已经不堪重负。从现在的情况来看，那些在政治上处于右翼的变革派正在赢得这场论战。高赤字使人们对支撑这种模式的高税收心怀恐惧；另一方面，人们又普遍认为，“市场”已经失败了。不过，左派似乎认为解决之道在于赋予政府更大的权力——这同样不得人心，因此，即便是市场失败也没有将公众推向左派阵营。

我仍然相信第三条道路的政治主张，这是我本人以及克林顿总统在执政期间提出的。它的精髓并不是简单地在国家与市场之间寻找平衡，而是将两者结合起来，利用双方的力量结成同盟。这是让私营经济繁荣发展的必由之路——私营经济正是任何成功的经济体系的必要元素，政府会在其中通过物质支持为穷人提供机会，让他们能够踏上功成名就的阶梯。我想，对于发展中国家的经济状况来说，这样的第三条道路意义尤为重大。

如果人们看到富有的精英志得意满，转回头却看不到改善自身状况的希望，问题就来了。换句话说，不平等本身并不是问题，问题在于没有同等的机会去寻求成功。

因此，在我身为英国首相的十年期间，我们关注的焦点就在于如何改善机会。答案是：不要阻止人们致富，应该致力于为穷人或弱势群体改善自身状况

消除障碍。要这样做，我们就不得不彻底改造革新性的政策，并且对福利和公共服务体系进行改革。此前，这些体系在结构上高度整体化、"一刀切"，既笨重又官僚。在当今世界，面对今天的技术，这样的结构已经无法发挥作用。于是很自然地，那些具有负担能力的人便离开体系，自行购买现代服务。不平等由此产生。

发展中国家的可能性就在于在公共服务与福利体系方面避免重蹈我们的覆辙。尤其是在教育领域，从世界上所有国家来看，什么体系可行、什么体系不可行是一目了然的。最有效的，往往是公私合作体系。

对于中国来说，这其中肯定有些方面是适用的。社会动荡的最大风险来自经济发展的失衡。然而，其解决之道并不在于叫停蓬勃的商业企业和私营经济，而在于放开体系，向那些由于教育机会或其他原因被拒之门外的人敞开大门。这才是现代的社会政策。放眼世界，凡是遵循此道的国家，运行都很顺畅。在英国，将公私竞争引入医疗卫生领域已使医疗轮候名单大大缩短。今天已经很少有人怀疑，在医药领域，社会化体系和私营体系的审慎混合（即使是由国家部分持有或注资）能实现效率与公平的最佳平衡。

与此类似，不仅是英国，北欧国家和美国的教育改革经验都表明，一种区别于传统的公立中小学制度的体系最为有效。在英国，与一般的公立学校相比，民办学校[①]项目的成就增长快了三倍。

在养老金方面，政府和公民个人将共同负担，正如在福利方面，重心已经从无条件的费用支付转向了帮助个人提高技能、实现就业。

当然，和其他方面一样，中国所面临的挑战也远为艰巨。但是，发生的事情多数都是地方性的，在地方层面，挑战更为可控。中国许多省份的人口与欧洲中等面积的国家相当，这样就有机会去尝试和检验新的体系，跳过西方国家的问题。

三、和谐的社会发展

社会繁荣不能仅凭物质进步。每个成功的社会都必须努力扩大机会，这是当然的。但是，当核心价值观将人们凝聚在一起，当孩子在成长的过程中被注入对他人的责任感，当齐心协力与互相帮助对家庭的维系极为重要时，这样的社会也最为成功。

---

① 参见正文第514页注。

没有经济发展，没有整个国家全面繁荣的前景，中国绝无可能发展和谐社会。但是，中国又不能仅仅通过经济进步来保证稳定的未来。社会的凝聚和同心同德，有赖于共同的目标感、共同的价值观，以及一种共同认识：有必要用能够容纳所有人并肩站立的共同空间来平衡多样性。

我们已经忘记，在西方世界，这样的共同空间是历经数个世纪才获得的，并且通常伴随着艰难的斗争。中国没有如此好的条件，能通过如此漫长的征途来实现融合。在高速发展容易引起自身压力之时，能够撕裂整个社会的民族分裂、宗教分裂与政治分裂，都是中国所承受不起的。问题于是再一次变为：中国如何让民间社会自由表达，不断成长，而又不耽于威胁着社会统一的各种运动？

对于西方世界来说，信仰与宗教往往提供了这种统一的基础；尽管宗教信仰已经有所衰落（欧洲当然也是），犹太教—基督教的价值观还是得到了继承，在今天仍然塑造着我们看待社会责任的方式。社会发展的此种元素并不仅仅存在于神性层面，它也有非常实际的反映。我们有志愿奉献的传统。我们有数量庞大的公民社会组织，它们在地方性社区中发挥着黏合功能；它们不仅有所作为，而且所作所为的方式是政府所无法做到的。广大的慈善捐赠网络由此形成。

因此对于中国来说，发展进程中的主要挑战，就在于如何创造这样一种文化与机制，来促进非政府的民间责任与服务。公开表明宗教信仰的中国人仍然只是少数，尽管按照官方的数据，中国有比欧盟更多的穆斯林，有比英国更多的新教徒，以及一亿以上的佛教徒。当然，在此之外还存在源自孔子的整套哲学传统。儒教虽不是宗教，但在道德意义和人类同情心方面，它与一般宗教中的许多价值都不谋而合。

繁荣的艺术与文化当然也会促进这样的社会和谐，使人们更加意识到精神性和超越性的事物。如果我是中国思想的引路人，我会重点关注如何获取社会目标和社区目标这些纽带，并且细加分析；我会促使中国的青年更多地理解自己的哲学传统和精神传统，会帮助尚且稚嫩的民间社会团体找到自己的位置，茁壮成长。

这样做之所以重要，还有另一个原因：它有助于回答我之前提出的问题。作为政治人物，我在看待一个国家时，会看它的统计数据、增长记录，看它在世界舞台上对地缘政治的贡献。这不是一般人看待国家的方式，一般人看重的是这个国家的品格、国民的本质，这些是让国家鲜活起来的东西。他们在心中对自己的设想，不是坐在高级别的谈判桌边的模样，而是在街头或餐馆与人偶遇时给人的印象，是自己的举止仪态，以及自己的幽默感。换句话说，他们把自己当成他人来看待。

中国之谜部分地回答了这个问题的相应内容。对中国哲学传统和精神传统的理解有助于回答这个问题。这样，人们眼中的中国就不是六十年历史演变的结果，而是涵盖了四千多年的历史积淀。

结束这篇前言之前，对于中国在国际社会被赋予的角色，我想作个简评。从本质上来说，这种角色会促进国际秩序的稳定。这意味着，短期以内，在以下这些领域：

- 推动世界经济恢复平衡，中国转向更多地以消费为基础的增长，刺激西方国家的经济活动；
- 进一步放开市场，成为开放贸易的坚定拥护者和贸易保护主义的反对者；
- 促进地区稳定，尤其是敦促朝鲜遵守承诺；
- 为中国在非洲的投资提供系统支持，即进一步拓展并进行良好的治理；
- 继续在国内大幅增加清洁能源的使用，在国际上为达成全球协约而努力。

在所有这些领域，与西方合作都很明显能为中国带来利益；同样，西方也有强烈的意愿对这样的合作持欢迎态度并加入其中。在一个充满不确定性的世界上，我们的共同敌人是混乱，我们的共同任务是稳步推动政治、经济和社会改革；要完成这些改革，我们的共同道路在于加深理解。

总之，这样的理解正是我想强调的。对我们来说，理解中国不是件容易的事。中国有那么多有待了解之处，我们还有那么多经年的盲区需要清除。与高层次的政治联系和商务联系相比，人与人之间的交流同样重要，甚至更为重要。理解是一个双向的过程，在中国，同样存在着对西方人的诸多误解。

自四年前去职以来，我去过很多地方，得到的好消息是：从加沙人到亚利桑那人，再到蒙古人，人与人之间的差别并不太大。他们讲着不同的语言，长着相异的面孔，身处不同的文化，但都有一个首要的愿望：和平生活，自由劳作，在一个稳定的、可预见的繁荣社会中供养家庭，在这样的社会中，人们都很清楚，最能让人获得成功的是美德与勤劳。这样的愿望并非奢求。过去三十年已经见证了数百万的中国人第一次实现了成功之梦。我怀着乐观的心态，展望着中国历史的下一篇章。

目　录

致谢

最初有人提议我写这本书的时候，我的朋友、律师兼杰出谈判代表鲍勃·巴尼特十分熟练地为我的谈判牵线搭桥，促成了我和兰登书屋的合作。从此，我和兰登书屋成为愉快的合作伙伴。我要特别感谢盖尔·雷巴克[①]，她是我的老朋友了，现在我还可以骄傲地补充说，她是我的出版商。盖尔对这个项目的热忱与信念从未改变过，尽管障碍重重，她仍然相信自己终有一日能够收到一份完整的书稿。

我要称赞她的兰登书屋团队，他们十分冷静和专业。第一个要感谢的编辑是卡罗琳·加斯科因和戴维·米尔纳，他们陪伴这本书的时间几乎跟我一样长，而且工作始终出色如一。我还要感谢苏珊·桑登、夏洛特·布什和克莱尔·朗德，感谢拍摄封面照片的约翰·斯旺内尔，感谢设计封面的理查德·奥格尔，感谢精心挑选照片的菲奥纳·格林韦，感谢作出贡献的出版团队的其他成员。

在美国方面，诺普夫出版社的索尼·梅塔和乔纳森·西格尔从一开始就对这个项目十分热心——他们的指导和建议对我来说都是无价之宝。

至于我自己的团队，如果没有凯瑟琳·里默和维多利亚·古尔德替我挡掉所有的电话、会议，以及其他虽然我乐于参加却会让我从创作之中分心的事务，使我得以在数百个笔记本上写下每一个字，这本书根本不可能写成。随着出版社交稿期限的逼近，她们甚至没收了我的黑莓手机。我的调查员安东尼·

---

① 兰登书屋（英国）集团主席兼首席执行官。——本书注释为译者所加。翻译分工如下：董宇虹，致谢、序言、第一至七章；江凌，第八至十三章、插图说明；李永学，第十四至二十一章、后记。

梅热斯为我提供事实和研究材料，不知疲倦地查阅成千上万的文件。我感激为我提供判断和编辑意见的书评家们：安德鲁·阿多尼斯、戴维·布拉德肖、阿拉斯泰尔·坎贝尔、马修·道尔、彼得·海曼、菲利普·古尔德和乔纳森·鲍威尔。

在我的政治生涯中，有无数不可或缺的人，没有他们，我的旅程绝不可能开始：我在塞奇菲尔德[①]选区的选举负责人约翰·伯顿；他的妻子莉莉和塞奇菲尔德工党的成员们，从一开始就信任我，之后也一直坚定不移地忠诚于我。对于那些在我早年担任反对党领袖期间和后来入主唐宁街期间为我工作的员工们，我欠了他们太多人情，我非常感激他们；再也找不到比他们更忠诚、更专业的团队了——其中很多人都会在这本书里被提及。当然，这本书是献给我的家人的。这不言而喻。

如今，我已经离开唐宁街，展开旅程的新篇章，致力于解决当今世界的某些问题：宗教信仰间更广泛的理解，中东和平，气候变化的解决方案，还有非洲的治理。所以在最后，我要感谢目前为我工作的人们。我常常为他们在帮助解决问题时所流露的热情和献身精神而感动。他们知道自己是谁，他们应该为自己所做的工作感到无比自豪。

---

① 位于英国北部。

▪ 序言

我希望这本书与传统的政治传记有所不同，因为我发现此类传记大多容易被人遗忘。所以，现在呈现在你眼前的，不是一本记录我曾经遇到过谁、做过什么事的流水账。有些事件、时间和政治人物没有被提及，并非因为他们不重要，而是因为，我的目标是从一个领袖而非历史学家的角度来写它。我为相十年，相关的历史记录已经够多——无疑还会继续增加，能写这段历史的人也不少。然而，只有一个人，可以记下身处那段历史核心的人究竟有何感受。那个人，就是我。

所以，这是一本个人记录；它描述某一历史时期里，我在政治上——也许还包括某些个性上——的发展和演变历程。我以一种领袖风格起程，以另一种领袖风格结束。这就是我称之为旅程的原因。至于我经历过的重大事件，我当然会描写，不过，我是从一个身在其中的决策者的角度去写的。这并不是客观的写法；我也不想假装客观，但我希望写得公正。

还有，我是以主题来组织章节的，并没有严格遵循时间顺序。没错，我的主题基本上都是从1997年开始，到2007年结束；不过，在这个框架里，我谈论不同的主题，例如掌权之路、北爱尔兰、黛安娜王妃、“9·11”事件、伊拉克、公共服务改革、奥运会、2005年7月。如果愿意，你完全可以选择某个主题单独阅读，不过，章节之间当然会有大量的互相参照。有些事情，例如我和戈登·布朗之间的关系、我和美国总统们的关系，贯穿始终。

我曾经看过一些自传或传记开篇热情洋溢，结尾却随着出版期限的临近而不顾一切地草草收场，所以，我在本书中采用了一种异乎寻常的写作方法，把章节次序打乱，先完成最难写的部分，把容易的留到最后。我希望从头至尾保持相同的进度和精力。我写了三年。

然而，最重要的是，这本书并不仅仅是回忆过去。它写的是过去的事件，所以很自然的，它会审视那些事件当时的原貌。不过，我其实并不是个喜爱追忆过往的人。我喜欢往前看。我的人生还有很多想做的事、很多目标。我一如既往地勤奋工作。我依然在学习。

所以，《旅程》除了利用过去来阐明今天仍然存在的议题之外，还常常放眼未来。我不但回顾执政时所见的世界，还试图描绘它现在及未来的样子，尤其是在涉及“9·11”事件之后的外交事务，以及伊拉克问题和阿富汗冲突方面，还有现任政府所致力的医疗、教育、福利、法律和秩序方面。最后一章特别针对2007至2010年而写，其中就金融危机和不断出现的安全挑战提出的大部分观点跟传统智慧相左，所以它在很大程度上是在参与现今人们对当前议题的争论。

最后，此书还有一点信（长信！）的味道，收信人是我热爱的这个国家。我连续赢得三次大选。在我之前，工党从未连赢两届。之前，工党最长连续执政六年。而这一次，持续了十三年。若不是放弃了新工党理念——正如我在最后一章所写——它本来可以继续赢下去的。

那些胜利的降临，是因为有一群人对英国持有跟我一样的看法。这是一个伟大的国家。优秀的英国人民勇敢、坚定、敢作敢为。可是，在尊重过去的同时，对于我们今天以及未来在世界上的地位，我们还需要一张蓝图、一个概念、一种感觉。正因为如此，我从过去到现在，都首先是个改革者，而不是传统的左派或右派政治家。我想改革工党，使它能够——并非断断续续地，而是连续不断地——在保守党统治之外，提供一个进步选项。我想改革英国，使它保留20世纪初身披世界最强大帝国斗篷的骄傲，同时，面对21世纪的到来，不会由于那件斗篷不再合身而自觉失落和衰退。我希望，我们能够为自己的国家而骄傲，因为，今天这块土地已经成为一个包容众多文化和信仰、对抗所有偏见、更关注美德而不是阶级、轻松应对开放的社会和全球化经济的新天地。我希望，我们能够实现新一轮的国内和国际目标。我们将改革公共服务和福利制度，使它们适应2005年而不是1945年的世界。我们将利用欧盟成员的身份以及跟美国的联盟，去影响世界的决定，尽管我们对新兴国家的影响力有所下降。我们将在其他大陆，例如非洲，扮演一个发展伙伴的新角色。我们将打造新的政纲，使得成功的企业和精英能够与一个机会平等、充满温情的社会和谐共存。

本书从一开始就在尝试呈现这样的一幅画面——我在一些地方成功地做

到了这一点，在另一些地方失败了，因此，它所描绘的是一件半成品。它从我的角度解释了为什么尽管来自左派和右派的强大势力都不赞成这样的蓝图，而且竭力去限制它，我却依然相信它是英国未来的唯一希望。

虽然我的政见有意地超越传统的左派或者右派，却不该据此认为我——过去或现在——轻视政党政治。尤其是，正如我过去常常说的，我对工党，对工党的成员、支持者和活动家们，欠着大笔人情。我把他们折腾得够戗！在大多数情况下，他们都凭借出众的高尚品质和忠诚熬了过来。确实，我的想法有时候会十分保守，尤其是在经济和安全方面；不过，我的心永远都敲打着改革的鼓点，我的灵魂现在是而且永远是叛逆之魂。

第一章 高涨的期望

1997年5月2日，我第一次作为首相走入唐宁街。此前，我从未担任过任何公职，连最初级的助理政务次长都没有做过。这是我在政府中的第一份，也是唯一一份工作。

5月1日的选举之夜在一片庆贺、欢腾和期望的混乱之中过去了，与其说是在创造历史，还不如说是在上蹿下跳、翩翩起舞。十八年的保守党政府结束了。工党——新工党——大获全胜。一个崭新的时代仿佛正在开启。当我穿过铁门走进唐宁街，当小心地聚集在一起、谨慎地遵守着秩序的人群不顾栏杆、秩序和整夜未眠的疲倦，热情地挤上前来时，我可以感觉到，情感如同潮水一般涌来。它不仅在人群中流过，还横扫整个国家。它影响了每一个人，把他们托起来，给予他们希望，让他们相信一切皆有可能，相信凭着选举这个行动及其秉承的精神，可以改变世界。

所有人都如此，除了我之外。我最大的感觉是恐惧，而且是一种过去从未体验过的恐惧，甚至比我得知自己将要接任工党主席的那一天所感到的恐惧还要深切。在选举夜之前，这种恐惧一直受到抑制，因为竞选需要遵循惯常的程序，也需要严格、纯粹的身体上和精神上的投入。而且，对于竞选，无论是从政治活动还是感情上说，我都很熟悉。我制定了一个把我们从反对党变为执政党的策略；我遵守它，知道自己只要这样做就不会失败。我已经把工党改造成了新工党，成为英国政坛一股革新的力量；我起草了一份纲领，其内容充足可信，没有可能会遭到对手指责的细节；我还对政府发起了激烈而可信的抨击，并且架起了一台威力强劲的选战机器。

为了在党内，甚至在我身边的团队里贯彻党纪，我成了一个永不满足的斗士。我常常谈论，遥遥领先的民意调查支持率可能会如何失去，为什么永远不能低估保守党人，我们为何会面临这样的问题或者那样的挑战。我们已经连续四次竞选落败，而且从来没有赢得过连任，所以我正在耕种的这片土壤相当肥沃。工党人几乎已经认为，我们是不能取胜的了；他们相信，出于某种神圣的或者邪恶的原因，工党不论怎么做，都不可能获得选举的胜利。对于某些人来说，情况就如同那句古老的足球格言：两支十一人的球队追逐一只圆球，踢两个半场均为四十五分钟的球赛，赢家总是德国人。

我认为，这说法就是胡扯。我们输，是因为我们与现代社会的现代选民脱节了。政治的第一条规则就是没有规则，至少，不会有什么必败或者必胜的规则。只要制定正确的政策、正确的战略，你永远都有赢的机会；否则，不论胜利看起来多么有把握，你都可能会输。

假装一切真的危如累卵，有助于振作、激励并且约束大家。虽然我心底里十分自信，但谁能说得准呢？况且，我相信现任首相约翰·梅杰①远比其他人所认为的要优秀。他作为个人来说，确实魅力四射。幸运的是，他的政党已经偏离了轨道，走向沉闷、强硬的右派立场。而我在成为反对党的主席之后的那段仿佛无穷无尽的时间里——将近三年——已经学会如何离间他和他的政党。

梅杰决定进行一次长达三个月的大选。这当然很艰苦，不过，也不算什么新大陆，而且合情合理。他们希望，我们会犯错，我会忽然失去理智，民意会因为某种命数或者运气的玩笑而改变。但结果，这些事情永远不会发生。

相反，或者说不出所料，保守党分裂了。每次梅杰尝试把他们团结起来时，他的队伍里都会有人辞职，说些蠢话，或者身陷丑闻，而且经常是三样一起来，偶尔还发生在同一个人身上。这感觉就像是在观看一场慢动作自杀，或者是一位脱逃大师的表演。你看着他脚绑水泥砖，手戴镣铐，钻进铅制箱子密封起来，跳进深水里。你心里会想，他打算怎么逃出来？然后你会发现，他没有逃出来。令人惊叹啊，一个政党竟会走进那种困境。不过，如果他们的对手足够聪明，是有可能把他们引诱进去的；而且，通过占领中间区域，可以逼他们愚蠢地掉落边缘。

于是，竞选的过程漫长而累人——向来如此，充斥着虚假的起伏、惊人的民意调查结果和各种事件，不过，到了最后，结果显而易见。只是胜利的规模还

---

① 1990年至1997年间的英国首相。

不太清楚。我有点预感。如果要打赌的话，我会下重注。5月1日晚上，胜出多少的结果揭晓。恐惧，就是从那个时候开始膨胀。

实际选举的日子很平常，太平无事地过去了。竞选活动结束。你要去投票。我的原选区是位于达勒姆郡的塞奇菲尔德，我担任那里的下院议员已经有十四年了。我的家就在附近一个名叫特里姆登煤矿的古老煤矿村里。那座煤矿是20世纪60年代关闭政策的受害者。那一天，我走出家门，同切丽和孩子们走向投票站。那是一幅完美家庭的画面。一帮记者给我们拍了照片。微笑，但不太灿烂。说话，但不太活跃。泰然，就像平常你身穿长裤、衬衣，打着领带，跟妻子手牵着手，带着孩子们散步一样。我们走进临时搭建的木屋投票站里投票，在历史上写下自己的一笔。

然后，回家。以前我曾经三次——分别是1983年、1987年和1992年——在选举日里等待预料之中的失败。我曾思考：失败对我来说意味着什么；作为下一届政府的反对党，我将如何摆正自己的位置；我究竟要如何做才能获得帮助我们摆脱失败轨道的机会，我能否得到这样的机会。但这一次，所有的目光都注视着我，看我走完胜利之路的最后几步。焦虑取代了其他所有的情感。我坐立难安。我试图集中精神挑选内阁成员，还给戈登·布朗和负责策略的彼得·曼德尔森打电话。约翰·普雷斯科特从赫尔过来跟我商量内阁的事。我不断地跟我们的首席民意测验专家菲利普·古尔德以及党员们讨论各种多数席位的可能性。不过，这些全都是为了消磨时间。即使在那时，也无人知道将会发生什么。

然而，等我们赶到设置在牛顿艾克利夫的一座巨大室内运动场馆里的点票站时，它来了。各处出口民调①的结果显示，我们遥遥领先。这些结果也许只能代表小部分人，但它们不可能错得太离谱。我们将会胜利。我将要成为首相。那一夜，我的心情随着一次次结果的宣布而波动着。当然，旅程的终点永远都是改变国家，可是，为了到达终点以便实现改变，斗争是非常激烈的：每一个清醒的时刻都被用来清除障碍，确保交通工具适合旅途的需要；引擎已经发动，而旅客要么已经上车，要么焦急地在我们身后喊叫，但不是挡在前方的路上。为了保险，我们进行过诚恳而深入的讨论，规划当选之后如何驾驭新的政局；但是在当时，我们所思考的多数还是反对党的事情——我们如此擅长在野这么多年以来一直在做的事情。随着选举日的临近，我们的才智和理性越来越受到各种执政流程的吸引，然而我们的感情核心仍然对准着向终点迈进。

① 调查机构在投票站的出口对刚刚走出投票站的选民进行的一项调查。

这是我们唯一了解的事情。我们有一两位老党员——例如杰克·坎宁安和玛格丽特·贝克特——曾经在1976至1979年的卡拉汉政府里担任过非常初级的助理政务次长，其余的人都将以绝对的新手身份执掌权力。即使是那些老党员，也只认识一个陷在剧烈痛苦之中的工党政府。而1997年，无论时间、趋势还是时代精神，都与20世纪70年代相差十万八千里，如同火星与地球之间的差别。

就我们来说，我们得到了民心。我们有支撑下去的动力。我们相信，新旅程在开始时往往有利于无知者。我们确信，走到这一步的我们已经扫除了前方的一切障碍，轻松取得了胜利，可以无忧无虑地大步前进。我们的竞选活动很精彩，不是吗？敌人像熟透的水果一般，被我们一刀刺穿，不是吗？我们的策略仿佛出自命运之手，粉碎了他们心中骄傲的幻想，不是吗？执政只不过是同一旅程中的另一个站点，不是吗？它也许是个新站点，又往前延伸了一段路，目前对我们来说仍然无法确定和预料，不过，它真能有那么大不同吗？我们的团队在通往那个站点的路上表现得如此出色，所以面对更远的旅程时，只要能鼓起勇气，自信地行事，对前途怀抱希望，就肯定不会丧失那些品质，不是吗？

我看得出，身边的人全都是这样想的。有时候，我自己也这么以为。在那一晚，当担任首相的可能性变成必然性时，我望向玻璃窗外，看见的不再是黑暗，而是明亮的光芒。我害怕了。

我害怕，因为我明白，这并不是同一旅程的另一个站点那么简单。如今的我们将走进一个全新而陌生的领域。我害怕，因为我本能地感觉到，它的障碍以及挑战的复杂性和困难程度完全是另外一个层次的。我害怕，因为虽然我决意推倒现任政府，但是在这些年里，我看得出来，即使政府所做的事情是正确的，一旦失去民众的支持，不管它做得对还是错，都没有用；民心一旦背弃政府、拥护我们，就会无情地追逐它的目标，除了满足它的愿望之外，对其他一切都漠不关心。我害怕，因为在那一瞬间，我忽然想到，自己再也不是雄心勃勃的一方，不是挑战者和倡导者了，而是肩负责任的人，是那个不用解释为何出错却要采取纠正行动的人。在内心深处——而且拼命要浮出表面——我意识到，自己根本不明白这究竟有多么艰难。我不了解政府究竟是如何运作的，最重要的是，我不知道当民心背离我的时候——我知道它会的——自己会如何反应。

在伦敦米尔班克路的总部（工党指挥竞选活动的地方，也是竞选无情的标志）那边，派对已经开始了。而我这边，在进行选票点数的达勒姆郡选区大堂里，气氛热烈得近乎疯狂。工党人自然是激动万分，可是就连保守党人、自由民主党人和其他各种身份的人也能感觉到,这是个历史性的时刻。

议会制度会造成一个奇怪的后果:首相同时也是某一选区的下院议员,他要跟其他所有候选人一样参选。从某个方面来看,这是非常谦卑的做法,因为在那一刻,你只是一个选区的候选人,你跟其他候选人站在同一个平台上,等待办事员们回来宣读点票结果。很奇怪吧,但是非常民主,而且相当有效。不过理所当然的是,因为这种高调斗争能够吸引如此众多的新闻报道,所以首相和反对党领袖的选区里不但站着主流党派的人,还会有无数其他为了各种理想而寻求公开露面机会(有时候仅仅就是为了露面)的候选人。他们的名字真是奇特又有趣,例如疯狂司机(摇滚党)、瘦骨仙马罗尼·斯丹佛(狂呼乱叫妖怪党)、乔纳森·科伯恩(布莱尔必须走党)和切里·布莱奥-吉勒姆(退休老人党)!每个党派都有权派出代表来参加竞选。我在楼上看电视转播的全国选况时,他们正闹哄哄地聚集在楼下的大堂里。

很快,胜利的规模渐渐明朗。这不是一场普通的胜利。这是一场完胜。事实上,大概两个小时之后,我一度担心起来。电视屏幕底部的滚动消息条显示,工党的席位超过一百个,而保守党只有六个。我开始想,我做了违反宪法的事了。我意图击败保守党人,而且赢得很漂亮;可是,如果我们把他们彻底挤了出去,会怎样?幸运的是,不久之后,他们的票数开始增加,不过,多数票的结果显然还是会创造历史纪录。人们开始放松下来,饮酒庆贺。而我还得保持百分百的清醒。我有工作要做:发表演讲,传达信息,摆正姿态,维持与胜利规模相符的举止。

就是在这个时刻,我的感情开始产生与身边所有人都不同的变化。当他们因巨大的胜利而变得越来越飘飘然时,我为即将落在肩上的责任重担而感到越来越忧虑。我知道,这话听起来十分怪异,不过,我甚至开始对这一切有点恼火了。难道他们看不出这件工作是多么艰巨吗?他们真的以为,一份写来收买民心、只有基本要点、故意且很有必要地限制了细节的声明,就足够统治一个国家?

有人摇摇晃晃地朝我走过来——当晚许多这样做的人里的第一个——说:"难以置信,不是吗?你会成为一位伟大的首相,托尼,真的。"而我的回答恐怕是:"哦,走开吧。"他怎么知道?我怎么知道?

午夜时分,我们给戴维·希尔打了个电话。他性格十分沉稳,担任米尔班克路总部那边的工党新闻发言人。我们对着他嚷嚷,说党员们的庆祝活动热烈过头了,那样显得得意忘形,他们应该全部冷静下来。"我们将会获得工党历史上最大的胜利，终结持续了十八年的保守党政府。”他说，“我觉得，要他们全都沉下脸来可有点困难。”

我把注意力转移到接下来该说什么的问题上。我要发表三次讲话：一次是当选下院议员之后，在点票站；一次是在特里姆登村的工党俱乐部举行的本地党员集会上，那个地方跟我在原选区的住处位于同一条路上；一次是早晨五六点钟时，在伦敦的皇家节日音乐厅，我们准备在那里举行一场招待忠实支持者和媒体的盛大活动。

我跟负责沟通的阿拉斯泰尔·坎贝尔讨论发言内容。在过去的三年里，阿拉斯泰尔坚如磐石。根据我的经验，狂人有两种：一种只会发疯，因此很危险；另一种于疯狂之中获得创意、力量、机敏和活力。阿拉斯泰尔属于后一种。这种人的问题在于，他们可能善变、难处，偶尔还会来一次造成破坏性后果的爆发。最重要的是，你必须明白，不可能驯服他们；你可以跟他们理论，然而，使他们与众不同、才华横溢的源泉，恰恰也是令他们行事不守常规、不可预测的原因。而且，他们总是神经兮兮的。到了后期，一直到2003年年底离开之前，阿拉斯泰尔也许已经有点神经过头了。跟所有创新型人物一样，他有崩溃的可能，不过，在大部分时间里——尤其是在我们作为反对党的那些年和执政之初——他不可或缺，无可替代，几乎就是另一个我。他和戈登、彼得·曼德尔森一起为新工党撰写的政治理念可说是神来之笔，而且，在这个媒体时代，他能够用媒体的方式去表达它们。有意思的是，从政策方面来说，他其实十分偏向旧工党。在选举日那晚，他的心情正是我的心情写照：他也觉得无聊，几乎兴致全失。我从一片欢腾之中退出来，和阿拉斯泰尔一起核对发言的内容，重点讨论每一次演讲应该强调什么：第一次，家庭；第二次，工党；第三次，国家。

我唯一的一次真情流露，是提到我爸爸的时候。当时我在点票站发表演讲，看见他在那儿，眼里含着骄傲的泪水。我回想起爸爸的一生：他在格拉斯哥长大，是养子；他的养父是格文船厂的装配工人，养母是狂热母亲——她拒绝把我爸爸归还给生母——和战斗派[①]社会党人的奇特混合体；年轻时，他是格拉斯哥共青团的书记；后来，他上战场打仗，最初是个士兵，到战争结束时，已经晋升为代理少校，还参加了保守党，而当时其他所有人都选择了相反的政治旅程。

他成了一名学者、职业律师和活跃的保守党人。位于英格兰北部的赫克瑟

---

① 打入工党内部的工人国际委员会的成员。

姆是一个坚定支持保守党的选区,在1964年的竞选中,他是那儿板上钉钉的候选人。他甚至在当地的电视台拥有一个个人频道。他聪明、迷人,有着超乎寻常的雄心。在那个变化的时代里,他就是保守党人要找的楷模,无人能与他争锋。他知道这一点,经历了这一切,并且学会了如何摆脱它。

然后,在那一年的一个夜晚,他像往常一样完成各种会议、社会事务和繁重工作之后,突发严重中风,几乎丧命。他活了下来,却花了痛苦的三年时间来重新学会说话。我记得,母亲是如何日复一日、不厌其烦地逐字逐句帮助他的。我还记得，我们的家庭收入如何在一夜之间骤降，他的一些朋友如何弃他而去,还有,我们如何心碎地接受事实:由于说话能力再也无法恢复正常,他的政治生涯已然结束。

爸爸在政治方面对我有着决定性的影响。这并不是因为他在政治活动中给我许多指导,教我许多政治知识(而且,由于他的政治立场与我相反,还导致了一些相当激烈的争论,只不过次数比一般政敌之间少罢了),而是因为,当我还是孩子的时候,我常常倾听他和朋友之间的讨论,吸收了一些观点,听出他们语气里的热情,并且开始对政治的错综复杂有所了解。

我回忆自己第一次见到政治家的情景。奇怪的是,我记得他们之中有一位是后来当了保守党下院议员的迈克尔·斯派塞,甚至还有一位是——我的记忆也许有错——后来进入撒切尔夫人内阁的帕特里克·詹金。他们到我们位于达勒姆郡高辛可立夫的住处吃晚餐。理由嘛,我隐约记得,是因为迈克尔——他当时是个很有前途的年轻保守党人——想争取一个没有希望的席位以积攒资历,而爸爸在达勒姆郡的选区很有影响力。

不过,这些并不是对我的政治生涯产生主要影响的事情。爸爸让我明白的最重要的一点是——完全是他在不知不觉之中带给我的影响：为什么他那一类人会成为保守党人。他曾经很穷。他曾是工人阶级。他渴望成为中产阶级。他努力工作,凭借自己的功绩获得成功,并且希望孩子们能比自己做得更加出色。他认为——跟他那一代的许多人一样——因这种态度而生、由这种努力而来的逻辑结果,就是成为保守党人。确实,这是一揽子利益中的一部分。你成功了;你是一个保守党人:这是同一枚硬币的两面。于是,打破这个关联,以另一种货币取而代之,就成为了我的政治抱负。你慈悲为怀;你关心比自己弱势的人群;你相信社会,也相信个人。你可以是个工党人。你可以事业有成,同时关心他人;你可以雄心勃勃,同时悲天悯人;你可以是精英领导阶层的一员,同时也是个改革论者。而且,这些并不是什么背道而驰、难以共存的观点。它们完全可以协调一致，成为确保进步发生的方法；它们响应的是现实的而不是乌托邦式的人性需求。

所以，他深深地影响了我，跟我妈妈一样。妈妈对我的影响，是以另一种方式体现的。她和我爸爸之间的差异，是两个住在同一屋檐下的人之间能有的最大差异了。爸爸更像我：主动，坚决，野心勃勃——恐怕我们两人的野心都可以相当容易地转化为自私。相反，妈妈端庄、慈爱，几乎是个圣女。她生性内向，在公众场合甚至显得有点孤僻。她以妻子和伙伴的身份支持爸爸的政治活动，不过，正如她以前偶尔向我坦白的，她其实不是保守党。出于某些理由——也许跟她的爱尔兰背景有关吧——她有点受到排挤的感觉；她还觉得，爸爸病倒之后，有些更亲近保守党的朋友就疏远了我们。

我刚满二十二岁时，她就去世了。她一直受着甲状腺癌的折磨。回想起来，她很明显是无法康复的了；她能在首次确诊之后还多活了五年，这不可不说是个小小的奇迹。

然而，我大受打击。再没有比失去父母更难受的了。我并不是说那比失去孩子更痛苦，不是的，我想象不出任何那样的事情来。我的意思是，它对你产生的影响是绝无仅有的，至少，在你年轻的时候发生这样的事是这样。妈妈的去世对我的震动极大，因为它超出了我的预料。她病情恶化的时候，是我在牛津大学读书的最后几个月，我正在为最后的考试拼搏。于是爸爸和哥哥比尔向我隐瞒了她的病情。6月底，我回家，爸爸到车站接我。“你母亲其实病得非常严重。”他说。

“我知道，但她不会死，对吗？”我道出了最糟糕的情况，傻傻地期待着，以为他会向我作出保证。

“会的，恐怕她会。”他回答。我的世界颠覆了。我无法想象。那个把我抚养长大，照顾我，一直在身边帮助我、珍爱我的人；那个从不计较我是否够格，从不评判我的人品，从不期待回报地爱着我的人；那个纯粹地爱着我的人：她要走了。

自那以后，生活再也不像从前一样了。就是从那一刻开始，紧迫感攫住了我，我的抱负更加坚定，此生必须谨记生命有限的领悟在我的心中扎下了根。我每一天都在想念她。

在这个实现抱负的重要时刻，虽然选举之夜的欢腾和庆贺如同浪潮一般在我的周围翻滚，虽然要考虑的、要做的事情是那么多，我仍然会想起她。我知道，虽然她会骄傲得无以言喻，却丝毫不会因此而改变她对我的爱。那份爱本身已经完整无缺，而且，当然，它比1997年5月1日这些转瞬即逝的奉承来得更真实。

此时此刻，我在特里姆登看见爸爸看着我。他明白，自己所有的愿望都可以在我的身上实现。当我们四目相对时，我还知道，我们有着同一个念头：妈妈也应该来看看。

我强把心思拉回到手头的事情上。到处都是人群。特里姆登的工党俱乐部在狂欢。我们在蒂赛德机场坐上了飞机。途中，阿拉斯泰尔已经收到选举结果通报。保守党内阁的重要成员们，例如国防大臣迈克尔·波蒂略、外交大臣马尔科姆·里夫金德，正在失去他们的席位。这是一场政坛地震。我跟切丽坐在一起，集中精力准备节日音乐厅的演讲。她知道我在想什么，而且，每当这种时刻，她总能以一种她独有的方式对我说话。她告诉我，她明白这将会非常困难，前方既有顺时也有逆时，政治都是这样开始的，但它们绝对不会有一样的结局；能够去做，是我们的福气，我们有一颗诚恳的心，我们会一起做。

在前往节日音乐厅的途中，我们犯了一个搞笑的错误：迷路了。我们的竞选主题曲《只会更好》一次又一次地向等待的人群播放，主角却像冯·特拉普[①]他们一家人一样，一直没有走上台。终于，我们赶到了。我已经作好了全部心理准备。这次将是一次巨大的胜利，因此，我更应该明白自己的责任。作为主席，我一刻也不能流露骄傲自满的情绪，要有首相风范，不能像一个刚刚在温布利球场踢进致胜一球的球员。

这可不是件容易的事。我得出一个结论：人生的诸多恼人经历之一，就是成为整个党里唯一一个镇静的人。你滴酒未沾，他们却浑身酒气，这是无法改变的事实。他们叫嚷着、哭泣着、大笑着，而你说："是的，谢谢你，这是一个非常特别的时刻。"镜头无时无刻不对准着你；拍照的拍照，写字的写字。你微笑，却绝不能融入那种气氛；你拥抱，却只是轻拍对方的后背；你感谢，却要掌握分寸。眼前有竞选活动时见过的熟悉面孔，有认识多年的老朋友，还有从没见过的人。对于他们，每一个祝贺都是值得回味的时刻；对于我，这是必须视为职责、完成以后才可以离开的时刻。

我看见了尼尔·金诺克。他曾任工党主席，教会了我很多。他的祝贺发自真心，透着止不住的真诚暖意。然而，即使是跟他在一起时，我也能感觉到带我上台的阿拉斯泰尔投过来的紧张目光；我明白，虽然其他人可以放松，我们却还

---

① 电影《音乐之声》的男主角。

在台上，还要取悦观众。

作为反对党领袖，你肩负重大责任。在任何一个国家，竞选最高职位都是件繁重的工作。你是旗手，代表着你们的政策、你的政党，以及你们都珍视的信仰。任何曾经参与竞选并且取得胜利的人都会知道，这是多么沉重的任务。你要无数次迅速、有效地作出涉及组织、沟通、员工和政策的决定。如果做得好，你就可以作好充足的准备，而且真正体现你的领导能力，至于它对你个人产生的影响则是另一回事了。从首相斗篷披到你肩头的那一刻开始，你就会了解，规模、重要性和复杂程度都与竞选截然不同。在领导能力这张光谱上，它们处在不同的波段。你进入了一个全新的次元。不仅如此，在争取这件工作时，你有一个团队，是一支团结的队伍。是的，你是领队，不过你们的合作是如此紧密，你们的关系由于经验而变得如此无间，你们的互动如此受到近乎心灵感应般自然的熟悉感的支配，以至于你们感觉就像是一家人，或者是一个志同道合的小团体。

当我一边沿着台阶走上台，一边竭力使心思和能量集中在即将要说的话上时，我终于找到了这一整天来都在增长的恐惧的根源：我，是独自一人。再也没有团队，没有友好的小圈子，没有可以分享感情的亲密伙伴了。他们是他们，我是我。在某个深远的程度上，他们将无法触及我的生活，反之亦然。

我站在台上，扫视人群。人们堆叠在滑铁卢大桥上，不仅挤满节日音乐厅，还站满泰晤士河的堤岸，欢呼着，打着手势，情感的浪潮在他们中间来回震荡。我又一次感到了这一整天以来盘桓不去的厌烦感，盼望尽快结束这些可恶的庆祝，开始工作；更重要的是，去看看治理一个国家的工作究竟是什么样子的。不过，我还是换上了一个最动人的表情。

就在我开始说话时，太阳开始升起。曙光初现，给天空染上一抹十分漂亮的橙色和蓝灰色，预示着晴朗的一天。我忍不住说了一句话，却在话刚出口时就后悔了："新的黎明降临了，不是吗？"这句话把本来就已经高涨到同温层的期望又推高了一个层次。我赶紧把他们拉回到地面上，强调说，我们是作为新工党而当选的，也会以新工党的名义来执政。也许，我说什么根本不重要，然而，我已经有点心神不宁了。我担心，国家可能会对自己交托给我们的任务感到吃惊，以为我们可能会恢复旧工党的面目，而不是我们承诺的新工党。我要设法进行安抚和澄清；我知道，任何自以为是或者骄傲自满的行为，不论情节多么轻微，都会迅速回过头来纠缠我们。

终于，早晨七点钟左右，我带着切丽回到我们位于伦敦北部伊斯灵顿的住处。那里已经被很多人包围了。我们在家里抢时间睡了一个小时，然后进宫觐见女王，去接过政府马车的缰绳。家里的一切都跟离开时一样，但我们知道，自己在这里再住一两个晚上之后，就会永远离开。这感觉很奇怪。

这一个小时的睡眠带给我的放松效果出乎意料地好。这时候，所有的结果都已经出来了。我们获得的席位总数比其他所有政党的席位总和还要多出一百七十九席，是英国历史上最大的差距，轰动全国。有些我们以前从来没有得到过的席位也倒向了我们，例如霍夫市（我们甚至在之后的2005年也保住了这个席位）。有些则是自从1945年艾德礼大胜之后，首次回归我们的怀抱。还有一些我们以为永不褪色的死忠蓝色[①]地区如今也变成了红色[②]：黑斯廷斯、克劳利、伍斯特、巴西尔登和哈罗；顺便提一下，它们在接下来的两次大选里都继续保持红色。

昨天晚上，投票结束、出口民调显示胜利之后不久，约翰·梅杰给我打了个电话，承认落败。他的表现大方得体，但他心里必定很不好受。他有很多优点，但是他的弱点在于，把我尽一切努力赶他下台看成是针对他个人的行为了。

这就是政治的奇怪之处，领袖和政党会因为他们觉得不公平的攻击而感到发自内心的极大愤怒（我大胆承认，我自己同样有这个毛病，只不过我总是竭力压制这种感觉），对于那些公平的攻击，或者他们自己向对手发出的攻击，却似乎会彻底遗忘。回顾我们作为反对党时的一举一动，我非常钦佩我们的专业态度，却也发现，有些策略过于投机、过于浅薄。不仅如此，它们已经播下了以我们无法预测的方式生根发芽的种子，并将结出危害我们的果实。

我对梅杰的抨击向来都是从政治角度出发的——软弱的领袖、分裂的政党。而保守党对我的攻击，却是针对个人的，而且一贯如此——说我说谎、欺骗、作弊，诸如此类。所以，给我打那个电话，对梅杰来说是难能可贵的。但是他打了。而我，作为报答，在第二天对他大加褒扬（只是我不知道那样做事实上是不是在往他的伤口上撒盐）。

我接到的另一个电话来自比尔·克林顿。那是一次愉快的通话——他真的很热情，而且显然因为能有奉行第三条道路[③]的伙伴获得权力而高兴——不过

---

① 保守党的象征颜色是红、白、蓝，但蓝色最为常用。

② 工党的象征颜色是红色。

③ 指介于两种极端立场之间的行动方案或者政策。布莱尔在1997年竞选期间以“第三条道路”作为竞选口号，结果工党在野十八年后，终于赢得大选，重新上台，故他被视为体现“第三条道路”理念的表率。

我听得出来，跟以往一样，他知道我在想什么，知道前方的陷阱，而且非常温和但清楚地提醒我对即将到来的改变作好准备。

从伊斯灵顿的里士满月牙前往白金汉宫的路途，是一次奇妙的经历。天上有直升机呼啸盘旋，进行现场直播。因为它们的缘故，民众得以知道我们的位置，纷纷从屋子里走出来向我们致意。他们挤在路边，挥着手、欢呼着，仿佛全国都在这一天放假了。政局大变的时刻，人们的行动出奇地一致。选民投票的理由有很多。有些人无论如何都会投票给同一个政党。(1983年，我就投票给工党了。但其实，那时候我并不认为工党得胜对于国家来说是最好的结果，而我当时还是个工党候选人呢！)很多人投票是出于忠诚或者传统。当选举结果揭晓，而且它对于一个需要改变的国家来说确实是最佳选择时，就连那些投票反对你的人也会一起庆祝，仿佛他们投下了两票：一票扔进投票站，另一票投在脑海中。

我们驶进白金汉宫的大门，那里聚集了很多激动的人，他们都想看一眼新任首相。我看得出来，切丽非常兴奋。而我跟往常一样，只想了结此事。此时此刻，我恨不能立刻摆脱这些耽误实事的习惯、传统和仪式。

我被带到一个小小的接待室里，就在女王所在房间的外面。我突然紧张起来。我知道基本的礼仪，但是只有一些十分模糊的认识。它叫“吻手礼”，是女王统治权威的祝福礼节。女王是国家的元首。我是**她的**首相。我的旁边站着一位执手杖的高个子官员。“有件事我应该告诉你，布莱尔先生，”他开口说(注意，直到我受命之前，都还是“布莱尔先生”)，“在吻手礼仪式中，你不能真的亲吻女王的双手。你要用嘴唇轻轻拂过它们。”

我承认，这话令我不知所措。他到底是什么意思？要像擦鞋子那样扫过去，还是说轻轻触碰它们？我一时慌乱起来。就在这时，门开了，我被领了进去，很不幸地被一块地毯轻轻绊了一下，我的嘴结结实实地落在了女王的手上，说什么拂过呢，我差点把它们吞了下去。镇静下来之后，我发现自己坐在女王的对面。我以前当然是见过她的，但这次完全不同。这是我的第一次觐见。关于女王，可以说的有很多。这次会面，我留意到两件事：像她这般身居高位、经验丰富的人，却相当腼腆，这有点奇怪；同时，她也颇为直率。我指的不是粗鲁或者迟钝，就是直率。“你是我的第十任首相。第一任是温斯顿。那时候你还没有出生。”我们聊了一会儿。准确地说，不是闲聊，但也只是随意扯些关于执政纲领的话题，气氛稍微有点拘谨。然后，有人带切丽进来觐见，女王跟她聊天的时候放松多了。(跟大家所认为的相反，切丽跟女王一直相处得很融洽。)切丽在跟她解说一些非常实际的事情，讨论我们将要为孩子们做些什么，诉说让他们住在唐宁街将会多么奇怪。女王多数时间里都在同情地附和她。当时我坐在那里，恐怕是既多余，又狂躁，不知道应该在什么时候以何种方式结束谈话，一门心思想着在唐宁街的台阶上应该说些什么，虽然睡眠不足，精神上却很亢奋。女王当然全都理解，她把对话控制在恰到好处的时间里，然后，她用一个非常轻微的手势，结束了觐见，目送我们离开。

“这边走，首相大人。”那位执手杖的高个子家伙一边说，一边领着我们走下台阶，朝等待我们的汽车走去。

于是，我们前往唐宁街。缓缓穿过人群之后，我走到独自伫立的演讲台前。接下来的数年里，它将无数次为我服务。我的发言反映了不断噬咬我的渴望：想摆脱这种欢庆——我知道它对于我们如何统治没有多少意义——开始做事。我谈到了计划、纲领和政策。我的讲话时间不长，但要点十分明确，那就是，第一次跨进那道门之后，我们将要做什么。

不过，事实上，我说什么都已经没有关系了。民心就是民心。想阻挡它，难度跟阻挡一列行驶中的火车差不多。整整一代人被压抑的期望，都放在了我的身上。他们希望世事能改变，希望见证、感受并且拥有新时代的各种特性，而我，是这种情感的领袖。我们如同一股潮流，因为同一个目标而会聚在一起：除旧迎新。他们不需要为制定政策时的两难抉择或者作出决策时的无情本质操心。他们如同踩着高跷，远离现实中正在进行着各种政治活动的丑陋街道。从高处看下来，他们只看见可能性、机会，以及那条遥远但是肯定可以到达的地平线，未来的梦想就在那里。

2008年，巴拉克·奥巴马参加总统选举，取得了漂亮的胜利。我可以准确地说出，他当时在想什么。从某种程度上来说，把希望都寄托在一个候选人身上而引发的兴奋和能量，会使你飘浮起来，推动着你，让你触碰的一切都产生魔法般的效果。全国都飘在半空中，而你，跟他们飘在一起。

然而，从更深的层次上来说，你很快就会意识到，虽然那个希望就贮藏在你这儿，而且你还是它的创造者之一，可是如今的它已经拥有自己的生命、自己的灵魂。它的灵魂在高空翱翔，已经远远脱离你的控制。你想捕捉它、驯服它、驾驭它，因为你知道，它的独立正在引领公众产生一种不切实际的期望。

这种期望是不可能获得满足的。这就是你想对人们说的话。你确实常常这样告诉他们了。然而，这精灵不受约束。等它终于离开之后，留给你的追随者们的是现实——你从未否认过，甚至还想方设法引起他们注意的现实；于是，幻灭的危险出现了，而且由于之前的期望，它更让人痛苦。

无论如何，这是我的感觉。

它给人虚幻的感觉，因为，它**就是**虚幻。人们会产生那种期望，是可以理解的；我希望引导它，是可以理解的；结合在一起之后，我们就成了一股不可阻挡的力量，这同样是可以理解的。然而，它以一种深刻的方式对我们双方构成了一种欺骗——并非那种故意设计或者出自邪恶信念、动机的骗局，而是一种因为希望能把成就与艰难抉择分离而产生的骗局。也许，更准确的说法是“错觉”吧。不过，当警察站到两边、唐宁街10号的大门打开时，我觉得，当选首相，仿佛解除了某种束缚，更加美好的未来就此诞生。

然而，对于唐宁街10号的可怜老员工来说，这是一次打击。根据惯例，我走进去时，约翰·梅杰才刚刚离开。传统上，当新首相走进来时，员工们要沿着通往内阁会议室的走廊列队鼓掌。少数员工还对上一届工党政府有着模糊的印象，可是那会儿他们都还年轻。大部分员工今天才第一次告别十八年的一党统治。

我在一个个陌生的面孔前走过——他们会成为日后与我共事的伙伴，很多人会成为朋友——有些人对保守党人的离去有点伤感，有几位女士在吸鼻子或者哭泣。走到队尾时，我开始受到因为自己走进来而造成的这些忧伤场面的感染。不用说，我抑制住了。

然后，我走进内阁会议室。我以前从没见过这个地方。它立刻就给我留下了深刻的印象：既是因为它本身，也是因为在它这里创造的历史。我站了一会儿，环顾四周，突然被它的圣洁打动，脑海中闪过成千上万幅影像，宛如一场明信片展示：格拉德斯通、迪斯累里、阿斯奎思、劳合·乔治、丘吉尔、艾德礼[①]，战时和承平时期的各种历史场面，爱尔兰和迈克尔·柯林斯[②]，来自无数殖民地的代表们来来去去地进行着独立谈判。这个房间曾经见证有史以来最伟大的帝国之一的崛起、繁盛和消亡。我想到危机和灾变，决策和思虑，为了商讨统治国家所需的众多基本世俗事务而召集的会议。这一切，都在这个俯瞰唐宁街花园、书桌两头镶着两根装饰假柱的小房间里面发生。书桌本身是麦克米伦[③]设

---

① 他们都是曾经担任英国首相的政治家。

② 迈克尔·柯林斯（1890—1922）：爱尔兰民族主义者、新芬党领导人。1921年帮助协商建立爱尔兰自由邦。

③ 英国政治家，曾任英国首相（1957—1963）。

计的，呈椭圆形，好让坐在中间的首相看到所有内阁成员的脸孔和身体语言，尤其是任何暗示忠诚或者异议的细微信号。首相的座位是唯一一把有扶手的椅子，理由嘛，不是为了让它显得更威严，就是因为首相是所有人之中最需要支持的一个。

房间里只有一个人，他就坐在首相座位旁边的椅子上，是内阁秘书罗宾·巴特勒爵士。他因其自身的能力以及丰富的经验而闻名，曾经跟玛格丽特·撒切尔和约翰·梅杰紧密合作过。他示意我坐在首相的座位上。我照做了。经历了过去二十四小时的扰攘之后，能有机会让双脚歇一歇，这让我松了一口气。

“那么，”他说，“现在怎么做？”好问题。“我们已经研读过宣言了，”他继续道，这让我毫无来由地感到困扰，“我们已经准备好为你实现它了。”

考虑到日后我所领导的政府的决策方式以及所谓的“沙发”风格遭到相当强烈的反对，我应该说，从最开始我就发现，罗宾是个十分专业、谦恭而且可靠的人。他不喜欢某些改革措施，可是，他以自己力所能及的最大力量去推动它们的实现。他完全是英国文官最优良传统的体现：才智过人、竭诚为国。

不过，他也是个很传统的人，因尊重传统而产生的所有的优点和缺点，他都有；因此，他是很大一部分资深文官的典型代表。我在很早的时候就看出，他其实不太赞同乔纳森·鲍威尔担任幕僚长，也不太认同阿拉斯泰尔——虽然程度较轻——以及我的老朋友兼政府关系总管安吉·亨特的职位安排。虽然乔纳森曾经担任过文官，但他们三人都是“特别顾问”——这是新政府引入的行政职务。英国的政府体系基本上从下到上都由事务文官来运作，特别顾问的人数很少，不像美国那样多达数千人。执政数年之后，我把人数累积到了七十人。某些人认为我这样做有触犯宪法之嫌。

然而，他们是现代政府的关键组成部分。他们带来了政治承诺，但这并不一定是坏事（我以前一直认为，这种承诺如果源自左派，会令更多人皱眉头；不过，也许那只是我胡思乱想吧！）；他们带来了专业知识；只要运用得当，他们能够跟专业的事务文官们进行互动并且增强力量，后者同样也可以通过这些互动而得到改进。考虑到我接下来要说的话，我应该强调，很多文官不但跟特别顾问们合作顺利，而且乐在其中，他们之间常常能建立起真诚的友谊。

罗宾和乔纳森曾经讨论过，阿拉斯泰尔和乔纳森两人之中，谁能给文官下达指令。我们最终达成一致。（顺便提一下，这两个人在唐宁街服务的期间，都从来没有遭到文官的投诉。）我那时候无法相信，现在还是无法相信：我的前任们没有使用实际上相当于幕僚长的员工，不过，乔纳森是首位得到公开承认和任命的一位。罗宾不太喜欢这一切，在他看来，这样做会跟另一件事——决策的执行纠结在一起。关于这个问题，他的看法更有道理。说真的，在刚开始那一年左右的时间里，我们要站稳脚跟，与执政的各种挑战较量，所以我们试图团结成一个相当紧密的整体，致使某些资深文官产生了被排斥的感觉。

从我们的角度来看，为了实现一系列庞大的改革承诺，我们真是忙得七窍生烟啊。说和做之间那道令人畏惧的鸿沟迅速在我们的面前展开，供我们细细品味。在野的时候，这道鸿沟算不了什么，因为，你能做的就只有“说”；执政的时候，“做”就是一切，这道官僚主义、挫败和失望的深沟就突然横亘在眼前。所以，我们在执政最初的几个月里，倾向于像竞选期间以及改革工党时那样开展工作。

可是罗宾跟我们只合作了八个月。期间，我们敞开心扉，去学习，去调整。那些赞成我们改革的大臣们走在前头。惯用的做法得到了改变。内阁和内阁委员会生气勃勃，特别顾问和文官之间的协作达到更佳的平衡。

因此，所谓“沙发政府”的断言，一直就是荒唐夸大的。首先，领袖向来都有内部顾问团。其次，虽然罗宾常常强调我的前任们是内阁制的坚决奉行者，我却觉得这跟自己记忆中——我承认那是根据外表得出的判断——撒切尔夫人与其内阁之间的关系有点不太吻合。

还有更重要的一点，其根源在于涉及现代政府执政方式的争论。正如我后来将会讨论到的，维持一个现代国家有效运作所需要的技巧，跟维持一个20世纪中期国家运作的技巧是不一样的：传统的政策建议的作用大大减小，政策的执行以及项目管理的作用大大增加。这些技巧其实跟私营企业的管理技巧十分类似。对于文官来说是如此，对于政治家来说也是一样。助你爬到议会那百尺竿头的技巧，不一定可以用来运作一个员工以千计、预算以十亿计的部门。

不仅如此，现代政治的节奏和媒体监督的介入——不论对错，甚至跟十五、二十年前相比，都已经完全不同了——意味着决策的作出、立场的选择、策略的制定和传达都要以光速，而不是以往的音速进行。

当然，上面这番话并不是说决策可以不经适当的分析就作出，但它确实意味着，过去由文官把政策文件提交给内阁，然后内阁进行辩论，首相扮演仁慈的主席跟内阁成员们一起作出决定的基础流程，已经不再适合这个快速变化的世界或者变化更快的政治形势。在基础流程中引入特别顾问的做法，并非规范之墙上的裂口，而是扩大听取建议的范围并且推动政府运作的切实可行的完美方法。正如我前面所揭示的，传统文官的问题并不在于受阻碍，而在于有惰性。

然而，这些都是日后发生的事情了。刚进唐宁街10号的我，坐在那儿，开始沉思如何给这著名的英国体系下达指令。第一道命令是跟财政部协作，完成英国央行的独立。这一天在轻微的迷惘中度过，大部分时间都用来任命内阁成员和大臣。对于有些人来说，这是高兴的时刻；对于另一些人来说，则是痛苦的时刻。关键职位已经分派好了，不过，影子内阁[①]的人数比真正的内阁多，所以我不得不告诉其中三个人，虽然我可以委任他们做大臣，却无法把他们纳入内阁。其中两人同意接受大臣的职位，另一人宁愿去做普通议员。嗯，欢迎**在针毡上落座**，我心想，因为我知道，在将来的数年里，遭到驱逐、打击和拒绝的人只会越来越多。

不过，也许你也猜到了，在最初的几个小时、几天和几个星期里，我的政府过着平安无事的日子。当上首相的第一天晚上，我回到里士满月牙，度过在那里居住的最后一个晚上。几天之后，我们在唐宁街吃了一顿外卖中国菜，爸爸也过来陪我。他这样做让我很开心，很自豪。

我收到了第一个红盒子[②]，里面装着给我的第一份推荐、第一封要我签字的信件。队员们全都适应了新的环境，我的团队从一支沿城堡墙壁攀登的反对党突击队，转变为掌控所环顾的一切的统治者。我的核心员工是一组卓越超群的人物，他们的性格和外表差异巨大，却能像一个整体般紧密结合在一起，他们的同志之情由一种钢铁般的意志维系着，所有人都为一个共同的目标而努力。对于那些跟我密切合作的人，我有几条规则：工作第一；不抱怨；适当的风趣很好；不容许不忠不义；互相照顾；团结一致；互相尊重；如果还能互相喜欢，会更好。

总的来说，他们都符合这几条规则。乔纳森刚开始在反对党领袖的政府里面担任幕僚长角色时，确实不太适应，觉得从职业外交家变成政治家有点困难。不过，一旦适应之后，他表现得非常出色。我会在后面详述他对北爱尔兰和平进程的贡献，不过，他对政府的主要贡献在于他对文官体系的熟悉、非凡的工作效率（他吸收信息的速度快如闪电），以及完全而且自然地符合新工党理念的政见。他和安吉是新工党里的非政党政治派。他们注重实事，外表带着无法磨灭的中产阶级风格，可以跟任何不关心政治的组织轻松合作；他们是工党

---

① 在野党为准备上台执政而成立的内阁。

② 英国大臣用的文件盒子。

的有力支持者，却不是工党人。

萨莉·摩根就是一个十分纯粹的工党人，能够深入其他人无法触及的政治领域。她先是政务秘书，后来当了政治和政府关系主管。不过，虽然她是个卓越的组织者，并且拥有助她实现抱负、升入高层的有利条件，她跟旧工党的组织策略却没有关系。不过她和阿拉斯泰尔，连同在1994年之后担任我的议会私人秘书的布鲁斯·格罗科特，总是能理解工党的观点。他们不一定会赞同，却总是能够明白其中的意思，因此总能提出宝贵的建议，使其改进。

从一开始，我就发现阿拉斯泰尔有一个特点：他非常擅长将忠诚灌输给其他人。他的沟通团队是文官和特别顾问的混合体，几周之内，他们就已经结合成了一个效率奇高的整体。他们崇拜他；而他则站在队员的身边，以混合着幽默、坦白和自信的奇特手段来激发他们。

凯特·加维是看门人和日程管理员。关于现代首相或者总统的日程表安排的重要性，有一大堆聪明的政治学专业的学生写出的博士论文。说凯特是“管理日程”的人，就像说列侬和麦卡特尼[①]是“写歌”的人一样：说得没错，却无法表达其作品所具有的重大意义。如何使用时间是极其重要的，后面我会详述我的时间是如何安排的。凯特迷人、风趣，隐藏其下的则是非常坚忍的性情。她以铁腕执行日程，而且时刻准备好在面对干扰时向对方施压，当然，脸上还得挂着胜利的微笑。

还有利兹·劳埃德。她来为我工作时，刚刚从大学毕业；她先担任调查员，然后一路高升，最后成为副幕僚长。她长得像一朵英国玫瑰，非常聪慧能干，可以根据场合时而高高在上、时而平易近人；最重要的是，她开诚布公，对所有人都很公平，因此，她给这喧闹的地方打了一支镇静剂。

詹姆斯·珀内尔，他聪明得令人难以置信，在处理政策问题方面发挥的作用无法估量，而且他一直在为将来的发展学习政治知识。我非常渴望见证他的成就。

政策主管戴维·米利班德，他真的能眼观十二路，把政府纲领整合得头头是道，能够在引导大臣们——有时手段还相当强硬——朝着异于他们愿望的方向走去的同时，还能让他们高兴。他是我首届任期里的完美选择：非常聪明、坦率，擅长党派政治。他更偏向于萨莉和阿拉斯泰尔的阵营，不过，他是新工党人。

① 全名分别是约翰·列侬和保罗·麦卡特尼，二人都是披头士乐队的成员。

帕特·麦克法登，负责政党组织，不过，他很早就显露出突出的政治天赋，而且具备成为一流大臣的才智。

彼得·海曼，在政策与通信工作之间来回忙碌。他总是那么机灵，常常冒出新念头，从来不怕说出自己的想法，敢于反对我或者其他人的意见。不过，他有着亲切友好的性格，后来离开去做了老师（一位非常优秀的老师）。

蒂姆·艾伦作为新闻办公室主任的副手，对于阿拉斯泰尔来说，是一个出色的衬托，他显然注定会有更大的成就。（他应该参与政治，但他后来决定经商，而且获得了成功。）

萨拉·亨特是大法官德里·欧文一个朋友的女儿。她和乔纳森·皮尔斯两个人来到我这里的时候都很年轻。他们一直跟着我，从我做反对党领袖那时候开始，后来进入政府帮忙，直到萨拉生小孩离开为止。我很幸运能有他们在身边。两个人工作都很勤奋，是我得力的助手。

希拉里·科夫曼从迈克尔·富特那时候开始，服务过历届工党主席，也是我执政团队的一员。她经验极为丰富，头脑冷静。她常常被迫处理媒体（频繁）提出的各种私人问题，所以她要接收来自方方面面的最可怕的荒唐言论，在庞大的谷壳堆里筛选出细小的麦穗。

安吉和德里都是独一无二的人物。安吉是我最好的朋友。我们十六岁的时候就认识了，当时，在苏格兰北部举行的一场派对上，我企图爬进她的睡袋。（没有成功！）读大学的时候，她一直照顾我。我成为下院议员之后，她再次出现在我的生命中，从此一直陪伴着我。她性感，充满活力，而且能运用这两种特质来达到破坏性的效果。如果你低估她，你就危险了，得自负后果。在我遇见过的所有人之中，她也许是政治本能最自然、最直观的一个，而且非常非常聪明。如果她觉得有必要保护我或者某个项目，她能比我们任何人都更无情。

德里跟彼得·曼德尔森和菲利普·古尔德一样，不在政府中，却是我的核心团队成员。在早期那些日子里，德里的重要贡献在于运用严谨的分析帮助任何有需要的队员。正如我以前常说的——因为人们偶尔会对我跟德里说话时的那种尊敬和恭顺的语气感到好奇——他拥有一个甜瓜那么大的脑袋。他去世之后，人们要把那个脑袋放进博物馆。那才是弗兰肯斯坦博士[①]应该偷的脑袋。他可能是个政治盲，却能睿智地理解一切，看得透彻，而且能抓住重点，这在暖

① 英国女作家玛丽·雪莱所著小说中的主人公，是一个生理学家，亲手创造了一个怪物，自己却被怪物所毁。

昧并且常常阴暗的政治世界里是十分珍贵的品质，应该大加赞赏。早期那段时间，如果有人——不论是外人还是文官——变得自以为是，以恩者自居，我就会请出德里，看着他们在他的修理下畏缩下去。德里如同一台工艺精准的工业制模机，冲压、敲打他们，直到他们成形，从另一头掉出来。

彼得·曼德尔森是我的密友和盟友。他聪明、迷人、风趣，所有出色伙伴的特点他都有。他有两个特性，使他注定成为一个卓越的政治顾问。他可以识别事情的发展方向，而不仅仅是它们的现状。正如戈登以前常说，彼得不仅可以告诉你人们今天在想什么，还能说出他们明天会想什么。对于制定政治策略来说，这种能力的价值无法估量。

另一个特性就是他面对责难时的胆量。涉及个人感情时，跟我们所有人一样，他可能会非常情绪化；不过，把他放到前线去，置于政治斗争的火热战斗之中，他就会像罗马的步兵方阵一般，冷静、守纪、格外高效。敌人发狂时，他会沉着地集结军队，常常召集将军们一起寻找反击机会，而且他是相当地乐在其中。这样的品质非常非常罕见。当你得到它时，你将视为珍宝。

菲利普·古尔德是核心团队的最后一员。他是手执占卜魔杖的人，其工作就是瞬间精准地告诉我们情况如何。从这方面来说，他是一个典型的优秀民意测验专家。随着时间流逝，我还注意到了他的其他特点：他其实是个出色的民意综合家。他能以一种超越世俗表达的洞察力（诸如“他们喜欢这个”或者“他们讨厌那个”），对民意进行分析、解释，并且预测其后果。结论会是民众可能会被带往何方，目前他们在哪里会感到舒适。从这方面来说，他成了一个策略家，而不是民意测验专家。

每年的工党大会上，我固定要发表一次重大演讲。他也是准备那场演讲的关键人物。十三年来，这个过程每年都为我和我的团队成员带来比例大致相同的苦恼、惊惶、疯狂和创造力。演讲前，我会花一周的时间沉浸在里面，因此常常会写出十五或二十份草稿。每年，我都希望能轻松些，但每年都跟以前一样艰难。2006年那次——在我看来是所有演讲中最精彩的一次——也不例外。

1995年那次，工党仍然在野。周二要发表演讲，我在前一天的周一决定，这是没有希望的事，草稿是没有用的，我的大脑终于成了一团糨糊，我将不得不因为无能而辞职。那天早晨，我还答应要跟当时担任纽卡斯尔联队（我的足球队）经理的凯文·基根一起到一个学校去拍照。到了那儿以后，我绝望至极，以至于当凯文提议我们一起在孩子们（以及大众媒体）面前上一节头球课时，我说出了让阿拉斯泰尔和所有工作人员都惊骇万分的话：“当然可以，没问题，随便吧。”那时候，我已经管不了那么多了。当然，政治领袖当众做运动，永远是一个巨大的风险。没有人会期望你玩得非常出色，可是你也不能表现得形同废物，否则，你显然不适合执掌一国大权。头球可不是踢球——后一种想玩得太差劲还颇有难度——而是头对头地顶球。如果想把自己塑造成彻头彻尾的白痴，这真是个非常容易的法子。

然而，我竟超常发挥，而凯文当然是技术娴熟得足以把球都顶到我能接到的地方。于是，我们一口气顶了二十九下。这是个相当惊人的成绩（也许比我的演讲流传更广！）。

最糟糕的一次运动挑战发生在几年以后，我同意跟伊利耶·纳斯塔塞、帕特·卡什，以及作家兼喜剧演员阿利斯泰尔·麦高恩一起在女王杯[①]上打一场慈善比赛。网球这种运动，可以玩得很好，也可以玩得很烂，又或者，如果太过紧张、手臂拒绝听从脑袋使唤时，玩出一种个性风格来。在那场比赛里，三种风格我都用上了。我是首相，我很忙。我从来没去过女王俱乐部，而且毕业后就再也没有在草地上打过网球。刚进场那会儿，我感觉很放松。然后，我意识到自己的比赛紧跟在女王杯决赛之后，其中一个决赛选手是蒂姆·亨曼，而现场观众多达六千人。轻松变成了恐慌。打网球的时候，恐慌是最糟糕的心理状态，必将导致溃败。我之所以能逃脱受辱的下场，全因为蒂姆的决赛打得出乎意料地久。伊利耶·纳斯塔塞亲切地同意跟我一起热身。结果，我和他练习了差不多两个小时才上场比赛。到了那时，我已经充分热身，平息了恐慌，打得还不错。不过，我发誓，再也不冒这个险了！

话说回来，我跑题了。菲利普在我的年会演讲里扮演的角色是要帮助我确定想传达的信息，在交响乐团调弦造成的一片喧闹、混乱之中，发出一个响亮、清晰的和谐之音。我无法告诉你，他多少次拯救了我的演讲，赋予演讲生气和力量。

从上面这些描述中，你可以看出来，我为自己的团队感到十分骄傲。他们是一群出类拔萃的人物。我最喜欢他们什么？他们敢于创新。他们独一无二。他们是普通人却不墨守成规。他们富有人情味却如同受过魔法一般，有别于那些只懂埋头苦干、接受命运的人；他们力争上游，视生命为冒险。能够得到他们的陪伴，我真的很幸运。

---

① 一项重要的草地网球赛事。

执政的头一百天，从某种意义上来说，是卓有成效的。我们发布各种公告，迅猛如同暴风雪一般。它们累加在一起带来的结果，不仅是政府的更替，而且是执政文化的改革。

5月2日，我们宣布废除国家出资协助私立学校的政策，为的是把钱用来改进国家对婴儿的补助。

5月3日，我们组建了一个名为“国际发展部”的新部门，分担外交部的援助工作。外交部不喜欢这个做法，因为他们会因此失去一笔占据最大份额的预算的控制权，而且，他们的一些反对理由在日后也得到了我的同情。克莱尔·肖特担任新部门的大臣。在她的带领下，该部门将在发展策略上引领全球动向，人们排着队为它工作。它类似一个政府内部的非政府组织，这样一来，时不时就会造成一些大问题。不过，从整体考虑，我认为它物有所值，使英国得以深入接触发展中国家。虽然写下这些话的时候，我想象得出阿拉斯泰尔不屑的眼神(他无法忍受她)，但我确实认为，她有真正的领袖天分；问题在于，她认为不赞同她的人都是邪恶的，而不是错误的——这是政治家们常有的缺点；而且，她一旦发起脾气来，会变得十分刻薄。不过，我们应该为我们的援助纪录而骄傲，而她应该为她所作出的努力而骄傲。

5月6日，戈登宣布英国央行独立。

5月9日，我们整合了首相答问的时间，从每周两次、每次十五分钟，改为每周一次、每次半个小时。

5月11日，我们宣布对参加过海湾战争的士兵们的补偿方案。

5月12日，我们宣布改革国家彩票制度，容许其收益进入医疗和教育领域。戈登把燃油增值税削减为五个百分点，以缓解烫手的账单问题。

5月14日，我们许诺禁止烟草广告。

5月15日，我们恢复政府通信总部员工的工会权利，推翻了保守党拒绝赋予情报工作人员(甚至是那些处于底层的员工)加入工会之权利的决定。

5月16日，我们提出对苏格兰和威尔士的责权下放进行公民复决投票的议案，还公布了一个包含七点内容的英国电影产业复兴计划。

第四周，我们禁止生产或者出口地雷。在苏格兰的邓布兰发生杀害十七人的屠杀之后，我们举行了一次关于禁止手枪的自由投票。

5月底，国防大臣乔治·罗伯逊安排了一次战略防御回顾会议。在接下来的一个星期里，我们任命了低收入委员会的会长，负责设定英国史上的第一次最低工资线。

第六周结束时，我们已经开始实施读写和计算能力策略，旨在提高小学生的阅读、写作和数学成绩。

6月16日，我们签署了《欧洲社会宪章》。十多年来，这个宪章是工党跟保守党之间的一条分界线。后者认为它会削弱我国的竞争力。我们认为它是保障基本雇佣权利——例如带薪假期——的约定，是公平社会必不可少的特征。实际上，我还利用对《欧洲社会宪章》的支持来取代对工会公司[①]（某些行业里要求员工必须加入指定工会的公司）的支持。我们签字的时候，外交大臣罗宾·库克得意扬扬地宣布了这个消息。它成了工党成员和工会（那时候已经忘掉工会公司的事了）大肆庆祝的理由。

7月2日，戈登给出了第一份预算，其中包括"福利转就业"计划，其资金源自对私有化的公用事业征收得来的暴利税。两天后，德里宣布《人权法案》的制订计划，那部法案将是《欧洲人权公约》在英国宪法里的体现。新任的主管公共卫生的大臣特莎·乔韦尔启动了一项消除健康不平等现象的提案。就这样，行动、公告和愿景一个接着一个，数不胜数。

这些不仅仅是政策上的改变，而且还是英国统治方式从宪法到态度的彻底转向。

前一百天结束之时，我们公布计划，打算为伦敦任命数世纪以来的第一位市长。在第一百天的时候，我们休息了一下。或者说，至少我是休息了，首先逃往托斯卡纳，然后逃到法国南部，在头几个月的手忙脚乱之后寻求放松的机会。

那时候的我，是哪一种领袖？我有一个清楚的、明显区别于传统工党政治家的价值观。我是中产阶级，我的政策从很多方面来看都很中产阶级化。我的政治纲领既是为了实现雄心勃勃者的抱负，也是为了解决落后潦倒者的担忧，两者同样重要。部分为了这个理由，部分为了向党员们强调我还没拔出它的根须，我把第一次在下议院之外发表全国重要讲话的地点选在了伦敦南部一个在保守党执政期间被遗忘的贫困住宅区：艾尔斯伯里。演讲在6月2日举行。我设定的基调是继承一国保守主义[②]的衣钵，并且非常刻意地展示自己作为联合者的能力。我不想要阶级之争。我不喜欢分裂或者意见纷争。我看得出，富裕

---

① 只雇用工会会员的商业或者工业公司，其员工必须是工会成员，或者必须在期限内加入工会。

② 保守党党内自20世纪初至20世纪70年代的主流传统思想。

者和贫困者的联合能够构建共同兴趣点。我不能容忍各自为政的党派政治，它会夸大分歧，导致充满仇恨的纠纷以及毫无理性的偏见。

我还清晰地列出了构成这一原则之基础的主题：把福利用作扶持手段，而不是赠与；责任伴随机会而来；彻底改造政府、使部门之间紧密协作的愿望；根据需要而不是财富来提供优质公共服务；社区无须再为经常发生轻微犯罪行为和反社会行为而担忧。也许最重要的，是以类似教条的方式强调怎样做才有效，也就是：左派和右派都把自己从教条之中解放出来，推动国家实现公众福利。

如今再看这篇演讲，内容全是好东西，跟比尔·克林顿的许多看法都一致。有趣的是，1997年5月底，他去参加北约首脑会议，途中访问英国。我把他引见给内阁，大家对他相当敬畏。他给我们讲了一番比尔式鼓舞士气的话，引用了一些我们竞选时的主张（他是个真正的专家，把那些主张全都研究过了），灵巧地在其中穿插他自己的执政经验。我永远记得他说的这几句话："别忘了，在信息时代，沟通在竞争中占据百分之五十的重要性。说一次、说两次、不停地说，事后你会发现，自己还是说得不够多。"

我带领工党获得了胜利。我重塑了它。我赋予它成为真正的执政党的机会。这些都需要一定水平的政治技巧和胆量。而那时候的我，不是一个傻瓜，幻想从今以后事情不会变得更艰难、更尖锐、更丑恶。我明白自己正在享受蜜月期。虽然我的另一半对婚姻抱有幻想，我却没有。尽管在当时看来，我不可能犯错，前方也没有挑战，对形势的认识却让我忧心忡忡、惴惴不安、神经兮兮。

缺了什么？我的信念有天真的一面，以为只要采用了意识形态的教条中基于理性和节制的方法，就能解决困难的问题，拆解复杂的难题，调和立场的分歧。没错，这种方法有其优点，甚至是必需的；然而它远远不够。事实上，这样的态度只能造就敞开的心胸。它无法消除进行分析、深入审查政策选项、直达问题内部，并且在一团乱麻之中尝试解决它的需要。在云端之上，你可以自由地呼吸着齐心协力、价值共享、目标相同的空气。一旦从云端回到地面，你就落入了问题的沼泽之中。你会发现什么？你发现，这地方充满无法预料的困难、技术地雷，以及最大的障碍——企图把解决方案连同问题一起继续埋葬的既得利益集团。这些集团——各行各业的、金融的、各部门地区的——不喜欢你的干涉。转眼之间，想把你赶出去、自己坐进来的政治对手们就会跟既得利益集团结成联盟，发动反击。

问题就在这里：他们不会光明正大地斗争。你，身为领袖，满怀做好事的诚恳愿望;是的,当然,你握有最高权力,是决策人,但你也真诚地希望把世界变得更美好。你心想:我们有争论;我们通过分析来解决争论。我会听你说,你会听我说。我们甚至可以互相说服,即使不行,呃,通情达理的人可以有不同的意见,我知道我们都会承认,归根到底我才是首相,我必须作决定。

不,不是这样的;事实上,根本就不是这样。他们责骂你。他们滥用你的论点;他们扭曲你的动机;他们嘲笑你的诚意和你对善意、对公众福利的声明。对于刚刚开始执政的改革派政治家来说,这永远是最大的打击。右派从头开始攻击你,其激烈、怨恨和刻薄叫你头晕目眩。你感到惊骇、愤怒,但更多的是意外。批评家变成了检控家。争论变成了争吵。改革的尝试变成了对对手基本权利的侵犯。你以为自己是来参加讨论会的,却突然发现自己被困在笼子里,旁边是一个不戴拳击手套的斗士,外面是一群号叫着下赌注看你能坚持多久的暴徒。

我很久以前就已经学会政治胆量的第一课:再三思量。然后学会第二课:作好当领导和作决策的准备。如今我正在学习第三课:如何承受计划风险。不论是否喜欢,我将要疏远某些人。在作出决定的那一刻,你就画出了界线。然而,我会考虑其负面效果,调整它,理解它的维度,评估它的规模,改善它的后果。于是,我克服了这些冲击带来的震惊,习惯了嘲笑,开始打造一副对争吵近乎漠不关心的盔甲。这对领袖来说是如此危险,却是生存下去必不可少的手段。

在这一切的过程中,我渐渐理解了政治的另一个次元:制定正确政策所需要的技术细节。在这个次元里,再多的政治胆量也不够。我明白,自己也许必须在正确观点和策略之间作出选择。然而,要判断什么才是正确的,这本身就十分复杂而且极具争议。我越调查事实,就越能理解,改变国家比改变政党要难上千百倍。风险是无法避免的,而承受这些风险的胆量,完全属于另一个层次。

我将会竭尽全力,我将会小心谨慎。然而,即使是在头几个月里,即使我们貌似精通政治布局,我仍然看出了下一课的所在:如果你遭遇一个无法计算的风险,会发生什么事?当你的对手不是通常的既得利益集团,当杂音并非由某个尝试某种改变的人发出的平常喧闹,而是由主流民众发出来的主流声音时,会发生什么事?如果争论不是来自政党或者某一特定的人群,而是来自民众,会发生什么事?

我知道,自己是个极受欢迎的领袖。这感觉,在我、在公众,都有点像是谈恋爱。我们就像新婚夫妇,设想着,我们会一起成长,一起学习,像所有夫妇一样时不时地发生争吵,却保留着某些令我们的爱真实而完整、永久不变、可以寻回的深邃奥妙。如果我们分手了,会发生什么事?

第二章 领袖学徒

从在野到执政的旅程,花了三年时间。听起来很短,感觉起来却并非如此。每一天,都是那么漫长。每一周,都有新的忧虑、事件或者声明来扰乱我们精心编排的、从无力通往掌权的行军进行曲。每一月,也许你的竞争对手,也许某个仅仅是闲得发慌或者对你的成功感到恼火的媒体工作人员,都会设法来抹黑你的招牌,贬低它、嘲笑它。每一年,都得登上一个新的高度,以保士气不灭。

然而,回顾那些年的故事和经历时,我会嘲笑自己当时的艰辛感。那样就算艰难了吗?那不过是一次漫步、一阵微风、一个把你送往终点的轻推动作。我重读那些笔记,想起那些电话,回顾那些会议,每一次都是如此重要,在我的心目中它们的贡献都是如此之大。我不明白,它们怎会那么的简单和轻松。

不论在野还是执政,有一点是永远不变的:焦点的强度。当然,在野期间的每一次重要交锋,我都在学习,都在攀登新的高度;那时候,自然会觉得十分困难、挑战巨大。

你第一次认识勇气和恐惧,是孩提时在游戏场上的打架过程中。当欺凌弱小的坏蛋恐吓你时,你会害怕受伤。但最终,在某个时间点,你会转身反抗。我还清楚地记得自己的那个时间点:大概十岁,在达勒姆唱诗班学校的门外。那所学校坐落在美丽古老的大教堂院子里。我们刚搬到那个城市时,就是住在那儿附近,周围有一家古老的基督教知识普及协会书店,还有18世纪的老屋和农舍簇拥着雄伟辉煌的诺曼大教堂。

他甚至不算是那种非常高大的坏蛋,也绝对不是非常可怕的一个。我甚至还记得他的名字。那家伙已经骚扰我好几个星期了。我痛恨那种情况,害怕跟他一起上课，避开任何可能遇到他的地方。然后，有一天，也许有理由，也许没有理由地，他突然在学校门外拦住我，开始纠缠我。而我，转身告诉他，如果他不停止，我就要打他了。他看出我是认真的，因为我确实打算动手，眼神里也流露出了决心——于是，他再也不敢来了。很傻，是不是？多年以后，我还能想起那些影响性格发展的微小时刻。

接下来，你在各种情况下学习勇敢：第一次登台表演，你真希望自己从来不曾同意这样做，你诅咒自己的自负，为自己悲叹，只想躲进角落里。不过，不知为何，你没有放弃；你走出来了。十八岁那年，我第一次自己去伦敦；1976年，律师考试结束之后，我一个人在巴黎待了好几个月；打了那个电话；参与了那次会议；推动着、努力着、拼搏着。每一步都很可怕，然而每一次放弃都意味着，你不仅会为错过机会而后悔，更糟糕的是你还会鄙视自己连鼓起勇气试一试都不敢。

有时候，我会对自己竟然处于往前走的状态感到惊讶，但更多的时候，我知道自己在作出选择之前内心的不断挣扎。因为，这是一个选择。另一个可选项总是在朝我招手，而且以动人的理由装扮着自己：时机不对；太冒险了；其他人反对；会有下一次机会的。然而，下一次机会多数是不存在的，而且，无论如何，你的内心深处很清楚真正的理由：对于走出去、暴露在外、可能失败的恐惧。如果从不追求成功，你就绝不会失败。所以，为什么要去做呢？

我遇到过一些没有这种迟疑的人。他们拥有那种凭着本能、不经过事先考虑就走出去的内在胆量。对于他们来说，这样做如同呼吸般自然。他们的问题跟我大不一样：我的问题是勇气和恐惧之间的较量；他们的问题是无畏造成的后果。害怕促使你估量利弊，而这样做有时候可以救你一命（虽然过度的估量也会毁灭你）；那些完全不假思索、低着头往前冲的人，则面临着有勇无谋的后果，甚至垮台的风险。不过，我一直都很佩服那种性情，喜欢它的狂放和不羁。

离开牛津大学之后，我加入了工党。比我早一年毕业的杰夫·盖洛普则决定加入澳大利亚工党。“这也许是背叛，”他愉快地说，“却是我们想作出改变的唯一方法。”他那自由的灵魂终于开始反抗极左的教条和偏见了。我怀疑，他还被很多澳大利亚人对他妻子贝瓦的普遍看法触怒了。

从1975年到1983年，我辗转于党内的各个部门。不过，我的观点开始发生变化。一开始，我努力工作，而且真的是埋头苦干。通过一位女朋友，我认识了著名的德里·欧文。当时他只有三十六岁，被视为律师协会里最优秀、最聪明的初级讼务律师之一。改变我一生的友谊，就这样开始了。

德里教我学会如何思考。用教育术语来说，遇到德里之前，我只不过是"考试及格"，对于如何思考问题，我没有一点头绪。我所指的是真正的思考——根据基本原则对问题进行分解、剖析，把它拆开，构建成一个解决方案。

作为我的"班主任"，他十分专横，却是个天才。我曾经帮他撰写过诉讼意见和出庭辩护。记得第一次写意见的时候，我把结果交给他，以为他会看一看，给一两句评语，然后收起来，因为我很自然地以为他会自己另写一份。但他只是瞥了一眼，就签了字。然后，我惊恐地听到他吩咐我，叫办事员把它送出去。"那样做好吗？"我惊骇万分。我是说：我只是个学生啊！

"嗯，"他的视线从桌面转移到我身上，"这是你写得最周全的意见了，不是吗？"他在低吼，把我吓坏了。我结结巴巴地说了些诸如"呃，挺难写的，我希望它还行吧，不过，这是我第一次……"之类的话。他拿起那份意见，朝我摔过来："我不要听你这些废话。我不要半生不熟的想法。我要最周全的意见，要像你本人为此负责那样去写。明白没有？"

"明白。"我谦恭地回答。

"写完之后再回来找我。"他低下头继续忙桌上的事。"走吧，离开这里。"他连看都不看我一眼。

我带着另一份更好的草稿回来。这次，他让我坐下来，和我一起看了一遍，解释其中的错误，质问其中的论点，最重要的是，深入挖掘答案。这深入挖掘的过程，不仅在当时，甚至直到现在仍然令我着迷。

大多数人遇到棘手的问题时，都明白它很困难，都会思考。他们可能会仔细研读，了解其他人的意见，衡量哪一种解决方案最好。也许他们会选择一个方案，也许他们会"嗯嗯啊啊"的，认为它真是太过困难了。

而德里面对法律问题时，就像一只叼着骨头的狗。众所周知，狗是怎么对付骨头的。德里会啃咬它、检查它、把它翻来覆去地拨弄、埋起来、挖出来、退一步瞪着它，直到吃光骨头外面的每一点碎肉，吸光骨头里面的每一滴骨髓。在完全掌握它之前，他是不会停下来开始思考的。最重要的是，他从不因为问题看似常规而接受常规的分析。他会回归基本原则，深入常规的背后和深处，偶尔——这是他的天赋——会得出一个从截然不同的角度来看待问题的分析结果来。我常常想起一件案子：如果以常规的方式去看，它根本没有希望，可是，经过分析，从另一种角度去看时，它忽然就有了希望。

说到注意力这方面，他完全是个强硬派。如果你准备不足、兴致缺乏、心不在焉，灾难就离你不远了。要是你的语法或者拼写出错，打漏了字，写了一个狗屁不通的句子，火山就会爆发——开足火力的德里仿佛怀揣一整个火药库的口头弹药，真是非常恐怖。我惧怕他、佩服他、崇拜他，但最主要的是，感激他。

德里是个温和的工党人。他从不嘲笑极左主张，从不贬低其虚假的学术基础，他尊重极左主张的信徒和拥护者。在这方面，他跟切丽很像。切丽也是一个对我有重大影响的人。这不是因为她是我的女朋友并且后来成为我的妻子，甚至不是因为我们花很多时间讨论政治——我们没有这样做过，而是因为她对工党的支持自然、合理，源自真实生活的经验。她对学术立场或者政治立场同样没有丝毫的兴趣。实际上，她几乎超越了与我同时代的所有人，自始至终都坚持同一个政治立场。她看着左边的人移到右边去，自己却是原地不动。从这个方面来说，她很像我的选区的选举负责人约翰·伯顿。随着时间的流逝，我开始明白，要想有效地进行政治改革，实用、符合常识的改革策略不可或缺，与之相反，光说不做是没有用的。

在律师协会的最初四五年里，我致力于法律事业。这种工作非常消耗时间——我每天至少工作十二个小时，所以我没有多少工夫去从事政治活动。不过，我参加了本地的党组织，先是在厄尔斯考特，接下来是玛丽波恩，然后是哈克尼；我偶尔会给《新政治家》投稿，当时它是一份严肃的周刊杂志；通过德里，我还认识了约翰·史密斯和其他工党人。

我不记得自己第一次去下议院的具体日期了，不过，我清楚地记得当时发生的事情以及对我造成的冲击。切丽的爸爸托尼·布思是工党的长期支持者，而且，身为肥皂剧明星和名人，他认识工党的很多下院议员，其中有一位是汤姆·彭德雷。汤姆非常精明能干，当然也很忠诚，不过，他的阅历足够丰富，使他变得相当老于世故。1979年败选之后的工党政治有点像热月政变期间的革命法国，充满内讧、阴谋和激烈的互相指责。下院议员被党内很多人视为“出卖社会主义”的背叛商人。面对暴徒，他们跟下院议员的反应一样，混合勇敢的对抗和无耻的投降，以及痛苦的战栗，试图找出马车①应走的道路。

切丽通过托尼安排我跟汤姆见面。当时我一直在玩味进入下议院的念头，却无法下定决心。其时汤姆要留在议院里投票，所以他约我们深夜到下院酒吧去喝酒。在那个年代，安保比较松懈。于是，我走进了人们排队等候首相答问的那个房间，走上台阶，经过了左边的威斯敏斯特议会大厅。查理一世曾经在那个大厅里受审；国王、女王以及少数几个政治家下葬之前会在那里接受公众瞻

---

① 原文用词为tumbril，原意指1789年法国大革命时押送死囚犯去断头台的押送车。

仰遗容；大厅高处的凹室里，跟古代战争的旗帜摆放在一起的是几个世纪之前塑就的骑士雕像，虽然已经受损，但还能辨认得出。

我走进形同巨穴的中央室。那里是公众等待与下院议员见面的地方。我停下脚步，仿佛被雷劈中一般。这雷就那样打在我头上：这里，就是我想来的地方。真是非常奇怪。奇怪，因为太不像我；奇怪，因为日后从来没有人认为我是“下议院的人”。然而在当时当地，我有一种强烈的预感：这里就是我想来的地方。这是我的命运。这是我的政治归属。我要不惜一切代价进入下议院。

切丽对我的反应相当吃惊。我真的在那个地方徘徊起来，感受它的氛围，研究它的建筑结构，仿佛看着那座建筑就能够揭开凭着权利而不是邀请进入那个地方的秘密。如今写下这些文字的时候，我突然从那旧日情感的书架上把这份已经搁在那里太久的感觉重新取了出来：我想念下议院。那件事之后过了将近三十年，到2007年6月我任期结束的时候，我已经受够了，我想脱身，想离开。可是现在，细细审视当年的感情，我又重新燃起了一些热情。律师协会自有其吸引力——它当然是个更加富有的地方，可是，成为下院议员、成为这片大地的立法者之一、在那神圣的走廊和房间之中自由穿行，是怎样的兴奋，怎样的冒险，怎样的一种登上崭新的、更高的存在高度的感觉！

那天晚上，我们和汤姆见面。刚刚相互介绍完，我就向他抛出了一连串的问题。你是怎么进入下议院的？你能帮我什么忙？我要去见谁？我要做什么？应该怎么做？“我不知道你原来是这么着急呀。”他说。他被我那如同过度亢奋的孩子般的行为逗乐了，觉得我是一个相当古怪的家伙。

汤姆为我上了第一堂工会介绍课，而且给我提了一些关于工党基层结构的宝贵建议。从那时候开始，直到1982年在比肯斯菲尔德举行的补缺选举[①]，我孜孜不倦地追求着自己的目标。补缺选举落败之后，一切仿佛都已经输掉，我曾经打算放弃1983年的选举，甚至决定放弃伦敦律师协会，搬去纽卡斯尔，接替尼克·布朗的议会席位，因为尼克已经被选中去参加东纽卡斯尔的必胜选举。我计划，下一步去拿下旁边的沃尔森德选区，后来那儿成了史蒂夫·拜尔斯的席位。绝望之中，我还联系了爸爸以前的律师工作室，申请加入。最终，经过加倍努力，我在1979—1983届下议院的末期成为塞奇菲尔德的议员。虽然我最后并不需要搬走，但是我作出那些计划的事实，说明了我的愿望是多么强烈。

至于我对工党的看法，其演变速度几乎和我的雄心增长速度一样快。我很

① 在常规选举间隙为填补空缺而进行的特别选举。这次选举，布莱尔是落选的。

谨慎，避免跟当时党内比过去偏左许多的主流意见分歧太大；不过，我还是从一开始就意识到，我们来错了地方。我敬佩迈克尔·富特，可是，让他代替丹尼斯·希利是个不切实际的选择。

切丽曾经被选去参加北赛尼特选区的选举。那个地方包括赫恩贝和马盖特，是保守党人的天下，她是赢不了的。他们让切丽去报名，她也答应了，但她其实从来没有真正想过要做下院议员。我越来越热中于政治，她却越来越自视为律师。以她的条件——毕业成绩第一名、律师协会考试成绩第一名——她会是个比我优秀的律师。

不过，切丽成为候选人的事，使我获得了另一段影响深远的经历。她的爸爸跟托尼·本很熟，于是请托尼到马盖特去给切丽的支持者们发表讲话。我奉命开车到位于荷兰公园[1]的托尼家去接他，把他送到马盖特。顺便提一下，托尼如今已经是国宝级人物了。而在当时，他对于很多保守党人和持中间立场的人来说，是恶魔。我所说的可不是简单的意见相左；毫不夸张地说，他能把人气得喘不过气来。对于大多数媒体来说，他是群魔之王——当然这也使他成为大部分左派的英雄。

在那晚之前，我从来没有听过他的演讲。我坐在那儿，被他彻底迷住了，满心狂喜和激奋。我心想：要是我能像他那样演讲，该有多好。给我印象最深刻的并不是演讲的内容——事实上他的很多观点我都不同意——而是演讲中透出的力量，运用言辞打动听众的能力；那不仅仅是简单的劝说，还是推动。之后的好几天、好几个星期里，我都会坐下来，在脑海中回想它。也许对托尼来说，那次演讲不过是那个星期里完成的众多事情之一，没什么特别的，可是对我来说，那是一次启示。

首先，是他的那种绝对自信。听众从一开始就进入了放松、倾听的状态，因为他们知道场面在演讲者的控制之下。演讲开始时，他环顾全场。没有窃窃私语，没有半信半疑，没有负面能量。并不是他不紧张，而是因为他拥有自信。他的自信轻松而自然。

其次，他运用了幽默。如果有人能令你发笑，你就已经落入了对方的能力范围之内。演讲者和听众之间的紧张气氛，只有当双方互相估量完毕之后，才会消失。

第三，演讲里有一条贯穿始终的线索。存在一个观点。有时候，他会有点偏

---

① 伦敦一地名。

题，那条线索会暂时模糊，但他总是能言归正传，使线索再次变得清晰起来。

其四，他的观点是逐渐建立起来，而不是凭空砸下来的。虽然演讲在一开始就对那个观点进行了明白的介绍，但是没有揭示它的全貌。然后，用以支持它的论据一层又一层地逐步搭建起来，最后才把观点推到听众跟前。突然间，所有的话都关联起来了，演讲的目的变得十分清晰，观点就摆在那里。而你会觉得，只有任性执拗的人才会无视它的力量，于是，你认同了它。

在回家的路上，我们谈起战斗派。我想知道托尼对这些打入工党的托洛茨基派有什么想法。当时，我正因为一起法律诉讼代表工党跟他们打官司。研究过他们及其做事方式之后，我知道，对待他们，除了驱逐之外别无他法。托尼不同意我的看法。我看出了他立场里的基本弱点：他热爱自己作为理想主义者、倡导者，以及坚守原则者（相对于那些只顾追名逐利的下院议员而言）的角色。他不愿意跟那些实际上阻碍了把理想付诸实践的人对阵。他是传教士，不是将军。靠传教士是无法赢得战斗胜利的。

十一年后，我刚满四十一岁时，成为了工党主席。我的前任约翰·史密斯只做了两年主席，就在1994年5月12日去世了。他是个杰出的人物：他曾在上一届工党政府里出任过大臣，是一位成功的御用讼务律师[①]和出色的下议院辩论家，是德里以及唐纳德·杜瓦的亲密朋友，而且是你见过的最正直、最聪明、最可靠的人。我能在1983年进入下议院并由此成为工党主席，多亏他的帮助，这点很奇特。1982年5月在比肯斯菲尔德举行补缺选举时，我考虑参加，可是大多数人都提出反对意见，因为对于工党来说，胜算把握近于零。但约翰跟大家相反，说这正是参加的理由：没有人会责怪我的失败，而我却能引起全国的注意，获得更有利的地位，以便在下一次选举时争取一个好席位。他说得对。

1992年尼尔·金诺克第二次大选落败之后，约翰是显而易见的主席人选。汇率机制崩溃那时候，货币联盟的前身无礼地把英国踢出了组织，而约翰的善后处理做得十分出色，并由此在1994年5月获得了虽然领先不算太多、但是十分稳固的民意支持。

可是，约翰的健康状况是个问题。1988年，他曾经经历过一次严重的心脏病发作。当时他是影子内阁财政大臣。戈登顶替他，把工作做得很漂亮，挽救了约翰的"希望之星"声誉。休假七个月之后，约翰回来了，重回工作岗位，表面上

---

① 又译王室法律顾问、女王律师，是英国王室的法律顾问。

已经康复。然而，他的病一部分原因在于他的生活方式。他身材比较矮胖，虽然擅长徒步旅行，却同时也是个海量酒徒。他喝酒的方式，我以前和以后都没有见过。我的意思是，需要冷静时，他绝不会喝酒——他非常敬业；可是，如果奥林匹克运动会有饮酒这个项目，那么约翰的实力将会遥遥领先，以至于几轮下来，场上的其他参赛选手都会摇着头主动退出比赛。

20世纪80年代，他率领代表团出访中国。我也是团员之一。接待我们的是上海本地的中方要员。那是一个欢快的夜晚，大家灌下了不少威士忌、茅台和啤酒。随着夜晚的过去——期间频频干杯——饭桌上的气氛有了一点竞争的味道，基本上来说，就是中方的领队和约翰斗起酒来了。那位中方人士喝酒非常豪爽，是我见过的实力最接近约翰的人了。不过，最后我认为还是约翰赢了(早在几个小时前我就已经换喝绿茶了)，因为他使在场的所有人都站了起来，手拉着手，反复合唱《友谊地久天长》，虽然有点听不清楚却很鼓舞人心。

约翰喜欢跟大家在一起，他爱在投票之后到下议院的吸烟室去。在过去那些日子里，吸烟室里混杂着保守党人和工党人，气氛颇为愉快，政治之争会暂时稍微缓和。当年，F.E.史密斯和丘吉尔不论在下议院里如何唇枪舌剑地争论(有些对话确实非常凶狠)，都会在那个房间里像两个好朋友一样坐着聊天。可惜啊，那样的友谊在今天已经非常非常难得了。约翰喜欢聊天、回忆、休息和放松一下。喝酒就是一种放松。从这个方面来说，他跟德里相似。在重要场合之前，他们绝不喝酒，可是两个人加在一块就成了一种重要活动的代表：如果有空，他们可以从午饭时间一直喝到晚上。

不幸的是，约翰酒量很大。我说不幸，因为那意味着没有防火墙，没有断路器，没有警示牌，隔天也没有足够的惩罚。拿我来说吧，如果稍微喝过了头，我就会觉得很难受，会倒下睡着，而且第二天肯定有严重宿醉的感觉；可是，德里和约翰两个人，都能一早爬起床，开玩笑说身体不适，实际上却完全足以应付一天的颇有挑战性的工作。

当然，心脏病发作之后，他必须限量，而且也这样做了——他瘦了，还把曼罗斯山(苏格兰海拔三千多英尺的山脉)爬了不下一百次；然而，随着工党主席工作压力的增大，随着时间进入1993年和1994年，我注意到，他又开始过量喝酒了。他觉得自己还是过去的约翰，以为自己还能像过去一样行动。这里我要再次强调，他的饮酒从来没有影响过他的表现；那是他每天工作结束之后、放假时、跟好友共度夜晚时才做的事情。然而，他的健康比他自己以为的(也许更准确地说，是他自己愿意承认的)要脆弱。尽管有爱妻伊丽莎白的时常劝诫，他却觉得，如果没有喝酒带来的放松和陪伴，自己难以为继。

1994年5月11日傍晚，举办了一场为即将到来的欧洲大选募集资金的活动。所有影子内阁成员聚集在伦敦一家酒店里，希望巩固当时还相当有限的商业支持。那家酒店的装修雅致有度，不太花哨，但是比工党往常去的酒店要高档一些。

在那场活动里，我只是个观众，不是演讲者。作为少数可以放心地单独跟企业家们相处的影子内阁成员之一，我负责招呼其中一张桌子周围的客人，跟他们闲谈。我记得约翰到场时的情景：他带着伊丽莎白，跟人们打着招呼。我记得，我和他说话时，看着他的眼睛，心想：他的样子非常憔悴。我记得他的演讲虽然没有什么神气，但是讲得不错。演讲的结尾很精彩："我们所要求的，只是为国家服务的机会。"

就我自己来说，我恨不能赶紧离开。第二天我要一大早起床，飞去阿伯丁参加那里的一次选举活动。我的女儿凯瑟琳才六岁，经常在半夜惊醒；就连年长一些的尼基和尤安，也不一定能整夜安睡，也可能会早醒（尤其是在天色渐亮的时候）。我的睡眠总是被这样或者那样的事情打断，因此，越早回家上床就越好。一旦找到恰当的机会，我就会溜走，回到里士满月牙去。

第二天早晨九点左右，我在阿伯丁机场降落。接我的人开车把我送到当地的工党总部，了解这天的活动概况。半路上，我在车里接到从伦敦工党总部打来的电话，得知约翰心脏病发，很严重，没有人知道他能不能熬过去。

片刻之后，跟我一样震惊的戈登打来电话。我们说好，等我到了当地总部之后再聊。然后，我刚刚走进总部，另一个电话就打过来了。约翰去世了。我竭力使自己镇定下来。他是我生命中非常重要的一部分，我非常爱他。我们经常在一起工作和交际。如今他去了，我很清楚将会发生什么：即使在人们努力消化这个消息时，即使在他们哀悼着、回想着约翰·史密斯作为一个人、一位政治领袖、一个朋友的过去时，他们的注意力也会转移，他们会问一个每一位领袖倒下之后都会立刻出现的问题：谁是接班人？

这是一个我一直在准备的时刻。有时我是有意识地作着准备，但更多时候是无意识的。多年来——至少直到1992年为止——我一直设想戈登会当主席。我不但对这个想法很满意，而且实际上，我还为自己庆幸。我可不想要这份工作。我的职位已经够高，足以看出这份工作的责任和它带来的痛苦。不，如果有其他人能做，我愿担任得力、忠实的副手角色。我没什么意见。事实上，我很满意。

可是到1992年，我们已经连败了四次。而且，我们的得票百分比卡在百分之三十二左右。英国历经了十三年的保守党政府，而且困在一场你可以说保守党人负有部分“责任”的衰退之中，但我们依然只能达到最高百分之三十二的得票百分比。为什么？对于有些人来说，选举需要改革的说法很有说服力。不论我们在每次大选之间做得多么好，到了选举的日子，全国又回到老样子。这就是工党思维的一般趋向，也是多数评论的一般趋向。

在我看来，这样的失败与其说是错误，还不如说是荒谬。到底为什么会这样？从很久以前，甚至在1983年通过竞选进入下议院以前，我就已经意识到，工党的问题是自作自受。我们跟现代世界脱节。基本上，我们可以吸引两类人：那些传统上就支持工党的人，和那些经由一个认知过程而支持社会主义或者社会民主主义的人。很多工会活动家就属于第一类；而我属于第二类。这两类人，都不是我所谓的“主流”，他们加在一起，也远远不能形成一个足够庞大、足够支持我们获胜和执政的选民群体。

此外，第一类人越来越少了。老式工会会员的时代，随着他们控制的许多产业——煤炭、钢铁、造船、纺织——的没落，渐渐远去。新生的产业——尤其是以新兴技术和现代服务业为推动的那些——对混合产业激励和政治活动的工会不感兴趣。更重要的是，在其中工作的人也没有兴趣。工会的集会、规则和文化，有着无可救药的老土气。有些工会会员已经意识到了这一点，他们试图改变。然而，对于那些身处领导阶层的人来说，舒适区范围太大、太迷人、太封闭，以至于他们根本不觉得有必要进行改变。他们看得出改变很重要，偶尔还会朝改变迈出脚步，就像开发新工会服务那样。然而，他们缺乏危机感。他们并不觉得，如果不改变就会灭亡。没有哪次大选会明确地昭示说，结局已经无法改变、不可避免；只有成员、支持和人脉的持续流失。不幸的是，那些人在工党内的势力仍然强大，人脉仍然众多，而他们受到拥护和追捧的事实只会增加他们的舒适度。

还有，工会领袖自身的性质也在变化。20世纪早期和中期的领袖们，是像厄尼·贝文或者后来的杰克·琼斯那样的人物，如同泰坦巨人：工人阶级出身，通过工会集会、学会和其他会议来获取受教育阶层拒绝给予他们的东西，是自我改进的光辉榜样。在那些日子里，集会的参与度很高——数百人出席一次支部集会是常有的事。它们是辩论的竞技场，场面常常十分火爆；它们也是讨论和决定的舞台。它们呼唤真正的领袖才能，要求以混合的策略和手法去促进在当时情况下合情合理并且极为重要的事业。

以前，在东北煤田里度过一生的老矿工们常常跟我说起那种集会的庄严仪式、在社区里的重要性，甚至它们的伟大——从它们在当地人眼中所代表的意义来看。分部官员是一个重要的角色。成为官员，就意味着登上了通往成功的阶梯。例如，像20世纪50年代的著名领袖萨姆·沃特森那样，领导达勒姆煤田，就能占据手握实权的地位。艾德礼担任工党主席的时候，如果有人提出没有把握的建议，他就会说："办不到。萨姆·沃特森不接受。"

可是，所有改革运动都必须意识到自己的成功。他们推出的改革重塑了他们所处的社会，而他们也必须相应地改变自己，以跟上脚步，否则，他们就会沦为那个曾经响亮、强大的声音的空寂回音，仍然在回荡，却没有多少效果。他们因此而衰落，他们的拥护者也日渐减少，而且变得越来越尖刻，越来越热衷于保护自己渐渐收缩的空间，而不是去理解一个事实：时代之声已经继续前行，他们必须先听后说。这样的事情，在所有组织里都会发生。对于那些从没有遭遇过惩罚从而被迫抬起头来学乖的人来说，这是致命的。工会的新领袖们倾向于模仿老前辈，然而环境已经变了那么多，模仿已经越来越没有意义，只能维持那些只想守着旧日模样而继续下去的人们的士气。

玛格丽特·撒切尔当年对工会采取的措施，并不是什么凭空想出来的新主意。它早就存在了：哈罗德·威尔逊和芭芭拉·卡斯尔在《代替冲突》一书中写过，爱德华·希思在《1971年劳资关系法案》中也提过。他们都努力把工会权力纳入正规法律范畴中。区别在于，撒切尔夫人接手的时候，对工会特权的改良努力显然已经失败，只有改革，才会成功。而她拥有促使改革发生的品格、领导能力和智慧。

她还得到了对手的巨大帮助。1984至1985年间，阿瑟·斯卡吉尔成为矿工领袖，发动罢工。于是，选择变得很明显：一边是立场极右的首相，但她毕竟是通过民主选举成为国家领袖的，而且她对工会权力过剩的看法是正确的；另一边是左派工会领袖，他显然不讲民主，而且跟现代世界完全脱节。

当我审查1983年大选触礁之后的工党残骸时，我知道，必须作出改变了。单单依靠工会基础，是无法支撑现代政党成为执政党的。

随着时间推移，我还得出了另一个结论，是关于工党吸引的第二类人的。工党内知识分子的费边主义风格由来已久，根深蒂固。其领军者，通常出身相对富裕，却对不公平的现象感到愤慨。他们都是些卓越的人物，例如乔治·奥威尔、休·多尔顿、斯塔福德·克里普斯，还有新左派图书俱乐部和霍尔丹家族的成员们。他们大多博学、忠诚、热情，而且行事非常高明。托尼·本就是一个例证。托尼·克罗斯兰则是另一个(事实上,他是本在牛津大学的老师)。跟我的情况一样,他们是在大学生活期间首次接触左派政治的。在那个相当人为的环境里,有对体系中不公平现象的认识,有因为意识到社会状况确实导致机会的产生或者缺失而发生的转变,还有能够改变人生观的思想碰撞。一旦被改变,他们就成为社会行动、工会和工人阶级政党中的坚定倡导者,致力于把工人的生活从恶劣的居住环境、糟糕的教育条件以及匮乏的医疗服务中拯救出来。

我花了很长时间,才理清这第二类人的问题所在:他们关心人,却不能跟他们感同身受。他们就像乔治·杜亚美[1]笔下的角色,嚷嚷着“我爱人类,我只是无法忍受人”。顺便提一下,我并不是说他们冷漠或者讨厌——通常情况下他们迷人而且风趣——而是说,他们无法“理解”人们的雄心。他们几乎是过于无私了,这对他们的政治生涯没有好处。当不公正、不平等的现象减少时——部分是由于他们的努力——他们没料到接下来将会发生什么事情。一个穷人,首先需要的是那些关心贫穷的人,接下来需要的是行动;可是,摆脱穷苦之后,他的目标可能就会变成达到小康水平。换句话说,对于这样的人,他想要的就是雄心、抱负、持续不断地往上爬、赚些钱、维系家庭生活水平、让孩子们过得比自己好。我爸爸最大的心愿就是让我接受私立教育,而且还不能随便选一所古老的私立学校;他选择了费茨中学,因为他听说而且认为那是苏格兰最优秀的学校。

知识分子们的问题在于,他们不太理解这个过程;或者说,就算他们理解,也相当厌恶它。从某种意义上说,他们想赞美工人阶级,而不是助其晋升为中产阶级——然而中产阶级恰恰就是普通工人希望自己或者自己的孩子们能够踏入的阶层。知识分子们的平等观,危险地迷失在收入平等而不是机会平等的领域里。后者是解放;前者则很快变成并且被视为约束。很多得到知识分子善意帮助的人,其动力基本上就是进入精英阶层,而不是实行平均主义:他们希望有人来扶他们走上阶梯,可是一旦上去之后,他们会认为往上攀爬是他们自己的事。

当20世纪80年代向90年代过渡时,失败接二连三地落在工党头上,我越来越相信,工党的管理联盟中欠缺了某些至关重要的组成部分。我们的商业支持在哪里?我们跟个体户之间的联系在哪里?尤其是,雄心勃勃的人——做得不错却想做得更好的人、身处底层却心怀登顶梦想的人——在哪里?知识分子们

---

① 乔治·杜亚美(1884—1966),法国小说家。

说，社会状况决定人生的成功。这话是对的，不过，只对了一部分。工作勤奋、品格、决心、磨砺、跌倒后爬起来继续行走的勇气，这些都是决定因素。那些跟我们处于同一社会阶层的人在哪里？我的结论是，哪儿都没有。

1983年的我，仍然相信国有化以及一些会让1994年的托尼·布莱尔大吃一惊然后加以嘲笑的观点。可是即便在那个时候，我也已经意识到，我们是一个过气的政党。不过，我必须谨慎。1983年那次，就因为对政党现代化的想法太过异端，我差点连候选人都当不成。

然而，面具还是难免时不时地滑落。1983年选举刚刚结束之后，作为新的下院议员，我出席了在斯彭尼穆尔镇市政厅举办的选举后集会。我们自从1979年之后就一直陷在低谷里，可是那一年的大选，我们输得比1979年还惨。工党遭遇滑铁卢惨败。

于是，集会被冠上了"败选教训"之名。集会传单上的广告词呼吁最坦诚的辩论。当时我已经当了差不多八年的讼务律师，我习惯于获取事实真相，对其进行解剖、分析、重组，然后得出结论。我训练出了一种非常理智的思维方式。于是乎：我们输了个落花流水，这是有史以来最惨的落败，而且，根据我个人拉票时得到的信息，即使是那些投票支持我们的人，也经常跟我说，他们投票，不是为我们的政策和领导阶层而投的，不是为了支持那些政策和领导。

1979至1983年间，托尼·本施了一次政治魔法。他说服工党相信，我们1979年败给玛格丽特·撒切尔的真正原因是当时的工党首相吉姆·卡拉汉太过偏右。我知道，这很奇怪，但也很真实。于是，相信了这个说法的工党急剧转左，开始鼓吹单方面核裁军、脱离欧洲共同体和大规模国有化。这是一个引人注目的成就，也是对托尼的超凡魅力和说服能力的极大赞颂。一时间，他甚至好像能赢得副主席的位子，并由此成为党内的统治力量。本的对手是前工党大臣丹尼斯·希利。1976年，英国向国际货币基金组织求助之后，希利曾经挑起复兴经济的沉重担子。如果本赢了，那将会是整个领导阶层的失败，而且很可能迈克尔·富特随后不久就会被他推倒。希利惊险获胜；然而，在向着左的方向前进的途中，工党分裂了。中间派建立了一个新的政党——社会民主党，顿时带走了大量温和派工党支持者的选票。

所以，也许你可以合理地得出结论：1979至1983年那段时间，是一场绝对的灾难，某些方面出现了严重的错误。我觉得，这是相当明显的。

集会的主题似乎意味着，人们希望吸取教训。上台讲话的人包括身为本地下院议员的我、当时的极左派领袖丹尼斯·斯金纳，以及来自各种工会的代表。

只有一个十足的老实人或者完全的呆子——也就是我——才会以为，那将是一场势均力敌、诚心诚意的辩论。

那时候的我，作为工党候选人，才刚刚击败了另一个极左派候选人，赢得席位。那人名叫莱斯·赫克菲尔德，是一个实在很有趣的政治现象的体现，而且只能用来说明政治能对人产生多么奇异的效果。20世纪60年代时，他曾经是工党最年轻的下院议员，是个温和主义者，担任助理政务次长，前途充满希望。然而，出于某种原因——所有人都觉得是跟野心有关，但也可能是出于真心信服——他中了本的毒，一夜之间变成了一个彻头彻尾的极左分子。他的选区在全国行政区改革——顺便提一下，塞奇菲尔德选区是在那次改革中成立的——之中遭到取消之后，他开始全国巡游，竭力在重新选举之中推倒那些在任的下院议员。可是，出于各种各样的原因，他总是不得其门而入，沦为特兰西瓦尼亚[①]的吸血鬼，从一个村子游荡到另一个村子，遇到的每一座房屋门前都高挂着大蒜和十字架。不过，他差一点就在塞奇菲尔德成功了，全靠约翰·伯顿——我的重要选区盟友以及后来的选举负责人——发挥出组织天分，才阻止了他。失败使莱斯·赫克菲尔德大受打击，怒火中烧。从他的阵营里传出抱怨和谣言，说他们在下一次重选时要以拉我下来、扶他上位为目标。所有这一切，都还热辣烫手。

话说回来，在斯彭尼穆尔，我是本地下院议员，所以首先发言。我站了起来。我就工党败选的原因，以及我们应该吸取的教训进行了一次合情合理、准确无误——虽然是我自己说的——的分析。我真心实意地、完全遵照传单广告的意思演讲。

对自己的演讲主题，我确实讲得相当起劲。工党已经失去了触觉。它无法认清社会已经变成了何种模样。其中有两句话使我颇为得意：一句说工党的观念还停留在“黑白电视”时代（到了1983年大多数人都已经用上彩色电视了）；另一句说工党“只是在重复从祖父母膝头学来的古老谚语”之类的。

就连我也看得出来，自己的发言不太受听众喜欢；可是在那时候，我已把所有发言都先写了下来，我还未能做到在演讲时灵活自如地进行调整。那些是我的想法。我把它们写下来，然后读出来。我说完之后，只有约翰带来的少数支持者零零散散地鼓了鼓掌。其他人坐着——我想那是我唯一一次见到那种情

---

① 罗马尼亚西部的一个地区，是小说《德拉库拉》中的主角、吸血鬼德拉库拉的住处，是传说中吸血鬼的发源地。

景——双手抱胸，动作整齐划一。他们的脸皱成一团，仿佛刚刚被迫吞下一千只柠檬。

丹尼斯站起来了。他们还是那么整齐划一地放下双手，脸上开始露出热切期待的傻笑。他们知道将会发生什么事。我不知道。

后来，丹尼斯成了我最有力（虽然有点隐秘）的支持者之一。他并不赞同我的任何政策，却喜欢能够把保守党人折腾得筋疲力尽的人。虽然我不太肯定他是否会感激我这样说，不过，他变成了一个老练、亲切的人。尤其是，他常常在首相答问时给我提出精彩的建议，以高得离奇的准确度指出保守党对手们的弱点所在，教我说俏皮话，解释如何才能激发自己身后团队的士气。然而当时的丹尼斯，也是麻烦之源。他还特别擅长特定类型的左派集会演讲。他对此得心应手，而愚蠢的小娃娃已经给他送上了一个大小与露天矿藏平均面积相当的大破绽。（他也不太喜欢露天矿藏，因为他自己曾经是矿工，他心目中合适的矿井都是深埋于地下的。）

再没有什么教训能比受人当众彻底羞辱更深刻的了。那次集会，从工党的败选汲取的教训（而且还都是错的）极为有限。而我，那天却从丹尼斯那里学到了重要的一课。

“那么，”他开始了，“你们的新下院议员，所谓的工党下院议员 [特意在‘工党’这个词上加重语气]，到目前为止，在工党中的政治经历 [又一次用力强调‘工党’] 包括 [开始以堪比出色悲剧演员的语速和朗读技巧朗颂一张纸上的内容]：达勒姆唱诗班学校 [本地工人阶级颇为痛恨的私立学校]；爱丁堡的费茨中学——听说它号称苏格兰的伊顿公学①，[旁白] 我可不知道有这回事 [很多笑声和掌声]；牛津的圣约翰学院 [伴着刻意的冷笑]；然后是律师协会 [有人鼓掌]——还不是那种让你买酒②的地方 [哄堂大笑]，而是那种挤满律师的地方 [做了个‘嘘’的制止发出声音的手势]。你们的工党新下院议员以为我们的爷爷奶奶不知道自己在说些什么，以为是时候抛弃他们了；今时今日，我们应该告诉他们——其中很多人连无线电收音机都没用过，更别说黑白电视了——他们不该住在撒切尔的英国 [听众面露惊恐表情]。好吧，安东尼·查尔斯·林顿·布莱尔 [这是我的全名，很不幸的，在比肯斯菲尔德的补缺选举中，它被公

① 位于英格兰泰晤士河边、温莎堡对面，是英国著名的贵族男校，是王室、政界、经济界精英的培训之地。

② 律师协会英文为the Bar，而bar另有“酒吧”的意思。

布了好几次］，让我来告诉你：没错，我的爷爷奶奶很穷；我承认，他们地位卑微；我敢说，他们的忠诚和团结原则有一点点落后；**但是，他们是正派人，而且为自己身为工人阶级而感到自豪**。"最后一句话的音调，在一片热烈得足以掀翻屋顶的掌声、欢呼声和普遍赞叹声中逐渐上扬。

随后，演讲者们一个接一个地站起来。你从来没听过这么多关于爷爷奶奶们如何坚韧、勇敢、正派得近乎圣徒的动人故事。有几个人认为，他们能够活到今天，全赖奶奶的奉献；另外一些人提及，整个矿工社区如何濒临毁灭边缘，直到奶奶或者爷爷采取了某个奇迹般的行动，矿工社区才获得拯救。虽然没有一个人明白地说出口，可是他们的话里有许多隐晦的暗示：说我的爷爷一辈可能是拥有田地的贵族，甚至可能是矿主，而且其爱用的谚语——虽然他们只能是猜测——无疑都是些如何把穷人的面孔踩在脚下的话。

正当我想着，情况再也差不到哪里去时，更糟糕的来了。最后的演讲者即兴创作了关于自己爷爷奶奶的指桑骂槐的故事后，看着我总结道："我很遗憾，你并不了解这里的历史或传统；不过，同志们、朋友们，这里有一位了解这些的人……"然后，从大厅的后面，莱斯·赫克菲尔德走了进来，触发一阵经久不息的起立鼓掌。

当我跌跌撞撞地往外走去时，人们躲避我的目光，仿佛躲避病人一般从我身旁匆匆而过。我当时的选举负责人（一个可爱的家伙）乔治·弗格森和他妻子汉娜各自伸出一条手臂来抱住我。"别担心，"乔治说，"我跟他们一样都是工人阶级，但我认为你是台上唯一一个说话有理的人。"

"他说得没错，"汉娜[①]说，"不过，以后要学学怎样说得委婉些。"我确实学了。

汉娜在很多方面都是一个非凡的女子。她不但抚养了自己的亲生孩子，还收养了很多，而且是完完全全的工党人。不过，她所代表的是自诩恩人者口中的"工人阶级"的另一面。

工党的一部分问题在于，"工人阶级"这个名词是一个既模糊又清晰的通用描述。我断定，在这个反映当代英国某些重要现状的词里，有两股不同的思想力量在互相轻轻摩擦。也许，它们一直都存在，但正是工党所帮助实现的社会进步，促使它们的紧张关系浮出水面。

该名词作为对某一种类的概括，用作对收入、工作类型以及投票行为（通

① 原文这里是John，但估计是笔误，应该是"汉娜"。

常可以作为分类依据，但并非总是如此）的描述是合适的；可是如果用作对态度方面的描述，就不恰当了。其中一股思想力量控制着工会和工党的活动家们。他们与知识分子派持有大抵相同的左派观点，可是在经济政策领域倾向于更加强硬的路线。

另一股思想力量则以乔治和汉娜这样的人为代表。他们与大多数普通人的非政治世界有很多接触。他们能够理解人们的渴望，并且对此表示赞许，而不是愤恨。他们恪守法律和秩序。他们相信社会状况必须改变，却绝不容许把这作为犯罪的借口。

成为下院议员之后不久，还不是太适应塞奇菲尔德风格的我到一个名叫塔德霍的村庄去参加一次支部集会，并发表讲话。汉娜是那个支部的成员。会上提到死刑议题。有人问我是否支持给谋杀犯判死刑。其时，我习惯于伊斯灵顿的政治，却不熟悉达勒姆郡的。在伊斯灵顿，这样的问题很容易回答。你给出预先想好的答案；人们点头；集会继续。事实上，这是少数我能给出大致算左派答案的问题之一，所以，我挺喜欢别人问我这个问题的，还自认为回答得颇为干净利落。

"我不支持，"我自信地回答，"我告诉你为什么：如果我无法亲手把那个人绞死，我就不应该要求国家替我去做。"我坐下来，自己相当地满意。

"哈，我会绞死他们。"汉娜高声说。

"啊，我还会把他们五马分尸。"另一位同样长着慈祥面容的老妇人说。她的话赢得了许多支持。

在今天，对死刑议题的那种观点已经十分罕见了。不过，重点是，"工人阶级"并非如同许多政治家所假设的或者在推理时作为前提的那样，是个思想单一的群体。工党之中，由汉娜代表的那一股思想力量正在大量流失。所以，即使回到1983年那时候，即使常常不够完美，但我的大致观点——从政治上和知识上来说——很清楚：工党必须从根本上进行改革，不是一点一滴地调整或变化，而是彻底改变它的做事方式、思维、纲领，以及最重要的态度。至于怎么做，做得多快，先对付哪些问题，后处理哪些问题——全都是策略而已。很明显，社会正在经历一场思维转换，而工党，不仅没能给予关注，还在逃避。

到了1992年选举时，我已经成为先锋，引领着工党稳定但缓慢地开始现代化进程。我经常走在前头——担任城市发言人、能源发言人，或者改变工会在就业简报中的基本姿态——但是绝不会超前到脱离人们视线的地步。我走在最前面，但是会小心地跟人群走在一起，以免太过离群而被抛弃。我充分吸取了丹尼斯所给的教训；如果你失去了说服人们的能力，就算你认为组织内有缺陷的观点是正确的，也没有意义。要想改变一场辩论的结果，你必须使用辩论中使用的语言，否则，你也许会沦为一个典型的虽然正确但不相干的人。

我已经得出结论，工党的改革面临两个主要问题：方向正确，但脚步太慢；然而，更重要的是，虽然我敬重尼尔·金诺克，但他对改革作出调整的方式让我感到不安。

尼尔对工党的发展壮大功不可没，他在清除战斗派和应对斯卡吉尔那一派举行的工会运动时表现出了不同凡响的领导能力，从而使约翰·史密斯以及随后的我得以推行赢得大选所必不可少的改革。他这些举动未言明的论据是：看吧，伙计们，我们选举落败了，选民对我们的政策不买账，所以我很抱歉，我们要改掉这些政策。而它们传达的信息——显然在工党人听来更顺耳一些——则是：工党需要权力，我们只是必须向选民妥协。这句话，比起我们尝试改革时极左派印在旗帜上面的那句著名声明——"决不向选民妥协"——已经好很多了，可是，它给人一种印象：工党人和投票人还是各在一方，所以，工党必须违背自己的意愿去作出改变。然而，我个人的感觉是：投票者是正确的，我们应该改变，不是因为被迫，而是因为自愿。这二者听起来好像差不多，却有着本质的区别。

在我看来，我们需要对纲领和政策进行一次彻底的、从上到下的重新定向。我们尤其需要从概念上把我们对价值观（永恒不变）的承诺与价值观的实现（因时而动）区分开来。所以，我们当然应该，而且永远都会，为社会正义而战；不过，在今日的世界里，这样做并不等同于需要更多的国家控制。还有，涉及国防、法律和秩序之类的议题时，强硬并不等同于打击某种立场，而是对现代社会的种种威胁——不论是来自全球还是街边角落——作出合情合理的反应。

我还尝试过和约翰·史密斯一起提出请尼尔退出。尼尔曾经以无比的勇气率领工党，把工党从退出政坛的命运里挽救出来，创造了执政基石；可是，他不得不靠着一份卖不出去的宣言参加1987年的选战，而且，不论如何，我相信英国人绝对不会选他做首相的。20世纪末期的政治潮流正在发生变化。政党仍然很重要，不过，随着对政党的忠诚度越来越低，领袖个人肩上的担子愈加沉重。政治分析家和在职政治家们热中于推测这样或者那样的投票趋势——而且经常能猜对，然而，人们总是倾向于低估领袖的重要性。在某种程度上，这是可以理解的：当然是政策重要，是社会运动在影响结果，是各种事件在左右命运。可是，过了某个特定阶段之后，人们觉得，在今天，左/右派的差别已经不再那么显著，他们认为政策是可以修改的，也知道纲领和宣言并不能彰显一个人对事件的反应。除非把政策制定成非常清晰、远离中间路线的模式，否则，领袖的品格、讨喜程度和个性就是最关键的了，可以决定选举的成败。如今，这些特性即使不是**唯一**的重要因素，也永远是重要因素之一。就是这么简单。所以，如果人们不喜欢尼尔——他们过去也不喜欢，而且已经在1987年拒绝过他一次了——那么在1992年他们是不会选他的，除非他们对尼尔的印象发生了重大改变。但这种改变没有发生。

1992年的大选，是属于约翰的。如果他是主席，而不是影子内阁财政大臣，我们也许已经赢了。可是，当我在1991年向他暗示，说他应该去请尼尔退出，说我自己、戈登和其他人都会支持他时，约翰打消了我的念头。“我在大选之后才做主席。”他说。就那样。麻烦在于，他提出了一个对收入三万英镑以上的人群提高税收的主张——恐怕部分原因是由于约翰知道日后会有人来跟他竞争主席之位吧。这个主张，对于工党的追随者来说非常棒，可是对于公众来说显然会引发问题。约翰广受大众欢迎和尊敬，但是这个加税的主意，正如保守党人巧妙地揭示出的，是埋在工党阵地下面的一颗真正的定时炸弹。不知为何，我感觉，一旦我们落败，约翰将无缘下一次大选。

为1992年竞选预热期间，我跟戈登开始了一场影响深远的谈话。我相信，自从1987年败选之后，我们退缩得太多，我们太胆小。如今我们是新一代人无可争议的领军者，这是事实。戈登代替约翰工作的那段时间里，他对付奈杰尔·劳森的表现十分抢眼。目前媒体对我们的关注度属于中等，关注度正在稳步上升，而且通常都是相当正面的报道；我们已经跟关心政治的精英阶层确立了联系。不过，我们这一代人尚未掌权。我们仍然处于上升阶段，还没攀上发号施令的位置。在1992年大选的核心经济顾问组里，约翰是影子内阁财政大臣，玛格丽特是影子内阁工业大臣，戈登是影子内阁秘书长，我是影子内阁就业大臣。我和戈登是资历比较浅的，而我又是两人中资历更浅的那个。所以，我虽然既沮丧又焦虑，却又一次保持了克制。

此外我仍然在学习、思考，尝试在各种议题中理清自己的立场，为将来的政治定位打好地基。我和戈登会一连几个小时甚至几天进行政治论辩和讨论，重复、再重复，定义、再定义，直到达到某种透彻度。焦点其实并非政策本身——至少并非一直是，而是为了给工党将来可能或者应该走的方向设定好罗盘，准备好轴承，编排好论据。我们用了几个月的时间，试图为工党的改革构建一个框架。戈登想出一个主意使党员人数大幅增加:把工会的缴税人全都纳为正式党员。我则把更多精力投入正确扩展工党的基础上,把力量从那些不代表党派的活动家手里夺过来,并且严格约束工会的影响力。

我还开始跟戈登讨论一个想法:如果真如我所料的那样败选,他应该去争取主席的职位,必要时,向约翰挑战。我非常喜欢约翰,不过,我的直觉和内心深处都告诉我,再输一次,尤其是一败涂地的一次,就意味着我们必须进行彻底的改革。约翰是个伟大的政治家,一个彻彻底底的好人,但他不论在风格还是主张上,都不是一个激进的改革家。

1992年,我年近四十。我已经做了十年反对党。一想到还要再等五年,还要眼看一个如此明显需要改变的工党仅仅是一小步一小步地走向改革,我的心里就充满了沮丧。步伐太小,我们也许会再次失败,那么到了五十岁那会儿,我仍然见不着政府的影子;而且,如果不能获得权力和执政,并且把自己相信是正确的政策付诸实践,那么从政有何意义?此外,在左派和右派之中还流传着一种意见,对工党获胜机会的看法越来越倾向于宿命论,害怕唯一的解决方法就是改变投票体系,或者更糟糕的,接受我们永远是在野党的命运。

我相信,败选之后将由约翰担任主席的想法可能而且应该被挑战。但戈登,公正地说,没有表态。让他去挑战约翰,事关重大,而且约翰会觉得是背叛。再说,戈登还没结婚,而我诚恳地告诉他,我认为那是一个问题。不过,我也觉得,党内的反应将会是兴奋而且士气大振,而且,年轻和活力的注入本身就是巨大的收获。在这样的场景里,我视自己为影子内阁财政大臣,约翰则是一个完美的外交大臣,他的能力足以胜任。

我认为,作出这样的准备,既没有错,也非不忠。其他人也许不同意。我觉得,主席必须由精力充沛的人来担当,并不一定要等"成熟"的时刻,只要你愿意,就应该去争取。在选择领袖的问题上,论资排辈是一种糟糕的挑选方法,而且事实上还跟领袖的每一种定义都相左。要是约翰能在1992年取代尼尔,也许很残忍,但在我看来,他将会成功当选,而历史将会大大改写。可他不愿意考虑这个可能性,他的决定使我明白,他的领导方式将会是稳定、严肃而墨守成规的。这不是我们目前所处的这个可怕困境所需要的。无论如何,这就是我的想法,对也好,错也罢。

1992年4月9日晚上,随着投票结果一一揭开,仿佛出于偶然,选区制度会制造一个悬峙议会[1]。有那么一会儿，我以为自己的败选预测是错的。然而，随着夜晚时间的流逝，一切都再明朗不过了。我跟戈登以及刚刚成为哈特尔浦下院议员的彼得谈过，我说，我们必须努力争取。不出所料，彼得还是有点拿不定主意，而戈登还是没有表态。

又一个落败的早晨降临了，工党陷入绝望。我没有。我精神勃发。我们还能说什么？工党总部里一片哀声。我估计，很多人都在哭。第二天早晨，所有电台媒体都发来访问邀请。由于没有人想接受采访，所以实际上大部分的采访都是由我出面。我以一种摆脱政治和学术枷锁的清醒解释说，工党失败的原因在于我们未能充分实现现代化，我们现在必须这样做了，而且不是逐层变色的小变化，而是迸发出鲜明色彩的大变化。这次，必须从根本做起，清楚、明白地把我们和我们想服务的对象重新联合起来。我轻而易举就避开了主席的问题——尼尔还没宣布自己要辞职——把自己的旗帜坚定地插在了对工党的组织、纲领和政策进行彻底重整的阵地上。就是从那个早晨开始——虽然我本人并不知情，这样做也不是为了这个目的——让我来做主席的念头开始萌芽。多年以后，党员们回忆说，就是在那个时候，他们的心里开始想：嗯，也许他就是我们要找的人。

我从摄影棚回来了。之前我告诉戈登，让他跟附近纽卡斯尔的下院议员尼克·布朗一起到塞奇菲尔德去等我。尼克一直是我们影子内阁选举的竞选活动负责人；对我和戈登来说，他还一直是非正式的工党组织秘书（后来在1997年的政府里，他正式担任了这个角色）。

首先，我很自然地催促戈登站出来争取主席之位。我把理由又重申了一遍。然而，他依然不表态。与此同时，约翰一直在四处打电话，只是为了确认我们的支持。他给我在选区核心特里姆登煤矿区的麦诺贝拉的家里打了电话。我曾主动提出要跟约翰谈谈，解释为什么他不应该做主席。可是，我很紧张。这是个两难的局面。如果我表示不支持约翰，而戈登没有站出来，约翰当上了主席，那么我跟约翰之间的关系就算是完了。另一方面，当我在麦诺贝拉的办公室接到他的电话时，我依然觉得自己有机会说服戈登。

我先是唯唯诺诺的。约翰别的不说，绝对是个精明人，他听出我的迟疑来了。“我要先和戈登谈谈。”我说。

---

① 在英国大选中，若无政党在下议院获得绝对优势，就会出现悬峙议会。若出现悬峙议会，就会生成少数党政府或联合政府，通常难以持久。

“我已经跟他谈过了，”约翰回答，“他完全支持。”

听到这里，我再也不敢犹豫了，只好也表示支持。几个月后，约翰无意中透露，他和戈登早在大选之前就已经达成一个协议：约翰做主席，戈登做影子内阁财政大臣。戈登是不会站出来的。我打心底里明白，这是一个错误。

接下来，还有副主席的位子等待决定。这个位子，说是经由选举产生，但通常会由影子内阁的资深成员担任。当时在任的副主席是罗伊·哈特斯利（他在1987年之前一直担任影子内阁财政大臣），尼尔担任工党主席的九年间，他一直追随尼尔。他们两人虽然不是真正的亲密伙伴，不过也差不多了。然而，作为败选的余波之一，罗伊显然也要下台。约翰跟我打电话时，问我对副主席之位的想法。他说，作为主席，他认为找年轻一辈的人来做副主席合情合理，这个人要么是我，要么是戈登。他说，要在我们两人中间选一个。显然，他继续道，戈登的问题是他也是苏格兰人。另一个选择是玛格丽特·贝克特，她是个非常能干的女人，而且，总的来说，是个不错的选择，只不过，她跟约翰是同一辈的人。

挂了电话之后，我回到客厅去见戈登和尼克。“约翰说，你支持他。”我对戈登说。

“很难拒绝。”他说得很有道理，可我有点失望的感觉。

“他想知道，我们俩之中的一个做副主席是否合适。”我说。然后我解释，虽然戈登比我资格老，但是，主席和副主席都是苏格兰人会有问题，况且对我们支持最薄弱的地方正是在英格兰南部。尼克说，我们两人都有足够的资格，关键是看谁能得到最多议会工党[①]的支持。他同意去征询一下意见。

接下来的一两天里，大家进行讨论。我们再次碰面。尼克说：“议会工党里主要的意见是，你们两人之中应该选戈登。”

我知道，这不是真的。不可能是。议会工党再愚蠢，也不可能蠢到那个地步。媒体铺天盖地地宣传工党是如何束缚在北方、威尔士以及苏格兰的传统大本营之中；如果不能破茧而出，赢得中产阶级和南方的支持，它将会如何地注定灭亡。在那样的情况下，选一个苏格兰人做主席是一种冒险，只不过，如果副主席是个英格兰人，那么风险还算可以承受；然而，如果另加一个苏格兰人做副主席，会怎样？清一色苏格兰选票吗？在我们注定消亡的情况下？这就是不可能。这是发疯。

---

① 或译“国会工党”，是英国工党内部三大组织之一，另外两个是地方组织的选区工党以及拥有九成以上党员的工会。

所以，在那两三天里，我明白了两件事：其一，戈登没有把握住机会；其二，他和尼克是一伙的，他们的第一效忠对象是对方。从那一刻开始，我觉得自己跟戈登有点芥蒂了；只有一点点而已，没有任何疏远的表示，甚至没有任何感情的生分，观察家们是看不出来的。那只是一点点的芥蒂，却造成决定性的后果。日后，我主张成为主席的人应该是我而不是他，这种想法的种子此时已经播下。

约翰如期成为主席。戈登接任影子内阁财政大臣之位。约翰问我想做什么。我的回答令他吃惊，但我已经深思熟虑过了：我选择去做影子内阁内政大臣。这个职位在保守党和工党的政治家眼里，通常被视为前途埋葬场。保守党人是再强硬不过的了。诚恳、正派型的人（私下却是自由主义者）会在保守党年会上竭力装腔作势，危言恫吓，诸如此类，却总会被人揭发。而工党的问题恰恰相反。他们的听众期待更多的自由主义话题，但是工党或者影子内阁内政大臣却明白，注视着他们的大众不喜欢什么自由主义废话。我在政治生涯中学会了一件事：那些持过激观点的人，无论是左派还是右派，总能看出某个人究竟是否为真正的信徒。偶然地，当被迫迎合他人时——扔出一点左派肥肉（不能涉及太过重要的话题！）——我会尽全力；不过，你知道吗？他们总能发现我并非真心支持。在语调和身体语言之中，总是有着那么一些真正信徒拥有、而演员缺乏的微妙之处。

话说回来，影子内阁内政大臣不是很多人想做的事，我却认为：一、工党人（当然还有投票给我们的人）其实对法律和秩序问题是相当关注的，他们更有可能喜欢强硬而不是柔和的手段；二、理智地说，极端的左/右派观点显然都是错的。左派责怪社会状况，右派怪罪个人；任何稍微正常的人都看得出来——或者说我是这么想的——应该将双方糅合在一起。

我个人对犯罪行为深恶痛绝。多年来，我认为它是人类绝对不可容忍的耻辱，我讨厌自由主义的中产阶级对它的态度。通常，那些人不会是受害者，但贫困者——正是工党号称自己代表的人们——却是。处境艰难的公众同样对犯罪义愤填膺，而且愤怒的对象不仅仅是谋杀、抢劫之类的严重罪行，还包括一些违反秩序和破坏公物的反社会轻微罪行。你不能期望他们一边等待美好社会的创造，一边容忍犯罪，耐心地忍受着，直到某人决定把地狱从他们的街道上搬走。当然，我们还可以合理地推断：年轻人，尤其是市区的年轻人，受到的教育越好，那么他们找到工作的机会就越大，行为端正的可能性也越大。

于是，跟犯罪作斗争是我的个人追求，它超越过去的左派和右派，完全符合新的政治环境;因为工党内从来没有人对此有过任何行动(虽然工党内政大臣这个职位上出现过类似丘特尔·伊德和罗伊·詹金斯那样伟大的改革派自由主义者),这个领域就成了我的表演舞台。我一度对于自己能做的事情非常自信。而且,我是对的。它巩固了我在党内和国内的地位,而我借此吸引了广泛关注,展现了领袖才能。我接过一份传统的工党工作,使它现代化,使它受到大众的欢迎,并且凭借它推倒了保守党人。

具有讽刺意味的是,考虑到以后发生的事情,戈登还扮演了一个有趣的角色,助我整理出了日后的政治标语。

以前,我们会时不时地飞去美国,基本上只是为了离开此地去思考一下。出于某种奇异的原因,我们会住在纽约的卡莱尔酒店里。卡莱尔酒店于新工党,就如同饮酒狂欢于循道宗会[①]一样格格不入。那是卡里·格兰特和吉米·斯图尔特[②]那一类人曾经住过的高级酒店。伊尔萨·基特会在酒吧演唱,伍迪·艾伦会带着他的单簧管出场。那时候,人们会为晚餐穿上正装,态度十分庄重。环境装修高雅,气氛稍显严肃。完全不是我的风格,但我却渐渐地喜欢上了它,真够有趣的。那里的管理人员考虑得很周到,员工态度友好;在那十足上流社会的表面下,一切都经营良好。

1992年年底的一天,我们坐在酒店里聊天。虽然还在为选举失败感叹错过了机会,我已经开始把精力完全集中在手头的任务上了。我解释了自己的基本方法:我们当然应该专注于社会状况,从根本上改善它,不过,我们也应该对犯罪本身进行严厉打击。我们应该以一种糅合传统和现代的姿态,把它提到工党的议题中去。

这种时候,绝对是那些日子里的戈登展现天赋的时候。“你的意思是‘强硬打击犯罪行为,着重解决犯罪根源’。”他说。

“是的,”我被他的精彩总结惊呆了,“这就是我的意思。”

于是,这话成了我的标语。不过,不同于普通的口号,它实际上浓缩了一种哲学领悟。回国之后不久,我就在一次演讲里引用了它,而且真的再也没有回头。

很快,猝不及防的保守党人就被我的猛攻打得晕头转向,无法相信工党人怎能偷走了“他们的”议题,同时也相当欣赏我们使用的手段。当时的内政大臣

---

① 又称卫理宗、监理宗、美以美会。主张圣洁生活和改善社会,注重在民众中进行传教活动。

② 二者都是已故著名影星。

是肯·克拉克，但这个职位根本就不是他的舞台。他是个自由主义者，极度蔑视他们的保守党年会。约翰·梅杰忍耐了好几个月，看出肯的确是对我的攻击束手无策之后，明智地将他换到其得心应手的财政部，把性格绝对适合搞内政的迈克尔·霍华德转到内政大臣的职位上来。从那以后，对这个议题的争夺变得愈加困难，因为迈克尔果断地把保守党的姿态和政策改向了右派，从而在我的面前摆下了几个艰难的战术选择。他是如此强硬，如果我跟随他的做法，我将要冒着疏远工党的风险；如果我不跟，则疏远了我的投票者。幸好，到了那时候，我的名声已经稳固。

我还把自己的政策跟社会背景建立起非常清晰的关联。保守党人已经执政十四年，公众对撒切尔主义仍然记忆犹新，所以那是绝不可能轻易模仿的。1993年2月，发生了一件恐怖的谋杀案，一个名叫詹姆斯·巴尔杰的两岁男童在默西赛德郡被两个十岁的孩子杀害。这件惨剧成了社会崩溃的象征。不用说，那两个十岁的孩子来自破碎的家庭。在对此件谋杀案的报道里，混杂着对出身于非主流家庭的特定年轻人群的生活、时代以及道德观念的描述。我非常有效地把这件案子塑造成一个保守党英国的标志：尽管撒切尔主义取得了各种成就，但社会和社区福利之间已经脱节到了危险的地步。

我是诚心诚意地做的。在一次广受关注的演讲中——这次的关注度，对于一个并非政党领袖的反对党政治家来说，真的是不同寻常——我陈述了自己认为是错误的情况：

> 上周的新闻如同一记重锤，敲打在全国沉睡的良心上，催促我们醒来，勇敢地直视眼前的一切。我们听到的罪行是如此恐怖，它们激起愤怒，同时也令人难以置信。头条新闻令人震惊，然而，最震动我们的是，我们得知，几乎在每一个城市或者村镇里，缩小版的同类事件正在成为我们日常生活的一部分。这是一个渐渐名不副实的社会中的丑恶现象……
>
> 旧社会主义的历史问题在于，把个人、权利、责任和一切都归入“公共利益”——极端情况下指的就是国家——的倾向。现今右派的失败之处，则是相信没有社群就意味着拥有自由。我们的任务是，从对“国家”的狭义定义之中，把“社群”这个概念重新取出，让它再次造福我们所有人。一个居住着现代意义的公民的新社群，姗姗来迟。

今时今日，回想当年，我觉得，虽然问题是真实存在的，我的分析却是有缺陷的，并且导致了一些政策上的后果(后面会进行描述)。然而，从政治上来说，当时那番话对我的地位带来了重大的影响，把它推得更高。

我还从另一个方向寻求突破。在我看来，约翰·史密斯不算真正的激进派。他足够聪明，足够勇敢，明白工党必须进行现代化改革。而现代化的过程之一，就在与工会之间的关系上，也就是一人一票制问题：废除原来的全国执行委员会集体投票，改成所有成员一人投一票；在主席选举时，各方票数应该更加平衡，下院议员应该有发言权。

在今天看来，工会在候选人和主席的选择上扮演如此具有决定性的角色，是完全不可接受的，甚至很荒谬。不过，工党诞生自19世纪末期、20世纪早期的劳工代表委员会，其目的正是为了使“工人阶级”进入议会，其建设、资金和经营都由工会操作。所以，工党和工会之间盘根错节，带来的后果恐怕错综复杂而且影响深远。

约翰决定提倡一人一票制，而我则坚定地站在了支持的一方。1989年，作为影子内阁就业大臣，我决定终止工党对“工会公司”的支持，已经使工会对我心怀怨恨。所以，拥护这项议案使得我和他们之间愈加疏远，不过，这却让我脱颖而出，显示我对于工党如何获胜抱有清晰、明确的立场。多年以来，工党人被蔑视、被嘲笑，所有的自卑感就藏在那浅薄的表面之下。而此刻，眼前就是一个怀抱自信、能够击败保守党的人，其姿态和风格，都与我们明知自己很需要却总是无法捉摸的那些投票者们和谐相应。

随着时间的流逝，我站在前头，引领着改革，我作为彻底现代化的领军者的形象越来越鲜明。我内心的信念愈加强烈，甚至觉得这是我的使命。我对于自己的观点兴趣强烈，自信满满，认为它们清晰、明确，最重要的是，我相信它们是正确的，相信它们可以赢得全国的支持。

我和戈登的关系依然十分亲密，不过，1992年年底，我又迈出了虽然微小却十分重要的一步，离他更远。那时候，大伙正在按照惯例，摇动旋转木马，为下院议员们分配房间。除了大臣们另有房间安排之外，其他所有下院议员都是平等待遇。旋转木马转出了一套米尔班克路的房子。当时，我和戈登都在议会街1号，那地方就在议会大厦对面的桥边上。戈登决定搬去米尔班克路，还邀请我一起去。切丽强烈反对。让我相当惊讶的是，安吉也这样说。于是，我没去。这事没什么大不了，却是又一个指示。

作为影子内阁财政大臣，戈登做得不错，他尽职尽责、从容不迫地敲打着保守党人。不过，他虽然很谨慎，却也有大意之处；还有，他支持汇率机制，所以它的崩溃使他稍微失色，虽然不算非常严重，却也有点不光彩。后来，他把这件事以及他对政府开支过高的责难视为我比他更受欢迎的原因。但是他错了。真正的原因是，我出面承担了风险，而如今是冒险者的时代。我发现了这一点；他没有。

随着1993年的流逝，大多数人无法察觉的一些变化发生了。我说无法察觉，但也许我和他都错了。例如，《星期日泰晤士报》在1992年的5月份把我当作封面人物，题为《工党错失的领袖》。通常，这样的事情会招惹妒忌，不过，这次没有人妒忌，部分是因为没有人拿它当真。

当时，彼得·曼德尔森是我们两人共同的好友和心腹。他注意到了我的变化。某天，在里士满月牙，我们一起站在我家门前的栏杆旁，他揶揄我说："你越来越有领袖的范儿了。"那时我们刚刚开完会，显然是我的自信使他产生了这种印象。

"你的意思是？……"我问。

"不要自高自大，"他回答，"你要知道，大家心目中的主席接班人依然是戈登。"

"嗯。"我说。

"嗯，"他回头看着我，露出彼得式的微笑，"我得仔细想想这次对话。"

"我可不会操这份心。"我大笑，心里却担忧，即便是对他，我也露出了太多的锋芒。

"哦，可是我会。"他说着，亲热地拍拍我的肩膀，钻进他的车里。

事实是，我不知道自己有什么想法。我并没有真正去进行分析，只是放任直觉去徜徉。实际上，我害怕停下来思考，因为我越来越明显地感觉到，自己的直觉正在荡往何方。仿佛每天早晨我醒来时，都变得更加强大、更加确定。跟自己的政党、其他政党、媒体、公众的每次接触，都如同是往本来已经十分牢固的箱子外面又裹上一层铁皮。我看到掌握工党、把它改造成一台能够赢取民心的选举机器的机会。我可以看见它，就像生意人发现下一个巨大的商机，或者艺术家突然创作灵感迸发，或者教练、球员知道自己的光荣时刻即将来临一样。

那种感觉妙不可言，你觉得自己可以创造超越常人的成就。你知道这一点。也许你不会做，但是你知道，在那个时候、那种环境里、那些条件下，你可以办得到。是的，可以办到。我能预见它，并且能够实现这一切。

我在抗拒自己对戈登的感情。我仍然喜欢他、忠于他，但是我也感觉到"地壳构造板块"在移动。十年来，我的判断一直都是：应该由他去做主席，而我应该是副主席。我喜欢在幕后提供咨询、建议，进行督促、指引，并且看着自己的努力结出累累硕果。所以，在那个时候，虽然我察觉到了自己的变化，几乎能看到自己在蜕变，可是，不，那种走到舞台中央的无法抵挡的渴望还没有出现。我的激情和使命感如火般热烈。我想挣脱束缚。在我们的讨论中，我第一次在他身上发现了一个以前没有充分注意到的特点：一种理智的谨慎，虽然聪明地包裹着，可是在我看来，它不符合工党出于战略需要作出的跟过去的断然决裂。

在我们进入议会的头些年里（1983至1985年），我断断续续地写了些日记。如今重读那些记录，真是太明显了：戈登从一开始就倾向于寻找重新组织问题的方法，而不是承认找出痛苦答案的需要。他才华出众，对工党的知识远远比我丰富，拥有敏锐的、即使在当时也可算是精细的战术头脑——不过它基本上只能在熟悉的和常规的范围里运行。在盒子里，他如鱼得水；但是他不会游出盒外。

到了1994年，我的政策和工党重整策略都在远离盒子的地方游荡。我开始意识到——虽然沮丧却很冷静——缺了点什么：那是他没有的东西；那是我开始知道自己内心拥有的东西。

我当然不知道约翰会英年早逝。只不过，我有一种奇特的预感，觉得他也许会。我不是说我有预知能力或者任何类似的特异功能，不过，如果你要我在某种与天意相争的私人竞赛里，拿自己的生命去赌他是否会离世，我会犹豫。我不断地把那个念头赶走。它却不停地侵入。

1994年4月，切丽和我访问巴黎。我要在位于枫丹白露的欧洲工商管理学院发表演讲。那是我们作为普通人生活的最后一个周末。我们把孩子留在家里。德里推荐了位于蒙马特尔的一家小酒店，那里的房间虽小，却很漂亮，而且就在中心地带。我记得，到埠第一天的早晨，我起床，叫醒切丽，对她说："如果约翰去世，接任主席的人会是我，不是戈登。不知道为什么，我知道这件事情会发生。我就是这样觉得。"那是一次预言吗？严格来说，不是的，不过，一样的怪异。

周六下午，我们去看史蒂文·斯皮尔伯格导演的电影《辛德勒的名单》，讲的是一个人从纳粹集中营里救出许多犹太人，挽救了数千生命的故事。

后来，我认识了斯皮尔伯格。我告诉他，那部电影为我带来了从未有过的感动。史蒂文其实是个相当谦逊的人，他也许认为，我是像戏剧演员那般夸张了。可我不是。在那三小时零十五分钟的时间里，我如同中了定身符一般。我们从头到尾把它看完，错过了晚餐，然后还久久地讨论它，直到深夜。

电影里的一幕反复地在我的脑海里浮现。拉尔夫·法因斯扮演的司令官在卧室里跟女朋友发生了争执。他一边起身去小便，一边还在跟女友斗嘴。那女孩跟所有女朋友一样嘲笑他。司令官在浴室里看见集中营里的一个囚犯，抄起步枪就把那人射杀了。他们继续吵架。我心里所想的，是那个女孩。她没有杀死任何人；她是个旁观者。

然而，她不是的。在那样的情景下，没有旁观者。不论是否喜欢，你都参与在内。不管你是采取行动，还是没有反应，都是一种立场的选择。为什么纳粹得以犯下这些罪行？是因为像他那样的人吗？不是的，是因为像她那样的人。

她就在旁边的房间里。她靠得最近，她的责任也因此显得更大。可是，那些我们明明了解却发生在远处的情况，又怎样呢？如果谋杀发生在千里之外，我们看不到不公，无法见证痛苦，却知道它们存在，怎么办？不论距离远近，我们都知道正在发生什么事。在那种情况下，我们同样不是旁观者。如果我们知情，却没有行动，我们就有责任。

几个月之后，卢旺达爆发种族大屠杀[①]。我们知情。我们没能采取措施。我们有责任。

这样的反应，不是太实际，对吗？问题在于，这就是我的感受。至于说，作为身负国家领导重任的人，有这样的反应是否明智，那是另一个问题。这在后面再详述。

我从巴黎返回，心情又一次因为这种充满力量、期望和预见的奇妙感觉而十分愉快。

后来，约翰真的去世了。我开始跟戈登的第一次对话时，精神上已经作好了准备。我觉得，自己先前待他不够诚恳，考虑到后来发生的事情，那是个错误。从1992年4月到1994年5月之间，他偶尔会寻求我的保证，而我也会作出保证。为何不呢？我对他的了解足以让我明白，如果我不作出保证，我们俩就会干起仗来。管他三七二十一。也许，我的预感不准确。也许那永远不会发生。也许约翰会继续做下去，当上首相，然后，谁知道将来会怎样！

5月的一个早晨，我坐在阿伯丁的工党办公室里打电话。"我们得谈谈。"我说，眼睛看着外面街上来来往往的行人，知道他们的生活将会跟从前一样，而我的生活，将从此改变。

我已经令自己变得更加坚强。我知道，他会施压，也许会威逼，甚至可能会

---

① 卢旺达1994年曾发生一次种族屠杀，至少八十万图西族人死于胡图族人手中。

是恐吓。不过,我已经准备好了。

"好,等你回来,我们谈谈吧。"他说,本来已经恢复镇静的语调稍微变了变。

我按照原计划在阿伯丁作短暂停留,好像是参观了一些科技公司吧。我还就约翰的去世对外界的新闻媒体发表了简短声明,表达了我们的震惊和悲痛。一旦得空离开,我就立刻搭乘飞机返回了伦敦。我甚至可能和戈登又通了一次电话。我记不清了。当我在希思罗机场走出乘客地下通道时,有个摄影师等在那里给我拍照,吓了我一跳。我心想,这就是以后的生活了吧。

我走进下议院。所有人都乱作一团,大受震动,悲痛万分,然而政治的车轮当然还在转动。我碰见了莫·摩兰姆,她跟往常一样心平气和(或者说,表面如此),十分直白地对我说:"一定得是你。任何情况下都不要屈服。"驾车把我从希思罗机场送进伦敦的切丽也用更为激烈的言辞跟我表达了同样的意思。其实不需要她们来告诉我。我已经下定了决心。

我从下议院会议室旁边的大厅走过时,遇到了彼得·曼德尔森。我们之前曾经通过电话简单地聊过,但彼此言语都很谨慎。

"啊,我一直想见你,"他说,"到了这时候,我们就不要再逃避了。戈登还是领先,还是正统。"

彼得总是这样,在这种情况下你永远无法确定他说的是什么;不过,我很清楚自己想说什么。

"彼得,"我说,"你知道我爱你。不过,这是我的机会,我很肯定。你必须帮助我。"

"我可没那么肯定。"他说。这一次,他没有开玩笑;我们四目相对,在大厅北边的那张绿色镶皮桌子前僵持了好一会儿。

"彼得,"我伸出双手按在他的两个肩头上,"不要阻拦我。这是我的机会。我知道的,我要抓住它。"

"你无法肯定。"他回答。

"我理解,"这次我放缓了语气,声音中充满了友情的味道,"不过,你只要记住我说过的话就好了。"

有人走进大厅。我们如同心有灵犀一般分开,各自往不同方向走去。

第三章　新工党

当晚迟些时候，国家还在为失去约翰·史密斯而颤抖，莫坚持要我去参加一个她召集的会议，与会者是她所谓的“硬蛋”，他们都愿意组织起来支持我。他们是各种各样的下院议员，其中有些面孔很熟悉，有些面孔出乎我的意料——他们支持我虽是很自然的事，却也不同寻常。所有人都是议会工党的非知识分子，他们对政治的了解是历经艰苦而得来的。他们顽强、无畏、守纪。“这些都是将为你工作的人。”她说，“这次会议是为了向你说明你取胜的深度和广度。”

我甚至不记得自己跟戈登第一次会谈的具体时间和地点了。也许，我甚至是在电话上开始跟他进行这场重要谈话的。那会儿，有各种讨论、思考、揣测，要花费太多工夫去理清形势，没有时间去计划，纷扰如同旋涡。

会后，我回到里士满月牙街。屋外聚集了一群摄影师。从那时候开始，他们就一直留在那里，有时人多，有时人少，距离我们的卧室窗户大概十英尺左右。那是一种奇怪的感觉。即使拉上厚重的窗帘，仍然有一种突然降临的登台演出感，令人惊惶，同时——就当时而言——也令人兴奋。

我竭力克制，但焦虑仍然流露。约翰离世后的好几个星期里——这是我唯一的一次——我会在早晨醒来，发现后脑勺的头发被汗水湿透。清醒时可以控制，睡梦中无法抵挡。

在那几个月里，切丽迸发出不可思议的力量。她知道，自己的生活将会改变。对她来说，她同样感到害怕，也许从某些方面来看，比我更甚。她，一个才智超群的讼务律师和伦敦北部女子，将要与充斥小报和永不熄灭的聚光灯的世界相碰。她的工人阶级背景使她跟任何人都能融洽相处,可是对于那种类型的公开,她唯一的经验来自跟她父亲一起的经历,而当时的感觉并不愉快。

然而,那天晚上,她把我抱在怀里,安慰我,说着我需要听的话,鼓励我,使我相信自己将要做的事情是正确的。我丝毫不怀疑自己必须去争取,但我需要恢复信心,还有更重要的,稳定情绪。

从很多方面来说,我的感情是非常丰富的;在某些方面还过于丰富。我会听从感情的自然反应而作出承诺。但我也因此而害怕;害怕感情的失控;害怕随同关心而来的后果可能会很痛苦;害怕依赖;也许还害怕从错爱中受到教训,领教人类毕竟还是脆弱而不可靠的天性。

1994年5月12日那晚,我自私地需要切丽给我的爱。我贪婪地汲取着它,从中获取力量,如同一只追随本能的动物,明白自己需要汲取每一分、每一毫的感情力量和适应能力,才能应付前方的挑战。我精神振奋,感到既害怕又坚决,说不清哪一种感觉更强烈。

然而,这害怕所产生的后果,直到今天我还无法肯定是好是坏。我不想跟戈登展开主席之争。对此,我有一番合理的解释:这种竞争需要我们互不相同,不可避免地,他会因此走向比我偏左的方向。果然,在接下来的两天里,《泰晤士报》适时地发表了一篇文章,提前对戈登即将在斯旺西的威尔士工党年会上发表的演讲进行评论。这也许是彼得干的,他还没答应我的要求,还在尝试调控我们两人之间的形势。文章以一种对布莱尔潮流进行审视的形式来写,目的显然是为了争取工会支持。两位改革主力之间出现裂痕——而他还有影子内阁财政大臣这个砝码——不是好事。我能赢,但代价是什么?

如果坦白,那么,我不想正面竞争的理由还有一个:我害怕它会导致的不快,可能出现的无情,还有两个好友竟然变成敌人的悲哀。在政治考虑和感情畏惧——我不知道哪个影响更大——的联合作用之下,我决心哄他退出,而不是与他交手。

后来,我曾多次毫无意义地反复思索此事,却仍然无法肯定自己的决定是否正确。如果战胜他,那我就能掌控他,至少短期内是可以的,但是,那样并不能把他赶走——无论如何我们需要他——还会损伤并削弱我脑海中已经成形的新工党概念。不管怎样努力美化我们之间的竞争,它都是丑陋的。无论如何,我的愿望就是请他自愿退出战场。不要误会我的意思,我已经作好了战斗的准备;只不过,那并非我的首选。

当然,戈登并非唯一的潜在对手。在跟约翰·普雷斯科特第一次谈话时,我努力使他明白，他也应该退出主席竞选，只参加副主席竞选。那是一次友好的对话，不过，约翰坚持要参加。他认为，两边都参加，可以增加他成功当选副主席的机会。他的想法是对的。与他相反，玛格丽特·贝克特如果只参加副主席竞选，会比较明智。不过，考虑到在约翰[1]死后那段真空期里，是她暂行主席职责，直到主席之位的角逐结束，所以，她将得到副主席职位作为安慰。我估计，是自尊心促使她无法接受这样的安排吧。但我必须说明，后来她对我非常友好。约翰参与竞争的愿望，还有他对我说加冕是个馊主意的英明评论，增添了我的斗志。然后我醒悟了，我不会也不该轻易获得胜利；我必须走出去为之奋斗。

但戈登的参与则完全是另一回事了。于是，我开始在几个可以避开下议院和八卦目光的秘密处所进行一系列颇为曲折的"赌博"。我和戈登在切丽姐姐位于里士满月牙街角的家里见面，在我朋友尼克·赖登位于爱丁堡的房子里见面，还在我的前女友兼初恋情人阿曼达·麦肯齐·斯图亚特的父母拥有的一间公寓里见面。其时，各种揣测在外面的世界流行。秘密进行这种对话是正确的做法，理由有好几个，而且都很明显。当然，这只不过是一次在野党主席的竞选，不过，人们普遍认为，工党在下一轮大选的胜算很高。人们诚心期待，议论纷纷，用歌词来说是"弥漫在空气中[2]"。那是关键时刻；是一代人的更替；是一种预感，也许结果将不仅改变工党，还会改变全国，不仅是政府的换届，还是时代精神的革新。

由于全国执行委员会达成一致，决定直到安排在6月中旬的欧洲大选之前，都不会举行主席竞选，于是这事搁置了好几个星期。另一个保密的理由是，我们各自的支持者们对我们两人可能会同意的事情感到十分担忧：戈登的人担心他会答应退出，很多人怂恿他战斗；我的人担心我会对他作出某种让步。我们两人每次见面，都会激起一阵忧虑的涟漪在各自阵营的支持者（他们已经相当积极地自我鉴定完毕了）之中荡漾开去，生怕我们之中的某一个会作出什么妥协。因此，不论是安吉，还是戈登的亲密助手休·奈，都对我们的见面安排守口如瓶。还有，到了那时候，我已经多多少少成了狗仔队的追逐对象。见面地点都经过了精心挑选，不过，全都是我朋友的家，我猜，这已经说明了问题：是我在主导。

切丽的妹妹林赛和妹夫克里斯是十分可靠、坚定的支持者。尼克是我交往

---

① 此约翰指约翰·史密斯。

② 《弥漫在空气中》是一首歌，歌词里不断重复这句话。

最久的朋友之一，我们在费茨中学读书那时就认识了；他同样是个非常可靠、聪明而且谨慎的人。至于在阿曼达家的会面，我喜爱那种浪漫的感觉。你了解你的初恋情人；你明白那种难以置信的渴望的流露吗？明白那种压倒一切的独一无二、难以言喻、无法说明，有时候甚至难以理解，却是如此激动人心，令人精神高涨、心如鹿撞、冲上云端的感觉吗？当时我十八岁，在费茨中学读最后一年。她是学校里唯一的女孩——是作为实验选进来的第一个女学生。她之所以当选，是因为她是校董会主席的女儿。她家人全都了不起。她父亲是欧洲法院的英国法官。她母亲是一位魅力四射、令人愉快的外交家——不是职业使然，而是天生如此。

他们家有四个女儿，阿曼达是长女。我陷入了热恋。他们家在新城那里拥有一座漂亮的18世纪石屋，那露台、那新月外形，都是建筑杰作。爱丁堡也许比得上世界上任何一座美丽城市。我熟识并且热爱新城的每一条街道。当时以及多年以后，我走遍了所有的街道，从那种熟悉感、实在感，以及其设计的圆满感——那种圆满仿佛也浸透在爱丁堡中上层居民的骨髓里——之中寻求安全、舒适和放松。在那里，我不会害怕，而且，在阿曼达家里，处身于各种证明她存在的物件之中，不知怎的，我有点奇怪地对手头的任务充满了自信。

我有意识地展现每一丝魅力和友爱，不仅是劝说，还是恳求。十年来，戈登和我几乎是形影不离的伙伴。我们两人的关系，是政坛上所能见到的最亲密的关系。那不仅是工作上的合作，还是友情。日后，当情况先是变得艰难，继而让人忧心，最后危机四伏时，其中的痛苦更因为曾经如此真实的亲密关系而愈加强烈。确实，这是一种政治伙伴关系，却也要依靠甚至可能是建立在以真挚、诚恳相待为基础的喜爱之上。我们两人以前都没有遇到过像对方那样的人。在那个星期六的早晨，我在戈登位于爱丁堡的公寓里见到他时，他穿着长裤和白衬衣，被包围在真的很像雪崩的纸张堆中。当时我的确认为他的自省和热情有点奇怪。当然，在那时候，这些奇怪之处使他古怪得可爱。他有亲切、慷慨、体贴的一面，往往不但风趣，还透着一种轻巧的诙谐和知性气质。我们并不局限于讨论政治，我们还就哲学、宗教、艺术进行辩论，还谈论其他引起我们两个凡人的兴趣和激动的日常琐事，我们充分信任对方，不时发出笑声。

同样的，我对于他来说也是一种全新类型的人物。我对政治的看法十分地非政治化。其中更多是出于直觉，而不是分析；或者，由于我确实会对政治活动进行反复分析，所以应该更准确地说，我以直觉为起点。起初，一直是他在教导我：如何解读工党内部的各种游戏规则；对于工会，有哪些界线是不能跨越的；

如何演讲；在党内讨论时，何时该闭嘴，何时该发言。一言以蔽之：他在政治事务上给我的教导，大概类似于德里在律师事务上给我的教导。

随着时间的流逝，他从我的身上获得了另一个视角：普通人对政治的看法。在职政治家们最难以理解的一件事，就是大多数人在大部分时间里是一整天都不会想到政治这回事的。即使他们想到了，也不过是叹一口气，哼哼一声，或者挑起双眉，随后便继续为孩子、父母、抵押贷款、老板、朋友、体重、健康、性事、摇滚乐等操心去了。

戴维·布伦基特就是一个典型例子，代表那种一辈子玩政治却仍像常人那样思考的人。他曾经跟我说，即使是在他担任内政大臣那段名声最盛的日子里，也会有人走到他跟前对他说："在电视上见过你，你是做什么的？"或者有人见到他牵着导盲犬，知道他是谁，却会更加惊异地说："我从来不知道你是瞎子呀。"

有时候，人们会变得关心起来。于是他们——或者至少是占很大比例的一部分人吧——就会集中注意力倾听。这，就是决定性的时刻。技巧就在于发现这些时刻。错过它们是非常可惜的事情。但对于专业的政治家来说，每一个清醒的时刻，或多或少，都是决定性时刻。在政治家眼里，政治这块大陆永远灯火通明，一盏通常十分刺目的明灯照耀着一片充满野心、风险和成果的高低不平的大地。他们穿行其间，时常担忧将会有什么事情落在自己头上。但是在大多数普通人眼里，政治是一团遥远的、偶尔挺恼人的雾。无法理解这种差别，是大多数政治家的致命伤：导致他们专注于小利而忘记大局。这意味着他们处事不合情理，滋生妄想，妨碍他们理解真正动人、真正重要的是什么。

我和戈登的友情发自真心。我们两人组合起来的政治力量远比各自为政要强大，而且切实可行，并能增进友谊。然而，当我们之中只有一个人能继续走下去时，情况总是会更加令人烦恼。

基本上，我的论据是这样的：我是最能赢得全国民心的人（约翰去世的那个周末，初期民调显示我远远领先于其他竞争者，事实上，约翰·普雷斯科特的支持率还在戈登之上），但我们的议程相同，我们可以一起工作；还有，日后他也会成为显而易见的接班人之一（即使不是唯一的接班人）。然而，此处的附带条件后来成了许多争论和怨恨的主题：我将会帮助他成功接任，而他则会承认当时的主席，可以说，就是我，并且全力协助我。在那个时候，这条件看起来并不过分，也不算很难办到。虽然从来没有谁说存在一种交易，即他退出的条件是我答应帮助他继我之后登上主席之位，但是我们都同意，那样做符合双方的利益。如果你当时问我，接下来会怎么做，会发生什么事，我会说，我做两届主席，然后交给下一位。因为这样做似乎正确而且公平，不仅对我们两人，对工党、对国家都是如此。两届之后，他的能力、分量和技巧都将遥遥领先于其他人。

然而，今天回想起来，我又一次觉得，自己太急于说服、太想安抚对方了。事实是，我无法确保如此；提议或者暗示自己做到，都是不负责任的行为。尤其是这样的保证无视一个事实：只有在执政党里，才能清楚地识别领袖角色。在野党完全是另一回事。当时你不知道这一点，但它是事实。并不是说在野党就不需要领袖，但是在执政党里，领袖的重要性被放大了一百倍。在野时的弱点会成为执政时的无能；缺陷会成为终点；本来可以掩饰的事情将会变成无法抹掉的污点。同样，优点的影响力也会翻倍；决策不仅在党内，还会在全国，甚至有些情况下会在世界范围内激起反响；领袖这个角色——如果存在——将会光芒万丈。

我们两人都不该试图预测未来。我急于解决他的事情，然后继续往前走；他急于通过杠杆的最佳点获得最大利益。无论如何，全盘考虑之下，那样做并不太明智；可以理解，却不明智，而且其后果始终没能消失。只不过，直到今天我也无法肯定，如果自己采用了另一种方法，会产生多大区别。事实是，我成了主席，而他想做主席。当时如此，到今天还是如此。也许，一切从来就是注定的，除非我们其中一人按下投放原子弹的按钮，决意发动全面战争去摧毁对方。开战对于我们两人来说一直都是一种选择——我打败他，他投降然后又反对我——然而，其巨大的破坏力总能把我们两人从悬崖边上拉回来。

他第一次切实地开口表示愿意退出并且支持我，是在阿曼达家。直到那一刻之前，他一直都诈称要跟我竞争。我知道他不会的，但是我也知道，那几次拖延时间的讨论是成功引导他得出正确结论的先决条件。我所担心的，并不是他的理智，而是他的自尊。

关于我们的谈话，还有一个有趣而且再一次说明了问题的补充说明，它后来还造成了许多的猜测：他想获得经济政策的自主权。有一次，彼得——那时候他正竭力作出各种有利于我的安排——甚至向我提交了一份实际上放弃经济政策控制权的文件。很不幸，那份文件流传下来了；而我的回应——那回答可说是不同寻常地直截了当——却没有。紧密互动，有的。合作伙伴，是的。双重领导，绝不。这份文件导致传言四起，说我对经济政策没有兴趣。相反，我对经济政策非常感兴趣。而且，尽管争夺经济政策的话语权一直是一场拔河赛，并随着时间的流逝越来越激烈，我始终牢牢——至少坚持到第三届任期——把它抓在手里，随时准备在必要时就使劲拽回来。

我们的谈话自然进行得很困难，但是没有敌对、怨恨甚至不友善的气氛。我们就像一对相亲相爱的夫妻，争论应该以谁的事业为先。虽然我们之间的关系面临很多危机，却同样有很多坚实的基础。不过，他的心里无疑会产生震惊和背叛的感觉。他从来没想过我会站出来。他认为自己是一个比我更出色的政治家。顺便插一句，他没有意识到自己在知识方面的优势。到那时候为止，我们之间的友情的特征是：争论不休。很有趣的是，在那些争论里，我也许更像一个擅长分析的律师或者教授，竭力理清我们的各种政策立场的逻辑和理由；他则是老练的政治家。我并不是说，他在学术方面不如我。如果要说谁能取得最高分数，那一向都是他。可是，说到对我们所做的事情进行理论分析，则多数是我出主意，他来翻译成实际的政治语言。他还是一位出色的宣传家。他可以在一瞬间看出某一点的力量所在，然后给出六个全新的角度，有时能令你的看法焕然一新。从这方面来说，我常常把他跟德里进行比较。我总是能从讨论中学到东西，获得新想法，受到激励，燃起热情。我们的谈话很长，不过，几乎没有什么废话。我们的头脑迅速转动，而且同步。如果有其他人在场，我们会觉得步调被打乱，力量被削弱，直到——有点像爱人很想亲热一下，却被来访的老朋友打断了似的——我们一边亲热地拍着老友的后背，一边引着他们往门口走，尽快把他们请出去。严格来说，我们的友情并非密封的盒子，但是封闭感十分强烈，有时候能压倒一切。因此，在主席竞争的压力下，把它敞开，接受外界的影响——无论是好，是坏，还是无关紧要——是很困难的。然而，这事显然正在发生。

在他来说，更是双倍地艰难。他本来的期望如今成了泡影，虽说日后也许可以重新燃起，但是在何时、如何做、在何种环境下才能实现，他无法知道，也不能确定。在我来说——信不信由你，我真的不介意——我并不愿意转做主席。我还记得，在约翰去世后的那个周末，听说《星期日泰晤士报》统计的民调快出结果了，我一边等着它公布，心里的一个角落一边想着，如果结果显示戈登领先，那么我就有借口能对朋友和支持者们说“啊，到底不是我”，那事情将会容易多少啊。然而，事与愿违。而且，也许就算真是戈登领先，那时候的我也已经没法回头了。重点是，如果真的可以理清各种纠结难解的动机，那么，我确实真心相信，在如此关键的时刻最好还是由我来做主席。那时的工党已经在野十五年了，而且被死死地钉在自己的大本营里——北部、苏格兰、威尔士、旧城区。虽然英国社会的中间阶层对保守党的幻想已经破灭，但是对我们仍然感到担忧和疑虑。形势迫切需要工党进行一次革命性的现代化跳跃，从大本营破茧而出，首次展示自己可以在任何地方赢得支持，可以破除阶级和职业限制，能够统一全国。我就是那个改革者，从个性、语言、时机、感觉和气质上来说，都是。随便你怎么拆解，这该死的结论到最后还是那么显而易见。

阿曼达父母现在住的那座房子，是两个老人在孩子们都已经长大离巢之后才搬进去的。我和戈登讨论完之后，一起坐在厨房里，注视着窗外的花园和迪安桥下一块长满灌木的小凹地。许多年前，我就是在那附近，如有魔法助力般地完成了一个自发的项目，为贫困学生建立了一个代替学生会的组织。接下来，我们只需要设法让他体面地退出。

后来，我们又在尼克·赖登的家里设想了一下全过程。尼克刚刚搬进一座宽敞的老房子，正在搞装修。他人很好，答应暂时外出，留下我们两人单独谈谈。大概一个小时之后，戈登站起来去洗手间。我在楼下等。五分钟过去了。十分钟过去了。十五分钟。我开始有点担心了。忽然电话响起。由于这里不是我家，我没有接。答录机接通了，尼克的声音响起，请对方留言。从那机器里突然冒出了另一个声音："托尼，我是戈登。"哇，我真是吓了一跳，这究竟是怎么回事？"我在楼上的洗手间里，"他继续道，"我出不来啦。"

装修过程中，洗手间的门换了，可里面还没装把手。戈登花了一刻钟时间才通过手机找到了尼克的电话号码。由于房子的隔音设施很好，我压根就听不到他的声音。我跑到洗手间。"你退出竞争，否则我就把你继续关在里面。"我说。

终于，我们在彼得的指引下，故意一边在大本钟下面的王宫花园里散步，一边发布声明，说戈登将会支持我。从媒体管理的角度看，声明的效果很好。然而，从维持关系的方面看，它很快就显得不太有效了。

问题的根源是，戈登以为我可以充当一个空容器，里面盛放着经由他制造、处理并且倒进去的液体。在当时、在今天，我一直无法肯定他是否真的相信了错觉，以为我只不过是彼得以及后来的阿拉斯泰尔悉心扶持的挂名主席，本身却无法胜任这份工作。这当然是胡说；不是因为我本人十分能干，而是因为，无论什么人处在那样的位置上，都不可能成为其他人的傀儡。那种事不可能发生。身为主席，你要作出大大小小上千个决定，这只有真正的领袖才能办到。你的身体语言不可能造假或者伪装，不论你是多么出色的演员，那说到底不是演戏。

这就像是有人对我说:“哦,某某人,他们什么都不相信,他们只是优秀的沟通者。”有句关于政治的话说得好:它就像矛盾修饰法。对于身处高位的人来说,确实是如此。站在高处,仿佛是被人放在显微镜下仔细审查。人们的目光直透入你的灵魂。他们看你,就像是看每天上班都会见到的人。有时候,他们也许会被愚弄或者蒙蔽,但是不久,事实上是非常快,他们就能作出真正的判断。不论是否赞同你的行为,他们都看得出,你是否诚心相信自己所做的事。身为政治家,如果你没有核心的信念,缺乏真正的源自信念的寻路直觉,你就永远不能成为出色的沟通者,因为——这也许有点俗气,却千真万确——最畅通的沟通是发自内心的。在我看来,比尔·克林顿就是关于这一点的经典例证。时不时地,就会有人写道:他虽然是个卓越的沟通者,却什么都不相信。这完全是胡说。没错,他不相信什么传统的民主党人,也没推行过传统民主党的政策。他是个新民主党人,这才是他的言辞、语调里所流露的信息,因为这就是他的信念,所以,他才能如此清晰地传递它。

也许戈登觉得,杯子可以按照他的愿望填满。然而事实绝非那样。敌意无可避免地开始出现。我们为了是否应该让约翰·普雷斯科特担任副主席的问题发生了争吵。我能够接受玛格丽特·贝克特担任副主席,但总体考虑,我觉得约翰比她更有优势。我们还为了谁来负责我的主席竞选而争吵。我和我的人(这种划分已经很明显了)认为不可以是戈登,因为我和他太亲密了。我现在就必须为以后作好准备:担任主席之后,我不可以把自己封闭起来。他可以是我喜欢的助手,却不可以是唯一的一个。在我这边,我们认为杰克·斯特劳是更好的选择,因为他原来不属于任何阵营,因此能扩大我对议会工党的影响力。我不得不向戈登解释这些。他深感怨恨。

主席竞选本身毫无意外地过去了。支持我的工会领袖很少,但支持我的工会成员很多,而且我们赢得了大多数工党成员和下院议员的选票。从头至尾,我们的主要精力都是用来减少反对意见、人员流失或者向左派作出让步上。慢慢地,我习惯了自己将会成为主席的感觉。

那些日子常常是阳光灿烂的。我记得,自己在全国各地进行竞选活动。气温很高,偶尔还达到让人烦闷的程度。气氛很活跃。当时,既没有重大的突破,也没有特别的灾祸,不过,很显然,我是个非常异类的工党主席。这本身已经足以引起人们的兴趣、兴奋和支持。保守党人竭力假装这是假象,但是在那虚张声势的表面之下,他们真的很担心。他们知道,如果我拥有那件真正的外衣,而且还能合身地穿上它,他们就输定了。

我接受了主席任命，约翰担任副主席。然后我开始组建我的团队。彼得已经完全成了我的支持者，不过，他彻底疏远了戈登，以至于后者开始相信——这样的想法对他来说并不陌生——我的晋升自始至终都是彼得的谋划。这不是真的，至少据我所知不是。可是，彼得这个人啊，很可能他真的是这般谋划的，只不过非常聪明地瞒过了我！事实上，我敢肯定没有这回事。彼得向来喜欢扮演马基雅弗利[①]的角色，但是根据我的经验，他也是我认识的人之中最直率的一个。

1994年9月，我们外出，在新福里斯特的楚顿格兰酒店开了一天会。后来在1995年，我们又开了第二次会议——只有我的核心团队里的人参加：彼得、戈登、阿拉斯泰尔、菲利普、安吉、乔纳森和休——地点是弗里瑟姆小屋，也在新福里斯特，是乔纳森兄弟的家。第二次会议的消息传到没有参加的约翰·普雷斯科特的耳中，引起了无穷无尽的麻烦。会议期间，戈登私下把彼得叫到一边，要求他听从自己的计划和指导行事。但彼得回答，自己只为主席工作。从那一刻开始，两人之间就有了嫌隙，而这两个人都不是好惹的。

我决意要找一个合适的人选负责媒体工作。彼得和我一起考虑候选人——《独立报》的安迪·格赖斯、《苏格兰人报》的彼得·麦克马洪、《卫报》的帕特里克·温特——可是，虽然他们都很棒，真的很棒，我却想要一个小报记者型的人物，而且觉得阿拉斯泰尔·坎贝尔是最佳人选。我不太肯定阿拉斯泰尔是否喜欢这个主意，但我本人肯定是非常满意的。我想要一个不好惹的人，我觉得他很合适。他是个天才。能够找到他，真是非常幸运。

定下阿拉斯泰尔这个人选之后，我决定立刻去找他，用满腔的热情说服他。我这个人一旦下定了决心，就会是这样。我决意拒绝否定的答案。不过，一开始很微妙。他自从得了神经衰弱症之后，就戒掉了酒，过上了正常生活。他的伴侣菲奥娜·米勒对于他接受这份工作有点犹豫，认为那样做会改变他们的生活。她的想法是对的。阿拉斯泰尔注定要在媒体这一行登上顶峰——即使在那时候他也已经显露出明星特质——所以他也要放弃很多。他崇拜并且喜欢彼得，却也害怕会落得跟他相争的结局。所有这些因素加起来，使得说服他显得困难重重。

后来，1994年8月中旬，我直接跑到法国，找到他每年夏天都去住的度假

① 全名尼克尔·马基雅弗利（1469—1527），意大利著名的政治思想家、外交家和历史学家，被西方人誉为“政治学之父”，其名著《君主论》是政治学必读书，也是文艺复兴的代表作之一。

屋。出于某些我完全无法理解的原因，他居然愿意跟尼尔和格莱尼丝·金诺克、菲利普·古尔德及其夫人盖尔在同一个地方度假。就我个人来说，跟这些活跃政客一起度假的主意会把我吓坏：你将永远无法摆脱政治。但是他喜欢。他们在一起聊天，计划户外活动，相处得很愉快。

那座度假屋位于普罗旺斯的弗拉杉。普罗旺斯是法国的一个省，那里的郊区十分美丽，遍布几近完美的法国小村庄。看来，英国想以和平收购的方法再次征服法国，并非愚蠢的举动啊。

我到埠之后，留下来吃晚餐，还把尼尔也请来了。我花了半个晚上的时间跟阿拉斯泰尔单独谈话，成功说服了他。关于彼得，我给出了一些力所能及的保证；至于戈登，阿拉斯泰尔已经开始对支持他的人感到担心了；不过，最重要的是，他想知道我是否会支持他去做必须做的事情。

在那里的时候，我还跟他提到了第四条款的事。第四条款是我们的党章对工党信条的核心解释。1992年败选之后，我心里就已经形成了一个清晰的观点：如果我能够成为主席，我就要修订党章，放弃关于国有化和国家控制的旧有承诺。我没有跟任何人讨论过这个想法，甚至包括戈登。

以现代思维方式去看，第四条款在学术上显得多余，在政治上是祸患。对于某些不愿意妥协、不愿意承认这个事实的左派来说，它是一段神圣的文字，他们在任何场合都对它念念不忘。别的不说，它要求实现"生产资料、分配和交换的公有制"。这个条款是西德尼·韦布在1917年写下的，他是一个伟大的费边主义者，是工党内的知识分子派。其时，这句话实际上是一次避免极左派引入更多布尔什维主义言论的尝试。当然最重要的是，它反映了当时国际流行的改革思想，认为废除私有资本是某种虔诚的追求。

20世纪早期的左派主流思想，到了20世纪晚期的今天已经无可救药地脱离现实了，甚至成了超现实主义。自从1989年之后，连俄国人也开始拥抱市场了。然而，它可以修改吗？幸运的是，在竞选主席时，从没有人拿这个问题逼问过我。有人提过它，不过，从未试过把我逼到失去"转圜空间"的地步。我把它压了下去，但是并没有封存起来。

当然，正如反对者立刻指出的一样，第四条款在很大程度上只不过是个象征。除了极左派之外，没有人真心相信第四条款。在某种程度上来说，这正是我的意思：没有人相信它，却没有人敢除掉它。因此，它不仅仅说明我们的党章里有多余字句，还象征着拒绝面对现实，拒绝深度改革，拒绝诚心诚意地拥抱现代世界的态度。换句话说，这个象征关系重大。它是一个偶像、一个神像。打破它，还能改变党内的一种有害的极端保守心理，正是这种心理使我们长久以来一直被困在在野党的位置上。它意味着，虽然我们有时候能够对保守党一些不受欢迎的做法采取有效行动，却无法始终如一地保持自己的优势。因此，在我看来，修改第四条款不是诡计，不是公共关系手段，也不是起草措辞问题；它是工党脱胎换骨的关键。

改革的政党向来喜爱听从自己的感情冲动。但是，他们感觉到选民也许会有不一样的想法，所以他们作好了放弃选民的准备。在内心深处，他们不愿意出现这种情况，还抱着一丝也许某天在某种罕见的情况下公众会跟自己思想一致的希望。这是妄想。公众不会的。然而，虽然改革者们自己也明白这一点，渴望却仍然急切，再次屈服于此类冲动的诱惑仍然强大。其中最基本的冲动就是相信：只要手中获得权力，他们就能用它来惠泽人民；权力越大，恩惠越多。因此，他们喜欢国有和公有企业。

他们并没有恶意——相反的，这种冲动建立在对齐心协力的真实而诚恳的感受之上——不过，我们应该已经从历史的教训中学会如何用两个重要的可能性来减缓冲动：首先，国有和公有企业可能会变成一个迟钝的，甚至违反公众利益的巨大的既得利益集团；其次，随着人们受教育水平和富裕水平的提高，他们并不一定喜欢其他人或是任何人来为他们作出选择。如果这种冲动受到一定的控制——例如积极但是有约束的——改革政府可能会是一个解除束缚、取代保守政府的好选择；否则，可以说就是个糟糕的选择。

第四条款鼓吹生产资料、分配和交换的全面公有制。它所代表的，不是约束，而是号召恣意放任。它既不健全，也不明智，但很不幸的是它并非毫无意义。从某种程度来说，它有很多含义，而且是很糟糕的含义。改变它，不是什么表面功夫；改变它，意味着重大、深层并且持续地改变党内思考、工作和执政的方式。

我如此轻易——很多人认为太过轻易了——就废除了工党意识形态的神圣传说，部分原因来自于我成为政治家的历程。学生时代的我跟牛津大学学生会毫无瓜葛，也不是工党俱乐部的会员，事实上，我也不太关心——肯定不是非常热衷于——学生政治。我在大学受到的政治影响主要来自两个澳大利亚人、一个印度人和一个乌干达人。这四个人都教会了我一种深刻的见解，让我谨记在心，让我形成了自己的政治态度。这四个人当然都是左派，不过，他们的经历与个性截然不同。

杰夫·盖洛普是我的同学，他是最热衷于政治的一个，后来确实也成了西澳大利亚州的总理。他才华出众、智慧过人。他教会我正确理解当时左派政治的所有名词和术语。他还是国际马克思主义组织的成员。该组织是20世纪70年代无数流派之中的一个，信奉托洛茨基主义。不用说，任何工党人都是他们的对头。他们还是共产党人的强劲对手，后者跟工会，偶尔还跟普通人群之间有联系，远比他们擅长于组织。虽然杰夫坚持遵守马克思主义辩证法的框架，他的灵魂和学术好奇心拒绝让他受其束缚。他常常反复地分析，冒出新想法和新见解。他教我明白，社会状况如何影响了性格的形成；但是他也教我，不要沦为没有思想的左派信徒。

彼得·汤姆森巩固了这一观点。他是澳大利亚基督教圣公会的牧师，也许是我这一生中对我影响最大的人。我们在牛津大学读书时，他三十五六岁，是中年学生。2010年1月，他去世了，我为他的葬礼写下这样的悼词：

> 很少有人能够令你说出一句“他改变了我的人生”。而彼得，改变了我的人生。从我第一次遇到他——当时我正在圣约翰学院的宿舍里面举行派对，我有点蹒跚地走出来，站到了平台上，低下头，看见彼得抬头往上看，说：“伙计，如果我是你，我会小心点。”——从那最初的一刻开始，他塑造了我的人生，赋予它意义和目标，并且设定了它的路线。
>
> 他是我的朋友、老师、顾问和向导。我所做的任何好事，都源于他的激励。不论我有多少缺点，都因为认识他而变成一个更好的人：更优秀，更强壮，更忠诚，更坚强，更感激拥有的一切，更相信人生充满希望，更愉快地去实现它们，更勇于接受它们的限制。
>
> 我们常常说，某人的离去使我的人生变得空虚。但彼得的离去不会留下空虚。他依然无处不在。当我最需要他的时候，他会在我身边。他将永远在我身边。他的光芒是如此强烈，不会因死亡而黯淡。
>
> 这就是上帝通过彼得彰显神迹的方式。他毕竟是个最不像牧师的牧师。他和可敬的海伦，时刻为我们所有人敞开大门。虽然我们消耗了不少茶水和其他东西，那却不是什么牧师茶会，在那快乐的时光里，绝不会有穿上牧师的硬白领袍子、拿起演讲腔调的不和谐。
>
> 不过，这正是彼得的特点：传统和打破传统的奇特混合。他的基督教信仰坚定有力。他是个实干家，而不是旁观者；他是个思想家，而不是单纯的传教士。他的思想大胆、突破常规，而且对于我们20世纪的世界来说，是梦想。

我遇见过很多被世人视为伟人的著名成功人士，可我从没有见过比彼得更伟大的人。此刻，当我写下这些文字时，我感觉他就在我的身边。我时时刻刻都觉得他在陪伴我。即使在哀悼他离去的这一刻，我也明白，我能期望的最大成就，就是当我死去时，他会为我而感到骄傲。

许多年后的今天，他的影响力仍然存在，仿佛在时刻提醒我，人生必须有所追求。在政治上，彼得是个左派，不过，他以宗教为先。因此，从某个角度来说，我也是如此。倒不是说，他或者我会区别对待这两个概念，而是说，如果以宗教为先，那么你看待世界的眼光就会有所不同。宗教的起点是从人性思考其中诞生的价值观。政治的起点是对社会的审查以及改变它的方法。当然，政治也跟价值观有关；而宗教也常常跟改变社会相连。不过，你的出发点不一样。

这对于理解我的政见至关重要。我的起点是对人性的分析，并以此为罗盘；政治其次。后来，正是这种方法——很大程度上是彼得灌输给我的——使我得以不受约束地得出结论，认定“改革问题”这种说法不足以清晰地区分目标和手段。

杰夫会送我政治书籍。彼得则会送我哲学家约翰·麦克默里的作品，例如《理性与感性》、《自由的条件》。一种关于社会主义的基础在于“社群”的理论在我心中渐渐成形，也就是说，人与人之间互相负有义务，人不仅仅是独立的个体，还是社会动物。这个理论促使我沿着试图寻回工党真正价值的道路走下去，想从胡乱堆积在上面、导致它晦暗不清的意识形态包袱中把它挖出来。对于我来说，它是社会主义，不是停泊在某个特定历史港湾里的某种特别的经济形式。

那个印度人名叫安莫尔·瓦兰尼，是个研究生。有一天，我在圣约翰学院方庭一楼，坐在他的房间里，从他那里得到了一个观点。那个观点一直留在了我的脑海中，对日后的公有企业改革项目产生了奇特却深远的影响。我还能清楚地回想起那一刻的情景。

也许因为安莫尔曾经在印度生活，更因为他在政治上更为成熟，我找他讨论自己从杰夫那里听来的新想法。我是在拿他作练习，刺激他、推动他，希望能够更加深入地理解自己刚刚才学会的这些新语言。我们讨论资本主义和国家问题。我在重申一个看法，认为国家应该接管资本主义的利益集团，因为后者只关心利润——也就是通常的马克思主义说法！

安莫尔摇摇头。“没有那么简单，”他说，“国家也可能是个既得利益集团。

你知道，它跟公共利益不是一回事，至少实践起来不是的。”

“不过，它应该是。”我坚持。

“我的朋友，‘应该是’和‘事实是’完全不同。”他回答，为我的无知发笑。

第四个人是乌干达人奥拉拉·奥通努。他在坎帕拉的大学读书时，就是学生会主席，后来在伊迪·阿明[①]统治时期被迫逃离。圣约翰学院接收了他。他是个天才演讲家，真的很有才华，而且是个可爱、纯洁的家伙。我觉得，他对于那些处在牛津大学象牙塔的庇护下、热衷于马克思主义的左派学生们，有一种笑作壁上观的态度。他的政见全是关于发展、腐败造成的负担，以及粉碎人民希望的可怕政府的。他教我如何超越西方学生辩论的局限，去思索另一个世界，在那里，没有人争论“资本主义还是社会主义”，只有生活、希望、健康与由于贫穷、冲突和疾病导致的死亡之间的争论。

他们是与众不同的四个人——各有特色、超越传统、思想自由；当我敞开心胸，愿意并且热衷于学习时，他们为我日后的思想塑造了框架。

当我在法国跟阿拉斯泰尔谈起对第四条款的想法时，我看得出来，他喜欢这个念头将会引起的喧闹。离开时，我几乎可以看到他的心思已经飞往如何推销它的问题上去了。谈话期间，我还确认了一件之前无法百分之百肯定的事情：他蛮勇过人。他是那种你必须拉回来，而不是推出去的人。在一个充斥着胆怯、谨慎和过度算计的世界里，我喜欢他的性格。他和彼得·曼德尔森可能会吵架（老天，他们真的会，偶尔还会动手），可是，携起手来，他们俩会拧成一股你所能想象的最强的政治力量。彼得会沿着一条秘密通道溜进城堡，靠着敏捷的脚步、凌厉而干脆的剑法，杀出通往王座的道路来。而阿拉斯泰尔则会化身为巨大的橡木攻城槌，摧毁城堡大门，不论是沸腾的热油还是加固的城门，都无法阻止他。有他们两人并肩作战，战斗将会英勇得近乎疯狂；不过，你会获胜，而且是大获全胜。

在那些日子里，我常常会在法国和意大利两个地方度假。那次也是：头几天是在图卢兹度过的；然后我们坐上开往马赛的火车，去看阿拉斯泰尔；再从那里前往正北方的利吉里亚，蒂姆·艾伦的父母在那里拥有一座房子，位于克雷斯皮诺附近的山区里。那个假期是我最后几次真正自由、放松的假期之一。村子里没有人知道我是谁。我的身边没有保护措施，没有保镖或者员工，只有我们一家人聚在一起。上帝赐福啊。我们会到村里的餐厅去，跟所有其他人一

① 伊迪·阿明（1928—2003）：20世纪70年代乌干达的独裁者，最富争议性的人物之一。

起，坐在餐桌旁。食物很简单，不过，意大利面是家庭制作的，配着美味的酱汁。如果想换口味，你可以去参加各种八月庆典。在那秀丽的乡村美景之中，每个老村子都会在广场举行娱乐活动，包括本地美食展。

那也许是我最后一次像普通人那样出国旅游了(在英国我已经是家喻户晓)，没有任何人认识我。有一天晚上，我们去一个名叫波登扎纳的村子，打算在那里的一家餐厅品尝一种当地特有的比萨饼。可是，大家败兴而归，因为我的预订出了差错(我那差劲的意大利语啊)，没有座位。我们顺从地重新订座，两天后的晚上又去了一次。那样的事情，我以后大概再也没有机会遇到了。

在那里的时候，我收到了最新民意调查的结果，显示我们得到的支持率是所有政党有史以来最高的，而且还有点荒唐地领先了三十个点。我并不是太在意那个结果，因为，这种领先总是来回变化，不过，它标志着我当选主席已经得到了公众的广泛认可，由此可以成为我在党内的助力。我没有幻想。很多人，甚至是大多数人投票给我，只不过是因为他们对工党的看法跟我一致，而不是因为他们认为我是赢家。目前来说，这样已经足够。我会运用公众的力量来改革工党。只不过，后来我才知道，如果用其他的方法，过程会艰难得多。

度假期间，我再次思考第四条款，我的想法更加坚定。如今我知道，修改它必须是最重要的第一步。回去之后，我开始向身边的资深成员咨询。我自己的人要么已经认可，要么很容易就被说服了。安吉自然是很热心，彼得也是。菲利普喜欢这个念头，但是认为它事关重大，如果出错，会造成严重的，甚至可能是毁灭性的损失。不过，我自己的人跟我看法一致，所以这从来不会是问题。

我跟戈登谈。他建议我一定要“把普雷斯科特拉上船”。这是个好提议；可是他自己却很不愿意作出承诺，也不表示反对。不过，我觉得，虽然直接问他认为修改第四条款是不是个好主意时，他不肯正面回答，但这不过是小小的不顺。而且，他显然不会反对。

我已经下定决心，要换掉工党秘书长拉里·惠蒂。在任何党内斗争之中，那都是个至关重要的职位。我喜欢拉里，不过我们的政见不同。一开始，我觉得汤姆·索亚会是个理想人选：他是工会成员，聪明、忠诚、新潮，而且有能力、有威信，可以帮助我达成目标。我眼前的障碍必须要加速冲刺才能跳过，而且起跳的时候不能有任何额外负担拖慢我们的脚步。

至于约翰·普雷斯科特，正如戈登所说，他的确非常关键。我知道，拉拢他必须要小心谨慎地进行。我在自己家跟他见面，那是一个温馨、可靠而亲密的环境。他的反应比我预料的要温和。对于这类事情，他一如既往地灵巧和敏感。

他已经看出，我不会是匹容易驯服的野马，也了解我改革工党的欲望——不仅仅要带领它走入政府，还要改变它的思维方式——真实而且不动摇。从一开始，他的基调就是：私底下我会跟你争论，不过，如果你已经打定了主意，那么，我会支持你；或者说，如果我觉得有必要，我会离开，但我不会留下来搞内部破坏。这当然不是无条件的支持，但这是一个公平交易的承诺。这很重要，而且，事后证明，约翰在很大程度上遵守了诺言。

约翰明确表示，虽然他认为修订计划完全是个轻率的举动，但他会仔细考虑。他有一大堆疑问——怎么做、何时动手、用什么来代替、谁来起草、以什么方式签署，其中有些是我可以回答的。我说服他至少同意有必要在党内进行一次工党到底代表什么的讨论，而第四条款提供了一个媒介。他希望能推迟一下，先看看公众的反应——毕竟我们遥遥领先于保守党，但我心里很清楚，可以说是恰恰因为我们领先，此刻才正是动手时机。我们必须表明，即便民意支持率是如此之高，我们仍然打算冒险去做正确的事情，并且通过承担这个风险来展示，我们明白领先是有条件的。是的，人们在说，我们喜欢这家伙的模样，也喜欢他想带工党去的地方，不过，现在，证明给我们看吧。我知道，一旦流露出任何自满或者胆怯的迹象，我们的领先地位就会在人们火热的审视目光之下逐渐消失。

终于，1994年10月，工党年会召开。民意支持率仍然坚挺，不过，我肯定各种重大疑虑就在表面之下翻腾。当一个政党把自己以某种公众不喜欢的特定方式定义下来之后，那种定义就会养成一种让人难受的习惯，徘徊不去，如同老旧房屋里的腐败气味一般。你可以使用空气清新剂，你可以推开几扇窗户，你可以用一些关于未来更美好的积极描述来让人们高兴一点；然而，到了最后，唯一有效的方法就是说：这个地方真臭，我们把它翻新吧，也就是说，保留房屋结构，其他全部换掉。

根据我的评价，工党分三种：传统工党，永远不能获胜；现代工党，可以获胜，而且不断获胜，这正是我从一开始就有的抱负；普通工党，可以赢一次，但基本上只不过是保守党政府不受欢迎的结果。最后一种工党不能凭自己的实力获胜，无法得到明确、广泛、深入的支持，在这个执政难免麻烦不断的时代里，它没有能力持续不断地赢下去。《福音书》里我最喜欢的比喻是关于播种的。这个比喻总是可以用来举例：普通工党和现代工党之间的区别，就是一颗冒出幼芽却永远没有真正生根的种子，和一颗长出三十、六十、一百倍数量的果实的种子之间的区别。

为了不断地赢下去,我们需要创造一个思想、态度和政策的核心。这个核心必须坚实、可持续、强壮,如同一道海堤,在海浪击打之下坚不可摧,可以聚集朋友、击退敌人。我知道,实现这个目标意味着要直面工党旧时的态度,而且不能是偶尔为之,每一天、每一刻都要坚持,在每一个它们企图重申自己的场合击倒它们。向它们让步的后果,远远不止是退让那么简单,而是变成老房子无法从根本上焕然一新的标记。

我尝试从一个与政治无关的普通民众的角度来看待工党。我有很多不搞政治的朋友,他们认为保守党累了,应该离场休息了。那么,他们又怎么看我们呢?他们觉得,我们是为穷人,受压迫者,工会会员,被指控、被放逐的人服务的。他们以为,我们是法律和秩序的自由主义者,是国防方面的反战分子。问题就出在这里:所有这些观点,如果搁在适当的时机,是好的、有价值的——它们正是我加入工党的原因;然而,条件是在**适当的时机**。作为对工党立场和代表对象的最重要的完整定义,想让它们实现足够广泛、足够深入、足够普遍三者合一,是不现实的。如果这样定义,我们就成了一个只懂反对的政党,而不是政府。

这还算是对这些态度最为客气的描述了。事实上,如果时机不当,这些观点可能会对国家产生反作用:工会利益被置于人民利益之上;拒绝接受必不可少的改变;在法律、秩序和国防方面都有缺陷;态度也许很高尚,却也很天真。

在尼尔·金诺克和约翰·史密斯的领导下,我们当然已经进行了扩展和加深,更受大众欢迎。但是,那些举措给我的感觉——更重要的是给民众的感觉——就像是我们在跟自己的过去谈判。我们那乐观的言谈里透露出一丝勉强的口吻,尊重过去的态度里散发着拒绝承认它有多糟糕的意味。谈论过去的做事方式时,我们小心翼翼,犹犹疑疑;因此,谈论未来的做事方式时,我们缺乏彻底的说服力。

我希望,我们要坚决,要坚定信念,要有热情,要把过去十分明确地留在身后。我并不是说,要抛弃传统信念的结构,包括它们的核心基础,即对社会公平的承诺,而是说,在现代社会里,需要用新的方法来建设这些基础。从一开始,我就决心做一个建筑师,缔造一个革命性的、有改革能力的、优秀的新工党。我紧紧盯住第四条款的修订计划。年会召开前的一个周末,赶在年会之前,我开始向其他关键人物进行咨询。

杰克·斯特劳听说之后很高兴,他以前曾就这个题目写过一本小册子。尼尔·金诺克也是。罗宾·库克觉得这样做很疯狂，认为它会导致工党分裂，而且警告说，它可能会导致我的垮台。玛格丽特·贝克特扬起了一边的眉毛。唐纳德·杜瓦用他那招牌式的搞笑方式说："这事应该很好玩。"向来可靠的乔治·罗伯逊表示支持。总的来说，各种意见都有，充满疑虑。我跟戈登也谈了几次，不过，我很谨慎，并没有透露这个计划将以何种方式宣布。我担心，我们两人之间已经笼罩上了一层不信任的阴影。

我打算在年会报告的末尾提出这个计划，由于它注定极具煽动性，所以我们决定不采用诸如"第四条款将被废除"之类的率直字眼。并不是因为我们不敢向党外公开，而是因为在党内宣布这事本就可能会激起真正的反对行动，可能会使整个计划告吹。我打算这样说：我们需要判定，在现代社会里，我们的真正目标和价值在哪里；很快，我们会展开一场关于这个问题的辩论（此处采纳了约翰·普雷斯科特的意见，即必须进行充分讨论）。然后，我们将等待人们领悟其中要旨。这是个机关，但是我的咨询结果显示，我们需要它。

星期六深夜，我们最后一次对行动口号以及"新工党"这个名词的使用进行了热烈的讨论。阿拉斯泰尔想出了一句话："新工党，新英国。"他说，我们应该把它挂在会议大厅里，作为年会的标语。如今回想起来，我们显然应该照他说的去做，可是在当时，我跟你说，争论非常激烈。期间甚至提到了一个折中的做法，把"新工党"的第一个字母从大写"N"改成小写"n"。你可能以为，这是小事。不是的：把"新工党"的"N"大写，确实会给人一种改名字的感觉。在我的核心团队里，有些人警告我说，这样做可能会触发危险的反应。就连彼得也是忧心忡忡的。最后，我决定，就用大写吧。的确，它会有一些反作用，但还在我们的承受能力之内。而它带来的冲击却是十分震撼的：它是一个坚决的信号，标志着这一次不会再是小修小补，而是全面翻修。

当我在演讲完结时提出，需要改写工党党章中的目标和价值观念（不出乔治·罗伯逊所料，大厅一时陷入了沉默，直到硬币落地的声音打破寂静），而我们显然打算冒着大规模党内斗争的风险来这样做时，人们开始明白，这一届领导阶层真的与过去不同。这一次是动真格的了。

仿佛是为了强调一切将会有多么困难一般，第二天，工党在工会的坚持下，通过了一项重申第四条款的决议。讽刺的是，这条决议成了我的助力：它证明这不是什么在镜头前面摆出的假动作，而是拳拳到肉的真打，有真的对手、真的痛楚。然而，它也意味着，我们要么取胜，要么出局。

就我个人来说，我非常清楚：如果改革被否决，我就完了。21世纪已经临近，柏林墙倒塌已有五年，就连共产主义中国也实行了“社会主义市场经济”，如果工党声称自己相信“生产资料、分配和交换”的国有，就说明我们不是认真的。这样的立场将印证公众所有的最大的担忧。

当然了，反对者们迅速把问题改成：为什么要在党内引发骚乱？这个问题把反对放在了战术低地的基础上。我驳斥：只有当你们反对改变时，才会有骚乱；你们要么说自己真心相信现在的党章，要么接受改变。

辩论花了六个月。约翰·普雷斯科特终于谨慎地完全站在了我这边，如此一来，大大安抚了党内的传统派。苏格兰会议——也许有点取巧吧——通过了一项支持修改的决议，成为在党内取得的第一次真正的重大胜利，促使其他骑墙派跟随其后。苏格兰是工党的大本营，传统观念十分顽固，我们本来以为如此“中产阶级化”的想法会在那里遭到抵抗。如果能在苏格兰赢得支持，那么，我们就能在大多数地方获胜，连工会也不例外。反对派试图集结起来抗议，然而公众支持修改的力量势不可当，他们对此无能为力。正如我所预料，公众并不关注细节，但是他们明白，修改与否的确关乎旧工党到底有没有变。

新条款的实际起草由我、德里和彼得·海曼这个非同寻常的组合来主笔，其他人则提供评论和建议。最早的草稿是我独自坐在老朋友梅丽·斯图亚特位于因弗内斯的家里写出来的，当时是苏格兰会议召开的前夕。最后的润色，则是在我们位于伊斯灵顿的房子里，跟彼得·海曼一起坐在卧室里完成的，其时我的女儿凯瑟琳正在楼下举行生日派对。所以，我是在击鼓传花游戏的间隙里重写英国的社会民主主义。

用词很重要，对党内、对公众都是如此。对于党内，它们必须传达真诚的信念。对公众，它们不可以逃避责任。它们必须代表跨进现代世界的明确一步。

所以，我们在开头保留“民主社会主义”这个词，不过，其后则是对价值的清晰定义，杜绝这些价值观念产生由国家扮演主要经济角色的任何联想：

> 工党是一个民主社会主义政党。它相信，通过我们的共同努力，可以获得比独自奋斗更大的成就，为每一个人创造可以发挥真正潜力的条件，为我们所有人营造一个社区，使权力、财富和机会握在大多数人、而非少数人手里，使我们享受的权利反映我们承担的责任，使我们能够在团结、宽容和互相尊重的氛围中自由自在地生活在一起。

公众以他们那种类似心灵感应的奇特方式，为我这届领导层的结局排了一个优先次序：最好的结果是，我领导了一个跟我意见一致的工党；最糟的情况是，我无法领导一个跟我意见相左的工党；可以接受的折中情况是，工党愿意听从我的指挥。最后，我们落在了最好和可以接受的情况之间。虽然我们只有一小群共同参与谋划的人，可是随着时间的推进，我们吸引了相当多的人。新一代的年轻支持者完全赞同修改。他们是真正的信徒，也是今天的工党在未来的唯一希望。

第四条款之战多多少少为当时直到1997年工党领导阶层的风格和要旨作好了铺垫。我们手里没有什么类似完全成形的政策文集的东西。由于在野十八年，我们对于执政的准备远远不足；只不过在实际上，作为一个缺乏执政经验和专业知识的在野党，明确地制定详细政策可能会很危险。我们还不知道要如何去克服诸多障碍、牵制，征服险恶浅滩和未知地域。另一方面，我们的罗盘已经坚定地设好方向，我们清楚地知道应该以何种风格和态度去迎接挑战。“新工党”并不是空泛的口号。它是一种心态。在接下来的两年里，当我们接受考验时，这种心态对我们大有裨益，使我们得以制定出更加强硬的政策并作出艰难的抉择。

有时候，考验会跟随麻烦而来。1995年1月，我们不得不驳回一切对私立学校收税的建议。事实上，在最初那段时间里，当我竭力帮助工党摒弃旧日偏见(虽然我猜他们很多人会称之为信仰)时，学校经常是争论的主题。讽刺的是，由于我的支持者哈丽雅特·哈曼后来的变节，这个问题可说是因为她才在1996年1月变成最热门话题的。

我的孩子在政府拨款的天主教公立学校欧拉托里学校读书。当初我给他们选择学校的时候，已经是够艰难的了。阿拉斯泰尔和我为此事大吵过一架，因为他和他的伴侣菲奥娜·米勒都是综合中学的拥护者，后者尤其如此。他们非常反对我的决定。可我下定决心不能让孩子们失望。他们的教育很重要。现在的情况已经令他们忍受了很多。按照当时天主教学校招收学生的管理规则，我们完全可以选择优秀的天主教学校，如果把他们送进差劲或者普通的公立学校，实在是十分糟糕的不负责行为。正如我对阿拉斯泰尔所说：你和菲奥娜掌握着让你们的孩子读哪一所中学的主动权，你们可以换；而我没有那个选择。此外，一直都有人指责说，我们应该为我们的孩子选择伊斯灵顿中学(他们的小学是在那里读的)，因为我们住在那个地区。这就有点搞笑了。可是，为了避免表现得自满或者是理所当然，我不能对他们指出现实情况，那就是：大选之后，我们可能会搬到威斯敏斯特区去住。况且，老实说，鉴于伊斯灵顿中学当时的那种状况，我们是无论如何都会尽量避开它的。

哈丽雅特也把自己的一个孩子送进了欧拉托里学校，然而，她却决定将其他孩子送进文法学校。跟她相比，我们的情况黯然失色。她的做法确实非同小可。自从20世纪60年代以来，工党的纲领目标一直是废除学科选择、建立非选择性的综合学校。文法学校基本上来说是受到工党强烈唾弃的一种学校。哈丽雅特的决定因此成为真正的炸弹。

阿拉斯泰尔想给她写信，指责她的决定。我的议会私人秘书布鲁斯·格罗科特惊骇万分。就连我办公室里最贴身、最亲近的人也觉得这样的做法不可饶恕。只有向来以家庭为先的切丽对哈丽雅特的做法表示了近似支持的态度。消息走漏之后，党内翻起轩然大波——哈丽雅特毕竟是影子内阁的成员之一。终于找到下刀处的梅杰，趁着首相答问的机会对我展开了大肆的攻击。

阿拉斯泰尔一如既往，不论自己的意见如何，也坚守阵线，积极而响亮地回应着外界。而我的观点则如同水晶般清晰：作为父母，那是她的选择。在这个问题上，我得不到任何人的支持。媒体嗅到了血腥味。如今看来这也许有些奇怪，但当时确实有人告诉我说，我的主席地位岌岌可危。没有人能够真正理解，我为什么认为有必要如此大力地支持她。

老实说，起初我自己也不太清楚为什么，不过，当我一边舔舐着首相答问时受的伤，一边回想时，我明白为什么自己的直觉会如此强烈了：虽然工党人能够理解为什么哈丽雅特可能会因为此事而被迫辞职，普通人却是无法理解的。某个女政治家决定把自己的孩子送去上文法学校。她认为那样做可以让孩子得到最好的教育。于是她的政党逼她辞职。你会怎么想？你会觉得，那样做有点偏激了吧；那可不是太亲切呀；有点令人担心啊；莫非那就是我对那些工党人仍然心存疑虑的原因？我们在不知不觉之中，已经切切实实地给那些持有中间立场的敏感人群造成了不安。

我想通了。星期二，即首相答问之后的第二天，我就到议会工党去，热情洋溢地为哈丽雅特辩护。我还吸取了一个重要的教训：骚乱总会过去的。是的，它曾经很吓人，包裹在威斯敏斯特泡泡之中的一切向来显得格外夸张，然而，在现实中，地球仍然在转，新闻不断涌现。

我们持续不断地为一定范围内的各种议题制定我们的政策方向。1995年5月，在我的办公室内部，我们就英国央行独立的问题进行了第一轮讨论。我的观点已经很坚定，认为央行应该独立。我希望在商业、工会、公共服务和福利政策方面制定出一套带有显著的新工党特色的政策，所以要进行一次涉及所有这些方面的大规模分析。而这次讨论也是其中的一部分。即使到最后，我们能做的只是设定方向，那么这个方向也必须是清晰的。

这些举措，部分跟态度有关，部分跟政策有关，部分是为了在工党和大众之间重新建立起一条纽带。态度很明确：原则性问题不可以妥协，要使新工党成为政治版图上一个无可争辩的存在。政策上，不需要处处清楚的细节，要为政策立场制定出指导性的原则。至于工党和大众之间的纽带，前者要像普通人一样处事，并且要让后者感觉，这般普通化之后的工党人跟他们是同一类人。

今天看来，这一切是如此显而易见，以至于有点滑稽；但当时可没有这么明白。我们已经跟“普通人”脱节了。几十年来，甚至是在十八年的在野经历开始之前，工党更像个宗教团体，而不是政党。要想走进其中，你必须说工党的语言，按下正确的按钮。这样的情况持续了如此之久，以至于身处其中的人都习惯成自然了。就连我也学会了——也许可以说，我学得不是太好——因为，如果一点都不会，你将四处碰壁。

社会民主党的出现，主要是由于政策方面的原因，不过，它同样标志着他们和传统工党人之间的文化分裂。我永远记得1981年，在电视上观看“四人帮”——罗伊·詹金斯、雪莉·威廉斯、戴维·欧文和比尔·罗杰斯——发表《莱姆豪斯宣言》的情景。他们在宣言里表述了脱离工党的愿望。宣言本身当然也很重要，然而，激起我兴趣的是那次会议的照片：桌上摆着一瓶葡萄酒。你也许觉得荒谬，不过，我记得自己当时感到非常震惊，心想，他们居然容许别人把自己和一瓶红葡萄酒一起拍下。然后，我对自己的震惊反应感到震惊。我自己的桌上，不也放着一瓶红葡萄酒吗？很多人都会这样做，难道不是吗？然而，我没有骗你，那时候的工党人真的会被这样的照片吓坏。啤酒，也许可以；葡萄酒，不行。

从某种意义上来说，在工党和民众之间，不仅有政治分歧，还有文化差异。普通的年轻人会在星期六晚上外出，喝点酒，来场派对。工党年轻人呢，坐在一起，严肃地讨论保守党政府的不公正现象，以及资本主义就长远来看无法避免的衰退。我希望，在文化层面上，我们可以全面地重新融入民众。我希望，我们可以吸取20世纪70年代和80年代工党的长处——恰到好处的改革态度（例如为女性、同性恋、黑人和亚洲人争取平等），将其和普通化联合，使其脱离令人窒息的政治正确性批判，融入到主流之中。所以，一个女人可以既是女人，也是政治家。她不需要像男人那样行事，像男人那样打扮。把我们自己视为个人的感觉，透着极为重要的政治精神。

战后时期，工党的根本问题是，它与自己的基本目标脱节了。那个目标的核心，一直以来都是关于个人的。更强大的国家、工会、社会行动、劳资谈判——所有的一切，都是为了同一个结果：帮助个人获得更多的机会、使他/她战胜由于贫穷，落后的教育、医疗服务，居住条件和福利待遇而受到的不公平限制。一切都是为了机会，不是全体的机会，而是特定某个人的：作为个人的你的机会。那个目标，响应并且体现着人性深处的渴望：渴望自由，渴望做最好的自己。

所有改革政党的问题在于，以这种方式获得帮助的第一代人已经在20世纪60年代获得了解放。所以，在机会的阶梯上，他们不需要更多的国家帮助；他们想要的是选择权、赚取和花掉更多金钱的自由。他们打碎阶级分层的基础。他们开始怨恨由他们供养的不劳而获的人。最重要的是，他们希望跟国家建立起另一种关系：以搭档或者公民的身份，而不是受惠者或者客户的身份。由市场驱动的私营企业在这种社会压力之下迅速作出了改变。而公有企业却遭遇了困局。这就是为什么20世纪70年代末期时，撒切尔和里根得以推行大规模改革的原因。

在我看来，新工党完全就是为了理解这种社会演化。它根本不是想要改变基础价值观或者改革派政见的目标；相反，它是为了从政治和文化教条的沉重负担下重新获取它们。那些教条，不但使价值观和目标变得模糊不清，还挫败了它们。

不仅如此，新工党也不是为了跟这样的演化"妥协"，而是为了认清一个事实并且为之欣喜：社会的演化并非不幸的现实，我们并不需要被迫认同它才能进行改革；它**就是**改革。

上面所说的这些，看上去似乎跟第四条款、政策的改变和宣言远远搭不着边，却是定位的关键组成部分。我希望，工党人可以在雄心勃勃的同时富有同情心，不需要因为前者而感到内疚，也不需要为后者而感到焦虑。我们是平凡的人类。面对成为担任政治改革施行者的前景，我们应该感到兴致盎然、跃跃欲试。我们应该为幸福，为实现自己选择的事业、个人生活、对艺术和文化的享受，去努力奋斗。

下面要说的这件事，我知道，听起来还是有点古怪：在20世纪80年代末期那时候，有一个名叫"红楔子"的摇滚音乐组织，由保罗·韦勒和比利·布拉格之类的人物率领，出面为我们的竞选活动拉票。那很好。不过，我记得，有一次听完他们的表演之后，我说(顺便提一下，后来我结识了比利·布拉格，而且真的很喜欢他)："我们还要拉拢那些听杜兰杜兰乐队演奏和麦当娜歌曲的人。"(这条评论被忽略掉了。）我觉得，在艺术和文化上，我们应该代表所有流派，从最前卫的一直到最基本的流行艺术，只要我们的投票者可能会去看、去听的，都要覆盖。

所以对于我，从某种程度上来说，政治就是从非常基础的在工党和民众之间重新建立人性化连接开始。1996年末，完全领悟这一要旨的阿拉斯泰尔，说服我上了德斯·奥康纳[①]的节目。当时，那对于政治家来说是非常稀罕的举动。我紧张得难以置信。我必须准备几条轶闻，并且完全改变自己的思维模式。那是跟首相答问或者工党年会报告截然不同的场面。我不需要证明自己在经济、社会或者外交政策方面"称职"；我必须证明自己很普通，可以跟普通人一样聊大家喜欢谈论的话题。那是一次冒险，我担心自己会导致阿拉斯泰尔的生活变成地狱。不过，它奏效了。然而，最让我吃惊的是，自从那次以后，那些对政治丝毫不感兴趣的人会认为，我可以跟他们沟通。

这意味着，我们已经跟民众恢复了联系，20世纪70年代和80年代的那条相当吓人的文化断痕已经被重新填补。人们集中了精神，准备好倾听。然而——这也很关键——这样的重新连接只是一个开始。有时候，政治领袖会犯下错误，心里想着：够了，我已经成功了，他们喜欢我。那样的想法严重低估了民众。这其实只是第一步，仅此而已。

接下来，人们就要答案了。如果你是在野党，人们并不期望你知道全部答案。他们也不会追问太多的细节，只想知道你的立场——关于开销和税务的，关于法律和秩序的，关于国防的，关于欧洲的，关于公共服务的。这时候，对于在野党来说，有两点至关重要：保持简单；保持一致。我说保持简单的意思不是说只停留在表面。我是指清晰。

例如，在法律和秩序方面，你是否喜欢强硬手段？你是否全力支持阿富汗战争？在公共服务方面，你是要进行改革，还是保持现状？我们的政府开支是要增加、减少还是维持不变？你赞成减税吗，如果赞成，那么，减谁的税？大州、小州，还是不同大小的州？

政治家不相信这种简单粗略的表态。从某个方面来说，这是对的，因为一旦被定型，你就会受到约束。所以政治家不喜欢这些问题，本能地会采用模棱两可的回答。争取所有人的支持，就得到了圣杯。我得承认，我自己也相当努力地追求着这种效果，而且，有时候比大多数人都做得更好。

---

① 英国著名电视节目主持人，主持一档集音乐、聊天于一体的娱乐节目。

然而，你必须能够回答那些直白而且清楚的问题。你可以加条件和“例外”，不过，你的答案必须容易理解，因为它们定义了你。它们不仅是个性，也是政治品格的体现。可是，要做到这一点，需要详细分析和学术严谨。政治远比常人所以为的更需要智力。你可能会想：好吧，如果要的是简单，那你就不需要那么多细节了。错。简单并非诞生自肤浅的分析。简单恰恰是彻底分析之后的产物。

长期在野的这段时间里，每一天、每一周和每一个月都充满崭新或者有趣的事物，我跟戈登以及其他政策构思者们所做的工作终于有了回报。我们深挖；我们浸淫；我们重复再重复，只为掌握每一个领域的执政原则。所以，我们需要更多地投资公共服务。很好。不过，钱从哪里来？靠经济增长吗？靠加税吗？我们反对减税，还是赞成某些减税？那样对政府开支会有什么影响？是先投资，后减税吗？或者说，你可以两件事一起做，也许是重新分配？如果要重新分配，是哪一种分法？是快刀斩乱麻，还是润物细无声？

我无法告诉你，我们多少次来来回回地审视这些议题，到了1994年，我们变得更加繁忙，我们之间的关系更加紧张，但是，我们的方向已经确定。探路者已经出发：经济增长是关键；投资，但不减税；重新分配，但是会很谨慎，不会触及个人所得税；争取中产阶级的支持，如果增长和部分重新分配的条件允许，就把焦点放在最贫困的人身上；然后，假以时日，你将能够平衡减税和开支。

福利方面也是一样。从1995年到1996年，我们都在考虑一个就业计划。最后，我们为失业者提出了一个“新政”。这个词是戈登想的，借自20世纪30年代富兰克林·罗斯福的经济纲领。他对这类事情总是很喜欢。我们选择从私有化的公用事业征来的暴利税作为资金来源（那些企业通常都是垄断企业，所以利润十分丰厚）。戈登极力争取这笔税收，但我有点不太愿意，担心会疏远企业界人士。1997年1月初，我和他还为此吵了一架，主要是因为他的顾问埃德·鲍尔斯跳出来写了份关于此事的简报。最后，我们采取了一个折中的方案，比他想要的少，但依然是很大的一笔。

然而，真正的压力来自计划本身，对此戈登和我的意见完全相同：伴随着给失业者工作机会而来的，是我们对失业者负起责任的坚持——也就是，带给他们现代的而不是老式的福利。这在党内是极具争议性的问题。工会领袖和其他人都大声疾呼，指责我们引入了一种工作福利制。连罗宾·库克也不例外，只不过，他的评论是在影子内阁中提出的，对象是戈登。（这两人之间的嫌隙由来已久，从20世纪70年代的苏格兰政策那会儿就开始了。）我们端枪不放，等待叛乱平息。

不过，重点是，每一个决策——增加一种税收，决定向某个企业开征，应用在新型就业计划上——都基于一系列关于税务、商业和福利的深思熟虑之上。我们的思想方向经过了艰苦的调整，所以我们才能得出这些不仅清晰而且一致的政策。我们在福利方面的立场，不会跟商业方面的立场抵触。这种抵触本来是有可能出现的：我们可能会增加了法人税，资助了一个新型的就业计划，却可能妨碍了商业发展；我们可能会对企业收取暴利税，并且用来施行一个老式的传统就业计划，却可能跟我们在福利方面所说的国家和个人之间是合作伙伴而不是救济与被救济关系的言论发生抵触。实际上，我们的选择十分谨慎，所以我们的政策取得了平衡，而且跟新工党的整体立场和言论是相符的，因此，它们广受欢迎。竞争性企业对于公用事业私有化带来的暴利感到忿忿不平，而人们希望对失业采取措施，但认为失业者也有责任自助。

我沉迷在一个念头之中：这届工党政府必须与之前的不同；必须能够像保守党那种习惯性连任一样，统治一个相对长久的时期。为了实现这个愿望，原则性问题容不下妥协的空间。此处要强调一下：我不是说我们不能妥协。我们能。1995年，我出面就国有铁路系统发表意见。我对保守党人进行的那一次私有化从来没有抱太多指望，认为那会导致一个庞杂无比，而且可能缺乏竞争力的系统；不过，另一方面，我不打算浪费金钱去重新使其国有化。在国民健康服务[①]和学校方面，我们也作出了让步，有时候甚至超出了我的意愿。然而，涉及新工党根基——基本原则、核心、政治灵魂——的议题，就绝对不会有妥协。通常，这种态度更多地是以“我们不会……”的句子来表达，而不是“我们会……”。不过，对于在野党来说，这很自然。无论如何，它可以为那些我决心在成为首相之后（如果可能的话）推动的事情创造一个合适的政治空间。

所以，旧时工会的规则不再使用；已经私有化的企业不再重新国有化；已经高涨的税率不再增加；不搞单边主义；不废除文法学校。对于某些将来的政策，我们也有明确的方向：对反社会行为采取强硬态度；对公共服务进行投资和改革；支持欧盟，支持美国；在福利方面，机会和责任相随；鼓励中、小规模企业发展，鼓励劳资双方的公平关系（雇员也许有额外的个人权利，但没有集体权利）。

在这期间的每一个阶段（各种决策出现得相当快，而且势头凶猛），我都作

---

① 英文全称为National Health Service，以下简称NHS。

好了斗争准备，也作好了失败后退出的准备。工党人必须知道，我不是虚张声势。如果他们不想要新工党，就找别人来做好了。国家必须知道，如果我成为首相，我既是“工党人”，又不是“工党人”。

有时候——这也是来自戈登的无言谴责——仿佛我是在故意激怒工党。我真的没有；不过，我也不会屈服。对工党和对全国，我要使用同一种语言。这样做，我将能鼓励党内明智的、具有现代意识的党员站起来，走出去。党的领袖对党内的行动主义者们有着共生共存的影响。在他们中间，有一个潜移默化的模仿过程，反过来又会赋予领袖更强大的力量。

当时我发表的演讲在内容上跟21世纪早期的那些演讲有所不同，这是肯定的，不过，在基调方面是一致的。对于现代化的含义，我们的理解随着执政经验的增加而改变，但我们的现代化愿望和决心从不动摇。当然，另一点要强调的是，这种决心是诞生自信念的。我坚信，20世纪的政治在时间上、在形式上都将终结。过去的左派、右派之分仍然存在，但需要修正、限制和定义。

于是，我们总结出：一个基本信念，即从过时的传统和教条之中恢复工党的价值观，把工党跟现代世界重新接通；一套理智的政策方向，这是把工党的价值观按照现代理念进行重新运用而产生的；最后，是一系列反映出前面的基本信念和政策方向的政策立场或决策。承诺依旧。实现承诺的手段发生了根本改变。国家和社会行动是一种帮助个人进步，而不是取代他们的手段。我们的目标是帮助个人发挥他们的潜力，实现他们的雄心；我们的角色是协助者，而不是控制者；我们的目标不是限制雄心或者愿望，而是把它们的可能性向所有人敞开。正如新第四条款所说，为“大多数人，而非少数人”。

每一步、每一个声明、每一次采访，都是为了这一致的准则。这种一致的本身，就是一个基本组成部分。拿今天的保守党为例，他们想传达一个现代化的信息。在一定程度上，他们采用了工党的手册。他们改变了自己在同性恋、对公共服务的投资、社会重要性方面的观点。他们收起了一些旧时撒切尔式辞令。但是，这些种子没有生根。当他们自以为已经稳操胜券时，他们放松了。突然之间，仿佛有人把疑欧派①从牢笼中放出，纵容他们，而保守党人在2010年大选的表现差于预期。如今，当然，联合政府②成立之后，为了保守党领导阶层的方便，

① 泛指对欧盟持怀疑批判态度、反对欧洲一体化的人。

② 2010年5月的英国大选出现自1974年以来的首个悬峙议会，由保守党和自由民主党组成了联合政府。

疑欧派又回到了铁栏之中。为什么说，疑欧主义对于尝试现代化改革的保守党来说，是个错误呢？乍一看，你可能会想：不，没问题——毕竟民意调查显示，那就是英国民众的想法。但这是个错误，因为，它立刻就跟现代化言论相抵触了。对于二十五至四十五岁这个年龄层的听众来说，欧盟是个事实。接受吧。(喜不喜欢是另一回事。）人们本能地怀疑那些略为狂躁的疑欧派们的热情，一旦让他们开口说话，那么，转眼间，问号就会以粗体大字的形式回到保守党及其领袖的头上。再加上在经济方面的任何摇摆，不一致的问题便会开始令每一个你需要让其安心的投票者产生忧虑。所以，从某种程度上来说，走向现代化的最后一步，更多的是一次结果不确定的大选的产物，而不是一个在决定性的大选胜利之后就能确立的决定。他们说要现代化，现在，他们有机会动手去做，在政府里完成他们在野的时候未能完全实现的事情。

1995至1997年间，即使在第四条款修订之后，我也一直在采取各种保证措施。民意支持率越高，我就做得越多。影子内阁成员们经常说：好啦，够了，我们都领先好几百英里了。每次他们这样说，我就会格外担心，决意不让现代化改革进程有一瞬间的停滞。如果你觉得我着魔了，那是因为，我的确是着魔了。重新连接关系重大，政策改革很重要，不过最重要的是，人们需要知道，当我受到考验时，我会忠于现代化的追求。我们的对手会说：那全都是巧妙的谎言和公关手段。随着日子一天一天过去，我将会以工党内的反对者们为衬托，以大量的改革举措，证明他们是错的。

1995年6月，我们接受了当时担任《泰晤士报》编辑的彼得·斯托瑟德转达的一份邀请，在下个月到澳大利亚的海曼岛去，参加鲁珀特·默多克的新闻集团的会议。这一举动激起了更多愤怒的情绪。不过，还是那句话，很明显：这是全国最强大的新闻业巨头，其出版物到目前为止都是强烈反对工党的，它邀请我们进入虎穴。你会去，不是吗？

我们对受到邀请的事情，以及我想去的愿望保持非常低调的态度。可怜的布鲁斯·格罗科特吓坏了。他在当时和现在都是个非常出色的家伙——十分诚恳、正派，绝对是个彻底的工党人。事实上，他是最优秀的传统工党人。他成为

---

① 泛指对欧盟持怀疑批判态度、反对欧洲一体化的人。

② 2010年5月的英国大选出现自1974年以来的首个悬峙议会，由保守党和自由民主党组成了联合政府。

我的议会私人秘书，是莫·摩兰姆灵机一动的建议结果。这是个很棒的选择。(布鲁斯的两个接替者，戴维·汉森和基思·希尔，也同样出色。戴维是个了不起的联络家，就连那些积极反对我的人也很尊敬他；他本人还是一个非常新潮的政治家。基思是个诙谐、可爱，而且十分坚韧的执行者；他的坚韧藏在诙谐之下，不过，在你需要时，他就能发挥出来。基思最有意思的玩笑之一，是每次首相答问前来接我时，会准时在上午十一点五十七分一把推开门，像个街头公告员一样喊道："首相，一个感激不尽的国家在等你。"如今我已经离任，更是觉得这话有趣。）布鲁斯最大的一个好处在于，我总是能通过参考他的想法，得知党内人们的想法。我那无数次的大改大变对他的脑袋来说是相当激烈的震动。他常常会坐在那里，听着我解释对工党信仰和仪式的最新改动，眼神迷离，摇着头，或者偶尔大笑一声，说：哦，拜托，这次你真的是在开玩笑吧。

在这件事情上，就算我告诉布鲁斯，说我有一个名叫浮士德[①]的朋友跟某个叫撒旦[②]的家伙做了一单大买卖，引起的反应恐怕也不会差多少。我还知道，尼尔·金诺克会厌恶此事，而且觉得遭到了背叛。这是可以理解的。《太阳报》在他的眼里堕落得不能再堕落了，因此，在党内活动家们的眼里，确实已经等同于魔鬼。人们会惊骇万分。另一方面，正如我和阿拉斯泰尔所说，如果不去，就等于是说，你们继续写吧，怎么糟就怎么写；而我们知道，他们最糟的做法确实是非常恶劣的。不行，你要么坐下来跟恶魔共进晚餐，要么后果自负。于是，我们去了。

路途很遥远，我得以在路上仔细推敲自己的演说词。它必须不卑不亢。它必须有支持欧州一体化的内容，也有对贫困和环境的承诺，不过，也要清晰地从原则方面，而不仅仅是竞选方面表达新工党的理念。当时的澳大利亚总理保罗·基廷跟我们同行。他一如既往地既是好旅伴，又是巨大源泉，不断地以别人模仿不了的基廷式风格为我提供明智的建议。("绝对不要提高所得税，伙计。"他曾经跟我说，"至于要不要减掉，随你喜欢了。可是如果你增加，他们会把你撕成碎片。")他认为鲁珀特是个混蛋，不过，是可以跟他做买卖的那一种。

我则认为，鲁珀特是个谜一般的人物，跟他交往越多，就越有这种感觉。最后——我一边写下这段文字，一边仿佛能听到人们难以置信地惊叫——我逐渐变得敬佩他，甚至喜欢他。毫无疑问，他很难对付。他是右派。我不赞同也不

---

① 欧洲中世纪传说中的人物，为获得知识和权力，向魔鬼出卖自己的灵魂。

② 魔鬼，堕落天使之王。

喜欢他对欧洲一体化、社会政策或者诸如同性恋者权利之类议题的态度，不过，有两点让我们得以沟通：他是个旁观者，他有胆量。"旁观者"这个身份对于理解他这个人，至关重要。他神通广大，同时在某些相当基本的问题上仍然保持着反权势集团[①]的观点。他欣赏撒切尔夫人，却不一定支持包袱沉重、装腔作势的保守党。这，给我提供了着手之处。

我们在周四的首相答问之后，飞往悉尼，在海湾旁边的总理官邸科瑞比里宫住了一晚，然后在星期天跟保罗一起飞往海曼岛。第二天，我发表了演讲，一个小时之后离开，原路飞回，到达伦敦时，正好赶上星期二早晨，跟影子内阁的文化、媒体和体育大臣克里斯·史密斯一起发表技术革新演讲，下午再出席首相答问。

在海曼的讲话反响甚佳。我看得出，那些执行官们对鲁珀特十分敬重（还带着一丝畏惧）。他热情洋溢地（私下里我想，这大概是由于我竟然有胆前来出席会议，使他对我另眼相看吧）介绍我之后，他们全都跟他态度一致，使我感觉，我们有机会赢得《太阳报》的支持。

这一举动透出的纯粹活力让工党半是惊骇，半是兴奋。事实上，当时我们的前进速度是如此之快，他们几乎还没有机会从前一次冲击体系的震惊中缓过神来，下一次就已经来了。他们目瞪口呆，虽然有些批评十分激烈，但党内主流乐于见到保守党被我们打得手忙脚乱、晕头转向、无计可施。这么多年被人穷追猛打之后，他们相当喜欢这种昂首阔步的获胜者的感觉。

1995年中期，我写了一系列文章，为工党制定政策的方法设定了模板。今天回顾起来，有趣的地方在于，虽然实际的政策随着执政经验的增加已经发生了显著变化，但基本的哲学立场仍然未变。6月，我在《泰晤士报》的一篇文章中写道：

> 事实是，现在，选民把工党视为一个切合实际的主流政党。我们已经改变。我们承认改变。可是，我们并非简单地丢弃过去，我们要做的远不止这些，我们是在对将来发出一个明确的正面信息。新的第四条款是这改变的最明显的标志，却不是唯一的一个。我们制定政策的方法同样发生了变化。我们在上周启动的教育政策，目的并不是为了讨好全国教师联盟，而是为了解决父母们的忧虑。我们昨天启动的医疗政策，吸取了专

---

① 在英国掌握实权的教会、皇室、财阀三位一体的统治集团。

业人员以及NHS中的其他专家的专业意见，不过，在我们心目中占据最高地位的，一直以来都是病患。

我们常常会在两个层次上开展工作。一个层次跟竞选天才阿拉斯泰尔、彼得和他们的政治团队有关。他们当然也对新工党的改革进行宣传，但与此同时，他们充分利用保守党的分裂，强调其弱点，使用威力强大的批评、嘲笑和夸张组合拳，狠狠打击保守党人。他们的手段有趣、高效、十分专业。我们在他们的带领下，参加一次次补缺选举，稳步从保守党手中夺取席位，甚至在最不可能的选区也是如此。他们的团队如同一台机器，近乎无敌，就像处于巅峰状态的曼联球队：观众兴奋、对手畏惧、无人可挡。他们严格遵循政策立场应该中立、可信并且一致的要求，以免为了跟保守党有所区别而露出破绽，并且使关键信息——工党真的变了，而且不是为了选举而变——得以增强。他们的成果因此而完美。

大部分关于我们立场的文章都是我亲笔写的，依据的是我与戴维·米利班德、迈克尔·巴伯、乔纳森和其他人关于政策的详细讨论结果。在导致党内一片惊叫和咂咂声的行动中，我甚至决定承认，自己支持玛格丽特·撒切尔的改革。我知道，整个新工党改革项目的可信度基础，在于接受她在20世纪80年代想做的许多事情都是无可避免的，是社会和经济变化的后果，与意识形态无关。她的改革常常从意识形态上着手，有时根本是毫无必要的，可是，那并不能改变一个基本事实：英国需要撒切尔时期的产业和经济改革。说出这句话，立刻就能使很多曾经在那段时间内支持保守党的人——不是因为他们天生或者在感情上保守，而是因为那时候的工党太过守旧，与个人的志向脱节——竖起耳朵。当年我们的经济政策看起来是毫无希望的集体主义；我们的社会政策源自政治正确性。

1995年7月，我在另一篇《泰晤士报》的文章里，解释了为什么工党应该对内代表社会秩序和安全，对外代表国际主义和自由贸易：

重建社会秩序和稳定的唯一方法，是建立起全社会共享的坚定价值观，并通过谆谆劝导灌输给每个人、每个家庭。这不是倾向于独裁主义或者将一种倒退的个人道德观强加于人。事实上，这与正义和公平相关。坚强、有力的人可以保护自己。因规则缺失而失去最多的人是贫弱的人。社会崩溃的第一批受害者，往往是贫困、底层的人。那就是为什么左派要如此严肃地对待它……

中左派应该是21世纪的精英领导阶级。保守党人面临着沦为狭隘、孤立的国家主义者的危机。在一个变化的世界里，他们没有前途。我不是说，它没有吸引力。它有的。不过，它不是严肃政治……

我希望自己领导的工党政府将会是一个外向、国际化、致力于自由和开放贸易的政府，而不是过时的、被误导的狭隘国家主义政府。

是恢复年轻、重拾活力的中左派，挑起了对这个变化的新世界进行反应和塑造的责任。如果它能摆脱自己过去的约束，从历史中吸取教训，而不是活在历史中，那么，它将以最完整的学术和哲学装备，迎接新世纪。正是为了这个目的，新工党将会继续改革。

我主要的担心是，保守党人会恢复一些政治理智，换掉主席，重获青春。不是说约翰·梅杰不好。然而，他显然在忙于维系一个因为欧洲一体化问题而五脏分裂的政党，把皮肤有多紧就拉多紧，竭力掩饰裂痕，却不去进行一次外科手术来修复它。1995年，他突然决定举行主席选举，把对手逼到幕前。那是一个相当出彩的战术，让我忧心忡忡。它差点奏效了。约翰·雷德伍德在疑欧派保守党报纸的支持下，站了出来。用《邮报》的说法，那是一次“红木[①]对朽木”的战斗。

不过，对我来说很幸运的是，梅杰犯了工党在20世纪80年代犯过的同一个错误：他追求统一，而不是选民的支持。有大胆的战术，却没有大胆的战略相随。雷德伍德败阵；保守党却没有任何收获。本来可以领导保守党人的迈克尔·赫塞尔廷，依然被排斥在外。

领袖对于忠诚的追求愿望，是一种奇怪的东西。你必须小心警惕它。特别是，你必须明确它是什么，不是什么，或者更恰当地说，它应该是怎样、不应该是怎样。我担任首相时，在戈登那伙人如同例行公事一般地频繁攻击我的苦难日子里，我身边的支持者们有时候会抱怨，说他的支持者们对我不忠。我总是会回答，他们完全有权利挑战我，提出其他人选，说我应该离职。他们所不该做的，是暗中使坏。换句话说——显然不要只抓细枝末节或者持续如此——如果你得出结论，认为领袖不称职或者正在把政党带往一个基本上是错误的方向，那么，开诚布公、发起挑战就不算什么不忠。如果批评是对的，那么这种挑战就

---

① 约翰·雷德伍德的姓原文是Redwood，按字面看，有“红木”的意思。

是源自对更高追求的忠诚：也就是工党本身及其目标。那就是为什么我从来都不介意那些支持戈登、想赶我下台的人，我相信他们并不是简单地想让戈登代替我，而是为了其他目标。对于那些人之中反对新工党的人来说，确实如此。我绝不能接受的，是那种暗中损害、拒绝公开挑战、逐渐侵蚀的做法。那才叫不忠，因为它会削弱工党，而无法改变它或者为它重新定向。

所以我以前常说：我不介意所谓的不忠，我介意的是他们想让工党走回败选的老路。梅杰本来可以利用那次竞选来重掌大权。然而，那场战斗混乱不堪，只能强调保守党人无法弄清基本方向这一事实。

1996年1月，我们公布了一份题为“执政的政党”的文件。表面上，它是工党管理上一次微不足道的练习，但最终，它是工党制定政策方法的重大变革。研究过去的工党政府时，我注意到一个不安定的因素：工党和政府之间的关系。当工党响应召唤，真正执掌权力时，在活动家和大臣们之间立刻就会出现一种危险的紧张气氛，其后果总是导致双方的分裂。工党想要实现活动家们所热爱的真正的“社会主义”；而政府则专注于人民。他们以显著的速度各自占据不同的政治文化。结果是工党执政幻梦的加速觉醒，同时这个信息也飞快地传达给了民众。

最糟糕的问题是，这种幻灭轻而易举就能在工党的结构上找到体现之处，特别是在全国执行委员会和工党年会上。全国执行委员会变成了一个相当于政府的道德检察官的角色，竭力要它严守原则、保持刻板；而工党年会则成了纷争的焦点、决议的战场，常常要求政府做一些选举“自杀行动”。《执政的政党》这份文件有效地改变了规则，保证常规决议不会仅仅靠着拍桌子产生，而是要经过一系列受控过程、经过政策组长时间的辩论和讨论而产生；而全国执行委员会的权力被大幅度削弱。我们必须让工会参与改革。就是在这里，汤姆·索亚作为一个前工会主义者发挥了不可估量的作用。1996年的年会上，工党带着几分勉强和反对，对这一改变作出了让步。当执政遭遇重重困难时，这些规则变得生死攸关。

上面所说的这些，并不等于我们就能对党内常有的诽谤和闲话具备免疫力。1996年，我曾经数次劝告影子内阁，要避免破坏性的简报和消息泄漏，停止自相残杀，合力对抗保守党。同时，我也努力抵挡来自左派的攻击，左派说我们在追求执政权力的过程中，降低了原则。我决定，正如我所说，在达到目的之前，接受关于背叛和出卖的指责。我认为，最好还是把左派的祸害——倾向于相信领导阶层过于偏右，而公众的担忧往往恰好相反——摆上桌面、承认它们、面对它们。在一次给他们和全国的通报中，我强调说：不要有任何误解；我们是新工党，我们将会以新工党的身份执政；这不是欺诈；这是真的；它源自信念。我知道，这不能阻止关于背叛的指责，却可以限制指责的程度和范围。

罗伊·詹金斯以前喜欢把我描述成一个抱着价值连城的花瓶，穿越一个地板异常滑溜的大房间的人。我每时每刻都紧绷着神经，我的目光游离不定，而不是盯住怀中的宝物，我的心思不在手中的任务上。我为了一次次的年会倾注了无尽的心血和艰苦的努力。1994年，我宣布修订第四条款。1995年，我们宣布跟英国电信达成一个协议，以锻炼跟重要的私有化企业进行联络的技巧，传达出一个清晰的信息：我们将会有利于商业发展。在那次演讲中，我还尝试表达自己对全国现代化、对把目光投向外界和未来的愿望。我打造了一个短语："年轻的英国"——有点模仿的成分，但是它反映了我的热情，希望英国能够汲取年轻的乐观主义心态，表现出一个对未来抱着自信，而不是怀旧地凝视过去的国家应有的活力。

1996年，我说，我们执政之后，三件头等大事将会是"教育、教育、教育"。(这是乔纳森给我提的方针——唯一的一条！)专注于教育的目的显然就是为了教育，不过，它也能够强调我们对于国家扮演的角色的观点：使潜能得以发掘，而不是控制生活或者商业。在1996年提出的"新工党，新英国"纲领指导下，我们为每一个政策领域设定了清楚的方向。我们有标志性或者象征性的政策来阐明我们的方向，同时也谨慎地避免过度承诺或者过于详细。

在这方面，戈登是个不可或缺的盟友。他天生的谨慎使他反对任何对未来的制约。他已经见识了新工党的魅力。他决心以审慎的经济面目示人，支持商业发展，而且，虽然他的政见总是比我偏左，但是全都在安全范围之内。他使我们在经济方面的立场真实可信，因此大幅提升了工党实现执政雄心的可能性。在1995年对银行和金融界发表的麦斯演讲中，我跟他紧密合作，陈述我们的经济手段，强调我们对稳定的承诺。写稿的时候，我得到了重要市民的帮助。我知道，他们能够理解，核心的目标是要体现健全、稳定的常识。那次演讲很有效，令人们更加放心。

与此同时，我也在学习如何应付名声。我的脸孔突然成了这片土地上最为人熟知的面孔之一，而新工党也备受外国的关注。到处都有报道我们的文章，说我们前途无量。我们就是潮流。

然而，在那个时候，我的日常生活依然与现实维持着一线联系。我没有保安，大多数早晨都是我开车送孩子们去上学，我可以外出就餐、看望朋友，可以在家跟亲人独处。诚然，我很忙碌，我肩上挑着的担子很重，可相对来说还算是轻松的。我的外貌年轻得令人难以相信。人们会在街上拦住我，跟我聊天。回顾起来，那真是一段幸福的日子。当然，当时的我可没有这样的感觉。

切丽和孩子们跟我合作起来亲密无间，很容易就会忘记他们的生活其实改变了多少。同学们看待孩子们的眼光突然之间就变了。幸运的是，因为他们一直在同一所学校读书，我们一家人也去同一座教堂——圣女贞德教堂，它位于海布瑞，坐落在当时的阿森纳球队球场旁边——身边都是熟悉的面孔，虽然大家显然换了全新的态度来对待我们，但跟我们交好的家庭还是那么亲近。他们让我们有正常感。我们的朋友们大多不玩政治，所以，压力改变的过程还算舒适。

切丽决定给自己树立新形象——身体健康、打扮得体，以便适应即将落在她身上的公众人物身份。在这方面，卡萝尔·卡普林是个很好的助手。当健康问题成为我的当务之急时，她也一样帮了大忙。卡萝尔为切丽设计的形象非常出色，因此，当切丽突然从一个世界(职业的律师协会)穿越到另一个世界(小报报道)时，不论外形还是气质都非常得体。

后来，卡萝尔因为跟骗子彼得·福斯特恋爱而被媒体妖魔化。报纸用大量的篇幅来报道她的事情，里面包括完全虚构却成了必备内容的传闻，例如，切丽和卡萝尔一起洗澡那样的谎言。

公平地说，我的核心团队虽然对卡萝尔感兴趣，但更多地是为她的事情感到沮丧。尤其是阿拉斯泰尔，他无法理解她的角色，所以强烈反对她。他断定，政界没有空间容纳像卡萝尔这般异类、不关心政治的人物。从某种意义上来看，他是对的。就我个人来说，这恰恰是我觉得她令人耳目一新的原因。

阿拉斯泰尔深信，她会出卖自己的故事。她从来没有。不论受到多少侮辱，她依然维护着自己的尊严。与外人殷勤、恶毒地创造出来的形象相反，她亲切、正派、勤快，而且最重要的是，她精于自己的工作。她跟福斯特的恋爱是一个大错误，不过，她的动机并非贪婪或者恶意。那段关系，其实是她近乎着魔地拒绝向世俗眼光屈服的产物。可是在这件事情上，公众对了，她错了。但是，对于随波逐流的拒绝同样促使她在自己的工作上标新立异，而且她成了切丽的好友和可靠闺蜜。

回想起来，当《太阳报》在1994年曝光卡萝尔跟切丽的交往时，如果我们以开放、支持的态度承认她，也许效果更好。可是，我们没有那样做，而是把她藏起来，安排她住进了一座安全的房子。考虑到我们当时对自己立场的神经过敏，以及她铁定会激发的纷争，这是可以理解的，然而，很显然，这样做的结果只能增加人们对她的兴趣。

问题在于——正如我常常对身边亲近的人所说——认识我就像是染上疾病。如果敌对媒体无法找到我的麻烦，它们就会尝试对付我身边的人。我的朋友很快就会成为目标。而实际上，这世上不存在一点怪癖、一点可笑之处都没有的人，只要你足够冷酷地去探察、搜刮他们的生活细节。

但这些都是后来的事了。在大选胜利之前的那些年里，我们如同上了发条一般勤奋工作。在反对党受约束和限制的范围内，我们已经作好力所能及的准备。然而，我也得出了一个坚定的结论：那些约束和限制相当碍事。你不幸地缺乏走进政府、有效执政所必需的知识，如果你是经历了一段这么漫长的在野历程之后才掌权的话，更是如此。这里说的知识不是指对政府机制的理解，而是指对政策制定、金融管理和优先排序的复杂性的了解，这是最重要的。弄清委员会的结构、部门之间的高速通道和偏僻小路固然也很重要；但是相比之下，明白应该如何专注于实施一项政策所需准备的基本细节更加重要。那些政策，放在宣言里说的时候十分简单，然而放到日常工作的强光下仔细一看，可能会困难得吓人。对于种种承诺与财政如何相互作用，各个政党知悉甚少。

所以，在政策方向上，我们相当坚定和清楚；在细节上，我们贫乏不足。虽然如此，作为一台竞选机器，我们出类拔萃。我们知道该怎么做。当约翰·梅杰宣布大选时，我们已经作好了准备，等待着。对于冲过终点线之后的前方路途，我们一无所知，不过，我们已经积蓄了一股几乎无法消除的动能，朝它冲去。

第四章　蜜月

新政府的劣势在于缺少执政经验。但这也是优势。它单纯、不成熟、没有那种因长年浸淫在政府那麻烦不断的浊水中而生出的玩世不恭，对各种可能性充满希望。自始至终，我从未丧失乐观、自信，以及对可行目标的客观信念。不过，你永远无法重获那种随着崭新的执政团队当选——尤其是在同一个政党统治十八年之后——而来的能量释放和勇气无边的奇妙感觉。

当我回想我们在最初那段太平日子里所做的事情时，我觉得它们确实相当出彩。不是我骄傲自大；不论别人怎么说，我从未忘记敦促自己提防自满，谨记最终的老板是"人民"。这源自我们推动国家前进的无限而诚挚的愿望。我们想别人所不想；做别人所不做；惯例成了需要摆脱的枷锁；传统成了落后。

其中有一个很早就作出的决定让我颇为忧虑，但是我心想，管他三七二十一，动手吧。那时候首相答问的时间是每周两次，分别安排在星期二和星期四下午的三点十五分开始，每次十五分钟。即使当天的较早时间里有其他的安排，早晨的时间也会由于我的心思纠缠于即将进行的交手中包含的策略、机会和陷阱而变得零零碎碎。三点半答疑结束之后，我的脑海中还在回想：那十五分钟是怎么过去的，谁占据了优势，反映了下院议员们的什么情绪。我的理性告诉我，它已经结束，而且通常会在四十八小时之内就被人遗忘；然而，首相答问这回事完全没有理性可言。它是所有无理性行为的情绪、智力和政治贮藏室。即使是在担任反对党主席的那会儿——只需要提出该死的问题——它也会占据我的思绪；担任首相时又会是怎样的情形，我只能想象。

有一件事是很显而易见的，虽然它听起来也许有点像是老生常谈：要想做好首相或者总统这份工作，关键之一是管理好自己的时间。这是最重要的。只要你说出一个低效率的领袖，我就能给你找出一张安排得乱七八糟的时间表来。它无关乎工作多少个小时——我曾经遇到过工作时间安排得最为荒唐的领袖：经常每天连续工作十八个小时——而关乎是否合理利用时间。

时间表必须根据各个政府所特有的决策而定，必须挤时间。只要有可能，把必要的官面上的仪式限制在非做不可的范围内。我们搬进唐宁街10号之后，安吉首先为我做的事情之一就是取消官方晚宴。在唐宁街居住的整个期间，我可能总共举办过不到三十次官方晚宴，其中包括非办不可的国宴。官方晚宴几乎都是毫无必要的。主人视之为家务杂事，而最新消息是：客人也是这么想的。你很晚才能吃饭（食物要么油腻，要么“垃圾”），而饭后的讲话是最痛苦不过的政治折磨。如果你想做生意，就在晚餐前的四十五分钟会面里搞定吧。然后，你可以跟家人外出，客人则跟他们的朋友或者熟人离开去放松一下心情，每个人都高兴。免除礼节吧。陶醉在繁文缛节中的政府几乎都是运转不良的。

为领袖创造时间是一项近乎神圣的任务。负责此项任务的人是团队中最重要的成员之一，而且他们必须能够冷酷无情地说“不”。领袖必须永远充当好人。你偶遇某人；他们要求跟你见面；你当然会答应。你能说什么呢？能说“你们太沉闷，太不重要，没有什么有趣的话题可说”吗？当然不行。你必须答应。拒绝是日程管理员的工作。“可是他答应见我了。”不行。“可是他说他想见我。”不行。“可是他说他打算亲自打电话给我安排会面时间。”不行。“可是……”不行。

我们办公室里以前有个半开玩笑半认真的短语，叫“SO”，代表“会被炒鱿鱼的过错”①。如果日程管理员给那些永远不该放进门来的人安排了会面，就可以用它。即使我已经答应了会面，也可以用它。还有——我有点惭愧地说——即使我已经跟会面对象表示过，由于我的办公室违抗我的意愿，不肯安排见面，所以我深感沮丧，仍然可以用它。

曾经有一位特别年长的工党元老，常常拦住我，想给我提“合理建议”。他是一位可敬的老人家，可是，拜托……我很自然地表示说，自己很有兴趣跟他见面。而我那位本来效率奇高的拒绝者，私人助理凯特，不知为何忽然擅离职守了。另外一个人替她看门。于是，元老走了进来，见到了我。听了大概三十分钟的“合理建议”之后，我已经快被闷得两眼发直了。这时，那位临时守门员把

---

① 其英文为sackable offence，英文首字母缩写为SO。

头伸进房间里,说:“时间到。”

“哦,真的吗,”我说,“真遗憾啊。我的确受益良多。”

“好吧,既然这样,”她说,“我再给你半个小时好了,反正你的日程已经改了。”

首相答问的意义当然十分重大,不过,通过观察约翰·梅杰,我看得出来,每周两次、每次十五分钟的时间对体力和精力的消耗将会使一整天都作废:早晨和下午的前半段用来作准备;就算有会议,也无法集中精神;下午的后半截和傍晚早些时段都用来回想答问时发生的事情。两次首相答问,就等于是两天。那可是很多时间。

大选之前,我就已经在酝酿一个计划——在宣言里有点婉转地把它描述为“使首相答问的效率更高”——改两次十五分钟为一次三十分钟。你可能觉得,这不是什么大改动;不过,我要告诉你,那是一次节省时间的革命。幸运的是,自由民主党的主席帕迪·阿什当说过,他喜欢改革,所以,我只需要深吸一口气,宣布它就好了。变动迅速得到了落实。如果有任何异议,它很可能永远都不会成功,可我运气不错,因为我们还是个新政府,而保守党还在犯晕。

后来罗宾·库克担任下院议长时,又把那半个小时移到了星期三的中午。准备工作会在前一天的晚上做,星期三早晨被腾空了,这样一来,虽然有一段全神贯注的时间,但其长度受到了限制。到了中午十二点半,噩梦就能结束。除非发生了什么惊人的意外,一般到了下午的中间时段,心神将会得到解放,而在星期四我则完全摆脱了忧虑。这看起来也许是个微小的改变,然而,它对首相本人的健康至关重要。

可是这样做也有缺点:十五分钟貌似短暂,可是当你站在那儿面对着一群聚集在公文箱前面号叫的“暴徒”时,相信我,十五分钟一点也不短——时间爬得简直比蜗牛还慢——所以,半个小时,很可能会变成一场折磨,尤其是遇到那些可以趁着答问时间质问首相的棘手问题或者“今日头条”时。

在我的首相生涯中,首相答问无疑是最伤脑筋、最令人泄气、最紧张、最难受、最恐怖、最考验勇气的经历。你知道电影《霹雳钻》里面,劳伦斯·奥利维尔扮演的那个邪恶的纳粹医生钻穿达斯廷·霍夫曼的牙齿那一幕吧?每到星期三早晨十一点四十五分左右,我都宁愿拿三十分钟的首相答问去换受三十分钟的那种罪。

让我们来揭开一些谣传的面纱吧。当我跟美国人——他们跟日本人一样,出于某种奇怪的原因,很喜欢观看首相答问——描述这种经历时,他们有时候会说："哦，可你看上去好像一直都是乐在其中的呀。"如果我真的给人这种感觉，那我只能说，我的戏演得太好了。我恨透了它。那时候，还有人会对我说："你今天在首相答问时显得很放松。"我一分一秒都没有放松过，而且我的肾上腺素从头到尾都在大量释放。

还有，认为首相答问是促使首相担当责任的有效手段的说法，恐怕同样是个谬论。这论调假设那些提问题的人是有兴趣知道答案的人。但真相是，首相答问完全就是一场马上枪术大赛、一种现代的非暴力决斗。它所用的武器是言辞，可是，苍天在上，它们能伤人啊，而且其杀伤力可以达到毁灭级别。在那三十分钟里，首相基本上是"挨打"的一方。使它如此可怕的，是它的无法预料性。诚然，如果你自己这方的普通议员忠心，他们会事先让你知道问题；可是对其他人来说，首相答问是一场狩猎游戏，猎物是首相。如果过程顺利，你会觉得十分鼓舞；如果倒霉，你会觉得既可怜又可耻。再没有别的地方能比坐满人的下议院更能让人彻底变成傻瓜的了。

而且，你永远防不胜防。有时候，我估摸着：今天的话题已经很明显了，答案我已经心中有数，今天中午应该还算好过吧。然而几分钟之后，我就可能失言或者犯下某些战术错误，激起全场人的愤怒叫嚣，或者更糟糕，冷嘲热讽打得我摇摇欲倒。在这样的时刻里，被困在绝境中的你会有一种无法遏制的挖地洞钻进去的欲望。你的回答会越来越冗长难懂，你的音调会越来越尖厉；你的脸色会随着口中论据的越来越苍白而涨得越来越通红。你偷眼看看两边，恳求你的议员们透露一点点支持的迹象，却在他们的脸上看到尴尬。等你坐下时，少数几个死忠追随者的喝彩声将会被淹没在一片道歉的"呢喃"声中；而房间的对面，两把剑长——从议员佩剑的年代留传下来的长度计算法——之外，心满意足的反对者们脸上挂着扭曲的快乐和感激之色。

随着时间的流逝，我的首相答问越做越顺手，到最后，多数答问的结果都算是过得去，不会沦为垃圾。然而，那种恐惧从没有过一瞬减缓。即使到了今天，不论我身处世界的哪个角落，每逢星期三中午的十一点五十七分，我都会感到全身发冷，颈后汗毛倒竖，心脏怦怦乱跳。那是以前人们来把我从下议院的首相室里领出去、带往会议室的时刻。我以前称那段路程为"从牢房到刑场"之旅。

我会在唐宁街的办公室里耗费一个早晨，翻阅报纸，决定战术和策略，然后在十一点半左右赶到下议院。在最后的半个小时里，答案会从门缝里塞进来，我需要作出各种最后决定，还会就某些进行中的事件进行最后一分钟的匆忙咨询。最糟糕的情况就是遇到那种在早晨十点、十一点刚刚发生的事件，通常是这个或者那个统计数据太难看，或者某些政府官员说了什么蠢话之类的。对于这种事件，也许我能听到一两句话，也会听说一些情况，却可能无法了解整个事件的来龙去脉。然而，在那个熊坑里，首相犯的错误将不是错误：是故意的欺瞒，熊坑将成为地狱。

到了最后，我对待首相答问的心态已经大大改善。我更加勇敢。我意识到，最终我还是必须面对恶魔。在前一个晚上多多祈祷，穿上幸运鞋子（十年来，我每次出席首相答问都穿着上教堂时穿的那双粗皮鞋），或者仅仅是希望自己能够过关，这些都是没有用的。我决定分析它，找出能力范围内最佳的答问方法。

我还记得自己读书时上拳击课（是必修课）的情景。我讨厌那门课；我一直无法看出它的好处，也无法理解它的吸引力。第一次对打的时候，我吓坏了。我不想打对手，也不想被他打。我只想了结它。可是，过了一段时间之后，我决定好好打，守住自己的阵地，战斗。这样做的时候，我心里还是会害怕，同时也抱着决心。要么就好好打，要么就彻底别打——也没问题，唯独不能做软脚虾。我还是那么讨厌拳击，可是我更尊重自己了。

渐渐地，我形成了一套首相答问的工作模式。一切源自自觉地鼓起勇气、坚守阵地并且战斗的决心。适当的害怕可以成为一种刺激，使你保持警觉。恶化为恐惧的害怕则毫无用处。在最初的那段日子里，我在答问的前一个晚上都会失眠，当天早晨则吃不下饭。我意识到的第一件事情就是保持身心都在合适状态很重要，于是，我改掉了自己的习惯。我会在前一天晚上吞一片安眠药，保证至少有六个小时的睡眠。我确保自己吃一顿适合的早餐。然后，在折磨开始之前，我会吃一根香蕉以补充能量。这听起来有点傻，但我发现，自己的能量水平会在十分钟之后开始下跌，头脑的灵敏度也随之减弱。所以，一根香蕉真的很有用。到了十二点二十八分，我还能活着继续冒险，站着抵挡攻击。

第二件事情，我直面害怕的本质。我所怕的，是被人当成傻瓜或者仅仅是斗智落败。想避免这种情况，与其掌握事实，还不如掌握辩论的技巧。当然，经过仔细调研的正确事实也是非常重要的。执政走上正轨之后，我已经拥有了一个出色的顾问团队，先是由效率奇高的克莱尔·萨默率领，后来由超级组织者兼主持人凯特·格罗斯接手。队中的核心特别顾问是凯瑟琳·里默，她是才华横溢的研究组长，尤其擅长抓住细节。（在《赫顿报告》[1]调查期间，她的贡献无法

① 2003年，英国广播公司跟英国政府之间就伊拉克战争问题发生争端，期间英国国防部生物武器专家戴维·凯利自杀身亡。《赫顿报告》就是围绕这一事件的调查报告。

估量。）团队的最后一个成员是玩转首相答问文件夹的大师尼古拉斯·霍华德。有了他们，我相信答案的事实基础都是正确的。然而，胜利的最后一个组成部分并非事实本身，而是如何部署它们。事实如同马匹、盔甲和长枪；技巧在于如何使用它们来发挥出最大功效，也就是说，猜中攻击点，想出躲避方法，然后实施反击。

在倒霉的日子里，遇到取胜无望的话题时——这样的日子还真不少——最好的结果就是打成平手；不过，在幸运或者普通的日子里，你必须争取获胜。胜利可以给你方增加信心，提高士气，让大家觉得未来一片光明；你自己的立足也得以稳固。失败不仅丢脸，还会扰乱军心。一连串糟糕透顶的首相答问可能会置首相于险境之中。

前一天的晚上，我会先打开答问文件夹，把放在里面的针对所有潜在问题给出的潜在答案都看一遍。由于这时没有星期三早晨的那种忙乱压力，我们可以对纷繁复杂的事实领域进行研究。到了早晨八点，我应该已经把最有可能受到审问的领域摆平了，于是，我会拿本便笺簿坐下来，列出辩论大纲。有时候，最精彩的妙语可能是在答问期间冒出来的，不过，以我的经验，这种情况比较罕见。如果要说的话事先已经在私密的候见室里经过了研磨、修饰、组建、分拆、再组建，那么没有多少人还能在真正说出它们的时候发挥辩才。

不过，随着时间的推移，我通过这种方法，学会了摆脱防御的地位，转守为攻。它还使我得以用事实来分析自己打算提出的论点：它是否得到事实支持，令人信服？它将如何影响对方和我方的普通议员？

我还发现了幽默和对比的力量。约翰·史密斯是我见过的第一个能在下议院里把幽默的力量发挥到极致的人，当时，他利用汇率机制崩溃的机会拆约翰·梅杰的台。早年的戈登也是如此，在20世纪80年代后期，他在顶替约翰的那段时间里，凭借精彩的诙谐对保守党的经济大臣们大肆攻击。他用来对付奈杰尔·劳森和保守党财政团队的一些句子，赢得我们这方的大声喝彩。我们的论点也许——通常都会——比较软弱；可是，时机恰当的嘲笑和判断准确的幽默对弱点的掩盖能力之强叫人吃惊。我这个人比较认真，给人的感觉更像一个面对诉讼案件的律师，可是，我也有幽默感，我只需要敢于运用它的自信心。

我学会了如何卸掉对手的盔甲，也学会了如何轰炸他们。他们愤怒，你变温和。他们走极端，你则化身安抚人心的理智之声。他们侮辱你，你就用同情而不是愤恨的目光去看他们。受到攻击时，你必须直视他们，细看他们的脸色，你的双眼要紧盯对方的双眼，不可以焦虑地转动。

我领悟的最后一件事是，如果你搞砸了，继续往前走就行了。这点说着容易，要做很难。经历一场糟糕的首相答问之后，从会议室返回首相室的路途几乎就跟去的时候一样难受。之后我们总要花几分钟来善后。对于可怜的老队员们来说，如果我搞砸了，善后总是那么艰难。尽管他们拼命掩饰，他们的脸上还是写着巨大的"失望"二字。乔纳森·鲍威尔通常是唯一一个说真话的人，他会用欢快的语气说："感谢上帝，这个星期都不用再受这罪了。"其他人则喃喃说着"这是一场平局，真的"，或者其他类似的废话。

无论如何，在1997年5月那段初期的日子里，每周两次的首相答问改成了一次。我从来没有为那个决定后悔过，以后的首相们也会为之而感谢我！

接下来的一个决定就完全是另一码事了，其本质也更关乎根本。在大选前的几个月，戈登和我产生了把货币政策，也就是说利率的设定，交给英国央行的想法。所谓的央行"独立"是一场几十年前持续至今的热烈讨论，涉及学术、经济和政治多个领域。

我毫不怀疑独立的正确性。从很早以前，我就深信，让政治家来设定利率会混淆经济和政治、长期和短期、权宜和合理。我一直都是游戏的旁观者，看着政府小心翼翼地用大选周期来校准利率的变动。每个人都知道，它何时发生，为何发生。其结果就是，国家实际上给利率额外增加了一份政治费用。这与其他欧洲国家——尤其是德国——的独立央行以及美联储之间的对比，生动而引人深思。

正如我喜欢对心存疑虑的普通议员和反对此举的严肃专家说的，问题并不在于银行行长是否比财政大臣聪明。他的才智也许更高，也许不是，但银行的决策过程肯定更加客观。我曾经多次跟罗伊·詹金斯谈论这件事。当时还在高盛集团的加文·戴维斯——我经常向他讨要经济建议——坚信这件事功德无量。我知道奈杰尔·劳森——他是我真心敬佩的大臣——也想这样做。还有，对于那些担心即将上台的工党政府欠缺经济资历的人来说，它也是一份完美的答卷。所以，虽然其基本的理由是最终要把长期经济政策置于短期经济政策之上，但是这样做的政治理由同样非常充分。

戈登也得出了同样的结论，所以，当我提起它的时候，他欣然答应。至于如何宣布，我们有点争论。我希望在大选之前宣布，以巩固我们的商业可信度；他觉得它的重要性足以左右市场动向，所以，我们应该在大选后立刻宣布。最后我同意了他的主张。

戈登在5月6日宣布了这一决定。效果不错。商界和市场都喜欢。保守党反对，但他们真的没有什么兴风作浪的心情，就算有，也掀不起什么大风暴。对于我来说，那是非常重要的时刻。它不仅确定了我们的经济政策手段，还确定了执政手段：它并非源自传统的左派/右派观念；它把人们聚集到理智和改革的中间立场上来；它阐明了我们从一开始就要保护并增强国家经济机会的决心。

我让戈登来发布这个声明，实际上是让他去接受全部的赞美，树立起政府中主要经济角色的形象。我这样做，首先是因为我认为他有这个资格；其次是因为，从全局来看，打破独角戏的场面很有好处；第三是因为不这样做会造成相当紧张的气氛。

不过，这样做却又导致了一个不幸的长期后果。我有很多缺点，但是我有一个优点：不会嫉贤妒能。在我自己的核心团队里，我喜欢阿拉斯泰尔、乔纳森、安吉、萨莉、彼得、戴维·米利班德和其他人，恰恰是因为我知道他们会把心中的想法告诉我。并不是说他们不尊重我（虽然在野时培养起来的熟悉感并不总是能恰当地完成转化，以适应更为正规的执政环境），不过，他们会说出自己心中所想。我欢迎这些想法，从中吸取珍贵的建议，甚至是信心。

所以，当我故意让戈登站出去充当大人物，树立政府中公认的第二号头目的形象时，我丝毫不担心自己会黯然失色或者沦为傀儡。事实上，受人操纵这个念头毫无来由。我的团队却没有这么乐观。阿拉斯泰尔尤其担心会产生这样一个画面：我是"主席"或者"总统"，而戈登是"首席执行官"或者"首相"。他严厉地指出，这样的印象很容易就会被理解成一个仅仅是用来摆场面的人和另一个勤奋工作、管理国家的人。由于我对自己的身份和自己所做的事情十分放心，所以我根本没有因此而产生忧虑，对他的警告不屑一顾。

事实也是如此，随着英国央行的独立，经济方面的大框架——其他就更不必说了——已经被我设定。刚开始的几个月里，我给核心团队发去的文件里夹杂着许多经济政策方面的指导：把综合支出评审跟政府事务的优先级别关联起来；解释我们打算怎样创造更具竞争力的经济；如果发现背离促进商业、实现雄心的基本原则的情况，我就会狠狠地收一下缰绳，例如，打消增加行业税收或者增加第二套房产税的念头。我会经常——时间间隔相当短——发出保留条款去规范财政部的工作。尽管如此，人们依然以为我不管经济政策。这样的误解在日后导致了许多损伤和破坏。但真相是，列车、轨道和目标都是我和戈登通过紧密合作一起建造的，而且遵循的是我制定或者我满意的线路。然后，司机就被赋予了相当大的自主权，管理列车服务。直到后期，我才真正地把经济政策的控制权放出去。

在我担任主席的三年里,我们之间的争吵已经足够多了,我已经明白,我和他的做事方式截然不同。只有到了后期,这种不同才演变到不仅显著而且动摇根基的程度。我毫不怀疑,我们的政治之路始于完全不同的起点,当然,它们有交会点,不过,其中既有政治的原因,也有信念的原因。最终,我们俩对经济的态度还是差异巨大,因为我们的背景不同。也许更贴切的说法是,我们在经济、金融和商业方面的天分不一样。

基本来说,我可以理解人们的抱负。我喜欢希望成功的人,也佩服成功人士。在律师协会时——全职担任讼务律师的那七年时间在许多方面都极大地影响了我——我做过很多商业和产业方面的研究,跟冒险家,跟那些从不无聊闲逛、长于动手做事的人相处融洽。我讨厌阶级,可我热爱抱负。这就是我喜欢美国的原因。我喜欢白手起家,靠着自己的奋斗功成名就的主张。

这种态度有其不利的一面。尽管那些说我被财富冲昏了头脑的谣传总是夸张得荒谬(我的好友大多数根本就不是那一类人物),但我有时还是会低估追逐金钱时可能会出现的冷酷和不道德。不要误解我的意思:很多企业家都是富有创造力的人,金钱是他们成功的结果,而不是动力。但其他人根本不关心这个,而我在某些场合则倾向于不去领会其中的差别。

然而,我并不嫉恨成功,而且基本上,那对一个改革派政治家来说是好事。我自己也很认同成功。我想要一个漂亮的家吗?是的。相比二星级酒店,我更喜欢五星级酒店吗?是的。我意识到人生不仅如此吗?是的。我绝不会认为,享受美好人生会导致对那些无法享受者的困境漠不关心的结果。就我来说,反过来的情况才是真的:我自己想要的,我也希望别人能拥有。不过,我并不觉得想要是错的。

当我跟企业家们相处时,我的感觉就像在家里一样自在。戈登则完全相反。他会分析什么生意能赚钱,会讨论这样或者那样的复杂政策以便促成那门生意;但他从来不去**感受**它。我是一个为公众服务的人,如果我选择了另一条路,我可能会喜欢做生意、赚钱。我内心的某个角落会想:那不是很棒吗?如果我真想那样做,我可能已经成功了。可事到如今,我成了一个完完全全的公仆。戈登也是一个为公众服务的人,如果他选择了另一条路,他可能还是会为公众服务,而且做得更伟大。并不是说他做生意就会失败——以他的头脑和决心,他做任何生意都能成功——只是,那永远无法成为他的动力,甚至不能引起他的兴趣。

所以,对我来说,最高税率问题其实无关最高税率。当然,你可以提出一个非常完美的主张，说有钱人应该付出更多，而在其他方面——社会保险之类的——我为他们确实付出更多而感到满意，可是我希望在有竞争力的税率政策方面保留撒切尔/贺维/劳森流传下来的做法。我希望富人在英国能感受到欢迎，有家的感觉，好让他们带来更多的商业，创造工作机会，让他们在这里花掉他们的部分财富。他们不是我优先考虑的对象；我的意思是，既不需要优先考虑去**讨好**他们，也不需要优先考虑去招惹他们。我乐于保持现状。

我知道，如果我们提高最高税率，那将会被视为一个信号、一个有天性的声明、一个冲击远远大于本身价值的指标。当戈登在大选前提出这个议案时，我收到的普通民意调查结果显示，有百分之七十到百分之八十的人支持它，于是我来了个彻底"撤销起诉"。在我看来，这是不折不扣的红色警戒线。过了一段时间，戈登放弃了。

平心而论，他对资本利得税的看法更加激进，因而极大地帮助了私募股权业。对那些持有股权的时间满足一个固定的最小期限的人，他把税率降到了小小的百分之十五，所以那些买进公司，进行筛选，然后转卖股权的人需要缴税的税率远远低于所得税税率。不过，我觉得，这一举动更像是戈登对那些认为他反对商业发展的人发出的一个政治信号，是其顾问建议的产物，而不是源自真诚信念的行动。

无所谓了；在那份关于英国央行的首次声明和他的首笔预算中，他的新工党风格相当明显。然而，对于我退出经济领域的说法，他那种貌似认可的态度种下了扭曲的种子，结出了破坏性的果实。当然，政治的本性就是，最终导致垮台的所有要素都是从一开始就已经存在了的，尽管最初它们看起来没有什么害处。只不过，时间会让它们变大、变强。即使是在执政早期的那段日子里，事实上，甚至是从约翰去世后的那个我没有立刻表示同意的电话开始，一场胜负未决的战争就已经开始。至于说，它究竟会不会有结果，又是另一回事了。

尽管如此，一个如此高大的形象，一个显然既有资格，也愿意付出努力，而且其精力、学识和政治分量都无可否认的人物，他的存在，他往地面上一站，就是对政府的重要加码。就算有碰撞，至少也是泰坦巨人之间的碰撞。就算有紧张气氛，它们也有创造性的一面。在我对中产阶级的保皇党式拥抱和他对工党传统的圆颅党式认同之中，显然存在某种结合点，可以加以发展、利用。这一点，在1997年5月1日之后的那几个月里看来很有希望，也确实如此。

对推理、游说（只要论据很有力）的力量，我抱有一种有点古怪的乐观态度。它有时候会导致我相信，如果一个政治目标是正确的，那么，它就是可以实现的。很明显，政治不是这样运作的：有那么一些目标，绝对是众望所归、物有所值，却是遥不可及。

对于这一点，我在刚刚执政那段时间里跟自由民主党人打的交道就是一个例证。一开始，我想把他们拉拢到我们的大营里。我视罗伊·詹金斯为顾问。事实上，我开始喜欢他了，觉得他是一个正直、勇敢而且通情达理、学识渊博的人。我还喜欢并尊敬帕迪·阿什当，认为他们有一些比较年轻、本质上算是新工党的党员。我能理解社会民主党形成和失败的原因，也知道为什么它的失败不是因为其理念，而是因为组织和政治上的原因。

在人们眼里，自由党是一个混杂的团体，包括比较严肃的人、不太严肃的人和完全不严肃的人。其中有留着胡子、穿着凉鞋和难看的彩色衬衣、最大的雄心就是成为一个活跃而出色的本地议员的男人，还有穿着宽松衣服、打扮怪异、谈论性教育的重要性的女人。对于这些人，我完全持有同样的老套偏见。

自由党跟社会民主党合并之后，形成了新的自由民主党。从政治外观上看来，两者确实是很相似，于是他们以为，两者可以融为一体。但实际上，他们不行。他们有点类似大多数政党中的左派和右派，只不过界线更明显，如同电影《卡萨布兰卡》中里克对路易斯的评价。

这样一来，他们的活动家往往有点怪里怪气。如今，我自己也成了个活动家，而且年轻时还非常活跃——所以此处我要小心处理。不过，政治活动家向来都是有点古怪的。我知道，这话是对偏执和成见的惊人坦白，不过，任何曾经蹚过政治党派及党员这趟混水的人都知道，这是一个多么奇特的环境。

自由民主党人还可能容易走向纯粹的机会主义。说起来，所有政治家时不时地都会来点机会主义——通常是为了把握机会；不过，自由民主党人在他们的一些本地竞选之中，将它发挥到了极致，带到了科学或者艺术形式的水平。尤其是，尽管他们的官方声明（大部分都很诚恳）宣称相信人种和性别的平等，他们却颇为擅长卑鄙竞选，把目标对准了对手的个人特征。

虽然他们很混乱，领导层却很健全，其中不乏一些出色的人物，而且在政治上多多少少跟新工党有点一致。工党在我们的带领下走到今天，已经明白很多过去社会民主党的说法都是正确的；他们的一些杰出成员也已经脱离原党，加入或者重新加入了工党；说真的，从政治外观来看，我更贴近他们之中的某些人，而不是我自己政党中的一些老左派。所以，把他们拉拢过来，合情合理。我们是否可以更进一步，把他们带入政府？传统的工党人——特别是约翰·普雷斯科特——听说这个念头定会抓狂；然而，此刻正是时机，以后可能再也遇不上了。我当然愿意尝试一把。在大选前，帕迪和妻子简、切丽和我定期共进晚餐。我们互相喜欢、互相信任。帕迪拥有真正的领袖品格，而且，他跟我一样，并不惧怕对抗自己的政党。

后来在那一年的工党年会演讲时，我谈起自己的政治传统，不但对艾德礼、贝文和凯尔·哈迪表示感激，还特意对劳合·乔治、凯恩斯和贝佛里季倍加赞颂，让阿拉斯泰尔和布鲁斯大受惊吓。我有一个信念——部分源于直觉，部分因罗伊·詹金斯而坚定：20世纪之所以成为保守党的天下，恰恰是因为本来应该团结在一起的优秀天才人物散落在各个不同的政党之中，互相对抗。

把改革社会民主主义的这两只翅膀重新缝合起来，符合我的历史观，也源于我从事政治活动的常用手段。我在很久以前就已经得出结论：政党系统虽然必不可少，却也在某个程度上缺乏理性，具有副作用。它意味着互相之间的差异要么被夸大，要么就是虚构的；它阻止明智的人们互相合作、实现合理的目标；需要反复思考才能得出解决方案的复杂问题，被简化成口号之争。

20世纪80年代，我参加下议院辩论，倾听某些保守党人的发言，并且从中得出结论：如果我是个客观的观察者，那他们所说的话听起来就会十分符合情理。很久很久以前，我会坐下来，跟保守党人谈论、交换观点。这些举动并不会使我成为保守党人，也不会破坏我对自己政党的承诺，不过，它确实说明了，为反对而反对是多么的愚蠢，甚至是无聊。

最重要的是，我意识到，在政府和商业之间、国家和市场之间的政治霸权之争，本质上是20世纪的遗留问题。一个运作良好的国家显然必须完成只有政府才能承担的事情，正如一个富有竞争力、欣欣向荣的私营企业必须为国家创造财富一样。两者相加，各司其职，繁荣就成定局。因此，我得出结论，虽然由于真实政治和意识形态之间的不同，价值和目标之间也许会有差异或者分歧，但是，应该使用何种手段去实现那些目标，显然是个实际问题：能用为上。当时，在价值和目标这方面，尤其是涉及到自由民主党时，确实很难看出有何重大的本质区别。因此，我决定尝试拉拢他们。

大选刚结束之后的一片忙乱里，我找帕迪谈过。我们都同意，让他们进入内阁的时机还未成熟（尽管我俩对自己的政党都感到放心，但是对于选举刚过就动手而激起的反应还是有点顾虑），而且，跟2010年不同，那时我赢得了绝大多数的支持。不过，我们都赞成开始进行合作，成立一个正式的委员会，尝试拟定一份双方一致的党章改革纲领。

帕迪不太乐意这样做，他希望至少能等到党章委员会进行慎重考虑之后。而我则担心，那样一等，恐怕就永远无法实现了。

我担心的是，虽然我们可以在一些简单——或者说，并非简单，而是不会直接触及选民的生活——的事情上达成一致，可是面对那些痛苦但是显然必不可少的直接影响选民生活的事情时，如学校、医疗、养老和福利改革等，他们就会逃避。换句话，对于我来说，问题是：这种合作是真实的吗？恐怕，最终，它不是真的，并不是由于帕迪欠缺善良的意图或者真诚的信念——他从头至尾都很坦诚——在我看来，是因为他们缺乏执政所必需的根基。这一切的忧虑，都得到了充分的证实：自由民主党人最终决定反对我们的公共服务改革，所依据的理念，基本上可说是旧工党的理念——不论他们如何包装它。最终的分析结果是，自由民主党似乎更喜欢担任"诚实的"批评家角色，进行鼓励、探究和推动，而不愿意承担责任的重担，不愿去作出艰难抉择，忍受坎坷路途。2010年大选之后的联合政府是否能够开花结果，值得拭目以待。它也许可以，因为自由民主党对选举制度的改革欲望几乎是根深蒂固的。然而，如果不能实现，那么我怀疑联合政府支持不了多久。不过，我也可能弄错……

说回1997年，在那时候，意见一致的政党之间联合执政，完全是一种自愿行为。我猜，对于他们来说，光说不练、从而能轻松脱身的机会实在是太诱人了。他们的问题在于，习惯坐在座谈会或者电视秀里，说着人们想听的话，而观众一边听，一边点头。而那些话，恐怕永远无法带来真正的改变，而且还会使人们产生危险的投机心理。

我清楚地记得，1993年，我是影子内阁内政大臣，肯·克拉克是内政大臣。我喜欢肯，他是个坦率正直的政治家。保守党人一直没有让他当领袖，真是愚蠢，而我则对这一点感到十分庆幸。他曾经对警察机关提出过一套范围广阔的改革方案。其中有些条款很巧妙（例如修改退休金的要求），其他则是一般般（例如他们的纪律守则）。大多数条款都是有理有据的，可是，天呀，警察们恨死这套方案了。警察联合会——那是到目前为止我遇到过的最训练有素的工会了——在温布利体育馆举行集会，反对改革。那是一次非同凡响的集会，原因有二。第一，是警察们的集体纪律。联合会的委员们坐在台上，听众坐在他们的前面。现场的警察人数肯定有一万以上，这个数目不论在当时还是现在，都是十分惊人的。所有警察都完全按照委员会的暗示行动。委员们鼓掌，听众也鼓掌；委员们双手不动，没有一个听众会拍手。令人敬畏。

第二点，是自由民主党发言人罗伯特·麦克伦南的表现，他当时是法律和秩序的发言人。这个故事揭示了他们的问题所在。其时，自由民主党的官方形象是优柔寡断和支持自由主义，而且如你所料，是最小家子气的自由。基本上，公民自由在他们的阐释中，最严厉的惩罚就是一次亲切愉快的谈话，最重要的事情就是严厉打击警察暴力，总之，一切都远离你们这些普通英国警察的想法。

我起身发言。说真的，我有点惭愧，因为我认为某些改革条款看起来十分合理，不过，我还是打出了力道适中的一拳，对方案的不公平表达了适度的愤怒，博得了足够的掌声。

然后，轮到罗伯特。在此我先来说说他这个人。约翰·史密斯曾经说过，罗伯特在下议院的演讲如同一支用来驱散众人的“单人部队”。用“沉闷的演讲者”这种描述是无法完满地传达个中感受的。在下议院里，如果你必须跟在他的后面发言，因而必须听他说话，那么你自己的开场白很可能会变得一团糟，因为他已经把你的精神消磨至患上紧张性精神病的地步。顺便提一下，他显然也是个聪明、正派的人，可是这一点无法使他受到多少欢迎。

所以，当我看见罗伯特站起来讲话时，心里就预料，一定会出现相当有趣的局面，因为那一万名警察估计是不会喜欢被自由主义者闷死的。然而，我只能把他的发言形容为自己听过的最令人震惊的发言之一。他知道听众想听什么。他已经读过对方用来倾诉改革方案如何空前地不公道的传单。他凝视着面前那一万张仰望期待的脸，对政府展开了批判，其态度不仅狂热，而且散发着诚恳、持续、不可遏止的怒气。他描绘了这样的一幅画面：可怜的警察们披着枷锁忍受蹂躏，哈哈大笑的罪犯们洗劫全国，而这一切都是内政部刻意策划的恶毒阴谋。他说完之后，联合会委员们、一万名警察，就连那些负责音响、灯光的技师们都站了起来，跺着脚，咆哮着，要求这位警察最好的朋友罗伯特再多说一些。

然而，这番演讲真真切切地说明了自由民主党人的所有问题。归结起来就是，他们更喜欢扮演批评者，而不是执行者的角色。日子一天一天过去，我越来越确信，在福利和公共服务方面我们需要彻底的解决方案，更别说法律和秩序方面的问题了。而他们呢，自然而然、心安理得地转向了反对立场。于是，把他们跟社会民主主义重新结合的梦想渐渐消逝。帕迪是一个真心愿意团结改革力量的领袖。而查尔斯·肯尼迪虽然是个十分正派的人，却没有给出同样的承诺。然后，伊拉克问题带来的意见分歧是如此巨大，还成了自由民主党用以招兵买马、参加竞选的巨额加分。于是，在那之后，我们之间的关系是彻底完了。

那是一个遗憾，不过，也许它是无法避免的。一开始，我以为，单纯靠着经过合理辩论而来的合理立场的力量，就可以赢得他们。但随着时间的流逝，你开始明白，事情不是这样的；改变会带来反对，而反对比提倡改变容易太多。

关于这个教训，在执政的早期还有另一次提醒，来自我们于1997年夏天引入的住房补贴改革。为了结束人们对这个体系的滥用，我们对它进行了彻底的调整，然而，突然之间，我们第一次遭遇了作为执政党必须作出困难抉择的情况。大量的普通议员（随着自由民主党人的加入）立刻跳起来表示反对。虽然多数票同意的结果摆平了他们，但当时有些场面很叫人难堪。随后，当我们提出，通过改革丧失劳动力补贴来对福利开支进行更进一步的大幅削减时，类似的一幕再次上演。我们希望能从根本上削减福利开支，因为其费用已经急剧增加到了数十亿元的级别。财政上，我们还没收拾完20世纪90年代早期经济衰退留下的烂摊子。而我们已经给出承诺——虽然非常艰苦，但戈登顽强地坚持下来了，他做得很对——要在执政的头两年里保持前任政府的开支总额不变，但是我们仍然希望能把更多的钱投入到医疗和教育之中，所以，我们想尽一切办法去修整福利开支。无论如何，一个人如果靠补贴过活，显然不利于其健康；如果他们能够劳动，那么，为了他们自己着想，他们应该出来工作。

跟住房补贴一样，丧失劳动力补贴也一直遭到滥用。在20世纪80年代，随着长期失业人数的增加，政府默许很多人——尤其是老式采矿业的从业者——转去申请丧失劳动力补贴，这是符合当时形势的。这样一来，那些人就会被算入病人，而不是失业者中，于是失业人数就会下降。在我们各自的选区里，都有这样的人，他们多年以来就靠着补贴过活，而在我们看来，他们的丧失劳动力情况岂止是被夸张了一点点。

改革方案提出之后，人们给自己缠上锁链，来到唐宁街的栏杆外抗议。被选来抗议的人通常都坐着轮椅，仿佛每一个领取丧失劳动力补贴的人都是被困在轮椅里的人，或者说，仿佛所有坐轮椅的人都无法工作——这两种情况在我看来都非常值得怀疑。但这不是重点。重点是，他们引来了很多同情。

接下来的7月底，暑假临近之时，戴维·布伦基特宣布引入收入差异学费[①]制度，一场漫长而缓慢的大学改革之旅就此启动。又一次，愤怒之声四起，背叛随之而来。

当然，一切都在控制之下，然而，这是个征兆。

---

① 根据学生家庭收入的不同而对他们收取不同的学费。

我们是个受欢迎的政府，我仍然保持着高支持率，可是，即使在那个时候，风暴欲来、麻烦将至的前兆也已经十分明显了。

当时的我是一边工作一边学习首相、决策者和负责者的事务。偶尔，我会退一步，把一切都审视一遍，以便看清究竟在发生什么事。即使我才刚刚开始，我也能预见到结果。我可以看出一切的节律。开始和结果之间的差别——战争之类的重大危机除外——并不仅仅跟事件本身的性质有关。换句话来说，一件事情，例如一件丑闻，如果在我们刚刚上任时发生，那么，由于所有人都还处于对新政府的兴奋眩晕之中，它可能相当容易就被摆平了。但是如果它在晚些时候发生，则可能致命。结果并不太依赖于事件的本质，而是更多地取决于它们发生时所处的阶段。灾难程度、批评的激烈程度以及攻击的力度，与领袖作出的决策是不成比例的，而是与随着时间降低的新鲜度、吸引力、新颖性以及随之而来的说服力相关。

起初，在开始那几个月，也许是执政之初的大部分时间里，我还有些储藏下来的政治资本可用。我拿它来冒险，但也有严格的限制，而且寻求尽快把它填补上。在科索沃这个我所面临的第一个真正事关生死的决策上，我豪爽地花费着自己的资本。可是在国内问题上，我的改革会竭力顺从民意，而不是违背它。

如果某段时间里局面平静，我是不会有心情去扰乱它的。我们在改革。责权下放就是其中之一，而且是一次历史性的改变。不过，大多数改革果实都挂得很低，有些甚至很受欢迎，例如最低工资。

在公共服务方面，我们的沟通十分到位，目的也十分正确，但所用的手段倾向于从中间来推动改革。后期一些更为激进的改革措施的源头，在开始那几个月里就已经清晰可见。然而，这剂政策处方过于温和；对政府自己进行现场改变的力量太过于信任；我们的分析可能还低估了问题的严重程度，因此也低估了从根本上和结构上进行改革的必要性。

大体上，我们的直觉都算靠谱。知识、经验以及深入理解——这些我们都欠缺——则是随着时间流逝而努力去领悟。人们对我们有政治信心，甚至拿我们来夸耀；可是，这些都源自我们在全国受到的欢迎程度，而不是我们进行必须改革的能力。

还有，那种节律也在渐渐渗透，我第一次察觉了它的存在。当然，从成为工党主席的那一刻开始，我就知道，你的结果永远不会跟开始时一样。我非常清楚，政治这门生意很难做，公众可能变幻无常，裂痕和缺口也许很快就会出现，即使是在精心构建的政治前进大厦里也不例外；而我们的大厦更是一步一小心地建起来的。然而，预料是一回事，亲自经历又是另一回事。而直接面对它的感觉，令我既惊慌又冷静。

如果一个政治家说自己从不渴望做首相或者长时间占据这个职位，没有人会相信。但这是最诚实的事实。那是诚实的真话。我不是说自己没有野心——我有很大的野心——可我的确缺少勇气。我知道，首相这份工作无情、丑恶，可能会以泪水收场。

1997年，我到法国南部的阿列日——那个国家的一个美丽、朴素的地区——去度假，住在那座我们经常去的20世纪的可爱老屋里。当我坐在屋里沉思时，我会想象未来。我设想，担任两届首相之后，把权力交给戈登——就让他去受罪好了——自己卸下一切，带着名望和完整无缺的灵魂逃离，重获自由，再也没有焦虑，没有责任，再也不需要时刻活在刀锋之上，仿佛走错一步就会粉身碎骨。我想象着，在那个时候离开，自己刚过五十岁，还算年轻，还受欢迎，还是那张友好国家里的友好面孔，该是多么的美好。我当然会竭尽所能地担任领袖。我不会在困难抉择面前退缩。然而，我祈祷，它们不是那种可能导致输掉一切，以失败和羞辱收场的抉择。在人们捂起耳朵、不再喜欢我、开始嫌恶我之前脱身。这就是我的希望。

然而，我可以感觉到那种节律，感觉到它那无情的、一直在渐渐增强的鼓声，感觉到它对我身边这个国家产生的影响。

我们已经开始作出了一些削减信誉的决定。就连最能镇痛或者貌似已经得到大家认同的改革，也会导致完全不成比例的激烈反应，真令人惊讶。连戴维·布伦基特引入的读写和计算能力测试——为了提升十一岁的孩子们大约百分之五十通过率的差成绩（在我们执政之前就是如此），这是必不可少的措施——也能引起尖声抗议。我并没有被吓倒。可是，在普通议员之中弥漫着一种略为危险的情绪，说明他们对执政的辛苦之处完全没有心理准备。我们一直享受着在野党的平静生活，那时候，每一个人都可以一边喝点自由民主党人的甜酒，一边连连点头。如今，他们必须习惯，回到各自的选区时，满耳听到的都是反馈；其实这不算真正的痛苦，但这种变化依然是一种冲击。议会工党有一种定期简报活动，所有议会工党成员都会被邀请到下议院的大委员会会议室去，倾听主席的智慧箴言。有一次，我开玩笑说，在野党的生活很轻松，下院议员只需要回家，把一切都怪罪到政府头上就好了；麻烦在于，有些人现在还是如此。真有意思啊，每一个反对政府的人都是那么有原则；而那些忠于政府的人，当面对支持通常远比反对困难的状况时，都只会说奉承话——除非其目标是想晋升。

我渐渐学会，我认为在野时必须遵守的那些原则，在执政之后，就算没有变得更加重要，也是要同样严格遵守；那意味着政治军团之间要有持续不断的互动。而这，由于日程突然被重要会议和职责行使占满，变得困难了许多。

由此，我还要学习另外一课。外国领导人是必须见的，不论你需要不需要或者想见不想见，都得去。那些典礼和仪式，很多都是无法避免的。还有首脑会议，什么北约、欧盟、八国集团峰会等，消耗精力，却偶尔才出点成果。还有香港回归中国的事宜。

我挺适应旅行的。可是，一天半的香港之旅却让我筋疲力尽。那也是我第一次真正跟中国领导人打交道。那是一个奇特的场面。我跟香港颇有渊源。自从我的小姨子卡蒂成为中国香港人之后，我自然是常常到访。在归还香港这个问题上，卡蒂对我很有启发。她显然是个亲英派，因为她从小到大都是个天主教徒，在英国住了很长时间。可是，当我问她，会不会对香港回归感到难过，她立刻回答："不会。我是个中国人，香港从来就是中国的一部分。"英国往往无法看清一个事实：虽然在世界上的很多地方，我们都被当地人视为好的殖民者，然而，他们再也不希望有我们这些殖民者了。无论我们多么亲切，他们最终还是宁愿自治自理，责任自负。

不过，在回归典礼上，我还是有点依依不舍，并非遗憾，而是怀念旧日的大英帝国。当晚晚些时候，我冒着倾盆大雨，乘坐轮渡横渡海港去九龙跟中国领导人见面。码头上的灯忽闪忽闪的，照亮酒店码头区的中国灯笼在狂风和起伏的波浪中摇摇晃晃，发出刺耳的声音。我一边上楼，一边感觉自己看起来肯定是三十来岁的模样。(你看到了吧，做了这份工作之后我老得很快。)到了楼上，我跟江泽民以及一众中国高级官员问好。江泽民对莎士比亚的了解比我还透彻，令我佩服得五体投地。他还喜欢开玩笑，仿佛这是世界上最自然不过的事情。然后，他对我解释，这是中英关系的新开始，从此，过去将留在我们的身后。当时，我对他所说的过去只有相当模糊、粗浅的了解。总之，我以为一切不过是客套话。但实际上，他是认真的。他们都是认真的。从那天开始，英国跟中国的关系的的确确有了实质性的发展。

同样的，作为政府节律的一部分，关于个人的流言蜚语是无法避免的。我说无法避免，是因为毫无疑问，在任何政府之中它们都会出现。我们犯下了一个大错，让人们渐渐形成了我们会比保守党人更优秀的印象，不仅更擅长执政,还更有道德,更为正直。有字为证,我从来没有说过我们纯净无瑕;我说的是,我们将会**被期望**纯净无瑕,而我这样说是为了强调危险。我对那些围绕着所谓的"劣迹"进行的种种刻画感到遗憾。那是一个媒体游戏,我们在野的时候也玩过。目标很容易实现,然而长期后果却是灾难性的。我明白,我们正在跟浮士德结伴做游戏,不过,有他助阵,得分真是太容易了。公平地说,有些保守党人做过的事,我无法容忍我们的人做。

可我没能意识到的是,我们自己同样有见不得人的家丑,它们虽然可能跟保守党的不一样,却是同样地讨人嫌。不仅如此,作为改革之一,我们计划大规模增加透明度,使"政治清明",但我当时也没能看透这一做法的全部含义。有史以来第一次,捐赠者的详情和捐给各政党的金额将会被公之于众。我完全没有察觉这样一个事实:在野的时候,富豪的捐献会受到欢迎,被视为尊敬的表示;然而执政的时候,这些捐献立刻就会被看作贿赂的行为。其时,《信息自由法》正在内阁委员会进行辩论。它代表着政府发出了一个不同寻常的提议,愿意敞开自己和议会接受审查。它将会带来革命性的后果;它把巨大的权力交到媒体手中,任其摆布。我们小心翼翼,却缺乏预见。政治家是人,总会有丑闻。这个故事永远不可能有美好的结局,而其结局果然不堪。讽刺的是,我们非但远远没能提高自己的声誉,反而玷污了它。1997年的下半年,就见证了两件这种"丑闻",一件是个人的,另一件是财政方面的。

8月1日,就在我放假之前,阿拉斯泰尔告诉我,《世界新闻报》准备发表一篇报道,讲的是罗宾·库克和他长期以来的助手盖纳之间的事。日后看来,这种政治家有情妇、爱人或者风流韵事之类的消息其实不算格外惊人,然而,在那个时候,这种事情严重违反当时的道德,人们认为报道它是不当行为。讽刺的是,虽然今天对性的描述很多,人们也会公开谈论它,甚至公开私通,但是大家依然期望政治家遵守传统的道德观念,尽管在我们身处的这个环境里,侵犯隐私的话题遭到公开谈论的可能性已经大为增加。我们生活在一个更为随意的时代,过去的领袖们——肯尼迪、劳合·乔治,无疑还有其他人——所过的生活在如今是完全不可想象的。虽然我尽量以比较世俗的眼光去看待这类事情(执政之前,我也诚心地避免利用任何保守党人的性丑闻),我还是很清醒地意识到,世人看待它的眼光是不一样的。

罗宾的事情曝光之后,我起初并没有太在意,但阿拉斯泰尔认为那是个真正的问题。我们必须给个说法;这正是难点所在。罗宾的妻子是玛格丽特;他和盖纳私通。若是以前,这样的情况本来可能低调地处理掉,可是今天,人们会问一个问题：他会选择谁？星期五早上，正是我准备去度假的日子。在我那小小的办公室里，阿拉斯泰尔、罗宾·巴特勒和我必须决定怎么做。

阿拉斯泰尔给罗宾·库克打了个电话。他在机场，正打算跟玛格丽特一起去度假。你可以想象，那是一次尴尬的对话。怎么办？等我终于跟罗宾说上话时，我说：你得作出决定。否则，事情就有脱离我们控制、制造更大丑闻的危险，况且，我看不出你有任何公开维持两段感情的法子。

也许我错了，也许你以为我在无理干涉，但我无法找到一个基本问题的答案：现在我们知道这段婚外情了，它是要继续下去，还是必须停止？

而且，星期天是最后期限。事情将要刊登在《世界新闻报》上。这一切正在某个可怜家伙的私人生活中上演，而我们必须坐在那里，竭力给出最好的建议，这不仅仅是为了罗宾的利益，也是为了整个政府的利益。“外交大臣为了另一个女人抛弃自己的妻子”，这话题有点意思，但是它很快就会被人遗忘。“外交大臣陷入三角恋——谁会赢？”这可能会徘徊几个星期不去。

虽然觉得难堪，但我们对罗宾的态度必须明确：你必须跟玛格丽特谈谈；你必须作出选择；而且，恐怕你必须在星期天那期报纸的编辑期限之内，也就是明天午饭之前作出决定。

我知道，事后玛格丽特伤心欲绝，她认为是阿拉斯泰尔和我逼罗宾离开了她。但事实真的不是这样。真相是，他爱盖纳，而盖纳也爱他。他作出了选择。第二天，他就宣布了决定。由于阿拉斯泰尔处理得当，此事得到了适度的同情，聚光灯以惊人的速度转移开了。

作为首相，我得知很多秘密，并通过组织秘书发来的书面通知，得知很多内幕消息。此处要说的是一件令人吃惊，或者说，没什么可大惊小怪的事：政治家真的跟普通人无异。有些政治家为爱情结婚；有些为利益结婚；有些很风流；有些很忠贞；还有些是同性恋。

在某种程度上，某种相当宽容的程度上，公众可以容忍性方面的行为不端。问题并不在婚外情，而在其复杂性。在丑闻曝光期间，如果媒体发现、挖掘或者发明了某种“公众利益”滥用现象——某次安全疏忽；政府情报泄漏；他说谎；他利用政府资源来达到目的——那么通常来说，麻烦就来了，事情会变得非常难堪。不过，一次普通的、简单的性丑闻——如果真有这种事情存在——只跟容忍度有关。

财政丑闻就截然不同了。金钱远比性事更有影响力，更危险。在我们执政第一年结束之前，我们也遭遇了一次那种危机，我从中得到了一个大教训。

在大选之前，一级方程式赛车的大老板伯尼·埃克尔斯通给工党捐了一百万英镑。之前他也给保守党捐过钱，但那时要求公开的法令还没被写入法律。他为了一件跟一级方程式赛车有关的事务来找我们：其时欧盟正在设法禁止体育运动中的烟草广告，而一级方程式赛车却是非常依赖烟草广告的，所以，伯尼希望此事能够逐步推行，以争取时间。

公平地说，他并没有把赠礼和政策联系在一起，而且从头至尾都举止得体。和他见面之前，我们已经得到了那笔钱，当然，得到更多捐赠的可能性是永远存在的。可是，考虑到一级方程式赛车公司雇用了几万名员工，我是无论如何都会跟一个如此重要的的人物见上一面的；而我本来也会作出同样的政策决定，分阶段逐步推行烟草广告的禁令。

然而，我没有立刻成立一个重要的行政机构来保证行为不但受到监控，能够而且证明它已经受到监控，这是一个十分愚蠢的过失。我们没有那样做，于是，当时的我们，活该被这件事情闹得疲惫不堪。（对伯尼却不太公平，因为他确实没有提过任何条件，甚至没有暗示过。）

于是，我懂了，一旦进入政府，一切跟金钱有关的规则就会大大改变。你会说，这样很对；不过，根本的问题——一年比一年更严重——在于政党需要筹集资金。从普通党员那里筹到的钱总是有限的，而大额捐赠人——对这类人的称呼——绝对至关重要。即使在1997年，我们的钱花得也比保守党少。1992年，他们花的钱是我们的五倍，而我们的钱有百分之九十都是来自工会——据我所知，工会是唯一明确而且坚持把金钱跟政策联系起来的赞助者。我决定把我们从这种依赖之中解放出来；然而，一旦执政，就再也没有人相信大额捐赠能够纯粹源自善意了。

当然，在某种程度上，动机总是各种各样或者多种混合的。人们的慈善行为有各种各样或者多种混合的理由，其中——不要误解我——做善事的欲望可能会是最重要的一个理由。不过，对于交给政党的捐献——至少在英国——人们的第一反应不是为了支持政治，而是为了施加影响。所以，事情变得十分棘手。对于日后即将发生的事情，那是一次刺眼而清晰的征兆。

它还教我学会了一课，然而，我虽然学会了，却仍然觉得难以应用。丑闻的问题之一在于，它会偷偷靠近你，趁你不备时出手打击你。然后，它会吸引大量的媒体，令其被关注的时间拖长，就此事进行发挥。与此同时，你竭力去寻找真相，找出说法，思考自己应该采取什么恰当的立场。人们的事业、人生，取决于常常是在信息不全面的情况下作出的、一瞬间的决定。当风暴肆虐时，你的感观和决策能力都被颠覆，在某些新发现的“内幕”的浪尖上被抛来抛去，直到你害怕自己永远回不到平静的水域，无法发现大陆的位置。

丑闻于政治，是绝对的灾难。记住我的话。公众可能会判定，今天的政治家不及旧日的政治家。那是胡说。两者的区别在于：今天的审查力度更大，人们期望的透明度与过去完全不是一个档次；公开辩论议案时的歇斯底里比以前吵闹数倍；而事态发展变化的速度简直是喷气式飞机跟拖拉机之间的对比。人们还是那些人们；但是环境跟以前——即使仅仅是二十年前——已经相差十万八千里。

就这样，执政最初的几个月过去了。有很多值得骄傲之处；政策上还有文化上的巨变已准备就绪。我们已经启动了一项将会给宪法带来标志性改变的雄心勃勃的立法项目，提出了标志着国家的统治方法将会发生重大改变的最低工资标准和英国央行独立方案。

不过，在这个小如孩童手掌的节点上，未来的阴云还在继续聚集。我们已经因丑闻失节。将来的权力斗争已经显出最早的先兆。不过，总的来说，这是一个好的开始。我们是一个全新的、未受考验的政府；到目前为止，我们还没有摔倒在地。我们站着，我们在统治。我们满意了。国家也是。

第五章 黛安娜王妃

暑假过后，我精神抖擞、思维敏锐地回来了。搬进唐宁街10号的开始几个月非常顺利，这是意料中的事。接下来就困难些了，这也是意料中的事。其间有很多不成功的起步、被错过的机会、有缺陷的决策，不过，民心依然仁慈，让人以为政府像是受到了神佑。民心是一种奇特的东西。当它拥抱你时，你感觉它深沉、根基牢固。你会疑惑，它怎么可能会变。当然，你知道它肯定会变的，不过，身在其中时，明确表达的民意可以毫不费力地载着你一路前行，或者冷酷无情地把你拉回原地，那种感觉——不论好坏——仿佛将永远持续。

媒体对民心具有十分关键的影响。当民心仁慈时，它会非常宽容：错误是可爱的怪癖，过失逗人发笑，痛苦的决策过程只不过是把事情做好的强烈责任感的体现。当民心苛刻时，你的感觉就像是顶着无情的强风逆行：每一句失言都被夸大，之前的错误会被翻出来以全新的气势反复重提，痛苦的决策过程就是无能的表现。你做的是同样的事情，用的是同样的方法，然而，你被评价的方式却完全不同了。

"新工党，新英国"这句口号并不显得骄傲自大。相反，它与国内某种真实存在的感受相应和。当然，实际上，我们对公共服务、福利和退休政策的改革只触及冰山一角，但在最初的几个月看来，情形不是这样。

出于各种政策方面的原因，保守党政府一直备受争议，不过，那在某种程度上来说是正常的政治活动。他们对产业采取的新放任政策、跟工会的斗争、对国际危机的处理——每一件事都有代价，但从很多方面来看，保守党人的执政方式正在世界范围内成为通识。然而，他们也有一些十分保守的做法，那些做法都过时了，例如，他们抨击伦敦的工党左派支持同性恋权益。20世纪80年代，这种抨击有效；20世纪90年代后期，这样做就只能起反作用。他们的闭塞、浮夸、对传统的膜拜，如同一块打上了旧时代烙印的铁块。约翰·梅杰在很多方面与这些左派人士不同，他也完全有能力带领保守党摆脱这些缺点，但问题是，他一直没有实权。

从工党甩掉过去的锁链，以现代的观点来看待经济，以常识来判断国防和犯罪之类议题的那一刻开始，继续追随保守党的理由便消失了。在社会问题上，时代精神可以自由地转向更少恭顺、更多自由、更少阶级束缚、更多精英领袖的一方。至于说我是私立学校学生、约翰·梅杰是公立学校学生，这些都不重要。我以一种观念率领一个政党，他以另一种观念被政党束缚。

这种情绪的改变广泛深入地撒播到了公众生活的每个角落。自然也涉及君主体制，黛安娜王妃就是这一改变的化身。她是一个标志，她也许是世界上最著名、最常上镜头的人。她捕获了一个时代的精粹，把它握在手心。她定义了它。

对于君主体制——如果愿意，你可以把它视为一种制度或者一种行业——来说，这种情况令人十分惶恐。她的号召力、亲民度、接受新事物的勇气都远远超过其他人，以至于她更像是一种非难，而不是支撑。并不是说她没有充分支持君主体制及其代代流传的传统——她支持了，可是，她把这些传统转化为现代做法的方式太过大胆，因而处处格格不入，从而导致了危险。她大步跨入至今仍然禁入的领域，小心翼翼地跃过笔直的礼节篱笆，以一种从一个角度来看完全是愚蠢、从另一个角度来看却绝对是天才的狂热，打碎王室行为规范的巨大包袱。我肯定，当她做着这一切时，王室必定是带着既无助又恐惧的复杂心情看着她。当然，她太聪明，不会支持任何政党，不过，在气质和时间上，在她所创造、我们所代表的氛围中，存在着一种完美的契合。不论那是什么，新工党拥有一部分，她拥有全部。

1997年大选之前，我和她已经相当熟悉。工党贵族米什肯爵士请我吃饭，跟她见面。我的朋友玛吉·雷认识她的朋友，所以也会请她来吃晚餐。我们保持着联系，时不时见上一面。

她异常迷人。她原本就有的气质因完美地混合了王族和她所代表的平民气息而得到放大。她是一个轻松随和、富有人情味的王室成员，最重要的是，她愿意平等待人。她并非刻意纡尊降贵，她像普通人一样大笑、一样聊天、一样调情。那就是她的非凡魅力所在：在任何地方，跟任何人在一起，她都能跟对方融洽相处。

她的情商无疑很高,不过她也非常善于分析理解。曾经有一次,我跟她讨论照片的效用和力量,以及如何最大限度地利用它们。她表达的看法不但源自直觉,也经过非常符合逻辑的推理。她把问题想透彻了。她偶尔会打电话来说,某某照片为什么是垃圾,或者说,有什么可以改进之处。她虽然——正如我所说——完全与政党政治无关,却对我们追求的目标和我们之所以这么做的理由完全理解。以前我总是跟阿拉斯泰尔说:如果黛安娜从政,就连克林顿都得十二分小心。

她的意志也十分坚强,让我们这样说吧,她总是率性而为。我感觉,她很容易就能跟你闹翻,同样也很容易就能同你和好。她知道自己的气场有多强大,知道这种气场的吸引力,通常情况下,她会运用那种力量来做好事,可是,在她的情感之中也有一种野性,也就是说,当愤怒或怨恨跟那种力量交织在一起时,将会招致危险。我真心喜欢她,而且,我当然也跟其他人一样对这位美丽的王妃着迷;但是,我也很谨慎。

无论如何,可以肯定的是,正当我们改变着英国的形象时,她也在改变着君主体制的面貌;或者,可能这样说更准确:她跟王族其他人的对比衬托出他们的变化是多么少。这种对比,对于某个跟女王一样、对君主体制及其未来有着深刻理解以及长期切身体会的人来说,肯定令人困扰。重要的是,女王了解君主体制在代表历史、传统和责任方面的重要性。她还知道,虽然君主体制需要跟人民一起演进,它跟人民之间的盟约——没有文字记录、也非口头承诺——建立在一种容许演进的关系之上,但是,演进应该是一种稳步前进、经过小心校准和控制的过程。然而忽然之间,一颗难以预测的流星闯入了这个可以预料、受到严格控制的生态系统之中,带来了同样无法确定的后果。她完全有理由感到不安。

度假之后,我将首次以首相的身份前往巴尔莫勒尔堡[①]跟王室成员共度周末——这是一个可以追溯到维多利亚女王跟格拉德斯通时代的传统。在那之前,我去了一趟塞奇菲尔德。以首相身份回去的感觉真棒。我为那里的人们骄傲,他们也为我骄傲。大体上,这种感觉一直持续到了最后。尽管事实上,自从成为在野党领袖之后,我就再也无法像以前那样定期回去了,但他们每次还是那么欢迎我。我会出席本地工党的总务委员会会议,作报告,然后花一两个小

① 英国维多利亚女王在苏格兰的离宫。

时聊天、交换意见、回答问题——他们很多都是从1983年起就认识我、看着我成长起来的人；在那个房间里，我会非常坦诚。能够在约翰·伯顿的注视之下，跟自己真心信任的人谈话，是一种恩赐；反过来，他们则觉得，能够接触、参与正在形成的历史是一种恩赐。

我还会到塞奇菲尔德村的邓卡酒馆或者工人俱乐部去。人们十分友善，也尊重我出去喝上一两杯放松放松的愿望。话题很少涉及政治，除非是跟约翰·伯顿和莉莉·伯顿夫妇二人、菲尔·威尔逊（后来接替我成了塞奇菲尔德的下院议员）、彼得和克里斯廷·布鲁克斯（十分善良正派的人）、保罗·特里佩特（工人俱乐部的工会代表，是个粗犷、坚忍而又可爱、聪明的人，后来成了我的好友）一起吃晚餐的时候。我们会闲聊，讨论选区的问题，我会询问他们对当今热门话题的态度。不论是作为全体，还是作为个人，他们对于民意所向有一种出色的直觉，而且，他们总能——也许从未失败过——帮助我看清前路。他们还代表着英国民众中一股非常重要的势力。他们也许会阅读《卫报》，却并不**属于**《卫报》；他们根本就没有"伦敦气"，也不是典型的《每日邮报》读者。他们非常政治化，却认识很多不搞政治的人。

他们是另一个有趣的例子，证明过去那种对人们进行分类的做法不再合适。我的政治活动完全代表了这种理念，然而，要想令评论员们看清这一点，则非常困难。塞奇菲尔德是一个"北部工人阶级"选区，然而，只要你刮开表面，即使只是往下挖那么一点点，你就能明白，这种定义不太恰当。是的，你当然可以在任何一个古老的煤矿村庄——特里姆登、费什波恩、费里希尔、契尔顿等等——找到那种典型人物，可是，情况已经越来越不同了。新建的房子都是那种有三四间睡房的私有房产，虽然住在里面的人不能算是"中产阶级"，却也不能算是安迪·卡普[①]式的"工人阶级"。他们喝啤酒，也喝葡萄酒；他们去快餐店，也光顾餐厅。他们每年都会到国外去度假一次、两次甚至三次，而且去的地方不一定都是贝尼多姆镇[②]。

这是一个不同的英国，一个让我感到亲切温暖的英国。曾经有一篇文章——《每日邮报》的常见作品——说我造作、骗人，理由是，我自己说喜欢吃炸鱼土豆片，可我住在伦敦的伊斯灵顿那会儿，人人都知道我吃意面（骇人听闻啊）；很显然，如果你说你两样都喜欢吃，是很难令人信服的，因为这两种食

---

① 1957年开始连载的漫画的主角，他是英国东北部的一个失业工人。

② 西班牙度假胜地。

物代表着两种截然不同、无法调和的文化。当然，20世纪90年代末期的英国，其实是一个人们吃着多种多样的食物、体验着多种不同文化并且乐在其中的国家。这种情况，不论在“北部”还是“南部”都是真实存在的。世界正在开放。我在塞奇菲尔德的最亲密的朋友们就是这种多样化的象征。在那地方，我觉得轻松随意，我可以做回自己，而他们就是他们，这对于我们来说，没有任何问题。

我们在选区的那座房子四周的情况已经变了，正如我们生活其中的其他所有地方一样。那里有二十四小时的安保，虽然不如后来戒备森严，却也一刻不休。道路限制车辆通行。不过，那儿仍然给我一种感觉：我们的生活中仍然还有恒久不变之处。那里的环境熟悉而舒适。

1997年8月30日傍晚，我的心思集中在一件永远都要关注的事情上：如何安排一个跟辩论相吻合的改革日程。我担心，人们如果不能在短时间内见到主要改革出现，就会开始冷嘲热讽。我知道，我们掌握政治主动权，而保守党人脱离世情、纪律松散，不过，我也明白，我们的媒体支持十分脆弱，而且，那在很大程度上只是基于互相利用，而非互相信服。媒体一旦决定跟我们作对，如果他们抓不到实质的把柄，就会耍弄各种花招，把我们的长处说成短处，把我们的政治成功说成欺骗。还有，到了一定时候，右派媒体会领悟到，我们其实并非撒切尔主义的温和版本；而左派媒体将会意识到，新工党是真实的，它不会向左派的惯常要求屈服。

也许，我还忙着哄孩子们睡觉——这通常都是我的活儿，安排他们躺下(面对三个年龄分别是十三、十一和九岁的孩子，这几乎是不可能完成的任务)、拿饮料、读故事，希望他们能让我们缓缓劲，至少能让我们夫妻二人安静地吃一顿晚餐。

十一点三十左右，我去睡觉。半夜两点，最奇异的事情发生了。切丽这人一旦睡着是很难醒过来的，而我却惊醒了，发现床边站着一个警察。你可以想象，那是多大的惊吓。当我竭力恢复清醒时，他告诉我，他按过门铃，可我没有听见；他说，黛安娜王妃遭遇车祸，受了重伤；他还说，我应该立刻给身在巴黎的英国大使迈克尔·杰伊打电话。

我彻底清醒了。切丽也醒了过来。我跟她解释了情况，然后冲下楼梯。唐宁街把迈克尔的电话转了过来。情况从一开始就已经很明显，黛安娜生还的机会非常渺茫。迈克尔说了说她的伤势，还告诉我说，她的男朋友多迪·法耶兹和司机当场死亡，保镖还活着，但是昏迷不醒。

我给阿拉斯泰尔打了电话。在那么多信息来源之中，他是通过媒体监控听说此事的。我们都深受震撼。我无法相信。她对人们的生活有着如此强大的影响力，在我们的国家占据着如此重要的地位，而她本身又是一个如此清晰、确实、无可替代的生命，我无法想象她去世会是什么样子。

然而，到了凌晨四点，我又接到一个电话，说她真的走了。迈克尔对法国人的处理手段大加赞赏：内政部长让-皮埃尔·舍韦内芒、卫生部长贝尔纳·库什内和总统希拉克都十分体贴、合作和恭敬。从那时候开始，电话接连不断，其间我们一直在竭力思考应该如何应对此事。

我知道，这听起来很无情。我悲痛万分。我喜欢她，我为她的两个儿子深感痛心，可是我也明白，这事非同小可，它关乎全国，事实上还会影响全球。不论对国内还是国外，英国的表现都非常重要。我是首相，我必须决定如何处理此事。我必须把悲痛和失落的感情浪潮以一种庄严的、能够传达人们对她的感情和爱戴——用这个词一点也不过分——的方式表述清楚。

如果是女王去世，那么，从某个方面来看，还比较简单：人们会表达深切的尊敬和由衷的赞美，但是那些情感虽然深厚，却也很传统。而黛安娜的死却完全不同。她不是传统人物，她的死亡也不是正常死亡，所以，人们的反应也将非同寻常。

除了悲痛之外，我还有另一种感觉，源自我跟黛安娜的最后一次见面。那是一次并不轻松的见面。她本来想在6月份到契克斯别墅来找我，我也同意了。可是阿拉斯泰尔——虽然很崇拜她——和唐宁街10号认为，我未跟查尔斯王子见面，就先见她，不妥，可能会引起误解。我无奈地同意了。于是我们把时间改到了7月。向来机敏的她猜出这次改期是权衡之后的结果，感到很恼怒。

到了约定的那天，她带着威廉王子来了。天气非常宜人，契克斯别墅风景秀美。工作人员听说她要来，都很激动。她对所有人都是那么亲切友好。我们讨论她能用更为正式的手段为国家作些什么贡献。虽然她热切希望能做些事，但个中微妙因素也是不言而喻。毋庸置疑，她是一个极其重要、宝贵的人；而且我觉得，给她一个机会，把只盯住她的私生活不放的媒体关注焦点转移到其他地方是对的；可我同样觉得——我不知道，也许如今的我不会拘泥于这种小节吧——多迪·法耶兹是个问题，不过，我的理由跟那些会导致某些人对她皱起眉头的理由明显不同。我毫不介意多迪的国籍、宗教或者背景。我从来没见过他，所以从某种程度上来说，为他感到紧张是不公平的，而且就我所知，他是个好儿子，也是个好男人。所以，如果你问我，好了，说吧，到底是哪里不对了？我说不明白，但我觉得不安，我还知道她的某些挚友——真心爱护她的人——也有同样感觉。

那一天，天气晴朗，在契克斯别墅我们把孩子、警察、安保人员以及工作人员召集到一起，跑到屋后的草坪去踢足球。那是一片漂亮的草坪，在20世纪30年代时本来是个可爱的草地网球场，我们经常在那里玩得很开心。除了黛安娜和我，所有人，包括威廉都上场玩去了。可怜的孩子，我猜他心里肯定是在疑惑母亲把自己带来是为了什么，他也不是太想踢足球。不过，善解人意的他还是上场玩了。

黛安娜和我在旁边散步。她温和但明确地责怪我取消了6月的约会。我则琢磨着，今天要怎样应对她，可我紧接着就十分直白地提出了她和多迪之间的事。她不喜欢这个话题，我能感觉到她在压抑自己的个性。然而，她并没有拒绝谈论此事，于是，我们聊了一下，还讨论到她也许可以怎么做。虽然那次谈话有时令人不自在，但最后的结局还是温馨而友好的。我竭尽全力表明，我会是她的真诚好友，而她应该以同样的精神回报我的坦诚。我还上场踢了球，她在旁边看着，跟工作人员一起哈哈大笑，让人拍照，做她所擅长的事情。那是我最后一次见到她。

当思忖她去世的事、决定自己应该如何发言时，我心里不但有悲伤，还有责任感。我觉得，自己应该竭力捕获她的真我，这是我欠她的情。我们都以自己的方式在操纵他人，我们可以迅速察觉别人的情绪，并且本能地加以利用。可是我知道，她向残疾人和病人们伸出援手的方式，透着真挚，没有人能够模仿，也没有其他与她地位相当的人做过这样的事。她当然了解那样做的效果，然而，如果没有真诚的感情，效果是不可能如此显著的。我坐在特里姆登的书房里，看着曙光透过窗户射进屋里，心中沉思：她会希望我如何谈论她呢？

当然，我们还要理清大量的实际事务和后勤工作：打电话，接电话，把遗体接回来，安排葬礼，处理政府事务（例如，苏格兰的公民投票要继续还是暂停）——所有的一切，从重要的到极度琐碎的，都需要关注，因为在这样的时刻，小事也可能突然毫无预警地变成大事。

然而，整个期间，我的心思主要还是放在自己应该如何发言上。罗宾·库克刚刚在菲律宾走下飞机，就说了些让阿拉斯泰尔大为光火的话。我劝他不要担心；只有我说的话才重要。我们达成了一致，决定在特里姆登村的教堂举行上午十点三十的礼拜仪式之前发言。

王室当然已经发布了声明，可是，女王并不打算发表讲话。就在我出门前往教堂之前，我第一次跟女王通了电话，向她表达了自己的哀悼。她很沉着，虽然为两个王子担忧，但是很专业、很务实。她明白这次事件的严重性，不过用的是她自己的方式理解的。她不愿意听从事态的摆布。在这方面，她很有女王风范。

那时的我已经想好自己要说些什么了。我在一只信封的背面草草写下这些话，跟阿拉斯泰尔商量。之前我已经跟核心团队的其他成员讨论过了，但面对眼下这种情况，我需要他的建议和想法。他对于此类情况的判断条理清楚、直截了当，值得效仿。在这种形势下，最要不得的就是推托、犹疑和逢迎。

现在听来，“人民的王妃”这个词仿佛来自另一个时代，俗气、过火，诸如此类。不过，这在当时感觉很自然，而且我认为黛安娜会喜欢这个称号。那是她对自己的定位，人们应该以此记住她。我还想通过承认她本人的生活并不顺利或者并不轻松，来描述她对人们生活带来的影响。如果不提她的各种问题，感觉就是对她不够诚实，还会破坏她对其他人的意义。人们爱戴她，正是因为她虽然贵为王妃，却仍然有弱点，仍然会受到人生起起落落的打击；她能够治疗人们的伤痛，因为她了解受伤的感觉。

我们开车走了几英里，来到特里姆登。教堂耸立在村子中间的草坪上。那是一座美丽的教堂，是少数仅存于世的神坛四周有诺曼拱门的教堂之一。它有一座漂亮的花园和墓地，莉莉·伯顿和她的朋友们以前常去扫墓。切丽和孩子们先行走进教堂。阿拉斯泰尔已经安排了一群新闻记者到场。我下车，走上前，开始讲话。身处达勒姆郡的这个小村庄，站在一座古老的小教堂前面的草地上，说着一些心知将会传遍英国和世界的话，感觉很奇异。这番话将会成为人们对我的印象的重要组成部分，即使到了今天，还会有人跟我提起。也许你会想到花费数天、数周准备的重要演讲，想到我参与其中的塑造现代历史的重大事件，想到政治斗争、危机、得势的时刻、绝望的时刻；然而，草草写在信封背后的那几句话，其传播范围也许比我做过的任何事情都要广。关键在于，把那一切都抛出你的脑海，不要去想它有多重大，不要害怕心中那提醒你事情会出错的恶魔。只需要走出去，说出来。

只是，这一次——我知道这听起来很做作——我在发言之前，停顿了一下，回想着她，提醒自己最重要的是我应该为她说话。下面是我的发言：

今天，我和全国所有人的心情一样——悲痛万分。我们的心和祷告都与黛安娜王妃的家人——尤其是她的两个儿子，那两个男孩——同在，我们的心飞向他们。今天的英国，震惊、哀恸、悲伤之情是如此强烈，令我们心痛。

她是一位出色、热心的人。虽然她自己的生活常常经受悲剧的伤痛，她却以快乐和慰藉关怀着那么多在英国——在世界各地——的人。我们将以无数种不同的方式，跟病患、垂死之人、孩子、需要关怀的人一起，无数次地怀念她。她的一个眼神、一个手势，远胜千言万语，向我们所有人展示着她深沉的怜悯和仁慈。我们只能猜测，她时常要应对多么艰难的境况，但是，任何地方的人——不仅是英国，还有世界各地——都忠于黛安娜王妃，他们喜欢她、爱戴她、视她为人民的一员。她是人民的王妃，她永远都是，而且，她将以这样的形象永远留在我们的心中和记忆中。

我使用“忠于黛安娜王妃”这个说法，是有非常特别的理由的。在她去世前的一段时间里——由于她跟多迪的关系——狗仔队一直缠着她不放，最近更是严重。有些媒体（尤其是《邮报》）也在衡量是否要对付她。我知道他们想这么做，在契克斯别墅跟她见面时我已经警告过她。不过，他们还不太肯定公众会有什么反应，所以不敢妄动。于是，他们满足于积累一些日后可以继续开发的批判话题，在这里、那里留下一些尖刻的话，偶尔从正面攻击一下，但都不至于引发论战。他们之所以有所保留，是因为民众对她的感情很深厚，而且完全发自肺腑，人们确实一直都忠于她，不容许她成为祭品。我知道，她也希望那些人能够最终认可。然而，如果将来她再婚、老去、变成毁誉争论更为激烈的焦点人物之后，那种支持还能够持续吗？很难说。不过，其中的正直之士显然会坚持下去。人们知道她的缺点，但他们对她的爱戴不会因此而减少分毫。

全国的情绪正如我们所料：悲伤之情倾泻而出。但是，其中已经夹带了一种对她死于非命而感到愤怒的情绪。起初，怒火烧向跟踪她的狗仔队。常人也许难以理解公众人物受人追踪时的感受，而且，出于完全可以理解的理由，大多数人不会为名人感到遗憾，其中很多人还很愿意走上那条路。名人通常生活富裕。他们占据了社会的上层，似乎就该容忍下层的人们。无论如何，代价很小，不是吗？

只不过就黛安娜事件来说，代价远远超出了小的范围。她被切切实实地“猎杀”了。她是一头价值昂贵的猎物、一座频繁遭到洗劫的金矿。他们挖得很深、不顾一切，因为收获是如此丰厚。当然，媒体说，如果媒体报道符合她的心意，她是很喜欢跟媒体打交道的。这话听起来很对，然而，真相却远非如此。真相是，在媒体注意力的大肆追逐之下，你没有其他选择，只能跟它们交手，竭力让它们支持你的观点，尽量阻止不一样的而且通常是反对你的、不公平的言论占据主导地位。换句话说，有时候，这是纯粹的自愿行动，然而在其他时候——像黛安娜一样——则是别无选择：你要么设法喂饱野兽，要么被野兽吃掉。于是，她喂野兽，有时候还喂得太饱，却无法改变基本事实：她是被骚扰的对象，这种骚扰持久不变，侵犯隐私，没有人性，有时候还是那么可怕、过分和错误。

那个周六早晨，王室成员像往常一样在巴尔莫勒尔宫的克莱西教堂出席礼拜。没有人提到黛安娜。我知道，女王觉得有责任维持日常事务。她的随从之中没有阿拉斯泰尔那样的人向她提议说，也许谈一谈那场悲剧会比较明智。问题在于：女王是真诚的人，不爱造作。我的意思是，她处事不耍计谋。虽然她关注的焦点无疑是保护两个孩子，却首先是从保护王子的角度去考虑的。没有人会问，在母亲刚刚去世几个小时的情况下，他们还要不要去教堂；因为那是他们身为王子的责任。可是在公众中的某些人看来，那当然是难以置信、近乎夸张的冷酷。

我知道，那种情绪会消失。我也知道，在那之下的坚实基础是对女王深沉而持久的爱戴。然而，这次的情况非同一般。随着日子的过去，怀有那种情绪的人群越来越大。在圣詹姆斯宫安排的追悼会从三场变成四场、十五场、四十三场。奔涌的悲伤之情正在转化成一场大规模的改革运动。那是全国极度同心的时刻，是王室的险恶关头。我不知道，如果他们继续像以前那样生活，会发生什么事情。也许什么事也没有，然而，身处那无法预料、使人心力交瘁的风暴中心的我无法肯定。

王室拒绝在温莎堡和伦敦塔下半旗，理由是，黛安娜严格来说已经不再是王室成员了，她的"殿下"头衔已经被剥夺。白金汉宫的旗子根本就没有升起来，因为，根据传统，只有女王本人的旗子才能在那里飘扬，而且还只有她住在那里的时候才会升旗。当时她正住在巴尔莫勒尔宫，因为9月份她是不会到伦敦来的。这，又是一个传统。一切都严格照着规矩办，却完全没有考虑人们对"规矩"根本就不买账的事实。其实，他们讨厌"规矩"，实际上，他们认为"规矩"正是那一系列导致黛安娜死亡的事件的始作俑者。在统治者和被统治者的奇特共生关系之中，臣民坚持要求女王承认，她是在臣民的同意之下才得以统治的，必须听从臣民的主张。

公众的怒火正在往王室蔓延，同时，尽管媒体在感觉到公众的愤怒情绪之后，明白自己必须把这种情绪的目标转移，但冲着他们燃烧的火焰并没有减弱。公平地说，他们在释放公众的真实感情，并且跟所有人一样，拼命想看清它的走向。

白金汉宫也形成了两个阵营。一个是彻底的传统派，把黛安娜视为威胁而不是宝贵的人物。他们觉得，向媒体和公众压力屈服，就是走上了一条平坦的平民驱动君权之路，最终会导致君主体制名存实亡，因此失去了它存在的根本理由。虽然该派的强硬和对原则的坚持值得敬佩，他们却无可救药地脱离现实。他们也许能够理解人民的悲伤，却无法理解愤怒的潜力。

王室中的第二个阵营，在某种程度上以女王的私人秘书、黛安娜的姐夫罗伯特·费洛斯那样的人为代表。他是一个十分明智的人。我不知道他对黛安娜的真实看法如何——我猜他能看出黛安娜的两面，并且爱他喜爱的那一面，而对另一面耸耸肩了事——不过，他是个行家，而且，正如你有时候能在彬彬有礼的上流社会中遇到的那些人，他远比表面流露的更精明、更机智。他的助手罗宾·詹弗里(后来接替了他的职位)是外交部官员，也很聪明，完全明白事态在往哪个方向发展。

按照王室的建议，我应该在遗体从巴黎运回英国时前去迎接。在英国皇家空军诺索尔特机场的停机坪外，当我跟权势集团的各色人物站在一起时，我敏锐地感觉到两个阵营的存在。我自己已经看准，这是一个全国团结一致的时刻。我们必须表达对黛安娜的爱戴和对女王的尊敬；我们要庆贺，这是一个多么伟大的国家；我们为能有这样一位王妃而感到无比骄傲；我们必须向一直以来都在赞赏她的世界显示，我们有能力为她举行隆重的纪念仪式。因此，我觉得我的工作是保护君主体制，在愤怒转化为狂暴之前进行开导，使整件事基本上能够得到一个积极、团结的结局，而不是沦为紧张、分裂和苦难之源。

我还真切地同情女王本人，她正处在一个如同地狱般艰难的境况中。一方面，她一直都在担忧黛安娜对君主体制的冲击，另一方面，她当然也哀悼自己十分疼爱的儿媳、两个孙子的母亲；可是，她对黛安娜的看法与公众所能接受的大为不同，她不想说出口。所以，她之所以不愿意站出来，其实主要不是为了尊重传统和"规矩"——虽然那无疑也是其中的部分原因，而更多的是一种忠实于自己的感情的诚恳愿望。由我出面在人们面前把真空填补的行为，会使她感觉不安，而她身边的某些人当然也有点藐视我的做法。同时，我这样做，还加剧了他们对我和我所代表的事物的普遍不安。

对于权势集团来说，我不算什么大人物。这也许就是为什么我是工党人，并且永远是工党人的根本原因。我倒不是特别在意他们，而且，在黛安娜去世之后的日子里，我作出了力所能及的努力，不仅保护女王，还保护王室。我还必须说明，我觉得他们文雅，甚至迷人，而且一直都乐于助人。所以，我下面要补充的话，也许更能代表我自己，而不是代表他们。我一直认为，他们喜欢的政治领袖有两类：要么就是他们之中的一员——或者至少是完全赞同他们的普遍观点的人；要么是“真正”的劳动人民，也就是那种他们过去在书里看到的、操着一口他们认为这类人应有的口音的人。而像我这样的人，有点暴发户、名利狂的嫌疑，使他们略感迷惑和可疑。因此，在那些日子里，我也意识到，如果自己的干预企图过于明显，就可能会遭遇严重的挫折；而且，如果我绊倒了，是不可能指望有人来扶我一把的。

站在诺索尔特机场，看着飞机降落，等着灵柩抬出来，跟其他人别扭地闲谈，栏杆后挤着数百媒体，感觉真是怪异。在这种场合，你必须小心翼翼：你站在那儿，跟旁边的人谈话；气氛很凝重；可是，当有人跟你打招呼时，你的自然反应是微笑。于是，立刻就有人抓拍下这个画面。没等你明白过来，这种貌似失礼的举止已经被记录下来，仿佛你在整个过程中所做的唯一事情就只有微笑。黛安娜对照片的评价是对的。每次切丽和我出席纪念仪式或者其他庄重场合时，下车之前我总会提醒她，也提醒我自己：不要笑得太灿烂或者哈哈大笑，赔不起啊。你要提高警惕。

至于查尔斯王子，他的处境真是让人很难受。他和卡米拉显然成了强烈兴趣和揣测的焦点。他能怎么做？如果做出悲痛欲绝的表情，人们会说他是骗子。如果做出冷静自若的表情，人们会说他冷血。这是一种左右为难的境地，他的每一个动作都被加以注释，而且大多数都是错误的，人们随时准备落井下石。

在这充满挑战的非常时期，他跟儿子之间的关系拯救了他。在那之前，我并没有真正见过他们在一起的情景。不过，后来多次看到他们相处之后，我意识到，他们的父子关系很亲密，互相之间的感情十分深厚。你可能会说，这有什么好奇怪的，他们是父子呀；但是，在那时候，很多人以为，夫妻之间的紧张关系会影响父子关系。然而，实情并非如此，这一点随着时间的过去而越来越明显，并显著地减轻了查尔斯王子的压力。

执政之前，我就已经跟他挺熟了。他以结交有希望执政的政党领导层为己任，是传统、改革（从某种角度上来看，他相当地“新工党”；从另一个角度来看，又绝对不是）、高贵和不稳定的奇特混合体。在他的一生中，人们很自然就会遵从他，所以你不会说他是个容易相处的人，反正肯定不是黛安娜的那种风格；不过，他对批评也很敏感，而且很在意公众对他的看法。

我绝对无法想象他像黛安娜曾经做过的那样，坐在玛吉·雷那间位于哈克尼的排屋地下室餐厅里，跟其他客人说说笑笑，对每一个人都以不带姓的名字相称，气氛愉快而且多多少少带着完全非正式的意味。另一方面，在我看来，他从以前到现在都具有一种非常重要而且卓越的品质：他非常尽忠职守。他不会跷起二郎腿消磨时间，等待加冕典礼开始的时刻。他是真心实意地关注自己所从事的事业，不仅如此，他还认同它们。他对它们有着深刻的理解。而且，当你更加了解他之后，你就会发现，他以自己的有趣方式使人觉得他比国内很多资历浅薄、转瞬即逝的领袖都少了些傲慢。也许，他低估了公众对他的了解和接受程度——现在比以前更是如此。他们会对那些拥抱树木、跟花草说话的行为发笑，如果他拒绝按照公众的规则玩游戏（正如在他和黛安娜刚刚订婚的那个美妙时刻，有人问他是否爱她，他回答："是的，不论'爱'是什么意思。"），他们会觉得他不可理喻、莫名其妙；但他们也明白，他做得很好，他坚信自己对公众有责任、有承诺。这很重要。

在我的第二届任期快要结束时，有人请我就他和卡米拉能否或者应否结婚的问题给点建议。黛安娜之死留下的创痕很深，很久才能愈合。王室对任何触及这件事的反应都有点神经质，公平地说，这是可以理解的。我立刻回答，我觉得没问题。他们相爱，结婚有何不可呢？难道我们想说的其实是，他们最好不要结婚，因为那样做是一种侮辱？大体上来说，我觉得没问题。媒体曾经——现在仍然时不时地这样做——有过追逐卡米拉、把她妖魔化的欲望，但公众也已经看清她的真相。他们理解，卡米拉只是一个碰巧爱上王子的简单凡人。她是黛安娜吗？不是。她效仿过黛安娜吗？没有。所以，随他们去吧。如今的我们更有同情心，更能理解一个事实：王室成员其实跟我们既相异，也相同。在某种程度上，黛安娜之死引起的狂潮，正是人们看法的转折点。人们不仅觉得君主体制又迈出了必不可少的一步，走向更开明地接受公众意见的目标，还在其引领者身上看到了人性的脆弱和坚强。这两点，人们都接受下来了。而君主体制则明白了自己可以在敞开胸怀的同时保持高贵。

然而，当时当地的形势仿佛一触即发。当女王留在巴尔莫勒尔堡不出、伦敦成为全世界哀悼的中心时，君主和臣民之间的隔阂越来越大。阿拉斯泰尔和安吉加入了王室组织的负责葬礼事务的委员会，时时刻刻跟进"形势"的发展。对于一架面对超负荷任务挣扎着运转——难免如此——的机器来说，他们两个人显然是巨大的助力。阿拉斯泰尔还负责引导媒体，他也知道有人指责他在操纵媒体，可是坦白地说，在这样的危机之中，两者之间的差异真是难以区分。我之所以希望安吉加入，是因为我知道，阿拉斯泰尔可以从小报的角度看出需要做些什么，而安吉能够非常恰当地代表英国社会的中间阶层说话。有了他们两人，我们就有机会取得平衡。王室有些人对于这样的“干涉”感到怀疑，不过，大部分人认为很切合实际，罗伯特·费洛斯尤其支持。

即将在下周六举行的葬礼是争论的主题。葬礼必须庄严，必须与众不同，必须有黛安娜的风格。讨论进行了无数次，涉及将要邀请的每一类人的具体数目、仪式的次序、黛安娜家人的角色等问题。她的弟弟查尔斯·斯潘塞个性十分强烈而且固执，对黛安娜受到的待遇极为愤怒，这种待遇当然来自媒体，甚至还来自王室。每一个决定都有正面、反面的多方意见，因此都是那么高度敏感，都经过一而再、再而三的修改。至于两个王子是否应该跟查尔斯王子一起走在送葬队伍里，大家的争论十分激烈，而且担心公众对他、对他们可能会有不同的反应。

最重要的是，女王承受的压力越来越大。星期三，我在门前的台阶上发表了一次讲话，大力支持她，并希望人们理解我们优先考虑的应该是两个小王子。然而，我出来发话这一事实反而更凸现了她的沉默。实际上，如果我在那个星期天以及接下来的一个星期里什么都不说，那么，简直就是没有任何官方人士发表过任何言论。假如那样——考虑到王妃的死是当时唯一轰动世界的新闻——情况将是多么怪异！另一方面，虽然阿拉斯泰尔和安吉或多或少算是全职在为此事工作，而我却还是得料理政府事务的。我们正在为北爱尔兰的爱尔兰共和军停火协议作准备，那需要时间；下个星期我要对工会联盟发表重要讲话；周四在唐宁街会有一场重要的教育峰会；还有，期间我当然得接听世界各国领袖打来的吊唁电话。

星期三下午，我决定给查尔斯王子打电话。我跟女王之间的问题，部分源于我们在年龄、外貌或者认识方面存在的代沟。我尊敬她，还有点畏惧她，不过，作为新任首相，我不了解她，也不知道她对于我自认为必须向她提出的那些十分直接的建议会作何感想。我完全能体会她对整件事情的看法，并且感同身受，可是，不需要什么政治天分就能看出来的是，这是一股洪水，必须对其进行疏导。不能把它挡回去、拒绝它或者无视它。可我没有足够的自信，不敢直接去找她、以应有的直率态度向她提议。于是，我找查尔斯。

我从唐宁街的书房里给他打电话，并且立刻就意识到自己做得很对。显然他也有着完全相同的看法：女王必须说话，王室必须出面。无论对于他本人是多么艰难——各种理由显而易见，他和孩子们不可以躲起来。他们必须到伦敦来回应公众的感情宣泄。我放下了心头的大石块。他同意帮我带话回去。第二天是周四，女王要亲自发表公开讲话的消息就明确公布了。阿拉斯泰尔轻巧地把记者们引上了道，紧张形势几乎立刻就消失无形，可以感觉到人民都回到了她的身边。

遵照女王的命令，我在周四的午餐时间给她打了电话。我们讨论明天会发生什么事、应该如何应对。那时的她十分专注，而且已经完全接受了我的意见。那不容易，却是必然。第二天，女王、查尔斯和两个孩子到达白金汉宫前面的广场。那地方已经变成了一块圣地。众人最后一次讨论了她发言时的准确用词，不过，从言谈和语调可以明显地听出，一旦她决定行动，其技巧是相当娴熟的。她的讲话几近完美。她同时融女王和祖母于一体。

我又跟查尔斯王子谈了一次，一起把葬礼的安排最后过了一遍。王室要我去朗读一段《圣经》。这表明我在这个星期之中起了关键作用，但我也知道这会招来“横加干涉”的指责。的确，从头到尾，我们都走在一条紧绷的绳索上，它的一头连接着把一切安排妥当的努力，另一头连接着“甩手不管”或“加以利用”，每一天它都变得更纤细、更脆弱。而且，当时还处于我们执政的那段太平日子。如果黛安娜是几年之后才去世，天知道会发生什么事……

葬礼完全按照我们的预期举行。它与众不同——埃尔顿·约翰演唱的《风中之烛》感人肺腑，但仍然遵守着威斯敏斯特教堂的习俗。查尔斯·斯潘塞对媒体进行了强烈抨击。（我对阿拉斯泰尔说：记住我说的话，他们会伺机报仇的，一旦机会到来，他们就会疯狂报复。）他还斥责了王室，不过，他的讲话铿锵有力，定会引起反响。

我设午宴款待众多的国王、女王、国家元首和达官贵人。希拉里·克林顿代表美国而来，跟她见面一如既往地愉快。整个葬礼盛况空前。在这样的场合，我往往会屏蔽其他一切干扰，专注于手头上的事情。它们的结束，总是让我很高兴。

第二天，我接受了戴维·弗罗斯特的电视采访——过程很顺利，然后去巴尔莫勒尔堡度过那个传统周末，只不过，这一次当然绝非寻常访问。

巴尔莫勒尔堡是19世纪40年代由艾伯特亲王为妻子兼女王所建，它坐落在巴勒特和布雷马两座村庄之间，气势恢弘，夺人心魄。虽然北方的9月份天气通常很糟糕，在宫里的感觉却相当舒适。阳光灿烂时，世界上再没有其他地方能比苏格兰那一带更美丽了。城堡本身非常具有维多利亚气息，里面没有什么庞大的大厅或者走廊，房间的大小都属中等，有些洗手间还在使用旧式抽水马桶；正如他们所说，没多少套间。

我得说，我觉得在那里度周末是一次混合着迷人、梦幻和极度怪诞的生动经历。那整个地方的文化对我来说肯定是完全陌生的。并不是王室成员们不欢迎我，而是，我从来没有试过在“郊野别墅”或者“豪华古屋”里度周末，对此我感到有一点点惊恐。

墙壁上挂着兰西尔①画的牡鹿图和狩猎图，当然还画有维多利亚女王的丈夫。那里还有男仆——事实上他们都是十分亲切的家伙，但依然是男仆。那个周六，当我第一次到达那个地方时，我的贴身男仆——没错，他们会给你派一个贴身男仆——问我，能不能帮我叠衣服、洗烫内衣裤，诸如此类，让我困窘不已，以至于当他问我要不要放洗澡水时，我已经晕头转向了，有好一会儿竟然以为他是想给我画张该死的洗澡图②呢！到卧室外面走廊另一头的浴室去洗澡，那需要相当可观的勇气：我蹑手蹑脚地打开房门，左右看看，然后飞奔过去。

那里的一切都有惯例可循。有正规的下午茶，女王会用一个——不用说，也是正规的——滤茶器来倒茶，旁边有一只一直烧着开水的水壶，以便随时添水。早餐就像特罗洛普③作品中的场景，或者更准确地说，是沃尔特·斯科特④作品里的场景：鸡蛋、培根、香肠、腰子、番茄、奶油鱼蛋饭和熏鱼，全都放在热碟子上。早餐很丰盛。午餐很丰盛。晚餐还是很丰盛。如果你放开肚皮吃，一个周末就能长胖一石⑤，但王室的人从不发胖。我一直在留意，他们吃得很少。

幸好，晚餐前会有烈酒送上。如果要我干啃食物，如果女王是个禁酒主义者或者崇尚戒酒者，我看我是熬不过那个周末的。不过这类饮料——我一直无法肯定那究竟是什么酒——绝对是必不可少的。它恰到好处，是真正的火箭燃料，重担和头脑因它而变轻，勇气因它而回归，与王室成员之间的轻松聊天仿佛再自然不过。尽管如此，这种每年一度前往那个地方的访问，在我任期内的头两次从各方面来看都是那么令我难受。

1998年在那里度过的第二个周末，是黛安娜的周年忌日。克莱西教堂举行了一场礼拜，王室全体成员都到场了，这是我经历过的唯一一次。单独跟他们

---

① 兰西尔(1802—1873)，全名埃德温·亨利·兰西尔，英国画家，以富有感情的动物绘画而闻名。

② 放洗澡水的英语原文是 draw the bath，直译是“画洗澡(的图)”。

③ 特罗洛普(1815—1882)，英国小说家，以虚构的巴塞特郡系列小说著称，包括《养老院院长》、《巴塞特寺院》等。

④ 沃尔特·斯科特(1771—1832)，英国诗人和历史小说家。

⑤ 英国旧式重量单位，1石约等于6.35公斤。

之中的某一个人相处时，我会觉得有点伤脑筋；跟他们全体——王室的所有成员——共处而自己身边只有切丽时，啊，你可以想象。切丽本来建议带上尤安、尼基和凯瑟琳，我听了之后几乎笑岔了气，说绝对不行。就拿尤安来说吧，他有一种近乎天才的折腾人的能力，例如他经常向切丽追问关于妇女平等的问题，而切丽每每上钩。一想到他可能会对女王说些什么话，我的血都凝固了，更别说王太后也在场了。

后来，我们去参加菲利普亲王设下的传统烧烤野餐，地点在城堡的一座小村舍里。这次野餐同样充斥着传统和惯例。王室成员们下厨、招待客人。他们还洗餐具。你以为我在开玩笑是吧？我没有。他们戴上了手套，把手泡在水池里。而你则坐在那里吃东西。女王会来问你吃饱了没有，然后把碟子垒起来端走，走向水池。

我还跟威廉王子谈了谈。他不仅仍然伤心，而且很愤怒。理性上，他明白为什么黛安娜死后、葬礼之前的那个星期必须是那种情况，可是，他深切感受到了公开立场和私人感情之间的冲突。他即使之前不明白，现在应该也已经知道，身为王子、国王，意味着什么。虽然他明白什么是责任感，但是因此而被困在世袭传统的牢房之中，代价似乎太高。

1997年第一次访问那里，也就是黛安娜葬礼之后的那一天，我被带到客厅去觐见女王。那地方的摆设自从维多利亚女王之后就一直没有变过。我正打算在一张看来很舒适的椅子上坐下，就听到男仆压着声音咕哝了一声，我看到一双威严的眉毛惊异地挑了起来。我赶紧打住。后来有人给我解释说，那是维多利亚的椅子，从她之后，再也没有人坐过。

房间里只有我们两人。发生了那么多事之后，报章上当然满是“布莱尔告诉女王”之类的字样了。不论多么通情达理的人，或者说，不论身份多么高贵的人——女王不但明白事理，而且地位也非常崇高——肯定都会觉得不好受。确实，在巴尔莫勒尔堡时，经常发生的尴尬之一就是当你在客厅喝着餐前酒时，发现星期天的报纸搁在桌子上。那上面无可避免地总是会有关于我，或者她，或者我们两人的耸人听闻的头条，十分刺眼，我们却又不好说什么。日子一天天过去，喜爱惹是生非的媒体通常会毫不犹豫地选在那些特殊的周末里，报道一些我如何侮辱女王陛下的“故事”；或者是，说我身为首相，受邀参加周六举行的高原运动会，却没有到场（恐怕我还真的没去）；或者是，我们正在赶去参加的路上，镜头却捕捉到切丽打哈欠的一瞬间……

我要重申，那个时候的我对女王几乎谈不上什么了解。坦白地说，如果一切都是在若干年之后才发生，我可能会很放松，而且认为十分妥当。在这次见面时，近期的事情刚刚过去不久，我跟女王也才刚刚认识，所以我觉得很紧张。她也是。我说——也许不如正常状态下那么有条理——要吸取教训。但事后我很担心，怕她觉得我是在教训她，或者觉得我放肆。谈话期间，她有几次露出了高傲的神色；不过到了最后，她自己也说，必须吸取教训。我看得出，她的头脑在转动，在回顾，在考虑并调整着。

那就是一个迷幻周末的迷幻结局。悲伤、迷人、令人难忘。

至于我自己，我受到了普遍的赞扬。有一个民意调查结果竟然显示荒唐的百分之九十三赞成度。至少，我神志还很清醒，知道这是虚的；我也明白，虽然黛安娜王妃的去世从某些方面看来是场地震，然而，对首相、对政府功绩的考验跟这件事是很不一样的。

第六章 北爱和平

丘吉尔，一位面对任何问题都充满热情的领袖，常常抱着冒险精神冲上前去寻求解决之道；然而，在北爱尔兰的问题上，他很沮丧。1922年，他写下了一段简洁而优美的话，这段话决定了英国政坛掌权者对爱尔兰的态度。他说，“欧洲的版图已经完全改变……然而，当暴雨平息、洪水退去，我们看到，弗马纳郡和蒂隆郡[①]的阴郁尖塔再次浮出了水面。他们的纷争原封不动，是少数能在这场横扫全球的大洪水中岿然不变的习俗之一”。

在那里，宗教和领土争议纠缠在一起，产生不幸的化学反应，使仇恨持续了几个世纪。之后，在19世纪尝试了一次责权下放，以失败告终。接下来是20世纪20年代的南北分裂。再接下来是20世纪60年代的民权运动，导致了一场痛苦而残酷的冲突，持续了几十年。人们付出了无数的和平努力，其重点每每不同，却只能得到时时不变的结果：一次次的失败。从某种程度上来说，丘吉尔这番与其性格不符的罕见的失败主义论调，是可以谅解的。

在1997年大选之前，我对约翰·普雷斯科特说，我决心尝试推进北爱和平，他嘲讽地哼了一声。其时，约翰·梅杰启动和平进程的努力刚刚才在新一轮的恐怖袭击之下崩溃，但梅杰的想法是非常正确的，和平的机会确实存在。他已经开始跟爱尔兰共和军进行秘密谈判，也已经开始调集一些能够促成和平协议的要素。他邀请了美国的参议员乔治·米切尔——一位精明强干、经验丰富的老手——来帮助组织各方人员加入初期谈判，停火也已经实现。虽然谈判还

---

① 都在北爱尔兰。

没开始，但共和派[1]的动作背后显然有某种激动人心的潮流在涌动。

是时候了。在整场悲剧之中，最显著的一个问题就是有些人真以为会有赢家：爱尔兰共和军以为靠着炸弹就能把一个骄傲如英国的国家炸出北爱尔兰(那里有不少人都自认是英国公民)；英国政府以为不需要改变对待爱尔兰天主教徒的模式就能够包容爱尔兰民族主义；统一派[2]以为在一个大部分人都支持南北爱尔兰统一、都是民族派[3]天主教徒的岛上，可以拒绝跟他们分享权力。

在那种环境下，情况大体就跟无数纠纷类似了：无理取闹者以无理手段驱逐了理性。其发生的形式非常简单：那些没有怨恨、想要和平、准备支持"宽恕和遗忘"(或者至少是"遗忘")的人，数量渐渐减少，在他人的眼中变得不切实际，甚至是没有爱国心。起初违背情理者只是少数，最后他们却把神志清醒的一方吞噬在罗网和妄想之中。

恐怖主义制造混乱和死亡，同时也在受袭击的目标人群中激起对袭击者的憎恨；受害的一方不仅认为袭击者本身要负责，还会归咎于袭击者所在的一方，这是人的天性使然；于是，袭击一方又变成了受害者，如此冤冤相报、无穷无尽。接下来，"当局"插手了，手段却同样血腥。一旦军方和警方感觉到恐怖主义的力量，他们也就成为了首当其冲的受害者，然后自己再变成袭击者。人们常常忘记，最早在20世纪60年代被派去北爱尔兰的英国士兵，并不是去对付民族派的，而是去保护他们的。

数个世纪以来，憎恨已经演变为习惯和可怕的邪恶。过去的胜利被用来映射当代，加以庆祝；某一方过往的野蛮行径被牢牢记住，当成是他们现在和将来的特点。在唐宁街的一次冗长会谈期间，我在书房里会见了新芬党的格里·亚当斯，而北爱尔兰统一党当时的领袖戴维·特林布尔在内阁会议室里等候。我记得，会面结束后，格里和我一起走到内阁会议室，看到戴维正在翻阅书架上的一本书。那是克伦威尔的传记。戴维得意扬扬地拿着那本书在格里的面前晃了晃。对于英国人来说，克伦威尔是一个重要的历史人物；对于爱尔兰人来说，他是个偏执狂和屠夫。我想起自己有一次在契克斯别墅跟格里和马丁·麦吉尼斯会谈的情景：由于克伦威尔的女儿嫁给了契克斯别墅的屋主，所以那地方摆满了克伦威尔的纪念品；我带着马丁四处参观，看到一个曾戴在克伦威尔

---

① 主张爱尔兰独立，在这方面跟民族派相似；成员多为天主教徒。

② 主张继续跟英国组成联合王国；成员多为新教徒。

③ 主张爱尔兰独立，在这方面与共和派相似；成员多为天主教徒。

遗体上的面部模型。“你看到了吧，”我说，“他真的已经死了。”

“我可没这么肯定。”他回答。

围绕着这场纷争已经形成了一种文化。统一派跟民族派之间，不仅是政见不同，也非只有宗教差异；他们的音乐风格、说话方式、态度和天性都不一样。新教徒和天主教徒自然是有区别的，其差异同样是既存在于宗教内涵方面，也存在于文化中，但是，任何神学方面的争论在许久以前就已经被包含进了种族之争。阿尔斯特[①]人（全都很有男子气概）沉默寡言、说一不二，言辞激烈但彬彬有礼，有自己的幽默感，对世界往往抱有一种——有时也并非毫无来由——不信任感。爱尔兰人生性外向、精力旺盛、辞藻华丽，说话更喜欢笼统而不是精确，不仅对自己的受害者身份感受很强烈，还坚信外面的世界更认同他们，而不是他们的侵害者。

有一次访问北爱尔兰时，我遇到一件事，非常经典地体现了这种对立文化是如何得到增强的。当时新芬党邀请了巴勒斯坦人访问。当我走下飞机准备留宿一夜时，我看到在贝尔法斯特市内，共和派的街头插满巴勒斯坦的旗帜，欢迎他们的客人。第二天开车穿过城市准备离开时，我看见统一派那边遍布以色列的蓝白旗子。我一直弄不明白，他们是怎么搞到那些旗子并且在一夜之间插好的，但是，从巴勒斯坦旗竖起来的那一刻开始，统一派就跟以色列紧紧团结在一起了。

我的血管里也流着爱尔兰的血液。我母亲来自多尼戈尔。虽然生活在南方，她们一家却是信奉新教的农民——还很狂热。她父亲曾经是奥兰治社团的团长。我的外婆是一个宗派观念根深蒂固的绝佳例子。外婆是个亲切的人，但她身上的时代和种族特征十分鲜明，而且在那些日子里，偏执不幸地被视为模范。晚年时，她得了阿尔茨海默氏病[②]，不过，有一天，我到她病床前看望她时，她忽然令人吃惊地清醒了片刻。那时的我刚刚开始跟切丽约会。我的外婆显然对此毫不知情，事实上，她也已经认不出我来了。当我轻拍她的手时，她突然拉住我的手，圆睁双眼，说：“孩子，不论你做什么事情，千万不要娶天主教徒。”她已经忘掉了其他一切，心底里却还残留着宗教仇恨。

以前我们每年放假都会到爱尔兰去看望妈妈的亲戚。我爱那些假期。我们通常会到位于巴利香侬附近的拉斯诺拉娱乐城去，住在沙屋酒店。在那片海

① 原为爱尔兰的一个地区，现被北爱尔兰和爱尔兰共和国分割。

② 简称AD，即老人痴呆症或老年痴呆症。

滩，我在冰冷的大西洋里学会了游泳。十一岁时我第一次约会女孩子。我第一次学会了弹吉他。我第一次喝黑啤酒。

说真的，妈妈的亲戚们都有一点点怪异。其中有一位梅布尔阿姨，她只有一颗牙齿。出于某种怪诞的原因，她总是让我想起福克斯的冰川牌薄荷糖，天知道为什么。然后，还有一位更奇怪的利齐姨婆，她住在山顶的一座房子里，是个吝啬鬼。她不是简单地吝啬，而是真正的守财奴，财产明显比贪婪者梦想的还要多，却全都被她藏起来了。这个大家庭的大部分时间和精力都用来设法把利齐姨婆跟那笔传说中的财产分离开。她活着的时候，事成的机会显然很渺茫，不过，大家对遗嘱和遗愿抱有很高的期望。他们定期去看望利齐姨婆，试图发现即将到来的遗赠的迹象。

我记得有一次，妈妈带我和哥哥去看望她。她之前曾表示说想见见“男孩们”，所以妈妈觉得这是个好兆头。我以前从来没见过她，不过她名声很响亮，我因为能够亲眼见到守财奴而兴奋不已。进屋之前，妈妈对我们两人说：“好了，听着，利齐阿姨的房子有点怪味，”她顿了顿，“实际上，是很难闻。**但你们绝不能提**。还有，”她继续道，“利齐阿姨会请我们喝茶。如果有蛋糕，你们要吃下去。你们要吃下去。”她重复一次。

“没问题，妈妈，我喜欢吃蛋糕。”我回答。妈妈瞪了我一眼。“嗯。”她说。

直到今天——真的是直到今天——我都无法忘记那股恶臭和那块蛋糕。那气味令人作呕、甜腻、腐臭，充斥着所有的感官，是“腐烂”这个词的完美阐释。那块蛋糕，明显是利齐姨婆上一次，或者是再上一次慷慨茶会的残留物。我坐在那里，胃部在气味和蛋糕的混合作用之下不断地翻腾，连利齐姨婆都告诉我妈妈，说我显然很不舒服。即使是现在，当我写下这些文字时，仍然感到恶心。

离开房子时——稍微比计划提早了些，因为妈妈开始担心我真的会呕吐——我对妈妈说：“如果她真是个守财奴，是不会把钱留给任何人的。”利齐姨婆去世后，果然什么都没有留给我们。于是妈妈感叹说，我当年的这个评论真是敏锐得不像出自孩子之口。

爱尔兰不仅在我的血液中流淌，也是我成长经历的一部分。我们在那里有朋友，每年都会去看望他们。可是，从1969年开始，我们突然不再去了，因为妈妈认为不安全。动乱[①]已经开始。

我跟朋友们保持通信联系。他们当然是新教徒。他们的信告诉我，怨恨是

① 指从1969年开始长达三十年的北爱尔兰内战。

如何渗入人们的情感之中的。他们用越来越恶毒的言辞描述着他们跟天主教徒邻居们越来越恶劣的关系和彼此之间的看法。所以,对于这场纷争,我有一些虽然少但是很直接的了解。

许多年来的许多个早晨,英国人醒来之后听到的,是最新的恐怖袭击消息,或者某个宗派又杀人了,或者某个军人被杀,或者统一派和民族派之间的社群往来进一步瓦解。伊恩·佩斯利——我外婆很崇拜他——成了一个家喻户晓的名字。随着20世纪70年代向80年代、90年代前进,试图推动和平而未果的人的名字一个个地烙在我们的心中。在这个时期的宗派斗争之中,有些人渐渐声名鹊起,成为关键人物;而我,将要从这些人的手中寻找和平:格里·亚当斯、马丁·麦吉尼斯、约翰·休姆、戴维·特林布尔、约翰·泰勒、彼得·鲁宾逊,自然还有佩斯利本人。他们是一切纷争的参与者,影响着它的形成,创造了它的很多历史和神话。

有时,我们忘记了它的野蛮:折磨、摧残、彻底而纯粹的巨大仇恨。我常常想起那些绝食抗议的人,尤其是挨饿至死的波比·桑德斯。我想到痛苦、难以承受的恐惧、自杀式行动所需要的盲目勇气,我明白,那不是一时一刻而是天天月月的痛苦。人们对他人、对自己的所作所为,让今天的我们瞠目结舌。几十年来,这种野蛮退化的现象,就是北爱尔兰的定义。

到底为什么我会认为,北爱纷争可以解决?乔纳森·鲍威尔过去总是以他所谓的"我的救世主情结"(我猜他是在开玩笑)——也就是说,我以为自己能够完成其他人无法办到的事情——来回答这个问题。事实上,不是那样的。或者说,虽然那可能也是原因之一,但至少还有另一个原因:我认为,继续忍受冲突再也不符合任何人的利益,对北爱尔兰没有好处,更重要的是,对北爱尔兰以外的地区也没有好处。我觉得,整场纷争已经过时得荒谬可笑,跟爱尔兰岛所处的时代脱节。

你也许奇怪,我说"继续忍受冲突再也不符合任何人的利益"是什么意思。什么时候有过好处了?当然,对于住在北爱尔兰当地的人们来说,从来就没有任何好处,不过,纷争是偏执和动乱带来的痛苦引起的。在外界看来,在北爱尔兰这场纷争中,人们过于频繁地同声同气,却从来不需要承担其后果,这跟巴勒斯坦的情况颇为相似。我这样说,并不是指他们想主动延长冲突时间,而是指,他们经常只从单一角度看待它。它是个聚焦点。对于那些拥有爱尔兰家谱的社群来说,它提醒着他们,根在哪里。他们从不真心相信纷争可以被解决,所以他们从不参与和平谈判。

部分爱尔兰裔美国人社群就是个显著的例子。他们远离那个自己一刻都不需要忍受的无法无天之地，却一边想着爱尔兰的历史和民间传说，想着英国的不公平和亲戚朋友们的理想，一边快乐地筹着钱，用来杀害无辜的平民和英国军人。

19世纪末期、20世纪初期，格拉德斯通、阿斯奎思以及接下来的劳合·乔治曾经英勇地尝试通过在英国内部实行责权下放的方法来解决此问题，这种方法无疑是可行的（也差点成功了）——却不断地遭到统一派和保守党下院议员们的破坏，他们这样做有时是为了投机取巧，但永远不变的原因是心怀偏见、想要蛊惑民心。就连如同F.E.史密斯一般的伟大人物，也准备利用此纷争来削弱他们不喜欢的英国政府。对于爱尔兰共和国的政坛来说，这是一个十分有用的统一主题，使这个新生国家丰满羽翼的过程变得有意义、有目标。在第二次世界大战期间，虽然有很多勇敢、可敬的爱尔兰人自愿跟纳粹作战，但爱尔兰本身是中立的，甚至稍微有点反英国。

然而，时代在变，我们身边的世界已经步入现代。过去的态度跟年轻活跃的新现实发生了碰撞。

像特迪·肯尼迪那样的美国政治家开始梦想一个和平的爱尔兰。崇拜玛格丽特·撒切尔、赞美她跟里根总统之间的友谊的共和党国会议员开始觉得，支持那些致力于杀害她的人有点莫名其妙。对于英国政府来说，不论出于什么信念，应对北爱尔兰所需要的资源和军力开始枯竭，这使得任何和平希望都变得极具诱惑力。

但最重要的是，爱尔兰已经变了，人们对待它的态度也随之改变。今时今日的人很难理解过去许多英国人和统一派是如何看待爱尔兰人的。过去他们是各种愚蠢笑话的笑柄。他们被轻蔑地冠以“烂泥巴”的称号，只能去做建筑工人，难登银行之类的大雅之堂。他们常常——我惭愧地说，就像种族隔离时代的某些南非白人看待黑人那样——被视为天生的贱民。现在看来，这难以置信，然而，它曾经是事实。他们跟英国的历史遗留关系决定了他们的政治。

20世纪80年代之后，在艾伯特·雷诺兹总理和推行改革的财政部长伯蒂·埃亨的带领下，爱尔兰启动了一场引人注目的自我改造过程。他们加入了欧盟，从而得到它那慷慨的发展计划的协助，并且熟练而聪明地加以利用，使国家成功现代化。都柏林成了一个欣欣向荣的欧洲城市，经济迅猛发展。U2乐队成为世界最红的乐队之一，乐队的歌手鲍勃·格尔多夫成了英雄。罗伊·基恩成了同时代最优秀的足球明星之一。爱尔兰的商业、艺术、文化……总之，爱尔兰的一切都开始腾飞。

短短几年间，人们瞧不起的对象再也不是那个落后老土的南部了，而是北部。南部正在通往未来之路上飞奔，而北爱尔兰的人们还在起点徘徊，争论着新教和天主教问题，任由繁枝细节阻挡着比赛的前路。

这就是让我觉得和平有机会的原因之一。对于共和国来说，争执已经不再是一个必须纠缠不放的爱尔兰身份一致的象征，而是一个对爱尔兰过去的不受欢迎的痛苦提醒。而且，几十年来，统一派都可以指着爱尔兰的落后经济以及他们和自己的文化、宗教差异来说，这两个本来完全搭不着边的因素是因果关系。如今，这些因素要么已经消失，要么正在被颠覆。

在执政之前，我就已经在制定策略了。成为工党主席之后，我首先做的一件事就是改掉我们长久以来对北爱尔兰的政策立场。多年以来，工党的政策就是相信并且鼓吹爱尔兰独立，并且在此基础上，竭力促成统一派和民族派的和平协议。不需要什么大的政治智慧就可以看出来，这样的立场跟统一派是完全相反的，如此一来，任何在此前提下的谈判努力都是徒劳。

我知道，如果使用党内通常的政策制定机制，自己永远也无法改变政策——当时肯定不行；于是，恐怕我就是在成为主席后不久的某天早晨，突然在《今日》节目上出现，宣布我们从此以后将会执行一条新政策：对于是要统一的爱尔兰还是要统一的英国这个问题，我们保持中立。我还把凯文·麦克纳马拉替换成曾在约翰·史密斯时期任北爱尔兰事务大臣的莫·摩兰姆。凯文是个可敬的人，只不过，他坚持老政策。

然后，我把我们置于基本上是跟约翰·梅杰联手的立场上，全力支持他的和平调解努力。在当年，两党联手的做法是非常罕见的，部分是因为工党和保守党内偏左或者偏右的激烈行动，也因为联手被视为糟糕的政治手段。然而，约翰·史密斯就曾经精明地通过跟爱尔兰共和军秘密对话的方式支持梅杰。

我决定来一次全面示范，不光演示北爱尔兰政策的改变，还展现在野党做事方法的改变。不出我所料，人们觉得这是一个成熟的政见；没有人相信北爱尔兰应该成为党派的主要得分工具。我们一直沿用着这种方法，直到1997年大选结束。我培养着跟戴维·特林布尔和统一派之间的关系。我向新芬党传达信息，表示对他们感兴趣。我跟同为在野党主席的伯蒂·埃亨见面，一拍即合。至于爱尔兰共和国的总理约翰·布鲁顿，虽然他是个很棒的人物，但显然是争取不到的。

我们在1997年5月1日的胜利，在全国各地都释放出新的能量。对陷落在疲倦和低落士气中的政府发起的挑战，如今激发出一支精力充沛、充满自信的队伍来进行尝试。我常常回想，如此大胆破格的行动，只有趁着一个意义深远的改革时刻、在燃起的第一股热情的推动之下，才能展翅高飞。

一开始的几个星期，关于这项挑战的本质和复杂度，我就已经得到很多的教训。我第一次参加欧盟峰会时，消息传来，说爱尔兰共和军杀死了两个休班的警官，趁他们在街上行走的时候开枪击中他们的头部。两个生命结束了；两个家庭在哀悼。我非常反感。大选前，我就已经给新芬党的领导层发去过警告。这样的开场，看起来一点也不乐观。

我还决定，我第一次作为首相发表的重大讲话将会以北爱尔兰与和平作为主题。我甚至在大选之前就已经在琢磨要说些什么，也已经跟戴维·特林布尔谈过。入主唐宁街之后，曾经在梅杰手下工作出色的外交官约翰·霍姆斯也加入了我们，成为队伍中的重要成员。而乔纳森·鲍威尔从一开始就是官方努力的关键人物。

我一直无法完全肯定，乔纳森为什么，或者说如何，在这个问题上起到举足轻重的作用；可他的确如此。在此类情况下，你总是可以夸大其词地说，“要不是怎样怎样，这事永远不会发生”，但是，在这件事情上，这是无法抹杀的事实。没有他，就没有和平。他的每一种天分——他有很多天分——似乎都在这次和平协议的实现过程中发挥了最大效果。他勤勉、机智、见解深刻、坚持不懈、创意十足，最重要的是，他得到了双方的信任——说起来，所有人都很可靠。他和亚当斯建立了真诚的友谊。统一派尊敬他。北爱尔兰事务部受到相关各方的轻视，而且成为无数抱怨的对象；但是在乔纳森手里，它最大限度地发挥了作用，事实上，它在几乎是不可能的环境中出色地完成了工作。乔纳森那永不动摇的冷静，与我因北爱尔兰的事而产生的情绪波动形成了巨大的反差。

我说永不动摇，不过，有一次我就杜拉克里[①]的疯狂行为召开会议时，他曾经以一种我从未见过的方式爆发过一次。杜拉克里人是不可理喻者之中的不可理喻者！在早期的一次不可理喻的联合行动中，他们让所有纷争中的所有派别都目瞪口呆。他们当中有一个名叫布立丹·马克西安奈的家伙，代表住在伽瓦西路上的居民……等等，让我先简单地介绍一下杜拉克里。

统一派的游行经常穿越天主教，甚至共和派的地区。所以，民族派和共和

① 爱尔兰的一个教区。

派不喜欢也是人之常情,他们还有点不太理性地希望能够禁止统一派的游行。而游行引发的暴力,则是完全不可理喻的。在那几条高度敏感的游行路线之中,杜拉克里是最为敏感的一条。统一派的年度游行路线会沿着伽瓦西路走上一百多码,那一带是全力支持共和派的地方。所以,游行许可证上必须确定是否容许他们走那里,如果容许,可怜的警察必须前去维持秩序。

整件事就是一场噩梦。禁止它的话,会导致成千上万的统一派成员拥上街头。如果容许,则会在共和派地区引发暴乱。和平进程的目标之一就是要解决这个问题。伽瓦西路的居民推举了这位布立丹·马克西安奈为首领。他是如此不可理喻,以至于到了最后,我对他产生了相当浓厚的兴趣,这让乔纳森十分反感。这个人,把不可理喻变成了一种艺术。他拒绝接受一切,我是说,一切。我所指的,不仅仅是会议主旨,还有会议地点、谁该参加、谁不该参加、何时开始、何时结束、有何目的、谁先发言、谁最后发言、谁在中间发言。

我有一个重要的信念,那就是,当你跟某人谈判的时候,第一件要务就是营造轻松的气氛:流露一些人性的闪光;交换几句玩笑话;最重要的是,以某些完全没有争议、不可能有人反对的话题来做开场白,使其他与会者的头点起来。这些点头动作可以建立和睦关系,也是一个早期的微小标志,预示着会议最后不会竹篮打水一场空。我可能会说:“我知道你们在这个问题上的立场都很坚定。”好吧,他们当然很坚定了,所以才会有纷争啊,于是,会有人点头。

而布立丹·马克西安奈完全、压根就不会点头。如果我对他说:“我知道你在这个问题上的立场很坚定。”他会说:“我对这个问题的态度跟其他一切问题一样。”于是我说:“是的,当然,抱歉,不过,你的感受显然很强烈。”他会回答:“你算哪根葱,来管我有什么感受!”我说,这次跟奥兰治社团成员以及居民们召开会议的目的,是为了找出一个让所有人都满意的方法来解决争论,以便实现和平。他说,根本不是这么回事,会议的目的是把奥兰治社团,以及他们对伽瓦西路上那些普通的正直居民们施加的压迫和挑衅清扫到历史垃圾桶之类的地方去。到最后,我会说:“不如……”然后停下来,只为了听他抢在我开始解释自己的提议之前说“不”。如果我告诉你,布立丹·马克西安奈这种不可理喻的行为其实在他们之中根本不算了不起(虽然他确实可以获得金牌),你也许就能理解,他们那群人到底有多么不可理喻了。

可是奇怪的是,让乔纳森抓狂的却是奥兰治社团。当时我们正在召开一次无限冗长、循环不休、毫无成果的会议,讨论游行是否应该举行、走什么路线、怎么走,而奥兰治社团(总的来说算是相当有礼貌)正在陈述他们的观点。其中一人对我的参与发表了一个幼稚的评论。然后，突然，我意识到自己的右边一阵吵闹，原来是乔纳森跳了起来，他竟然从桌子上面翻了过去，脸色因愤怒而涨得通红，大声喊叫着："你敢这样对英国首相说话？你敢？"

我们全都惊得瞠目结舌。只有乔纳森一人，嘴里絮絮叨叨、有点重复但十分清晰地说明着他的观点。奥兰治社团的那个小子吓得不轻。我也是。正如我所说，我从没见过他那个样子。事后我们聊了几句，说了些"你今天早上应该吃点药"之类的话，后来我再也没见过他那样了。不过，面对北爱尔兰问题，没有人能够完全举止正常。那次事件也是我这份工作的性质的一个有趣反映：你必须承受大量的辱骂。我不是说那些粗鲁的喊叫或者抗议，而是你的动机经常会遭到质疑或者诽谤，你的话时时被人误解或者误传，你做好事的努力常常会被视为在为自己争取更大的利益，甚至是在做坏事。

我经常会遭遇信任问题，大部分来自统一派，但也常有一些来自另一方。这部分是由于为了通过北爱尔兰政治这个危险的灌木丛而使用的巧妙手段、跟各个方面秘密或者公开地进行的各种各样的交易；不过，更主要的原因是，一般来说，人们很难相信政治领袖会是发自真心地出手相助。所以，在北爱尔兰这个问题上，你可能会认为自己的参与相对来说很无私：这冲突是北爱尔兰的问题（那里没有工党的选民），实际上并非英国的政治问题（确实，你解决得越多，它就变得越不突出）；解决问题难似登天，非常耗时。如果纯粹从政治方面的自身利益看，假如你失败，你会失去很多；万一你成功，你得到的很少。

然而，在整个过程之中，政府的善意——更别说它的优秀表现了——始终受到质疑。到了最后，我断定，人们对待政治领袖是分两个层面的。在一个层面上，他们把所有的希望、期待，以及一旦你执政之后他们所感到的沮丧（这点是最重要的），都投射在领袖身上。你是焦点，因此也成了批评的焦点。在这个层面上，用来衡量你的不是合情合理的尺码，而是完美的标准。很自然地，你是比不过的。然而，在另一个不是太显眼却真实存在的层面上，人们的观点的确更为成熟，如果你真的付出了努力，你会得到回报。但无论如何，正如我所说，承受大肆辱骂的能力是这份工作不可或缺的一部分。

我还具备一个特点，使我在北爱尔兰问题上受惠良多：我从不耀武扬威。对那什么"政府威严"之类的，我没什么热情。我的权力在于对人们进行激励和说服，而不是吓唬。有时候，我可能做得有点过头了；在某些场合里，一点傲慢、一点颐指气使，甚至是威吓，可以助我达到更佳效果，可能也是真的；不过，事实是，不发威是我的天性。在北爱尔兰，它有用。那里的人们无需多大刺激就会破口大骂，然而，如果你跟他们争吵，后果难以预料。所以，基本上我不跟他们吵。

上任之初的几个月里，我竭力制定我们的策略。在5月16日举办的阿尔斯特王室农艺展览上，我发表演讲，开始刻意寻求和听取统一派的意见。那个举动本身的目标很明确——直指统一派社群的核心。根据戴维·特林布尔的建议，我清楚地表明自己非常重视统一；接下来，我说我预感，在座的没有一个人能在有生之年见到南北爱尔兰的统一，这段话导致许多人倒吸了一口气。考虑到现场有些人才二十多岁，我的这段声明是相当大胆的。在那个地方发表重要讲话是一个最奇特的选择：帐篷外面是用作奖品的公牛跟涨红了脸的农夫争持不下，帐篷里面却在创造这块土地可能出现的未来。

尽管两位警官被杀(爱尔兰共和军发来信息的主要意思是说，那次不是他们授权的行动)，而且过去那十八个月的停火已经失效，我们还是给了爱尔兰共和军五个星期去恢复停火协议。1997年7月19日，他们照做了。

几个星期之后，英国政府和爱尔兰政府同意成立一个独立国际解除武装委员会。解除武装问题是前任政府遗留下来的一项非常不幸的遗产，未来数年，它会成为缠绕在我们脚上的带大球的铁链：在统一派的压力下，约翰·梅杰曾经同意，和平与分权的必要前提条件之一是爱尔兰共和军不但要接受和平，还要放下武器。当然，从一个方面来看，这十分合理：如果你要和平，你就不需要武器；然而从另一个方面来看，它的隐含意思是要爱尔兰共和军投降，不仅接受和平，还要为挑起战争而道歉；这导致他们内部的管理严重复杂化。格里·亚当斯和马丁·麦吉尼斯努力争取支持。可是跟所有此类情景一样，共和派内部意见纷纭。其中有很多真正的强硬派，他们将坚持强硬路线。重要的是不能让这些人把持有中间立场的人拉拢过去。但是爱尔兰共和军将会被迫销毁武器的可能性，为这些人提供了拉拢的砝码。事情就是这样。想推翻约翰·梅杰的承诺是不可能的，所以，只得尽力而为了。独立国际解除武装委员会为我们争取了一些时间和空间。

乔治·米切尔一直都做得很出色，他拟订非暴力以及共同立场的各种原则——都是一些很宽泛，但是能为将来更大范围的谈判搭建框架的约定，例如，政府内所有政党都只能使用和平手段的承诺；在我们执政之前，他就已经在主持各种谈判。新芬党立刻表示，他们愿意遵从米切尔的原则，可是爱尔兰共和党拒绝作出同样的承诺。这不能完全打消统一派的顾虑。但我们不屈不挠——谈判从约翰·梅杰当首相那时就已经开始了——并制定出三大谈判支柱：在一个分享权力的责权下放的系统里，如何统治北爱尔兰；英国和北爱尔兰（东西）之间的关系；爱尔兰共和国和北爱尔兰（南北）之间的关系。

谈判在9月份开始，戴维·特林布尔没有参加。共和派的反对者第二天就引爆了一枚炸弹。第三天，除了佩斯利领导的民主统一党之外，其他的统一派政党都参加了谈判。

接下来的一个月里进行了更多的谈判。然后，我在10月13日前去跟格里·亚当斯和马丁·麦吉尼斯进行第一次会面。到那时候为止，没有一个英国首相跟他们两人之中的任何一个见过面。那是一个重大时刻。其中一个关键问题是，我会不会跟他们握手（直到2007年都没有一个统一派领袖这样做过）。我决定顺其自然。于是，他们走进来，我们握了手。

事后有人问我时，我说，我对他们就像对任何人一样。可是在当天的晚些时候，我就第一次见识了统一派的多愁善感。我受到民主统一党的副主席彼得·鲁宾逊邀请，到他的选区参观一个购物中心。我一直不能肯定，那是不是他给我设的陷阱。我假设不是吧。

在那个地方购物的人，全都是最受人敬重的老奶奶。然而，仿佛噩梦一般，她们突然变身成为极度愤怒的抗议奶奶，喊叫着、咒骂着，说我是个叛徒，在我的面前挥舞着橡胶手套。我非常乐意倾听她们的意见，可是北爱尔兰王室骑警队——我觉得他们有点小题大做了——把事情变成了重大的安全意外事件，把我给抬进了一个房间，说是为了我的安全着想。

搞笑的是，我一点也不明白那些橡胶手套是什么意思。我以为，她们只是刚刚搞完清洁之类的家务吧。当我告诉乔纳森时，他哈哈大笑，说："不是，是因为她们认为你跟格里·亚当斯握手的时候应该先戴上橡胶手套。"

接下来的几个月，是一趟复杂的跋涉之旅，我们穿越非常茂密的危险丛林，想努力爬到高地之上，以便看清通往谈判协议之路。我们的道路时常——幸好都只是暂时的——受到无益事件的阻挠。某个忠英组织恢复了他们的停火协议。这很好。接下来另一个忠英组织却又违背了他们的停火协议，必须赶出谈判桌。糟糕。1998年2月，爱尔兰共和军在贝尔法斯特杀害两人之后，谈判陷入真正的危机。新芬党被驱逐了十七天。然后，共和派异见组织爱尔兰民族解放军杀害了关在梅兹监狱里的忠英志愿军领袖比利·赖特。更大的剧变。自始至终，我没有断过跟戴维·特林布尔和统一派领袖们的电话联络，虽然他们认为连续不断的暴力行为有点违背米切尔原则，而这一看法并非毫无理由，但我还是想尽办法要挽留他们。

为了缓和民族派方面的异议，同时迫于爱尔兰方面的压力，我还下令调查1972年发生的血腥星期天事件[①]：当时英国军队对贝尔法斯特的抗议人群开火，杀死了一些人。民族派宣称那些人是和平抗议者，很多人指责那时候的王座庭庭长威杰里男爵所主持的调查隐瞒了真相。于是我们同意满足这个提了二十五年的要求，进行再次调查。这一举动的确缓和了异议，但是，它也演变成一个漫长的事件，持续十二年，耗费两亿英镑。直到2010年提交报告之前，我都认为它是个经典例子，可以用来说明为什么你永远不该进行任何调查，除非是处在绝无可能拒绝或者确实十分特殊的情况下。它们罕有能实现目的的价值。然而，那份报告证明我错了。它对发生的事情进行了详尽而公正的记述，非常有价值。

我们一路磕磕碰碰地走来，不知怎的，就在4月初决定，围绕着一直以来作为约翰·梅杰主持的谈判基础的三大支柱，尝试促成一份协议。我们确定了延迟会议的日期。

《耶稣受难节协议》[②]就此诞生。它的迷人之处在于，它的缔结更多是出于意外，而非人为安排。我本来应该是延迟一天在一份协议上签字。那份协议已经得到各方同意，其细节已经由官员们处理完毕。结果呢，我延迟了四天四夜，密切地参与到各项细节中，完成了史上最为成功的和平谈判之一。在那些日子里，协议曾经数次在关键时刻受挫；但是最终，在一片扰攘之中，我们挺过来了。可以真诚地说，我从没参与过这样的谈判，它确实创造了历史。

说到“历史”，我刚刚抵达的时候，曾遇到非常滑稽的一幕。那是在英国北爱尔兰事务大臣驻扎的豪华古宅希尔斯堡外面，我要对媒体发言。前一天晚上，我已经通过电话从戴维·特林布尔那儿听说，虽然官员们的确已经做了大量的细节工作，可是，它的内容没有一条是已经得到实质性同意的，而且，它很可能根本就得不到一致的同意。于是我决定，发言时采取一种实际、巧妙、朴实的模式。“今天不是一个发表广播讲话的日子，”我急切地开口说，语气里透露出恨不能立刻开始工作的焦急和对任何华丽辞藻的厌烦，老天才知道接下来的那句话是从哪里蹦进我脑海中的，“可是，我感觉历史之手此刻就搭在我们的肩膀上。”这话一出，你可以料到，这次发言当然就变成重大讲话了。我的眼

① 1972年1月30日，在北爱尔兰小镇德里，英国伞兵向正在游行的市民开枪，造成十四人死亡，十三人受伤。

② 又称《贝尔法斯特协议》、《星期五协议》。

角瞄到乔纳森和阿拉斯泰尔，他们快要离开了。我决定不再多说，迅速躲回屋里，准备前去参加在斯托蒙特的城堡群举行的谈判。

斯托蒙特是从分裂之后到秩序崩溃之前的那些年里的北爱尔兰政府所在地，以雄伟的建筑为特色，英国用这座建筑向全世界宣示着它的重要性。它建于20世纪早期，是一幢壮丽的庞大建筑，占地宽广，气势恢弘、雄伟庄严。然而，某些笨蛋认为，我们会面的地方应该是在城堡群的一座朴素的附属建筑物里。那地方四周没有配套设施，外形丑陋、狭窄，而最糟糕的是，没有灵魂。我这人对身边环境是相当敏感的。我喜欢优秀的设计，能够从美的事物——尤其是建筑——之中得到能量，我喜欢在一个让视觉愉悦、让心灵清新的地方工作。城堡群的附属建筑跟这些条件完全对立。应该给它的设计者发一张逮捕证！

然而，我们顾不上什么该死的建筑了，因为很显然，我们严重误判了统一派对协议的准备程度。当然，戴维·特林布尔一直都受到来自伊恩·佩斯利的压力，后者跑到城堡群的外面，谴责整件事，说它是难以置信的背叛。

在前一个晚上，我也跟跨社群的北爱尔兰联盟党主席约翰·阿尔德戴斯进行过一次预防性的谈话。联盟党是一个通情达理的政党，约翰是一位通情达理的领袖，也就是说，他们没有胜出的机会。虽然如此，他们还是从中间发挥了一些斡旋影响力，尤其是约翰，他是一个非常了解统一派社群的优秀政治家。他坦率地告诉我，这事对戴维·特林布尔来说，毫无成功希望。

我来到五楼的房间。在接下来的几天里，这就是我的现场指挥部和房间。我快步走在廊里，去见乔治·米切尔。他心情愉快，可是，当他欢快地告诉我说，他认为协议签不成时，我却觉得有点气馁。

于是我当场决定，把谈判的主导权彻底接过来。我又跟戴维·特林布尔谈了一次，后者希望把这事留到复活节后再说。我又把他所需要的细节仔细过了一遍。前一天晚上，我已经熟悉了一下谈判中不同支柱的复杂情况了。我感觉自己仿佛回到了律师界，阅读着第二天要用的辩护状。我很幸运，能够迅速消化如此大量的信息，这是律师工作锻炼的成果，是真正的无价之宝。

在关于我的谣传之中，有一种说法，说我宁愿掌握概要，而不是细节。真相是，作为首相，不可能了解一切事情的细节，再说，太多细节会立刻造成只见树木不见森林的问题。不过，有时候——例如眼前这种紧要关头或者谈判时刻，或者那种累人至极的欧盟条约谈判之时，或者协商预算的时刻——细节绝对是首要的重点。在这些时刻，我会把自己浸泡在细节之中。

此时此刻，我就是这样做的，幸亏如此。戴维写了许多页的修订，不过，一方对条款的改进自然意味着另一方的损失。我并不太乐意继续这样做下去，于是我答应戴维，会给他送上他需要的东西。

接下来，我找到伯蒂，他刚刚抵达。伯蒂是我最喜欢的政治领袖之一。随着时间的流逝，他还成了我真正的朋友。在整个和平进程中，他是个英雄，聪明、巧妙、判断准确、坚定，最重要的是，他的身上没有历史的枷锁。那不是说，他缺乏历史认知；相反，他的家族曾经跟英国作战，参与过复活节起义，是彻头彻尾的共和派；但是，他拥有伟大政治家的基本品质：他是历史的学生，而不是囚徒。

他的母亲——跟他关系十分亲密——刚刚去世。前一天晚上他还在为母亲守灵。他竟然能来，真是太好了。此刻，他必须跟我交手。我告诉他，关于南北部分的条约——也就是涉及他如此热爱的整个爱尔兰地区的条约——必须重写。这不是他想听的消息，不过，这正是体现伯蒂的勇气和品格之处。

1998年4月7日——以及接下来那些年里的许多次——他本来可以把自己国家过去的传统观点作为优先考虑，把国家未来的现代化演进放在次要位置。但他没有，他选择以未来为先。他的支持和他的灵活一次又一次地成为和平进程的中流砥柱。他的团队真的十分能干，全都听从他的号令。他和我的存在，他和我的个性，从某种程度上说，标志着崭新的、现代化的现实正在消除过时的态度。在某种意义上，我们是摆脱历史包袱——英国的历史和爱尔兰的历史——继续前行的机会的化身。虽然如此，他也令我确信，重写南北条约将是对民族派的一次打击。

下面一件事是去见戴维·特林布尔和他的团队。这里，又有一个奇特现象，可以体现出双方的差异。去见共和派时，你见到的是团结的行动。他们确定一个主张；他们抓住它；他们不放手。如果在会议期间出现修改它的迹象，那是幻觉：修改已经预先涵盖在主张里了，它是不变的。格里·亚当斯是领袖。在他说话时，绝对不会见到他的代表团里有人挑起眉毛，更别说表示异议了，就如同不可能让伊恩·佩斯利去指挥鼓舞人心的《丹尼少年》[①]大合唱一样。相反，北爱尔兰统一党的开会方式是最吓人的。当你以为自己已经把他们都“梳理”好了、人人都很高兴时，他们之中的一个——通常不会是领袖——就会冒出一句郁闷或者悲观的评论，然后，在一阵混乱之中，他们全都跟着那人跳下了悬崖。更吓人的是，这种情况可能会发生在最微不足道的问题上。至于支持领袖这回

① 爱尔兰民谣，描述父子之情。

事，他们并不认为那是自己的职责。根本不是。领袖说话时，他们不但会扬起眉毛，甚至整条发际线都会嘲讽地扬起来，基本上就是在暗示，不论领袖可能会说些什么，千万不要上当，他们不会往那条路上走的。

他们还有一种天生的、强烈的倾向，认为自己正在受骗。这倒并非总是毫无来由，但重点不在于此。他们就是那样的人。戴维·特林布尔回去跟他们解释他所认为的合理结果，却被无数的反对、条件、补充意见、修订、澄清要求之类的声音吵得晕头转向。以前，每当我觉得领导工党很困难时，我就会想到戴维，然后感到庆幸。

对戴维作出了许多让步之后，我觉得我们也许可以颇为顺利地通过他和他的代表团同僚的那一关了。但是这种自作多情的想法迅速破灭了。他们那位负责安全事务的肯·麦吉尼斯—— 一个高大、健壮、亲切、其实相当正派的人——提出了一大堆全新的修改要求。手忙脚乱的我连忙设法把它们收录进去。然后戴维的副手雷吉·恩皮说："何不把这份东西全部丢到一边，从头开始写呢？"混乱就此开场。房间仿佛在摇晃。我派乔纳森去跟肯讨论安全问题，并且假装没有听到雷吉刚才说的那句话（这很困难，因为他在不停地重复）。我四处乱丢让步条款，好像派送狂欢节糖果一般，因为我知道，危险在于他们很可能就这样撒手走出门外。把今天不想做的事情推迟到明天再说，是统一派数十年——即使不是数百年——来都在用的顺手招数。而我明白，推迟是致命的。

我知道，机不可失，时不再来。老实说，在那个时候，我愿意拿房子去打赌，这事"永远成不了"。不过，乔纳森却抱有不可思议的乐观态度，认为可以成功。伯蒂已经被迫回家去了，要参加母亲的葬礼。返回之后，他就决定，同意修正后的南北条约。那是重大的一步。他就那样跨出去了。有进展！

然后，我们把爱尔兰和北爱尔兰统一党的人召集到一个房间——我的办公室——来详谈。伯蒂的决定给统一派吃下了定心丸。我们当晚就决定，他们会拟出一份表示同意的文件来。

乔纳森和我又会见了其他政党代表（不论他们对协议是否有补充，都得见一见，否则就会有人转身，有人走开），然后睡了几个小时。回到办公室之后，我们惊恐地发现，爱尔兰和北爱尔兰统一党那帮人只不过是在口头上把问题绕了过去，其实他们什么都没有同意。疯狂的工作开始了。我决定让北爱尔兰统一党的人起草一份文本，让爱尔兰人来修改。到了中午，我们收到了一份文本，我以为，它就是针对最棘手问题的议定文本了。

这是个愚蠢的念头。我说过，共和派在表达他们的意见和支持领袖方面表现出军队一般的纪律。那没错，然而，他们并非爱尔兰方面唯一的政党。还有爱尔兰政府，以及温和的民族派政党社会民主工党，他们会跟统一派一样互相死缠在狂热的舞蹈之中。社会民主工党觉得，他们经常受到忽视，因为我们太忙于应付新芬党。他们的口头禅是："如果我们有武器，你们对我们就会更认真了。"这话不无道理。大奖显然在于暴力行为的终结，而他们并非暴力发起者。他们的真正问题是，他们从战略上就决定了，永远不跟统一派一起执政，除非新芬党也一起参与进来。这是可以理解的，因为在过去，新芬党曾经说社会民主工党是叛徒，因此而破坏了谈判。从此，他们就有了类似北爱尔兰统一党对民主统一党抱有的那种顾虑。

但是，这意味着他们放弃了自己的王牌。他们以前抨击我"把否决权交给了新芬党"，但实际上，是**他们**交出去的，因为，没有了新芬党，社会民主工党就不肯进入政府。但重点是：他们一直在竭尽全力地妨碍新芬党。伯蒂把自己作出的让步告诉爱尔兰方面——这里指的是爱尔兰的所有异见人士——之后，社会民主工党跳起来反对了。

结果是，到了下午，谈不下去了。伯蒂又一次出手相救。我解释说，我们现在不能再拿着旧文本去找北爱尔兰统一党了。他们会走掉的。他勉强同意，愿以北爱尔兰统一党的草稿为基础进行谈判，说服其他所有人。

一开始，统一派就对第一支柱（如何统治北爱尔兰）作出了让步，同意讨论社会民主工党的提案。关键是——这是戴维·特林布尔的重要贡献——他们同意建立起一个体系来确保议会选举和执行委员会能真正地分享权力。在那之前，统一派一直都说应该采用多数票制，而无视一个事实，那就是，多数票制实际上就意味着大多数人——也就是他们自己——将成为北爱尔兰的霸主。但是现在，如果想要做事，就需要得到各个社群的支持，执行委员会中的行政席位必须公平分配。

成果初现。我们松了一口气，却又放心得太快。对于社会民主工党和北爱尔兰统一党达成一致的方式，新芬党感到愤恨，觉得自己被人冷落了，于是召开了一次媒体发布会，说他们不会同意。

我们一直窝在这座谈判疯人院里，到了这时候，我该说说外面世界的情况了。我们全都裹在茧中，情形跟身处外太空差不多。一个个小时、一天天过去，我对于城堡群外的事情几乎一无所知：那里已经聚集了一支军队，举行了一次集会，正在给全世界的媒体进行全面现场直播。这是全天候二十四小时新闻的开始，媒体记者成群结队而来，有很多话说，却也无话可说——你明白我的意思吧。

其实，直到事后，我才真正地领悟到这个协议的全部意义。这样也好，因为，如果在谈判期间就考虑这些，我可能会在我们所冒的政治风险面前退缩下来。随着时间的流逝，我显然已经把全部的首相权力都压了上去，以求协议成功，风险因此而越来越大。失败不仅令人不快，甚至还会带来两个社群——统一派和民族派——烽烟四起的潜在危险。

阿拉斯泰尔和另一名团队成员约翰·霍姆斯两人都发挥出了最高水平。阿拉斯泰尔很清楚，只要说错一个字，就可能惹得这个或者那个政党感觉受到轻视；他相当精明地选用无需太多肉类的三明治来喂饲媒体野兽。约翰是乔纳森和我的完美衬托，他想出许多细节，提供很多想法；他创意十足，但把政治方面的事情留给我们去处理。莫·摩兰姆热情待客，照顾大家，可是不太参与谈判的事情。

新芬党对着翘首期待的媒体记者们说不会有协议时，大伙立刻炸了锅。结果是——这无疑就是格里和马丁的意图——我们不得不四处追赶，竭力把人们拉回谈判桌前。大家都很消极。马丁坦率地说，他不建议继续。我提议，他们回去修订好了以后再回来。我知道，如果统一派以为我们向新芬党询问对其文件的看法，他们会抓狂，可我想不出其他办法来。我们要挽留各方力量，继续游戏。而跷跷板的两头一直无法平衡，先是这边，后是那边，总有人觉得自己上当，被利用，或者被辜负。

此处，我又发现了整场谈判中的另一个奇特心理现象：对于所有人来说，这是一场零和游戏[①]，不仅仅在谈判细节方面如此——“你提议这个，我们就反对。你喜欢这样，我们偏不喜欢。”诸如此类。他们在这座建筑里面四处闲逛，观察对手的表情。如果有人显得很高兴，另一个人就去寻找让他伤心的理由。如果有人坐下，另一个人会立刻站起来。难以置信啊。每当处在好不容易才刚刚把某一方拉回桌前的节骨眼上，如果他们带着满意的表情走出房间、从那些等着进来参加下次会议的人面前走过，我的心就会立刻提起来。

然而，我们也得到了奖赏：协议中包括各种数量庞大的细节。从一个角度看来，这使事情变得复杂；可是从另一个角度看来，它提供了许多层面的操作空间。统一派也许对于自己在执行委员会运作模式上作出的让步感到不快，但

---

① 一种博弈。参与的各方中，一方的收益必然意味着他方的损失，各方的收益和损失相加总和永远为“零”。

是,可以用南北执行机关方面的优厚待遇来让他们高兴起来。我们的手里,永远都握着另一张牌。

新芬党带着四十页纸的详细修改方案回来了。收到那份文件时，我惊呆了。我以前是个律师,四十页纸的修改意味着许多许多的谈判。我假设,所有条文都得认真对待,而且,不用说,它们肯定会让统一派毛骨悚然,促使他们的代表团团结起来。就是在这里,莫对谈判作出了重要贡献。她跟新芬党谈判的形式相当巧妙:她仔细倾听他们的话,把文件全盘收下,然后忽略掉里面绝大部分的条文,只把注意力集中在一两个可能比较重要的点上,其他那些相当于是被废掉了。这法子在我看来非常奇特,但是有效。

她准确识别出来的那一点确实很重要。那一点跟那些因为各种各样的恐怖袭击和谋杀而被关在牢里的爱尔兰共和军有关。对此,她采取了一个极具前瞻性的立场:基本上,她认为这个问题对统一派来说并没有多大的意义;毕竟,20世纪70年代之前已经试过释放囚犯,人们对这种做法多少有点心理预期。她答应新芬党,一年之内把所有囚犯释放;于是他们回到了谈判桌旁。

然后,我开始重新考虑。在我看来,想让统一派异见人士同意把“爱尔兰共和军杀手”放回到街上,一定是异想天开。我询问了阿拉斯泰尔,他觉得这个主意跟英国公众的意见格格不入，更不用说北爱尔兰的统一派了。我又问了约翰·斯蒂尔。约翰是一位非常有判断力的资深北爱尔兰办公室官员,他以文官特有的语言——我开始能翻译它们了——表达了他的观点,告诉我说,这完全是瞎嚷嚷。(我猜他的意思是,那样做不会有多少帮助。)

我陷入了进退两难的境地。我已经答应格里释放那些人了。我跑回去跟他重新再谈——这种做法向来不是什么好战术。最终,我做了些非常“托尼式”的事,他也做了些非常“格里式”的事:我私下向他保证,如果条件允许,我们会在一年内兑现诺言,但是在公开场合说,时间会是两年。他同意了,而且,再也没有提起这个诺言,也没有在公开场合用它来使我难堪。

于是,爱尔兰政府同意了。北爱尔兰统一党搞定。社会民主工党满意。新芬党回归。我们有了一份协议。我打电话给克林顿总统,请他给格里·亚当斯打电话,把他们连接进会议。他照做了。从头至尾,他都是个大好人,追踪谈判进度,整晚不睡,给任何需要的人打电话,说他需要说的话,还做了许多其他的工作,他非常了解情况,而且能凭着他那典型的迅速反应技巧,直击政治要点。

我们再一次从头把细节过一遍,把空缺处填补上,挑出行政上的漏洞,决定我们应该说什么,对谁说。时间一个小时接一个小时地过去了。

当然，以为我们已经达成协议的想法乐观得荒唐。尽管我们已经熬了一个夜晚，几乎四十八个小时没有合眼，那可怜的跷跷板在1998年4月10日的耶稣受难节凌晨还是又一次失去了平衡。爱尔兰人——仍然对南北部分的接收问题有点懊恼——给那根支柱又加了一个条款，要求在贸易保护和爱尔兰语言这两个领域分别创建一个新的南北执行机关（以此表明爱尔兰将会在一致的基础上行动）。

现在，你也许以为，在这两个问题上的合作相对来说没有什么好争论的。可事实上，统一派竟踩下了紧急刹车。原来，他们有一种名叫阿兰斯的不知名语言，是一种苏格兰方言，流行于阿尔斯特的某些地区，对于统一派来说，它跟爱尔兰语同等重要。到了这时候，再没有什么事情能让我吃惊的了。就算他们提议把北爱尔兰议会建在火星上，我也会照样动手起草方案。

此时此刻，每一个人都很疲劳，脾气都很急躁。我跟伯蒂和戴维·特林布尔进行了一次糟透了的会谈。对于阿兰斯语的重要性这一问题，伯蒂的看法不像我那么轻松，他建议，也许戴维愿意说几句那“该死的语言”，好让我们听听它是什么样子的；而戴维呢，对大家认为这种方言是统一派捏造的这一看法感到很生气，他表情严肃、长篇大论地解释阿兰斯语的苏格兰根源，完全就像一个地主跟某个乡下白痴解释的模样。

这段插曲使得戴维·特林布尔的代表团陷入了混乱之中，新的修订开始乱飞。与此同时，阿拉斯泰尔怀着对我们的全部美好信念，已经对媒体——那些人自己也已经相当烦躁了——暗示，我们达成协议了。当我把僵局的情况告诉他时，他以独一无二的阿拉斯泰尔方式表达了一通意见，让我以为，他现在就打算跑去告诉全世界的媒体：跟他早前说过的相反，因为一种名叫阿兰斯的苏格兰方言，我们最终没能成功通过协议，所以北爱尔兰的战争将会继续打下去。不过在他来说，发表这样的公告是不太可能的。可我已经技穷了。打电话找比尔·克林顿，连他也没什么办法了。乔纳森又一次挺身而出。他逐条处理统一派关注的问题，安抚他们的代表团，努力恢复平衡。

我们把争论收缩到两个问题上—— 一个很现实，另一个超现实；但是到了这会儿，两者之间的界限越来越难以分辨。超现实的那个问题是：统一派想要封闭某个叫做玛丽菲尔德的地方。起初，我们很迷惑。我们听到统一派嚷嚷“玛丽菲尔德”必须关闭，就连我也以为他们指的是苏格兰橄榄球协会的爱丁堡总部。一想到要拆除那个地方，我就皱起了眉头，因为十几岁的时候，我常常去那个地方。可是，我既没有问统一派为什么想清除一座橄榄球球场，也不准备反对；由此可以看出，这时候的我们是多么彻底地封闭在谈判房间里。

过了好几分钟我们才弄明白，玛丽菲尔德其实是一个秘书处的名字，是在20世纪80年代撒切尔夫人签署了那条受人憎恶的英国—爱尔兰协议之后建立的。我松了一口气。那秘书处基本上什么事都不做，而且无论如何也会被我们的协议所取代。所以，玛丽菲尔德只是个办公室，于是，关闭它完全是个象征性的动作。然后，我们又得知，他们不仅想关闭秘书处——这事反正是会发生的——还想把那座房子给拆了。

“好吧，我们会用那座房子做别的用途。”我说。

“不行，”他们回答，“我们要关掉玛丽菲尔德。封闭。再也不用。不管用来做什么都不行。”

仿佛那座房子已经变成了这场纷争的政治示威。我觉得，从某种意义上来说，确实如此。但谈判到了这个地步，我已经不在乎了。只要他们肯签字，我愿意开着起重机、晃动大铁球，亲自去把它拆掉。

北爱尔兰办公室来挑毛病了：“他们为什么要关闭那里？我们不能用那个地方来放档案吗？”

“伙计们，”我说，“请不要问为什么。从现在开始，玛丽菲尔德已经是过去时了。它完了。已经是历史。被夷为平地了。”后来，我一直不知道它怎样了。也许所有人都忘记它了吧。

另一个问题很严肃，它让我对戴维深感同情。他和统一派作为一个整体，很担心如果共和派食言，如果他们不肯解除武装，又该怎么把他们赶出政府。当然，统一派自己是可以退出的；可是，他们觉得不应该由他们来承担这种后果，这也很合理。

对新芬党来说，任何讨论驱逐的言论都是诅咒。他们之前就已经直截了当地拒绝了这种提议。现在重提旧事，我们将会全盘皆输。我这样给戴维解释。他垂头丧气地离开了，去和他的代表团开闭门会议。

我坐下来，跟乔纳森一起思考。成功近在咫尺，可我看得出来，我们就是摸不到它。戴维摆不平了。老天才知道那个代表团会议室里在发生什么事，可是，如果结果能是正面的，那么我的利齐姨婆就会是个慈善家了。“我们得做点什么。”我说着，在房间里来回踱步，心里冒出一个主意：“我们给他写封信吧，写个附属协议。”附属协议保证，如果在北爱尔兰议会成立后的头六个月里，新芬党没有解除武装的行动，我们将会支持修改协议条款，容许驱逐。这是谈判中非常典型而复杂的微妙之处：我们不说**将会**驱逐，我们说，会支持修改协议以实现驱逐。

我们迅速起草附属协议，乔纳森坐在笔记本电脑前，我口授，乔纳森和约翰·斯蒂尔一起提供意见。我签字，然后派乔纳森前往代表团的房间。起初，他进不去。但终于，如同传令官飞马急驰赶在行刑的前一刻大喊“刀下留人”一般，他把附属协议送到了坐满人的会议室里。戴维的另一名副手约翰·泰勒——这一位要么是难以置信地能帮忙，要么是难以置信地不帮忙——看完协议，抬起头，说：“我没问题。”

我提心吊胆地又坐了一个小时（尤其是因为，我还没把附属协议的事告诉其他任何一个政党）。那边，代表团成员逐个发表自己的意见。然后，戴维打电话到我的房间来：“我们决定接受这个协议。”

谈妥了。

接下来的几个小时在一片模糊之中过去了。我们已经精疲力竭，简直到了头晕眼花的地步。乔治·米切尔公布了协议。伯蒂和我发表了声明。人们一片欢腾。终于，我从已经沦为地狱的城堡群里解放出来了。

我已经失去所有时间感。我钻进车里，坐车离开，贴身保镖们告诉我，二十分钟内将到达机场。这时候我才想起，自己要去西班牙。跟所有人一样，我以为这次谈判会很快搞定，所以接受了西班牙首相何塞·玛丽亚·阿斯纳尔给我和我家人发出的邀请，安排了一次西班牙访问，去跟他一起住几天。当时我对他还了解不多，只知道他是一个顽强的谈判家，还是一个坚强、成功的政党领袖，仅此而已。我们来自不同的政治家庭，他是西班牙保守政党人民党的领袖，我认为跟他交往是值得的。我知道他为人强硬，因为我们曾经在1997年5月底一起参加过《阿姆斯特丹条约》的谈判，当时我掌权才几个星期，而他的第一届任期刚过去一年。

在阿姆斯特丹，我手里握着各种各样的复杂要求，有些很恰当，有些是前任政府的遗留物。我谈得很努力。那是我的第一次国际谈判，我不想搞砸。何塞·玛丽亚则抓住一个主要的基本点：他要求条约反映出西班牙作为欧盟支援接受者的特殊地位，并且是跟其他“大国”并立的“大国”，而不是“小国”。对于其他“大国”，尤其是赫尔穆特·科尔领导下的德国来说，这是个真正的问题。

荷兰在德国的鼓动下，尝试使用老战术，把西班牙的要求留到最后。其想法是：先安顿好其他人，再集中力量对付剩下的顽抗者，迫使对方在惊恐或者羞愧之下投降。“欧盟需要你，你怎么能在这种时刻来破坏欧盟的稳定呢？你没有历史使命感吗？你想为欧盟的失败负责吗？”诸如此类。全是老手段了，不讲道理，却有许多成功的案例。

然而，这对何塞无效。他们一直等到所有人——包括我——都满意之后，才向他提出了折中方案。其实那方案算是不好不坏吧。可是他说，不行，我已经跟你们说过我的要求了。他们说，啊，没错，不过我们需要知道你的底线。他回答，那就是我的底线。然后他又说，我要到隔壁房间去抽根雪茄。说完他就大步离开了。

他们尝试了一切办法。维姆·科克走进他所在的房间，以温和的荷兰新教徒方式明确表示反对。雅克·希拉克尝试以非常法式的风格威逼他屈服。最后，赫尔穆特·科尔站起来，挪动着硕大的身躯走到旁边的房间里，那气势如同前去对付刺猬的天神。回来时，他脸上挂着迷惑的表情。刺猬不知道使了什么法术，竟然没有被碾碎。科尔看着我。

"你跟他一样是新来的，"他叫道，"你去试试。"

我走进房间。何塞·玛丽亚坐着，屋里只有他、翻译、雪茄。他吸雪茄的那种气度，仿佛对世界上的一切都不在乎。我们说法语，省却了翻译。我喋喋不休地跟他说了一通谈判是何等重要、安危未定、一切等他挽救，最后，我说，如果他不肯让步，所有人，尤其是赫尔穆特，将会多么发自内心地感到失望。"我知道。我真是太难过了，"他边说边露出一个灿烂的微笑，"你可以帮我带个口信给他们吗？告诉他们，我已经说过，西班牙会在什么条件下接受这个条约，而且我一开始就说过了。直到现在，他们都没有再问过我。可是，如果他们问，我会告诉他们，那就是西班牙能够接受的条件。你看，"说着，他从口袋里拿出一样东西来，"我还有这么多雪茄可抽。"最终他得到了他想要的条件。

我和家人本来计划在复活节之前到他那儿住几天。我之前对爱尔兰谈判是如此胸有成竹——很疯狂，我知道——以至于决定先把切丽、孩子们和岳母送过去，告诉他们说，自己很快就会去和他们会合。

这样一来，阿斯纳尔的一个真正长处得以体现。我的家人周三抵达，比我早到了四十八个小时，在这段时间里，他盛情地招待了他们。我觉得，我和大多数领袖在不得不招呼另一位领袖的家人时，都会有点慌神，如果对方是以前从没见过的人，还有小孩子要哄，就更是手忙脚乱了；可是，他十分沉着地把一切都处理妥当了，这为一段长久的私人友谊奠定了基础，而这段友谊对于日后影响重大。

在贝尔法斯特的英国皇家空军奥尔德格罗夫机场，我糊里糊涂地登上了飞机，然后接到女王打来的祝贺电话。我猜，其实直到那一刻，我还没领会这个成就的重大意义，心里想着：我打赌她不会经常这样做。确实如此。然后，我睡着了，睡了一路。

等我终于爬上切丽身边的床铺时，已经是凌晨时分。她醒来之后，也向我道贺。我又睡着了，一口气睡到日上三竿。起床之后，我跑去找阿斯纳尔，却有点吃惊地发现他跟我的岳母两个人在单独谈话。"哦，你其实不必飞过来的，"她说，"我们已经全部解决了。"

"解决什么？"我问。

"当然是直布罗陀的事啊。"她回答。

啊，她的办事能力跟其他人一样出色。

跟阿斯纳尔一家人住了几天之后，我们又到美丽的科尔多瓦去，跟德里的朋友卡琳和帕科·培尼亚（是个弗拉明戈[①]吉他手）一起度假。我彻底爱上了科尔多瓦这个风景秀丽的地方。清真寺是那里的亮点，并且整座城市都很迷人。帕科在市中心拥有一座可爱的老房子，里面有一个传统的院子，以及一桶不太符合传统的雪利酒，就搁在通往露台的楼梯顶部，供路过的客人解渴。那是一个星期的快乐消遣。帕科教我学会了几首经典的吉他曲子，我们泡酒吧，探雪利酒窟，日子过得相当惬意。

在爱尔兰谈妥的协议，已经被人冠以《耶稣受难节协议》的名字（只有统一派坚持称它为《贝尔法斯特协议》）。它的冲击波在全世界来回振荡。我常常被人截住，接受道贺。那段日子是我任职期间少数几个能够真诚地说自己感到很满足、很有成就感、很自豪的时刻之一。这样的时刻，屈指可数！

回家之后，现实迅速呈现在眼前。情况是，《耶稣受难节协议》的确是一个了不起的成就——没有它，其他事情都不可能实现；可它并不是终点，而是起点。它预示着，如果一切顺利，和平进程应该何去何从。接下来，就必须开始履行协议了；如果可以把这项协议比喻为艺术——至少在概念上可以——那么履行它，则更像是发展重工业。

第一个挑战是要在南北两边进行一次公民投票，认可这份协议，然后举行北爱尔兰议会议员选举，以便启动程序，组建一个可以运作的执行委员会。公平地说，北爱尔兰非常赞成这个协议——至少赞成它的概念。然而，他们并不知道细节，而在当时欢欣鼓舞的气氛之中，他们肯定也没有仔细想过真正的差别所在。但是很快地，他们就开始思索了。

---

① 一种吉卜赛舞。

其中一个典型的出人意料的转折就是，这份协议得到了北爱尔兰统一党的正式同意，却从未获得新芬党的首肯。人们也许因此而期望北爱尔兰统一党的情况会更加乐观一些，但事实不是，协议签署之后（很幸运的，戴维·特林布尔迅速让他们政党的执行委员会通过了它），统一派的疑虑（他们从未掩饰这一点）爆发了。接下来发生的事情，更是如同政坛的哈勃望远镜一般，把他们的疑虑放大了千万倍。

关于囚犯的条款包括英国政府拥有把爱尔兰共和军囚犯移交给南部的权力。莫相当不明智地决定，把"鲍尔科姆街四人组"——这几个人臭名昭著，曾经在20世纪70年代为爱尔兰共和军执行暗杀和恐怖袭击任务——从英格兰转移到爱尔兰。爱尔兰政府接收了这些囚犯之后，没有通知我们就给了他们假释，让他们去出席新芬党在都柏林召开的大会。囚犯们受到了热烈的欢迎，其情景在电视的黄金时段播了十分钟，令电视机前的统一派惊恐万分。

说真的，那个决定害得刚刚驶离站台的火车几乎出轨。本来在《耶稣受难节协议》签署之后，公民投票活动以及随后的议会选举必须在大约十个星期的时间之内完成，在这期间，火车确实已经驶上了轨道。

约翰·梅杰和我赶去进行安抚。然后，我跟威廉·黑格一起离开。我亲笔写了一份保证，承诺政府绝对不会接纳那些支持暴力行径的人。正和我一起在伯明翰参加八国集团峰会的比尔·克林顿，也发表声明表示支持。

那是一段紧张的时期。我们在公民投票之中争取到大部分统一派对协议的支持（百分之五十五对百分之四十五）。戴维在议会选举中击败民主统一党，而社会民主工党成为得票第二多的政党。但是，我们已经得到一次教训：路还长着呢。虽然我们有地图，距离终点却还有许多路要走。

我们又花了九年时间才把一切汇合成一个能用的最终解决方案。每一年都是那么艰难，有很多次我们差点就承认失败了。最后期限总是一再地被错过，谈判总是从几分钟变成几个月，但是，我们一直坚持不懈。

之后再也没有哪一次谈判的复杂程度能与城堡群那次相比了，不过，经常有一些开上一天、两天甚至三天的会议。我们通常会尽量选个舒适的会议地点，现在回想起来，我们仿佛是在给那些豪华大屋点名：希尔斯堡、韦斯顿公园、利兹城堡、圣安德鲁斯。政党领袖们总假装不愿离开自己的家园去参加推动进程的讨论，但我感觉他们也许跟我一样：如果你即将经受一场来回争夺的地狱般的煎熬，你也许宁愿到一个优美的环境里去做。而且，那样的环境——以某种奇异的方式——还能使人们变得慷慨起来。如果我们在贝尔法斯特市中心或者唐宁街开会，人们会紧抱自己的立场不放；可是，如果在新的环境里，不知为何，他们就会产生新的态度。至少有时候会是这样。无论如何，这就是我对北爱尔兰和平进程与《乡村生活》杂志里某些景色之间的关系的看法。

我可以像编写年表一样，把从1998年6月到2007年5月之间那备受折磨、千回百转的所有步骤都给罗列出来，可是，你会感激我没有这样做。大体上来说，即使在1998年6月的议会选举之后，还是又花了大概十五个月，才把执行委员会建立起来，开始运作。执行委员们的选择，采用了一种以比利时数学家东特(其名字可以列入让比利时骄傲的名人名单中去)的名字命名的公平席位分配法。我就不跟你讲解它了，不可能讲清楚的。这样说吧：它意味着马丁·麦吉尼斯和另一个新芬党成员拜布列·德·布伦成了大臣，分别负责教育和卫生；这本身，也是一个历史时刻。

执行委员会的建立被推迟的原因，是无休无止的解除武装之争。此外还有关于警察部门的一场旷日持久的争论：在新的北爱尔兰，北爱尔兰皇家骑警队必须被改编成某种全省各地都能接受的组织。改编过程在2000年2月被暂停，到2000年5月又恢复，一直持续到2002年10月，又因为爱尔兰共和军的解除武装问题以及其他各种原因而再次被暂停。就那样一直到了2007年5月。在这期间，伊恩·佩斯利的民主统一党超越戴维·特林布尔的政党成为最大的统一派政党，新芬党则超越了社会民主工党。大概花了三年半时间的谈判，那历史性的一天才破晓而来：伊恩·佩斯利和马丁·麦吉尼斯一起进入了政府。我们可以说，和平进程虽然还没结束，但已经结出了果实。

然而，在这逆流而上的过程中，前进的步伐常常立刻被倒退的步伐取代，声明之后往往又有新的声明和澄清公告，对我们的指责如同漫天雪片(通常各方都至少可以在"英国政府背信弃义"这一点上达成共识)。我们的情绪乘坐着过山车在希望和绝望之间来回翻转，这几乎已经成为习惯。

《耶稣受难节协议》成了一次非常特别的谈判练习，其协议文本更是比最早所想的简明了许多。如果我不是个新任的(相对而言)首相，如果我没有在巧合跟好运(虽然一开始看起来是厄运)的组合之下最终接掌谈判，然后几乎毫无知觉地在追寻解决方案的过程中走上了那条不归路，我们可能永远也达不成协议。

每一次冲突当然都是各不相同的——每一个都有自己的起源、与传统的对立、共有的历史、多种解决问题的层面，所以，解决纷争的经验和教训是很难总结的，不过，我最后还是判定：在谈判中，确实存在一些可以普遍应用的核心原则。我就不在这里详述履行协议这九年间的每一个事件了，就让我来描述一下我心目中几条主要的调解原则吧，并且用这些年里发生的一些重要事件来进行解说。

一、任何冲突调解的核心，都必须有一个建立在各方共同认可的原则上的框架。我在从政生涯中一直努力在做的事情之一，就是回归首要原则：目的究竟是什么？我们想要获得什么？事情的核心是什么？

在北爱尔兰，我们有一个基本的分歧，使冲突非常难以解决：一方想要统一爱尔兰，另一方希望继续与英国联合。有时候，人们对我说：北爱尔兰问题肯定难不过中东。事实上，在这个方面，它更加困难。在中东和平进程里，各方对于最终结果都有共识：两国方案。在北爱尔兰，北爱尔兰究竟应该继续归属英国，还是跟南部统一起来成为爱尔兰共和国的一部分，这是一个历史悠久而且实际上无法调和的争论。我们无法解决这个问题，所以我们不得不寻求一些原则，把这个争议留给将来并实现和平。

在我看来，首要原则其实就是所谓的公认原则。如果北爱尔兰大部分人希望跟南部统一，那么，就统一吧，可是在那之前，北爱尔兰仍然是英国的一部分。共和派就是无法从历史的角度接受这条原则，他们争辩说，爱尔兰的分裂本来就是非法的，这个岛屿作为一个整体，应该被视为一个投票选区。显然，这意味着和平不可能实现。所以，不论通过明确的方式还是隐晦的方式，必须引导他们接受公认原则。

接下来的问题就是：在什么样的基础和原则之上，共和派才能接受呢？答案——当时正是这个答案成为了《耶稣受难节协议》的基础——在于，以和平换取权力分享和平等身份，也就是说，如果北爱尔兰成立一个真正能代表那里的所有派别的政府，并且真正实现对新教徒和天主教徒一视同仁，爱尔兰共和军将会停止战争。因此，需要改组警局和法院；因此，需要承认爱尔兰语。那些希望爱尔兰统一的人，必须接受分裂，至少直到他们获得大多数人支持为止；不过，作为回报，在分裂的爱尔兰，他们可以得到公正、平等的对待，他们统一爱尔兰的愿望也会得到认可。因此，还需要建立南北执行机关。

一旦就这些核心原则达成共识，其他的一切就变成了一个纷繁复杂、激烈争夺、时常违背常理的工程，但是，它们有一个各方都接受的可行的设计概念作为基础。

如果没有这样的原则框架，冲突调解就算不是不可能，也将是困难重重。这框架是一个持久不变的参考点。它提供指引。它能把各方都约束其中：一旦他们接受了这个框架，就不能提出不符合它的要求；或者就算他们提出了，不一致性也会把他们驳倒。所以，如果有一个各方一致同意、基于平等权利原则的警察程序，又怎么可能同时有一支准军队跟它共存？事实上，一旦权力分享的和平原则确立之后，爱尔兰共和军的理论依据——不管统一派的大多数人同不同意，它都要缔造一个统一的爱尔兰——就瓦解了。类似的，一旦平等权利被接受为执政基础，统一派又怎能继续反对新芬党成员在承诺和平的前提下进入政府呢？

就这样，核心原则的建立，塑造了和平进程的雏形，使调解成为可能。

二、接下来，开始调解，找出需要紧抓不放、集中精力解决的问题。坚持不懈、无穷无尽、不屈不挠、日复一日。中东和平进程最大的问题在于没有人能坚持足够长的时间，或者足够坚定。它断断续续，而断断续续是没有用的，没有任何效果。只有紧抓不放，才能解决问题。

在北爱尔兰问题上，我们有一份非常详尽的协议，涉及广泛议题。要建立新的执行机关，要实行新的工作方式，要讨论一整套互联互动的安排。每一条都需要进一步谈判，定出更精确的细节。这一切，都需要紧抓不放。

例如，在警察机关方面，我们有一大堆未解决的问题。我们请保守党执政时的前北爱尔兰事务大臣兼保守党前主席彭定康来主持一次调查，寻找可行的方案。他做得非常出色，他的报告成为警察机关改革的基石；可是，相信我吧，为了尽量保持跷跷板的平衡，那份报告的每一字、每一句都经过一次又一次的推敲——有时候还会令他心生厌烦，这也是可以理解的。

解除武装问题是一只真正的怪物。由于前面说过的那些原因，它对于爱尔兰共和军来说极度敏感。在某种程度上，统一派也理解，它其实更多是出于象征意义，而不是现实意义。事实上，就算爱尔兰共和军销毁了武器，他们也可以再买新的。换句话说，和平最终依靠的不是摧毁武器，而是摧毁心态。

我们就这个问题进行了《罗杰辞典》式的讨论。最后，爱尔兰共和军答应“收起武器”而不是销毁——可是，怎样证明他们这样做了呢？我们想了一个方法：请两名国际政要——芬兰前总统马尔蒂·阿赫蒂萨里和非洲国民大会领袖西里尔·拉马福萨——来承担验证那些武器真的已经被“收起”的任务。可怜那两个人在爱尔兰的乡村四处忙碌，检查武器堆存情况，竟然能难以置信地保持着优雅风度。西里尔聪明、坚忍，我一直认为他应该去竞选非洲国民大会主席。马尔蒂是政坛和生活中难得一见的人：既能干，又谦逊（真的非常谦逊）。

可是，接下来的问题是，我们怎么知道那些武器就是**全部**武器了？一位名叫约翰·德·夏特兰的加拿大将军——碰巧是我在爱丁堡读书时的校友——提议建立独立国际解除武装委员会。其时，执行委员会正处于暂停状态。戴维·特林布尔正在尝试恢复它，所以需要真正的解除武装行动。但爱尔兰共和军依然万般不愿。他们做事一直都只做百分之九十，而在这样的环境中，其效果跟百分之零没有差别。

多次磋商之后，我们前往希尔斯堡，同时，约翰前去见证爱尔兰共和军的一次“销毁武器行动”。我们将在希尔斯堡等候行动已经完成的消息——有点像古时候公众聚集在一起等待国王已经完成洞房之事的消息。接下来，约翰从我们的雷达上面消失了——是真的消失。爱尔兰共和军禁止他和外界通信，虽然他们让他见证行动，却完全不容许他对行动进行任何形式的描述——有点像使者不可以说出国王和谁同床，或者发生的准确时间、在哪一个房间、穿着什么睡衣、有多么欢娱等等信息；换句话说，任何可以证明行动真实性的信息都不可以说。这样一来，等候消息的公众之中便翻涌着近乎完全不信任的怀疑浪潮。

终于，可怜的约翰出现了，来完成他的使者任务。大伙立刻看出来了，他作为一个正直高尚的人，受到了爱尔兰共和军的完全保密要求的约束。虽然如此，我们还是决定给他开一次记者招待会。那次招待会唯一留存下来的历史意义就是，它应该成为所有研究记者招待会的人的必修课。

约翰发布了一个枯燥的声明，说行动已经实际发生过，可是他坚定地拒绝多说一个字。对“解除了什么武器？”的问题，他回答说：“呃，反正不是一辆坦克。”——有点像那位使者，面对人们提出的关于国王跟谁入洞房的问题，回答说：“呃，反正不是一头驴子。”

恐怕对于当时的戴维·特林布尔来说，这事算是没指望了。我感到自责。就连他的一位下院议员西尔维娅·赫蒙——一位非常正直、非常明智、对这一切看得非常透彻、同时也是十分可爱的女子——也说，她不能凭这个就支持恢复执行委员会的组建。

约翰还是一个很能忍耐的人；他需要圣人一般的忍耐力。为了和平的利益，他忍受了所有被欺骗、被糊弄、被辱骂、被清除的待遇。非常值得称赞的是，他坚持下来了，在整个过程中，他诚实正直的声誉发挥了无价的作用。我要说的是，在这场较量的每一个阶段——有很多阶段——都必须抓紧目标不放。

三、在冲突的调解中，小事可能升级为大事。这并不只是抓得紧不紧的问题，还关乎能否放下自己对重要性的判断，去采纳他们的观点。不要觉得以你的薪金等级去做这些事情太过掉价。你的薪金等级涵盖一切对你的服务对象很重要的事情;而且,这些事情是由他们来定义的。

如今,我在中东扮演新的角色。有人偶尔会对我说:你会不会觉得,争论某些路障应该放在哪里,或者是否应该批准在巴勒斯坦的某个偏远地区重修两百码长的路,太掉身价?我回答:不会——如果他们觉得这事重要,我就认为它重要。

我曾经非常清楚英国军队在南阿马布置的每一座瞭望塔的准确位置,还能描述它们的构造。对爱尔兰共和军来说,这块边疆地区就是他们的地盘,是他们许多重要活动家的居住地。瞭望塔是经常引起摩擦的源头之一,它标志着英国军队仍然在监视他们。我们的军方当然认为那些塔是至关重要的监视点,尤其可以防范从南部进入北方从事恐怖活动的共和派异见人士;军方的人可以指出,那些塔曾经挫败多少次攻击、挽救多少条人命。所以,这事很棘手,瞭望塔的拆除只能一点一点地进行,每一步都得集中精神。

对于纷争之中的双方来说,各种象征很关键,要小心对待。在北爱尔兰问题上,新的警察体制的每一个方面——从帽徽一直到招募的准确方法——都得不辞劳苦地来回讨论。

很多时候,这种小细节可以用来当成交易筹码。对于北爱尔兰的谈判各方来说,总有人必须作出妥协,总有人感到不快。在这样一场争夺里,双方都处于多多少少总是有点怨言的状态中,或者抱怨对方,或者抱怨调解人。双方都认为,只有他们自己在退让,只有他们自己才真心想要和平,只有他们自己的行动才真正有诚意。在和双方进行的连场会议中,我常常听到雷同的谈论,都认为所有行动都是自己的一方在做,而对方什么都没干。

我记得,《耶稣受难节协议》签署之后过了一段时间,我曾经跟一群统一派代表谈话。其中一人对我说——口气中并没有找碴的意思,倒是相当诚恳——"跟我说说,我们究竟从这份协议里面得到了什么好处?"我回答:"联合。这是相当丰硕的成果,你不这样认为吗?"换句话说,协议的基础就是公认原则得到了承认;只要大部分人愿意,联合就会继续。这,毕竟是统一派存在的理由。然而,他其实并不是这样看待协议的。他们所看到的是自己一方为了使"暴力使用者"停止本来就绝不应该开始的暴力行动而作出了一连串让步。

所以,小细节很重要,因为在关键各方的心目中,它们常常因为某种我们并非总能领悟的观点而变得十分庞大。

四、要有创意。善用大、小细节,单独运用或者组合出招,必要的话还可以再发明几个出来，以清除进程前方的障碍。这正是乔纳森发挥精彩创造力之处。有时候，局面似乎僵得无法打破。例如，我们在协议的最后给执行委员会的重组设定了一个最后期限：2007年3月26日。谈判期间，许许多多的最后期限来来去去，如同贬值货币，但总还是比没有的强，而且，虽然它们总是被各方拒绝，可是在我看来，它们一直都是具有一定效果的。然而这次，爱尔兰方面态度坚决而且一致：这个最后期限绝对不可以再改。我们已经花了大约三年的时间来让伊恩·佩斯利参与谈判。此刻不成，将再也没有成功之日；要么上、要么死，诸如此类。所以，必须是3月26日。在最后一分钟，正如我所担心的，伊恩·佩斯利告诉我，他不可以代表他的政党承诺3月，必须改为5月。其时，爱尔兰方面十分怀疑，新芬党十分激动。一切摇摇欲坠。

我觉得，就为了那两个月把谈判成果完全推翻，太疯狂了。乔纳森想出了一个主意：就答应给民主统一党两个月好了，条件是要求他们答应让伊恩·佩斯利和格里·亚当斯——这两人从未见过面——进行一次面对面的会谈。我们提出这个建议。民主统一党接受了，然后格里·亚当斯也答应了。

接下来——没错，真要到这地步——我们不仅要协商会面的实际地点，还要讨论那里使用什么家具。最后，讨论归结到桌子形状的问题上。民主统一党希望双方面对面地坐着，以显示他们依旧是对手。新芬党则希望所有人肩并肩地坐着，显示他们是合作伙伴，因此是平等的。于是，罗伯特·汉尼根——他是个出色的年轻官员，作为唐宁街10号的主要代表跟我过来谈判——拿出了创意拼图的最后一块：他建议找一张菱形桌子，这样，与会各方既是面对面坐着，也是肩并肩坐着。协议成功。

在创造过程中，你无法总是面面俱到，不过，你应该提防做出任何损伤信任的事情。

顺带提一下，信任，作为一个政治概念，有着多层含义。在一个层面上，没有人会信任政治家，而且时不时地，为了更大的战略目标，政治家会被迫隐瞒全部真相，对它进行歪曲甚至扭曲。当然，如何划定界线很关键，而且这无论如何也不是什么精密科学。（别太介意我这样说；我们所有人每天都在工作中和私生活中作着这种决定。）在这个层面上，如果不运用某些微妙的技巧，你的工作可以说是不可能完成的。

不过，公众颇有鉴别能力，他们能够把稍微令他们不信任的政治家——也就是说，几乎所有政治家——和令他们严重不信任的政治家区分开来。这种层次的信任，关乎公众是否相信政治领袖正在为大家竭尽全力，不论他（或她）犯下错误还是作出让步，使用权谋还是诉诸其他手段。这才是真正重要的一层信任。

关于这种信任，我曾经听过一个有趣的例子，而告诉我的人，偏偏就是纳尔逊·曼德拉。曼德拉——或者用他的另一个名字（他的宗族名字）马迪巴——是一个十分迷人的研究对象，并非因为他是圣人，而是因为他不是圣人。或者说，他是圣人，却不是现实需要时能够飞天遁地的那种。我打赌甘地也是如此。

我跟马迪巴向来相处融洽，部分原因我想是因为我把他视为政治领袖，而不是圣人。他非常清楚人们——包括我——在特定情况下是如何利用他来提升自己的信誉的。如果喜欢你，他会非常乐意助你一臂之力。他最迷人的地方在于他的精明。他老谋深算，心有七窍，聪明过人，而且，只要符合他的更高追求，他完全有能力操纵局面。

有一次，我和他讨论如何改变、重组非洲国民大会，把它从革命团体变成执政党——这可不是件容易的活儿。他们过去当然也有过某些暴力行为，在实行种族隔离政策的统治者眼里，那些是恐怖袭击，在非洲国民大会的眼里却是获取自由的合理手段。马迪巴决定，他们必须停止暴力行为，他也知道，如果从原则的角度来争取的话，将会遭到强烈反对，而且会造成分歧，甚至可能是分裂。所以，他创造了一个战术理由，把它暂停了：他告诉非洲国民大会的干部们，他和他们一样忠诚，可是，就战术上来说，应该把暴力行动暂停一段时间，这样一来，一段时间之后所有的机会都会向他们敞开，他们将获得更多成果。当然，一旦暂停，就永远“暂停”了。

这种战术技巧，是北爱尔兰和平进程的基础。以2006年10月发布的《圣安德鲁斯宣言》为例，谈判结束之后，又是在最后一分钟冒出了一个问题：那些在重组后的议会和执行委员会中担任职务的人应该如何宣誓？我们把所有排列组合都过滤了一遍，想找出一个双方都能接受的仪式来。很自然地，民主统一党想在誓言中清楚地对警察职责作出承诺，但新芬党不喜欢那些措辞，不肯答应，直拖到显然无法再否认执行委员会的存在时为止。类似的，还有同步问题和语言问题。

最后，他们共同确定了一个时间，粗略地定下了一份誓言，然而，在接下来的几个星期里，情况开始失控。格里·亚当斯答应召开一次特别大会（新芬党的一种讨论会议）来签署它，但条件是伊恩·佩斯利要先明确宣布这样的签署能够使各项制度恢复运作。这一回，他们的角色翻转过来了，格里·亚当斯要求澄清，而伊恩·佩斯利尽说废话。于是，我想出了一个主意，由我来把废话重新解释成为格里想要的保证。

我在迈阿密过圣诞节。那里阳光灿烂,可是整个假期我都在忙这件事。由于时差的关系,我必须从凌晨五点开始打电话。而佩斯利经常外出看望朋友,所以总是接不到电话。我冒着极大的风险,因为,我对双方都说,另一方已经答应——有时候恐怕已经把事实扭曲到要崩溃的地步了;然而我能预见,谈判很可能就因为某个职务誓言的措辞问题而破裂。不知怎的,靠着从每一道缝隙中涌现的创意,我们过了关。

重点是,你要敏捷、灵活、创新。我常常思考类似耶路撒冷或者中东的和平进程中的难民安置那样的问题;在每一个案例中,灵活性都有用武之地,而且必须是大量、充足的灵活性。

五、冲突,如果任由牵涉的各方自己来调解,是不可能解决的。如果他们能够摆平,早就自己动手了。所以,他们需要外界帮忙。

这种第三方的协助在很多方面来说都是至关重要的。显然,正如前面所述,它可以产生很多必需的灵活性。它还可以帮助各方确信对方的诚意。在中东,问任何一个以色列人,他们都会真心诚意地说,我当然想要和平。

我记得自己曾对以色列军情局局长——一个肩负重任的人——说过,他必须明白,巴勒斯坦人不相信以色列是真心想创立巴勒斯坦国家的。"他们认为,你们只想吞并他们。"我说。

"不是那样的,"他回答,"我给你讲个故事吧。有一个男人,他养了一条罗特韦尔犬。一天,他走进一家酒吧说:'外面那只吉娃娃是谁的?'有人回答:'是我的。''那你来帮我吧,'男人说,'因为你的吉娃娃要咬死我的罗特韦尔犬了。''荒唐,'吉娃娃的主人说,'吉娃娃怎么能够咬死罗特韦尔犬呢?'男人回答:'它咬住喉咙了。'"

然而,如果问以色列人:巴勒斯坦人是否希望和平?他们会回答:"不想。别跟我们说什么安置、占领的事。我们离开加沙,带走我们的移民,得到的却是哈马斯[①]和火箭炮。"你可以把同样的问题翻转过来,去问巴勒斯坦人对以色列人的看法。

我想说的是,外人不仅仅能帮助谈判和调停,还能作为缓冲剂、信使,并在一个通常充满不信任的氛围中扮演最关键的诚意保证者。他们还能帮助确定议题,甚至转折点。对此,北爱尔兰问题就提供了一个生动的例子。在现实中,

① 巴勒斯坦伊斯兰抵抗运动的缩写,是巴勒斯坦伊斯兰运动的组织和政党。

它的和平进程有两个截然不同的阶段：第一个阶段是从《耶稣受难节协议》签署开始，到2002年10月，议会和执行委员会的组建因为爱尔兰共和军没能解除武装而被搁置；第二个阶段是从2003年戴维·特林布尔倒台开始，直至2007年5月。在两个阶段之间那大概一年的时间里，虽发生了很多事情，但它更像是一个间歇期。

第一个阶段，我们也许可以称之为创造性模糊时期，人们守着已经确立的立场，行动缓慢而警惕（偶尔还一动不动）。没有人会真的认为，《耶稣受难节协议》签署之后爱尔兰共和军就会解散；他们打算等待，看看统一派会不会实现他们那一方的承诺，直到那时候，爱尔兰共和军才会把暴力手段收起来备用。

另一方面，我们还必须假装这是一次井然有序的转变。所以，我们说了许多废话，做了很多不论是在理智上还是在政治上都没什么连贯性、只能帮助我们通过一个个障碍的事情。

这一点，在与共和派的关系方面尤其真实。作为一场革命运动，他们有自己的历史，甚至有近似神学的东西作为支持。他们必须对他们的死者和囚犯致敬，但他们也必须遵守和平协议的条文，虽然他们无法肯定它能实施。跟那解除武装的传说一样，他们有一系列的小措施，全都包裹在相当隐晦的共和派言论之中，希望借此能说服统一派，而无须动摇自己的内政。

此外，他们不但是一支对抗英国的准军事力量，还是共和派地盘上的一支准警察队伍。我记得，我曾经对塞奇菲尔德一位选民讲过，爱尔兰共和军如何揭掉毒贩的膝盖骨、如何狠揍强奸犯。看得出来，他听完之后，第一次对共和派产生了好感。当然，这一切都不可能在一夜之间就停止；然而，共和军的做法也不可能跟《耶稣受难节协议》所定下的法规相调和。

一段时间里，创造性模糊的做法很有效。恐怖行动停止了。炸弹停止了。没有英国军人牺牲。没有警察遭到刺杀。可是，这一切不等于说正常的法律和秩序进程已经统治了北爱尔兰。2005年1月罗伯特·麦卡特尼的遇害就证明了这一点。当时他在一家酒吧里，为了保护一个正在受到爱尔兰共和军军人殴打的朋友，被对方拖到了外面，用刀捅死。

从很多方面来看，这次谋杀都是最后的转折点。他的家族全都是共和派，他们拒绝沉默。他的姐妹、未婚妻和朋友们到处活动，要把凶手绳之以法。爱尔兰共和军不太明白问题的关键在哪里，竟然发表了一个声明，问杀死那个犯人是否有益处。不过，那份声明把爱尔兰共和军必须要做的一个根本决定推到了最前方，自从议会和执行委员会在2002年10月暂停以后，他们就一直拖着。

此处同样是第三方可以帮忙的地方。2002年的搁置之后，我曾经前往贝尔法斯特，发表了继1997年5月之后最重要的一次关于北爱尔兰的演讲。那次演讲后来被称为“完善行动演讲”。我的基本观点是：创造性模糊在初始阶段是我们的朋友，它容许我们的车队继续前行，帮助我们绕过了第一阶段的无数僵局。然而此刻，它再也不是我们的朋友了；它妨碍我们的前进，因为，除非人们彻底明白，必须永远放弃任何形式的暴力行为——放弃之后，将能分享权力——否则我们无法取得任何进展。如今，必须以“完善行动”来取代“创造性模糊”，以此证明，过去已经确凿无疑地落在我们的身后。

那是一次措辞非常谨慎的演讲，同时也非常有力，因为它直白而且朴实。从那时候开始，我经常对格里·亚当斯和马丁·麦吉尼斯重申的话就是，爱尔兰共和军再也没有存在的意义，只能不断地妨碍联合——它们如今妨碍的，正是他们声称自己想要的东西，也就是权力分享。

同样的情况当然也适用于今天的哈马斯好战分子。他们是主张“一国”的以色列人的最好“朋友”。他们坚持暴力的做法提供的不是谈判的理由，而是被驱逐的借口。

然而，发现这一点、以一种令人信服的方式来定义它，并且使用这定义来推动进程，这种事情，由第三方来做总是比由游戏中的主要玩家来做要容易一些。

六、要明白，对于双方来说，解决冲突是一次旅程、一个程序，而不是事件。每一方都需要时间来放下过去。冲突不仅仅是以暴力为特征的纷争。它有历史，它创造文化，它有传统、仪式和教条。它如同人一般，有意识，有灵魂。它持久不变、根深蒂固。

改变这一切，需要强烈的愿望和深度的自省。人可以变，可是人的行为模式可能非常顽固。这些“模式”必须进行“重置”，改变才能发生。我第一次遇到格里·亚当斯和马丁·麦吉尼斯时，他们不但犹豫或怀疑，还视我为敌人。最初的无数会议里，马丁不仅想谈判，更主要的还希望能解释他那一方的追求、痛苦、愤怒和期望。他用了很长时间，才接受我为合作伙伴，甚至朋友。所以，如果他是这样，那么想象一下，普通的爱尔兰共和军志愿者——也许曾经受过军人或者北爱尔兰王室骑警队警官的辱骂，也许其家庭曾经遭受苦难，生来就认为一切都是邪恶的坏蛋故意犯下的罪行——会是什么样子呢？

双方很少能够体会对方的痛苦。就连最开明的以色列人，我也知道他们没有几个人能够理解，一个中年巴勒斯坦男人在检查站、在自己家人面前被年轻的以色列士兵搜身时（让我们假设，这种搜查并非总是礼貌地进行的）所感到的羞辱。巴勒斯坦人会理直气壮地哀悼最近一次在以色列袭击中丧生的无辜的巴勒斯坦受害者，同时却发现，自己很难同情在自杀式袭击中被炸飞的以色列孩子的父母。

所以，他们有些态度在我们看来是那么荒谬，甚至滑稽，可是对于他们自己来说却是决定因素。我记得，在1997年大选之前，有个奥兰治社团的领袖说我是一个不适合当首相的人，因为我的妻子是个效忠罗马的“恶毒妖妇”。初次听说时，我觉得莫名其妙，误以为罗马指的是意大利政府所在的那个城市，而不是罗马教廷。我心想，不知切丽到底跟意大利总理罗马诺·普罗迪说了什么。

我的意思是，总会有这么一个时刻，和平是错的。和平必须成熟，扎下自己的根，才能取代冲突的根，使得新的态度随着时间流逝而发芽成形，产生自己的影响。

以前我有时会尝试用这样一个比喻来描述这个观点：就像一辆正在驶离车祸现场的车。车祸的景象不会立刻消失。它会随着时间的流逝而渐渐淡化。人们会在努力看清前方道路的同时，经常留意后视镜。乘客们大受惊吓，在他们的脑海中，刚才所见的记忆与企盼前方更美好的希望在竞争。痛苦不会马上消失；它会持续很长一段路，深深印在心里，只能慢慢减弱，直到最后消失。

应用在和平进程上，这个比喻就是说，你必须对各方进行说服工作，让他们相信对方在旅程中迟迟疑疑的步伐并不是因为没有诚意或者对和平的想法有变，这是他们经历过的一切所产生的很自然的后遗症。这是在冲突调解中无可避免的特征之一。

七、和平之路会遭到那些相信冲突必须继续的人的故意阻挠。对这样的障碍，要有所准备。不要因此而放弃。人们常常忘记，北爱尔兰动乱历史上最可怕的一次恐怖袭击就发生在《耶稣受难节协议》签署之后，而不是之前。感谢上帝，那也是最后一次了。

1998年8月15日星期六下午三点十分，一颗重磅炸弹在奥马市集爆炸，死亡二十九人，重伤多人，给无数人留下一辈子的精神伤疤。死者之中，有一位怀着双胞胎的孕妇，其母亲和女儿也都死了；还有四个来自西班牙的年轻人以及他们的陪同人员。炸弹是异见组织真爱尔兰共和军放的，目的是反对新芬党参与和平进程。事件中，被杀的天主教徒远比新教徒多。恐怖分子事前发出过警告，却说错了地方，毫不知情的警察正好就把群众转移到了炸弹放置的地方。

当时我在法国西南部度假，身处一个名叫米拉杜的小村子。我们跟朋友玛吉和艾伦住在一起。艾伦是议会工党的秘书。玛吉是我们的老朋友了，我和切丽新婚那会儿，还没找到新房，玛吉就让我们住在她位于斯托克纽因顿的房子里。

我在下午三点半左右听说了袭击的事。到了五点钟，袭击的凶残程度已经明了。我身穿一套跟保镖借来的西装，在村里教堂门前的台阶上发表了简短的媒体声明。我既震惊，又担忧它对进程产生的后果。

第二天早晨，我到北爱尔兰探望伤者。直到今天，每次想起当时的情景，我仍然忍不住落泪。我遇到了一个女孩，她失去了双眼，但决心度过一个有意义的人生——事后她也证明了自己的决心。我还遇到了那位孕妇的父亲。如果那家人勃然大怒，把一切怪罪在我头上——某些人表明自己的看法，说："要不是你搞什么和平，他们还活着。"——我还能保持镇静；然而把我彻底摧毁的是他们那可敬的沉默，以及无法再与心爱之人见面、拥抱、说话的无限哀伤。

即使在那一刻，面对这无法理解的邪恶带给人类的超级惨剧，我也不得不从政治的思维去思考。我们面临一个抉择：要么惊恐地摊摊双手说，"这些人绝不可能要和平"，要么把这恐惧化为继续工作下去的动力，"这些人想阻止和平，我们的回答是加快脚步走得更近"。

这次事件之后所有人都非常值得赞扬（在另一位到访总统比尔·克林顿的帮助下），和平进程中的主要各方都选择了后一条路。可以选择回头的时刻，就是转折点。真爱尔兰共和军再也无法东山再起。格里·亚当斯和马丁·麦吉尼斯毫不含糊地谴责袭击行为。戴维·特林布尔愤然而起。最重要的是，人们也谴责这样的行径。一位痛失爱妻的丈夫一边哀悼，一边对我说："不要放弃，坚持下去，让北爱尔兰的永久和平成为我妻子的纪念碑，使以后再没有人需要像我今天这么伤悲。"

不幸的是，人们的做法与中东截然不同，在那里，当恐怖袭击发生时，人们的做法通常是针锋相对。而这里的人的反应常常是龟缩，疏远和平使者，也疏远恐怖分子；看到某一派系的暴力行为，就认为尝试跟并非那一派系成员的人磋商和平问题是徒劳。问题在于，从人们走上这条路的那一刻开始，和平进程的钥匙就落在了恐怖主义者的手中。而他们的目的就是把进程束于高阁。那就是恐怖行为背后的病态理论。一旦你退让，恐怖就真正地占有了钥匙，成为了主管。钥匙，必须牢牢握在和平使者手中。

恐怖是竭力阻断和平进程的极端分子最赤裸的手段，不过，搁置进程的压力同样可能来自双方内部某些指责自己政党背叛的、十分高尚和民主的成员。

在民主统一党或者其他组织里，就有一些人，把每一次的让步都视为背叛，把整个和平进程视为对他们社群的出卖；戴维·特林布尔是这些人冷酷无情地阻挠的对象。在局外人看来，这似乎不可理喻、无法相信；在局内人看来却并无异常。我觉得，戴维可能认为我对他的协助太少了；我则认为，他从来没试过站起来积极支持，却喜欢分享和同情统一派那种把什么都看成针对他们的阴谋诡计的习惯。不过，他手中的牌格外地难打，如果说，他出牌的方法并不总是和我一样，但他至少玩得十分勇敢，他得到诺贝尔和平奖当之无愧。

八、领袖很重要。任何和平进程都有政治风险，甚至可说是一种政治冒险，肯定需要政治胆量，有时候甚至需要个人胆量。领袖的品质很重要，那是必要条件。

问题在于：对于任何冲突中的各方来说，紧紧守住已有的立场是最容易做的事情。一种意识形态，甚至一种信仰，会围绕着冲突渐渐形成，反映出其党派本质。所有的一切，都要透过这种党派意识构建的棱镜来看。抓住它不放，就能走上熟悉的路，虽然可能哪儿也去不了，但其路面已经被无数人踩平，其路标一眼就能认出。那是让领袖的追随者们最感安心的路。

相比之下，开拓新的道路就像以色列人的祖先摩西的任务一样——终点无法确定，其障碍可怕而陌生，至少有一部分追随者会指责领袖背叛——是很艰难的；这需要一种能够激发出最出色的政治领导能力的品质：做善事的愿望。

我们很幸运地碰到了有好品质的领袖。特林布尔贡献巨大。他在最不可能的时刻开启和平进程，在最艰难的时刻坚持不懈，并且付出了最终极的政治代价。（虽然我毫不怀疑他肯定能够名留青史。）

接下来，伊恩·佩斯利——多年来他一直都是统一派所有寻求调解者的拆台者、破坏者和痛苦之源——却扮演了最出人意料的角色，他接过接力棒，完成了和平进程。

伊恩·佩斯利绝对是一个奇特的政治人物，是北爱尔兰独有的联合政治环境的产物。他是一个虔诚、坚定的天主教徒，真正的敬神者；他是个狂热的统一派；他聪明、机敏、偶尔甚至还狡猾。他对战略和战术的把握十分准确，可以看清两者之间的区别。

未解之谜在于：是他变了，还是形势变了？他会说是后者，说自己一直准备接受和平，只要爱尔兰共和军肯放下武器。可我觉得，有两件事也改变了他。第一，他病了一场，大伤元气，过了很长时间才痊愈。正如他以前常说的，他知道自己能够活下来(虽然很多人希望他的愿望落空),但他产生了一种大限将至——政治上和身体上都是——的感觉,希望能在身后留下某些比"决不屈服"更有意义、更为不朽的事迹。2006年10月在圣安德鲁斯谈判期间,当大家得知他和妻子艾琳正在庆祝五十周年金婚纪念日时,出现了确实非常感人的一幕:会议结束时,我们举行了一个小小的仪式,所有政党的人,包括格里·亚当斯,都对他表示了祝贺,然后,伯蒂把一块来自博因河之战[①]遗址的一棵树的木头送给了伊恩。他亲切和蔼地答谢大家。(伊恩这个人,即使是接受祝贺的时候,也是完全可能作出其他反应的。)当时我感觉,这是一个正在审视自己的灵魂,并且产生了别样感觉的人。严格说来,他并未完成转变;但是在某种难以言喻的程度上,他的胸怀放宽了。

另一个改变是,伊恩作为政治家,最大的长处就是坚决听从人民的声音。在2006年末、2007年初,他听到人民告诉他,和平的时刻到了,甚至特别指明,他去实现和平的时刻到了。在那些会议上,一次又一次地,都是伊恩想推动进程的前行,是伊恩时刻准备着寻找创造性解决方案,是伊恩留意着保持大门时刻敞开。他和我常常在唐宁街的书房里单独见面。以前,我描述那些会面时,乔纳森会觉得非常有趣,因为双方几乎总是尝试从精神层面而不是物质层面去讨论问题。确实,我们都对宗教信仰入迷,也都是有信仰的人。他还曾经给我一本小小的祈祷书,让我送给利奥。

有一次,会面快要结束时,他问我,是否认为上帝希望他签署一个确保和平进程的协议。我想说是,但我犹豫了;虽然我肯定上帝想要和平,但上帝可不是谈判家。我觉得,这样回答是错的,是在人为操纵。于是我说,我无法回答这个问题;只有他自己可以,而我希望他愿意听从上帝的指引。

过去,我说自己多么喜欢他时,人们总是无法理解。可我真的喜欢他。我觉得,是我祖母对他的崇拜让我对他产生了好感。

在民族派一方,也有真正能干的领袖人物。约翰·休姆从过去到现在都是一个伟大的政治家,是真正的巨人。当其他人还处于蒙昧状态时,他就有了先见之明,有设想和远见。社会民主工党的领袖谢默斯·马伦和马克·德肯,稳健温和,通情达理,却都认为这两种品质对自己不利。他们总是处于艰难境地。麻烦在于,我们必须改变新芬党的冷淡态度,让他们加入,所以,无可避免地,更多的时间、精力和关注都集中在了他们身上。这样一来,就导致了其他方面的

① 爱尔兰历史上最著名的战争,在此次战争中新教战胜了天主教。

强烈愤恨，不过这也是寻求和平所带来的无可避免的遗憾后果。尽管如此，谢默斯和马克依然是十分重要的角色。顺带一提，两人都是——我不知道社会民主工党是不是有专门针对这项能力的培训学校——广播讲话的大师，真是一流的演讲者，就算离开北爱尔兰政坛，也能在任何政党之中担任主要玩家。

至于伯蒂和他的贡献，我前面已经说过了。然后，还有格里和马丁。他们是十分特别的一对。随着时间推移，我渐渐变得非常喜欢他们两人，老实说，也许有点喜欢过头了。还是那句话，两人在任何政坛都能成为伟大的政治领袖。他们不仅能理解战术和战略的差别，还是这方面的超级大师。他们知道目标在哪里，而且决心要把追随者带过去，或者说，至少带上大部分追随者。

关于临时军队委员会、委员会成员以及由此产生的与爱尔兰共和军之间的关系，已经有很多文章写过了。许多人，包括大部分英国学者，都认为新芬党和爱尔兰共和军就是一回事。当格里和马丁说，他们必须去跟爱尔兰共和军讨论什么什么时，人们总会开玩笑说，他们可以去问问镜子里的自己。

我一直认为，他们之间的关系比这要复杂。说他们可以指挥爱尔兰共和军，这在我听来总是有点不对劲。我并不怀疑，在很多场合，新芬党和爱尔兰共和军之间的区别是一种策略，是出于战术理由而划清的界线。我知道，双方都很聪明、很灵巧，但我也能做到。我感觉，在特定情况下，他们是在说服对方，跟对方磋商，而不是发布命令。我的看法是，新芬党和爱尔兰共和军的关系有点像工党领导层跟工党的全国执行委员会之间的关系：领导层很强势，没错；它通常能达到目的，没错；但并非总是如此，而且大都需要许多的说服和谈判工作。

自始至终，格里和马丁担心的都是分裂。以前共和派发生过这样的事情，并造成灾难性的后果。所以，他们要带领追随者一步一个脚印地走，率领着他们，劝诱着他们；至于到达目的地究竟意味着什么，他们并非总是那么坦率。那是一项艰苦的任务，他们凭借出色的技巧完成了。

最终，他们领悟到，爱尔兰共和军的存在已经不再是通往合理解决方案的道路，而是障碍。要把这种理解贯彻下去，需要真正的政治勇气。无论你是否喜欢他们，无论你如何强烈反对他们过去的行动，他们确实勇气过人。

然后，还有小政党的领袖们。他们通常都是冲突中的少数派，但其领导层——面对极为不利的局面——却相当能够振奋人心。例如进步统一党的戴维·欧文、各联盟党领袖，还有那不可思议的妇联——以前我会跟她们见面，只为了提醒自己：北爱尔兰还有普通人。

还有，我接触过的两位郡警察局局长龙尼·弗拉纳根和休·奥德。作为北爱尔兰警察的首领，他们的地位十分特殊，扮演着不可或缺的角色。他们没有公开的政治举措，但很有政治见地。

我还想说说，在这场谈判中，至少我选人的眼光很不错。大臣们和助理政务次长的表现真的很出色。请注意他们都非常独特：莫·摩兰姆、彼得·曼德尔森、约翰·里德、保罗·墨菲、彼得·海因，全都是非同寻常的人物，全都精明强干，每一个人都作出了显著甚至是关键的贡献。

不论是早已就位，还是后来才指派，领袖很重要。每一步，都需要复杂的抉择和敏锐的政治见地。但是，不仅是关键各方内部的领导层重要，外部的环境也必须适宜。

九、外部环境必须有利于和平，而不是阻碍它。我已经描述过南部爱尔兰发生的变化如何帮助和平进程创造环境。在冲突中，这样的变化几乎总是至关重要。这些冲突激起的强烈反响很少会局限于直接纷争的地区之内。克什米尔、斯里兰卡、科索沃就是这样：在这些冲突之中，外来玩家也能扮演角色，不论是善是恶。

以色列和巴勒斯坦的纷争就是经典的例子。它们的分歧影响整个地区，甚至全球。外来玩家——尤其是在阿拉伯世界的——必不可少。实际上，在他们的态度中，有一种改变可能使和平成真：多年来，巴勒斯坦人的理想都被利用了，而且常常是滥用，但现在，他们跟以色列一样，对伊朗以及伊朗的地区影响力产生了担忧。

从2002年王储阿卜杜拉提出和平倡议开始，阿拉伯国家再也不想利用这场纷争，而想平息它。这给以色列提供了一次绝好的机会。类似情况还有，面对以曲解的理论为基础的全球恐怖主义，世界饱受骚扰和威胁，也需要把纷争解决。今时今日，客观条件是有利于和平的。那就是为什么抓住这个可能性去推动和平进程，是如此不证自明地正确。但这仍然需要不懈的努力。由此，得出了我的下一个结论：

十、决不放弃。这很简单，却很关键；永远不要停止努力，绝对不要放弃。不仅要紧抓冲突不放，还要拒绝接受失败。正如我们在北爱尔兰时常常说的：如果你解决不了，就想办法，直到解决为止；但是，不要走开，不要放任自流。和平进程永远不会原地踏步——它要么前进，要么倒退。你必须相信，解决方案是存在的，即使其他人不信，即使传统智慧告诉你它不存在，即使那些最密切相关的人——冲突各方自己——也已经放弃希望。记住：努力之后的失败，比完全不去尝试要好。

这就是我的十大原则。在北爱尔兰和平进程里，我们或多或少地运用了它们。有许多次，形势仿佛真的已经让人绝望，可是幸运的是，总有某些事、某些人让希望延续。

2007年5月8日，历史性的一天降临了。其时距离《耶稣受难节协议》签署刚满九年多一点。我前往斯托蒙特见证北爱尔兰执行委员会的新政府恢复运作。伊恩·佩斯利是首任总理，他的副手是马丁·麦吉尼斯。

我在那一天的所见所闻，如果你拿到十年前像预言一样地说出来，人们会笑你，也许是苦笑，但依然是笑。我跟伯蒂、彼得·海因、伊恩·佩斯利和马丁·麦吉尼斯开会，伊恩和马丁两人自顾自地开着玩笑，我们三个人目瞪口呆地坐着，以为自己在做梦；仪式上，以往势不两立的敌人一起坐在包厢里，愉快地说着笑话，仿佛过去的几十年从来没有发生过什么冲突。曾经恨不能杀死对方的人如今希望携手合作。这不同寻常的一幕，让人感动而满足。

在斯托蒙特的大门外，又有人在抗议。每次我们踏足北爱尔兰，都会遇到抗议——大的、小的、和平的、暴力的、统一派的、共和派的——总是昭示着北爱尔兰的政治与其他地方是多么不同。但是在那天，第一次，那场抗议不是为北爱尔兰，而是关于伊拉克的。当我看到他们时，我感觉，北爱尔兰已经重新回到世界的怀抱。

右：20 世纪 50 年代中期，母亲抱着我，父亲搂着哥哥比尔。

下：父亲前去工作途中。他小时候被格文船厂的一名工人收养，后成为学者、律师和保守党员。

左：我在阳光下的时光总是很快乐。一直到我五岁，我们都住在澳大利亚。

左：1971 年春天在我的学校费茨中学，和我的朋友阿曼达•麦肯齐•斯图尔特及克里斯•卡托在一起。

右、上：1972 年我离开北部，在伦敦待了一年。艾伦•科莱尼特和我一起创办摇滚乐队。

上：1980 年 3 月 29 日，切丽和我结婚的日子，在牛津大学圣约翰学院里的教堂。

上：1982 年 5 月，身为比肯斯菲尔德补缺选举的工党候选人。

左：切丽的父亲首次为我争取到了参观议会大厦的邀请。1984 年和切丽一起在露台上。

左：工党领袖迈克尔·富特前来支持我在比肯斯菲尔德的竞选。

上：我们在选区的家位于特里姆登，在我担任塞奇菲尔德选区下院议员的二十五年间，那里的人一直一如既往地支持着我。1983 年 6 月我在该选区当选为下院议员。

下：1992 年决定性的选举失利前几个月，和影子内阁的同事们一起。左起依次为：戈登·布朗、约翰·史密斯、尼尔·金诺克、玛格丽特·贝克特、我。

上：幸福的一刻：1988 年，和切丽、尤安、尼基以及宝宝凯瑟琳一起在我们位于伊斯灵顿的家中。

上：和我在牛津认识的朋友们马克·帕利、彼得·汤姆森在一起偷闲。彼得很有可能是我生命中对我影响最大的人。

左：我在律师事务所时的老师德里·欧文，在早期他教会了我很多东西。后来我任命他为大法官。

上：我和杰夫·盖洛普，他是我最长久的政治伙伴，我们的友谊从学生时代便已开始。

右：最悲伤的日子。1994 年 5 月 20 日，爱丁堡，和戈登一起在约翰·史密斯的葬礼上。

右：1997 年 5
菲尔德统计选
家人和朋友们
琳牵着我父亲
妈在前排最右
第二排右起第

下：尼尔·金诺
斯科特、彼得
他同事，以及
齐聚皇家节日
动刚开始。

上：随着
南岸发表
跃的人群。

右：1997 年
祝。这次
获得的胜利

左：1994 年 6 月 1 日，我们宣布戈登将不再角逐工党领袖职位。

上：1994 年 6 月，和另两名工党领袖候选人约翰·普雷斯科特及玛格丽特·贝克特在一起。

右上：1994 年 8 月，那个夏天我们利用假期时间招募了阿拉斯泰尔·坎贝尔。左起：尼尔·金诺克、我、阿拉斯泰尔、凯瑟琳和格兰尼丝·金诺克，以及阿拉斯泰尔的孩子们——卡鲁姆和格雷丝。

右：和现任工党副党魁约翰一起，重新起草工党党章第四条款，时为 1995 年 3 月。

上

影

嵌入的图，上：那一刻，我们的生活就此改变。当我和切丽动身去白金汉宫时，凯瑟琳从我们原来家中的窗子里向我们挥手。

上：第一次在唐宁街上漫步，我感到热烈情绪如同电流般穿越人群。

右：以首相的身份站在唐宁街 10 号的台阶上。我们是自 19 世纪 50 年代以来，入主唐宁街的最年轻的家庭。

下：1997 年 5 月 2 日的早晨，睡了一个小时之后，我和切丽到达了白金汉宫。街道两边都是我的支持者们。

上：1997

最后一个

道，团队

利班德。

右上：19

动中心，

翰•伯顿

右：1997

票。一大

上：1997 年 7 月 10 日，和大家一起在唐宁街议事，从右至左依次为：戈登•布朗、查利•惠兰、彼得•曼德尔森、阿拉斯泰尔•坎贝尔、我。

自右上顺时针开始：核心团队的部分成员。彼得•曼德尔森会告诉你人们明天的想法；安吉•亨特拥有天生的政治才能；乔纳森•鲍威尔是政府中的关键人物；萨莉•摩根与工党完美契合；菲利普•古尔德是民调专家，同时也是我们的战略核心。

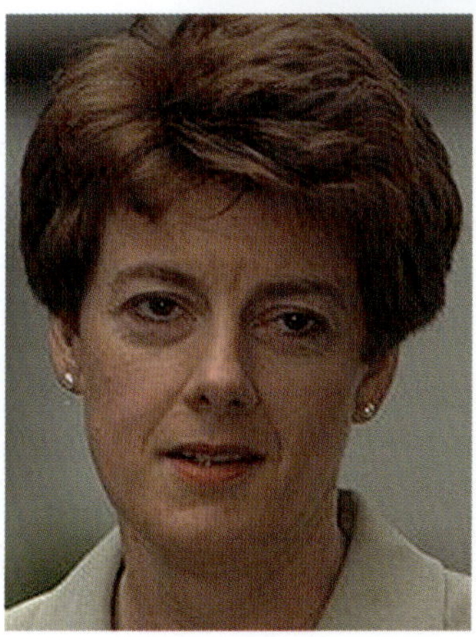

上：1997 年 5 月底，在唐宁街花园，和比尔·克林顿一起在阳光下。

左上：同一天，和比尔·克林顿、希拉里·克林顿以及切丽在伦敦塔桥上。

左：克林顿夫妇在唐宁街和我的家人见面。

左下、下：作为志同道合的“第三条道路”改革派，比尔和我惺惺相惜。

右上：美国科罗拉多州丹佛市，在七国集团首脑会议的国际舞台上，和比尔·克林顿以及中间的赫尔穆特·科尔在一起。

右：1997 年 7 月 1 日，在香港回归仪式上，查尔斯王子与我分别站在香港最后一任总督彭定康的两旁。

右：1997 年 7 月，在北约首脑会议上，与各国领导人在一起。赫尔穆特·科尔正在向我阐述他的观点，旁观者从左至右依次为：雅克·希拉克、让·克雷蒂安、让－克洛德·容克、瓦尔特·诺伊尔、罗马诺·普罗迪。

左上：1997 年 7 月 6 日，戴安娜王妃在访问契克斯别墅时和凯瑟琳在一起聊天。

右上：1997 年 8 月 31 日，在特里姆登教堂外，由我向全国人民发表关于戴安娜王妃去世的讲话。

上：1997 年 9 月 6 日，来自威尔士皇家禁卫军第 1 营的士兵抬着戴安娜王妃的灵柩，查尔斯王子、哈里王子、斯潘塞伯爵、威廉王子以及菲利普亲王跟随其后。

右：戴安娜王妃的遗体从法国运送回国，我和查尔斯王子在位于伦敦西北部的英国皇家空军诺索尔特机场的跑道上面对面地站着。

上：在我的首相生涯里，首相答问是最伤脑筋、最可怕也是最耗费勇气的经历。图为1997年6月6日，面对由约翰•梅杰领导的保守党领袖们就权力下放问题进行答辩。

右：1998年的一次辩论，杰克•斯特劳在我们这边旁观。

下：我面对的另外四位保守党领袖，左起：威廉•黑格、伊恩•邓肯•史密斯、迈克尔•霍华德和戴维•卡梅伦。

左上：在北爱尔兰的斯托蒙特，经过几日的谈判之后，1998 年 4 月 10 日我宣布通过了《耶稣受难节协议》。莫·摩兰姆与保罗·墨菲列席。

谈判中的其他关键人物自右上开始顺时针依次为：伊恩·佩斯利；谢默斯·马伦与约翰·休姆；马丁·麦吉尼斯与格里·亚当斯；乔纳森·鲍威尔；伯蒂·埃亨。

左：1998 年 5 月 21 日，在安特里姆郡与戴维•特林布尔、约翰•休姆一起，争取使和平协议公投获得通过。

右：三个月后，奥马发生一起爆炸案，二十九人在爆炸中丧生，还有更多人受伤。在那个非常时期，即 1998 年 9 月 3 日，比尔•克林顿立即前往出事地点查看。

右、上：1998 年 6 月，在加的夫召开的欧洲理事会上，和纳尔逊•曼德拉在一起。

右：1999 年 5 月 3 日，和切丽一起在马其顿会见一家人，他们是科索沃难民。

下：1999 年 5 月 3 日，在结束访问南斯拉夫和马其顿的边界之后，对媒体发表讲话。

上：左边为查尔斯·格思里爵士，右边为迈克·杰克逊将军；和他们一起在马其顿的斯科普里附近的英军总部。

左上：2000 年 1 月 1 日，在伦敦河堤区庆祝千禧之夜——焰火表演并不尽如人意。

右上：2000 年 1 月 1 日，在千年穹顶，和女王以及菲利普亲王一起唱《友谊地久天长》。

第七章 **“执政如散文”**

前任纽约市长马里奥·科莫曾经说过:“竞选如诗歌,执政如散文。”在1998年夏天,我执政刚满一年的时候,一种不安的感觉攫住了我。

掌权之前,我一直相信工党最可怕的敌人就是自己。回顾它一个世纪以来的历史,我所看到的,基本上来说,就是女王的“忠实”反对者。工党当政的时间总是断断续续,其执政的心态不是决策者的,而是属于抗议者。

然而,我们已经开始了一次不可思议的变化之旅。如今工党所接受的观念,仅仅在十年前还是不可想象的。我一直认为,如果你走在前面,大胆而持续地往前迈进,人们就会紧跟在领袖身后,确实如此。这并不仅仅是在野十八年的结果,还因为有一群在直觉上、感情上和理智上都理解并且相信新工党的骨干人物,不过他们人数很少,影响力尚不确定,仍然在摸索前进;从某种程度上来说,我也是如此。

工党的成员们,尤其是老一辈党员——不是所有,但是大部分——是工党20世纪40年代那次改革的支持者,可是,他们在20世纪60年代就止步不前了。罗伊·哈特斯利就是这群人的典型代表:坚决反对战斗派,喜欢私营企业附属于公有企业的做法,知道工党必须有明智的防御策略。换句话说,对于他和其他很多人来说,工党必须收起偏激的政见,回到合情合理的立场上去。这种心态与20世纪80年代造成工党骚乱的破坏性谬论不一样,然而,跟世界的改变相比,我们还有很长的路要走。消除偏激是必须的,却还不够。

在这类老一辈工党人中,大多数人——老左派和老右派都是——认为,新工党把我们从在野的黑暗里带了出去,这已经足够;他们并不相信新工党。实际上，他们认为，新工党没有信仰，而且认同当时支持保守党的媒体惯用的意见，觉得新工党在本质上是一种市场结构，是公共关系的创造物，有形无神。他们相信，它不过是一套新发现的获胜规则，很聪明，但不诚实。

为了智取工党，我在自己和公众之间建立起了联盟关系。从1994年到1997年，当然还包括执政的初期，这种结盟坚不可摧。工党没有多少选择，只能接受。任何失衡的征兆都会勾起在野那些年的记忆。如今，我们已经获得权力，为什么要走回头路？这是一条简单、直白、选举上无懈可击的论据，可以使工党继续服服帖帖。它意味着我可以大胆地走到树枝的尽头，因为我知道强大而稳健的舆论树干会支持我。

但这样做风险很大。我还知道，随着时间的流逝，脚下的树枝会越来越长、越来越细；树干越来越可能动摇，它的力量将会受到考验。

让我不安的其中一个根源是，在野的时候，公众会支持领袖去作出勇敢的决定，因为那个决定只会影响领袖自己的政党；从某种程度上来说，公众是旁观者。然而，执政的时候，受决定影响的将是人民；他们是玩家，他们的人生参与了游戏。

我曾经仔细研究过工党的历史，我的结论是，如果要赢，工党必须超越自己，领袖必须不仅仅是政党领袖；可是，我同样认识到，所有推行改革的政党，当其领袖和人民之间的联盟被政党和人民之间的联盟取代时，会面临什么样的危险。

你可能会问，为什么会有危险；工党只要抛弃它的领袖，去找个跟公众更合拍的新主席，继续朝选举胜利进军就行了。危险在于，虽然工党和公众可能都与领袖对立，但他们的反对理由可能是截然不同的。对于推行改革的政党来说，公众可能会由于各种各样的原因——就我们的情况来说，原因是公共服务方面的改进不够迅速，燃油、税务、犯罪和移民的花费，等等，通常都是中间偏右派关注的问题——而幻想破灭；可是推行改革的政党本身的幻想破灭更可能是由于它认为，以传统左派的角度来看，领导层不够激进——支出和税收太少，牺牲了珍视的立场和规矩，为中产阶级做得太多，对穷苦民众做得太少。尽管如此，政党说服自己相信，公众的不满可以用来为它自己的不满辩护。结果呢，不是选举胜利，而是灾难降临。

我还记得，在20世纪80年代早期，我多次争当议会候选人都落败。其中有一次，我遭到一个质问者长篇大论的指责，问为什么工党会在1979年落败。他的基本论调就是，我们向右派倾斜了，背叛了我们的阶级，忘记了我们的左派根源，诸如此类。我竭尽全力才控制住了自己，因为我知道，从工党的立场来看，争论这样的论题是发疯；但我也知道，这样的论题从公众角度来看同样是发疯。我怯懦地嘀咕了一些模棱两可的话安抚对方。可是另一个人又站起来了，然后又来一个，我再也忍不住，爆发了：“如果公众觉得工党不够左倾，那他们到底为什么要投票给保守党？”我质问：“他们是笨蛋吗？他们觉得玛格丽特·撒切尔率领的保守党能比吉姆·卡拉汉领导的工党还要偏左吗？你们真的想说，公众就有那么愚蠢吗？”而他们刚才所说的话，当然**就是**这个意思。

1998年中期，当我们完成第一次综合支出评审时——它将会终结我们自愿承担的、在1997年之后头三年里实行的政府开支严格限制——我仍然因为感觉到我们执政的方式有什么不对劲而不安。那些辩论和理论分析都很好——投资加上改革，福利方面扶持而非救济，教育方面奖励好学校、废除差学校，缩短NHS的等候名单——可是，辩论出来的质量和改革本身的质量之间是有差距的。

我们的住院病人等候名单上还有一百三十万人，大多数人已经等了不止六个月。然而，等候并不是从确诊住院之后才开始的，而是从预约医生那时就开始了。当时，对于跟医生约诊的时间没有最低标准的设定。看完医生之后，就进入该医生的门诊病人名单，开始等。可能要等上好几个月。只有先作为门诊病人等完之后，才能进入住院病人名单继续等待。所以，所谓的六个月等待时间，其实根本就不止六个月，它可能长达十二个月、十八个月，甚至更久。

说到应对急性和慢性疾病，NHS做得很好，甚至很英勇，可是作为一项服务，它不稳定，好的时候没话说，坏的时候真是骇人听闻。它的资金显然不足，可是钱并非唯一的问题，所以，投入更多的钱也不是完整的解决方案。

这种情况在其他方面同样存在。我们开始减少婴幼儿班级的人数。这是我们的承诺，也是我们在做的事情。我们把更多的钱投入到学校的建设中。但事实是，我们还有百分之四十的十一岁儿童在小学毕业之后无法正确地读和写。戴维·布伦基特的读写和计算能力策略开始显示效果，并且再次带来了变化。然而我们都知道，真正的挑战在中学。伦敦的中学，只有三十所能够做到百分之七十以上的学生达到普通中等教育证书要求的五门学科评优。在内心深处，我知道我不会把自己的孩子送到旧城区的中学去读书。那里的学校教学水平参差不齐，有时候糟糕得可怕。老师们往往意志消沉，这也不奇怪。在旧城区，通常没有学校组织的运动会，有时连运动都很少。

在福利方面，领取失业救济金的人在减少。随着经济的合理化和英国央行的独立，长期的宏观稳定感已经产生。所以很自然地，失业人数就会降低。我们把这视为强硬福利政策奏效的标志。可是，又一次，我觉得辩论结果跟实际情况相去甚远。

在1998年夏天那段仍然相对平静的日子里，还有另一个问题在我的脑海里盘桓不去。时不时地，我就会想起它，焦虑和急躁的感觉越来越强烈。它跟我们的社会分析质量有关。我看得出，社会已经分裂成许多与传统中间偏左理论不符合的元素了。中产阶级的存在是肯定的。它在发展壮大，包括了法律顾问、银行经理和中层管理人员，还吸收了工人阶级中的熟练技工、专家、新生的计算机分析员、创意产业的中层人士。

而谈论“工人阶级”的感觉就是很怪异，虽然正确，但不知怎的，难以理解。这个词所指的对象包括工资最低、打散工或者做临时工的人，甚至还有工资较低的护工、车间工人。不过，如果你愿意，还可以用这个词来描述那些处在社会底层的“无业阶级”——在我们的政府里，我们为这类人创造了一个词：“不能融入社会的人”。

随着时间的流逝，我开始意识到，你不可以也不应该把这两类人混到一起。右派用的“下层阶级”那个词虽然很难听，却很准确。这些处在底层的人并非没有工作能力。他们只是生活有问题，完全处于困境。他们的孩子就算有学上，在学校也是差学生。他们的父母常常离异，或者有家庭暴力，或者只是显然不该在一起。

这种情况造成的后果，体现为犯罪和反社会行为。正如我在前面所说，1993年的“詹姆斯·巴尔杰谋杀案”前后，我已经开始引人注目。当时我得出一个简单的结论：我们的社会已经崩溃；当然不是说全部，而是指某些部分。但最终，这个结论被证明是有缺陷的。直到我的首相任期接近尾声时，我才终于得出正确的结论：与其专注于跟这个阶层相关的普遍社会政策，还不如特意为他们制定目标明确的行动计划。1998年夏天，我已经可以非常清楚地看出这种崩溃的征兆了：在学校里、在大街上、在法律和秩序的统计数据里。

这还不是全部。我们开始执政时，对移民和庇护抱有相当传统但自满的观点。内政大臣杰克·斯特劳深受其选区布莱克本那里的浓厚穆斯林信仰影响，在那里，这些问题鲜活而真实。另一方面，杰克对违法者十分敏感，绝不手软。我们对1998年到1999年之间的避难申请暴增毫无准备。在我们执政的头三年里，申请数翻了三倍，甚至四倍。我本来以为，我们的规矩还算比较严格的，然而我们发出了一些安抚信号，这些信号连同经济的增长和英语的推广，触发了大量申请的涌入。雪上加霜的是,全世界范围内的移民潮都在上涨。我们并不是唯一遇到困难的国家,却是事实上唯一做统计数据的——尽管准确度不高,被授予了“欧洲庇护之都”的称号。避难申请人数突然从可以应付的每年三万跳到了十万。不仅如此,等候申请的数字也十分惊人,还在不断增长。我们的系统完全无法处理这些申请。

基本上,英国跟所有欧洲国家一样,继承了战后、大屠杀之后的那种避难系统和情感。难民从希特勒和纳粹手下逃出来却得不到收容的惨痛故事,引起人们正当的反感。人们假设,申请避难的人受到了迫害,他们应该得到庇护而不是驱逐。经历二战那样的恐怖之后,这种情感完全可以理解。

不幸的是,在20世纪末期,这种想法已经完全不切实际了。其假设显然已经不成立,大多数避难申请并不诚实。然而,法庭的本能是支持自由;《欧洲人权公约》则态度专横地反对把人送回不安全地区;《联合国难民公约》的背景设定无疑是20世纪30年代的德国,在实践上却变成了一旦有人来到英国要求避难,拒绝他们的人就是魔鬼。于是,在这些条件的综合作用下,拒绝成了几乎不可能的事情。

当然了,很多人认为,拒绝确实是魔鬼才会做的事情。1998年首次收紧法律的尝试,遭遇歇斯底里的反对,不得不找出折中方案来过关。

然而,实际情况是,避难系统身处暴风雨中的海面上,已经崩溃,无法驾驭,只能随波逐流。它需要更强硬的手段,但受命纠正它的文官机器却不太愿意采取它所需要的根本措施。

此处,我们以为的文官问题与实际情况之间,同样有一段差距。在工党的传说中,文官体系由藏在壁橱里的保守党人和躲在执政草丛中等待的蛇组成,埋伏着,等待天真的工党首相的那些改革政策胎死腹中。在这个幻想中——确实很奇幻——他们是权势集团的倡导者,而权势集团是保守党:真正的执政党,是老英国的殖民者、贵族和狩狐猎人等老古董的聚集处。在这个剧本里,资深官员们时刻准备着打压工党政府希望采取的改革措施,把他们推落到右派的卑鄙圈套中去。

天呀,真是如此就好了。实情是,他们并不准备打击、破坏或者行动。文官的问题,正如我在一开始所指出的,是惯性。他们倾向于投降,不论是就既得利益、现状,还是就最万全的做事方式来讲——这一切的意思都是:什么也不做。

跟传说完全相反的是,他们压根就没受什么右派权势集团的约束。左派权势集团对他们的影响力是完全一样的。或者更准确地说,他们是过去一百年历史的产物，属于过去的那个时代、方式和规则。

电视剧《是，首相！》里的那位汉弗莱爵士的角色是一种模仿和虚构，但他是最为贴近事实的模仿。汉弗莱爵士不左也不右；他只相信管理和维持事物的原貌，保持现状，其理由与其说是根据情况，还不如说是为了保住现状，一个他所认识、所理解、觉得如果脱离就会有风险的现状。为了躲避风险，必须付出一切代价。

文官体系从以前到现在都拥有强大的力量，都是那么不偏不倚。如果能恰当地加以引导，它是一架可怕的机器。面对危机时，更是超级武器。它的人聪明，勤勉，致力于公共服务。它只不过是跟其他体系一样过时了。面对巨大的挑战，它思想狭隘。当体系需要大步跨进时，它只想小步挪动。

他们并不觉得新工党太偏左——相反，他们认为我们有时候太偏右；可是最重要的是，他们认为我们鲁莽地打破了供奉在先人智慧神殿里的神像，而他们是神坛守护者。

还有，他们跟司法体系中的人一样，认为新工党和我把精力集中在对付反社会行为、家庭破碎、难民之类问题上的做法，源于我们追求适度平民主义以获得并保持权力的迫切渴望。他们并不相信，我们那样做是源自真诚的愿望，想在一个老式手段已经失效的世界里改善生活。

所以，在1998年，我跟新任内阁秘书理查德·威尔逊爵士开始了第一阶段的文官体系改革。公平地说，他完全无法适应改革的需要。不过——这是我的错，不是他或者文官体系的错——情况跟很多其他改革相似：说的时候头头是道，一旦真的动手去做，就躲起来了。

这就是让我不安的原因。我开始担心：为了改革的需要而与工党对抗算是容易的；与这些非政治利益以及公众意见对抗，才是困难的——却也是非做不可的。

我迅速地学习着，我所学到的知识极吸引人却也吓人。问题根源很深，涉及整个系统。1998年冬季假期间，忙于应付各种危机的我抽空翻出了1997年的宣言，重读它在公共服务和犯罪方面的承诺。其谨慎让我发笑。挑战并不在于实现它们。挑战在于：那又怎样？等候名单上的已治疗人数增加到十万——名单上的总人数一点没减，只是已治疗的人数变了。婴幼儿班级的人数小于三十——并非所有班级，只有五、六、七岁幼儿的班级。把少年犯送上法庭受审的时间减半——并非所有罪犯，只有少年犯——以及少年犯人数的历史峰值开始下降。新工党，新英国？笑话。

可是,想更加深入,想改变体系,则完全是另一种政治和实践任务了。调整系统,人们几乎感觉不到变化;改变系统,那么它所维系的利益方就会从各个渠道冒出来。

现在写下这些文字,回顾当年时,我从各种演讲和会议之中都察觉到一种缺失了什么的焦虑:有某个层面,我们仅仅是瞥了它一眼,更别说理解了,但它却很重要,甚至是生死攸关。如今的我当然已经知道究竟缺失了什么。可是当时,我的眼前有如云雾笼罩。

这种焦虑反映在了1998年的年会报告中。几个星期前,我们把内阁成员召集到契克斯别墅去。我们如常听取了菲利普·古尔德关于民意测验和保守党完全无能的报告。大家开始担心承诺兑现的问题。记得我告诉他们,1998年5月有个人给我写了一封投诉信,开头就说:"如今你已经掌权好几年了……"人们已经开始不耐烦。我要说的是,我也开始不耐烦了。

当菲利普数落保守党人如何如何时,我环顾房间。我们身处楼上的大接待室,是那种巨大的客厅,装饰着17世纪荷兰木护墙板,虽然从不用作餐厅,却摆着一张漂亮的桃花心木大餐桌。在首相所坐的主位上方,悬挂着沃波尔的画像,跟唐宁街的内阁会议室里相同位置悬挂的那幅一样。沃波尔是英国第一任首相,也是任期最长的一位(将近二十一年);他的政策随王室的兴致而变,常常受人厌恶,却也非常高效。画像里的他带着一丝微笑,总让我觉得有点像约翰·史密斯:平时仁慈善良,但是在被惹恼的时候就不同了,还变得很危险。

我回想这个房间的历史,想到了张伯伦。他喜欢亲自照料契克斯别墅的玫瑰花园,他的私人日记至今还放在书架上。张伯伦受到了历史的谴责;把某人比喻为张伯伦是政坛最狠的侮辱之一。然而,他做了什么?第一次世界大战牺牲了数百万人,其中包括他的很多亲朋好友。在一个仍然承受着苦难的战后世界里,他悲伤,并且在悲伤之中发誓阻止另一场这样的战争。这样的抱负并不坏;事实上,这是一个高尚的抱负。

曾经有一天,我在书架间漫步时,拿起他的日记,开始阅读他和希特勒之间那次著名会议的记录。当时是在《慕尼黑协定》[①]签署之前,会议地点是位于巴伐利亚高山之上的贝希特斯加登的一座房子。张伯伦描述,希特勒跟他打完招呼之后,带他走到别墅的顶楼。那里有一个房间,里面除了三把朴素的木椅

① 一战后,阿道夫·希特勒在德国城市慕尼黑成立纳粹党并且签署了《慕尼黑协定》,此协定被公认是1938年德国与英国、法国、意大利的绥靖政策的标志。

之外，什么都没有。他们两人加上翻译，刚好一人一把椅子。张伯伦回忆，希特勒如何在两种精神状态之间来回变化：抱怨《凡尔赛和约》[①]的不公平；愤怒地嚷嚷，甚至咆哮着说捷克人、波兰人、犹太人是德国的敌人。离开时，张伯伦深信，自己刚才见的人是个疯子，是个真正有能力作恶的人。正是此处引起了我的兴趣。我们受到的教育都说，张伯伦是个受骗者；是个被希特勒的魅力迷住的傻瓜。他不是的。他对希特勒的邪恶有着十分清醒的认识。

我想象着自己是他，像他那样思考。他知道那个人很邪恶，可是他无法知道对方究竟邪恶到什么地步。如果惹恼了这个人，会造成什么样的破坏？所以，与其惹恼他，不如容忍他。时间会继续往前走，德国终会清醒过来，运气好的话，希特勒先生也会。

从这个角度看来，《慕尼黑协定》并不是领袖受骗的结果，而是领袖寻求拖延的战术，希望推迟战争，希望环境能发生变化。最重要的是，这个协定是一位深知战争的悲伤与痛苦的领袖竭尽全力避免流血的结果。

也许是《慕尼黑协定》的签订使他过于放松，他自大地容许协定给人留下一种是战略而不是战术的印象。这很容易。签署《慕尼黑协定》之后，张伯伦从机场返回——挥舞的那张宿命的报纸注定了他在历史上的地位（他本人没有意识到）；沿途人群夹道欢迎，把他视为英雄。在许久以前没有安全门的那个年代，人们可以随心所欲地在唐宁街上来来去去，所以那一晚唐宁街10号的窗外人头攒动。大家呼喊着他的名字，向他欢呼，他不得不在凌晨时分走出门外对他们说话，之后人群才散去。

张伯伦是个好人，他的动机很善良。那么，错在哪里？错在没有认清根本问题。这正是当领袖的难度所在：你必须能够第一时间识别出根本问题。这听着像废话，却是明摆着的事；然而，仔细思考一下情况，你就知道不是废话了。

你也许认为，根本问题是：是否可以容忍希特勒？这正是张伯伦的想法。总体来说，他认为自己可以。按照常理，张伯伦本来应该是对的。希特勒已经占领了奥地利和捷克斯洛伐克。他在德国已经至高无上。还不满意吗？跃过界线，令战争无可避免，那将是多么疯狂的行为。

然而，这并非根本问题。根本问题应该是：法西斯主义是否代表一种强大而根深蒂固的力量，是否必须被连根拔起、彻底摧毁？这样一问，敌对确实无可避免。接下来的唯一问题就是什么时候行动、怎么做了。

---

① 于1919年6月签定，终结了第一次世界大战。

换句话说，张伯伦采纳了一个狭隘、片面的观点——希特勒是个领袖，德国是个国家，1938年是历史长河中的一个瞬间：是否能容忍他？

而事实上，希特勒是一种流行于好几个国家——包括德国在内——的意识形态的产物，也是始作俑者。1938年，法西斯主义的势力达到顶峰，它不会按照张伯伦的思维方式去行动，而是按照那种意识形态而动。张伯伦错判了问题，于是给错了答案。

然而，天呀，容忍是多么容易。与此形成对比的是，丘吉尔找对了问题，也给对了答案。丘吉尔：受到很多人的厌恶；不受信任，以至于国王不想让他加入鲍德温的政府；因为在第一次世界大战期间错误地发起达达尼尔海峡战役，以及20世纪20年代实行金本位政策而遭到谴责；要不是1940年哈利法克斯拒绝接受首相任命，他差点当不成首相。

他曾经坐在契克斯别墅的同一张桌子前，偶尔发布广播讲话。他爱契克斯别墅。他解雇了厨师，因为汤煮得不好；他把长画廊变成电影院；他常常在床上待到中午，对助手们发号施令；他在晚上十点左右才吃晚餐，用大量的香槟和白兰地把食物一股脑儿冲下去，然后工作到凌晨两点。他爱度假！

就这样，在别墅开会的我，看着围坐在这张满载着回忆、倾听了无数话语和会议的著名桌子前的同事们，心里想的不是战争——当时不是，而是，我感觉到的不安与我是否问对了根本问题的疑惑之间，有怎样的联系？我知道，必须继续以有力的手段率领工党前进，必须把立场坚决地钉在中间。轮到我发言时，我的重点不是民意测验，也不是保守党，而是几乎完全放在了改革的最高需要上，尤其关注的是，我们不能仅仅局限于往公共服务中投入更多金钱。

我的不安在于：也许真正的问题并不是工党未能现代化，至少是不仅如此。也许问题在于，国家并不真心买账。如果我必须应对的并不是工党，而是作为我的盟友、作为支撑我的那根树枝的树干的公众，该怎么办？这不是一个让人安心的念头。

我们爬得很高，国家虽然不耐烦，但基本上还是支持我们的；保守党落后得不见影子，我们的政治地位高高在上，何必去冒那个险？所以，是的，我们应该继续改革，但是不能走得太远，或者步伐快得让人们无法跟上，那样他们就会迷失或者动摇。说实话，我们还在学习。1998年3月，我们公布了一份《福利改革绿皮书》，开始实行税款抵减政策，启动针对孩子的“良好开端计划”，为旧城区引入最低工资、读写和计算能力策略、教育行动区等概念。NHS热线正在建设，首部反社会行为规则获得通过。我们有行动，行动有影响。

然而，还是一样，每一次我都感觉到不满情绪的存在。如今我们已经实施了一些不错的政策改革，早已超出我们在1997年宣言里所作出的那些极为有限的承诺，然而，它们就是它们——仅仅是步骤，没别的了。读写和计算能力小时数是小学教育的一个进步，然而，公立学校真正的阿喀琉斯之踵[①]是理解能力下降，尤其是在城市，怎么应对？还有本地教育机构的失败，以及教育行业的情况。税款抵减政策，以及《福利改革绿皮书》的各种手段——包括在现有的国家退休金基础上增加新的托管退休金，由雇主为雇员提供加入机会，费用低廉；还有新的"从福利到工作"刺激计划；旨在为失业者提供额外帮助的新"就业区"；还有统一的就业服务和福利机构——这些都非常好，然而，那一百七十万（数目还在增加）领取丧失劳动力补贴、不再为生活而工作、连一点点出去找工作的动机都没有的人，又怎么应对？我们谈论失业人数的急剧减少，但这个数字掩盖了丧失劳动力补贴领取人数大幅增加的问题——它从保守党执政期间开始，在我们的手里延续；在这个关键领域里，绿皮书所提供的，不过是些修修补补的改变。

类似的，NHS热线是一个未来的概念，是用来应对癌症和其他慢性疾病的特殊策略。它和额外的医生、护士一起，正在改变健康服务，但这只是部分解决方案。摆在面前的，是长期的、地区性的问题，包括越来越长的等候名单、漫长的等待时间、过时的治疗方法和NHS提供给患者的无效选择。NHS系统的情况是如此严峻，以至于每年一度的"冬季压力"噩梦降临时，我们都屏住呼吸，期望这个系统不会在1997年后的第一个冬天就彻底崩溃。还有，刑事司法系统仿佛不受任何改革的影响，而更进一步地侵犯犯人权利的做法和更加官僚气、更加妨碍警方和法庭的流程的现象却在增加。

为了在改革和愿望之间的沟壑上搭起桥梁，我们给这些零零碎碎的改革措施定出一套指标，以便消除最长的就诊等待时间，提高学生的读写和计算能力，提高获得普通中等教育证书的分数，等等。我们还新建许多全国机构和组织来推动改进，例如全国执行机构、NHS中的国家临床技术研究院、全国读写和计算能力策略组，还有一个新的国家学校领导学院——为新的学校领导提供必需的领导能力培训，以提高教育行业水平。这些都是合理的措施，可以提高额外资金的效用，促使各部门及其下属机构更加努力。我们还要更进一步——正如我后面描述的——在2000年7月公布了一份完整的《NHS计划》，

① 阿喀琉斯是希腊神话中的勇士，其致命弱点在脚踵处。阿喀琉斯之踵比喻要害。

把更高的员工灵活度、更分散和更短的等待时间突出出来,成为主要的优先工作项。多亏了最近的综合支出评审,这些目标将会伴随着NHS开支的阶跃变化和NHS的改革开始落实而实现。

然而,虽然我们更加用力鞭打坐骑,却只能取得部分进展,于是我渐渐明白,尽管额外的资金投入显著增加,可是这种从中间开始,通过从上到下的逐步改革来推动改进的方法,也就只能做到这个程度了。我看得越来越清楚,这些集中式系统的本身、第一线管理者的丧权,以及拒绝为使用者提供应有的选择机会的做法,才是问题的根本所在。我怀疑——虽然这对于工党,尤其是大部分大臣来说仍然是异教邪说,但我的政策组里的某些更激进的新进成员也有同样的疑惑——我们这样一口气把NHS中的家庭医生职权和教育系统中的政府拨款学校拆除出来,是否正确;我们是不是应该把这些概念纳入各地的自治体系中,以便分散NHS和教育系统中的管理,摒弃我们从保守党那儿继承过来的由于改革资金不足而产生的不公平。

我跟一些能干的志愿者谈过,也跟渴望加入公共服务行列却遭到阻止的私营企业供应商谈过。从这些交谈中,我了解到各种妨碍优秀独立供应商在健康、教育和其他公共服务方面参与经营的限制,对此也越来越感到恼火。在我看来,这是困扰了整整一代左派人的手段和目标混淆问题的经典案例——克服它,是新工党的任务。我们想让大家都能公平享受公共服务,需要的时候就能用上;我们并不需要所有服务都由公有企业来进行垄断经营,也无须受那些通常对创新和诚恳的本地自治抱有深刻抗拒态度的国家和本地官僚机构的僵硬控制。

简而言之,我们的口号就是在公共服务方面,"投资和改革并行"——在措辞上强调,新工党和旧工党(投资但不改革)之间、新工党和撒切尔领导的保守党(改革却不投资)之间的巨大差异。然而,改革的规模与投入资金的规模之间,应该如何匹配?

在福利、法律和秩序方面,我同样担心,我们有一句好口号——"权利和责任并行"——却缺乏可以支撑它的综合政策。不仅福利系统方面如此。我的另一个重点关注对象是反社会行为。为了根除不断为许多人的生活带来痛苦的轻微罪行危害,为了打破围困一代又一代人的失业状态,我们究竟对公屋区采取了什么改革?警察的增加和警察制度改革——采取的措施如雇用社区辅警,他们可以更专注地从事大部分社区警务工作——也只是部分解决方案;警察还需要更好用、更快速的制裁手段,这意味着需要革新刑事司法系统。我们必须把概念变为政策，却只能断断续续而痛苦地做着。

对新工党，对新工党与我们继承并且发誓维持和改进的这个福利国家之间的关系，我开始进行更为系统的思考。我们所认识的福利国家和公共服务，是在第二次世界大战的硝烟散尽之后创建的，但它们的根源来自劳合·乔治的早期预算、凯恩斯的开创性经济学说以及贝弗里奇把先见之明和对细节的把握相结合的结果。国家是提供者。

资本主义曾经推动工业革命。在无管理、无限制、无约束的情况下，它的巨轮从无数人身上碾过，榨干他们的汗水和利益。但它也促使人们团结起来，看清自己并不是作为个人，而是作为一部整体机器辛苦流汗的，实现的却不是他们自己的利益，而是资本家的利益。

从这种集体抗争之中，诞生了工会、合作社、体现集体对抗资本碾压车轮的精神和意志的伟大机器。对于某些人来说，这种对抗的目的是铲除资本主义；对于其他人来说，目的是让它更公平。

在这场斗争的过程中，诞生了一种思想：要改变社会，就必须有政治组织，必须有民主政治。民众是大多数。他们应该掌控这块大地。那些已经获得太多的人，应该对拥有太少的人屈服。那些靠着资本赚取利润的人，应该对靠着劳动获取利润的人屈服。

从这种思想而来的国家概念，并不拥有绝对权威，而是这种集体意志在政治和社会上的表现；国家并不是有着“重大国家事务”的那个国家，而是对无法自立者进行施予、供给的国家。

于是，国家开始扩张，先是进入退休金和社会保险领域，然后是教育，最终在战后进入NHS领域。国家也开始规范起来：健康和安全法律，采矿法，未成年人保护法，20世纪60年代和20世纪70年代的裁员和不公平解雇法规。国家将给予保护。它的权力可以管理、限制、约束资本的力量。

然而，随着时间的流逝，两件事情的发生对改革的政治家造成了深远的政治影响，其波及的范围不止是英国，还包括所有曾经经历过同样改变过程的地方。首先，随着国家对人民的生活条件的改善，想教化资本主义的人与想消灭它的人之间，分歧越来越大。在五十年或者更长的时间里，这样的分歧使工党痛苦不堪，它意味着党内的分裂不仅跟手段有关，还跟目标有关，它使党内丧失凝聚力，足以致命。其次——为了改革，为了更重要的意义——国家继续膨胀，随着它的膨胀，它的成功恰恰成了问题。突然之间，在资本既得利益集团的身旁，人们可以清楚地看到，多出来一个国家既得利益集团。官僚机构是由人来运作的。人是受利益驱动的。市场压力可以促发改革,但是在公有企业中缺乏类似的压力。放任自流之下,它开始膨胀。政府可以改变它,然而政府是公有企业的使用者,依赖它,同时也是它的一部分。

不仅如此——部分也是国家成就带来的结果之一 ——随着商业的繁荣和发展,国家的受惠者发现,自己交的税款正是它的资金来源。

20世纪30年代,在国家的力量完全发展起来之前,当公众还是"公众"的时候,政治上的中间路线很容易就能定义出来。它是一个公有企业,拥有资产,根据公平原则管理利益;它的身旁是一个得到恰当管制的私有企业。哈罗德·麦克米伦在1936年写成《中间路线》一书。在那个时代,这本书非同凡响,它精准地指出了社会民主政治路在何方。而这种政治,直到20世纪60年代才出现。

这就是我想说的。到了20世纪60年代,我们才赶上20世纪30年代。安东尼·克罗斯兰的《社会主义的未来》一书出色地试图把工党带进20世纪50年代的现实生活,然而我们直到20世纪80年代末期才真正地吸收它、理解它。

无论20世纪80年代撒切尔改革对私营企业的冲击如何巨大,我们所继承的是大部分没有改变过的公有企业;我们的初衷并不是想改革它们。国家还是1945年之后的那个国家。事实上,假如克莱门特·艾德礼能在1998年回到人世间来查看现代的英国,很多事物都会让他大为吃惊;然而,福利国家,跟白厅①一样,会立刻听到他向老朋友发出的问候。

此外,我还强烈地意识到更深层的政治复杂性,它直接涉及改革和我所感到的不安。正如我前面所说,今天的人们很大程度上是福利国家和公共服务的受惠者和资助者。不幸的是,这意味着他们想以更少的代价去获得更多的福利。而且,同样不幸的是,他们完全有权利持有这样的观点。

这也使他们可悲地成为身处服务系统中的人的猎物。他们被告知,改变会伤害他们。明摆着那些经营公共服务的人既要服务公众利益,也要满足自身利益,而大部分政治家除了公众利益之外并没有其他行为动机,但是民意测验却显示,NHS系统里的医生如何受到尊重和信任,政治家的观点如何受到藐视(1998年英国医学协会第一次对我们发动攻击),这样的结果每每让我心烦不已。

这一切我都知道。诚实地说,我并不愿意对我们尝试去做的事情的真正根基大加质疑。到那时为止,我们所做的事情在政治上效果不错,目前来说,已经

① 英国伦敦的一条宽阔大道,是英国政府一些办公机构所在地。

足够了。

在NHS中，我们开始重组NHS系统本身。委托的权力正在下放给基层护理信托基金，那些基金本身由家庭医生进行管理。渐渐地，他们将能掌管预算，跟医院信托基金进行谈判。可是，现实情况是，确保急诊住院、手术、咨询预约等方面的大部分委托已经落实，而且它们并没有其他供应商可供选择。类似的情况是，家庭医生们完全垄断了市场。竞争，即使在一个毫无希望的服务业里，也彻底遭禁。最后只有不同的小角色之间可以进行磋商，然而，就算他们不满意，其实也没有多少办法。

我们当然增加了投资，也在进行招聘更多的员工等工作，然而，在一个庞大的机构、欧洲最大的单一雇主那里，这些动作并不足以引起注意。

我们曾经发誓要清除由持有基金的家庭医生和普通家庭医生组成的所谓分裂的内部市场。这是一个受限的市场试验。有些家庭医生很支持，其他人对此十分痛恨。它确实会造成双层系统，跟文法学校的情况一样。但这种批评的问题在于，未经改革的系统同样有其层次。中产阶级总能找到方法使系统运作起来，或者至少找到这种、那种形式的答案。所以，好的学校——不论是不是综合性学校——都在好社区里。

于是，在那段时间里，大概是从1998年3月到1999年12月吧，我们进行了大规模的政策反省，其间绿皮书、白皮书一本接着一本，政策之轮转个不停，文官累死累活。我跟政策专家们、智囊团、戴维·米利班德领导的唐宁街10号顾问团进行辩论，但是，正如我所说，我怀疑我们方法不正确的预感也越来越强烈。并不是说它出了毛病或者没有效果——它是有效的，而是说，它至少是不完整的，缺少了某个因素，而且不是外围因素，是核心因素。

奇特的是，没有一个外界组织、一所学院或者一个学习中心能够提供那个因素，也许除了理查德·莱亚德在伦敦经济学院为我们编撰的《新法案》。过去，我常常仔细钻研各种赫赫有名的学院或者学术部门最新发布的文章，却找不到任何对政治实践有帮助的内容。它们的问题在于基本上只想讨论改革问题背后的意识形态。它们以一种奇异的方式专注于政治——却不是我需要、对我们有帮助的那一种。我需要实用的答案。在我看来，是否对NHS系统发起冲锋是一个政治问题或者意识形态问题，可是，寻找缩短等候名单的最快方法就并非如此了。

虽然我们竭力思考解决方案——“能用为上”，但严酷的真相是，福利系统和公共服务系统错综复杂，在外界学术支援有限的情况下，我反复提出的问题是:什么“能用”?于是,我们继续沿用已经用过的法子——由中间往两边推动,回避深层系统改革。结果是,我们无法实现能够自我衍生、自我持续的改革,只能做一些来源以及持续动力都来自中间的改革。

尽管如此,1998年的工党年会上,党内还是议论纷纷。它启动了第三条道路——不是以前的左派,也不是撒切尔主义的右派;我们已经看到足够的征兆,显示情况在变化;公平地说,有条基本信息是恒常不变的挑战之一,至少对工党是如此。它强烈要求责权下放,不论在国内,还是在国外与欧盟和美国之间的伙伴关系上,都是如此。它的主题都很正确,也按下了所有正确的按钮,并且总体上来说,产生了正确的回应。

会后,当我跟自己的核心团队——乔纳森、彼得、阿拉斯泰尔、安吉、萨莉和彼得·海曼——坐在一起时,我知道,我们的旅程才刚刚开始,前面仍然有一座大山等着我们去学习、去攀爬;我百感交集,焦躁、沮丧与获得成就、政治成功的骄傲感互相碰撞,当然,其中还夹着对辩论与现实情况无法协调的模糊了解。

问题的另一个部分是,人们对政策辩论已经越来越欠缺真正的兴趣。保守党人在很多方面已经失去了战斗力,还在舔伤口,除了在欧盟问题上,再也懒得反对一个走中间路线、使他们难以弄清方向的政府。

更有甚者,随着时间的流逝,媒体已经渐渐形成一种模式:如果没有重要论战或者生动焦点,他们就没有什么真正的兴趣去描述政策。例如,他们更愿意专心报道哈丽雅特·哈满和弗兰克·菲尔德——前者是社会保障大臣,后者是福利改革大臣——唱的双簧,而不是繁复的退休金辩论。无可否认,这个故事相当引人入胜。哈丽雅特其实并不是个政策书呆子,但其职责却需要浓重的书呆子气;弗兰克其实并不是只政治老狐狸,而其职责却需要相当的政治机灵劲。

结果就是严重的不匹配,如同某种“黑心婚姻介绍所”犯下的错误。弗兰克在大局方面非常有说服力,可我似乎无法使他把注意力集中到实用政策上来。哈丽雅特急切渴望支持政策,却不太理解她要做的是设计该死的政策。

弗兰克以前喜欢把自己锁在办公室里“异想天开”,但问题是,与其说他的想法是天马行空,还不如说是无法理解。哈丽雅特则是大呼小叫、心烦意乱。他们俩会在内阁委员会上互相反驳,已经不止是让人微感不安。结果是,我们竭力在唐宁街10号之外推行政策,却困难重重。当然,政策领域本身也困难得让人难以相信。结果无法令人满意。

我在7月改组时把哈丽雅特换掉了，值得赞赏的是，她欣然接受。而弗兰克，当我拒绝任命他为大臣时，他辞职了。很尴尬，虽然我真的很喜欢、很尊敬弗兰克——他有一个真正自由独立的灵魂，却也放下了心头大石。有些人天生适合从政，有些人不是。他是后者。就是那么简单。

工党年会之后，我们开始积极筹备女王演讲。虽然由于各种原因，我不是非常满意福利改革方案，但它将是演讲的重点内容。演讲前的几个星期——那年的演讲安排得离年底很近——为了给之前那些密集的议会会议善后，它被推迟到了11月24日。这是一次各种大事、琐事（或者至少是感情事件）劫持了正常日程的直接教训。

10月27日早晨，乔纳森·鲍威尔和阿拉斯泰尔·坎贝尔突然打断各种常规会议，把我"拎"到了唐宁街的餐厅里。他们两人凑在一起，总是意味着麻烦。他们告诉我的话，让我的眼睛越睁越大，最后活像个甲状腺肿大病人。事情的经过是那种包含大笑、皱眉、屏息、哀伤的常见过程之一。

威尔士事务大臣罗恩·戴维斯在克来芬公园遭到一名黑人男妓打劫。我一时不知如何是好，于是，我们把罗恩叫到唐宁街10号来。

"这事非常容易解释，"他开口说，"我在威尔士度周末，然后开车回伦敦。半夜时分，为了活动活动腿脚，我决定到克来芬公园散散步。"我们几个满脸迷惑。"路上偶遇这个信奉塔法里教的小子，就聊起天来了。你们知道的，你们也会呀。"我们纷纷扬起眉毛。"他说：何不去吃点咖喱菜？我说：好主意。然后我坐上了他的车。"因为惊讶，我们的下巴开始往下掉。"然后，我们跟他的几个伙伴会合，突然之间，我就受到了袭击，被打劫了。这事谁都可能遇上的。"

我们惊得鸦雀无声，过了好一会儿，才异口同声说："呃，没这么简单，罗恩。"

我知道，这样的开场真是既荒唐又滑稽；可是，它同样意味着某人的事业和人生将就此被断送。这正是政治生涯难以置信的残酷之处。当然，事情本身再愚蠢不过。在我协助起草的罗恩的声明中，我把事情描述为"疯狂的时刻"，可我知道，他的事业无药可救了。问题跟性事无关，而是他的判断出错。我为他感到十分惋惜。我从1983年就认识他了，当时我们是一起进入议会的。他是个能干的管理者，虽然大部分人觉得他做管理者过于精明，让人不安。然而，这样的下场真的很不值，无论是对谁而言。

很自然地，接下来的辞职过程其实跟我处理过的任何人的辞职一样。起初，他们理解，并且答应了。接下来，他们领悟到事态的严重性，开始反抗，最终产生怨恨。罗恩的反应跟这模式一模一样。而且,他们受到人们的追逐,这对于他们自己和家人来说当然都是巨大的压力。罗恩的辞职是无法避免的了。

然而,随着时间的过去,我对这种辞职带有的强迫性越来越反感,而且,它在很大程度上取决于被揭发的情况。

令人难以置信的是,罗恩走了才几天,《世界新闻报》就抓拍到了尼克·布朗——7月改组时我们把他的职务从组织秘书转成农业大臣——跟某个据称是"娈童"的人在一起的照片。相当迟钝的我居然从来不知道尼克是个同性恋。阿拉斯泰尔告诉我时,我真有点天旋地转的感觉。一个星期之内,两起同性恋丑闻。而我曾经十分清楚地承诺过,要将同性恋和异性恋同等看待。克里斯·史密斯作为内阁大臣,不久前才勇敢地站出来承认自己是同性恋。人们已经知道彼得·曼德尔森也有断袖之癖。我有点担心,公众也开始变得对什么事情都大惊小怪起来。

公平地说,《世界新闻报》在周日版出版之前的星期四,就揣着那个故事跟我们取得了联系。阿拉斯泰尔英雄一般地说服了他们以尼克主动承认自己是同性恋的方式来进行报道。结果呢,故事从一个肮脏的丑闻变成了一次诚实的坦白,尼克得救了。

我们撤去他的组织秘书职位时,他曾经非常愤怒;我还知道,他多多少少还在继续帮助戈登反对我,而且实际上可能自始至终都在那样做。可是,当同性恋身份被揭露时,他得救了,虽然主要原因是我们竭尽全力去救他,但他不再是组织秘书也是重要原因。在这个问题上,身为领袖,你无法挽救所有遭到不公平待遇的人。你可能以为,尼克会心怀感激。一点也没有。他我行我素,相信自己受到了不公平待遇,我应该去帮助他;而实际上,我完全可以趁此机会,当时、当场就把他了结。然而,我们没有那样做,因为我们不是那种人。奇怪的是,一直以来,我们都被描述成一架冷酷得令人无法相信的机器,但是实际上,我们很有同情心;而且在某些时刻,其实是太有同情心了。

1998年圣诞节之前不久,发生了一次影响很大的辞职事件,过后我深感后悔,时至今日,虽然当我重读阿拉斯泰尔关于此事的日记,以及媒体如何为它而疯狂的准确记录时,很难看出自己要怎么样才能挺过来,但我仍然自责。

事情是这样的,基本上来说,彼得·曼德尔森从财政部主计长杰弗里·鲁宾逊那儿借了一笔贷款,买了一幢房子;贷款的数额在那时确实巨大:三十七万三千英镑。彼得是工业大臣,他的部门为了回应保守党人的一次投诉,正在组织调查杰弗里的业务往来,时间刚好是在贷款之后。彼得没有把贷款的事情告诉自己的常务次官。他本该说的。我并不认为他不说的理由是因为不诚实。事实上，彼得跟调查杰弗里的事根本不相干，也不打算干涉。如果他说了贷款的事，事情还有回转的余地，虽然事情发生之后，媒体完全没有从那个角度去进行报道。

按照我当时处理"丑闻"的习惯，我叫来了大法官德里·欧文和最近才成为副检察长的查利·福尔克纳，听取两位法律好手的意见。两人都认为非常难办。

我把事情压了两天，反正我当时正忙于处理美国军队的伊拉克行动方案。《卫报》首先报道了这件事，其他媒体蜂拥而上。局面一片混乱。好几个内阁成员打电话来说，没有希望了。亲爱的老杰克·坎宁安——我们把他从农业部换去做内阁办公室部长——出面维护，可是就连他也觉得困难。感谢上帝，至少议会没有召开听证会。

到了12月23日，我感觉难以为继了。我悄悄溜出去跟彼得谈，他极有风度地接受了我的决定。我还解雇了杰弗里。我也告诉戈登，他的发言人查利·维惠兰同样得走。

我的感觉不止是愤怒，更多的是真实的哀伤和一种毁灭感。事实上，我不知道是戈登的人把事情泄漏出去的——你无法确认；但贷款协议的参与双方只有两个人，我敢肯定彼得没有告诉过任何人，因为他连我都没告诉。得到消息的是《卫报》，而不是《邮报》或者《世界新闻报》；因此，更可能是党内有类似查利·维惠兰那样的人提供的消息，因为当时的《卫报》多少有点党内报纸的意味。

有一点是可以肯定的：无论是谁，那肯定都是恶意阴谋的结果。这不是讲故事，这是政治谋杀，目的是毁掉彼得；同时也是为了打击我，狠狠打击我，而完全不顾对政府造成的冲击。

圣诞节那天，我坐在契克斯别墅里，沉思此事。彼得是位才华横溢的大臣，拥有真正的活力和想象力，受到其属下的爱戴（相信我，这是很难得的）。他是政府的得力干将，也是新工党的关键成员。这件事将会终结他的事业。某人在明明知道这一切的情况下，还把消息泄漏给《卫报》。这样的人，究竟抱着什么心态？绝决，报复，近乎邪恶。这其中的含义叫我害怕。人们总是认为政治家之间的相处就像杰弗里·阿切尔或者迈克尔·多布斯的流行小说描写的那样，可是根据我的经验，不是的。他们有竞争、诽谤和破坏，但很少会达到真正黑暗的程度。然而，这次的事件达到了。

从某种程度上来说，我知道解雇查利·维惠兰是不公平的，因为，正如我所说，我真的不知道他是不是责任人；而且公平地说，他也否认了。然而我也知道，如果我不炒掉他，那么从长期来说，我们也许会受到可怕的教训，承受不堪设想的后果。所以，几番来回之后，他走了。

当时，我肯定彼得必须辞职。但现在想来，我没有那么肯定了。麻烦在于，很难完全理解身处媒体风暴的中心会是什么感觉，除非你亲身经历过。

当媒体决定针对某个人时，他们会从故事开始。那故事也许是真的，但随后就会被加以修饰。如果遇到抵抗，他们只需要增加压力，直到风暴变成记者们的恐吓工具。如果抵抗继续，他们基本上就会说：好吧，我们会继续报道这个故事，直到那个人辞职。于是，问题就从一个故事变成彻底淹没政府日程的洪水。没什么事，却什么事也做不了。

相信我，打算坐等风暴过去是非常困难的。在我的首相任期快结束时，当一切谨慎终于随风飞散后，我确实受过一次煎熬（当时的呼声是要特莎·乔韦尔和约翰·普雷斯科特辞职），但那是一场可怕的力量之争，身为首相和工党领袖，你要考虑其附带的伤害，而且有一种避免它的责任感。

然而，我仍然希望，自己能坚持下来。那是早期的一次与媒体力量的较量，我认输了。公平地说，我也觉得彼得没把贷款的事告诉他的常务次官，又笨又错；正如后来他在2001年的辞职，他在那个过程中并不总能帮上忙。不过，你知道吗，最终，那已经不重要了。重点其实无关友谊或者忠诚，而是关涉国家。在政坛，天才有限。特殊天才——他是的，而且非常独特——应该被挽留下来，为国家服务。戈登当上首相后，彼得征询我的意见，问他是否应该回去任职，我毫不犹豫地说应该。他缺席于我的政府已经是巨大损失；对于任何政府来说，他都是巨大的资产。就是那么简单。所以，在政府中，你学到的并不只有政策。

在节礼日[1]，我前往塞舌尔群岛。可怜的老阿拉斯泰尔打电话来告诉我说，新闻报道多么吓人，如何猛烈地抨击我，而我却坐在阳光下，或者在小船上钓鱼，或者只是轻轻松松地跟保镖们和当地人踢足球。这样的情况叫他抓狂。他觉得，他在抵挡子弹，我却"悠游自在"。可是，他永远无法理解我和我的假日。真相是，我已经到达忍耐的极限，我需要阳光和一个离威斯敏斯特、白厅、唐宁街和舰队街[2]越远越好的环境。阿拉斯泰尔打来几次电话，想确定维惠兰那事的细节，最终却沮丧地放弃了。我说过，维惠兰必须离开，细节我不在乎。他

---

① 圣诞节后的第一个工作日，传统上这天应该向雇员派送礼物。

② 位于伦敦市中心，是英国许多报纸发行商的总部所在地。

必须走。

然而，使我到达忍耐极限的原因，并不仅仅是此次辞职事件的轻率。1998年的11月和12月基本上都被伊拉克的事情占据。11月11日，我跟国防大臣乔治·罗伯逊、罗宾·库克和国防参谋长查尔斯·格思里上将开过会。萨达姆把武器核查人员赶走了，因为他们写了一份谴责报告，讨论一些突出的问题，包括大规模杀伤性武器以及萨达姆继续发展相关项目的野心。克林顿总统考虑进行武装打击。查尔斯平静地跟我一起审阅我们可做的选择，以及参战可能造成的伤亡人数。他一如既往地坦率、清醒而且坚强。第二天，我跟内阁讨论，乔治警告说，这是萨达姆自海湾战争之后最厉害的一次行为。

11月14日星期六早晨，我们再次在唐宁街开会。我们决定下午四点开始实施空中打击。突然有消息传来，说克林顿决定暂停行动，因为萨达姆刚给他写了一封信，说会重新接受武器核查员。然后，我们也收到了那封信。内容全是空洞的、典型的萨达姆式废话。接下来的十八个小时，到星期天凌晨四点三十分为止，我一直跟比尔保持联系。打击行动暂停了，一直对此忧心忡忡的罗宾长出了一口气。我决意保持跟美国的盟友关系，使其完好无损，而且在关键时刻能够发挥作用。

核查员回去了，可是很显然，萨达姆只不过是在拖延时间。终于，他们在12月中旬提交报告，内容还是谴责。这次，比尔决定我们必须采取行动了，于是，我们进行了为期四天的"沙漠之狐"行动，从空中实施打击。那段时间真是令人伤透脑筋，打击行动收效有限。大家普遍觉得，萨达姆又一次侥幸成功了。

第八章　科索沃

从反对党转变为执政党的觉醒产生于艰难的决策过程。作为反对党，如果有足够的技巧，你可以掩盖矛盾，隐瞒选择，模糊差异，为那些不和谐的、尖锐而又令人不快的决策披上一件貌似达成一致的外衣。因此，一切看上去都很平静。而作为执政党，你就是在刀尖上跳舞。一旦作出抉择，并开始采取行动，你可能就会被刀锋划到。

我对于国内政策的觉醒并非完成于一夜之间。也许是在最后一届任期，我才真正找回了自己在国内改革话题上的发言权。然而，正好相反的是，我对于外交政策的觉醒却完成于一夕之间，原因在于科索沃战争。

有关国内政策与外交政策的划分的偏差由来已久。很显然，一场国外危机可对国内政策产生举足轻重的影响，长久以来，一直如此。当今社会，有两件事让这二者之间的差异更加容易误导人们：首先，全世界已远比过去更加联系紧密，因此国内与国外更加难舍难分；第二，随着全球媒体的发展，国外危机常会实时在我们的电视屏幕上展现。这些很快也会成为国内的挑战。之所以会这样，不仅仅是因为它们对国内人们的生活产生了影响——如同对于世界经济或是移民的影响，同样也是因为人们对此抱有同情，投入了感情。比如，当以色列进攻加沙时，那被形象化了的战争本质，以及伴随战争而来的痛苦，立刻展现在了我们的眼前，连英国最偏远的地区也毫无例外能看到。我们被深深地打动。放在几十年前，应该需要像“中洛锡安郡运动”[①]那样的演讲才能让人们激

① 由威廉·格拉德斯通发表的一系列外交政策演讲。威廉·格拉德斯通（1809—1898），英国政治家，于1868—1894年间四度担任英国首相。

动起来吧。

然而与现实相比，即便是这样的描述也还是显得过于轻描淡写。人们不只是简单地被他们的所见感动；他们是真心关心那些人。他们的情感是真诚的。看到那些饥饿的非洲儿童，他们被打动，继而采取行动。看到不公，他们便期望他们的政府可以帮助改变这一状况。虽然他们最关心的还是发生在国内的事件，但对于国界之外的那些苦难，他们并不是无动于衷。

今天，所有这一切都比过去任何时候都更加强大，最终都会让这个世界，不仅是在经济或者自身利益上，还在情感上密切相连，包括心灵与头脑。我们谈到一个互相依存的世界，是指我们之间紧密相连，我们会面对共同的挑战，共同找到解决方式，在世界的一端发生的问题可以很容易地引起另一端的反应；这也是指从人性的角度，我们跨越了国界，比以往更加紧密相连。我们共享着我们居住的空间，有更多的共同点。旅行、大众媒体，网络以及现代的通讯手段都将我们拉向同一个方向：共同生存。就我个人而言，我喜欢这样。这让我感觉很舒服——不，不止是舒服，还有兴奋；一个逐步开放的世界让我们有更多的机会互相体验和学习。然而，即使憎恨这一切，我也得接受这一事实，这也可能是当代政治的真相。

在此过程中，外交政策与国内政策互相作用，并互有交集；然而我们却仍然乐意假装它们之间毫无关联。我读过很多书，在成为首相之前，我对历史非常了解；但是关于当代外交事务，我却知之甚少。1997 年的竞选几乎都以国内政策为本。在那个明媚的 5 月的早晨，当我第一次步入唐宁街的时候，如果有人告诉我在我的任期内，我会让英国卷入四场战争，我会很困惑，也会很惊骇。

现实总是如此。我想不起来有哪一位准美国总统是靠打着外交政策的旗号入主白宫的；又有哪一位美国总统在他的任期里，最终不都是为了外交政策而忙得焦头烂额。所有的政治策略家一般都认为，基于外交政策或者过度浸淫于此的大选都会是一场灾难，是走向末路的开始。(而我发现，很大程度上，这的确是真的。) 因为，公众认为外交政策是很重要，但与此同时却和他们每天所关心的事情相距甚远。

因此，在一个层面，公众理解我们需要了解国际形势；在另一层面，他们认为那不过就是一轮又一轮的峰会、宴会以及政治磋商。感觉这些很遥远——“这跟我有什么关系？”他们一般都会这么说。作为一名领导者，你意识到这种想法虽然也可以理解，但却是错误的。因为我们互相依赖。全球化拉近了人与人之间的距离。挑战需要人们共同来面对，而解决方案——无论如何，有一部分方案——需要人们共同来寻找。因此,大洲A所面临的挑战,如果真的很严重,很有可能会同样成为大洲B的挑战。“地球村”这个词虽是陈词滥调,却也是真实情况。这就是我们生活的现状。

外交政策与国内政策交互影响而产生的另一个后果则是:外交政策本身需要不同的方式来诠释。全球化的挑战需要全球化的解决方案。全球化的解决方案需要全球同盟。全球同盟不能建立在狭隘的国家自身利益的基础上,而需要以共同的世界观为基础。

以气候变化为例,这就是一个全球化的挑战。解决方案需要一个全球协议。协议需要发展中国家与发达国家——中国与印度,美国与欧洲——都同意。他们的国家利益取决于一个集体协议。除非公正对待处于不同发展阶段的所有国家,否则协议根本无效。根据此推论过程,国家利益依赖于对公平已达成共识的多国协议。

所有这一切的影响说明:传统外交政策观仅仅是基于国家利益,以及只与国家利益密切相关的东西,否则便保持冷漠中立的狭隘立场,这是错误并且不合时宜的。我碰巧和格拉德斯通的想法一致,我们都认为这是不道德的;可是即使我们想法不一致,我也相信在21世纪初期这种外交政策观已不合时宜。

这理所当然地成为了我担任首相时期,关于外交政策的主要争论点。当这个想法最终导致军事行动时,和我想法相似的人还不多。但当论及经济、环境以及其他问题时,这一观点被更为广泛地接受。这也彻底混淆了左派和右派,到最后我们处于一个尴尬的位置:支持施行自由民主,就是“新保守主义”观点;支持不干涉他国内政,就是“进步”观点。后来这种情况出现得更多。

1998年末,科索沃问题浮出水面,并在1999年初的几个月爆发。外交政策的决策过程的确像在刀尖上跳舞,并且真的带来了痛苦。

首先,随着柏林墙的倒塌,南斯拉夫的分裂所造成的问题依然未能消除。波黑战争所造成的伤口还未完全愈合。尤其是塞尔维亚当时仍处于斯洛博丹·米洛舍维奇的统治之下。宗教的、种族的、民族主义的紧张关系随处可见。科索沃——一个只有约克郡[①]或康涅狄格州[②]大小的区域,拥有一百万居民,绝大多数是生活在科索沃的阿尔巴尼亚族穆斯林——依然是塞尔维亚的一部分,而塞尔维亚是一个东正教国家。塞尔维亚统治者与科索沃人之间剑拔弩张。

---

① 位于英格兰东北部。

② 位于美国东北部新英格兰地区。

波黑冲突导致前南斯拉夫依据《代顿协议》分裂为数个国家，因为美国外交家理查·霍尔布鲁克的聪明才智与不懈努力，《代顿协议》于 1995 年后期签署。虽然西方社会经过两年时间才最终进行干涉——在此期间已有超过七十五万人死亡，但一旦干涉之后，在某种程度上，分裂使得和平成为可能。

1998 年 12 月，帕迪·阿什当在访问了那个地区之后给我递了一份备忘录。他报告说总体而言，形势正在好转；但就科索沃而言，情况正在变得越来越糟糕。科索沃解放军正在重整军备，以应对似乎正在准备入侵的塞尔维亚军队。1998 年年底，我们的情报人员也证实了帕迪的焦虑，他们报告说已有确切证据显示米洛舍维奇正打算授权发起一场大规模的塞族进攻。在之前几个月的时间里，已有数以千计的平民被驱逐，两千多人死亡。

1998 年 10 月，双方签订了一份临时协议，在国际社会保证返回科索沃的人有安全保障的情况下，部分平民重新回到科索沃。然而从那时开始，驱逐和杀戮一直没有停止。

这是种族清洗，而且，就发生在欧洲的边境上。1999 年的最初两个月，国际社会开始为采取行动而作准备。在法国朗布依埃举行的和谈试图达成协议。和谈通过了几项决议，发表了几项声明，每一天都发表声明谴责米洛舍维奇令人无法接受的所作所为，然而，杀戮与清洗却依然在继续。1 月 15 日，在科索沃一个叫拉察克的小村庄，四十五名平民被处决。我们发出更多的谴责，却换来变本加厉的清洗。数以千计的人正在死去。

3 月，北约最终采取了打击米洛舍维奇的军事行动。行动一直持续至 1999 年 6 月，面对地面部队加入行动的可能性——至少美国和英国可能派出地面部队，米洛舍维奇在沮丧中退兵了。这场失败导致他的权力日渐萎缩，并令他很快下台。大概有七十五万名难民重返家园。

科索沃冲突教会了我很多东西：有关政府的、有关领导力的、有关我自己的。现在，重新翻阅过去的文件，审视一系列的情势演变，我不由得啧啧称奇。这也彻底转变了我对外交政策的态度。

有很多事值得一提。首先，毫无疑问的是，国际社会的第一反应是采取行动，但却有极大的局限性；行动只是为了能够达成某项协议，确切地说，是任何协议，以便让各大媒体的头版头条不再报道此事。大家有强烈的愿望让事态平息，而不是彻底解决问题。

其次，从一开始我就非常直接地提倡以武力来解决争端。回顾过去，我发现，一直以来我都是如此：彻底并坚决地支持解决问题，而不是平息问题。这让我们的盟友们很恼火，也让我们自己队伍中的很大一部分人感到惊恐。

第三，在此种形势下，欧洲的优势和劣势都赤裸裸地展现了出来：擅于发表声明来阐明意图，而当需要将一切付诸行动时，他们的意图便如水汽般蒸发不见了。整个事件让我深信欧洲需要更强大的领导以及恰当的防御策略。

此外，我把最大的压力放在了我和比尔·克林顿的个人关系上。从这方面能了解他很多：正是出于纯粹的信任，他才允许我以那样的方式将压力加于他身上。从这方面也能更多地了解美国，他们已准备好，在最终的关键时刻，认可行动的必要性和行动时间。

科索沃对于美国舆论而言是个棘手问题。和之后的阿富汗和伊朗问题不同，科索沃与美国利益之间很难找出什么直接联系。对于公众或是政客而言，他们并没有多大兴趣对此事采取任何行动，更别提需要投入地面部队的重大军事行动了。美国人或多或少地认为这事发生在欧洲边境上，离美国千里之外，是欧洲自己的问题，而欧洲人应该下定决心解决这个问题。

在与官员们以及我们的军方讨论时，我很快意识到仅仅依靠外交解决不了问题，还需要依靠军事力量。在我们没能干涉波黑战争以及萨拉热窝惨案的情况下，米洛舍维奇并不觉得——这一点不足为奇——西方社会有多大意愿会对此采取强硬的行动，他认为，或多或少，他都能为所欲为。而结局和我得到的教训是，如果连采取军事行动的威胁都没有——是可信的威胁——那些暴行和压迫就不大有希望停止。即便有威胁，他也会试探我们的决心，看看我们是不是真的会像我们说的那样采取军事行动。

我从1月初就努力想取得采取行动的一致意见。我的策略是发表一系列声明，同时继续外交和谈，但须明确表示，一旦声明与和谈无效，我们必定会采取行动。

为什么我如此热中于采取行动？首先我认为这是一个道德问题。这在某种意义上解释了我对于他国进行军事干涉的观点。我也认为这是基于更广泛的国家利益，因为我相信，如果我们任由事态愈演愈烈，或者放任种族清洗继续发生，总有一天，它们会扩散到欧洲的其他地方。

然而，最主要原因是我对所发生的一切感到愤怒。那些平民被驱逐出家园，流离失所，成为难民，被杀害，被强暴，被野蛮地甚至是变态地殴打，整个家族被羞辱，甚至是被灭绝。上帝啊，难道我们没有从欧洲历史中吸取任何教训吗？太骇人听闻了。在某种程度上，更让人觉得可怕的是，在有些阵营，还有着那样的想法：是的，这确实骇人听闻，但是我们真的想要掺和其中吗？

后来，当我去视察马其顿的难民营，听说了那些让人心碎的悲惨故事时，我为我们所做的事情而感到骄傲，因为这些难民将得以重返家园，但同时我也感到十分不安，因为当初我们差点就袖手旁观、置之不理了。

如今，当我们回顾过去，多数人会说：嗯，当然我们不会袖手旁观；虽然我们差一点就那样做了——这并不是因为那些曾经有所犹豫的政治领袖们是坏人或是不称职的领袖，也不是因为他们没有同我一样，感受到那些苦难与残忍。在我们弄明白1999年早期我们到底能做些什么后，我们认为这不是一件容易的事。科索沃是塞尔维亚的一部分。塞尔维亚拥有一支著名的强大的军队。相对而言，发动战争很容易，结束战争却绝非易事。会有无辜的人死去，会有超乎意料的后果发生，糟糕的局面有可能变得更糟。正是这些不确定因素，不明朗的事态，让领导工作困难重重；尽管事后一切会变得明朗，但已经太迟了。

经历了科索沃事件之后，我形成了一个观点——正确的，或者，有些人会认为就伊拉克战争而言是错误的：在此种不确定的前景下，找到方向的唯一途径是，首先需要问几个道德问题：此类事件是否允许发生？这样的政权是否仍应继续保留？人们是否应该继续忍受不公正的待遇？

如果问题的答案是“不”，那也并不代表你可以采取军事行动来解决问题。你需要尝试所有其他解决问题的可能性。你需要问自己，采取军事行动是否可行并切合实际。人们常对我说：如果你能铲除塞拉利昂的暴力组织、米洛舍维奇、塔利班和萨达姆，为什么不能除掉穆加贝[①]？答案是：我希望我可以；但这不现实。（在这个案例中，由于一些我一直无法完全理解的原因，其周边的非洲国家一直都支持他，并且会强烈反对针对他的任何行动。）

提出并回答一个道德问题并不一定会导致军事行动，但却为此搭建了一个框架。而且这是一个与传统的外交政策出发点完全不同的结构，传统的外交政策出发点是：这符合我们国家的利益吗？

当然，如果说得更宽泛一些，在全球相互依存的理论基础上，我认为这个道德问题也是国家利益的组成部分；虽然在过去，如此宽泛的解读是不可信的。有些道理的是，这被认为会导致狂热行为，导致主观而非客观的判断，导致头脑被动地跟随心念，而非经由大脑的思考，并与之一致。我对这样的观点表示理解。与我对立的观点也并不是道德缺失，而是源于非常自然的保守心理，因为顾忌由道德所激发的干涉行为所带来的不可预计的后果。我不是想诋毁

① 曾任津巴布韦总统。

这个观点的道德局限性,或者对它表示遗憾,而是想说明不干涉同样也会造成不可预计的后果。90年代初期,我们对波黑采取的不干涉政策在当时看来是明智的,如今回头来看却发现这并不是明智之举。当然,这直接导致了米洛舍维奇认为自己在科索沃也可以逃过军事干涉行动。

1991年至1992年期间,米洛舍维奇一直奉行种族清洗政策,而南斯拉夫国民军则充当了这极端残忍的行动的执行者。在仅有的四百万人口中,有二十万波黑人被杀害,还有差不多同等数量的人受伤。20世纪末,在一个相对发达的国家,强暴和抢劫居然还在以难以置信的规模上演。联合国也无可奈何。当战斗开始时,联合国军队撤出了萨拉热窝,留下那座城市的平民听天由命,后来死了一万二千人。克罗地亚也死了数千人,那个地区还有成千上万的人背井离乡。甚至在和约达成之后,米洛舍维奇仍然毫发未伤,也就是说,和约使事件得到了平息,却并未真正解决问题。当我在1999年初期冥思苦想,试图寻求一条出路时,我清楚地意识到,20世纪90年代早期的那种勉强情绪至今依然存在。

我的精力集中在两大阵营上:美国人和欧洲人。后者我主要是指雅克·希拉克[①]和格哈德·施罗德[②],意大利总理马西莫·达莱马也在其中扮演了重要角色,因为战争与意大利是如此接近——我试图提高大家的关注度,并进一步指出如果这个问题不解决,那么会有更大的麻烦等着我们。很久之前,他们便已准备好对于所发生的一切表达必要的愤慨,并要求一切即刻停止,但是他们也一直坚持任何武力威胁都应明确排除使用地面部队。

很自然,在与米洛舍维奇的对峙中,这是一种完全令人绝望的谈判策略。这从一开始便表明,我们意图的严肃性是有局限的,而这也表示,只要经得住空中打击,他就能渡过难关。让人诧异的是,人们常常忽略一个重要的事实:在国际事件中所作出的任何威胁,都必须是可信的。可信性的缺失,实际上加大了冲突的可能性。被威胁的一方不以为然,因此继续为所欲为;而紧接着,你就会被逼作出一个你曾千方百计想要避免的抉择——战还是不战。我看过类似的事情一次又一次发生。我们即将目睹类似伊朗的不幸事件再次发生。用可信的威胁来支持你的要求,那么这个要求很可能会被满足。如果连你都不确信为了达到这一目标可以付出什么,那么冲突几乎在所难免。

---

① 时任法国总统。

② 时任德国总理。

因此，从一开始，在欧洲这一边，我几乎是孤立的。公平而言，格哈德的确有一些来自国内的担心，尤其是德国人对参与军事行动的担忧——原因显而易见。对于德国来说，要动用德国的任何军事力量，都受到本国的宪法与政治的制约。然而随着时间的推移，他越来越明确地表示，在任何情况下都不应该出动地面部队，不仅仅德国不行，任何国家都不可以。这使我俩的关系第一次出现嫌隙。我理解他的问题，但他是一个聪明人，显然也能够看到我们的问题：如果大家都知道，只有地面部队才能解决问题，那么，我们要么就投入地面部队，要么就干脆置之不理，什么都不做。由于有我们的保证，保证不会允许种族清洗再次发生，成千上万的难民在 1998 年的夏季和秋季重返科索沃。

当我们开始就北约的攻击进行预备讨论时，另一件事变得清晰起来：即使我们只实施空中打击，百分之八十五的所需资源还是要由美国提供。事实是，如果没有美国，这事没什么指望，什么都做不了。这就是欧洲软弱无能的完全体现。

我开始和比尔·克林顿讨论军事行动的可能性，行动并不限于空中打击，也包括在必要时动用地面部队。那时，我和他已经走得比较近。我们是政治上的知音。我们对于进步政治的弱点有着几乎相同的分析。我们都是典型的现代化改革者，都有着随意的风格，以及就我们年龄而言还相对年轻的外表。在某一层面上，我们都比较随和，但当你深入我们内心底层却会发现，那里是由许多花岗岩组成的。

在所有我遇见过的政治家中，他是最让我钦佩的一个。然而，也正是他那非凡的政治才华与技能掩盖了他出色的思想家特质，以及他所拥有的清晰与成熟的政治见解与构想。而让他感到困扰的是有关他的竞选能力的传言。就这方面而言，倒是与新工党的窘迫处境有几分相似。

我们俩所支持的第三条道路理论，并不是区分左右派差异的聪明法子，当然也不是简单的平民主义理论。这是真诚的、协调的，并且也是成功的尝试，尝试重新定义进步政治：使之从过时的意识形态束缚中解放出来；将它的价值重新应用于新的世界；改革政府与国家的角色；建立现代的人民与社会的职责关系——在机会与责任方面，我们所需要做的是支持，而不是施舍，以此作为一个强大社会的福利基础。第三条道路摈弃了小国政治，以及美国共和党人所推崇的“社会不扮演任何角色”的意识形态；也摈弃了传统美国民主党人的大国政治与反实业的意识形态。我们应该成为优秀的管理者，应该了解犯罪，拥有远大抱负并与之产生共鸣。

当时，他已完全疏远了部分左派所热中的彩虹联盟政治。针对那些煽动对白人的敌对情绪的黑人活动家，他发表了一场著名的演说；在演说中，他直接告诉他们，他绝不会允许这样的事情发生。而这立刻将民主党的形象从低调的欠债人转变为激进主义少数派。

后来，右派聪明地编了一个故事，说人们之所以投票给克林顿，是因为他的确是一位聪明的政治玩家；当然，有很大一部分左派人士随即积极附和这一说法。而实际上，人们投票给他，是出于他们的智慧。他们并不想要一个圆滑的政治家，他们想要的是一个合理、现代，并且切实可行的纲领，而这份纲领的基础，则需要比以往提供给他们的理论更贴近20世纪晚期的时代特征。

甚至就个性而言，我们之间的差异也比人们认为的要少。但若作为政治精英，我自叹弗如。他得天独厚。他那过人的智慧往往被他的礼貌态度所掩盖，他具有惊人的分析能力，真正醉心于政策论辩——可能在某些时候，稍微有点过头。他还一直留心各种新想法。

他很机敏。如果他来参加首相答问，一定会大放异彩。1996年我去他的总统办公室[①]见他。当时正值我的大选与他竞选连任的前夕。我们坐在那，我充满敬畏，不希望会面太短（布莱尔不受欢迎），希望会面超时（布莱尔大受欢迎），但无论是哪种情况，我都祈求千万别出什么岔子。记得在罗纳德·里根时期，尼尔·金诺克作为工党领袖出访了华盛顿。那次访问使金诺克受到了双重的严重打击。一是会议的内容（里根直接指出工党的单方裁减核武器政策是疯狂之举），二是里根居然将与尼尔一起出访的丹尼斯·希利（时任影子外相）当成了英国大使。于我而言，在那里时我很兴奋，而结束也让我如释重负。比尔非常可亲，也很热情——会面也果然超时了。

如果总统不召开正式的记者招待会——接待反对党领袖时开记者招待会并不合宜，那么他常会在总统办公室即兴发表几句讲话，让记者们拍些照片。当我们坐在那里，相机不停闪动时，有人（大概是《纽约时报》的彼得·里德尔，我想）问克林顿，他是不是认为他正坐在英国下一任首相身边。很刁钻的问题。如果回答"这个问题不该由我回答"，那听上去会过于冷淡；如果说"是"，又不符合外交辞令。而比尔则快如闪电地答道："嗯，我希望他是坐在下一任美国总统的身边。"

他还具有无与伦比的复原能力。回想当年比尔如何度过被弹劾的那段时

---

① 原文为Oval Office，白宫里椭圆形的房间，特指总统办公室。

期，你得坐下来慢慢想。这着实不容易。他怎么能够，又是怎么渡过这一关的呢？然而他做到了，他离任时的支持率依然高达百分之六十。

之所以能做到这一点，首先，也是最重要的一点是，他拒绝让这一事件在他在任期间成为主导，即使这的确主导了媒体的视线。这体现了复原能力对于他的成功和渡过难关是多么重要。他曾告诉我，每一天起床时，他都决心要继续管理这个国家。他们会谈论莫妮卡·莱温斯基，而他会推出一项医疗保险计划。他们会鼓吹无论如何他都不可能再继续干下去，而他仍坚守岗位，提出一项新的福利纲领。无论他们对他做什么，他仍为人民尽心尽力。他站起来继续前行。

第二个原因是，如同我之前所说，对于政客们的性活动，相比那些歇斯底里的媒体，公众其实会以更慎重和人性化的眼光来对待。他们能够理解、同情，在某种程度上，他们也乐在其中。这并不表示他们赞同这样的行为，但他们也不会强烈反对。因为他们知道自己同样也会堕落，会犯错，也需要被原谅，因此，他们虽然对此失望，但并未因此失控。有些人认为，在这一点上，他们的政治领袖应该是完美的，而另一些人则认为，还有更重要的标准来衡量那些领袖，比如，他们是否为国家尽心尽职。

因此，即便比尔"没有讲出真相"，他们也能理解，因为他不想使自己的家庭蒙羞。当然，那些迫害者们也高估了他们的力量，到最后，两败俱伤。我相信，他的行为在某种程度上是因为他对于人怀有过多的兴趣和好奇心。对于男性，这种兴趣表现为友谊；对于女性，那就很有可能涉及性。就这一点而言，我觉得他和大多数男人没什么不同。

危急时刻，他总是异常沉着冷静。巧合的是，爆出丑闻的时候我正好和他在一起。1998 年 2 月莫妮卡·莱温斯基第一次大爆料的时候，我就在白宫。我们需要召开一次记者招待会。站在大厅等待大幕拉开的时候，我们闲聊了几句。我很紧张。除了全力支持他，我想不到还有什么可以做的。他是个好人，也是一位优秀的总统，更何况，他还是我的朋友。我对朋友极为忠诚。

这是政治上的一个离奇的时刻。记者发布会是有既定话题的——不管你信不信，这次的话题是关于萨达姆与大规模杀伤性武器。萨达姆再次阻挠调查员的工作，而国际社会已经作好准备。我们认为很有可能需要采取军事打击。这是一件迫在眉睫、生死攸关的大事，而媒体千方百计关心的问题只有：莫妮卡。哪个话题更让人感兴趣，这很明显。

开讲之前，比尔当时的高级顾问之一拉姆·伊曼纽尔对我们说："别他妈的搞砸了。"我们没有搞砸。比尔很有尊严,我也很支持他。总而言之,在那种环境下,记者招待会是一场胜利。

在之后的另一个场合——第三条道路的进步政治会议上,我和比尔将同保加利亚总统(彼得·斯托扬诺夫,亲切和善)以及罗马诺·普罗迪[①](奇怪的组合)一起发言。性丑闻事件又披露了新发现:斯塔尔调查的录音带一时之间充斥街头巷尾。那些攻击非常恶毒,比尔受到的压力越来越大。他的对手们嗅到了血腥味,并打算就此大干一场。

后来,大家发现那些录音带没有所希望或所担心的那么夸张。然而,这一天却比上次的记者招待会更具离奇色彩。当我走进房间准备参加讨论会时,比尔和希拉里把我带进一间小办公室,我们聊了一会儿。就是在那里,我亲眼目睹了希拉里那不屈不挠的决心、勇气和力量。如果我曾想知道,在比尔成功的道路上,希拉里到底扮演了多重要的角色,那么,从那一刻开始,我得到了答案。她也非常生气和受伤,然而,她决不会允许这一切击垮自己和克林顿建立起来的一切。如果说有谁有权利生比尔的气,那么只有她可以,其他人都不可以。

人们常向我问起他俩的关系。很多人,也包括其他一些领导人,认为他们的婚姻并不是出于相爱,而是基于政治伙伴关系;这就是为什么在发生了这么多事情之后,他们还能继续在一起的原因。而我常说:你知道我怎么想吗?我觉得他们是真心相爱。这才是真正的原因。是,他们是政治伙伴;没错,是共同的抱负支持着他们的婚姻;可是说到底,正是共同的抱负为他们之间的真爱遮风挡雨,而不是爱情为他们的抱负提供了避难所。

我们三个站在一块儿时,我其实不知道该说些什么。希拉里平静而又坚定地说:他不会因此出局。他会坚持、抗争,并最终获得胜利。我们接着又聊了一会,便一起去参加那个讨论会。比尔表达清晰,言辞幽默,表现轻松。我坐在那里,他的无所顾忌有时让我钦佩得目瞪口呆。

那天晚些时候,我和他一起去参加一场学生见面会,学校是位于华盛顿郊外的蒙哥马利·布莱尔高中。原本我们会就教育政策发表一场演说。到那里时,体育馆已经有数千名学生了。就像参加一场拉力赛,他们大声地叫喊着,跺着脚,唱着歌。我们抛开了稿子,像两个老歌舞剧女王般使人群沸腾。他大受欢迎,这让他深受鼓舞。

---

① 时任意大利总统。

当时是 1998 年 9 月，科索沃已经引起人们的注意。我们步入了 1999 年初，而我也已经明确我们应该取得何种胜利，意识到成功取决于我和他之间的关系。如果他能被说服，那么我们还有机会。如果他不能被说服，那么单凭欧洲人自己绝无可能采取任何行动。我们会重复波黑战争时的错误，而不是从那场战争中吸取经验。

1 月份和 2 月份，我和比尔定期进行谈话。外交攻势仍在继续，而米洛舍维奇对于科索沃穆斯林的进攻也在继续。关于暴行的描述很令人气愤——最常被提及的是拉察克，但这也并不是特例。太恐怖了：一群普通人被逐渐践踏直至消失，仅仅因为他们有着不同的信仰。科索沃人的领导人易卜拉欣·鲁戈瓦来见我。他很瘦，健康状况也不好，得过喉癌。他来乞求帮助。“他们在屠杀我们。”他说。他给了我一份礼物，一块小小的紫白色科索沃水晶。“我没有什么能送你的。”他解释道。我曾一直把它放在我唐宁街书房的桌上。

比尔和我同意通过北约采取一系列空中打击行动。一开始，尽管我十分担忧，我们还是声明不动用地面部队。如果没有这个声明，连空中打击都无法实施，因此我想还是先同意了再说。之后我们可以再解释。

一切已准备妥当。然而在 3 月末，针对科索沃穆斯林的驱逐、清洗和杀戮忽然开始加速。米洛舍维奇正在发动一场预料之中的战争。现在我们必须行动。空袭开始，英国空军也参与了战斗。我在议会发表了一项声明，并且得到了各大党派的支持。帕迪在 1 月已经宣布辞去自由党领导人职务，但在当时还是领导人，他非常支持我。他也发信提醒我说，可能需要动用地面武装部队。

我的第一次全面军事行动就这样开始了。基本上，科索沃冲突证明，对付一个不关心伤亡的顽固对手，仅采取空袭有着根本的、不可避免也无法挽回的局限性。战争在沿着某种轨迹发展，现在看来，类似的战争都以此轨迹发展。空袭的确能造成破坏，看上去也很有气势；空袭破坏了敌人的基础设施，打击了敌军的气势，当然也伤到了平民；空袭可以阻挡、阻止、约束敌人，却无法解放这片被敌人顽强占领着的土地，因为这个敌人愿意承受损失并等待一切结束。

一开始，空袭的目标很多。在现代科技与武器的协助下，这些目标被迅速摧毁。接下来的问题是：现在该做什么？空袭的目标和平民区越来越混杂在一起。“附带损失”这个我试图禁止的可怕词语开始增多，甚至有几次空袭击中了错误的目标。（这里指的不仅仅是平民，更是指在一次严重的事故中，中国在贝尔格莱德的大使馆遭到了轰炸。）敌人受到了打击，但并未被击垮。沮丧情绪开始蔓延，至少在一些西方国家，有人觉得一场纯粹的空袭并不公平。“飞机对士兵”被认为不公平。所有这些都使政治领袖们压力越来越大。如果你不够小心谨慎,侵略者便将夺走受害者的一切。

更糟的是,在这种情况下,没过多少日子,大家就已看清楚,北约对于指挥类似战争有着严重的局限性。为扫除空袭目标,我们需要经过让人绝望,甚至可笑的、复杂的委员会流程,而这流程往往拖延了决策时间。欧洲盟军最高司令韦斯·克拉克负责北约军事行动。他为人不错,热心积极,尽忠职守,手中却没有类似这样一场世人瞩目的战役所必需的媒体和通讯基础设施可用。北约秘书长哈维尔·索拉纳也是一流的领导人,却受制于他的老板们的不同意见。(虽然不能说他们是出于私心。)

更糟糕的是,成千上万的难民通过边境拥入周边国家,尤其是马其顿。两周之后,我认为凡事应该适可而止,不能让事态如此发展下去,不然就会演变成一场灾难。

我作出了一个明确的决定。虽然上任才十八个月,但我已经想到可能我会离开。我找阿拉斯泰尔和乔纳森谈了谈,然后召集了我的亲信团队。我说:我愿意为此失去职位,但是我们必须全力以赴。我们要成为更勇往直前、打破传统的领导者,把一切作为获胜的赌注。到目前为止,对于那些残忍、不可饶恕的暴行的反应少得可怜。我们将会紧紧抓住这个机会,而我也会把所有的赌注押在克林顿身上,争取将出动地面部队的行动提上日程。

在这样的时刻,我的团队表现得非常出色。虽然他们中有些人对此百思不解:一个承诺要改善英国的公共设施、降低失业率的政府,居然将命运交托于巴尔干半岛上的一次军事冒险。但是他们还是二话不说,立即采取了行动。

首先,我联系了北约,并与韦斯和哈维尔谈了话。让我吃惊的是,对于援助,他们不但没有表示嫌恶,还张开双臂表示欢迎。于是我们前往北约。我带了阿拉斯泰尔同去,这不是为了我的媒体,而是为了他们的。我记得是在韦斯的办公室里见到他的。忽然,他的手机响了起来。是一名记者向他询问有关战争的情况。他很简短地说了几句,之后便继续我们的谈话。“这种情况多久一次?”我问他。“哦,不停地有人打来。”他回答道。在军事方面,他做得如鱼得水,但对于政治凝聚力与承诺的缺乏,他却深感挫败。韦斯告诉我他应该会保护我。他这么说已经很不错了,但我明白我已经身处困境,孤立无援。

接着,我又和那些将军们谈了谈,尤其是负责空袭的令人尊敬的德国人。将军们一致认为(其中也包括我们能干的鲁珀特·史密斯):仅仅依靠空袭无法赢得胜利。

帕迪再次去了巴尔干半岛，回来时，他确信我们并没有赢得胜利。三十天之后，他说，我们必须阻止米洛舍维奇对科索沃人为所欲为。难民数在增加，空袭目标却在减少。马其顿的总理托帕迪给我递了封信："我的人民正在担惊受怕，他们以为北约有个计划，却没有告诉他们。而我比他们更害怕，因为我知道北约根本没有计划。"

我和克林顿总统又通了一次电话，紧接着又给他发了私人短信。我提出了几个计划，关于如何更好地进行协调工作，如何改进确定空袭目标的流程，以及如何改进媒体的运作。

一周之后，我给他发了另一封短信。同时，我也访问了一个难民营。无论这样的访问有多么华而不实，它的确让我更有发言权。在第二封短信中，我回顾了我们前一晚的电话内容，当时，我再次提出了关于出动地面部队的问题。而比尔也一一列举了所有反对点，甚至包括这一计划本身，因为计划不可避免地总会被泄露。在短信中，我敦促应该从现在就开始准备相关后勤工作，因为若不及早准备，我们可能就赶不及在入冬之前作好相关准备，而地面战斗可能需要几个月的筹备时间。

接着我便真正开始着手此事。我去见了我们的部队。国防部总参谋长查尔斯·格思里是我很欣赏、很尊敬、也很器重的人。他和我观点一致。我说过，如果我们需要采取地面进攻，我们得准备投入五万人的英国军队，而美国则需出动十万至十五万士兵。我明白很少还会有其他欧洲国家愿意加入，那么，我们只能指望美国人了。他们会问：那么，既然你这么积极，你又准备付出些什么呢？这个问题问得并非没有道理。甚至连查尔斯也诧异地挑了挑眉。这是一场豪赌。戈登也开始质疑所需要付出的代价，当然这质疑也并非没有道理。

空袭仍在继续，然而，随着日子一天天过去，放弃使用地面部队的决定也显得越来越荒谬。当然，地面进攻所需投入的军队数量也的确让人震惊。然而，有关领导力的有趣之处是，正是这些决定定义了所谓的领导力，区分了不同的领导风格。它们体现了最高领导层的不同特质。

我来解释一下。假设你有一个战略目标，而且已经开始走向成功，这时你遇到一个障碍，克服这一障碍的代价很大。所有不在领导位子上的人都可以讨论这个问题。代价太大，有人说；目标很重要，另一个人说；利弊都很明显，第三个人这么说。领导者则需要决定为了实现这个目标，是否值得付出如此大的代价。而且，他或者她，必须在还不确信实际代价是什么，不确信如果不能实现目标又会带来什么样的后果的情况下作出决定。两者都必须通过非科学的手段来判断与衡量。那些不在领导位子上的人可以对代价和后果指指点点，但是他们无需决定两者哪个更重要。他们的责任也许重大，但并不起决定作用。责任最终落在领导者的头上。

此种情况下，不作决定也是一个决定。不作为也是作为。忽略与承诺同样都会带来后果。

所以，是的，这是在巴尔干的地面战争。你疯了吗？但如果另一选择的结果是米洛舍维奇的胜利，又谈何在更广大的领域的和平？北约的信誉又有什么用？

因此，无论要付出多大的代价，我的决定依然是：如果让米洛舍维奇获胜，后果将非常严重，无论如何都不能让这事发生。如果唯一能避免这一后果的途径是地面战争，那么我们一定要采取行动。

然而，这，仅仅是少数人的观点……

从4月底到5月初，我的焦虑倍增。在布鲁塞尔的北约总部，情况在掌控之中。至少我们有事情可做，而且也正在加紧部署。然而，现实依然存在：米洛舍维奇仍在那里，也没任何迹象显示他会下台。外交途径的斡旋仍在延续，但情势并不明朗，似乎并未带来可接受的结果，至少对我来说没有。直到那时我才相信，除了彻底打败他，没有其他出路。

但是，我们的欧洲同盟者们对地面进攻的热情还未发芽；恰恰相反，反对意见却与之前一样坚定。5月18日至19日，我发出了两封短信，一封给克林顿总统，另一封给主要欧洲领导人。

在给比尔的短信中，我再次认同我们需要准备地面进攻。我建议组建一支十五万人左右的部队，其中一半人来自欧洲，另一半来自英国。这是一个很大胆的建议，因为我不确信，除了英国以外，欧洲还会有其他国家愿意贡献任何军队。但是我打赌，如果美国同意出兵，那么欧洲人也会因此而不好意思不支持，尤其是如果英国投入最多的兵力。

我也尝试修订由马西莫·达莱马提出的暂停轰炸四十八小时的提议，提议的目的是为了试探米洛舍维奇是否愿意达成协议。我很担心，如果我们无限制地接受这样的提议，那无疑正是给了米洛舍维奇想要的。因此我建议在暂停轰炸期间，应通过一项联合国安理会决议，给米洛舍维奇下最后通牒(有迹象表明，如果暂停轰炸，俄罗斯可能会支持这一建议)：接受或者滚蛋；如果他拒绝，那么就再次开会讨论地面作战的可能。

在给比尔的短信里，对于向他不断施压要求出动地面部队的语句，我用了抱歉的口吻，但我仍坚持直面冲突的必要性。米洛舍维奇还未从打击中恢复过来，但确定空袭的目标已越来越困难。一支平民车队被击中，招致了更多的反战批评。我能预见这一切的发展方向，我希望不惜任何代价，避免妥协的做法。

对欧洲人，我说得很直接：到底什么是底线？是“北约绝对不能输”，还是“北约绝对不能使用地面部队”？若是前者，那么，当军队一致认为，仅靠空袭无法取得胜利时，我们怎么能摈弃使用地面部队的计划呢？

发那两封短信的同时，我也给他们打了电话。和比尔的通话一开始便很棘手。一系列的新闻报道暗示，是我向美国施压，让他们参战，而且我还让他变得强硬。他指责了我对媒体的操控。（当然，所有的人都认为阿拉斯泰尔一手遮天，操控了所有的媒体。）他是真的被惹怒了。我强烈地（也是真诚地）否认了这一指责。事态变得有些严重，直到他把心头余怒全部发泄出来之后，情况才有所缓和。谈话回到正题。我第一次感觉到，他在为地面进攻作部署。这是很大的一个进步。我也意识到，这对于他而言有多么艰难。实际上，并没有人敦促他去做这些，他也清楚地知道，那些共和党人正排着队想攻击他：或者说他软弱，或者就说他有勇无谋。

我们之间的关系很牢固，足以克服政治赛场上溜须拍马的“牵连症候”。我经常碰到这样的现象，而这也造成了很多毫无意义的伤害。

大多数政治人物都是犀牛皮和超软纸巾的混合体。他们需要犀牛皮在白天帮他们抵挡时不时飞来的弹石和箭。另一方面，没有安全感的天性则让他们对别人如何看待自己非常敏感：他们是否被同僚所尊重，谁会抓他们的小辫，谁又支持他们。这一点很容易被忽略。在你毫不知情的情况下，总会有一些关于其他领导人的某些言论被栽到了你头上，于是转眼之间，你跟他的关系就急转直下。我一直都说，除非迫不得已，在政坛你应该避免有意树敌，因为无意之中，你早已树敌无数。

在这一过程中，“牵连症候”起了很大作用。领导者有他们的团队。团队成员之所以有如此地位，都归功于他们的领导人。大部分时候他们都很忠诚，有些时候甚至有些过于极端。他们总是留意那些怠慢的蛛丝马迹，然后将这些蛛丝马迹在媒体上大肆渲染。更险恶的是，他们了解领导人内心的恐惧和不安，也熟知如何利用这些恐惧和不安。

我有一个很棒的团队，也很幸运，尤其是安吉和乔纳森，他们不会怀疑或者认为，每一个批评或是行动背后都有阴谋。有无数次我不得不说：你不知道到底是谁编了那故事，我也不知道，而且永远也不会知道，所以我们就别为这事庸人自扰了。因此相比于大多数人，我听到的那些“牵连”要少很多，但是我看到在其他领导人和内阁成员身边，这种情况在不断上演。最糟糕的时候是在内阁改组时期，或是这一时期前后，漫天都是猜测。如果有人的名字出现在报纸上，那么很自然的，这会被认定是“唐宁街机器”的作为。

最奇怪的例子是2004年有关就业和养老金大臣安德鲁·史密斯的。安德鲁是一位能干的大臣，人很好，虽然不会成为大法官，但是工作认真，也很高效。媒体开始传言我已准备要解雇他。很有可能是戈登的人把这个想法加诸媒体和他本人。（看到了吧——我就是这个症候的受害者，因为实际上我真的毫不知情。）

总之，他相信了会被裁掉的说法。他来见我，说在被辞之前会主动请辞。几天之后就要开始内阁重组，我已经有了大概的人选方案。我不会解雇他——实际上，我从来没想过要解雇他，我跟他讲我从没有这个想法；但是他太激动，显然根本不相信我的话。他说，他宁愿自己离开，也不愿因被解雇而让自己的尊严被践踏。于是他离开了。

你一定要小心不要被那些热中于八卦、阴谋和“幕后消息”的人，甚至被那些相信你受了委屈的好心同事所激怒。对于政治领袖而言，染上妄想症是最糟糕的情况。

然而，很多声音在比尔的耳边嘀咕说，那个著名的布莱尔机器正在试图打倒他，好向大家炫耀。幸好他没有被这事困扰很久。在重要的决策上，他正以百倍的勇气朝正确的方向前进。

之后的两周里，美国人更加坚定了做好此事的决心。克林顿已几乎决定为出动地面部队作好准备，如果有需要的话——至少在他心里已经下定了决心。神奇的是，这种事情总能神速地、悄悄地四处传播。类似的媒体报道也开始散播开来。

5月27日，我们再一次通了电话。之后我又附上了一封私人短信。虽然他没有被完全说服，但是我们已经在同一条轨道上。我也指出，取得对米洛舍维奇的胜利，是给巴尔干半岛国家的信号：我们会为他们在欧洲提供一个崭新的未来。

有意思的是，6月1日，戴维·米利班德从佛罗里达给我带了信，当时他和总统都在那里；戴维说，他认为克林顿已下定决心，现在的问题只是他能否说服美国人民。

随着我们的决心日益坚定，米洛舍维奇开始日渐崩溃。我们已接近尾声。

欧洲领导人于6月3日会面，同时由芬兰总统阿赫蒂萨里带领的联合国谈判代表正前往贝尔格莱德。米洛舍维奇准备投降。接下来的一些日子，形势有起有伏，但总体而言，一切都结束了。6月10日，终于达成了塞尔维亚军队无条件全部撤出科索沃的协议。

这起事件还有一个非同寻常的结尾：我们希望塞尔维亚军队从科索沃撤出，然后北约部队进驻普里什蒂纳机场。6月11日，周五，一早醒来，我们便听说事情有所耽搁，我们忽然被告知俄罗斯军队试图占领机场。自始至终，俄罗斯人当然一直强烈反对采取军事行动，这也是为什么我们一直都无法通过联合国安理会决议的原因之一。很显然他们和塞尔维亚人交往甚密。一旦他们占领了主要机场，胜利便将付之一炬，变成彻底的失败。

俄罗斯的飞机要求飞越匈牙利领空，前往普里什蒂纳机场。俄罗斯的坦克已从波黑出发。此时，韦斯·克拉克决定我们应该和俄罗斯人抗争。他想命令迈克·杰克逊将军——北约现场指挥官，一名英国人——在必要时，为争夺对机场的控制权而战。韦斯是迈克的总指挥官，因此，这就有点复杂。我们真的希望英国军队跟俄罗斯人开战吗？我不这样认为。

韦斯对俄罗斯人很愤怒，这十分正常。他们的行为完全无视已达成的协议，并破坏了它。这既是挑衅，也威胁到了和平。

我不得不从会议里出来，接听那些越来越紧张的电话，大家对此反响很大。查尔斯·格思里认为我们应该非常谨慎。虽然有悖于正常程序，我还是亲自给迈克·杰克逊打了个电话。幸运的是，他是一个非常明智而又可靠的英国公民，勇敢但不愚蠢；但是他也身处一个困难的处境：韦斯是他的总指挥官。迈克解释说命令就是命令。他该怎么办？美国的军队还未到达。只有英军在现场。战，还是不战？迈克显然认为与俄军作战是件疯狂的事。我告诉他先周旋着，别理会那个命令，保持冷静。他听上去如释重负。

终于，在经过几天荒谬的来来回回交涉之后，俄罗斯人终于承认一切都只是一个错误，现在问题已经解决。我常常问自己，如果当时我告诉迈克听从命令和俄军对抗的话，会发生什么样的事。真是不敢想象。

当时，和俄罗斯人打交道并不容易。叶利钦有着超凡的勇气，为了他的国家，他做了一件了不起的事：在戈尔巴乔夫改革之后，他顶住了强大力量的政变。但是在我认识他的时候，他变得，这么说吧，有些让人琢磨不透。我记得，在科索沃冲突之后不久，我在一次国际峰会上碰到他。曾经，我们对对方都说过一些刺耳的话，但是现在一切都已结束。他穿过房间，以他那著名的拥抱同我打招呼。我很高兴被他拥抱，因为这象征着我们之间的长期不和已经成为历史,从此我们可以友好相处。拥抱开始。一开始的十秒钟,我觉得很友好。接下来的十秒,就让人有些不舒服。再之后的十秒,开始让我有些呼吸困难。一分钟之后,他终于放开了我,我跌跌撞撞地走开,需要一杯烈酒压压惊。我想他已经把他的观点表达清楚了。

相对而言,我对鲍里斯·叶利钦的了解比对弗拉基米尔·普京更多。我和他之间的关系开端良好,尽管随着时间的推移有所转淡——因为伊朗,也许更多的是因为每况愈下的俄美关系;我从来没有忘记最初的温暖,而且也从来没有放弃尝试理解,到底是什么造成了当初的他和现在的他之间的差别。

有一点我很明白:当俄罗斯还“是”苏联时,虽然当时它的政府和经济体系都不对路,但是它仍然是一个强国;大家都尊敬它,甚至惧怕它。它的地位举足轻重。我可以理解开放、改革以及柏林墙的倒塌如何使俄罗斯改变了政治轨迹,但同时似乎也让它失去了曾经的地位。即使竭尽全力,叶利钦也没有能力重新夺回那样的地位。而普京可以,他是一个典型的国家主义者。

我和他之间建立关系有些偶然。我们的朋友斯特罗斯在托斯卡纳[①]有一栋别墅,我们以前常去。斯特罗斯的太太伊琳娜是俄罗斯人。他们是不平凡的一家。斯特罗斯是一位教授,祖上和马基雅弗利熟识;而伊琳娜既有主见又讨人喜欢。他们共同育有两个极富天资的女儿,都能说五国语言。伊琳娜的家人曾在大革命时期逃离苏联,之后在法国定居。她和兄弟弗拉基米尔(普京也叫弗拉基米尔)都在法国长大,但是他们一直都和苏联有联系。弗拉基米尔的好朋友阿纳托利·索布恰克是圣彼得堡的市长,即普京的恩师。1996 年,我在斯特罗斯的别墅遇到了索布恰克,后来又碰到一次,那是他在 2000 年 2 月早逝之前。(我想应该是正常死亡吧。)

这让我和普京在某种程度上有了些联系。在竞选总统之前,他是叶利钦的总理。作为总理,他在车臣战争中表现出了极大的魄力,也有人说是残暴。虽然我能理解这些批评,但我更同情事实:这也是以民族激进主义为核心的邪恶的分裂主义运动,所以我理解俄罗斯人的想法。

在 2000 年他担任总统之前,当其他人,包括雅克·希拉克,都冷落他时,我和他见了面。当然,很快一切都发生了变化,他们之间走得越来越近,而我和他之间却冷淡了下来。当时,普京希望俄罗斯可以和欧洲走得更近,我们的第一

---

① 意大利的一个大区,位于意大利中西部。

次会面也在俄罗斯所有城市中最欧化的圣彼得堡。他赞赏美国，希望可以建立和美国之间的牢固关系。他希望在俄罗斯推进民主和经济改革。我们的年纪差不多，似乎也拥有共同的观点。

我们在马林斯基剧院观看了一部由瓦列里·格尔吉耶夫指挥的歌剧。歌剧是由普京精心挑选的：普罗科菲耶夫的《战争与和平》。这部歌剧是专门为了提升俄罗斯民族自信而作的，对拿破仑进行了嘲讽，说他就像希特勒。这是一个不寻常的场合，俄罗斯所有的上层人士都在那里。当时发生的一件事让我在之后的很多年都常常回想起来。弗拉基米尔和我一起走过那栋华丽的19世纪建筑的漂亮走廊。如果是在英国，在类似的场合，我会和人们打招呼，握手，忙着互相寒暄；和弗拉基米尔在一起时，我注意到，当他走近时人们纷纷后退，不是因为害怕，而是出于尊敬和敬畏。这有点像沙皇般的待遇，我想：嗯，他们的政治真的和我们的非常不同。

后来，弗拉基米尔认为美国人并没有给他应得的待遇。更糟糕的是，他认为美国人和那些受西方支持的"民主国家"一起包围了俄罗斯，并且将对俄罗斯的利益有害。

我曾试图让他明白，我们支持这些渴望民主的国家，不是因为我们视他们为战略堡垒，以削弱或包围俄罗斯，而是因为我们真诚地认为，如果他们希望拥有和我们一样的自由，我们应该允许并鼓励他们。但我并没有说服他。我甚至提出了一项同俄罗斯合作的协议（也被北约所接受），使他们能更多参与北约决策流程。

但是我的努力很快就失败了。伊拉克战争；美国国家导弹系统——某种程度上也可以理解的是，他们认为这些是针对他们的；还有他们认为美国人为建立一个恰当的合作伙伴关系所付出的努力很少；最主要的是，西方的观点认为在普京的领导下，俄罗斯已经开始出现了非民主以及独裁／克格勃的倾向——所有这一切使他相信俄罗斯最好还是保持"自主"（换言之，难缠），然后推行非常民族主义的外交政策。

不过，我从来没有忘记最初对他的感觉，我也一直在想，如果当初的情况不是那样发展，我们的关系可能会发展得很好。这就是政治。

另外一个造成我和弗拉基米尔之间的关系比较僵的原因，我想是他认为我关于外交政策干涉的做法，说好听点是奇怪，说难听点是危险。对他而言，强国应该以相对传统而又实际的方式来确定并贯彻它们的利益。谈论道德因素是一个严重的错误。在稳定是关键因素的时刻，这恰恰破坏了稳定。这引发了关于事实真相的争论,妨碍了必要的来自强国的干预。

但是,恐怕科索沃冲突并不能消减我进行类似干涉的愿望——当我认为有必要解决一个需要解决的问题,而且还有着充分的道义理由时。

2000 年初在塞拉利昂,又有新的挑战出现。这件事在我任首相的十年期间是最少被提及的,但却是最让我骄傲的事情之一。而最重要的是,我们可以并应该从中吸取教训。

塞拉利昂的故事——我希望它的未来将更加光明——预示了在非洲发生的事情。位于弗里敦[①]的弗拉湾学院和英国的德勒姆大学有些关系,我的父亲曾在德勒姆大学任教。弗拉湾学院曾经是非洲最好的大学之一,可以和很多欧洲院校媲美。20 世纪 60 年代的时候,我父亲常去弗里敦教学。那个时候,塞拉利昂是一个从殖民统治中解放出来的国家,有着强大的管理基础设施以及和葡萄牙差不多的人均国内生产总值。

从那时起到 90 年代晚期,这个国家一直在走下坡路,这很悲哀,因为完全可以避免。我们上台以后,这个由民主选举产生的政府似乎将会被一群由流氓、疯子和虐待狂所组成的革命联合阵线所颠覆,而这个国家富饶的自然资源——尤其是钻石——正被有组织地掠夺。人民夹在中间,进退两难。

当政府试图强调未来应由选举来决定时,政府的支持者们却遭受了一场近乎中世纪般残酷的战争。当一切重新平静之后,我去了那里,开车经过一个又一个村子。每三个或者四个人中,总会有一个人失去了右手的某个部分。针对投票要求,革命联合阵线的应对方式就是真的砍掉人们用来投票的手。

我们在干涉之前,还进行了常规的一轮轮谈判、达成了协议、发表了声明,以及努力找寻那些毫无共同利益的派系之间的共同点。外交斡旋持续了两年。一支联合国部队被派往那里,可是和以往一样,部队受到非常多的限制,既有政治上的约束,也有后勤方面的局限。

英国,这个曾经的殖民大国,对此有着特殊的兴趣。我们派出了一些观察员和军事顾问加入了联合国部队,但是很显然情况在恶化。停火断断续续。2000 年 5 月,情况突然急转直下,革命联合阵线宣布放弃最近一次停火协议,继续他们的暴行。

艾哈迈德·泰詹·卡巴总统亲切而又正派,他来见我,请求帮助。当革命联合阵线威胁要接管整个国家时,摆在我们面前的路有两条:要把一切留给联合

① 塞拉利昂首都。

国部队来解决吗？他们已经证明了他们无法真正控制住革命联合阵线。还是决定我们自己行动？

和往常一样，查尔斯·格思里的思路非常清晰明确。他说：我们在那里有一支一千人甚至一千人以上的军队。我们可以派遣更多的人。我们还可以出动战舰。如果你希望我们解决革命联合阵线，那就让我们去做吧。于是我们下达了指令。

英军一直在守卫隆基机场。他们的职责更大了，几周之内，他们真的狠狠打击了革命联合阵线。他们的行动给了联合国加强其武装力量的机会。革命联合阵线的领导人福戴·桑科被逮捕，接下来的几个月里，国际力量逐渐壮大，叛军分崩离析，接着，一个广泛裁军的计划出炉，使得那些前革命联合阵线的士兵逐渐融入塞拉利昂社会。这个国家的民主得到了拯救。

经历此事之后，我更加坚信非洲需要一支合适的、装备精良的常备军，最好是由非洲人组成，在类似塞拉利昂的事件发生时，可以有权干预并驻军。非洲最主要的问题是矛盾冲突。你可以拉来无尽的援助，但是，除非你能处理好根源问题——对于资源和领土的争夺，软弱或是腐败的统治——否则，那样的援助，只能像是一块创可贴，随时都可以扯下，让伤口重新暴露出来。我一直倡议组建这样一支队伍，在科菲·安南的推动下，联合国最终同意了这个提议。时至今日，尽管有所发展，但这支队伍仍处于组建阶段。在现实政治中，如果不能处理这些缺陷，那么所有的开发援助，虽然能够减轻我们良心的不安，都不能拯救那些真正需要救助的国家。

科索沃冲突期间，我有机会在芝加哥经济俱乐部发表演说。在 1999 年 4 月的那次演说中，我阐释了被我称为“国际关系准则”的理论。这是一个宏大的标题，阐述的却是一个非常简单的概念：之所以干涉并推翻这样一个政权，不仅仅是因为它对我们的利益造成了直接的威胁，还因为政权本身的特性。这是对于狭隘的国家利益的明确拒绝，也是在全球化环境下所制定的干涉政策。

它与过去是一个很大的决裂，我不得不小心地给这个准则加一些限制，以免让大家认为，这是堂吉诃德式的妄想。即便如此，还是招致了预想中的批评，批评主要针对把外交政策变成了道义事件。有意思的是，之后的一些军事战争显示，很多共和党的右翼反对这一观点，他们认为这玷污了对于唯一需要正当而又谨慎地加以捍卫的东西：美国的国家利益。不过，我的观点当然是，在新的时代，这个利益需要有更广泛的定义。

我阐述了在考虑进行干涉时应关注的五大要点。

> 首先,我们是否真的确信我们做的是对的?战争并不是纠正人道主义苦难的完美方式,但是有时候武装力量是唯一能用来对付独裁分子的武器。其次,我们是否已穷尽了所有的外交手段?我们不能放过任何可以达成和平的机会,就像在科索沃冲突中所发生的那样。第三,在对现实情况分析的基础上,我们能否理智而又谨慎地采取军事行动?第四,我们是否有长期打算?过去,我们谈论了过多的现有战略。但当我们作出承诺之后,在战争结束之后,我们就不能随意离开;我们应该留下一部分军队,这总比等到需要再次重复之前的行动时,重新投入大量军队要好。最后,还要考虑,其中涉及什么国家利益吗?

回首过去,将这些要点应用于伊拉克战争上时,可以证明这个观点是考虑得比较全面的。这也解释了为什么我从来没有认为,那些投反对票的人是愚蠢的或是怯弱的。

然而,“国际关系准则”本身不仅仅是对外交政策的辩论,同时也是一个判断,一个在政治领域比较常见的判断:假设变革是必需的或是大家极度渴望的,如何变革才是最佳方式?变革可以通过渐进也可以通过急剧的改革来实现。一个国家走向自由的过程就是如此。1917 年的俄国就是一个恰当的例子。它可以通过克伦斯基来逐步实现社会的民主进步,而最终,变革也可以由布尔什维克革命带来。在更多寻常的政治领域中也证明了这点:公共设施或经济既可以通过渐进的改良来改变,也可以进行大刀阔斧的改变,比如 20 世纪 80 年代的撒切尔工业革命。

问题的关键是,如果一个系统运行有问题,那么它就需要改变,无论这个改变是渐进的还是激进的。

在某些情况下,在保守的政权统治下,也依然有朝着正确方向发展的进化过程。这样的改革也许很慢,但好在已经出现了这样的方向,这是好事,或者说,至少不具威胁性。

而在另外一些情况下,政权的本质就是压迫。它已经选择了这样的一条路。它不会改变,不会通过渐进而改变,也不会因为它自己的意志而改变——它的意志就是压迫,而且,至少在很长一段时间里,也不会因为它的人民的意志而改变,因为人民深受压迫,也缺少推翻政权的手段。而政权的邪恶本质将会变本加厉。

即使是对于这样的政权，也不能一味加以干涉。它们也许对外界毫无威胁，或者可以容易地以外交手段制约。也许——就像穆加贝的例子那样——简单地说，就是政治干涉显得不切实际。

然而，当威胁的确存在，而干涉也切合实际时，那么就必须作出判断。如果渐进无法带来改变，那么是否应该依靠革命？那些拥有军事力量进行干涉的国家是否应该考虑这样做呢？

危险显而易见。如同我之前所说，这样的态度可能导致莽撞的冒险，最终带来比压迫更糟糕的后果。针对这一点，有些人会拿伊拉克来举例，认为我们应该晚一点再插手。但是，袖手旁观同样也会带来后果，这一点我之前也已经说过。在每一场我所参与的军事战争中，在开始干涉之前，我们都经历过一段不干涉的时间。1989 年，米洛舍维奇取消了科索沃的自治，接下来的二十年，苦难和紧张的局势愈演愈烈。波斯尼亚是不干涉论的典型，也是不干涉的结果。在塞拉利昂，各种拼拼凑凑的妥协、不干涉或是轻微干涉的政策持续了多年。换句话说，渐进失败了。唯一有效的方式就是解决问题，而不是姑息问题。当然，在非洲的另一个地方，在卢旺达，不干涉论者成功阻止了那些将种族灭绝当作战斗号令的人。

没有人可以说巴尔干半岛的问题现在已经解决了。塞拉利昂依然贫困，就像非洲大部分地区一样。但是对于巴尔干国家而言，经历了一个多世纪的动荡之后，至少今天，它们拥有了对美好明天的期望。克罗地亚已经开始了加入欧盟的谈判，斯洛文尼亚也已经是欧盟成员。塞拉利昂已经是民主国家。它的政府在没有流血的情况下有了改变。与之毗邻的利比里亚也正走在痛苦艰难的通往未来的道路上，而之前支持革命联合阵线的领导者们正等待着审判。

当革命通过干涉来实现，而干涉是基于对带来自由和民主的渴望时，斗争依然会很艰苦；也会有很多挫折；那些声称如果不加干涉，一切会更好的人们也会有得意的一天；但是我怀疑历史是否会作出同样的判断。即使战争会带来苦难，但至少这样的革命可以破除压迫的桎梏。于是，无论多么艰辛，总算可以开始适时渐进。

这是很有意思的辩论。2000 年 9 月，联合国安理会五大常任理事国的特殊会议在纽约召开，会议最终促使《卜拉希米报告》[①]得到采用，这份报告建议

① 由“联合国和平行动问题高级别小组”提交的报告，以小组主席、阿尔及利亚前外长卜拉希米的名字命名。

成立一支常备联合国部队,在非洲维护和平。这一提议受到了成功干涉塞拉利昂问题的直接影响。这也促使联合国在2005年通过了“保护责任”原则,阐述了国家有义务保护其公民不受暴行,而当一个国家无法履行这一责任时,国际社会则有义务进行干涉。

但是无论这对我(还有其他一些人)有多大的吸引力,却没能说服英国民众。

1999年,尤其是科索沃冲突时期,我们知道我们政府的支持率正在下跌。政府注意的焦点——我注意的焦点——似乎在一个很遥远的地方;而在国内有那么多的事情需要做,尤其是在医疗、教育和对待犯罪方面。而的确,我们在努力试着做这一切;但是很自然的,新闻报道的标题却永远充斥着坦克、炮弹和飞机。

不过,也不是所有的事情都很糟糕。我们赢得了第一轮苏格兰议会选举的胜利,这是20世纪以来,政府首次在地方选举中领先。并不是说我应该称它们为“地方”——这一切都可以算是某种革命。

从英联邦成立伊始,大家都试图将权力下放给苏格兰、北爱尔兰和威尔士,但每一次都不成功。同样也是对权力下放的承诺几乎摧毁了19世纪晚期的自由党。在20世纪70年代,也是权力下放的问题(还有其他一些问题)导致了最后一届工党政府失败,当时所谓的西洛锡安问题主导了辩论,并最终击败了权力下放法案。

西洛锡安问题是以工党议员谭姆·戴利埃尔的选区命名的,因为这个问题是由他提出来的。问题本身很简单。如果通过分权,你将相关的一些问题,例如医疗或者教育问题,交由苏格兰议会来决定,于是英格兰议员就无法再对这些问题发表意见,那么为什么苏格兰议员仍然可以在全英议会上就英格兰的医疗或者教育等问题投票呢?这是一个非常合理的问题,也是所有没有合理答案的政治问题中的一个有趣例子。

然而,我的答案是:虽然不合理,但是分权并非像它看上去的那样不公平。其实,英格兰议员占了威斯敏斯特宫全英议会的大部分席位,而威斯敏斯特宫议会决定预算并制定法律。例如,在决定分给苏格兰的预算时,英格兰议员总能在票数上胜过他们。当然,根据宪法,理论上无论威斯敏斯特宫议会授予苏格兰议会什么样的权力,它都可以推翻苏格兰议会的决定。因此,尽管西洛锡安问题是有道理的,但考虑到英联邦中英格兰与苏格兰的平衡,引起这个问题的安排还是合理的(至少是情有可原的)。不管怎样,如果这个问题有答案的话，那么这就是答案！

我不是一个狂热的分权主义者。这是一个危险的游戏。你永远都无法确认，民族主义情结什么时候会到头，而分裂主义情结何时会冒头。我支持英联邦，并不看好民族主义概念；再看看那些史书上所写的，我也担心我们是否能成功。不过，虽然我对分权并不狂热，但我认为这是无法避免的。就像一个国家需要同其他的国家联合起来，赋予跨国组织更多的权力以应对全球挑战，同样也会有无法阻挡的要求权力下放的压力，以使人民能够感觉到更广泛的联系。

我们不希望让苏格兰觉得，只能在维持现状或是分裂中作出选择。这也是我们对苏格兰的规划的中心部分。苏格兰人在此方面出了名地难对付。

有一点我一直认为是与众不同的：我出生于苏格兰，我的父母在那里长大，我们曾住在那里，我在那儿上学，然而，不知是怎么回事——这是民族主义情结宣泄的问题——他们（请注意我用了“他们”）总试图让我觉得我是一个外来者。

我们的措辞必须很谨慎。他们对于苏格兰议会会成为一个地方议会（其实它从来都不是）的恐慌非常敏感。苏格兰的媒体就像博士论文答辩一样纠结于各种与此相关的琐碎小事。他们可以发现一个肉眼根本看不见的冒犯（因为它其实并不存在）。有一次我接受了一个访问，关于为何议会应该拥有提高税率的权力，当时我说：“如果连行政教区委员会都可以，为什么苏格兰议会不可以？”结果就出现了这样的标题——“布莱尔将苏格兰议会同行政区委员会相提并论”，即使是按照他们的标准，这也算得上是一个误读。有趣的是，我其实还挺喜欢他们的。他们很难对付，但是同时也很有意思。

他们对“英格兰阴谋”（或是后来演变成的“伦敦控制论”）一直有困扰，而最好的例子就是 1997 年的宣言提案：以全民公投的形式来决定是否应该成立苏格兰议会。当分权的立法在威斯敏斯特宫议会艰难推进时，我知道唯一可以绕过前几任政府掉入过的陷阱的方法，就是防止立法议案被上议院破坏。他们对我们其实并不太满意，因为他们也正面临着取消世袭贵族制的改革。当时，上议院的议员主要受到广义和狭义的保守党人的控制。保守党基本上不喜欢分权，因为这代表着宪法的改变。我知道他们会抓住一切机会来破坏这个提案，除非可以从宪法或是政治角度让他们没有正当理由干涉。当然，就像在 20 世纪 60 和 70 年代所发生的那样，西洛锡安问题给了他们一个合法的借口。

尽管有来自影子内阁中的苏格兰事务大臣乔治·罗伯逊的担忧，作为反对党的领导人，我还是想出了一个策略：在立法通过之前，而不是之后，进行公投，使人民能够先作出决定。策略很清楚：在等待了百年之后，一定要将权力下放付诸实施。战术也很明确：当人民表示赞成之后，上议院的议员们就不能再说不了。

这激起了各种民族主义者和文人的最扭曲的愤怒言论，他们认为这会毁了整个联邦。这甚至被称为不民主。我参加过一些最让人觉得别扭的对话和访问，我会被问到：采取公投的形式不就是否决了苏格兰的合法合理的议会吗？我会这样回答：嗯，可是投票人还是苏格兰人民。啊，他们会说，那要是他们投反对票呢？那么，我会说，如果是那样的话，我就会认为他们不需要苏格兰议会。诸如此类。很有意思。

在当时，他们投了赞成票；上议院就只能在立法的边缘内容上吹毛求疵一番，而无法就其核心进行攻击；权力下放就此拉开序幕。我认为这是一件正确的事情。希望如此。

12 月初，保守党下院议员肖恩·伍德沃德来见我。他是保守党 1992 年大选时的一颗明星。他很聪明，善于表达，很显然是因为 20 世纪 80 年代工党过于疯狂而加入保守党的，他在经济和社会方面很开明，憎恶保守党人的一些偏见，尤其是针对同性恋权利的偏见，同时也不满他们对欧洲的态度——实际上是不满他们对于当代社会的整体态度，并且希望可以脱离他们。

他先接近了切丽，接着我们才进行了谈话。我认为他很真诚。自然这是件大好事，但我也认为他的到来会让我们的团队如虎添翼。为他找到一席之地很困难。（虽然最后我们做到了。）背叛可以是一种投机行为，也可以是有勇气的表现。我认为就他而言，是勇气。和往常一样，阿拉斯泰尔把一切处理得井井有条，并在圣诞节前夕对外宣布了这个消息。

这使得我们对中心阵地的掌握更加稳固，也体现了演讲所无法展现的方面：对于那些认为我们的国家需要脱离撒切尔主义，但也不能回归老工党的人们，我们秉持开放政策。那些通常是成功人士，或是希望成功的人士，他们支持竞争性的市场经济，思想开明并富于同情心。这种想法对于媒体并没有太大影响力（媒体的想法是非常传统的左派／右派思想），但是在这个国家还是拥有自己的支持者。

然而，我也清楚地意识到，当这些人为我们描述的前景、文字和方向而鼓掌时，他们也需要知道，我们正以必要的速度在此道路上前进，而且我们一定能到达终点。为了实现这一切，我们必须比以往更加激进。从政治角度来说，我们很成功，难以置信地成功；然而政治总归有一个目的，我内心与周身的挫败感开始慢慢堆积。

第九章 保守势力

1999 年 9 月工党会议上“保守势力”的演讲，标志着我们的分析越来越深刻，意志也越来越坚定。我在内心渴望成为一名能一直引领大家并不断发起挑战的领导者。对于外界而言，一切并没有太多的变化。而我知道我的内心正经历着蜕变。

当我们开始试图在公共服务、福利、法律和秩序方面作出改变时，形势日益明朗：不欢迎这些改变的，主要是存在于这些服务体系中的那些并非保守党但却守旧的保守派；他们恬不知耻地宣称是为了捍卫公众的利益，而实际上只是为了捍卫他们自己的利益。

我开始思考改变和进步，思考这些是如何发生的。我发现了一个模式：传统的思想根深蒂固，一旦得到释放，其反弹的力量不容小觑；而一旦变化出现并落地生根，那么这个变化本身便又成为了传统之见。改革如此，在人权、妇女的权益、反抗种族主义与种族隔离上取得的进步也是如此，左派与右派也都如此。这个论点很好，也很激进，但却给人一种零纪年般的感觉，好像我在说，在新工党出现之前，没有什么是有价值的。因此，虽然这个论点是正确的，但是论述的语调却像是估算错了的分数——在政治领域，这样的错误总是传得很快。

在所有反对党与政府的显著差异中，有一件事大大出乎我的意料：承诺与执行之间的差距。我们会作出一个决定，公之于众，以为很快大家就能看到结果，即使结果的影响需要一定的时间才能被感知。

从保守党那里继承而来的两年开支控制结束了。在 1999 年的预算中，我们开始放宽限制。1999 年 11 月所宣布的财政预算赤字是一大笔钱，但这就像是打开了水龙头，出来的却只有涓涓细流。之前我们称 1999 年为“产出的一年”，这个说法后来几乎成了我们的噩梦。的确，我们有一些进步，但这是一个渐进的过程，不仅仅是因为资金还没有真正地流通起来，还因为，就像“保守势力”的演说中所讲的那样，还有一些架构上的问题仅仅用金钱是无法解决的。在很多方面——中小学、大学、NHS 体系、法律与秩序、司法正义等方面——我们仍只是在修修补补，并没有真正转型。随着 1999 年即将过去，2000 年已近在咫尺，我开始思考，如何能够更深、更快地推进改革。

首先，我们碰到了千禧年。之所以我会记得我们跨入 21 世纪的细节，主要是因为两件事：千年穹顶与千年虫。一个不应该出现但却出现了，另一个应该出现却没有出现。

回想为了“千禧年”——或是其他什么特定的称谓——所付出的努力和准备时，我想不出还有比这更劳神的事。唯一令人感到安慰的是，整个世界都在为之疯狂。如果你能回想起来，当时还有个说法，说计算机将无法应对转换到 2000 年的日期处理。人们咒骂着那些狂妄的想法——居然让人类相信计算机是一个进步的永不出错的产物。当时还有人预言灾难将会降临，而大家也召开了危机会议。放眼全世界，我们都在为从未到来的灾难而作准备。我和玛格丽特·贝克特开会讨论过此事，最后专家们的解释让我们如坠云雾之中。戴维·米利班德曾试图跟我解释过一次，坦白地说，我对他所讲的一点都摸不着头脑，也没有要求他再给我讲解一次。

还是反对党领袖时，我和比尔·盖茨有过一次会面，他当时风头正劲，被称为是改变我们时代的计算机巨头。戴维一直对那次会议心有余悸。戴维熟知科技，也紧跟科技的潮流。我对此却一窍不通，是个真正的科技恐惧者。他试图在会议之前给我作些辅导，担心我的表现和新工党所倡导的“我们走在科技革新的前沿”形象不符。

我没有让他失望。我把所有的术语都搞混了，而让戴维和一屋子的年轻“名流”震惊的是，我居然问了比尔他的主机如何，或是类似的问题。这个问题惊爆了全场，工作人员咯咯直笑，比尔也发出了奇怪的咽口水的声音。我好像在哪里听到过“主机”这个单词，我想可以借此炫耀一下知识，让听众大吃一惊。而我的确是让他们吃了一惊。

不管怎样，千禧年危机平平淡淡地过去了，最后也没有人注意到。唯一值得庆幸的是，我从来没有同意为此花费大量金钱。作为一个首相，作决定是一件有意思的事：有的时候，你得决定去做一些事，而同样重要的是，有的时候你得决定不做一些事。这样的情况频频出现，有时你甚至没有意识到这些就是决定。它们很可能就是那些你说“不”的事。

不幸的是，有一件事我们说了“是”，那就是继续千年穹顶的工程。我想，就错误的决定而言，这个决定还不是太糟。问题部分是由于——我不是在找借口——这个决定不是我们作的，我们只是接过了这个接力棒。当我们上台时，前任政府已在千年穹顶上投入了一百万英镑，如果取消这个项目，代价将会非常大。

实际上，最初的设想并不坏。这是迈克尔·赫塞尔廷的主意，和他的很多其他想法一样，这个主意大胆而又恶俗。千年穹顶类似艾伯特亲王的水晶宫展览馆，以及女王伊丽莎白二世加冕那年的伦敦展览馆——约翰·普雷斯科特还能记得。我们改造格林威治煤气厂周围的沼泽地，并在那里举办一场盛大的不列颠展览会。问题是，我们从来就没有想清楚，到底应该展出些什么；而我们希望呈现的未来的主题，粗略来看并没什么问题，但是真正到了细节部分却难以实施。因此最终展会便有些不伦不类，展览内容涉及未来、科技、话剧、科学、娱乐。真有点门门粗通、样样稀松的感觉。

话虽如此，但其实也没那么糟糕，只不过算不上出色。千年穹顶的团队在詹尼·佩奇的带领下疯狂地工作。考虑到千年穹顶的规模，从某种角度而言，这已经是一个奇迹。六百万人参观了穹顶，很多人都玩得很开心。我们越来越想为这个项目进行辩解，直到我们几个——我、彼得·曼德尔森，尤其是查利·福尔克纳——站上舞台，即使要表演的是由一个人拿着一条生鱼，轮流扇所有人人的耳光，我们几个也会坚决将它表演成一部天才之作。

简而言之，当时，对于政府而言，这的确是一个不合时宜的项目，而且这也并没有为千禧年增添多少色彩。如果不是因为刚从别人手中接过了这个活，估计我们根本不会作这样的尝试。就像当时《太阳报》的编辑戴维·耶兰德告诉我们的那样，建一家崭新的好医院才是政府更好的选择。

说句公道话，戈登倒是一直反对此事，但我认为取消这个项目代价太大，认为无论如何，值得一试。在内阁会议上项目得到通过，但是赞成和反对的人几乎各占一半。约翰·普雷斯科特在当天搞定了一切。我需要提前走，他主持了会议，他几乎以一种类似治安官的强势强行通过了这个项目，主要是因为他知道我希望这个项目能通过，部分也是因为他认为这个主意有其天才之处。的确如此，只不过也少了点理性。

穹顶本身很壮观，由理查德·罗杰斯设计；它如今已成为了一个城市地标，极易辨认，也提升了整个伦敦东南区的品位。更何况，我们重整了土地，建造了数千住宅、一家医疗保健中心，还有一所学校。目前这也是全英国，也可能是全欧洲，最棒的摇滚和流行音乐的娱乐场所。

虽然回头来看，这的确是一个错误，但是对整个穹顶项目歇斯底里的痛斥也并不合理。不过这也可以理解。我永远都不会忘记 1999 年 12 月 31 日的夜晚。一直以来，我都不善于应对那些“重要的”日子和纪念日——说起来，我不应该是这样的人，但我恰恰就是。我从来没有对生日有过特别的感觉，除了收礼物和送礼物。圣诞节一直是温馨的家庭欢聚时光，但是不知为何，每当圣诞节结束的时候，我总会感觉如释重负。

12 月 31 日晚上我值班，同时还要工作。是的，千禧年的确很难得，但是——就像我对大多数的新年夜一样——我倒希望可以很开心地早点上床，好好休息，第二天早上起来精神抖擞，可以悠闲地想又一年过去了。

总之，你明白我的意思：我对这个实在不太感兴趣。所以，我期待世纪之交的夜晚的心情，就和我去看牙医的热情差不多。实际上，我甚至更愿意去看牙医。而最后的结局是，如果我去看了牙医，那可能还会少一点痛苦，更平静，当然压力也更小。

首先，我得去开启千禧之轮[①]，它伴随的是焰火表演和大型螺旋式凯瑟琳车轮焰火。我们离开唐宁街，步行前往，我开始觉得有点恐惧了，而且这样的感觉越来越强烈。而在这样的时刻，作为陪衬，切丽总是很勇敢，表现堪称完美：她对这一切兴致勃勃，显得非常激动——至少她表现得如此。

我们随着人群走在怀特霍尔街上，朝河堤走去。人们非常友好，兴高采烈，我的心情也暂时变得轻松起来。不知不觉我们走到了亨格福德桥附近，英国航空公司首席执行官鲍勃·艾林正在那里等我来启动仪式。鲍勃接手了千禧年的庆祝活动，他在巨大的压力下干得很出色。

“我宣布开始以后会发生什么事，鲍勃？”我的声音盖过了那些嘈杂之音。

“其实，”他说，“也没什么特别的事，因为实际上这还没有完全竣工。”他很镇定。我很欣赏他这一点。因为我有些慌乱。鲍勃将他的注意力转到了焰火上。“你按下那个按钮，焰火就会沿着泰晤士河喷薄而出。”

好吧，我想。我站上了那个小讲台；人群在那里欢呼；我想我发表了一个小小的演说——强调一下，是“小小的”——没什么深意，接着便按下了按钮。

① 又称伦敦眼。

焰火断断续续升空，但就像其他的千禧年庆祝活动一样不幸运的是，它们并没有预想中的那样壮观。实际上，就焰火而言，有一次我在伊斯灵顿的海布里田野参加的盖伊·福克斯之夜[1]活动比这更精彩。

当然，千禧之轮也还没有竣工。“我觉得对于今晚来说这没什么关系。”鲍勃开心地说。

“当然有关系，如果它叫千禧之轮。”我有些别扭，恐惧又开始回来。

但是没有时间生闷气。接下来还有和女王一起参加的穹顶宴会呢。我们应该乘坐新银禧延长线去那里。这条地铁线本身也是为了此次庆祝活动所建的项目之一，沿途还开设了新的站点。同样，这是一个很好的主意；同样，随着新年的临近，它也不停地给我们增添麻烦。我们碰到了承包商纠纷、工会纠纷，还有政治纠纷。问题是，所有人都知道他们让我们一筹莫展——完工期限不能更改，况且如果没有延长线，我们也无法让人们前往穹顶那里。我们身处困境。我对所有负责这个项目的大臣和职员“保证”，如果完不成这个项目，我会对他们采取各种折磨人的手段。还有，从伦敦地铁管理部门中流露出来的，“让我们一起祈求成功吧，首相！”——那种面临大难的幽默，我也不太喜欢。要完成此项任务非常艰巨，而约翰·普雷斯科特神奇地迫使他们承诺会完成任务。

千禧之夜是这条线第一次运行。当我们走到列车旁时，第一个让我忧心的时刻出现了：它会正常运行吗？门会正常开启吗？会不会突然停下来？

总之，它成功运行了。我们上了车，而后又下了车，到达了千年穹顶那里，人气正在聚集，但并不显得特别拥挤。似乎并没有来那么多人。人其实不少，到处都是，但是多到可以开始宴会了吗？没有。“大家都在哪里啊？”我问千年穹顶里的向导。

“我想连接斯特拉特福德站的地铁坏了。地铁站已经关了。”

一屋子的人都大吃一惊。“什么？”斯特拉特福德站是把人们送到这里的枢纽，却因为可恶的电力问题发生故障。一想到人们还在那里等待，我的恐慌感油然而生。“我要见查利。”我说。

在彼得·曼德尔森辞职后，查利·福尔克纳接替他成为了负责此项工程的大臣。在千年穹顶工程中，查利滥用职权之甚已经完全超过了想象。他的表现一度很出色。每一次见到他，在取笑完他的体重、形象、性格和讲话方式之后，

---

[1] 英国节日，每年 11 月 5 日，为了庆祝 1605 年火药阴谋事件主谋盖伊·福克斯被捕，人们当晚会燃篝火、放烟花。

我总会发自内心地问候他："最近如何，查利？"他通常会回答，他很热爱他的工作，也很感激我给了他这个机会去做这份工作。他的回答不带任何讽刺意味，我很欣赏。但在穹顶工程上的表现却很讽刺地为他掘了坟墓。

我在楼上的贵宾接待处找到了他。"查利，"我说，"见鬼，斯特拉特福德站到底发生了什么？"他解释了故障原因。"天啊，查利，有多少人等在那儿？"

"几千人吧，我估计。对不起。"

我忧心忡忡地看着他。"媒体发现这一切的时候我们该如何解释呢？"

"嗯，我想他们已经发现了，因为那些记者也在那里等着。"

我想我当时真的揪住了他的领子。而我是喜欢他的。

"什么？什么？见鬼，媒体在那里干什么？你不会……不会吧，哦，天啊，你没有让媒体和公众一样从斯特拉特福德站坐车到这里吧！"

"是这样的，我们认为那样会更民主。"

"民主？哪个傻瓜想出来的？他们是媒体，上帝啊。他们报道公众的事。但他们可不希望被当成普通民众对待。"

"那么，你希望我们怎么做？"查利说，他觉得应该为自己辩护几句，"用加长豪华轿车去接他们来？"

"就是，查利，"我吼道，"还要安排他们喜欢的男孩或女孩去接，提供无限量的香槟，或者至少，也该让他们和我们搭同一班地铁过来。"

很不好意思承认，我又冲他叫嚷了一阵，而其他更理智一些的人则试图搞清楚该做什么。最后，我们听说他们终于上路了，虽然可能无法在午夜前赶到。"请不要告诉我，如果今晚他们不在场也无关紧要，查利，不然我会把你当场打死。"我记得我当时说了这样一句话。最后，有一部分人及时赶到，还有一部分人没来得及赶来；但无论如何，从那一刻起，媒体报道已经是板上钉钉、改变不了的事实了。

同时，我又产生了新的焦虑。我们说服了女王和菲利普亲王来参加穹顶的活动。我不确定菲利普亲王对此有何想法，但我不奢望会是一些好话。我猜女王陛下可能会用不同的措辞，但应该怀着和菲利普亲王同样的情绪吧。然而，我们必须带着欢快的面具经历这一切，女王最为敬业。我们一起坐下来，观看演出。

午夜之前有一场杂技表演。表演很壮观。演员们在穹顶的顶部展示着非同寻常的技艺，在空中飞来飞去。他们穿着艳丽，表演让人印象深刻。

忽然之间，一个可怕的念头冒了出来，让我从心底直冒凉气。他们就在女王的正上方表演着那些高难度动作。“这很了不起，”菲利普亲王说道，看上去略微提起了些兴趣，“你知道他们在做这些时有没有保护措施？”我发誓我知道接下来一定会发生什么事。我觉得我就像那些第六感电影中的人物那样，可以预见未来：从那六英尺高的地方，会有一个演员在翻筋斗的时候掉下来，冲向女王，将她压扁。一定会是这样，我能看到这一切。“女王于千年穹顶被高空秋千表演者所杀”，“不列颠千禧年庆典受污”，“布莱尔承认出了岔子”。不列颠的千禧年势必出名；而我也将被永久载入史册。

我不是跟你开玩笑。虽然现在我可以拿这件事来当玩笑讲，但在当时，1999 年最后一天晚上的十一点半，我真的非常确信，事情一定会是那样。当表演结束时，我感觉从来没有那么如释重负过。

接下来便是唱《友谊地久天长》的可怕的环节。我又要作出另一个决定：到底要不要和女王手挽手。我们对视了一眼。我无助地意识到：去挽女王的手有些荒谬，但是不去挽又显得我很冷漠。我作出了决定，伸出了双臂。她保留了灵活的选择权，伸出了一只手。但是管它呢，她还活着，这才是最重要的事。

接下来发生的事情我就记不太清了。我们最终到家已经凌晨两点了。当我们吃力地爬上床时，切丽说：“我觉得这个夜晚还挺有意思的。”

“亲爱的，”我回答道，“今晚只有一件事我要感谢上帝，那就是这事儿一千年才来一回。”

第二天早晨，我回到了日常工作的现实中。我们已经执政两年半。以政府的工作方式，两年半就像是一眨眼的时间。而以公众的思考方式，两年半就已经是永远了。那次“保守势力”的演讲，在某种程度上，是我在联合两大阵营受挫后的产物。有些评论员和公众的批评的确不公平，但有一些——批评的核心——认为变革过慢，而且也不够激进，我自己也这样认为。因此有了这样一个演讲。

我正在了解公共服务机构有多么复杂，它们承受了多么繁复的任务带来的压力，它们的需求是多么庞大，而它们对于在什么时期能做什么的期望又是多么强烈。也许在日历上，千禧年的到来是一个与众不同的时刻，但是 1999 至 2000 年 NHS 的“冬天危机”还是在对死亡和税率的预期下爆发。两年半的时间，人们期望看到更好的表现。

现在，我们回顾过去，意识到类似危机的爆发是不可避免的。这次是流感病毒，给很多人带来了不幸。而最不幸的是一位名叫梅维斯·斯基特恩的女士，由于没有及时得到恰当的治疗，去世了。她的家人极为愤怒。医院的加护病房根本无法应对这次的流感爆发。据说，有人被医院拒绝收治，有人在担架车上接受治疗，还有人在急诊室一等就是几个小时。

除了常规病例和流感疫情，有些心脏病人由于等待时间过长，往往等不及手术就已经去世。我曾收到过一位女士的来信，她的丈夫我记得是《北方回声报》[①]的摄影师，曾和我一起工作过，也死于此类情形。我感觉糟糕透顶，觉得肩上的责任重大；最糟的是，我觉得痛苦是因为我想不明白，到底我们需要的只是时间，还是这些机构运作方式中更为复杂的东西。如果是后者，我们还没有准备好。坦白说，我并不完全确定答案是什么。这就是为什么我说我正在了解。

我对医疗和教育的担心与日俱增：虽然保守党的改革也许执行得不好，而且解释得也不清楚，但实际上，他们改革的基本方向和“保守”并无关联，却和现代社会密切相连。这些改革举措试图引进新的机制，使绩效与金钱挂钩，也让服务对象来决定方向。虽然在政策的细节问题上，他们常有分歧，甚至被误导，但总的改革途径都是由同样导致了支持私有化和减税的社会与经济的发展趋势所决定的。

我看到一个趋势：即关系到打破集权化的整体架构、关注消费者日益提升的品位、结束旧的职业分工的趋势；而在我看来，这个趋势和政府的表现无关，却和民众的表现密切相关。不足为奇的是，私营机构的组织和管理方式的转变对于公共机构而言也有可借鉴之处，尤其是在公共机构面对挑战之时。

在犯罪和福利政策方面，我认为保守党并没有真正考虑清楚，他们也只是在执政末期才开始从根本上思考这个问题。但是，在 NHS 和学校方面，他们的做法有所不同——有一些他们作出的改变值得我们审视并学习，而非摈弃。

问题是，当时在工党内部并没有很多人对此想法有很大兴趣。的确，这个想法有点不合正统。尤其是，我让弗兰克·多布森接管了 NHS。这个决定本身就说明了我刚上台时对 NHS 的了解是多么缺乏。事实上，说句公道话，弗兰克是一名真诚的、开明的工党老党员。跟许多人一样，他也认为新工党只不过是为了赢得胜利的一步妙棋而已。他对新工党并不十分了解，而就他所了解的部分，他其实并不赞同。

尽管政府部门以及 NHS 的管理阶层的确是优秀且敬业的人民公仆，但他们相信，私营机构中的那些观念，比如选择性，与 NHS 作为一个机构的基本公平性是水火不容的。这是一个政策最终变成了原则的老问题：1948 年有

---

① 英格兰东北部的一份地区性报纸。

关 NHS 的政策——在当时非常适用——如今却变成了永久的神圣原则。

1999 年，我反复思考着这些问题，也开始和我最亲近的同事们进行讨论。但是我碰到了两个问题：第一个是弗兰克·多布森，第二个是钱。我知道，很明显我们对 NHS 投入不足，而保守党并未意识到这一点，或者说他们根本不想了解这一点。当我们将我们的开支同其他与英国类似的国家进行比较时，差异就很明显了。当然，只有钱还不够，但钱是必需的。

"冬天危机"直接暴露了这个问题，但也仅仅如此。问题的关键在于机构的深层：资金保障以及运营方式。

我同一些健康医疗专业人士召开了一系列研讨会，由优秀的罗伯特·希尔（我的健康顾问以及 NHS 服务直线的创始人）帮我安排。在 NHS 内部，有些人完全赞同 NHS 的公平原则，但也对机构的管理方式、过时的业务，以及某些因体系的缺陷而导致的真正的不公平等方面略有微词。

关于 NHS 的资金保障，我和戈登谈过一次或几次话；但不出意料，他很坚定地反对任何大刀阔斧的动作。顺便提一句，我对此没有任何批评的意思。这是他作为财政大臣的职责，就像一条小船的管理者要击退强行登船的人。

我必须找到资金才能进行改革；而要改革成功，我必须拥有一支相信改革的顶尖队伍。

首先，我尝试了一个从某种意义上说是非传统的方式。我要上一年一度的新年"弗罗斯特访谈"电视节目。

戴维·弗罗斯特仍然是电视媒体上最为出色的访问者，远比那些嘲笑他不够辛辣的人出色很多。他不粗鲁也不虚张声势，但他拥有非同寻常的才能，能诱使受访者轻率地发表一些言论，使他们在交谈中犯下错误，成为新闻报道的标题。我已经记不清有多少次，在弗罗斯特访谈结束后阿拉斯泰尔对我说："见鬼，你为什么会说那些话？"我会问："什么？"当他跟我解释之后，我只能说："哦，哦。"

而且，戴维有一个革命性的观念，他认为观众希望听到回答问题的人想说什么，而不是听采访者提问。依据这个策略，他总是让受访者比他们预想要说的说更多，话题的范围也更广。访谈结束时，你总是会被套出四五个新的故事来。当然，虽然他不咄咄逼人，但他很坚持，使得受访者从心理层面很难不直接回答问题。

无论如何，这次我没有必要担心会说错话。我决定畅所欲言。我也决定要作出承诺，将 NHS 经费提升至大约欧盟的平均水平。当然，有太多的方法来计算所谓的平均水平。有无数的统计员和会计师通过计算会得出不同的结论。但基本的观点很清楚，这样的承诺所发出的信号会产生决定性的影响。

周六，罗伯特·希尔与我过了一遍所有可能的排列组合。我和戈登再次谈了谈，他已经愈发坚定。但是我坚信，就一个具有深远意义的政治策略而言，我们必须作出这个决定，而且是在现在就作出决定。

我知道我们有机会实施改革。1999 年后期，艾伦·米尔本接替了弗兰克的位子。艾伦之前是国务大臣，他干得很出色，也完全认可改革的方向。弗兰克为了全心全意准备伦敦市长的选举而提出了辞职。

我承认，当时，我并没有挽留弗兰克，部分原因是，我认为这可以让卫生部多一些自由度。结果也确实如此，但这也给我们在市长竞选上带来了大麻烦。实际上，弗兰克击败肯·利文斯通并成为伦敦市长的几率，就像斯戴图与儿子[①]的马能赢得英国全国越野障碍赛马冠军一样。晚些时候，在选举期间，我试图提升团队的士气，开玩笑说我认为弗兰克会赢。

而安吉说："如果你认为弗兰克·多布森可以在伦敦打败肯·利文斯顿，那我得去请医生了。"

于是伦敦那里出了一个大的烂摊子；当我参加"弗罗斯特访谈"时，我知道我要什么，而且我也有了中意的人来为卫生部掌舵。

访谈结束，让戴维高兴的是，他不需要花太多的力气让我在一切方面坦诚，我坦诚得彻底、公开并且迅速。这也是我印象中少数几个这样的例子：我去参加一个节目，脑海中有一个故事，并且最终讲出来的也是同一个故事。

那段时间我和戈登有些矛盾，但是他也知道一切无法避免，而且无论如何，政治策略也让他无从反对。这就是我直接的先发制人，但也得是必要并且合理的先发制人。这让我能继续计划的另一部分：和艾伦一起起草一份正式的改革提案。

经过讨论之后，我们打算在接下来的几个月里起草一份正式、成熟的 NHS 转型提案。经过反复讨论之后，我们一致认为这应该是一个十年计划。目标应该是从根本上改变 NHS 的运作方式：打破整体格局；引入和私营部门的新的合作关系；借鉴选择与竞争观念；并同所有的专业人员，从护士到医生到管理人员，重新谈判基本合同。

最重要的是，这表明了在我头脑中盘桓已久的决心。我们在 1997 年上台

---

① 英国的电视连续剧《斯戴图与儿子》中的人物。

时，声称最为重要的“是标准，而不是架构”。当时是针对教育部门发表的这个观点，但这同样适用于医疗卫生以及公共服务系统的其他方面。

换言之，我们是说：忘掉那些繁复而又老套的结构改革；什么有用——我们的意思是指产出的结果——什么就值得考虑。这是一句不错的辞令，也是一条有益的政治策略。不幸的是，我意识到，一旦我们有了实战经验，这条策略也只是夸夸其谈而已。因为实际上，架构产生标准，机构的组建方式影响着最终结果。

也就是说，除非你相信集中管理式的变革是最佳模式。这个时候，想法的改变会对政治与服务都产生深远的影响。重新定义国家的性质是创建新工党的部分思路。除去法律和秩序方面，我直觉上是一个自由主义者。这也是我曾一直大张旗鼓地赞扬劳埃德·乔治、凯恩斯和贝弗里奇的原因之一；也是为什么我一直对于罗伊·詹金斯的思想充满尊敬与喜爱之情的原因。

在一个世界里，当个人为自己的生活寻求更多的自主权时，我想象不出任何一个现代的国家理念，除了为大家提供条件和授权外，还能是什么样的理念；这怎么也好过以那种家长式的、施舍的方式，以及对那些被视为无力作出自己决定的人民的利益加以控制的做法。而那种理念，那种直觉，显然必须应用于国家机构的实践中。其实很简单，就是保持政策和理念相一致。

从 2000 年年初开始，当资金问题得到解决之后——至少总体而言是解决了，艾伦和我，还有一个亲信顾问团，开始着手起草 NHS 的十年计划。

同时，我们也以类似的宗旨在其他政策领域开展工作。安德鲁·阿多尼斯接替了教育顾问的职位。我不太记得他到底是如何加入我们团体的。他曾是牛津大学的教师，也是社会民主党成员。他曾力图撰写罗伊·詹金斯的传记。(最终工作的压力使他没有完成。)他还曾是《财经时报》和《观察家报》的记者。他的到来很偶然，但卓有成效。他举止得体，拥有一流的智慧，并且不惧于跳出意识形态的限制去思考。他完全迷倒了新工党成员。

当然，也有人对他不满，因为他有社会民主党的背景。顺便说一句，这和德里克·斯科特的情形很像，他曾在退休金和宏观经济政策方面给我提供过建议。德里克真的很坚强，也很尖刻，给团队带来了新特色。但他拥有和辣手神探哈里[①]一样的外交手段。我们和财政部一起参加的会议总是充满了火药味，而他爆发的速度比一般的爆竹还快。但是，很有意思的是，我喜欢他在我身边。

相反，安德鲁是一个彻底的好脾气，甚至连那些顽固的讨厌社会民主党的

---

① 20 世纪 70 年代由克林特·伊斯特伍德扮演的银幕硬派新警察形象。

人也很难不喜欢他。并不是说他们有些人没有努力试过不去喜欢他，而是，他就是那么好。

戴维·布伦基特和我一样，也在重新思考标准与架构的问题，当然安德鲁在很大程度上敦促了他朝这个方向思考。戴维组建了一支优秀的队伍，召集了像迈克尔·巴伯，以及顶尖人物、部门常任秘书迈克尔·比沙德这样的人。我们也开始重新思考如何运用和医疗卫生领域采用的同样的原则进行中小学与大学的改革。

刑事司法则完全是另一码事。无论是在过去还是现在，这个领域的问题都很复杂。随着时间的推移，我重新评估了整个司法体系的性质、目的、架构、文化、道德观念、实践、思潮等等——所有你说得出来的方面。它从来就没有正常运作过。后来有一段时间我想得更多。

正如我在更为详尽的2000年纪要中所描述的那样，在整个战后公共服务与福利状况等方面，老实说，我们需要变得更加彻底，更激进，更具开创性。

上半年，我们一直很忙，尤其是忙于NHS的事。3月，我对议院发表了关于NHS现代化的声明，这也为之后7月的计划铺平了道路。

与此同时，伦敦市长竞选也朝着意料之中的方向发展。竞选分为两个阶段：第一阶段，工党提名的竞选；第二阶段，竞选市长。

在第一阶段，我们力保弗兰克·多布森获得提名。当时我们有着令人钦佩的竞选班子，他们的工作非常出色。高级官员们很不喜欢肯。当然，这很傻。我自己也是这样。但我并不像约翰和戈登那样完全是出于内心讨厌他。我其实还很欣赏肯的风格、他的与众不同，以及他的沟通能力。我也夸大了他的政策立场的危险性，这倒不是我故意这么做，只不过在谈到竞争对手的政治策略时，大家都习惯这么做。其实不应该这样；在政治领域，当你与某人意见不合时，你常会夸大这种不合。就像两块灰色的阴影变成了黑色与白色。一项只是被误解了的政策会被说成是一项灾难性的政策。

如果肯作为工党候选人，就会有问题，原因很简单：他完全反对由普雷斯科特和戈登共同策划的地铁公共—私营的合作伙伴关系。而伦敦的交通是这项合作的典型，如果启用一名致力于阻止工党交通运输政策的工党候选人，那么无疑就是自找麻烦。

我支持这项政策，但是却奇怪地不确信它的现代化本质。肯曾希望鲍勃·基利在成功结束纽约交通运输领导者的轮值之后，能加入进来，主持地铁工作，我认为鲍勃对肯应该也有些溢美之词。

但是作为一个北方的工党人，约翰看不惯伦敦的工党，也不信任肯，或是某些野心勃勃的纽约人。而戈登就是讨厌他。尼尔·金诺克也以只有尼尔能做到的方式，清楚阐明了他的立场。而且不管怎样，就像我说的，我并没有阻止弗兰克辞职，因此很显然，肯不是领导层心目中的候选人。

很快，我学会了放弃，也意识到，我们一边说要权力下放，一边还强硬地推行领导层的意志，这是愚蠢的行为，实际上也是毫无意义的。这其实是当年无纪律的工党所遗留下来的产物。由于担心和领导层的意愿差得太远，大家都失去了洞察力。因此，到最后，我想清楚了，既然弗兰克无法成为市长，那么肯作为独立候选人胜出可能是最好的选择了。

但是我们仍然需要经过党内投票。弗兰克取得了胜利，但主要是因为工会把票投给了他。对于新工党而言，这并不是一个很好的结果。在结果公布之前，我在契克斯别墅约见了肯，我说如果弗兰克获胜，希望你仍能忠于工党。他作出了承诺，但显得并不是很热忱。结果宣布之后，我并不诧异于他宣布他会以独立候选人资格竞选。我并不怪他。有趣的是，有一些支持我又略微偏左派的伦敦工党人告诉我说，不管怎么样，他们会投票给肯；而我觉得反对他是一件愚蠢的事。他们说，即便肯不自立门户，也不要以为弗兰克能成为市长。他们可能是对的。

最后一刻，就在工党最后给出结果之前，我最后一次尝试换人。

有传言说莫·摩兰姆可能在考虑成为候选人。这可是一个完全不同的建议。莫和肯之间的竞争一定会很激烈。我问她是否当真，她说是的。我明白了。我邀请了弗兰克和他的妻子珍妮特来唐宁街，和他们一起在公寓里喝了点东西。阿拉斯泰尔也在场，切丽中途加入了我们的谈话。我向他们解释我认为弗兰克很难获胜，也想试探他是否能考虑放弃。答案很明确：他不会。不能说我很惊讶，他可能因为我甚至提出了这样的话题而倍感沮丧——这也很正常。

最后，莫的事也不了了之。而我同她的关系也不如往常了。身处政坛，你时常会碰到的一个问题是，当你是领导者时——我想这在其他任何组织机构都是一样的，你得作出一些人事上的痛苦的抉择。好工作数量有限，但工作的申请人或是恳求得到这份工作的人却如过江之鲫，总会大大超过最终被任命者的数量。

改组很难。解雇人总是一件糟糕透顶的活，但是，如果无法按人们自我评价的那样给予他们晋升的机会，也是一件头痛的事。你对他们能力的判断和他们对自己能力的判断，这两者之间往往有着很大的差异。

莫在北爱尔兰的表现很出色，这正好顺应了当时的形势；但 1999 年后期，当我考虑作出一些改变时（和往常一样，报纸已经开始很不合作地谈论此事，更无益的是，他们将此归结于唐宁街的决定，但这完全不对，我根本不会对莫做出那样的事），我在唐宁街 10 号的阳台上和她进行了单独的讨论。

她并不反对调动，虽然她对于媒体人员很恼怒，这也可以理解。但是后来她的话吓到了我（她很直接），她说：我是政府里最受欢迎的人；罗宾·库克不得人心，没什么吸引力；你应该让我当外交大臣。对这样一个想法我完全没有准备，我当时也立即表示这完全不可能。

于是问题便随之而来。一旦挑明了他们对自己能力的估计和你对他们能力的估计之间的巨大差异，你们之间的关系将永远无法修复。

莫是我早期的支持者。她有着灵敏的政治嗅觉。和她在一起也很快乐。她颇有尊严地对待自己的病痛。她曾经是政府里最受欢迎的一员。

她那独一无二的、被我称为"莫式主义"的个性，对于北爱尔兰是有益的文化冲击。我永远不会忘记，在我和一些正统的爱尔兰人进行和谈时，她走进我的房间，摘下她的假发，拍到桌上，把脚跷到桌上，大声地打了一个嗝，说道："那么，这并不好笑，是吗？"她接着又告诉他们其实她宁愿去做其他很多事情，比如来一场激烈的性爱。转眼之间，她就完全改变了前几任英国国家大臣固有的行为准则。但我一想到这样的态度会给敏感的外交大臣们，以及形势微妙的国际峰会带来何种后果，就不寒而栗。我不确定外交部那栋萦绕着帕默斯顿、格雷、哈利法克斯甚至是彼得·卡灵顿的灵魂的大楼，已经准备好接受"莫式主义"。这样的事不会发生。

顺便提一下，关于外交大臣的工作，有件事很有意思——所有人都想成为外交大臣。这倒并不是简单地因为外交大臣是"国家重要职责"之一，而是因为，你主要和一群彬彬有礼的人打交道，谈论时下的全球问题，到世界各地旅行，将美好的祝愿和意见带给那些似乎也会热切接受你的祝愿和意见的人们。没有那些手上长满老茧的劳动者们来就燃料的价格跟你纠缠不休，或者抱怨政府拒绝在这项或那项设施上投资，或是跟你抱怨道路规划的一些细枝末节。你那么高尚，怎么能让这些世俗小事来烦扰到你呢？你的舞台是整个世界；你的话语都具有战略意义，对于普通人而言就是阳春白雪；你的态度可以很和蔼，人们也会以完全不同于衡量国内粗鲁混乱的场面时所用的标准来衡量你。甚至是在下议院——这估计是你接触到的最粗野的一面，你仍可以继续高谈阔论，报出一串串的名字，就能让普通的议员们满意地点头，即使他们并不理解你说的内容。

因此人们向往这份工作。我对杰克·坎宁安——80和90年代工党政坛中的伟大人物——怀有无比敬意的原因之一，是因为他曾经是约翰·史密斯的影子外交大臣人选。我因为想任命罗宾·库克为外交大臣而将杰克调离，罗宾不是杰克最欣赏的人。但杰克还是泰然接受了这个决定——即使他对此有所不满，也从来没有表现出来——继续奉行该干什么干什么的原则。这样的人很难得。

这些都是题外话。市长竞选注定是一场混乱；事实也的确如此。肯如期以独立候选人的资格参加竞选，并大胜弗兰克，成为伦敦市长。我很小心，在选举过程中不过多攻击肯，同时也一直敞开着沟通的大门。竞选结束之后，我们之间建立了比较融洽的关系，在这一点上，他的确值得称赞。

在这些日子里，尽管面对着伦敦的政治局面，北爱尔兰局势的新动荡，伦敦斯坦斯特德的劫机事件—— 一群为了逃离塔利班的阿富汗人劫持了一架飞机飞到了斯坦斯特德（想想后来发生的事，这是多么具有讽刺意味），国际劳动节暴乱—— 一群无政府主义者破坏了伦敦的"一战阵亡将士纪念碑"，还有日常的琐碎问题，我依然埋头于公共服务改革的火热事业之中。

我很难解释和重现问题的复杂性。在这个阶段，我还在不断摸索，不断和顾问们、专家们、公共服务机构人员召开会议。我试图弄明白应该如何推行和阐述改革，最重要的是，让改革在真情实景中实施，并落实到人。

我感觉一切都很令人沮丧。我几度想放弃所有其他一切，只把时间花在第一线，学习如何管理一个公共服务机构，弄清它面临的真正压力是什么，在传统标准范围内能做些什么，而这些传统标准又可能如何被改变。

也是在这个问题上，我遇到了如果要在任何组织里进行改革，都会碰到的最为棘手的事。我称之为"取消约定俗成"。我是这样理解的：通常，在任何机构里，你都在既定的思想和实践的范围内工作。这些就成为了"约定俗成"。因此在NHS，约定俗成的是，外科医生动手术；全科医生提供全科医疗服务，从来不碰外科手术刀；护士不开（或者说当时不开）复杂的处方。医院床位越多，服务也越好。在私营医疗机构里，你需要付钱，而在公共医疗机构里，你不用自掏腰包。

或者是在一所学校，你有标准化的全国统一课程表。或是在行政系统里，你有一个固定的职业规划。或是在法庭上，存在一套神圣的审判流程。

要在这些体系中挑战这些"约定俗成"很难。它们的存在有自己的道理，至少曾经有过道理，而且存在的理由还常常很充分。要改变它们甚至是难上加难。在它们周围，已经形成了一张由习俗、实践以及利益构成的网；但是如果机构要进步，这些就必须被改变。

所以我们开始重新考虑这些公共服务机构运行的基本原则，试着不以“约定俗成”的标准去衡量它们，而是以当代的现实情况、变革所能带来的潜力和可能性，以及如果我们能够挣脱所有政治约束，进行自由思考的话，我们希望采用的评判标准来衡量。

我曾把专家们召集起来，跟他们说，如果你能完全自由做任何想做的事，并且也能决定如何去做这些事情，你会怎么办？从他们的回答里我逐步得出的结论与我自己的直觉一致，不过大家都清楚的是，公共服务需要激进的改革。

于是NHS的十年计划就这样被制定出来了。我不认为这个计划真的会持续十年，艾伦也不这样认为，但是我们明白我们需要搭建一个框架，建立一个平台，可以将NHS带上一条不一样的轨道。改革的速度可快可慢，但是改革的方向是不会改变了，至少我们能有机会展示改革到底能带来些什么。

不过，在推进改革的过程中，我们需要非常谨慎。党内也有反对意见——约翰·普雷斯科特常抱有敌意；财政部也持怀疑态度，不过当时他们也仅仅是略有些阻挠；工会很谨慎（这也是正确的），也有些怀疑；而公共服务机构内部基本都由传统派控制。

还有其他的挑战。在公共服务机构，人们可以接受有些方面明显的失败。公平而言，说服人们接受我们改变处理NHS冬季压力的方式并不难。说服人们为那些失败的学校做一些事也不难——这里指的学校是那些已毫无希望的学校，百分之十、百分之十五或者百分之二十的学生可以得到五门普通中等教育证书考试的好成绩，但这离我的目标还有千里之遥。

本质上，我还是以中产阶级眼光来看待公共服务机构的，如果你不了解这一点，那么你就无法理解我为了改革所作的任何尝试。我的孩子们念的是公立学校，是不错的公立学校，但是我希望它们可以更好。但至少在当时，好的学校只是凤毛麟角。我担心的并不只是那些只有百分之十、百分之十五或者百分之二十的学生达到合格水平的学校，还有那些只达到百分之五十或是百分之六十的学校。

将等待住院的时间从十八个月缩短至六个月也并不是我们的终极目标；我认为六个月完全不能接受。我知道我不能忍受我爱的人要等待那么久的时间。为什么其他人要等这么久呢？为什么改变体制，实现最美好的未来，就是痴人说梦呢?

因此我们对于改革有更大的野心。问题是很多人(这很有讽刺意味),包括我们希望服务的对象——公众本身,也觉得还凑合或是一般水平的服务似乎已经足够。

无论如何,尽管有人愿意接受比他们应得的更少的东西,但还是有很大一部分新工党的支持者们有着和我同样的中产阶级心理,而他们会投我们的票也正因为此。当然,这并不是说“工人阶级”要求的比较少,而是我觉得引号里的词说明了某些东西。(不仅仅是关于我!)有抱负的工人阶级渴望成为中产阶级。

人都是一样的。大多数人对他们自己和家庭都有雄心勃勃的计划,而且并不以此为错。这一点的确无可厚非。只不过他们不应嫉妒别人的抱负或是成功,并且应具有责任感,来帮助那些不那么幸运或是不那么成功的人来实现这些梦想。

然而问题是,有很多党内人士,在出现了接二连三的失败的情况下,能够接受激进的改革,而大多数人在消极无为的状态下并不会接受激进主义。所以,我们需要打一场仗,来改组架构,改变“约定俗成”;我们也得打另外一场仗,来改变人们的态度,在不损害公平的情况下,提倡完美本身作为合理的目标。

我们可能仍然处于通过观察试验来进行教育的阶段。NHS计划在内容上,仍有着政治和知识方面的粗糙痕迹,但和过去相比,我们已经迈出了巨大的一步。

在做这些之前,我的日程表上还有法律与秩序的问题需要解决。几年前,我们已经通过了反社会行为法令。我也日益觉得,这一点倒是与我们想改变陈旧而又颓败的体系的日程不谋而合。我们的目标是开始将刑事司法作为一个公共服务机构来对待。我知道这听上去有些奇怪,但是因为这关乎深刻而又崇高的人类自由问题,所以不管是过去还是现在,刑事司法依然聚焦于起诉与辩护的相互影响关系上。在之后的审讯过程中,这一司法体系的重点是保障认定某人有罪或者无罪的过程的公正性。

当然,这的确是,而且也应该是重点,但是如此死板地关注于这一点,在现实社会里,就会导致公众和个人所关心的合理问题被边缘化。这个体系该如何以公共服务机构的形式来运行就是一个解决的例子。证人、受害者,基本上除了法庭本身之外的所有人,必须围绕着起诉与辩护的互动过程。案子被撤销。

被告不出现。执行令得不到执行。警察没有时间处理一些小案件。所有这些的背后，都有一个人，一位受害者被忽视，直到他们出现在法庭上，而他们常常还需要经历冗长而又痛苦的程序，这无异于往他们惨痛的伤口上撒了一把盐。

而这一切就发生在犯罪形势比20世纪中期明显更加严峻的背景下。人们可以讲出无数的原因，而最终都可以归结为：这个体系已经不适应现代社会。这就像是摩托车时代的一匹马。马也不错，但是它不能带你去足够远的地方，也不够快。

我一直很关注反社会行为，而我个人对此也完全无法容忍。我记得当我们家还住在伊斯灵顿的阿森纳地铁站附近的斯塔沃代尔路时，我常出去吃晚饭。有一次我步行去地铁站，当快走到那条街尽头时，看到有个家伙正对着墙撒尿。我停了下来。“你看什么？”他问。我说：“你，你不应该这么做。”他从衣服里拿出一把硕大的刀。我只好离开他继续赶路。

我痛恨这样的情况。我痛恨他居然做出了这样的事情。我更痛恨我居然没有阻止得了他。我痛恨我被逼作出选择：要么冒着生命危险阻止一个在街上小便的人——这一点都不像什么英雄事迹，要么置之不理继续赶路。

日复一日，在我们的城市、镇子、郊区、村落里，类似的场景不断上演。大多数的欧洲城市也是如此，美国可能更糟。人们对此深恶痛绝。这严重冒犯了人们最珍贵的感情。全国上下，到处都有人在谈论这一点；听着这些，我很渴望能采取行动。

我觉得我们的社会已误入歧途，我们需要纠正前进的方向。这并不是对往日情愫的点滴缅怀；我认为这是现代社会出现的经典挑战，为了迎接这个挑战，我们的体系必须进行现代化改革。我写了一些关于刑事司法系统改革的私人批注。杰克·斯特劳明白了我的意思。我想德里并没有弄明白。为了迎合我，他有些假装明白了我的意思，另外也是因为他同大多数律师、法官和各种大人物一样，以傲慢的眼光看待并认为这一切都只是平民主义者的花招而已。

而我们碰到的另一个问题，是仅仅由于我们是一个工党政府而产生的。《每日邮报》开始变得刻毒。最糟糕的是，对于那些抱成一团的保守党人——像《每日邮报》的保罗·戴克——而言，反对就是指，即使赞同别人所说的内容，也会因为说话人的身份而反对。

右派的一大群人一边大谈无意义的公民自由，一边教训我们该如何更严厉地对待犯罪。我并不是说所有有关公民自由的评论都是一派胡言——我并不认同这个观点，但我尊重它；我是说支持右派的法律与秩序的人们，突然发现保护嫌犯自由就是他们一直以来所做的。

一个并不神圣的联盟也从那时开始出现——类似于《每日邮报》与《卫报》的联盟;伊战之后,证明了他们结成联盟的唯一真正原因是出于对我的讨厌,而且如果他们有意,还可以从改革中找出很多让他们讨厌的东西;他们的确也找到了。因此,随着时间的流逝,由新工党建立起来的支持新工党的联盟,逐渐被反对工党的联盟所削弱;这些反对联盟一方面是因为信念走到了一起,另一方面也是出于私利。但是,这样的联盟的存在意味着,要让大家听到我们的声音,就不是一件容易的事了。

当我开始论证刑事司法改革的合理性时,只能说我成功了一半。

首先,我决定从哲学角度进行论证,谈谈我们社会的本质,它如何演变;谈谈如果我们已经准备好要重新思考,我们如何能够找回失去的价值观。不幸的是,我决定前往温布利参加妇女协会三年一度的聚会,来尝试从社会学角度论证我的观点。

我不知道为什么我会开始这样一个鲁莽而又不幸的冒险。我只记得利奥的出生好像跟这有点关系。

我之所以会在讲到"保守势力"时略微有些心不在焉,也没有按我以往的风格反复纠正,是因为之前切丽刚刚告诉我她怀孕了,这着实让我大吃了一惊。

几周之后我宣布了这个消息,大家反应各异:一、吃惊——"你是说首相也有性生活? 和他的老婆?";二、冷嘲热讽——"一定是阿拉斯泰尔·坎贝尔要求的,是转移注意力的战术";用孩子来组合战术;三、略有反感。

利奥的出生也有点不同寻常。我在走廊里,和我的侦探们一起,一边等待,一边听着切丽一开始的尖叫和呻吟,随后我便进去陪她,直到利奥出世。助产士很了不起——很通情达理、务实、毫无废话。切丽很伟大。有些时刻我对她充满了敬畏。直到生产前一刻,她都在坚持工作。准时而又有条不紊地分娩,之后当天晚上就出院。而她已经四十五岁了。这的确很了不起。

某种程度上,这几乎成了一个世界性事件。第二天,我走出唐宁街,以一个骄傲的父亲的身份讲了几句话。我犯了个错误:捧了一只茶杯,上面有其他三个孩子的照片,大家认为这有些夸张,的确有点。然而那一次,我真的感到骄傲。

随后,我回去准备给利奥拍正式的照片;我们决定请一位摄影师来拍照,然后把照片拍卖,把钱捐给慈善机构。我们请了保罗·麦卡特尼的女儿玛丽。她很了不起,照片也很棒。这也算是一个小小的奇迹,因为其他几个孩子——当时正值青春期——在整个拍照过程中表现得一塌糊涂，我可以打赌玛丽认为他们应该受到反社会行为法令处罚。

接着，我就得干现代父亲该做的事，并且休了产假。能休产假真是福气。这倒并不是因为我喜欢照看利奥。（我想，照顾一个只会吃喝睡觉并弄出其他一些事的婴儿并不好玩，虽然我一直都在做这些事情。）但我能休息两周，不用理会首相答问，可以构思去妇女协会时要发表的演讲，有人告诉我妇女协会里基本都是一群好心情又好脾气的人，我决定向她们讲讲我的好主意。

6月7日早晨，就在首相答问时间（我到底在想什么？），我赶去温布利。我记得在一间小小的接待室里通读演讲稿，模糊地感到，也许向一群教授发表演讲更恰当一些。后来，落得只有我自己说，其实这真的是一个不错的演讲：有思想，论据充分，并且即使两者都不具备，它也值得被评论或者批评。

我解释了为什么文明礼貌在众人举止中的缺失并不是一件小事，这里隐藏了人们规范举止的日渐堕落，而这种堕落会以更严重的方式体现出来。我谈到有些父母只站在孩子们的一边，却不站在规范孩子们行为的老师们一边；谈到人们如何忽视了最基本的礼貌，也谈到培育了这些礼貌的文化。我解释了我们该如何转变这一切，我们并不能假装时间可以倒流，而是要认识到这个世界已经发生了变化，它需要一个不同的体系，在缺失传统和家庭压力的情况下，推广实施良好的行为规范。

我以为妇女协会也许能理解这一切，不过，如果当时人数少一些，如果她们之前有所准备，她们可能就会理解。

然而，当我走上讲台，看着在场的一万人开始演讲时，我觉得有些别扭。我对观众很敏感，如果你从事我这个职业你就会有所体会，冥冥之中我就知道这次演讲不大可能成功。

大概过了十分钟，当我想继续努力讲下去，却越来越觉得别扭时，下面开始出现很多嘘声和缓慢的拍手声。观众在起哄。坦白地讲，这种情况下你也没什么太多可做的。你大概就会僵住。

我看了看讲台上妇女协会的领导们。她们似乎也没打算做什么。最后她们终于插手了，但也只是很轻描淡写地说了几句"我们很抱歉你们得听这些，不好意思，让他继续多讲一会儿吧"之类的话。

这使得大家稍微平静了些，但也不免埋怨了一番，很显然大家都只是在忍耐我，说不定什么时候就会爆发。虽然讲台这个东西仿佛让你在德法奇夫人[1]面前展现了普通法国革命委员会的领导地位，但在当时的情景中讲台也起不了什么作用。我决定及时止损，打算发表一些无关痛痒的评论之后就赶紧逃离那里。我也这么做了。公平地说，那里的负责人最后还是略微回过了神，对我的出席表示了感谢，也形式化地奉承了几句。我微微笑了笑，表现出心情很好的样子照单全收，虽然我对她们其实有着一肚子的火。

当我回到车上，准备去参加议会和首相答问(在经历过刚才的事情之后，想到还要去面对威廉·黑格，我就只能苦笑了)，我摇了摇头。“真是一场灾难。”我对安吉说。

安吉有一点特别好，就是她有着锐不可当，有时甚至是让人难以置信的乐观精神。当其他人情绪低落的时候，她还是情绪高涨。在黑暗中，她比任何人都能更早看到光明。她是生活中积极的力量，打倒了所有负面的力量，以光明、快乐和希望照亮了她周围的黑暗。

这次她也没有让人失望。“除了中途被她们打断，我觉得一切都还挺顺利的。”她说。

“你真会说话，亲爱的。”我回答道。

那天晚上的晚些时候，我喝了点酒，在被我的敌人们进行了一整天的羞辱与嘲笑之后，在切丽的影响下，我也能对整件事付之一笑了。毕竟，就像她说的，这次演讲就是关于世风日下的问题。

我第二次论证刑事司法改革之合理性的尝试，比妇女协会的那次讲演好不了多少，不过这次的影响更深远，而且最终的结果也令人满意。

我和警局高级官员讨论关于犯罪与不正当行为的问题，其间我一直在和他们辩论如何缩短给轻微罪行定罪的冗长流程。

问题来了。我常常会坐下来和那些执勤的警察们交谈，有个问题再三出现。我常问他们：当你发现有人喝醉了，不是太清醒，他骚扰或是侵犯了其他人，但也只是不太严重的侵犯，不足以造成任何正式的判决，你会怎么做？他们的回答常常是：不做什么，不值得做什么。

“让我来告诉你现实中发生的事。”我记得有一名肯特的警察告诉我，即使是一个非常轻微的指控，也需要一堆文书工作，还有接二连三的听证会、一般会议、同检举人和证人的磋商，最烦人的是，那些熟知这个体系的惯犯，往往知道如何钻这个体系的空子。因此他们经常免于受罚。

---

① 狄更斯的小说《双城记》中的人物，是一位坚定的女革命者。

还有其他类似的对话，都让我相信，不管理论上如何，对于轻微的罪行也要求执行完整的法院程序，实际上就是对这些轻微罪行的放任自流。我已经成为了一名彻底的零容忍分析的拥护者：如果不惩戒那些犯下小罪的人，他们接下来可能会犯下更大的罪行。你所创造的文化就是一个“什么都无所谓”、无礼、容忍了不能容忍的东西的文化。尽管所有这些罪行都很“小”，但这个形容词其实是相对的。我从来没有和那个在我家那条街上小便的人打架，但是我从来没有忘记过这件事。

所以，不管教科书如何说，如果现实中小罪不能被惩戒，那么整个体系都不会有什么好名声。这么多年来，我多次尝试据理力争，但并没有成功，不像在健康医疗的选择权、学校教育团体、大学学费等领域里那样获得成功。然而总有一天会有一届政府需要重新上这样一课。如果一边抨击法律与秩序，但同时还接受法律系统中既存的“约定俗成”，这就像骑在杜利特医生的“推来拉去羊”①上，诧异着为什么哪里都到不了。

经过一番辩论之后，我们同意给予警察执行当场罚款的权力，就是现在被大家熟知的“固定罚单通知”。在相关内阁会议上我们有过一番激烈的争论。甚至连内政部都希望缩小规模。警察们很支持这个方案，而我也相信这能给他们额外的执法工具。

今天，已经开出了成千上万的“固定罚单通知”，这也已经被接纳为体系的一部分，虽然在我眼中，它还可以被更广泛地应用，而罚金也应该大大提高。但是毕竟它们已经存在，我们可以慢慢完善。

我决定在一个甚至比妇女协会还要奇怪、还要不合适的地点，来宣布此项决定。

我在牛津时的朋友彼得·汤姆森，一直以来都对汉斯·昆赞不绝口，汉斯曾经是一位天主教牧师，后来成为德国蒂宾根大学的教授。他是一位著名的学者和作家，由于和梵蒂冈在教皇无误论的观点上意见不一而吵翻，被认为是一名激进主义者。他也写过一些书，如《论基督徒》，这是一本伟大的著作，也打动了非天主教徒。在跨宗教领域，他远远领先于他的时代。我和他因为伊战而产生不和，就像我和很多其他人的关系那样，但是一直以来，他都很谦恭，很慷慨。

---

① 出自美国儿童文学作品《杜利特医生故事全集》，“推来拉去羊”身体两边各长一颗头，两颗头各自朝相反的方向走，所以到最后它哪里都去不了。

在彼得的鼓动下，汉斯邀请我去蒂宾根做一个讲座。这是一座美丽而又古老的城市，也是二战时期没有遭受盟军轰炸的少数几座城市之一。约翰·伯顿曾经同他的团队一起在那里表演过。虽然没看到有什么徽章，但是我可以想象当年在当地的一些小酒馆还是破了不少纪录的吧。

演讲依然是关于一个正在转变的社会的本质，以及它的规范与秩序。为了回到国内之后有内容可以宣传，我们在演讲中加入了有关举止粗鲁的人和当场罚款的内容。如果我们不加入这一段——就像阿拉斯泰尔正确地指出的那样——对于英国选民而言，去欧洲就毫无意义。

我很愚蠢地让他写了关于罚款部分的内容。这是阿拉斯泰尔那通俗小报式的写作风格的典型例子。除此之外，就这样的题材而言，他写得有点过头了：说我们会跟随被罚款人一起去最近的取款机，认真地看着他们被强制取出现金并交纳罚款——那是真正的"当场"，当场罚款。完全符合字面的意义，但是在现实中这行不通。

"你等着看新闻里会怎么说吧。"当我们坐上英国皇家空军的飞机返回时，他很自信地说，"这一定会引起很大的关注。"这一点他倒是说对了，虽然并不是完全正确。

不幸的是，这却成了一个经典例子：一个重要的论点被一个小小的失误所埋没。当场罚款的政策的确引起了关注，但是或多或少有点被大家忽略，因为我们提到的"去取款机当场取款"的例子并不适用，这让人尴尬。

到最后，这也显得并不是太要紧了，因为出现了更为重要的进展——一个新的反社会行为立法框架已经播下了种子。

关于我想要的改革的公开演讲并不很成功。哲学角度的论证在妇女协会遭遇了滑铁卢；政策方面的论证在蒂宾根的中世纪拱顶下寸步难行。现在轮到讲讲私人的故事了。

对于一个首相而言，有个进入青春期的孩子总是一件极为危险的事。早晚都会出事。上天很眷顾我，让我拥有了最出色的、总体上还是比较通情达理的、略微有些叛逆的孩子们。当我想到我在他们那个年纪是什么样子时，想到青春期的我在唐宁街的样子时，不禁打了个寒战。

我回想起隐藏在时间迷雾中的过去：在牛津读完第一学年回家时，我的父亲到达勒姆火车站接我。我头发也没洗，还留着和长发公主[①]一样长的头发，

① 《格林童话》里的角色，拥有一头美丽的长发，又称莴苣公主。

没穿鞋子，没穿衬衣。牛仔裤还是烂的——那时候破洞牛仔裤还不是什么潮流。最糟糕的是，我穿了一件用我母亲扔掉的窗帘做的无袖上衣。我父亲的朋友们都在车站。他们的孩子只要站在我旁边，个个看上去都光鲜得体，十全十美。

父亲看到那"旧窗帘"时不禁眉头一皱。它的确很扎眼。我有点可怜他。

"爸爸，"我说，"好消息是，我没有吸毒。"

他看着我的眼睛，说："儿子，坏消息是，如果你看上去是这个样子，而你又没有吸毒，那么我们真的是有麻烦了。"

现在我的孩子们很棒，但问题是——好孩子们也会走丢。

那时尤安十六岁，刚刚结束普通中等教育证书考试。说实话，如果他不介意我这么说，其实这并不是一个什么值得大加庆祝的理由。但是他和他的朋友詹姆斯，一个可爱的男生——后来在 2010 年大选中成为工党候选人，还是决定出去玩玩，并庆祝一下。

7 月 6 日晚上，大概十一点半左右，我正准备上床，忽然想到该去看一下尤安，我想这个时候他应该已经回到家了。我错了。他不在。不在房间，不在公寓里。

切丽不在家，她和利奥，还有她的母亲一起去葡萄牙休假了。

见鬼，尤安到底跑哪去了？我只知道他和詹姆斯一起出去了。我给詹姆斯的母亲打了电话，拿到了詹姆斯的电话号码。我打了电话给他。他的回答让我觉得有些不知所云，但大意就是，他最后看到尤安时，尤安大致朝着莱斯特广场去了。

我慌张起来。这个时候，我体会到了身为首相的不便之处。我想出去找他。如果你是我，你也会的。你会想冲出去，忙着做点什么。但是我不能跑到莱斯特广场，不能半夜三更到处乱走。我跟唐宁街门口的警察说了一下，跟他解释发生了什么事，接下来一切就全指望他了。就像一名真正的骑兵，他宣布他会去找尤安。

接下来的几个小时很让人绝望。担心让我暂时忘记了明天还有重大安排：我得去布莱顿，先要去黑人教会的英国大会会场，接着还要参加电视节目"问题时间"的特辑，节目访谈的只有我，而且话题是集中在——是的，你猜对了——法律和秩序上，以及反社会行为方面。

伟大的唐宁街警察终于找到了他，大概在凌晨一点半左右。警察把他带回来了。疲惫不堪的尤安，带着一脸糗样。他在莱斯特广场附近被逮住，因为他在还不到法定喝酒年龄时喝了酒，而且还在公共场合喝醉。这样的情况和这样的时间实在是，我们是不是可以说，一点都不让人期待。

那晚我一夜无眠。凌晨两点三十分，尤安坚持要上我的床。时不时地，他会伤心地喋喋不休地道歉，然后呕吐。我爱他，也为他难过，但是如果警察局有一间空着的牢房，我会想尽办法把他弄进去。

不知不觉中，终于到了早晨。在尤安被陪同着走进唐宁街大门的时候，消息就已经不胫而走了。警察局承担了很多令人钦佩和必需的职责，但是那不是一个能够保守秘密的地方。我跟阿拉斯泰尔商量该如何应对媒体，他觉得整个事情十分滑稽，还讲到它如何能给"问题时间"增色，在毫无自我意识的情况下，将这与到提款机取款交罚金的那次失败联系到了一起。

我想这已完全超出了我的能力范围。我可以睡得很少，但是不能一点都不睡。我上了某种交通工具——我猜应该是火车吧——到了布莱顿，攥着准备好的演讲稿，前往黑人教会开会的地方。

我不是很清楚该期待什么。当时，我对他们了解不深，虽然在执政的后期，我加深了对他们的了解。尤其是，我没有意识到他们和美国黑人教会之间是多么相似：充满活力，富有灵感，有着很强的参与精神，大家都是又唱又跳。

当我走进去时，大家给予了热烈的欢迎。当然，他们都已经知道了尤安的事。这可是条大新闻。对他们而言，请允许我这样描述，这样的新闻可以让他们"大快朵颐"。那边，首相的儿子自甘堕落，沉迷于酒精，偏离正道；而这边，首相却来到了他们的中间。那么，你可以想象那会是一个什么样的场面。

那就像是一场复兴运动大会。人们在祈福、祈祷、称颂着上帝。负责人很能鼓舞人心，也很可亲；他让大家一起手拉手，为我祈祷，为我的家人，还有尤安，祈祷。有一刻，我几乎想跟大家说，好吧，他是喝醉了，他也的确不应该这么做，但是大家的反应好像有点过头——他并不真是一名罪犯或是什么人。

但我没有这么说，即使我说了，也没多大用处。对于他们而言，尤安就是一个迷途知返的孩子，这就足够了。

不过这的确让我重新活跃了起来。我扔掉了讲稿，完全沉浸在这样的气氛里，我和他们一样，在舞台上放开了手脚，又蹦又跳，就像电视布道者那样，还一边嘟嘟囔囔，大呼小叫，乐在其中。

到达"问题时间"的工作室时，我已深深沉醉在上帝的精神里。第一个提问者问了一个不太友好的问题：既然我声称关注法律与秩序，那么我儿子的这种行为是否是对此的讽刺呢？诸如此类。我居然给了他一记重击——至少是口头上的，而接下来我也保持了同样的风格。“在那个宗教活动上，他们给你的茶里到底下了什么药？”阿拉斯泰尔在会后问我。“我们应该每周都把你送到那里去一次。不过再一想，还是算了。”他又加了一句。

回去的路上，我们在一家酒吧稍作停留，这让当地人很开心。他们完全支持尤安，我听他们一个一个跟我讲，他们曾经和尤安一样，荒废青春。在这样的时刻，英国人总表现得很善解人意。

一旦那些警报和节外生枝的事情过去之后，艾伦和我开始继续研究 NHS 的详细计划。我们召开了一连串的会议，一个星期要开好几次：检查，再检查，一次又一次的检查。

我意识到，为了让一个仍然怀疑而且有点紧张的政党接受这个计划，我们需要在适当的时候给改革裹上一层糖衣。进步的政党吃下药以后会感觉好一点，表现也会更好，而一勺糖能够帮他们把药吞下去。我们手中还有一些好牌可以打：额外的费用；额外的人力；我们会从资深医生那里，为在 NHS 刚刚开始工作的员工们，提供更多的工作机会；给予癌症和心脏病病人更多的帮助；取消大部分男女混住的病房；在某些类型医院增加床位。

作为回报，我们要重新商谈和所有专业人员的合同，发掘和私营机构的新的合作机会；改变机构运作方式，使之更具亲和力；从根本上讲，我们希望构建一个新的 NHS，将 21 世纪的商业观念融入 NHS 的核心。

现在再翻阅这个计划时，我能够看到它的局限性。以今天的标准来看，这还算不上一个大胆的计划，而且在执行上也有偏差。我们付给那些资深医生和全科医师的薪水超过了实际所需（这个问题后来成为了和财政部争论的焦点），但从长远来说，我认为这是值得的。我们为改革铺平道路，最终改革能及时带来整个体系的转变。的确，我们对全科医师很慷慨，但是，当我们把新的合同制度写入立法时，我们也拥有了将本地全科医生的垄断体制转变为竞争体制的权力。护士们被给予了更多的权力，原来存在于资深与资浅的医生之间的界限也不复存在。

私营机构也有了新的机会。我们引入了基础医院[①]的概念。所有那些相关术语——提前预约、最少服务保证、自由革新——表述了即将到来的变革的文化，都旨在将 NHS 打造成一种既服务于消费者的企业，也同时是为病人服务的机构。

---

① 由政府资助，但又属于私营的医院。

我从这一过程中得到了很多启示，也深受教育。在思考改革问题时，我找到了合适的例子，也开始能更清楚地阐述相关的概念，同时我对改革的方向也有了更坚定的信心。我不再认为这是一场只凭借一些并不可靠的经验的赌博，而是开始意识到，这是一个明确的使命，使命的挑战性并不在于这是否正确，而在于如何能够完成它。

从那时开始，我也彻底和一直以来主导了新工党政策的思想(公共和私营机构遵循不同原则，在不同领域运作)决裂了。新工党的确已经消除了对私营机构的敌意，而如今，我们从20世纪90年代版的新工党转变成为更贴近21世纪思潮的新工党。

事实是，所有有关公共与私营机构之间的差别的说法都是假的，除了一点：一个是需要付钱的服务，一个是免费的。这一点很重要，因为这界定了什么是公共机构。但是这并没有明确公共机构应该如何运作及管理。换言之，这一点差异很重要，但是还有其他的规则是公共与私营机构所通用的，这些规则同样都至关重要。

对于公共服务机构来说，即使是像NHS这样的机构，在房屋租赁、资讯技术设备、科学技术的合同谈判方面，和商业行为一样。当缩减预算时——如果可以，就应该缩减预算——也和商业行为一样。当涉及招聘员工或者裁员时，还是和商业行为一样。当它寻求创新时，更是和商业行为一样。

因此，我开始寻找方法，寻找所有能将商业模式引入公共服务机构的运作方法。私营机构已经不再崇尚大规模生产和标准化产品，转而提供及时而又个性化的产品；公共服务机构也应该如此。如果一家公司的服务比另一家好，人们就会转用服务好的那家公司；公共服务机构的服务对象也应该有这样的选择权。私营机构勇于冒险与创新，我们也应该给予公共服务机构的第一线以更大的自由度来这么做。

我有时显然对某些想法——有人认为上述这些说法背弃了公共服务的精神——失去了耐心。我认为形势很明朗：如果现状造成了糟糕的服务，那么这才是真的背弃了公共服务的精神；而且，如果糟糕的服务是源于错误的架构，那么这个架构就必须改变。不管怎样，我能看到的是那些为所谓的“我们的公共服务”辩护的说法，只不过是披上了公众利益的外衣，而实际上只是掩盖特权阶级的利益、愚弄大众的宣传罢了。

对于如何展示这个计划我们很谨慎。我们计划在7月底正式上线，正好赶在夏季议会休会前。我一直喜欢在悠长的夏季休会来临之前宣布重大消息。

休会期可能长达三个月。罗宾·库克在他还是下议院的领导人时，出于改革热忱，试图将休会期缩短，这个提议取悦了媒体，但却让议员们叫苦连天。我个人其实挺喜欢夏季休会。这给了每一个人思考的空间、度假的时间，让我们可以积极锻炼，保持良好的身体状况，为之后即将到来的政党会议期作准备。议会期间，生活真是很疯狂。当然，如今部长们所处的媒体环境已今非昔比，他们承担了更大的媒体职责。当代政治的步伐极快，因此，休一个长假的确大有裨益。

但是，在休会前，我们必须给议员们一个清晰的战略思路。因此，7 月总是忙季，忙到接近我的极限。

在我们提出 NHS 计划之前，我们还有很多其他事情要做。需要代表内阁向议会提交年度报告。这也是我们稀奇古怪的创新之一。这个想法倒很合理：梳理一遍内阁曾承诺过什么，以及实际上这一年内阁又做了什么，就有点像国情咨文演说。

7 月中旬，在向议会陈述完 2000 年年度报告之后，我终于废弃了这个制度。报告略显仓促。我们在完成了的事情上打了钩。除了那些打钩的，剩下的就是没有完成的事情。在我们罗列出来并打上了钩的条目中，有一条让人印象深刻，就是在设菲尔德[①]建造了一座新的体育场。但问题是，这座体育场根本不存在。威廉·黑格揪住了这点，把我打得落花流水。彼得·布鲁克，一位优秀的保守党元老，站起来问我，某一页上的图片代表什么意思。那张图片画的是一包避孕药。这个问题很难回答。不管怎样，有些想法行得通，有些行不通。这个就属于行不通的。

我认为我们卑躬屈膝，邀请人们来踢政府的屁股，这对人类进步事业并没有多少帮助，当然，更不是女王陛下的内阁的目标。虽然废弃这个制度多少有点尴尬，但是比起每年都经受这么一遭，我还是很乐意一次性解决问题。

2000 年 7 月 27 日，我提出了 NHS 计划。一切进行得很顺利。计划中有足够多的内容让那些普通议员们满意，认为这是一份工党的文件。计划也包含了不少让新工党同样满意的内容。

与此同时，安德鲁·阿多尼斯与我第一次形成了有关建立专科院校的想法。虽然这个想法还处于初级阶段，但它正在不断发芽成长。这个想法部分建立在老保守党关于独立专科学校的政策的基础上，但是他们只建立了十所学

① 英格兰北部城市。

校，接着便将这个策略搁置了起来。然而，这正好与我们在其他方面的想法不谋而合：给予学校更多自主权，将它们从地方政府的管辖下解放出来；鼓励它们在各方面，包括人员聘用方面进行创新。

第二个任期的公共服务以及福利的改革日程已日渐成形。在夏季休会开始前，我心情不错。之前，我一直是摸着石头过河，而现在，我已经不需要石头就能过河了。

然而，有片阴云正在聚集，并开始扩散，投下了一片阴影。戈登正以他所能达到的权力和技能管理着经济，这并不容易——财政部是整个政府的坚强后盾；但是，却有个令人担忧的迹象出现，比一般的财政部预警更严重。很明显，大家并未就改革的方向达成共识；财政部既不赞同也不欢迎这样的方向。我注意到原先用于公共服务机构的“市场化”这个词开始出现在我们的讨论中，尤其是当他的顾问埃德·鲍尔斯在场的时候，而这个词并不是被当成一个褒义词来用的。

当时，这片阴云还没有遮住太阳或是天空，但这已让我心神不宁。我想要一个激进的宣言，他也需要，但是我们所谓的“激进”是否指的都是同样的意思呢？他对第二个任期和连任怎么看？如果我们还打算再干个四年，那么离竞选就只剩一年不到的时间了，对一个相信能够再次获胜的政府而言，当时就是行动的最佳时机。

当我出发去托斯卡纳，接着去法国的阿列日[①]时，我感觉对于连任已经胜券在握。小利奥真是上天给我的纯粹的恩赐：美好、快乐，给别人也给他自己带来欢乐。重新养育一个小婴孩的感觉很奇妙，尤其还是在唐宁街，感觉更奇妙。从出生开始，他就被从一个房间带到另一个房间，从接线室带到外交政策室，他是政府烦人的工作旋涡中一个美好纯洁的小东西。

在意大利托斯卡纳宫殿那漂亮而古老的花园里，我在想距离大选开始的中间几个月还会发生些什么。我猜测了很多可能发生的事情，但绝不包括什么洪水、燃油抗议，还有口蹄疫之类的。幸好没有。

---

① 法国南部省份。

第十章 危机处理

7月底我去度假的时候，大家关注的还是公共服务改革。等到我8月底回来时，发现焦点已经很自然地转移到了对2001年5月继续参加大选的期望之上；这是前奏。你一旦进入大选的前期阶段，所有的一切就都开始围着大选打转。焦点变了。大家的思维也开始变得更加政治化；对于公共部门改革那永无止境的分析与再分析被民调、小组讨论、对于舆论的捕风捉影所代替；那些远离政府核心，被发配到西伯利亚干苦差的政党成员们，忽然带着重建的自尊心，再次出现在克里姆林宫[①]；大选的转轮开始转动起来。

对于党内大多数人而言，即将到来的大选只有一个目标：成为首个连任的工党政府。于我而言，是希望能被委以重任，进行更多根本性的变革。对我来说，关于方向的争论早已尘埃落定。第一个任期已经证明了我们有执政能力。第二个任期的重点应该是我们的执政目的：脱离老旧的英国方式，在我眼中，该方式建立在英国的一种不再可能也不再可取的愿景之上。我对于现代化的渴望是无限的，有时甚至是疯狂的，有时可能还会被误导；但是我相信，最基本的要点是正确的：我们需要全盘的现代化——和1945年一样的福利制度、公共服务，过时的法律、秩序以及移民体系，以及我们对于自己在全世界所扮演的角色的看法，这些都需要现代化。我们应该利用21世纪这个时机，让我们的民族重新焕发生机。撒切尔在解放企业和工业方面做了正确的事情，但她却过度

① 这里是比拟的修辞手法，意指那些常年被遗忘在政治核心之外的政党成员又重新因为准备大选而受重用。

沉迷于反欧盟的论调。我觉得，她仍然使这个国家沉浸于某种自我认识之中，而在世纪之交的这一年，这种认识已和我们所应该有的认识相距甚远。

虽然，我还没有制定出所有正确的政策，但是我已经找到了第一个任期中最主要的过失：一个错误的观点——认为可以将提高标准与绩效同架构改革分裂开来。在几乎所有领域都是如此，尤其是在公共服务领域。而最重要的是，我们需要将权力从那些主要的利益集团、协会和联盟的手中，转交到人民、消费者、父母、病人和用户的手里。

从悠长而又愉快的假期回来之后，我休息得很好，但同时也有些不安与焦虑。我需要制定正确的政治主张来取得胜利。为了让我们能名正言顺地进行改革，我还需要提出正确的施政纲领。在第一个任期，我们积攒了一些政治优势。我们要继续努力，争取胜利，并要赢得漂亮。但是我也知道这些优势很快就会被用尽。如果说一开始我还有些怀疑，那么现在，我已经知道这意味着第二个任期会更加艰难，更具挑战性，而且也不会像我们的第一个任期那样大受欢迎。

似乎是为了让我意识到这一点，从我休假回来，一直到我们获得大选胜利前的九个月，我一直为一些天灾人祸忙得焦头烂额。

在回来后的几个小时之内，我就需要作出一个极为敏感、艰难的决定；类似的情况在任何时候都可能发生，而且还经常扎堆出现。在塞拉利昂的英军表现得一直很出色，他们也成功地帮助当地的民主政府重新取得控制权，但不幸的是，有一队来自皇家爱尔兰兵团的士兵和革命联合阵线起了冲突，并且被他们绑架。我们得到了他们所处位置的情报。查尔斯·格思里要求紧急和我在唐宁街的办公室会面。他告诉我，他们可以组织一次英国空军特别部队的营救行动。

查尔斯和往常一样，总是有勇气推荐解决方案，而不是简单地由我来作出决定，但他也警告我说行动可能会有伤亡。革命联合阵线的人很疯狂，而且武器装备精良，他解释说，这对于人质和营救人员都有风险。另一个选择是，继续尝试谈判，希望我们能够用这个方式将他们解救出来。也许可以用钱将他们赎出来，但我们都觉得这么做无疑是发出了危险的讯号，因为他们就会不断地依样画葫芦，不停地绑架我们的人。

我们在那里坐了几分钟，大眼瞪小眼。虽然我也可以要求大家做更多的工作、了解更详细的细节，可以让位于赫里福德的英国空军特别部队总部提供营救计划、图纸和其他一些他们能做的，但是我知道即使有了这些信息，最后决定也只有一个。

“他们支持营救计划吗？”我似乎问得有些多余。

他哼了一声。“他们一直都很支持，你知道的。”

我们将所有人质都解救了出来，但却失去了一名英国空军特别部队的战士。查尔斯亲自把这个消息告诉了我。我在公寓里来回走了几圈，想象着那名战士是谁，长什么样，对于参加这次行动他有什么想法，他的紧张、激动，意识到死亡可能就在咫尺之遥；我想着一个逝去的生命，一个陷于悲痛的家庭。我们本可以继续谈判，那样的话他就不会死。

“我很遗憾，查尔斯，”我开口说道，“问题是如果我们没有采取行动——”

“别这么说，”查尔斯打断了我，“看是为了什么，我相信这是一个正确的决定。很可惜我们失去了一名战士。但是他们很专业。他们知道有风险。他们之所以这么做，是因为想这么做，而且也相信自己在做正确的事情。在赫里福德，大家是很悲伤，但同样也会很骄傲。”

随着大选的即将来临，大家决定，为了“重新和人民打成一片”，我应该做一次区域巡访。“和人民打成一片”的说法总有些让人将信将疑。在现代政治事务中，你必须假装过着普通人的生活，当然，你不能，也不会在超市里购物，你也不能去给车子加油，去酒吧喝几杯啤酒，或是参加猜谜之夜[①]，调侃逗乐一番。但如今，每一个人居然都自欺欺人地假装认为首相可以、也应该做这些事情；不然他或者她就是“脱离民众”，这可是最严厉的批评。

我不知道我要去多少家咖啡馆、炸鱼薯条[②]店和商场，我还得把钱攥在手里（是的，首相必须在口袋里揣上叮当作响的现金），并买一些什么，就是为了表现我是一个“普通的人”。这之所以无聊，主要原因是在我走进任何一家店之前，那个地方一定已经被带家伙的侦探们隔离起来；店主也早已通过安全与政治的测试；还有二十来个记者和摄制组，一些随意的抗议者、过路的怪人、一些普通而又困惑的路人，偶尔还有一架警用直升机在上空盘旋。这一切和普通人去买咖啡或是CD很是不同。但是我还是得老老实实地做这一切，如果我试图抱怨这一切是多么愚蠢，那整个办公室的人，尤其是阿拉斯泰尔，就会很生气。

最经典的一次是在2005年大选时，在去一个公园和操场的路上，我和戈登去买冰激凌。凯特·加维和我的对话差不多是这样的：“去那小车买点冰激凌，一个给你自己，一个给戈登，让大家知道你们在并肩作战，而且，是正常人。”

---

① 流行于英国酒吧的猜谜游戏，通常每周一次，在晚间举行，供大家娱乐。

② 最典型的英式快餐。

“不，”我说，“这太离谱了。我不喜欢‘威皮先生’牌子的冰激凌，除非里面加了巧克力片；还有，戈登看上去像一个平常会买冰激凌的人吗？得了吧，这太荒唐了，我们俩都穿着西装，一个是首相，另一个是财政大臣。这哪一点正常了？”

“就按我说的做，”她威胁说，“而且，不能加巧克力片；这会让你看上去显得很贪婪。”(我忽略了这点建议。)

这样的差事常常会惹出很多笑料。那天，在公园里闲逛时，我碰到了工人阶级模样的一位母亲和一位外婆，带着手推车里的宝宝。“你看上去比在电视上好看。”那位年长的妇人评论道，一边上上下下地打量着我，就像在看一块肉的好坏。

“你可以再说一次。”我很得意地说。

“我刚刚已经说过了。”她说。凯特曾拿这个故事把有些尴尬的戈登逗得乐不可支。

在大选前一轮又一轮的采访开始前，我还需要详细过一遍一系列日常用品的价格，比如一品脱牛奶、一磅黄油、一块羊肉。面包曾引起冗长的辩论：到底该买哪一种面包，白面包还是黑面包，不能太健康，也不能太不健康；大家讨论得还挺像一回事，就好像如果我知道了讨论结果，那么我可能就会去唐宁街附近的商店(并不是说那里就有)买些杂货，而事实上，我根本不会这么做。但是人们坚信这样的行动可以和公众“打成一片”，而谁又能说这是错的呢？

虽然我还是做了这一切，但我对这个假设充满了疑问。公众并不愚蠢；他们知道首相其实不会和他们一样，去超市购物。他们并不想知道，现实生活中首相是否和他们一样生活，但是他们希望知道首相也能够这样生活；更重要的是，他们想知道首相其实和他们差不多，易于相处。

这个其实和成长环境、阶层或是背景没什么关系。你可以是一个老资格的伊顿公学毕业生，但也能和人们相处融洽；你可以是来自特里姆登煤矿，但却无法跟人相处。这和一个人的性格、品质和态度有关。这也得看你是不是真诚。的确，如果你天生就不是一个能让大家喜欢跟你一起去喝一杯的人，那么你参加竞选就会是个问题。这个说法也许不太理性，但却很真实。和别人谈及乔治·布什时，我一直都说：不要低估了他作为一个普通人的魅力。你也许不赞同他的观点，但如果你是一个选民，如果你在某个社交场合碰到他，一定不会感觉不自在或是不自信；你会认为他很有亲和力并且平易近人。在这一点上你是对的。

如果不装腔作势，你就能克服这些不同于常人之处。有些政治人物——我也是其中之一——喜欢聊天和结识他人。我对他们都有着无比的好奇心。(克林顿的政治优势在于，再乏味的人，他都可以为之着迷，因为他永远都愿意向对方学习。）但是有些政治人物并非如此。如果你不是克林顿这种类型的，你也不用试图改变。严肃甚至是严厉的，依然可以获胜，只要他是真诚的。

虽然，我一直对这些区域巡访多有怨言，因为这带有可疑的公关作秀的性质，而且我要经常离开唐宁街，就不能继续推进政策；虽然整个过程并不真实，有时甚至有点超现实，但我总能在外出过程中学到一些东西，尤其是在和一线员工或工商企业的对话中得到不少见识。虽然它们并不像舆论晴雨表那样有用，但是我可以通过他们，来判断我在唐宁街所听到的和现实情况是否接近。常常，它们并不一致。

9月初，就在准备动身去北部巡访时，我们听到了一些关于发生在法国的燃油抗议的报道。燃油价格已经稳步攀升到三十美元一桶，这是十年来的历史最高点。加油站的油价开始猛涨。

多年以来，燃油税一直是争论的焦点。为了妥善处理公共财政问题，前一届政府设立了"燃油价格定期比例调整政策"，也就是说，燃油价格增加比例会比通货膨胀率高一个特定的百分点。从保护环境的角度出发，这也有道理——这是第一项绿色税收，但是大家都没有把这一点当回事。这有助于重新控制借款需要额[①]，当原油价格持续走低时，税率的提高可以有效地被较低的原材料价格所掩盖。因此这对政府而言很适合。当然，当原油价格开始持续攀升，并使加油站的汽油价格也开始上升时，情况就完全不同了。

法国人动不动就会进行抗议，上街游行也不需要太多理由。但是在英国，并没有这样的传统。忽然之间，对于汽油涨价的愤怒使大家关注到了某个事实：在欧洲，英国的燃油税是最高的。我们一直幸灾乐祸地旁观着法国的燃油抗议，然而，9月8日，抗议蔓延到了英国。

燃油税抗议者形形色色。有农民、跑运输的、干私营的，还有反政府的。这和以往左派所熟悉的抗议人群不同；这是一些被马克思主义者称为小资产阶级的人，当然这并不是说他们微不足道。他们的确有所不满。不过据我猜测，他们一定是强烈反对工党的。

他们很聪明，抓住了燃油行业的，同时也是经济和政府的阿喀琉斯之踵。原油输入后，在为数不多的大型炼油厂经过提炼，接着便被大卡车送到各个加油站。如果没有炼油厂，那么就会像动脉里没有可以输送到各处的血液一样。

① 政府为弥补预算赤字和偿还到期债务所需的资金额度。

加油站本身的容量并不大，因此每四十八小时它们就需要重新加油。就这样，日复一日，燃油被送到一线，接着送到消费者手里，无论他们是农民还是工商企业，或是公共服务机构的成员。

问题是，在应该了解这些的时候，我却对此一无所知。而且，似乎也没有其他身居要职的人对此有所了解。因此，当我们听说在两家炼油厂——邦斯菲尔德和斯坦洛——有人抗议时，大家并没有太在意。

我们继续巡访，接着像往常一样访问各个学校、医院，并“和普通人打成一片”。我们在赫尔城外的一家乡村小饭馆停下来吃午饭；在赫尔，我们本来是要在一个政党活动上发言，然后一起去吃晚饭，庆祝约翰·普雷斯科特任赫尔地区议员满三十周年。我们慢悠悠地吃了一顿饭，因为还有一些时间可以打发。我们刚好碰上一群正在出差的媒体人员，我和他们一起讨论了即将到来的美国大选。我记得有部分讨论很有启迪性，主题是恐怖主义以及恐怖主义成为全球威胁的可能。

燃油抗议者们采用的是被撒切尔夫人明令禁止的老派工会封锁策略，他们不让卡车离开炼油厂。安吉·亨特告诉我抗议正在扩散。壳牌石油公司报告说有些抗议者很暴力，希望我们能出动警力保护他们的司机。我终于开始感觉到了最初的不安——但这已经整整迟了四十八个小时。

当我们到达赫尔的时候，形势已经很严峻，抗议者们包围了那个地方。就像一场不知来自何方的暴风雨，媒体和抗议者忽然蜂拥而至，带来电闪雷鸣。你也许会想，如果像阿瑟·斯卡吉尔[①]那样，采用封锁和威胁的手段，使国家陷入停顿，那么媒体一定会对抗议口诛笔伐。如果是斯卡吉尔，可能真会这样，但这次是关于汽油的价格——这可是报章读者们最上心的事情，而且抗议者还把矛头指向了工党政府，于是媒体就偏向了他们。很快，抗议者们就成了街头英雄——为了普通民众的利益，与麻木不仁的政府作斗争。

在这种时刻，最困难的事就是一方面要继续完成日程表上原来已安排好的事情，另一方面你却急切地想取消原来的活动，然后找一个安静的角落好好思考。我坐在一间连着壮观的赫尔市政厅主厅的房间里，焦虑不安。我知道我搞砸了。我的直觉早应该发挥作用。我早应该意识到，对于普通的有车一族来说，汽油涨价可不是一件小事。（毕竟，孩子们的保姆杰姬对这个问题已经抱怨了几个星期。）我也早应该了解这个行业链在抗议面前会不堪一击，也会引起

① 英国工会和政党领导人。1981年至2000年领导全国矿工工会。

媒体的高度关注。我们在民调中领先二十个点，而我刚刚却在我们的防御工事上扯开了一道口子。

那个原本要举行约翰·普雷斯科特庆祝晚餐的中国餐厅早已挤满了抗议者。警察建议我取消晚餐。我接受了这个建议，对此感激不尽。我需要思考。

我们从市政厅的侧门出来，在街上被一群人追赶，最后终于到了酒店。我努力让唐宁街以严肃的态度对待此事。阿拉斯泰尔已经完全处于危机应对状态，但是团队的其他人似乎奇怪地处于瘫痪状态，他们对事件的反应就好像整个事件没有尽头而且让人绝望，惨不忍睹。

你必须知道什么时候该放权给别人，什么事情必须是你自己亲历亲为。不懂得放权的领导通常会把事情搞得一团糟——什么事情都做不了，因为人们会担心自己是不是在做领导希望他们做的事，而领导手头上又有太多的事情要忙，根本没办法花足够的时间给出正确的指示。但是，陷入危机时，千万不能放权。这种时刻就需要你挺身而出：抓住时机、审时度势、作出决定，然后解决问题。

一夜无眠之后——我很希望在前一晚就回到伦敦——我们很早就来到了车站。我上了火车，让车上的人诧异的是，一位女士跟我说："别对他们妥协，他们是保守党，你知道的。你要勇敢面对他们。"当然，这是一种看法。还有其他不同的看法。

我在车上想出了一个策略。我们要解决抗议问题，当然，还要重开炼油厂；但是，我们也必须确保在先期预算报告中说明燃油问题，也就是说，要坚持认为政府是正确的，但并不傻傻地拒绝倾听。不理智的人有的时候也会提出合理的要求。

回到最重要的事上。现在危机已经全面爆发。媒体完全沉醉其中。每天大家都在恐慌地买汽油，汽车排着长队的画面随处可见，加油站不是拥挤不堪，就是关门大吉；一片混乱，无法遏制，而媒体也绝对不会放弃这一大好机会。他们在一旁煽风点火，激起大家的愤怒，使抗议者们大受鼓舞，也使政府饱受斥责，被指对危机"无所作为"。

对此，我真的很愤怒。我觉得如果我们是一个保守党政府，就不会被这样对待。不过，在向乔纳森、安吉与阿拉斯泰尔发泄一通之后，我意识到我的愤怒——或者更糟的是，自怨自艾——着实有些可悲。我们还在原地踏步；而我们需要脱离困境。

我把大臣们都召集了起来。杰克·斯特劳和往常一样，很务实也很能抓住重点。戈登说,重要的是,不能把这当作是税收问题。(之后几天,我们吵了几次,他告诉我不能把这当作是税收问题,而我则一直告诉他,不幸的是,人们认为这就是税收问题,没什么可以改变这一点。)贸易及工业大臣斯蒂芬·拜尔斯则很冷静。

但是似乎没有人有答案。燃料供应停止了,国家也陷入停顿。我召集了石油公司和警察开会。军队也已处于待命状态,但是他们的装备也只有几辆老旧的油槽车,那样的东西几乎毫无用处。真让人绝望!

在这样的时刻,你会明白"最后责任所在"这句话的意思。石油公司的人很有礼貌,但他们似乎并不认为这是他们的问题。而警察们似乎接收到了不同的信号。一位警官说他们会尽全力,保证那些抗议者能和平地进行抗议,同时也会和他们展开恰当的对话。我看着他,意识到了问题是什么:他们都是很通情达理的人,而且他们也想表现得通情达理。

哦,天啊,我想。我能感觉到我的心跳加速,怒气上升,脸色发沉。我差点就要大发雷霆,但是后来决定还是保持镇静,这样更加有首相风范。

我看着那个警官。"告诉我你打算如何制止这些抗议者。"

"制止他们?"他说,眯起了双眼,"您的意思是您希望我们制止这一切发生?"

"是的,"我很镇静地说道,"而且,我希望你们这些石油公司,可以命令你们的司机穿过警戒线,如果他们做不到——除非是因为担心暴力威胁到人身安全——我希望你们可以解雇他们。我也希望军队能够加入,如有必要,让他们开你们的油槽车,如果他们遭到任何来自抗议者的暴力行为,我希望警察可以采取严厉的手段,如果你们不行,那就让军队来处理此事。他们擅长于此。"

警官们受到了鼓舞。他们明白了。不用再和颜悦色地来维持秩序,而是要采取强硬手段。军队和往常一样,已经急不可待地希望开始行动了。石油公司的人看上去还有点不知所措,不过,我插了几句,提到他们从石油涨价中获得了巨额利润,而公众对此大有不满。听到这些,他们至少明白了他们必须积极应对,而不是消极等待。

我总结了一个行动清单,第二天安排了一场紧急应变小组的危机处理会议,由我主持,会议结果令人满意。至少我们正在逐渐掌控局势,而且也开始扭转形势。

接着,我去参加了一场记者招待会。这种时刻,无论内心有多慌乱,你唯一要做的,就是显示出你已经掌握情况,并且控制住了局面。我做得不错,虽然我很傻地说了我们会在二十四小时之内将事态“引上恢复正常之路”。一般而言，我的措辞都会很谨慎——这得益于我身为律师时所受到的训练，但是我说的这几个词很愚蠢，这句话的微妙用意并未被理解。大家误认为我的意思是在二十四小时之内，一切都会回归正常。这显然不可能。除了这一点失误，其他都进行得不错，也达到了记者招待会的目的。

接下来要做的，是削弱抗议者们的道德优势。艾伦·米尔本认为我们应该把焦点放在抗议活动对于NHS的影响上，阿拉斯泰尔也表示同意。NHS的供给已经出现短缺。燃油抗议者们——事件的可笑之处就在于此——会根据他们对于“紧急”的定义，在“紧急”需求下让油槽车出入。基于同医院的谈判，他们决定是否放行油槽车将燃料送至医院。这实在让人无法忍受，但也给了我们机会找到了他们的弱点；说到底，他们怎么有权力定夺他人的生死呢？

所以，我们派护士们去警戒线旁和那些抗议者讲理。艾伦发表了一个掷地有声的声明，我们也开始感觉到对抗议者的支持开始减弱。这是第一次成功的公关攻势。这也显示出，在政治领域，优秀的团队合作是多么宝贵。通常，大家不会认为这是一场团队对抗，但实际上，这就是团队对抗，尤其是在危机时刻。每一个在我身边的人都出了一份力。他们没有烦躁不安——或者更糟的是，无所事事地只会抱怨——而是试图像艾伦这样找到办法来解决问题。

保守党那边也是一团糟。我在其他地方写到过威廉·黑格，我怀疑今天的黑格是否还会像当初那样犯这个错误。他或多或少地支持了这个抗议；不是很明显，但是有一些。机会经常会来敲反对党领袖的大门，但是，有的时候，最好还是不要去开门，就让它敲。公众一开始会有某种情绪，但当他们的情绪发生变化，如果你不够小心，并试图利用他们之前的情绪，那么之后你就会孤立无援。

公众对汽油的价格很不满，而且很多人都支持抗议者。但让国家陷入停顿并不是一个好主意，这一点大家都明白。内心深处，众所周知，最后所造成的后果是不负责任的行为。大约经历了四天的停顿之后，“要适可而止”的态度开始在国人头脑中蔓延。逐渐地，我们回到了正轨。

这么多年来，我对工会有诸多不满，但是我必须承认，在这次危机中，它们表现得很出色。它们指责抗议者，也正确地指出，如果工会做出同样的事，则会被视为未经工会批准的罢工。在我的记忆中，我第一次称赞了英国总工会的约翰·埃德蒙兹，以及运输及普通工人联合会的比尔·莫里斯，同时也对英国工会联盟充满了感激。

我请吉姆·卡拉汉站出来支持我们，于是，他在《今日》[①]节目中发表了一项声明，支持政府和我。（虽然他拒绝了节目的一个访问，制作方想就此次事件与70年代的那次罢工事件的比较，向他提问。）英国工业联盟最终觉醒并站对了队伍。

从9月13号至16号，情况依然很糟，但已开始日渐好转。我们和石油公司一起成立了一个委员会，拟订方案，避免今后再发生类似的抗议。到9月17日，百分之六十以上的加油站重新营业。恐慌性的购买终于停止了。

危机结束了；但是对政府造成的损伤却很严重。你真得佩服媒体——当情势失控时，我们被严厉地指责，说我们没有及时作出反应，也没有做足够多的事来防止抗议扩散。这实在很夸张，甚至很具戏剧性。他们指责我们不去灭火，而这火恰恰就是他们在一旁煽着风帮忙点起来的，对此他们居然毫不脸红。我想，自那之后，我明白了两件事。第一件，没有必要跟媒体较劲；媒体就是媒体，生气只是浪费精力。（这是一条金科玉律，但是时间证明，很难坚持做到这一点。）第二件，对于保守党领袖和工党领袖而言，情况永远都不一样：如果你明白这一点，那么就没什么问题；的确不同，而你必须明白。

燃油抗议的后果是，当我们在9月底召开工党年会时，大家都略显沧桑。民意调查显示我们比保守党落后八个点。

民意调查简直就是一场噩梦。所有的领导人都会告诉你，他们并不看重民调，但其实，他们都很在意。问题是，民调既可以是某一刻的舆论快照（也就是说，是真实的，但只是表面现象，可能很快就会有变化），也可以预示某个趋势（也就是说，可能是持久的现象）。你永远都不知道它们代表的到底是哪一种情况。

但是民调很重要，因为，别的且不说，你的支持者和媒体就很看重它们。民调有助于滋长某种情绪，这种情绪本身常常又强化了民调的结果。你可以观察任何一次美国大选，民调对于营造大选氛围所起的作用真是让人惊叹。有些媒体，其实还有我们所有人，在某种程度上，并不相信我们自己的直觉——我们可能想着的是“X”，但是民调显示的是“Y”，因此，我们就会想，也许“Y”才是正确的选择。

这样出来的结果不仅具有迷惑性，而且还会削弱想为某事辩护的意向。民

① 英国广播公司（BBC）第四电台长期运行的清晨新闻和时事节目。

调的缺点之一，就我所知，是它们并不能衡量人们能被说服、进而改变主意的程度。因此，舆论快照可能显示人们喜欢"Y"，但实际上，大家可以被说服、改变主意从而喜欢上"X"。

逐渐地，我对民调越来越不在意(也刚好和民调变得越来越不友善有关！)，但我仍然会紧张地关注一下。还有菲利普·古尔德以及他的专题小组讨论。菲利普一直很支持我，有时候他的角色的重要性，不仅仅在于他是一名政治战略家，还在于他善于鼓舞士气。不过，我也常常取笑他自己的想法和小组的想法之间的相似性。这很大程度上取决于个人。虽然民意调查员总会承诺，这些小组成员都是在非常"科学"的基础上随机挑选出来的，但事实上，任何以这样的方式被选出来的组员，都还是会受很多因素的影响，比如他们自己当天的情绪、最近的经历、他们认为自己应该如何思考，最重要的是，在小组中发言最为自信、明确的那些人，对于第一次坐在同一个房间的一群陌生人来说，这些人的发言常常会影响小组的讨论氛围。我常常想偷偷参加一次这样的小组讨论，然后在最后跳出来，就他们刚刚针对我的恶毒攻击，和他们当面对质！

但是想要准确地嗅出政治风向的渴望是如此疯狂，以至于民调被认为是至关重要并且是十分神圣的。你开始理解，在异教徒时代，那些古时候的牧师，试图看穿人们的内心时，有着什么样的感受。我打赌他们一定和菲利普和他的小组讨论差不多，而他们最终得出的结论和他们所认为的事态发展方向相差无几。因此，他们，还有民调结果，都应该被谨慎看待。但是，往往事与愿违。

在这次的事件中，保守党领先的八个点看上去只是暂时现象，但这也暗示了我们的确受到了一定的打击。我认为我们需要回答一个根本的问题。人们曾经认为我们是一个全能政府，而保守党则很垃圾，所以并没有真正意义上的反对党。现在，当然，随着我们忙于处理日常危机，一切都发生了变化——我们感觉随时处于巨大的压力之下；然而，在媒体的煽动下，公众看到的是我们的种种自大和傲慢的迹象。这也部分解释了为什么他们欣然站到了抗议者那一边：他们并不是真的希望我们失败，而只是想给我们一个教训以示惩罚。

我们也不幸地刚刚和英国养老金领取者有过一次冲突。关于人类生存的一大谣言是，随着人们日渐老去，他们会变得更加仁慈，更能受苦，更无拘无束，对于世界如何对待他们也更加不在意。但在我的经历中，情况并非如此。

普通的打了兴奋剂的罗特韦尔犬都比一个受到不公正待遇的养老金领取者——或者更准确地说，是他自认为受到了不公正待遇——的脾气要好。大概是在那个时候，我还清晰地记得，为了开办一家新的幼儿园，我前去参观了一个居民区。我一路走，一路和一些祝福我的人们握手。而我的眼角瞥到，一位上了年纪的领养老金的人，居然还是一位老妇人，举着一个布告牌，上面写着："布莱尔，你是一个混蛋。"我简直不能相信自己的眼睛。我非常震惊。她看上去就像你那可亲的奶奶。我差点要停下来抗议，但转念一想还是算了。

我的岳母对于切丽而言是一位伟大的母亲，也是家庭的巨大支持。她经常让我知晓领养老金的人们的想法，她的本领和那些最优秀的说客不相上下。我曾仔细回想，有多少钱被花在了那些收费昂贵的威斯敏斯特游说公司上，而目的也只是为了能让那些次官们听到他们的意见。而这里，面对唐宁街的权力中心，一位妇人给大家上了一堂大师级的课程——"说服特定目标"的艺术。然而，主题却只有一个：政府可耻地对待领养老金的人。

而让人想一探究竟，更有些让人泄气的是，我们为了他们所花费的大量钱财，似乎和他们的抱怨之间没什么关系。在执政几年之后，我们在他们身上投入了大量的财力，但不知为何，总会有一个年龄段或是某一阶层的养老金领取者被我们遗漏，而其他人则会和那些被遗漏的人团结起来，并以此为荣。

为了说明观点，我说得有点夸张。其实也有一些人真心感激我们所引入的机制，的确给那些最年老、最贫穷以及最需帮助的人们带来了前所未有的养老金增长。这些机制本身，就最好地反击了某些左派的观点，他们指责我们背弃了那些支持我们的"传统"投票者。我们做了保守党政府连想都不会想，更别说去做的事情。而且，我们的所作所为都出于好的动机，虽然，就像我说的那样，我们收到的感激并不与我们的慷慨付出成正比。

不过，1999年的夏天，我们的确搞砸了。我们沿用了常规的做法：根据通货膨胀率同比提高政府养老金，而当年的通胀比率很低。结果呢？就是七十五便士[①]的增长。那时，我们所处的阶段还属于节省开支的两年。那些是常规做法。我们只不过是按照常规来做了。

领养老金的人当然不领情，这一点也不奇怪。虽然我的岳母将事情描述得有些过于生动，但很清楚的是，我们的确碰到了一个严重的问题。我们在年度预算中纠正了这个错误，将金额提高，但是，伤害已经造成了。

我打算在2000年的工党年会上公开道歉，低声下气地承认错误。戈登和阿利斯泰尔·达林那里有一些阻力，他们认为承认我们的错误很危险；但我觉得

① 一百便士等于一英镑。七十五便士数额很小。

值得这么做。不管怎样，我们的确是做错了！

演讲的其他内容是为了提升工党的士气，让他们为我们所取得的成就而感到骄傲；也展示了我们还未完成的事业来激励他们；同时还让他们了解如果输给保守党，那么我们会失去什么。

演讲很成功。在这个过程中，我得到了一个教训。演讲的确会让我筋疲力尽。这不仅仅是脑力或是口头劳动，更是一项体力劳动。而且，我会出汗。演讲之前，我们在酒店房间里，盘算着一会儿我该穿什么。我选了一件衬衣，并搭配了一条领带，是一个不错的组合。不幸的是，衬衣是蓝色的，演讲快结束时，衬衣已经完全湿透了。很自然，“布莱尔在压力下大汗淋漓”等等成为了报纸的标题。从那时起，在重要的演讲场合，我永远都穿白衬衣！

会议季过后，环境依旧很艰难。其实也没有什么特别不对劲的地方；但也没什么特别对劲的。媒体环境依然很棘手。阿拉斯泰尔一直在谈要继续前进，安吉也是。这让人很不安。

新工党的部分问题是：最初，这是由一个关系紧密的团队所创立的。只是在很后期，才有一批才华出众的年轻人正式加入工党，担任管理层的职位，开拓了我们的视野。我身边的那些资深政治家们都很不错，能力很强；但是约翰·普雷斯科特显然不偏向新工党；戈登很难说。一方面，他偏向于新工党；另一方面，随着我们希望更激进、深入地推进改革，和他之间的紧张关系也日渐浮出水面；而在任何情况下，戈登的首要目标都是获取连任，他一直担心任何艰难的事都会破坏连任。戴维·布伦基特当然很支持推进改革，但其他的人，像约翰·里德以及查尔斯·克拉克，还没拿定主意。罗宾·库克持赞同意见——部分是因为当时他和戈登之间水火不容，但是在困难时刻，你不能指望他。杰克·斯特劳很支持，但并不是一线力量。

因此，我明白责任就落在了我的肩头，我需要推进、不停地推进改革；而我还不是完全成熟或是足够坚韧。也许这么说很奇怪，但我觉得我还有很多东西需要学习，我的内心也需要变得更加强大。很多时候，我还不够勇敢。我知道当事态严重时，我会勇敢面对，但是并不像我表现出来的那样，其实我的内心深处还有更多的焦虑不安——也许，身处类似职位上的人都会如此——而且在某种程度上，我觉得我需要帮助。

切丽给了我很大的支持，但工作的时候她当然不会在我身边，因此，和我一起工作的人就显得愈发重要。他们是一支杰出的天才团队，我觉得我就像是一名球队领队，知道自己拥有一支梦之队，他们才华横溢，而且齐心协力。不用说，我不想失去任何一个明星。

不久，我便学会跳出这个束缚——这的确是一个束缚；外面还有其他伟大的球员。变化可以让人耳目一新，可以挑战旧的方式；但我还在壮大，并且认为离开老的团队我就无法继续前进。

后来，我才了解到阿拉斯泰尔沉重的负担；也是在后来，在某种程度上我到了一个新的位置，需要某些他并不具备的才能。在当时那个阶段，沟通仍然至关重要。当然，沟通一直都很重要，但是在早期，沟通是核心问题。后来，我们确定了战略后，沟通尽管还是很必要，已经不像从前那样举足轻重。

阿拉斯泰尔越来越显得筋疲力尽，脾气也越来越暴躁，而媒体对他的攻击也使他感到憎恨，因此有些方面他处理得并不是太好。我自私地向他和安吉两人转嫁了我大多数的痛苦与压力。他们减轻了我的负担，但如此一来，他们自己却承担了压力。而这压力并不轻。

2000年的最后几个月，我试图说服他们两个留下，尝试了很多本不该采取也并不聪明的方法。但事情就是这样：活到老，学到老。

我们仍在竭力推进政策基础的确定，来完善改革日程。我全力以赴地计划着架构改革的方向，包括学校、NHS、司法体系、福利以及行政服务机构的架构。但对于每个领域的具体知识，我知之甚少，对此我深感挫败，我也在一直努力扩展我的知识。当然，任何首相都不可能通晓所有领域，也不可能成为某项领域的大师，除非是在突然爆发的某些危机事件上。但是尽管如此，我还是数次会见了那些来自第一线的专业人士，他们知道改革的理由，也希望能够领导这场改革。当我与那些错综复杂的问题——任何改革过程都会出现这样复杂的问题——作斗争时，那些专业人士帮助了我更好地理解这一切。现在，我很确信我们已经可以扬帆起航，也对第二个任期充满信心，那将会是一个真正激进的任期。在每一个领域，我都拥有一个可靠的罗盘。对于我们的主张，我也越来越有信心，确信我们正在朝着正确的方向前进。唯一的问题是，我不知道这一路上有多少人支持我。

与此同时，总会发生一些事与我的规划相冲突，拖我的后腿。很多地方发生了严重的水灾，这是自然灾害，但需要我们投入大量的时间和精力。我去慰问了几次，一来是为了鼓舞大家，二来也是为了确保我们已经做了所有该做的事情。洪水的破坏性简直令人难以置信，它们能轻而易举地在转瞬之间就冲走上亿英镑。我在约克郡慰问时，大家都很隐忍，但都知道情况大概要在几个月之后才能恢复正常。随着气候变化引起水灾增多，保险公司、政府以及工商企业——整个城镇与乡村——都需要重新思考策略。最后，我们承诺会在洪水防御方面投入十亿英镑。

接踵而来的便是于10月17日发生在赫特福德的撞车事故：一辆城际快车在从伦敦开往东北部途中出轨。我常常乘坐这趟车。事故造成四人死亡，引起了极大的震动，尤其是因为这次事故发生在拉德布罗克丛林路[①]撞车事故后一年，当时事故造成了三十一人死亡。

事件引发了我们对铁路的大检修；关于铁路私有化的辩论又重新开始；我们也头痛接下来该做什么。事故的罪魁祸首是一段铁轨间未被发现的裂痕，这个问题很严重，因为这意味着有可能还有其他类似的裂痕存在。11月10日，我们约见了铁路负责人和约翰·普雷斯科特，约翰对他们非常严厉。他这么做可能是对的，但很快我就开始担心另外一个完全不同的问题。

当然是在交通部的鼓励之下，铁路公司采取了一个规避风险的行动，也就是几乎将所有的列车都变成了慢车。我知道，当事故刚发生时的震惊慢慢平复，人们就会恢复原样，这就是人性。他们会希望该死的火车能够准时，而这将毫无希望。

在接下来的一整年时间里，我和交通部之间一直在上演可笑的拉锯战。我认为他们过于谨慎，极力希望他们能够按照原来的火车时间表运行。而他们却不同意，认为我太冒险。为此，我们开了无数的会，又拍桌子又吹胡子瞪眼，还与约翰软硬兼施，磨破了嘴皮。

2000年的后几个月，和之前一样，各种各样的事件纷至沓来，层出不穷。10月，米洛舍维奇下台——这是一个伟大的时刻，贝尔格莱德的街道上洋溢着激情与希望——而苏格兰首席部长唐纳德·杜瓦去世了。一直以来，唐纳德都是一名优秀的同事，虽然我们从来都没有成为密友，但是我一直感觉和他有很强的纽带关系。我信任他。他非常正直。由于德里及其夫人艾利森（唐纳德的前妻）的关系，我和他的孩子们很熟。在他去世的几周之前，我去他在爱丁堡新城的公寓看望他，当时他正从之前的脑溢血先兆中慢慢恢复。虽然我认识他已经有好几年了，但是却从来没有去过他家，看到他居然有苏格兰印象派画家的珍贵收藏，我大吃一惊。“我从来不知道你还有这个爱好。”我说。

“我从来没告诉过你。”他回答，典型的唐纳德式风格。

从政治角度看，我一直觉得，唐纳德在内心深处是一个新工党人。他有着

---

① 英国诺丁山地区的一条南北向主干线。

聪明的头脑，生气勃勃，对于意识形态没什么耐心，但对于人性有着强大的判断力。他的去世给苏格兰造成了不可弥补的损失。他是一位父亲式的人物，是苏格兰权力下放的创始人，而且他也是一位伟人。他的葬礼充满了悲伤。我奇怪地感觉自己就像是一个外来者。葬礼是典型的苏格兰风格，而且完全被戈登·布朗主导——他发表的演讲很出色，这是戈登最擅长的。

我在欧洲事务上也花了不少时间。12月份的尼斯[①]峰会迫在眉睫，我们需要在会议上决定新的欧盟投票规则——这是为了共同的欧洲利益，个人利益和国家利益之间复杂的相互作用。我邀请了雅克·希拉克在我选区内的一家小酒馆里共进晚餐，一同讨论这个问题。他说食物很不错，但是我不喜欢他随从的刻意假笑。而酒馆外，猎狐者们在抗议。

猎狐；故事来了。政治上最奇怪的事情之一，是你不知为何就会陷入难以置信的辩论中，虽然你根本不想卷入其中。猎狐这个话题最终导致国内相关法令的通过，这也是最让我感到遗憾的法令之一，同样的还有《信息自由法》。这两者都是进步的运动（至少对有些人而言如此）；两者也都引起了政治动乱，至于动乱的目的，那就真的只有天知道了。

猎狐事件最让人痛心。事件本身就以不寻常的方式跨越了舆论的界限：迂回穿过一堆堆的英国中产阶级，穿过了工人阶级的中心地带，以及守旧的贵族阶级。你永远都无法预测人们对此的反应。对于彻头彻尾的保守党而言，猎狐禁令是他们的终极政治理想；而那些坚定的工党人，那些宁愿手烂掉也不会投票支持保守党的人，会因为猎狐禁令的提案把我杀掉。

人们常说这是一个社会等级问题——对于某些人来说，的确如此。但对于另外一些人而言，这是一个动物问题。我记得，唐宁街花园房间的一个秘书来契克斯别墅见我。当时我正在书房工作，她含着泪告诉我，终于，可怜的小狐狸可以得到公正对待了。曾经，我和我的顾问或是组织秘书们开会，我坐在那说：人们不会对此有那么强烈的感觉吧，这不可能。可是，人们的确会。他们告诉我。他们是对的。杰拉尔德·考夫曼——那个理智、清醒又忠诚的杰拉尔德——跟我说：如果你不下禁令，我再也不会支持这个政府了。当然他不是认真的；但他希望我能当真。大家对于这个事件的热忱很原始。如果我提议，为了解决养老金问题，对每五个领养老金的人中的一个强制施行安乐死，即使是这样的提议都不会像现在的猎狐事件那么麻烦。

---

① 法国海滨城市。

还有一个真正的政治教训。在政治领域，要获得胜利，你需要“凭感觉”。这是所谓的直觉、情商。总体而言，我的确有那样的直觉和情商，因此，在大多数问题上，我都能作出准确的判断。但是，对于猎狐事件，我完全不知所措。我怎么都没有“感觉”。我感觉不到，对于猎狐者而言，这项运动如何成为了他们生活的一部分。我也感觉不到，对于希望颁布禁令的人而言，这件事是如何从本质上和残忍扯上了关系。事情的结果？就是一场灾难。

我对这项运动一无所知。我觉得这有些古怪：人们会喜欢到处闲逛，猎取狐狸；但在读过特罗洛普之后，我了解了这是我们的历史。我当时不明白的是，这是我们的乡村传统的很大一部分。好家伙！后来我总算是理解了。

我犯了一个致命的错误：没有在一开始就把这个问题打压下去，反而让它的影响扩散了开来。大家的期望值被提高了。在一个电视节目上，我很愚蠢地让大家以为我们会禁止猎狐运动。当然我还投了票禁止这项运动，要不就是说了希望能够禁止这项运动这样的话，或是签了什么请愿书之类的。不管怎样，我重复了我的立场，而不是进行再三的思考。说出这些话时，我便被贴上了标签，也同样陷入了困境。到最后，我觉得我自己就是那只倒霉的狐狸。

问题是，就像我说的，我有点搞不清楚状况。可菲利普·古尔德开始跟我说，现在这已经是有关信任的问题了。萨莉、希拉里·阿姆斯特朗和安·泰勒——也就是那些上层人物，那些有着“如有必要，我们可以挑战世界，让他们都去见鬼”的态度的人——告诉我：如果我不能颁布禁令，我的领导能力就有问题。“真是难以置信。”我不停地说，觉得很无奈。“那就开始相信我们的话吧。”他们总是这样回答。

如果我告诉你，为了走出困境，我考虑了各种各样的可能，你也许不会相信我的话。我们考虑了区域投票、不完全禁令、民事处罚、刑事处罚——只要你能说得上来的，我们都考虑了。

当然，抗议者主要是保守党人，他们终于有机会抗议了。他们一边抗议，一边跟在我后面大吹喇叭，敲锣打鼓，又是叫又是唱：很典型的英国方式。我记得乔治·布什有一次来这里访问，刚好碰上他们正在到处抗议，乔治问这是怎么一回事，我向他解释了一下。“伙计，你为什么要那样做？”乔治说，和以往一样，他一下就抓住了问题的要害。

不幸的是，在开始了解猎狐这项运动之后，我也开始问自己“为什么要那样做？”——而我早该在采取任何行动之前就先了解这一切。随着了解得越深入，我也越来越觉得不安。我开始明白，猎狐并不是一个小圈子里奇怪的人们以残忍为乐的行为，而是一个传统，是历史、社区和社会的传承，对于某种生活方式来说，猎狐是不可缺少的一部分。和我原先认为的不同，这并不只是上层社会的运动，它的基础更加广泛；在很多早已不是什么公爵或公爵夫人的人群中，它都有着千丝万缕的牵连。

这并不意味着我希望禁止它，更不意味着这是出于我的个人喜好。“投票给工党，不然狐狸们就惨了”曾是竞选的流行用语。但是像这样禁止猎狐并不是我的本意。这完全不是我的想法。对于某一群人而言，猎狐非常重要，即使他们只是少数人，但他们至少有权利捍卫自己的生活方式。

在和斯特罗斯一家一起过夏天时，我们去了美丽的厄尔巴岛①。我们和他们的朋友们一起共进午餐。其中一位女士，好像是牛津附近的一名猎狐者的情人。她并没有指责我，而是冷静地向我讲述了他们所做的事情、那些依赖于猎狐运动的工作、继续允许猎狐所能带来的社会贡献，以及禁止猎狐会引起的后果。她的讲述方式很有效，我完全被说服了。

从那一刻开始，我决定要从这件事中脱身。但是怎样才能脱身呢？我们必须让议会来辩论，但结果一定是显而易见的：颁布禁令。最后，大家达成了一个巧妙的英国式妥协——猎狐在某种程度上被禁止，但是如果在猎杀狐狸时能够采取特定步骤避免残忍，则不被禁止。不管怎样，这是我能取得的最好结果，但这绝不是我决策生涯中引以为豪的一章。当然，我知道你会说，我不应该这么想。

2004年法令执行时，黑兹尔·布利尔斯正就职于内政部。她打电话给我说：“警方问你是不是需要他们严格执行这项禁令，杀鸡骇猴？”在得到我的回答之后，她说：“我猜你就会这么说。”

这让我想起了我和查尔斯王子打的一个赌。他当然认为禁令很荒谬，并以略带不满的方式向我提出了这个问题。我跟他解释了政治上的困难。我不确信他是否能完全理解——这也不奇怪，就像我所坦言的，连我自己都不理解；一直到后来，当一切都已经太迟了的时候我才弄明白。我和他打赌，在我离任之后，人们还是会继续猎狐。“但是这怎么可能呢？如果你颁布了禁令？”他问。

“我不知道，但是我会想出办法。”我回答。

查尔斯王子非常了解乡村，并认为我们对此不甚了解，这的确也反映了部分真实情况。我们的农民经历过许多具有英国特色的挑战：他们经历了疯牛病

---

① 位于意大利托斯卡纳大区西边海域的一个岛屿。

风波，当时，除了在极少数情况下，他们总是很难出口牛肉；农产品价格下跌，燃料价格上升，洪水给他们造成了巨大的损失。然而，他们还会面临即将到来的最严峻的挑战。

2000年最后几个月，我们召开了常规会议，为2001大选作准备。11月，我们在契克斯别墅开会，我明确指出：自满就是危险；我们还有一场硬仗要打，我们要全力以赴。我们再次在民调中领先，但是我故意让菲利普保持低调，将大家的注意力都引到那些困难上。在正确/错误的方向这一项上，我们落后了二十个点，虽然保守党看上去也没有什么突破，但我向大家描述了他们能够做些什么——比如打起爱国、反欧洲、反移民的旗帜来拉票，同时又加上对我们的讥讽和冷漠。

我说过我们需要为将来作出重要的抉择。我强调了改革与投资的必要性，并且把我们打动人的核心放在通过强势的经济与改善的公共服务为个人带来富足。

彼得和戈登在欧元问题上一直争论不休。彼得不太明智地向媒体谈及了我们在统一货币上的立场。和往常一样，戈登的反应有些过火，但是我开始担心彼得在同事中树敌过多，也担心戈登阵营的那些人对彼得的恶毒言语。作为我亲密的支持者，在当时，彼得理所当然成为了戈登的支持者们攻击的对象。

接着，在2001年初，彼得第二次被迫辞职。这是一次典型的所谓的丑闻事件：滚烫的烂泥泼过来，在人们还没有机会或是勇气等到看看烂泥是否真的会沾在那个人身上时，那个受害者已经被踢出局。事后，我比他第一次被迫辞职时更加感到懊恼。

《观察者报》发表了一个中篇报道，披露了彼得从印度商人以及慈善家欣杜贾兄弟那里为千年穹顶募集资金，并且允诺给他们当中的一个颁发护照。和往常一样，最后的问题不在于报道本身，而在于我们应对报道的方式。我们一定要吸取这个教训。

如果彼得只是帮忙转递护照申请，甚至是要求加快处理进程，确保一切都按照正常流程进行，那么就不会有什么问题。因为没什么理由不颁护照给斯瑞查得·欣杜贾——他有资格，作为一名富有、成功的商人，他完全可以为自己的生活负责。

但现实情况是：我很忙，阿拉斯泰尔很忙，彼得也很忙。（在《星期日泰晤士报》上，还有一篇更长的关于彼得和戈登的报道，这让彼得忙得不可开交。）

事情本身不大不小。但如果你不小心——我们的确不小心——歪曲了事实的一小部分，你就会处于众所周知的飓风中心了。

彼得声称，是他的私人秘书，而不是彼得自己，转递的申请。阿尔斯泰尔也对媒体重复了这一点。但实际上，大家最后得知彼得向内政大臣迈克·奥布莱恩提过这个事情。

现在想起来，整件事是多么可悲。仅仅是因为向媒体说错了一句话，媒体就能将此变成一个大丑闻。在戈登的人的强烈反对下，彼得几乎孤立无援，除我之外，没有人支持他。这显得有点奇怪，因为后来在布朗成为首相之后，彼得居然加入了布朗的内阁。但在当时，他真的是被极端地孤立了起来。

到了周三，首相答问时间来了。真是一场噩梦。阿拉斯泰尔和德里认为事态已经没有回旋的余地。杰克·斯特劳也持相同意见，他担心因为有彼得的电话记录，这件事一定会被曝光。在首相问答之前，我把彼得叫进来，告诉他他必须离开。他认为是阿拉斯泰尔在逼我。其实阿拉斯泰尔没有，这是我的决定。我同意对此事进行调查，调查由前财政部律师安东尼·哈蒙德爵士负责。五周之后，他的报告显示了彼得的清白。这也算是给这个不幸的事件画上了一个句号。

彼得勇敢地参加了下院议员的竞选，最终赢得了胜利，并以他一贯的智慧赢回了声誉。然而，在2001至2005年的内阁里，我非常想念他。如果他在，那会给我们增添多么大的力量。

当时，大选的热度已经开始在威斯敏斯特的温室里酝酿。我规划了大选选战的框架、关键分界线，以及打赢正常选战的细节问题。这并不容易，要掌控好不同的自我意识和个性之间的矛盾，让每一个人认为是他们在掌控方向，但同时要确保真正掌控方向的人是我。

我们原本定在2001年5月进行大选，但是发生了一件事，推翻了之前所有的计划。当时我正在加拿大，准备在加拿大国会发表演讲，并要与我的朋友加拿大总理让·克雷蒂安会面。他是一个充满智慧、老谋深算并且经验丰富的政治老手，在国际会议中挥洒自如；他很讲道理，就像加拿大人经常表现出来的，坚定而且可以信赖，却并不咄咄逼人。总而言之，他是一个好人，也是一个不容小觑的政治家。

我们还在加拿大时，被告知农业部收到了一例口蹄疫报告，发生在艾塞克斯郡[①]的一家屠宰场。听到这样的信息时，你的第一反应是：这很重要吗？答案

① 位于英格兰东南部。

是：是的，非常重要。在发现病例的两天之后，欧盟委员会下达了对于所有英国肉类、牛奶以及牲畜的出口禁令。这是不是有点反应过激了？我问。不是。那么，这的确是很严重。让·克雷蒂安立即将此视为一个危机。“当心，小布莱尔，你要非常小心地处理这件事。这可是个大麻烦。”我们限制了所有牲畜流动。我在加拿大焦急地询问，我们是否能够确信在一周之内取消这个禁令。如果我早些知道就好了。

接下来的几天，虽然身处国外，我也按英国的时间作息，试图理清一些头绪。农业大臣尼克·布朗似乎处理得不错，有史以来农业部第一次成为了最重要的核心。

第一例病例出现四天后，又爆发了另一例，这次是在国家的另一边，泰恩-威尔郡[1]。接下来的整整三个月，我们的注意力都集中在这个欧洲史上最严重的口蹄疫疫情上，这也是全世界历史上最严重的口蹄疫疫情之一。

口蹄疫会感染所有的有蹄动物，但是并不致命，也不会让它们的肉变得不能食用。在有些国家——比如阿根廷——口蹄疫在某些地区已经存在了几十年。当然，对于出口市场而言，这并不是什么好消息，正常的消费者也不会冲出去购买被感染的肉。虽然口蹄疫从未被传播给人类，但是人们还是担心有这个可能。这种疾病，一方面并不严重，因为并不威胁生命，甚至对于动物来说也没有致命危险，但是另一方面，它所造成的实际后果对于畜牧业的打击却是毁灭性的；如果口蹄疫不被消灭，后果几乎是毁灭性的。

事情的起因是这样的：被感染的肉，通过某种渠道，很可能是非法途径进入了英国，然后感染了一个农场。牲畜运输是全国性的，而口蹄疫的潜伏期可达十天，病例的发现以及牲畜运输的停止，是在疾病开始传播之后几天。结果是，我们很快地意识到，我们根本不知道还有多少牲畜被感染，也不知道它们在哪里。

而且，口蹄疫可以通过空气传播，人的鞋底也可能携带病菌。道路、行人小径还有乡村旅游业的其他方方面面，都可以成为潜在的散播途径。没几天，我们就不得不隔离英国的农村地区。唯一的解决办法就是屠宰所有被感染的牲畜。我们也有大量关于是否要接种疫苗的辩论，在危机进程中，公众也在广泛讨论这个问题。可现实是，按照欧盟的要求，即使接种了疫苗的动物最终也必须被宰杀，而且对于羊群，接种实际上并非百分之百有效；而羊又可以将口蹄疫传播给牛。

---

① 位于英格兰北部。

动物们被拖去宰杀，当然不是在屠宰场，因此被宰杀的牲畜的焚烧点开始增多。有一个焚烧点就在希思罗航线附近，为了取悦那些希望在充满诗意的英国农村度过几天的乘客。焚烧点的照片传遍了全世界。谣言四起，传言称发现了人感染口蹄疫的病例。(这些后来都被证实是假的，但这已经不重要了。)当我们关闭了旅游风景区时，大家以为这么做是因为口蹄疫有传染人的风险。美国人是很棒的游客，但当类似这样的事情发生时，他们很让人无语。不再有美国游客来英国，似乎一旦他们踏入英国，就会顶着两个脑袋回去。

当我结束在大西洋另一端的访问，回到英国时，已危机四伏。我以为农业部和尼克已经完全掌控了形势。从某种意义上说，他们有点刻意地看护着自己的地盘，虽然他们也乐意征询意见，但我察觉到尼克认为我在向他施加压力，而他不想失去控制权。乔纳森提醒我，有一次唐宁街的接线室意外地将他接入了戈登和尼克之间的一通电话，戈登跟尼克说不要向我的"总统式风格"屈服——这样的干涉真是毫无裨益。

随着病例的增多，而且隔离农村也开始造成了对工作、生计、出口、商业、旅游景点、酒店、私人小旅馆的影响——也就是说，影响到了英国乡村几乎所有的基础设施——我感到极度不安，还有些害怕。接下来的几天，我没有做什么，只是举行了一些常规的会议、询问、辩论并给出指示，然后我想，不行，这样下去不是办法。

本·吉尔是全国农户联盟的领袖。他和他的副手理查德·麦克唐纳在我看来都是非常通情达理和明智的公民。他们代表的是一个群体，眼睁睁地看着自己的过去、现在和未来化为灰烬。到处都是痛苦、恐慌和深深的悲痛。本和理查德很直截了当：唯一解决问题的办法就是宰杀受到感染的牲畜，并且要赶快行动。

问题是，该怎么做？我们可以投入资源，但是投到哪里？周末，我早早地去了契克斯别墅。这能让我的头脑更清醒。我看了所有的文件，和一些人谈了谈。资深兽医吉姆·斯丘达莫尔是一个聪明人，但是有些不知所措。我们都是。我得到了一份尽可能详细的简报。接着，我便坐在那里，静静思考。

有时，在危机时刻，你需要策划一些活动来鼓舞士气，然而同时，真正处理危机的机器则需要在另一边高效地运行。有时，在这个机器还不存在或是还不能胜任时，你就得先行思考。不然，策划这种活动就毫无用处，或是更糟，还会帮倒忙。

最基本的挑战来自于后勤。你需要派足够多的兽医去疑似病例出现的地方检查那些牲畜。接着,你得能够宰杀这些牲畜。你需要有足够的空间来处置牲畜的尸体。接着,你还要很快建立一个合理的补偿体系,一个应对日渐增多的困难病例的福利体系。然后,你要拿出一个计划,重新开放农村,还要一个策略让游客们克服恐惧重新到农村旅游。与此同时,你还需要监控口蹄疫的发展趋势,确保没有过早开放农村,或是过早宣布胜利。而另一方面,还需要快速重建深受打击的农村社区的信心。

周日回到唐宁街时,我决定要抓紧时机解决问题,召集了亲信的顾问一起讨论对策。有人想出了一个绝妙的主意——先说明,不是我的,而是内阁秘书理查德·威尔逊的主意——邀请了我们的首席科学顾问戴维·金爵士加入讨论。如果有人告诉你,科学家只是不切实际的科研工作者,那么,把戴维介绍给他。他跟我说的听上去有些疯狂,但是几周之后,他的建议却成了打败疫情的无价之宝。他通过图表描绘了疫情可能传播的途径;描绘了如果采取剔除措施,该如何控制疫情;以及我们怎么做才能逐步并最终消灭疫情。

大家都持怀疑态度。我也是。这么多未知数,他如何能作出那样的预测呢?然而,没有其他更好的办法,我采纳了他的建议——我的天,以神奇甚至是超自然的准确度,疫情就如同他所预测的那般达到高峰,然后下降,并最终消失,从时间上看,他的预测误差几乎在一周以内。太不可思议了,虽然我了解各个细节。到了夏天,当一切已在掌控之中时,我已经知晓了关于口蹄疫的一切:它如何传播;控制它的手段;屠宰和接种的利弊;羊和牛的不同反应;一周之内动物被宰杀的通常数量,以及我们一年中食用的数量(顺便说一句,数量巨大)。

然而,比起之前需要学习的东西,我学到了更多的危机管理经验,并且认识到,在面对不寻常的挑战时,寻常的办法完全无法奏效。尽管公众很自然地认为我们处理得并不好,也没有人感谢我们所做的一切,然而,当我回首过去,重新看那些文件,回忆起当初的恐慌、危机的范围和深度时,我想我们能战胜这一切的确是一个奇迹。

第十一章 对新工党的授权

2001年的大选奇特而又有些不连贯。结果一直都在意料之中。我们再次以压倒性的优势大获全胜。我们那鬼斧神工、上足了油的政治机器，毫不费力地呼啸着——或者看上去是这样——碾过了希思·罗宾逊的保守党机器。也许正是因为那些原因，这才显得奇特而又不太连贯。

在这次大选中，我学到了两点。第一，媒体对于政策越来越没有兴趣，除非这个政策会引发颇具影响的辩论。第二，托尼·布莱尔/戈登·布朗之间恐怕很难有个皆大欢喜的结局，至少在我担任首相期间已不太可能。

口蹄疫危机已经接近尾声。虽然病例没有被完全消灭或是剔除，但是已在逐步减少。我们正全力以赴，但这并不会影响大选的大局。将大选延后一个月的决定是正确的。然而现在，全体选民和政治家们都希望再次考验对政府的授权。

我很仔细也很慎重地规划了2001年的竞选宣言。我认为我们在过去过于谨慎，虽然这也可以理解，但是现在是时候我们该更果断地出击了。关于如何执政，我已经学到很多，最重要的是我认识到，风险并不是制度所藏匿起来的那些隐秘日程，惰性才是风险。我们看到了很多，做了很多，经历了很多，这些都足以让我们知道，如何可以将一切做得更好、更彻底。

现在，我很明白公共服务改革需要大规模的架构变革，包括和私人部门之间更紧密的合作。我相信法律与秩序的日程已经成为刑法和刑事司法体系的俘虏，这个体系已不再适合21世纪的社会的性质，不再适合犯罪和罪犯的类型。我希望重新重视科学、科技以及小企业，并将此作为现代企业与工业政策的一部分。在福利方面，我也得出了结论：我们必须更注重社会排斥问题，以及那些非主流家庭被日渐孤立的危险。至于欧元问题，我仍然坚持以经济测试来决定是否要统一货币、加入欧元区，但是我希望在政治立场上更加明确；如果经济条件得到满足，我已准备好承担所有的风险，以全民公投的形式来决定是否加入欧元区，使用统一货币。

因此，或多或少，我对竞选宣言还是比较满意的。只有一点除外：关于大学改革以及学费，我并没有作出清晰的承诺，因为党内对此还有相当大的政策分歧，新工党和财政部自然也有分歧。不管怎样，总而言之，宣言阐明了清晰而又纯粹的新工党立场。

大选的开始方式很奇特，这个特点也一直延续到了大选结束。我们决定放弃老派传统的做法：不再“西装领带，在会议中心的讲台上正襟危坐”，而是将大选的启动会安排在了一所学校里，借此强调教育在我们的第二个任期中的重要性。我去了伦敦南部萨瑟克的圣奥莱夫和圣萨维尔英格兰教会女子中学，会见了一些学生，参观了一两间教室，然后参加了一个集会。因为是一所教会学校，所以大家在一起唱了几首赞美诗，然后我站起身发表演说。这就是那些历史性的时刻。前一刻我还站在彩色玻璃前，和大家一起祈祷、唱歌。而一转眼，我却对着一群队列整齐的少女们发表演说——她们都还不到选举年龄，跟她们讲为什么我们不能回到经济繁荣与迅速萧条的保守党时代。我一开口，便忍不住想笑：这太荒谬了。不过，我还是在她们的困惑和我的尴尬中坚持了下去，一讲完便赶紧溜之大吉。

当然，这有些不合时宜，还有一些自以为是。安吉和凯特·加维很善于组织类似的活动，而且一般情况下，她俩总能做得很出色；但很显然，这一次，我们神奇的机器却出了状况。学校方面倒是处理得很好，尤其是考虑到他们所面对的情形——因为允许这样的活动在学校举行，校长遭到了严厉批评。

某种程度上，我们也是我们自己所谓神话的牺牲品。大家都认为这是一个绝妙的主意。一定是这样，不是吗？毕竟，我们是这行的顶尖高手——诸如此类的想法还有不少。

问题是，为什么我们认为我们需要一个“新风格”的启动会呢？人们认为政治家们总是不断地在寻找更好的演讲方式，因为比起演讲内容，他们更在意演讲本身的成功。但其实，政治家只不过是顺应时势，而不是创造时势。

相信我，一个普通的政治家最开心的时刻，便是谈论政策的时刻。他们热中于此。我也是。关于教育或是医疗改革的细节，我可以滔滔不绝地讲上几个小时。我着迷于对刑事司法体系的分析，着迷于公民自由与有效的法律和秩序之间的争辩与平衡。有一个关于政治家的说法：政治家们其实是需要学习政策的脱口秀主持人；而更多的时候，他们是需要学着成为脱口秀主持人的政策专家。

由于媒体变得更关注爆炸性新闻、丑闻和冲击力，政治家也只好寻找更多的手段和策略来引发关注。从2001年大选中，我得出了一个令人伤心的结论：我能期望的最多也就是通过那些声势浩大的宣传造势活动或是胡编乱造的故事，让人们了解一些政策。但是，政策从来没有机会成为媒体关注的焦点。

当一个新政府刚刚上台，而它的有些政策正好标志着与前一任政府的决裂时，这些政策就能登上头版，被大家看到，获得关注。然而，随着时间的推移，当大家对政府的工作计划逐渐熟悉，即使政策本身是新的，大家的兴趣也会慢慢减弱，很快，人们便会产生“这些我们都已经听过了”的情绪。

为媒体说一句公道话：当保守党除了在欧洲事务方面还略有作为，在其他任何方面都碌碌无为时，媒体的工作也的确不容易。但即便如此，这还是很让人沮丧，而且这意味着，如果我们尝试作出一些改变——就像那个放在学校里的并不成功的启动会，媒体向大众传达的信息却是我们的确只对造势有兴趣。但是，我们也清楚地知道，如果只开展一场传统而又普通的启动会，那么就什么声音都听不到了。

大选期间，民调一直显示，我们领先保守党十到二十个点，鲜有变化。我们试图大干一场，但此时的情形就像当我们想点燃所有的爆竹时，却发现爆竹都受了潮。在克罗伊登[1]的一场集会之后，我坐在酒店房间里，接到了比尔·克林顿的电话。不可思议的是，他居然能在千里之外感应到我的情绪。“我打来只是想看看你怎么样。”他说。

“棒极了。”我回答。

“不是吧，我能体会到你的感觉。”他说。接着，他向我解释，1996年美国大选时，他的对手是鲍勃·多尔，他也是从一开始就胜券在握。这一切，他说，都让媒体和公众认为我获胜是十拿九稳的事。他知道在这个时刻，我会烦躁不安，并且担心公众是不是会因此起逆反心理。

“好吧，你说对了，”我说，“那我该怎么解决呢？”

答案就是，他继续说道，百分之百的投入，把这当成是一场旗鼓相当的较

① 英格兰东南部城市。

量，让人们看到你是多么想赢得这场胜利，而你也已为此作好了充分的准备，对于投给你的每一票，你是多么地心怀感激。“让他们知道你是多么渴望他们的认可，而且，领先越多，你就越应该强烈表现出你的渴望。”

这个建议很好。我采纳了。从那时开始，我不纠结于保守党的糟糕表现，一路摸爬滚打、披荆斩棘，仿佛我的生命就依赖于这每一票。这并没有改变媒体的态度，天知道是否改变了最终结果，但至少这给了我力量，也让工党有了紧迫感。

保守党的竞选活动惨不忍睹。我有点不太能理解威廉·黑格。他的确是一位出类拔萃的辩手，拥有敏锐的头脑和高智商。他拥有很多好品质。我认为他确实具有领导人的特质。如果处在不同的环境和时机，他本可以成为——也很可能一直到现在都是—— 一名伟大的领袖，甚至是首相。

听他说话时，我不禁感叹，难道还会有其他人和他一样如此热中于文字吗？他拥有运用文字和幽默的才能，又善于别出心裁的比喻，总能妙语连珠。他花了大量的脑力在这些方面，以至于花了太少的力气去想这些比喻与妙语是为了达到什么目的。结果就是，虽然经常能使对手蒙羞，但他很少能够在辩论中打败他们。

虽然他难以应付，而且我也不能低估他，但是，令人费解的是，他和保守党的高级领导层将他们竞选的基础放在了欧洲问题上。从民意调查的结果和媒体导向来看，这样的一个策略似乎显得很有道理：民调显示保守党的政策支持率大大超过了我们的；默多克的报业集团，《每日邮报》和《每日电讯报》都对欧盟持怀疑态度，因此，它们都很支持保守党的立场。问题是，有些很资深的保守党人，比如肯·克拉克，是反对这个策略的。这个问题导致了保守党内严重的分歧。况且，如果说大家还能马马虎虎地容忍欧盟怀疑论，那么有些人——在类似的问题上经常会出现这样的人——已经处于丧失体面的边缘，却还想继续往前走。领导层的态度也允许他们继续往前走，然而，公众对于欧洲的看法不能完全参考民调结果。当然，如果被问到，他们会支持保守党的观点，但是这永远都不会决定大选结果。这不是公众关心的重点。所以，当保守党将关注点聚焦在欧洲问题上时，他们的政策就显得有点古怪而失衡。因此公众会想，也许他们还没有准备好来执政。一旦这种想法牢牢生根，那么大选也就结束了。

显然，对于我们而言，唯一重要的事就是避免犯下严重的错误。当然，媒体也知道这一点，所以一直试图逼我们犯错。我们已经精心构思了要传达的核心信息：我们做了很多；还有很多要做；当然也会有很多失败。很简单。没有人可以否认,经济发展势头强劲,资金也开始流向学校和医院。(虽然也遇到了阻碍,因为我们承诺1997年后连续两年都不增加公共开支——这个决定是对的,但是束缚了我们的手脚。)而且这只是第一个任期;我们应该得到一个机会来完结已经开始的事业。大家对于保守党的"很多失败"仍记忆犹新。

很自然的,我想要的是一个更有高度的选战,可以让整个国家抛开过去的那些选择,在某种意义上也就是抛开撒切尔主义。大选开始时,我在一份笔记中清晰阐明了撒切尔主义的问题:花了太多的时间向人们再三保证该保留些什么。

之所以说撒切尔夫人已经完全属于过去,是因为我们认识到,随着人们越来越富裕,他们希望可以自由支配自己的财富;他们也不希望国家妨碍到他们的自由,将他们置身于单调乏味的国家垄断之下,使所有的人生活得千篇一律。很显然,竞争标准的确提高了,而高税率则对经济发展起了抑制作用。其他的所有一切则都忽视了人的本性。

她所犯的错误,以及之所以说她对抗了历史的潮流,是因为她对待欧洲的态度,以及她拒绝承认一个现实:多数人不得不依赖公共服务,依赖政府帮助他们获得所需要的机会。政府应该作出改变,公共服务需要改革;然而,她却认为一切都可以被归纳为个人选择。从这一点上看,她是非常传统的保守党人,但是却像我的父亲一样,对那些不成功的人没有什么耐心——她成功了,为什么他们不能?于是,虽然她"理解"了人性的某一面,却忽略了人性的另一面。

结果就是,她对于英国的看法,在某一层面是正确而且必要的——重拾我们的进取心与雄心,但在另一层面,她却完全忽视了,无论我们有多么大的进取心,由于人口、领土以及地理环境等因素,英国在世界上的地位已发生了改变;同时,她也鼓励人们依靠自己的力量穿越大海,却对落在后面的人毫不怜悯。基本上她对社会资本毫无兴趣。

我认为我们的角色是将英国带上现代化的新台阶,建立公共服务与福利国家,结合投资与改革,让公共服务与福利更加个性化、富有同情心,也更加企业化;就福利而言,我们希望福利不仅基于责任,也基于人们所获得的权利和资格。我认为,毫无疑问,这是多数人的想法,也是合理而又重要的中心阵地,能够将大家凝聚在一起,并能界定我们的第三条道路式的努力方向:个人理想与社会同情心的结合。

至于英国在世界的地位,我认为,不言而喻的是,我们需要通过联盟来施展力量。我们有两个最好的盟友——欧洲与美国,那么为什么不让它们继续保持强大并且好好利用它们呢？ 这个论点不太容易被大家接受，但是它的说服力也很明显，并且支持这个论点的人虽然数量并不太多，却都是出类拔萃的人。尤其是在商业领域，大家完全能够理解这一点的重要性。

麻烦在于，从一开始就能看出，我们几乎不可能将这一切美好的东西传达到人们的耳中。我决定用一系列关于英国未来的演讲作为晾衣绳，用来晾挂各种工作计划，并试图鼓励大家来一场激烈的政策辩论。演讲很全面，而且——虽然只是我的一家之言——论辩得很充分。演讲的大部分内容都由我自己撰写，也得到了首席战略顾问马修·泰勒、安德鲁·阿多尼斯和戴维·米利班德的帮助。然而，在离大选开始还有几天的时候，大家都明白，无论如何它都绝对不会是对于国家未来政策选择的详尽描述！

2001年5月16日，我们发表宣言当天发生的事很滑稽地证实了这一点。如果竞选是由竞选日启动活动的成功与否来决定，那么这次大获全胜的就不会是我们了。我很怀疑还会有比这一天出更多状况、岔子和意外的竞选日。

我们选择召开一个大型的正式的记者招待会来发布宣言，并且让大臣们在会上挨个介绍下届议会的规划。我决定，为了让我们有明确的优势，我会清楚地阐述我们计划将私营机构纳入公共服务机构的运营。很多资深的政治家与顾问认为这是计划的一部分——在他们看来，这个计划毫无必要地转向了右派路线，以取悦那些右派媒体。我一直试图解释，我是真的相信这是一件正确的事情——我想我的解释可能使情况变得更加糟糕了。想到其他国家的公共服务体系时，我觉得有些核心经验是不言而喻的：那些运作最好的医疗健康体系，往往是那些公共和私营机构共同提供服务的体系，或者至少要有一些个人的投入，同时也为个人提供不同选择。而那些大一统的体系，有些正处于转型过程中，有些已经经营不善，面临失败。的确，美国医疗健康体系的失败，是由于还有很多贫困人群没有被纳入这个体系，但是——这也是被很多人所忽略的不争事实——对于那些被纳入体系的人们而言，护理标准以及体系的反应机制（还有其他一些次要因素，诸如食物、环境以及调整预约时间等）经常要比那些纯国有的体系要好。可以肯定的是，公平与效率可以兼顾。

在美国，特许学校正刚刚起步，而瑞典教育改革的成果也日见成效，因此，在全世界，我们都积累了一笔巨大的经验财富，让我们知道：是谁，基于什么样的目的，提出了什么样的改革方案，并最终获得了成功。

对于那些铁了心想维持现状、哪怕多花一点钱的利益集团而言，所有这一切都令他们厌恶；但我明白，那些理智而客观的旁观者想知道的是，我们随时欢迎新的观点和想法，无论我们的政党传统所传递的信息是什么。

因此，5月16日的启动是一个非常重要的时刻，远比它看上去重要得多。还有很多乱七八糟的幕后杂事，关于谁应该在什么时候说什么等等，也有人对我固执地坚持己见有点意见，但我也只是希望确保，我们对于希望得到一个彻底的第二个任期的渴望能清楚而又直接地传达出去。有些大臣，像戴维·布伦基特和帕特里夏·休伊特，全情投入其中，他们和我一样认为，第二个任期如果不能有所突破，那就毫无意义，而如果要有所突破，则意味着我们需要承担更多风险。

然而，为了让一切能够顺利进行，我们有点像在表演模仿剧：每个大臣只有两分钟的发言时间——不然整个过程就会过于冗长，发完言之后他们就会退到一边。还好，整个过程没有出什么状况，与那天接下来发生的事情相比，这算是很顺利了。

我还要去参观伯明翰的伊丽莎白医院，在那里我们将新开设一个心脏病中心，将它建成欧洲首屈一指的最先进的心脏病中心。(今天，它的确已经成为了欧洲最先进的心脏病中心。)我在医院门口遇到了吉塞拉·斯图尔特，她是一位出色的地方议员。吉塞拉的与众不同之处在于，她是德国人，说话还带有轻微的但依然能分辨出来的德国口音。她在英格兰中部地区得到了一个席位，这表明其实人们并不像你想象的那么有偏见。她很聪明，也很有新工党人风范。当我们一起走进医院时，一位名叫莎伦·斯多拉的妇女走近我，并开始向我大声抱怨，说她的先生，一名癌症患者，在这家医院受到了如何不公的待遇。她因为这次事件而名声大噪。当然，关于她先生是否受到了不公的待遇也有很多争论，医护人员大声抗议，但是，他们的抗议却淹没在这样一个事实中：有人向首相喋喋不休，道出了有关NHS的“真相”，这下事情可严重了。

对媒体而言，当他们正在因为此次毫无悬念的大选而百无聊赖时，这个插曲无疑是天赐良机。莎伦·斯多拉一夜成名。工党那灵活的机器终于碰到了一个“真正的”人，这让有些人暗自窃喜。在《每日邮报》上有连续的报道说，之前我们都没有见到“真正的”人，我们所有活动都是预先安排好的。实际上，在选举中，我从来没有看到有任何一个竞选活动不是事先策划的。(虽然策划的好与坏是另外一回事。)而且，我们当然见了很多人。

其实事情是这样的：人是不会被当作一个“真正的”人的，除非他们斥骂了一个政治人物；除非他们大吵大闹；除非他们表达了愤怒，最好还带点粗鲁的举动。只有大吵大闹才会让新闻有价值。而事实的真相是：大多数“真正的”

人——我是指真正的正常人——是不会作出那样的举动的。大多数英国人还是彬彬有礼的，他们也善于倾听。他们可能会持不同意见，但会以理智的方式表达出来。这样的人你见了很多，但他们却都不是“真正的人”，仅仅因为脾气不够火爆。

有一个奇特却很值得关注的现象正在浮现：对于抗议的推崇。比如说，有一个政治家，去参加一场有一千人出席的会议，会上，有一个人喊了几嗓子，而另外的九百九十九人可能是这位政治家的支持者，或者至少秉持的是合情合理的立场；但是，那个唯一不和谐的声音却成为了代表性的声音，虽然实际情况并非如此。大多数人不会大吵大闹，因此，就本身而言，那个唯一的抗议者是非典型的，不能代表大多数人。

我记得在我离任后，有一次去访问巴勒斯坦的希伯伦[①]，参观了亚伯拉罕清真寺，也就是在那里，来自纽约的犹太移民巴鲁克·戈德斯坦，于1994年谋杀了几名正在祈祷的穆斯林。有一个抗议者冲我大喊大叫，后来被证实是伊斯兰解放党的一名成员，而伊斯兰解放党在有些国家已经被禁，完全不能代表多数巴勒斯坦人的想法。然而，第二天关于我此行的新闻却只报道了这个插曲。那名抗议者接受了访问，他的想法被拿出来辩论并进行了分析。而所有其他的声音却被认为是无足轻重的，也无人问津。

这是现代政治报道的重要发展趋势，而随着人们更多地意识到这一点，他们也越来越努力尝试用扰乱的手段引起关注。现在，这已经成为了炮制新闻的经典范例。扔个什么东西、起哄、当面的质疑、冲上演讲台，那么你就会成为新闻的焦点，而你的观点也会因此被证明是合理的。当事的政治人物看上去大为震惊或受到了冒犯，却无力还击（有一个例外的例子，我一会儿会谈到），于是，整个事件就只有一个赢家。这就是为什么越来越多的人这么做。这根本不会引发辩论，或是代表某种观点。任何在盛怒之下发生的争论都只是观点的冲突，而不是意见交流。不过这都无关紧要；这是新闻！

不管怎样，莎伦·斯多拉的抗议，而不是大选宣言，成了事件的主角。我坚持参观完了心脏病中心，意识到这一次启动活动算是彻底失败了。

然而，一切却只是刚刚开了个头。我很快地吃了个午饭，之后听说杰克·斯特劳在警察联合大会表现不佳，被报以抱怨的击掌声。后来他告诉我——说句公道话，杰克在处理这些事情上是比较成熟的——好笑的是观众的反应似乎

① 巴勒斯坦城市，在约旦河西岸。

和他的演讲内容完全脱节。杰克并不傻,在大选中期,他决定发表一个常规而又强硬的有关法律与秩序的演讲;但他们一点都不买账。估计即使杰克给他们涨一倍工资,他们也还是会嘘他。(嗯,那有可能会让他们安静下来。)

因此,到了傍晚,你会认为全国上下都已经准备好要颠覆这个政府,然后以一边倒的态势选出另一个。当反对党毫无作为时,公众会感觉他们似乎被剥夺了选举的权利。这是在撒切尔时代工党成员的体会。这也是为什么在1992年之后,工党开始考虑选举制度改革。我们连续四次失利。肯定是这个体系出了问题,不是吗? 但当然,责任在于我们。因此,这样的一种疏离的感觉,其实并不合理。实际上,更糟的是这极其不民主。失利的一方认为他们不应该输,试图进行重新选举,或者是改变选举的规则。

有一个例子可以说明人们会区别对待一个革新的政府和一个保守的政府:保守党认为自己应该掌权,如果未能掌权,那么一定是有人没有公平竞争。当工党十八年未掌权时,有些团体(如矿工罢工活动中组织良好的部分工党)试图颠覆民主的结果,无论人们对于矿工本身抱有多少同情,大家普遍认为这样的行为是错误的。然而,现在,到了我们掌权时,形势却发生了逆转,类似的对抗行为常被视为——那些不知为何被剥夺了发言权的人们的——完全合理的抗议。

因此,在民调中(尤其是在民调结果中)显示出来的民意,和报章中的民意很奇怪地显得毫无关联。后者明显地在政府的压迫下挣扎,没有其他选择,只能采取过激行为,因为出于某种原因,那个民主体系已经无法正常运行。在我的任期快结束时,这体现在:那些泄露了政府文件的人,被当作了人民的英雄,不会因泄密而受到指责。

那一天,执政者和受治者之间的互动是那么具有纪念意义,生动而又影响深远,大大超乎了媒体的想象。约翰·普雷斯科特在威尔士北部的里尔开竞选大会。照例,沿路有一些各色的普通抗议者对他冷嘲热讽。当他穿过他们时,一个留着70年代的胭脂鱼发型[①]的大个子,将一只鸡蛋拍在了约翰身上。约翰转过身,给了他一记狠狠的左勾拳,把他打倒在地。接下来的事情,你可以想象。在宣言启动会上,即使我们不讲那些深奥而又详细的策略,而是一起大跳康康舞[②],也抓不住大家的眼球了。

当时,我正和选民一起,参加一个由乔纳森·丁布尔比主持的电视节目。在

① 一种前面和两侧短,后面长的男士发型。

② 19世纪末在法国流行的一种舞蹈。

节目开始前，阿拉斯泰尔对我隐瞒了约翰的事。节目是在事件刚刚发生后不久开始录制的，当时事态还没来得及扩散，所以节目中没有人问起。结束后，我上了车，正在庆幸自己能在节目中全身而退时，阿拉斯泰尔兴致勃勃地说："嗯，有个消息。约翰·普雷斯科特刚刚揍了一个选民。"

我听错了。"有人打了约翰？"我说，"太过分了！"

"不是，"他说，"是约翰打了人。是他揍了别人。"

你知道书上有时会用到"大跌眼镜"？嗯，这种情况的确会发生，当时我就大跌眼镜了。

接下来，大家便开始埋头于思考、分析、反省、回想，也很慌乱，不知道该如何处理此事。我们知道在第二天一早的记者招待会之前，我们还有十二小时，得在那之前想好说辞。副首相攻击了公众中的一员，即使攻击的是一名将鸡蛋拍在他身上的人，从某种程度上而言，这事难以置信地严重。从另一角度看，这事也难以置信地滑稽。

现在回过头看这件事时，我知道在这件事上，喜剧的成分居多；但在当时，我可以很明确地说，大家都不知道这到底会是悲剧还是喜剧。而最终喜剧的结尾也给大家带来一个有趣的发现：在政治领域，直觉是多么重要；分清轻重缓急的能力也很重要，即使是在当你身边所有人都已不分主次的时候。

我觉得这件事情非常好笑。那只鸡蛋很好笑。胭脂鱼发型很好笑。左勾拳很好笑。还有他们俩脸上的表情也都很好笑。但也不能避免大家还有另外一种看法，就像有些女士大声说的那样：作为副首相，他怎么能有这样的行为呢？这不成体统，也很大男子主义。人们讨厌、憎恶这样的行为，也会为他感到害臊。

来自南部的女士们坚持这样的观点。安吉居然也这样认为，但是后来，我怀疑这是因为她受到了天空新闻台[①]的亚当·博尔顿的影响（她后来嫁给了亚当），她一定和亚当深入讨论过这件事，亚当对此事深恶痛绝，并且有点盛气凌人。安吉的直觉一般总是很准的。甚至连总是自信满满的萨莉也不确信。阿拉斯泰尔也是如此，不过这可能是因为他受到了菲奥娜的影响。但大多数男士和工党成员，无论男女，都站在约翰一边。

我断定，一个道歉至少有可能缓和一下尴尬的局面，也可以向温柔的南方人降低些姿态。所以，我给约翰打了个电话。我用了我最悦耳的声音跟他说：很遗憾发生了那样的事情；他居然对你那样，太可怕了。你一定受惊了吧。真的，

---

① 一家二十四小时传送英国国内和国际新闻的卫星电视台。

在那种情况下，你那么做一点也不出奇。我就这样唠叨了五分钟，直到约翰把我打断。"我太了解你了，"他说，"我知道你想干什么。你希望我道歉。"

"这个——"我刚准备开口。

"嗯，我绝对不会道歉。你就别想了。"

我变得有些强硬并一再坚持；约翰就是这样，当他明白我态度认真的时候，他总是愿意顺从。所以，我们定下了一些措辞，然后挂了电话。

回到家，我觉得有些懊恼。这条新闻已经传遍各处，几近疯狂，保守党的人正在拿它大做文章，而自由党人很"开明"，也就是说，采取了中间立场。但是我仍然无法说服自己应该对此加以指责。

我走上楼，切丽正等着我。"这一天真累人啊！"我说，"天啊，约翰到底在想什么？大家都觉得挺可怕。"我说道，想探探她的口风。她是一名律师，一个自由派，又住在伦敦。

"哦，别丢人现眼啦，"她不屑一顾地说道，"为什么不能打他？是那个人先打了约翰。"你看，她还是个利物浦[1]女孩。"那么，如果是你，你会怎么做？"她说，"难道还要堆上笑容，告诉他下次别这样了？是他自作自受。约翰也是人。"

我给约翰·伯顿也打了个电话。他和男孩子们都持这样的观点。"我觉得这很棒。"他说。我一直非常、非常看重约翰的判断力。我认识的有些世界级的领袖，他们的判断力还不如约翰。而且，他还告诉我北方的女性也有同样的看法。当这个消息在特里姆登工党活动中心[2]传开之后，所有的人都为约翰的行为喝彩。

问题就此迎刃而解。然而，怎样应付记者招待会依然是个问题，媒体毫无疑问会纠缠不休。我定了几条基本原则：不再道歉，不会辞职，什么都不会有变化。团队里有些人还是有些顾虑，但是那个时候我已经下定了决心。不过如何来表达这几条原则倒是有些棘手。麻烦的是，你其实不能为副首相殴打选民进行辩护。而另一方面，我们已决定不再指责约翰的行为。

我们为此大伤脑筋，一起坐在房间里为记者招待会作准备。戴维·布伦基特也在，他和约翰·伯顿的想法完全一致。随着时间一分一秒过去——不经意间，这已经是世界新闻——我们摸索了若干个方案。

"其实，"在还有一分钟就要召开记者招待会时，我最后说道，"约翰就是约

① 位于英格兰西北部。

② 位于英格兰北部塞奇菲尔德选区。

翰。其他也没什么好说的。”这是埃里克·坎通纳[1]的做法：如果你说的话比较隐晦难懂，那么人们虽然有些困惑，但也就不会再追究了。所以最后我就那么说了。

“约翰就是约翰是什么意思？”他们问。

我耸了耸肩：“我的意思就是约翰就是约翰。”

于是，这个所谓的大丑闻也就慢慢平息了。切丽和约翰·伯顿的观点也慢慢开始占据上风。人们——至少有很多人——喜欢这个观点。一个政客变成了寻常人，哇哦！四十八小时之后，回到我自己的塞奇菲尔德选区，常常有选民过来跟我搭话，也包括一些上了年纪的女士，她们都和切丽的看法差不多。“嗯，如果是你你会怎么做呢？”他们问，“你应该不会打他吧，会吗，年轻人？”——而他们这么说并不是在表扬我。

因此，大选的启动，从一个宣讲，一个详尽的、关乎国家未来的、严肃的策略规划宣讲开始，却以胭脂鱼发型、一只鸡蛋和一记老拳结束，并将那些严肃的策略沉入了政治汪洋的海底。

约翰·普雷斯科特总会给工党与内阁带来一些与众不同的东西。他可以是令人抓狂的，可以是危险的，可以是荒谬的，也可以是伟大的。但是，像无聊、温和、平凡以及容易被遗忘的这些形容词，绝对和约翰扯不上任何关系。

尼尔·金诺克曾经形容他是一个两边肩上都放着木片的极为好斗的人[2]，的确如此，虽然我总觉得他肩上的两块木片互相也起到了平衡的作用；而尼尔肩上的那单个的木片反而更麻烦。

约翰给工党带来了什么呢？实际上带来了很多东西。约翰·史密斯去世之后，由谁来担任副首相就成了问题——比较明确的是，我会成为工党领袖——最保险的副首相人选当然是玛格丽特·贝克特。她是1992年之前的经济小组的成员，能力很强，经验老道，毫无疑问是一个比较保险的人选。约翰就不是那样；但是他带来的是真实性，这对党内传统力量颇具吸引力，尤其在工会团体

---

① 足球运动员，1994年被授予英格兰足球先生称号，以脾气火爆著称。

② 原文“with a chip on both shoulders”直译为“两边肩上都放着一块木片”。源于成语“carry a chip on one's shoulder”，出自19世纪的美国。当时多数家庭都要砍木为薪，木片很常见。如果有人想找人打架，就会在肩上放一块木片，问别人敢不敢拨下来，拨下来就有架打了。引申为寻衅或者好斗。而“两边肩上都放着木片”则是更夸张的说法，意指极为好斗。

中，而且，他还有某种让我无比珍视的品质：我认为他是一个在困境之中可以依赖的人。也许在某项政策上，你不一定能指望他，或者说得更宽泛一点，工党也不能全指望他；但是，如果要和某个人一起去打老虎（你会不会冒险跟这个人一起去？），和约翰我会。和玛格丽特？我不确信。我喜欢她，也尊敬她，但是，一旦陷入水深火热之中，我不确信她是否会站出来保护我；而约翰，我想他会这么做。在副首相的选举上，我从来没有明确表态过。有些和我关系比较好的人选了玛格丽特，但是我没有表态全力支持她，这给大家发出了一个信号：我也可以和约翰合作。不管怎样，最后大家还是选了约翰。他们希望能够阴阳平衡，如果说我属于很“阴”的人，那么他显然就是彻底的“阳”。

我们两人之间真是有天壤之别。我是典型的从私立学校出来、牛津毕业的律师。他曾是一名船员，工会运动的老前辈，并对自己的工人阶级出身引以为荣。高层官员中，他是最具魅力的人物之一。如果身处现在这个社会，约翰就很难成为现在的约翰了。这一点，他和丹尼斯·斯金纳很像。丹尼斯是一个才华横溢的人，拥有一流的头脑、卓越的智力，还有对人性的超强洞察力；但是他成长于那样一个时代：那时，真正聪明的人常常被教育制度给毁了，或者仅仅是因为差劲的学校教育、眼光狭隘的父母和社会的疏漏而失败。感谢上天，约翰和丹尼斯在某种意义上是珍稀物种。约翰没有通过升学考试①，这对他产生了深远的影响，也是造成他好斗的原因之一，至少他双肩上的一块木片②与此有关。然而，他天资聪颖，而且非常吃苦耐劳。说到底，这也是为什么说让这个年龄的孩子参加这样的考试，还将中小学教育体系以这样的考试为基础，实在是不太明智。

然而，那些日子已经过去，如果约翰在现在这样的环境中长大，他最可能在工业或是公共部门里工作，成为一名经理，大概也绝对不会参加任何工会。而如今，他与工党的根源有着最重要的联系，虽然那个根源可能已日渐枯萎，但依然在政治森林中有着广泛和深刻的基础。

尽管没有通过升学考试，他还是上了牛津的拉斯金学院(丹尼斯·斯金纳也是)，而且比他自己流露出来的要更有求知欲，能力也更强。我也很欣赏约翰的这一点。对于新工党的任何政策，一开始他都会抱有敌意，但如果认真与他分析利弊，他也总是愿意倾听；而且到最后，如果认为提案的确有道理，他也

---

① 英国旧时的初中入学前预试（一般在学生十一岁时），以决定考生将来进入哪种学校。

② 参见上文中对“极为好斗的人”的注释。

乐意被说服。但这并不是说，他永远都会赞同——其实很多时候他都不持赞成意见，而且我身边的有些人也的确视他为累赘，因为他是反改革势力的集结点。

后来，很不幸的是，他和戈登走到了一起。戈登之前一直强势支持玛格丽特，也动用了他所有的人脉帮助玛格丽特，所以一开始戈登和约翰的关系并不好。然而，我一直鼓励戈登去和约翰和平相处。“别低估了他。”我一直这么说，“如果你想成为领袖，不要把约翰变成你的敌人。也许他不能让某人成为领袖，但他却能阻止某人成为领袖。”

戈登听从了我的建议，而且依我看，他有点做过了头。并不是约翰不够忠诚——他不是这样的人，而是戈登对于改革的立场显然与约翰的观点更为合拍；而这也使我身边的势力格局发生了变化。

约翰也认为，作为领袖，我和戈登可以互换，只不过戈登比我更偏左派一点，但这丝毫没有降低戈登的魅力。(相反这可能使他更讨人喜欢。)于是，约翰也认为将首相之位让给戈登是公平而又正确的，因为，毕竟戈登也是新工党人，只不过是一个和我略有不同的版本而已。更何况，他认同戈登的观点，认为在公共服务与福利方面，我们的“市场化”改革已走得太远，过于激进；而我则认为，我们还应走得更远。

这最终导致了两个后果。第一，在城市学院问题上、在引入新式医疗机构方面，以及在给福利制度设置更多的限制条件方面，我常常既得不到副首相的支持，也得不到财政大臣的支持。虽然到最后，约翰差不多被说服了——他开始激昂地讲述传统公立学校体系在赫尔(他的选区)的失败；这需要跟他斗智斗勇，耗费很多时间与他会谈、讨论和辩论。

第二，在最后，2006至2007年间，他极力要求我下台，部分是因为媒体对他紧追不舍，另一部分也是因为他确实认为如果由戈登替代我，不会有什么问题。那时，我已经决定不管怎样我都会离开；但是，他不确信我是否真心要走，也和大家一样认为没有人会愿意主动放弃唐宁街10号的地位；于是在2007年的春天，他告诉我，如果我不离任，他将辞去副首相的职务。他这么说也不是出于不忠诚，并且很有趣的是，我也的确不觉得他这么说是对我的背叛。他只是真诚地相信，让戈登成为领袖将有利于整个工党。

虽然如此，但也有无数次，当我需要他时，他还是勇敢地给予了我支持。他明白在某种程度上，他扮演的是新工党的刹车人的角色。他明白，大家对于他的信任就在于他能够改变我的一些决定。他也知道，每一次听从我的意见，他就失去了一些信任。然而，他还是支持了我。

修改党章第四条的过程中，他从持怀疑态度转变为支持者，是因为到了最后，他被说服，认为这是正确的事情。一旦被说服，他就成为了坚定的拥护者。“9·11”事件之后——实际上也是在任何外交事务中出现危机事件时，在我们之间的任何一点龃龉都会造成重大危害的那些时刻，他百分百地站在我这一边，给予我至关重要的支持。

因此，总体而言，考虑到政治树状图最顶端的人相互之间的关系承受着巨大压力，我不得不说，能够有约翰这样的副手，我很幸运。

作为一名大臣，他有时过于沉迷于政府的权力，过多地进行干预，也给决策带来太多的官僚主义；然而，他也很有创新意识，并富于想象力。他使财政部改变了方便旗[①]的相关规定，使得英国航运运输行业得到振兴。他领导了在京都的谈判，也促使英国成为了世界上唯一一个达成《京都议定书》[②]中所设定的目标的国家。他在住房政策上扮演了重要的角色，带领住房政策委员会推进了改善规划体系的白皮书。在他任职十年间，政府为额外的二百万人保障了住房。同样，他也在国际社会上代表了英国，并领导中国问题专门小组，达成了在贸易与投资以及其他领域的跨部门协议。他手下的文官们，一旦适应了他的脾气，看到了在他严厉的外表下的内心后，都欣赏并尊敬他。

他的缺点也常常讨人喜欢，虽然也有些我认识的女士会强烈反对这一观点。他很老派，不太善于与某一类中产阶级女士合作，虽然他对于同性恋权利的正确看法更多的是出于大脑的判断，而非心之所向——你知道我的意思。而且，他对于那些聪明、年轻、善于辞令的知识分子非常多疑。他和他们在一起时，就像猪和松露[③]。他能在千步之遥，嗅出傲慢、一丝丝优越感或是怠慢；而且一旦闻到，他便会毫不犹豫、充满狂热地冲过去。一拨拨年轻的顾问们，曾经习惯于那些学院派的辩论以及有节制的意见交流，会被他疯狂地追赶，从藏身之处被揪出来，然后被攻击得体无完肤。而让他们更担心的是，他们完全不知道为什么会受到约翰如此对待。

---

① 一国的商船在他国登记取得船籍后，悬挂以表示船籍的国旗。挂方便旗的船舶，受船旗国的管辖和保护。

② 全称《联合国气候变化框架公约的京都议定书》，为《联合国气候变化框架公约》的补充条款。1997年12 月在日本京都由联合国气候变化框架公约参加国三次会议制定。

③ 母猪能够帮助猎人到橡树林中找松露，因为松露内含有让母猪兴奋的物质。但母猪也特别爱吃松露。

我承认我觉得这一切很好笑，虽然我不应该有这样的想法。在80年代后期，当我崭露头角并晋升入影子内阁时，约翰也是那样对我。彼得和我属于他所称的“漂亮人儿组合”之一，而这是他能想出来的最大的羞辱了。

我想之所以这一切可以忍受，甚至可以接受，至少对于我而言，是因为他的毫无掩饰。虽然约翰也十分狡猾，但如果说他属于感情外露型，还远远不够，他简直就是在自己面前放了台X光机，什么都摆在大家眼前。在内阁会议时，他坐在那里，经常像一座随时都会喷发的火山。而最容易引起火山爆发的是女性的介入。比如帕特里夏·休伊特。实际上，她是一名非常优秀的大臣，在卫生部工作出色，以极大的决心作出了一些艰难的决定；然而，在内阁会议上，她常常会从女性的视角发表意见。约翰如果碰巧心情不好，常会发表些略有点不成体统的评论。而我则会安抚她，让她继续发言，只是为了能看到约翰最终爆发，娱乐一下。她则会以一种让人惊叹的波澜不惊的语气屈尊对约翰说：“约翰，你刚才说的是一个非常非常好的观点，听你讲话总能让我获益匪浅。”

他是真的时常让我发笑。这有点像《音乐之声》[①]中“你如何解决这个玛丽亚问题”。虽然约翰与朱丽·安德鲁斯的相似点也就仅止于此。取笑取笑他，或是和他待在一起，都充满了乐趣。以前我常告诉他，他的魅力之一在于他常和英语过不去，但是他对此有所担心，也觉得尴尬。参加首相答问是他最害怕的事。我所知道的，能让他惊恐的唯一一件事就是：威胁他我要在周三去国外开会；随着首相答问时间的临近，他会紧张得心跳加速，但最后他也能以一种大摇大摆的短平快方式勇敢面对，而议员们也很吃这一套。唯一会有问题的场合是当他会见外宾并需要翻译时，他的说话方式会让大多数译员犯难，在帮他做完翻译之后，他们往往需要吃点药并接受心理咨询。

他也很了解我，知道我什么时候是在试图哄骗他做些什么，什么时候想回避他，或者什么时候是我暂时偃旗息鼓，而其实是在计划卷土重来。他非常介意别人不尊重他的立场。他会打断一个会议，怒气冲冲地冲进来大声抱怨。对于这样的情形我已经有了特殊的对策：让他发泄出来，别打断他，也别反击；默默忍受就好，让他的愤怒渐渐平息。

也许他最让人头痛的个性是，习惯于从半路开始一段对话，没有开场，没有上下文，也不解释问题到底是什么。我记得有一次，有传闻说我可能会让自

---

① 一部改编自玛丽亚·冯·崔普的著作《崔普家庭演唱团》的戏剧作品，最初以音乐剧的形式于百老汇上演，之后被改编成电影。电影由朱丽·安德鲁斯主演。

由民主党人入阁——报纸的报道铺天盖地，约翰很惶恐。相关的争论过去了好几天，我已经不再想这事了，而这却依然是他的心病。

一天，我正在内阁伏案工作，满脑子都是政策难题什么的。约翰闯了进来。“那个见鬼的孟席斯在哪？”他没头没脑地问。我一头雾水。他开始在桌子底下搜索。“说吧，他在哪里？”我实在不明白他到底在说什么。他在房间里发飙了。终于，我明白了：显然，他说的“孟席斯”是指自由民主党资深人士、大家口中的明·坎贝尔。约翰一直在反复思考新闻报道中关于自由民主党入阁的事，他不知为何就确认了这个人是明——约翰不知道大家都叫他“明”，或者认为“明”是什么私立学校里的绰号，因此不太可信——想要阻止明入阁。

我试图解释明不会加入内阁，他也没有藏在桌子底下，但我的解释似乎没起什么作用。在骂骂咧咧了几分钟之后，约翰终于走了。走到门口，他回过头问道：“那你能不能保证明不会加入内阁？”“我保证。”我说。

“好吧，你得知道，”他回答道，“他妈的我坚决不会同意。”

当然，他对贵族制度持很深的怀疑态度，因此也对王室有怀疑，但还是很尊敬他们。而对于王室而言，他们对约翰既有些紧张，也有些好奇。他和查尔斯王子在某些问题上会定期通信，约翰负责某些乡村事务，因此他们之间的关系很微妙。约翰极力反对狩猎，没有任何东西可以改变他的这一立场，没有。

他们第一次会面后不久，我碰到了查尔斯王子。“我和普雷斯科特先生刚刚会过面。”他说。

“啊，”我说，“谈得怎么样？”

“还不错，还不错，”查尔斯王子回答得有些心不在焉，“除了……”

“除了什么？”我鼓励他继续说下去，猜到我即将听到有些约翰式的故事。

“嗯，”他说，同时环顾了一下四周，确保没有人在附近，“他对你做过那样的事吗？”

“什么事？”我问。

“嗯，就是，当他坐在你对面，他会顺着椅子往下滑一点，叉开腿，胯部气势汹汹地冲着人，然后把他的茶杯和碟子放在自己的肚子上。这太奇怪了。我从来没见过其他人这么做。你知道这有什么意思吗？”

“我认为这不代表任何意思。”我说。

“唔，你不认为这是某种代表敌意、阶级仇恨什么的姿态或是暗示？”

“不是，”我说，“在我面前他一直都这么干。”

“是嘛，”他回答，看上去丝毫不相信，“但是——”

“你是说，”我插嘴道，“他是在代表工人阶级对上层阶级的你和中间阶级的我进行抗议？”

“唔，有这个可能。”他说。

“不，我想他只是喜欢那样喝茶。”

“也许你是对的，”他说，看上去还是很困惑，也不太相信我说的话，“只是我从来没见过有人会这么做。”

这就是约翰。独一无二。偶尔他也是我的麻烦。大多数时候，他是我的支持者。他真诚、质朴，归根究底，他很真实。在政界，这已经是最高的评价了。

在约翰打人之后的第二天，我们只能接受现实，继续工作。我去了曼彻斯特。接下来就是一些常规的访问，让大家多了解一些背景：去的地方不能太少，要保证多样性；当然也不能太多，要避免不必要的风险。

在宣言发布会出了那些事之后，我们自然希望能够重掌局面。但事情却并不尽如人意。问题是我们身不由己。媒体想要的是报道，所谓的报道就是我们犯的错误。而我们希望更专注于政绩和政策，认为这是我们的优势，保守党的弱势。这两条线从来没有交汇过；它们一直都是两条平行线。

我时常会找来彼得·曼德尔森，告诉他大选的情况，听听他的意见。他正在哈特尔浦①顽强地为他自己而战。我曾经以为，引退对于他而言是最好的解决方式，他却决心抗争到底，而他是对的。如果他们想把他拉下台，他不会不经过抗争就乖乖离开。后来，我在想我们之间的差异。当然，争取保住首相的位子和争取保住议员的位子还是不尽相同。

在2001年6月，我很清楚自己的想法：我准备在第三次选举之前离开。但是我并不是很清楚自己的动机。我希望这是因为我可以离开；我并不迷恋首相的职位；在我对宗教的兴趣中，还有我未知的领域和其他使命。但我还有一个萦绕于心的疑虑：我之所以想离开，部分只是出于懦弱；部分是希望能早日卸下负累，远离那些痛苦，逃避那些有时让我不堪重负的责任，重获自由。我愿意离开，是纯粹出于大公无私的原因吗？还是完全出于私心？我是在欺骗自己我渴望继续掌权吗？还是在欺骗自己我渴望放开一切？我是担心这会超过自己的能力范围吗？还是，事实上，是担心为了争取留下所需要经历的痛苦与怨恨？

在二度辞职之后，彼得·曼德尔森其实可以找到一个简单的解决方法。他

① 位于英格兰东北部，港口城市。

可以直接进入上议院，同时他也仍然能成为欧盟专员。但他选择坚持立场，让大家知道他没有什么可羞愧的，而他也会在自己的选区，证明那些诋毁他的人、那些说他多么招人憎恶的人，错得有多离谱。

对他而言，选举并不容易。我告诉他避开全国的视线，把精力集中于地方，使之成为一场让哈特尔浦的人们选择自己的议员的抗争，而不是让媒体来决定他们的选择。他运用了务实的政治技巧，沉着应战。当然，伦敦的媒体也随之北上，试图给他下套，不厌其烦地说他坏话、打击他，而且还拿彼得居然能和“来自哈特尔浦的北方工人阶级”融洽相处这件事大开玩笑。

当然，这种陈词滥调实在过于简单；而且哈特尔浦的人们也很理智，他们认为彼得为哈特尔浦作出了很大的贡献，守护了它，也给予它很多支持，尽管彼得并不是出生于哈特尔浦。最终，彼得在选票上的优势只是略微下降而已。从某种程度上讲，彼得所遇到的问题也在大选中有所体现。

最终我们得以重掌局面。各种活动陆续展开。我们邀请了很多名人来助威。这也让选举多了些趣味。像亚历克斯·弗格森、《加冕街》[2]的主演理查德·威尔逊，以及迈克尔·卡什曼都出来助阵，还有像《东伦敦人》[3]里的明星米歇尔·柯林斯。在一次精彩的活动中，约翰·米尔斯爵士[4]应邀现身，并在集会上介绍了我。当时他已九十多岁高龄，却依然精神矍铄，思维敏捷。他并不是工党人，但却很支持我。夏洛特·丘奇[5]也在某次集会上为我们放歌，还有莱斯莉·加勒特[6]。米克·赫克纳尔[7]也给予了我们坚定的支持。

直到今天，我也不是很确信明星效应是否真的有用。不过不像有些人，我对此并不排斥。当你试图抓住大家的注意力时——尤其是对进步党派而言，明星可以强化甚至宣传这个信息。他们往往能为一个枯燥的活动增添魅力和刺激。他们不能做的，当然是越俎代庖地来讲政治。实际上，如果他们试图这么做，就会立即产生相反的作用。如果他们开始向人们讲述自己为什么或者如何投票，那就会是一场灾难。公众会认为他们越过了界，和他们的政治伙伴们踏

---

① 1960年开播，英国电视史上播放时间最长、收视率最高的电视剧集。

② 英国热门肥皂剧，已播出二十五年之久。

③ 英国演员，曾获奥斯卡最佳男配角奖。2005年去世。

④ 英国歌手，十七岁时就已成为英国音乐史上最有成就的歌手之一。

⑤ 英国女高音，在英国素有“平民天后”之称。

⑥ 英国“纯红乐团”主唱。

入了公众的领域。明星显然不能决定最后的选举结果，但是如果能够巧妙地运用他们的优势，也能帮上忙。而且，坦白地说，为了引起大家的兴趣，我们的确需要他们的帮助。

达特福德、格雷夫森德、巴西尔登、拉夫伯勒、韦茅斯、迪恩森林这些选区，是工党在过去几十年间从未想过会获胜的选区，而现在我们希望能继续赢得他们的支持；在内陆城市、北部的一些郡，以及那些老工业社区，工党有着深厚的根基；为了不给人留下话柄说我们在得到新区域的选票之后就不再重视传统的核心地区，我在这两种区域间作了反复的权衡与选择，以决定到底要去哪些地区。随着记者招待会为会议让路，会议又为各种活动让路，接着又是集会以及一个接着一个的访问，我开始变得有些沮丧，也有些担忧。

一方面，竞选活动开展得非常成功。我们在民调中遥遥领先。承蒙普雷斯科特的打人事件（可能正是因为这个），我们正在跑步前进，一路领先。无论背后还有什么搅局的事，以及和以往一样，有些紧张的纷乱，都已经没有什么可以阻止一场毋庸置疑的胜利了。当一切已成定局、保守党也没有什么魔力药水可以起死回生的时候，他们开始分崩离析。他们中的右派开始变得有点语无伦次。时任影子卫生大臣的利亚姆·福克斯一时大意——他其实很聪明——评论称："从工党那里，我们只听到他们不停地说贫困、贫困、贫困之类的话。对于保守党人来说，这很无聊。"虽然这个论断也有一定道理，但这么说并不明智。接着，奥利弗·赖特温——影子财政大臣，同样也是个聪明人——无意中透露了保守党打算缩减二百亿英镑的预算。

这就是当代政治的荒谬之处。对于金钱，在超过一定数额之后，公众就没有太多的概念。"我们会在修建学校新卫生间上花费五百万英镑"——某种程度上，五百万听上去已经是个大数目。十个亿就是一笔巨款，而两百亿，则完全是天文数字，无从判断比较。多数情况下，财政部对于国内生产总值的预估，都会是那个级别的数字，但这并不会引起太多关注，只不过如果将这样的数字作为新闻标题，就会很引人注目。我很费解，为什么保守党居然认为，将他们计划要做的事进行量化是一件明智的事，因为理由很简单，这些数字在新一届政府被选出来之后都会被重新评估。（一直以来都是如此，这也是为什么说他们作为反对党来蹚这个浑水是多么愚蠢。）

然而，这样的声明往往揭示了政党的本能、方向与深层意图。对于因为在公共服务上投资不足而下台的保守党来说，这样的举动实在过于愚蠢，也只有那么自作聪明的人才做得出来。工党抓住机会大肆攻击。倒霉的赖特温先生第二天只好躲了起来。保守党人不知道他们到底是该表示赞同、是去解释还是否认，所以他们同时做了这三件事。这让我有了把柄，也让媒体有料可报，至少有几天可以不来骚扰我们，让我们有了片刻的喘息时间；而且这也引发了保守党内部的很多批评。反欧洲的继续反欧洲；亲欧洲的继续亲欧洲。于是公众便觉得：他们还没准备好，是吧？

然而，即便陶醉于能将保守党再度击败、让他们不能翻身的喜悦之中，我依然察觉到了自己在政治上必然的失败。是的，竞选活动很顺利。是的，媒体在某种意义上站在了我们这一边，《泰晤士报》第一次支持我们；然而，当我透过表象看清本质时，却感到深深的孤立无援。左派的报纸，像《卫报》，当然希望我们能够连任，原因却是出于对保守党的忧虑。《每日镜报》[1]也是同样的观点。而右派的报纸，《太阳报》以及《世界新闻报》虽然表示我们没有做错任何事情，却极力抨击我们的欧洲政策，认为我们在这个方面的改革还不够深入。

核心问题在于，没有人买整个计划的账。当然，不包括人民。他们中的很多人都支持我们。他们是新工党的追随者。这些人的数量比我们预想的要多。也正是这些人，在2005年时，确保了我们的胜利。他们了解我们在政治态度上的平衡与创新：保持个人所得税率的稳定（或是降低），但同时增加投资；鼓励企业精神，也鼓励工作中的公平竞争（而不是偏向工会）；改革并斥资于公共服务；在法律与秩序以及福利责任方面采取更为严厉的手段；和美国保持牢固的关系，在欧洲也要保有一席之地。他们知道撒切尔夫人正确地让英国变得更具竞争力，但他们同样也向往一个充满同情心的社会。对于私人生活，他们不拘一格；但对于犯罪，他们态度强硬。他们可以接受一个现代化的英国。他们向往这样的英国，不喜欢也不信任狭隘的英国主义。

其实新工党有不少支持者，媒体却并没有反映出这一点，而且在工党内部，新工党也还处于青春期阶段。在我身边的高层领导人中间，出于各种原因，很多人对此并不热心。那些支持新工党的——像约翰·里德、戴维·布伦基特、特莎·乔威尔、查尔斯·克拉克、艾伦·米尔本、希拉里·阿姆斯特朗和约翰·赫顿——还在仕途上努力，离高层还有一定距离；或者，像彼得那样的，正饱受攻击。回首2001年5月，当时最主要的职位——副首相、财政大臣、外交大臣、内务大臣，没有一个是由彻头彻尾的现代主义者来担任的。

然而，我已经决心要积极推进激进的改革。我非常清楚，在所有这些领域，

① 世界上第一份小报，创刊于1903年。

我们都有着强有力的、正确的理由来赢得国家的信任。而障碍是，我没有办法让大家听到这些理由。这并不意味着我没有说出口——我说了，而且是大声并清晰地说了——但是没有被真正听进去。这些也并没有在其他工党发言人那里引起足够多的共鸣，在媒体那里得到的共鸣则更少。结果就是，对于不同的人，大选和授权代表了不同的意义。我完全确信：宣言和授权是新工党的宣言和对新工党的授权，然而，缺少了认真的政策讨论，却意味着一切并非如我所想。如果你问普通人，他们会说：你做得还不错，还有很多没有做到，继续努力。大选的过程像是一部散文，而我则试图从中作出几首诗来。

当时，从某个层面而言，这又有什么要紧之处？我们赢了，而且赢得漂亮。但这也在党内引起了某种危险的困惑，部分人相信我们之所以能赢得大选，并不是因为新工党，而是因为良好的经济状况、充裕的资金，还有保守党的困境。我则百分之百地相信，获得胜利的唯一途径就是新工党；即使缺少了对政策的关注，但是关键性的激进的中间立场已经建立起来，并且经受住了考验。然而工党和媒体却并没有完全理解这一点。

投票率不高，于是又有传言说，真正的胜利原因是人们的漠不关心。在这一点上我们受到了各种讥讽和指责。当然，投票率常常只是显示人们认为选举结果的差异会有多大。1992年的投票率高于1997年；2005年的投票率高于2001年。说实在的，用这个数据来衡量人们对于政府的想法实在有失偏颇。

然而，尽管我如此努力，虽然我们是看不见的胜者，随着大选即将结束，我还是从胜利中嗅到某种让人困惑的气息，也使我意识到，在第二个任期中，改革将会是一条荆棘密布的路。

即便如此，这一次的大选之夜和1997年的那一次还是截然相反；那一次，除我之外，所有人都欢欣鼓舞。而这一次，我兴高采烈，所有其他人则波澜不惊。毕竟，这是英国政坛上第二重大的胜利——连续两次以压倒性多数获得胜利着实让人惊叹。（大选之后，乔治·布什给我打电话问："伙计，你到底是怎么做到的？"）随着票选结果逐渐浮出水面，形势也越来越明朗，一定会是一场压倒性的胜利。这一次，我允许自己喝上一杯，也庆祝一下。而接下来，我还有很多决定要作。

其中一个决定是内部决定。安吉很想离开。英国石油公司的负责人约翰·布朗给她提供了一个工作机会。我当然认为，她一定是疯了才会放弃唐宁街10号的核心地位，即使是为一个像英国石油公司这样大规模的公司，为像约翰这样享有盛誉的天才工作。坦白地说，我没法相信她会这样做，在大选之前和大选期间，我都花了大量的时间试图说服她改变主意。

最终她松口了，同意留下来，但是对于她而言，这是一个错误的决定。她后悔松口，最后在年底还是离开了，不过那时她已经帮我渡过了“9·11”事件的难关。

这是一个沉痛的打击。她是我的老朋友。我完全信任她。首相职位是孤单的，而且，因为我之前陈述过的原因，我的孤单更甚，像安吉这样我可以完全信任的人是上天的恩赐。她已经成为了一名杰出而又久经沙场的老手——迷人而又生气勃勃，给大家带来很多欢乐和满足，同时，她也有令人生畏的冷酷与计划能力。她代表了英国主流社会的声音，也没有什么思想包袱，面对危机时又能沉着冷静地应对。

我得到了一个教训：对于那些已经决定离开，或者想要离开的人，千万不要试图挽留。

6月8日早晨，我将安吉挪到了一个新的职位上，权力更大。我很快将萨莉安排到上议院，任命她为大臣，她优雅地任职，并从任职经历中大获裨益。因此，当她在几个月之后接管政府事务与政治联络工作时，已经成为了一名杰出的政治管理人才，在我充满波折的第二个任期中，她发挥了巨大的作用。很快我便意识到我非常怀念萨莉；比起安吉，她的技能更适合工党。我们需要安吉，也同样需要她。

大部分的改革都需要由唐宁街10号来推动；部分地也是出于这个原因，我明白我们需要大力加强政府的中坚力量，于是我作了一些较大的人事调整。现代政治的特点之一就是，如果不是从上层开始推进，那么什么事都做不成。一旦搭建好框架，各个部门就会明白他们的方向，知道应该做什么；但是，如果放任他们自己去想，就会有很大风险，除非这些大臣能完全认同这样的目标与使命；即便如此，他们也还是需要强大的中心力量从背后支持。

对于改革的规模与目标我已经急不可耐了。无论前路有多么坎坷，我都下定了决心要推进改革。我需要解决的一个难题，是将具体的政策整理成初具雏形的变革框架；我也需要追踪这些变革是否发生、以何种方式推进。同时，我也意识到随着外交政策的广度和深度的改变，这个领域也需要一个全新的工作体系。各种峰会越来越密集，而外交政策的决定及其所带来的后果，也意味着领导人——而非外交大臣——不可避免地在这个领域需要扮演更加重要的角色。

传统主义者则并不太看好这一观点。有很多声音在谈论政府变得更加集权化，谈论我想成为总统，野心勃勃(甚至是疯狂地)想要得到绝对的权力。当然，这完全是一派胡言。事实是，如果项目执行没有清晰的流程与机制，那么什么事情都会干不成。在外交政策方面，我们还有很多事情要做：我们生活在一个互相依存的世界里，多边外交政策的影响已经越来越深远。而且，在国内，公共服务体系的改革也意味着，最终我们需要以更彻底的方式关注达成结果与绩效管理的细节。首相们的角色越来越像是大公司里的首席执行官或是主席。他们需要制定策略方向；需要敦促大家朝这个方向努力；同时也需要以数字来验证大家是否在朝这个方向前进；他们需要检验结果。

在公共服务机构，同样也存在着很多关于目标的夸张妄语。不过有一些批评还是中肯的：目标的确太多了；有些不同目标之间还自相矛盾，这是无能的表现；有些目标又太没有新意。所有这些批评都有道理。

然而，就像我一直和大臣们以及文官们说的那样，如果这些情况真实存在，那么就减少目标，只保留那些重要的、基本的；同时，避免设定自相矛盾的目标；并要就如何能够达成这些目标，作出合理的判断——但是千万不要以为在其他任何行业，你可以花了这些钱，却不要求达成可衡量的成果。我们投入了很多，然而我知道，随着投资的增加，我们会越来越关注达成的成果；的确，我们也应该如此。

我们成立了一个成果检验小组，由迈克尔·巴伯领导，他曾经是戴维·布伦基特在教育部的顾问。成果检验小组的概念是迈克尔想到的。这个创意曾经遭到了很多阻挠，但它的确非常宝贵，一次又一次地证明了它的存在价值。这个组织相对而言并不大，由文官和来自麦肯锡咨询、贝恩咨询，以及其他私营公司的外部人员组成，他们的职责就是追踪主要政府项目的达成情况。它会像一束激光一样集中于一个问题之上，和相关部门一起努力，制定解决问题的方案，并通过绩效管理的方式最终解决问题。它会获取一些一流的数据，而每个月，我会亲自和大臣、大臣的要员以及我的要员们一起来盘点审核这些数字。成果检验小组会呈报进度报告，而后我们也会授权采取一些必要的行动。

通过这样的方式，我们极大降低了未建避难所的数量；提高了学校里的识字和识数率；同样我们也将此方法应用于NHS等候名单、街头犯罪以及其他一系列问题上。它就像是一家位于政府心脏地带的独立的私营企业或是社会企业。在此过程中，我们发现了需要改革的全新领域，因为日渐清晰的是，挑战经常来自于整个系统，需要对公共服务机构的工作方式进行全盘改革，而不仅仅只是简单地发布几项中央法令或是行政法令。

我们还成立了一个战略部门，展望策略发展方向、新的挑战以及迎接挑战的新思路。这也获得了极大的成功。它让我们能够以中期，甚至是长远的眼光来看待某些隐约可见但还不是迫在眉睫的问题。政策部门主要管理日常事务，它们的工作重点则在于：管理监督各部门制定并执行各项政策，这些政策必须源自施政纲领或是部门计划；与政策部门不同，战略部门则主要致力于搭建未来的政策平台。当然，两个部门之间也会有重复的工作，然而，在类似养老金、工作福利、公共健康与卫生以及成人教育等领域，战略部门经常需要将一些问题摆上日程，虽然这些问题目前并不紧急，但如果不及时作好准备，则会成为明日危机。

此外，我也加强了外交部团队。之前，只有一个可怜的人为首相打理所有的外交政策，他因此需要每天工作十四个小时，从来没有时间和其他部门的人或是其他国家作必要的沟通；现在，我们成立了一个四至五人的小组，由一位比较资深的工作人员负责欧洲事务，另外几位负责其他地区的外交政策，而且还调配了一些官员从旁协助。这极大地帮助了唐宁街更好地应对日益繁重的外交政策挑战。

我希望更进一步关注政府机制。对于反社会行为和小型犯罪，以及它们带给人们的痛苦，我一直很关心。我也相信我们需要一套全新的方案处理有组织犯罪。这个领域一直都很让人沮丧。我制定了一个方案来重新规划整个刑事司法系统的工作方式：降低犯罪率，减轻对于案件的恐慌，降低犯罪所带来的社会与经济成本，加速案件处理进程，更公正有效地伸张正义，并提高大家对于法律以及司法体系的信心。

有一个决定我没有作——我没有撤换戈登。回头看这段历史时，人们总认为当时是摆脱戈登的最佳政治时机，然而却被错过了。权衡再三，我还是不同意这个说法。他是一名公认的出色的财政大臣。在很多方面，他都是一位杰出人物。在党内和媒体中他都拥有坚定的支持力量。撤换他会显得我心有怨恨而睚眦必报，是出于嫉妒，是自私而不是大公无私的表现，也会让人大做文章。而且，谁能接替他呢？当时也就只有罗宾·库克或是杰克·斯特劳能够胜任。实际上，他们俩都没有戈登出色——他们可能会更顺从，但是不会像戈登那样杰出。戈登问题——才华出众与不可理喻的结合体——仍然继续存在。

我想他确信我会撤掉他，所以，当我试图跟他说，第二个任期将会与第一个有很大不同、你必须好好合作时，他立即回答说，他知道我想要摆脱他。我本来是希望以坦诚的方式将他稳住，没想到反而惹急了他。

我的确撤掉了罗宾，让杰克·斯特劳接替他成为了外交大臣。罗宾在这个位置上做得很好，然而在这样的岗位上工作四年已经是很长时间。而且，从政治角度而言，这个职位让同一个人担任太长时间也并不是明智之举。从撤掉罗宾的那一刻起，他就成为了一个潜在的危险因子。2005年我撤换杰克时，也发生了同样的事。问题是，没有人想要放弃外交大臣这个职位。就像我之前所说，在所有职位中，唯有外交大臣让他们认为是属于他们的职位，而且应该一直属于他们，至少，在政府下台前都应该属于他们；甚至有些人会认为，他们做得这么出色，那么他们的去留是不是应该超越党派之争呢？

大选之后的第一次议会工党会议上，气氛有些紧张。难以置信——连续两次以压倒性票数获胜，还有什么可抱怨的呢？我在大选过程中所体会到的紧张状况已经开始浮出水面：对于获胜的基础，他们和我的意见并不一致。

然而，在我们都还没有时间互相抱怨时，在我们取得胜利还不到九个星期的时候，世界将发生巨变，我作为政治领袖的命运，同时还有很多其他更重要的事，也将随之改变。

第十二章 “9·11”:“并肩作战”

冲击迅速平复，人类精神的自然节拍重新恢复——速度快得真有点让人吃惊。灾难发生。百感交集。在那异常清晰的一刻里,我们能想象出整个事件的重要性。随着时间的流逝,准确地说,对于事件的记忆并未退色,然而,环绕其上的光芒已逐渐暗去,不再扎眼,于是,我们的注意力也开始慢慢转移。我们的记忆犹存,但远非当时所感到的那么真切。强烈的感情冲击被伤感的情绪所取代,更为冷静,也更加理性一些。但辩证地来看,这其实也更不理性,因为这种冷静并非是因为有了不同的分析理解,而是时间流逝所致。

2001年9月11日便是如此。在那一天,在不到两个小时的时间里,近三千人在一场有史以来最为严重的恐怖袭击中丧生。对纽约最高建筑世贸双塔的袭击造成了很多人的死亡。和世界上其他任何一个工作场所一样，这里很多元化。在双塔工作的人来自各个国家、各个种族,有着各种信仰。双塔不仅仅是美国权力的象征,更是一个生动地阐释了全球化这一现代现象的标志性建筑。

飞机撞击造成的爆炸直接造成了数百人的丧生，而大多数人则死于随后的炽热炼狱,以及大楼的坍塌。眼见着火焰和浓烟的呼啸而至,很多人在恐惧与惊慌中跳楼而出,也许他们只是更不想被烈火焚烧而死。其中有相当多的逝者是参与救援的人员,他们那天所展现出的英雄精神,迄今仍是无私牺牲精神的阐释,永不磨灭。

双塔并非是唯一的目标。美国航空公司的77次航班,载有六十四名旅客,从华盛顿飞往洛杉矶,却被劫持飞向五角大楼。一共有一百八十九人丧生。载有四十四名旅客的美国联合航空公司的93次航班，在从纽瓦克飞往旧金山的途中被劫持。这次的目标很可能是白宫。该航班坠落在宾夕法尼亚州的萨默塞特。机上的乘客意识到劫机者的意图，冲进驾驶舱与歹徒搏斗。最终他们以自我牺牲为代价，挽救了许多其他人的生命。

这是一起史无前例的事件，人们都这么认为。正如英国报纸第二天声明的那样："我们已处于战争之中"，这一观点在全球颇具代表性。最接近的例子应该是珍珠港事件。全世界的观点——而不仅仅只是美国的观点，受到了致命的邪恶势力的挑战，他们在向全世界宣战。这个观点在当时并未被视为边缘化的公众意见。这代表的就是民意本身。数以千计的人死于恐怖袭击——我们还能称其为什么呢？

大家的想法都很明确，但是解决方案却众说纷纭。不仅在西方，世界各地都是如此。在阿拉伯世界，谴责几乎无处不在。只有萨达姆让伊拉克的国家电视台播放着歌曲《与美国一同逝去》，并把这一袭击称为"美国所犯下的反人道主义罪行的报应"。亚西尔·阿拉法特代表巴勒斯坦人对这一袭击进行了谴责。虽然不幸的是——尤其对于巴勒斯坦事务进程而言——电视上却播放了某些开心的巴勒斯坦人庆祝的画面。

在那天，最常见的词就是"战争"、"邪恶"、"同情"、"团结"、"决心"，当然还有"改变"。总而言之，世人都认为世界已被改变。不然，还会是什么？

之所以这样描述的原因也并不难推测。早在1993年，就有人预谋袭击世贸中心，不过最终被挫败。但这一次的计划，显然更加谨慎仔细。敌人蓄势待发，直到他们获得了必要的手段和机会才出击。

然而，不止于此，这种规模的恐怖袭击当然不只是为了有限的杀伤。它的目标是造成最大化的伤亡。这是一次自杀式袭击。因此，它的意图、目的非常明确，影响范围超过了我们曾遭遇的其他任何事件。这是极端的恐怖主义；没有丝毫怜悯；没有一丁点对人类生命的尊重，因为它被一个超越了人类目标的目标所驱动。它是由一种信念所激发，但那显然是一种异乎寻常的信念，一种具有欺骗性的恶魔般的信念，但是他们依然深受鼓舞。

这，真真切切的，是向我们宣战，企图让我们陷入纷争。当时，这种形式的极端主义已经愈演愈烈。它与那些乍看并无关联的争端越来越有密切的联系，而这些争端之间的关联，也正在逐渐浮现。克什米尔、车臣、阿尔及利亚、也门、巴勒斯坦、黎巴嫩，在这些区域，争端的目的与缘由都不尽相同，然而，那些以恐怖行径为模式的袭击，却在不断上演，而且这些袭击也越来越频繁地显示出与伊斯兰极端主义有着意识形态上的关联 。"9·11"事件之前，这些散落在画布上的星星点点的色彩,还没有形成一幅清晰的图画。而在此之后,一切显得那么清晰、生动和明确。

如今,"9·11"事件已过去近十年,而战争仍在继续,我们仍在努力奋斗,同时也仍然在处理战争带来的可怕后果;回顾过去,我们几乎无法回忆起,当初我们是如何步入此种境地的。然而,在纽约那个清亮的早晨,在没有一丝云彩的湛蓝的天空下,我们清楚地知道发生了什么,也知道事件发生的原因。

迄今为止,就我们所知,我们并未挑起这一暴行。过去曾经发生过一些针对我们的恐怖行动——洛克比空难[①]、美国海军"科尔号"驱逐舰爆炸案[②]、美国驻坦桑尼亚大使馆被袭事件。我们曾经试图还击,但相对比较克制。这些都还是零星的悲剧事件,并没有引发战争。这些是美国之为美国而付出的代价。其他的那些冲突,我们认为和我们没有什么关系,或者说,至少那些仅与我们的外交部门相关,而与我们的人民并没有什么关系。

制造这些事件的人是邪恶的,但他们并没有改变我们的世界观。在经历了那场美国历史上最为激烈的竞选论战之后,乔治·布什登上了美国总统的位置,而他与阿尔·戈尔的竞争也只是聚焦于国内政策。我在与他的初次会面中——同年2月在戴维营——了解到他的策略重点也是关于教育、社会福利和针对庞大政府的裁员计划。

因此,"9·11"事件发生之前,并无任何征兆,没有逐渐升级的事态,也没有未被平息的争端,没有任何预期或是必然性。它就是一次袭击——明显早在前一个总统任期就开始计划的袭击——有着难以置信的残暴,造成难以置信的后果。没有警告,没有命令,没有谈判。只有对无辜生命的大肆屠戮。

我们已处于战争之中。我们无法忽视这点。但我们应如何对待它呢?谁又是我们的敌人?一个人?一群人?一个组织?抑或是一个国家?

那天我正在布赖顿给英国工会联盟作两年一次的演讲。坦白地说,这对我们双方来说一直都是件很可怕的事。正如我在其他地方所解释的,我对于他们拒绝现代化深感失望。而他们也对我备感沮丧,因为他们觉得,我总对他们指手画脚,告诉他们该如何行事。这倒并不是说他们不会对我指手画脚,告诉我

---

① 1988年12月21日,泛美航空公司103次班机执行"法兰克福—伦敦—纽约—底特律"航线的飞行任务。它成为恐怖分子袭击的目标,飞机在苏格兰边境小镇洛克比上空爆炸,二百七十人罹难。

② 2000年10月12日停泊在亚丁湾的美国海军"科尔号"驱逐舰遭到基地组织的自杀式袭击,造成十七名美国海军士兵死亡,三十九名士兵受伤。

该怎么办。而他们给的那些建议必定会导致选举的失败。他们忽视我的忠告，而我也无视他们的告诫。虽然如此，从某种程度上来说，我们总算还是和睦共处的。

布赖顿的魅力在于它那温暖的天气，而且，比起布莱克浦，布赖顿离伦敦也更近一些，它还保留了以往的种种魅力。布莱克浦也是一座不错的城市，有它自己的个性，但还需要花不少力气修建。1983年，正是在布赖顿，在尼尔·金诺克当选工党领袖的那天，他在媒体为其拍照时从鹅卵石海滩失足跌入海中。你不难想象当时那些记者们开心的样子。那场景肯定被重放了上千遍，也成了一次几乎是决定性的失足。当然，这不公平，可是这种事情什么时候又公平过呢？在公众面前，你总是处于表演状态，所以一定要克制好自己。事实上，秘诀在于，尽量保持自然，同时细心并谨慎地掌控好你的本性。不要让面具滑落；不要以为这会是新式沟通的开始；不要过度流露任何一种情绪；而且这一切都必须表现得像是在和一位老友聊天一样平静、自然，但你也知道，他们不过是你刚刚结识的人。

随着时间的流逝，我开始发觉，我从来没有一个时刻可以毫无保留地开诚布公。甚至是坐在家里的客厅或者洗手间里时，你都会担心有人会冲进来拍照、质问，并且要求你证明自己的说法。我开始有点病态地关注他人对我的看法，直到随着时间不断逝去，我再次开始关注自己对自己的看法。我意识到，我的确是公众资产，但保有权依然掌握在我自己手里。我学会了不让其他人的观点——即使是颇为盛行的观点——来左右我对自己的看法和应该做什么、不应该做什么。

工会联盟会议从9月上旬持续到中旬，而工党年会则在随后的几周举行。这两次会议总是让9月份有点让人如坐针毡。在工会联盟的会议上，你可以初步了解到工党的大致态度，是满意还是其他。通常第一个会议如果有了麻烦，那就预示着第二个会议也将颇为不顺。2001年的那次工会联盟会议也不例外。当时我们刚赢得了史无前例的连任，获得了第二次压倒性的选举胜利，你肯定会想，这次也许是个共同欢庆的时刻。

“我想他们很可能会对你的这次胜利表示祝贺。”我们正要踏上火车的时候，阿拉斯泰尔一本正经地对我说。

“你真的这么想？”我有点来精神了。

“别异想天开了。”他回答道。

毫无疑问，当我在午饭时分到达那里的时候，我的心情如往常一样五味杂陈,不过这次好心情略占了上风。我直接去了格兰德酒店。一个半小时之后,我们就要到那个新的会议中心去,那里离酒店差不多一百多码远,就在海边。我在卧室里工作,而我的团队则聚集在酒店套房的客厅里。一点四十五分刚过,也就是美国东部标准时间的八点四十五分左右,阿拉斯泰尔被他的得力助手戈德里克·史密斯叫出了房间。阿拉斯泰尔回到房间,打开电视,说道:“你得看看这个。”他知道我最讨厌在演讲之前被打扰。所以我想我最好还是看一下发生了什么事。电视上正在播放世贸中心的画面,整栋楼看上去就像被什么人砸出了一个大窟窿,烈火和浓烟喷涌而出。而就在十五分钟之后,第二架飞机撞了上去,镜头捕捉到了这一次撞击,并实时在屏幕上播了出来。这绝不是一次意外,而是一次袭击。

当时,尽管我本能地对这一灾难感到恐惧,我依然保持了神奇的镇定。我知道这绝非寻常事件,它足以改变世界。从一个层面来看,它的确震撼人心,是无谓的邪恶罪行。而从另一个层面来看,这也印证了我近几年所观察到的世界发展的趋势——那些独立的恐怖主义事件、带有同一极端主义特性的争端,以及日益紧张并一直威胁着要爆发的宗教意识形态,如今终于爆发出来了。

很快大家便已清楚伤亡人数一定会以千计。我整理了一下思绪。这是人类历史上最严重的一次恐怖袭击。这一次,目标不仅仅是美国,还包括和美国有着同样价值观的所有人。我们必须站在一起。我们需要了解我们面临的挑战有多大,并且要挺起胸膛共同面对。在未达到目的之前,我们绝不放弃。如果对此事置之不理,那么这将威胁到我们最基本的生活。没有其他做法;没有其他选择;没有其他路可走。只有战争。一场必打而且必须要获得胜利的战争。这场战争与其他战争不同。这并不为是了争夺领土而战,也不是两国之间的战争;这是为了保卫21世纪的思想和价值观而战。

这就是在第一次袭击后我站在观众面前,告诉他们我不能再发表我的演讲,而必须立即赶回伦敦的四十五分钟时间里,我所想到的。而且我想得很清楚。基本上,这个想法一直清晰地存在于我的脑海中,当时如此,现在依然如此。

我很快意识到,虽然这是一场战争,但是由于它的性质不同,对它的描述以及作战方式也应该有所不同。从更深层的角度而言,这是一场意识形态之战;宗教狂热主义的道德观念和生活方式,对阵西方社会中由开明、不受宗教约束的政府——至少是有着对于自由、平等与民主的信仰的政府——领导下的道德观念和生活方式。这也是一场关乎现代化的战争,并不完全是不同文明之间的交锋,而是与全球化的推动与结果相关的战争。

放眼全球，新兴科技——网络、电脑、手机、大众旅行与大众传播——正在让世界变得更加开放，让人们彼此间更加靠近，在人类交流的大熔炉里，让文化、种族以及信仰互相交融。而由此产生的反抗也接踵而至。在西方社会，这常常表现为狭隘的民族主义、一波波的反移民浪潮，因为人们认为他们的传统特征被削弱，而且失去了他们对于周围世界的掌控，无论是在经济上还是文化上，都是如此。

在伊斯兰世界里，还有其他更隐秘的力量在起作用。其中，有很多人不信任全球化，担心全球化所带来的社会改变，担心因此失去威信。很多人不喜欢西方文化，不喜欢西方文化对于自由的一味坚持，不喜欢性自由，也不喜欢有时会转变成享乐主义的个人主义。所有这一切都会引起反动。然而，将这些反动转变成强大而又激进的力量，则是伊斯兰世界独有的现象。几个世纪以来，伊斯兰教不仅仅是中东及其周边地区占主导地位的宗教运动，而且也获得了政治上的优势，并且在科学、艺术和文化上引领了世界潮流。

在基督受难之后的几百年间，一开始，基督教是由那些受到罗马帝国迫害的人们来传播的，后来，随着基督教成为罗马帝国的官方宗教，它也为一些国家所接受或是推行，这些国家就是我们现在所熟知的穆斯林国家：埃及、巴勒斯坦、黎巴嫩、叙利亚和伊拉克。直至今日，基督徒在这些国家还零星存在，虽然数量已经大不如前；他们是伊斯兰教出现之前的基督徒社群的后裔。

公元7世纪时，由于教会分立等原因，基督教开始分化，并且为了什么是异教，什么不是异教而起了干戈。一旦殉道和迫害开始，基督徒们便不仅仅只是侵扰那些非基督徒，还开始侵扰那些不支持正统教义的基督徒。对于一个建立于怜悯与爱的基础上的宗教，这样的画面实在令人沮丧。

伊斯兰教兴起时，在二十年左右的时间里，先知穆罕默德将伊斯兰教带入了现在的沙特阿拉伯以及周边的政权，这在某种程度上也是尝试将亚伯拉罕的信仰带回其发源地，让这些信仰按有原则、理性、道德的前进方式，造福全世界。真主通过天使加百列向先知传达了启示——所以《古兰经》便是真主的旨意的直接表达。

至少从一开始，相对于基督教，伊斯兰教曾经更受欢迎。当基督教的军队不时屠戮他们的敌人时，伊斯兰教则表现了他们的仁慈。当其他宗教被强行压制时，伊斯兰教表现了宽容。当牧师和主教们过着纵情声色和伤风败俗的生活时，伊斯兰教的追随者们则坚守了对真主的虔诚与信仰。

当伊斯兰教传到麦加[1]与麦地那[2]以外，它常常被人们视为“解放者”，甚至包括一些基督徒群体，如伊朗的聂斯脱利派也这样认为。最终，当然，随着伊斯兰教变得日益强大，它也变得更为强硬。非教徒所面临的只有两种选择——皈依，或是缴税，而后者的代价往往高得离谱。尽管如此，公平地说，在十字军东征及其期间，直到欧洲文艺复兴时期为止，伊斯兰教可以说一直是人类文明思想的宝库。

伊斯兰教的历史——它的起源、发展和今日的处境——对于理解“9·11”事件的重要性非常关键。而这恰恰也是我犯错之处：我低估了这一挑战的严重性。我没有意识到这一现象居然有着如此普遍的性质。2001年9月11日那天，我与大多数人一样认为这一事件是由一小撮狂热分子策划实施的，并不能代表伊斯兰教，而且可以、也应该被挫败。

如果早知道十年之后，我们还将在阿富汗持续作战，我想我当时应该感到更深刻的忧虑和警觉。

我希望我仍能作出与当年同样的决定，不论是在这件事上，还是之后的伊拉克战争中。试图避免冲突会是一个严重的错误，是政治上的懦弱表现。我现在所知道的这一切并不会让我对在事件发生当天开始的那场战斗有丝毫的犹豫。相反，我更清楚地认识到，我们必须全力以赴来打这场战争，直至我们获得胜利。

到目前为止，我们看清了挑战的规模，它有两点和我们之前所预想的不同。第一点，现代伊斯兰教思想中有一个而不是几个光谱。光谱的最远端，是那些极端分子，他们鼓吹恐怖主义，期望建立一个伊斯兰国家，使在先知死后建立起来的哈里发政权得到重生。的确，极端分子的人数并不多，但是，同情他们的人却比我们料想的要多，他们在那个光谱上的跨度比我们想象的要大。很多人并不认同恐怖主义，但是他们“理解”这一切为什么会发生。

接下来便是那些谴责恐怖分子的人，但是他们却以好奇而又危险的方式认同恐怖分子的某些世界观。他们认同那些极端主义者的看法，认为美国是反伊斯兰教的；他们认为对阿富汗和伊朗的入侵就是对穆斯林国家的入侵，因为他们就是穆斯林国家。他们视以色列为反伊斯兰教的西方偏见的象征。这一群人令人不安地一直延伸到了光谱的中间位置。

---

① 位于阿拉伯半岛希贾兹地区，是伊斯兰教的圣地。

② 位于阿拉伯半岛希贾兹地区，伊斯兰教第二大圣地。

接着，当然，有很大一部分人，可能是绝大部分人，都谴责那些恐怖分子和他们的世界观。

但是——这是第二点——即使是这一部分人，也还无法自信地表达一种彻底改革的和现代化的伊斯兰教观点。换言之，他们憎恶恐怖主义，希望和西方国家联手共同对抗恐怖主义，但是这并不能理解为他们所代表的就是能够理清历史并对未来有着一致愿景的伊斯兰教。这意味着，阿拉伯与穆斯林国家经常会给他们的人民一个窘迫、最终也是弄巧成拙的选择：或者选择一个有着正确想法的统治精英，但是他们却并不情愿或是害怕宣传他的想法；或者选择一个深受欢迎的组织，该组织有着错误的想法，他们却迫不及待地将其四处宣扬。

我想，所有这一切交织在一起意味着，这不会是一场一小撮不具代表性的极端主义分子与我们之间的战争。或者至少，不仅仅是这样。这同样也是为了伊斯兰教的思想、心灵和灵魂的根本性战斗。

这场斗争，我们必须参与，不仅因为我们受到了攻击，而且还因为那些带领伊斯兰教寻求改变的人需要我们的支持。最终，当然，这是一场必须在伊斯兰教内部获得胜利的斗争。这样的斗争不可能在一个竞选周期内结束，它需要的是一代人的努力。

在那个震惊了全世界，让所有人为之战栗的恐怖袭击结束之后的一瞬间，大家认识到问题很清楚：一群疯子挑起了战争。我们必须把他们一举击溃，连根拔起。没有人怀疑这一点。没有人，或者很少的人，对此或是对之后的行动有任何异议。

当时大家并不抱有任何幻想——而在那之后则出现了各种幻想，面对这样的局面只能采取两种方式。第一种就是控制住局面，继续让塔利班当权，但同时以制裁和联盟的方式将之围困起来，采取纯软实力的办法来应对挑战。有些人提倡用这种策略（虽然在9月12日的时候，并没有多少人如此倡议），我也没有完全排除这种方式。相比我们之后采取的方式，这的确是另一种选择。其思想是逐步推进改革，逐渐形成一个面貌一新的伊斯兰教。也就是说，有人向我们挑起了战争，而我们却忍住了怒火。

另一种方式，也就是我们所选择的方式，是直接以武力面对挑战。我仍然相信这是正确的选择，然而，这个选择的代价、牵涉的范围以及后果，却是我们任何人，当然也包括我，在那天始料未及的。

选择以这样的方式去赢得胜利并不仅仅只需要一个可以击败对手的军事

战略。这需要一个全新的地缘政治架构,需要国家建设,也需要大量对于其他国家内政的干涉。而首先,这需要愿意认识到战斗的必要性,有抗争到底的决心,以及愿意为此耗费时间、财富,为此流血,坚信如果现在不这么做,也只不过是将这一切延后发生而已,而到那时,则将要耗费更多的时间、财富和热血。谁知道哪一种方式是正确的?没有人知道。只有时间才能告诉我们答案。2001年9月11日那一天,我们知道的有限,而现在我们依然知之甚少。在那样的情况下,在当时所能理解的范围内,唯一能做的就是跟随直觉与信念。没有什么其他的可以做。悲剧发生之后的那些天里,我就是这么做的。

过了这么多年,战争仍在继续,面对这样的情况,人们禁不住产生疑问:到底是哪里出了错?这个疑问没有考虑到某种可能性,就是这根本不是一个哪里出了什么错的事,因为这场战争的性质决定了它需要长时间的曲折过程。当时,我们的想法很简单:消灭塔利班,让阿富汗在联合国的监督下进行选举,给他们提供大量资金去发展建设,做到这三点,就肯定能带来进步。当然,如果没有敌人用恐怖行径来打断或破坏这个进程,如果没有那些没落的部族和军阀势力,如果人们能被允许做他们想做的事,那么他们一定会赞成走向进步。实际上,在他们力所能及的范围内,他们的确是这么做的,每一次的选举结果都表明他们想要和不想要什么。然而,即使是在我们的支持之下,我们的军队四处活动,我们给予他们帮助,人们期望和平的意愿仍没有能胜过希望混乱的意愿。

然而,从中得出的结论并不是我们要放弃;也更不是说,如果我们从未插手,我们或是阿富汗的人民,会过得更好。结论是,战争是残酷的,也是长期的。而这也正是为什么赢得这场战争显得尤其重要的原因。

今天,透过一些案例来看待这一切,我们看不到战争何时才能结束,而与此同时,在一场结局未定的战争里,我们正在失去那些勇敢而又忠贞的战士们。然而,在任何正式的战争里,牺牲总不可避免,于是摆在眼前的问题便是:撤退,还是继续前进。战士们的牺牲,并不是因为战争不够正义,也不一定是因为部署有问题;他们之所以牺牲,是因为敌人顽强抵抗;因为对于敌人们而言,在这场战争里的赌注也很高;因为他们也知道,如果他们能坚持,我们便会失去信心,或者我们会和他们达成可耻的交易,放弃我们为之奋斗的基本原则,以换取事态的平息。然后,他们与他们的意识形态一起,会卷土重来,只不过这一次他们会更加强大。

因此,回顾当时阿富汗战争的爆发原因便显得尤为重要。那是因为,在决定性的那一天，受塔利班庇护、在阿富汗受训的那些恐怖分子，向世人展示了，为了让我们和那些期望和平共处的伊斯兰人民决裂，让伊斯兰国家落入宗教极端主义者手中，或是落入被狂热分子或独裁者控制的政权手里，他们会肆无忌惮地杀害无辜的人们。不是我们找他们的麻烦，是他们找上了我们。即使没有“9·11”，他们也会想到用其他的手段。

“9·11”之后，我们不知道什么时候还会发生第二次袭击。在那之后的一段时间里，为了应对如果有飞机在伦敦或是其他主要城市上空失去联系的事件，我们建立了一个应急机制。基本上，通过一系列的警报升级，这个机制最终需要由我来授权是否要击落这架飞机。战斗机随时待命，一旦接到命令，它们便会升空，将那架飞机击落。这样的警报只发生过一次。你可以想象，对此我的印象有多么深刻。那天，我在契克斯别墅过周末，忽然接到了一通紧急电话。有一架民航飞机和地面失去了联系，并且正朝伦敦飞来。我让英国皇家空军的高级指挥官随时待命，等待我的决定。战斗机已经作好准备。我们焦虑地讨论了几分钟，疯狂地试图找出蛛丝马迹，来判断这到底是威胁还是只是一次意外事故。最后的决定时刻到了。我决定我们应该再等等。几分钟后，我们与那架飞机重新取得了联系。原来是一个技术故障。之后，我得坐下来，好好感谢上帝！

离开工会联盟的讲台时——很讽刺的是，那次我倒是享受到了前所未有的待遇——我已经策划好了一系列需要召开的紧急会议，要就英国的安全问题作出一些直接决定。我也和其他一些国家的主要领导人通了电话，当然也包括布什总统。在回伦敦的火车上，我接到了一些主要大臣和内阁秘书的电话。

我们坐在车厢里，穿过平静而又美丽的萨塞克斯郊外，全神贯注而又激烈地讨论着世界的安全秩序完全被颠覆的问题，车厢内外的反差极大。当时，就像我所说的，我还比较冷静，也很清楚该做些什么。

回到唐宁街，在和大臣及官员的首轮紧急会议中，我们列举了需要采取的一些措施。伦敦上空禁飞，警察与安全部门的警戒级别调成了红色。派出了情报人员去探查任何潜在的阴谋。白厅的各个角落都忙碌起来。在这样的时刻，这台政府机器是最出色的，它关照到了所有的方方面面，制定了决策日程表，将各个部门几乎自动地凝聚到了一起。这很了不起。我很欣慰理查德·威尔逊和他的文官们能够稳妥地应对这一切。

我和普京、施罗德、希拉克以及贝卢斯科尼依次通了电话，第二天又和布什总统通了电话。大家都认为我们应该团结一致。所有人都完全支持美国。现在已经很难理解，当时人们心中有多么恐惧。我们所知道的是，还会发生其他的袭击。我们已准备好可能随时会听到新的恶行。

我认为我的职责是争取到最大化的支持。我也知道,一旦事件的直接影响逐渐消退,那么不可避免便会有人退缩;我更知道,关键是要集结尽可能多的同盟共同采取行动。“9·11”事件当晚,在唐宁街的对外广播中,我阐明了我们作为一个国家的立场:

> 此次的大规模恐怖主义行动,是我们这个世界里新的邪恶势力。那些实施恐怖袭击的恐怖分子,完全无视生命的神圣与价值;我们作为世界上的民主力量,必须团结起来,共同击败并铲除恐怖主义。这不是恐怖主义和美国之间的战争,这是恐怖主义和整个自由、民主的世界的战争。因此,我们,在英国,在这悲剧性的时刻,会和我们的美国朋友一起并肩作战,和他们一起,奋斗不息,直至这邪恶势力被完全驱逐出我们的世界。

“并肩作战”成为了一句历史隽语。我的措辞很谨慎。我明白这是一个重大的承诺,这个承诺不是以语言,而是会以行动来加以检验;我也明白我们选择“并肩作战”这条路必定充满坎坷。至于有多么坎坷,就像我说的,我不知道,但是我想,也希望,即使我知道这条路有多么坎坷,我依然会作出同样的选择。

我之所以会这么想,是出于两个原因:原则和国家利益。(顺便说一句,我从来不认为这两者之间会互相排斥。)说到原则,我很确信我们应该这样认为:这样的暴行不仅仅是针对美国的(只不过因为美国是自由世界的领导者),这样的暴行也是对我们的攻击。消除这样的危险因素也符合我们的国家利益。况且,如果我们想要在任何战争中扮演重要的角色,我们需要在一开始就表明我们明确而坚定的支持立场。我相信和美国结盟很重要,维护并加强这样的联盟关系也是英国政策的核心目标,而我也知道稳固联盟的真正时刻不是在太平盛世,而是在面对挑战之时。

接下来的几天,我集结了大家的支持。我会见了来访的西尔维奥·贝卢斯科尼,他一直以来都明确表示支持美国。我出访了法国和德国,他们也和我们站到了同一条战线上,虽然我有些担忧地注意到,雅克·希拉克希望能够谨慎地采取任何举措。我重新召集了议会,并发表了声明。大家的观点一致——至少反对党的领袖们都表示支持。

9月20日,我出访了美国。当时,我作为一个极力主张需要采取广泛并具战略意义的行动的世界领导人形象已经深入人心。我一直希望可以让美国感觉到温暖和支持，能感觉到有一个真实的团结的臂膀伸向他们。他们的恐惧，最重要的是他们的愤怒和愤慨，一定难以想象。如何引导这样的愤怒，不仅仅取决于美国领导人如何告诉他们的人民，也取决于外界如何表达他们的同情，以及他们愿意共同承担责任的决心。

当然，另外一个重要原因是，很多英国人也被夺去了生命。我见过一些在这场灾难中失去了亲人的家庭。这样的会面总让人非常难受。一方面，你需要保持官方的体面；另一方面，你又真切地感受到了悲伤，常常禁不住泪流满面。我见过一位怀有身孕的女士。她的丈夫飞去世贸中心开会。他和他的孩子将永远无法见面。还有一些父母失去了他们引以为傲的独子。恐怖主义那可怕的随机性让我震惊。仅仅是因为你刚好在那里，你就死于非命。没有其他理由。没有其他解释。仅仅是因为偶然。

飞机在纽约降落以后，我们去了位于第五大道的圣托马斯教堂。市长鲁迪·朱利亚尼在那里。我立即喜欢上了这个人。虽然身处极端的压力之下，但他不但应付自如，而且显示出了强大的领导能力。女王让我带来了口讯，让我在众人面前诵读，接着我也会发表一个简短的讲话。女王的口讯坚定而又清晰。我的讲话内容是取自桑顿·怀尔德的小说《圣路易斯雷的大桥》，小说描述了峡谷上的一座桥的倒塌，造成了五个人的死亡：

> 很快，我们也将死去，对于那五人的记忆也将随风而去，而大家对我们的爱，也会持续一阵子，之后我们也将被逐渐忘记。然而，有这份爱，实已足矣。所有那些爱的冲动都将回到爱的源头。有爱，甚至都不需要记忆。活着的人生活在一个世界，往生的人生活在另一个世界，连接这两个世界之间的桥梁就是爱，只有爱能跨越生死，只有爱是唯一的意义。

我们走出教堂时，迎面来了很多摄像师和记者。我说了一些话，是我在从机场到教堂的路上所想到的：

> 我只能想象，纽约的人们在过去的九天是怎么熬过来的……我的父辈们经历过伦敦空袭。对于这样的悲剧和袭击，他们可以感同身受。那时，有一个国家，还有一群人，和我们站在一起。那个国家就是美国，那一群人就是美国人民。曾经，你们和我们站在一起，如今我们也和你们并肩

站在一起。你们的损失就是我们的损失。你们的抗争就是我们的抗争。

讲话的时候,我感觉到身边的鲁迪松了一口气。我能看到在那些路过的人们的脸上,有着强烈而又热切的渴望,想知道在这个经受考验的时刻,他们是否拥有朋友;美国是孤军奋战还是有人帮助;人们说过的话是否算数,他们是否会以行动来证明。我希望能让他们确信事实的确如此,至少英国不会退缩,我们说过的话是认真的,我们会站在第一线,而不是蜷缩在后。

我们终于到达了华盛顿,和布什总统的会面迟了一个小时,当天晚上他将向参众两院发表演说。当我经过白宫的后门,这个我无数次经过的地方时,当那些穿戴整齐的士兵在大门两边立正行礼时,我不禁想乔治现在会是什么样子。我们通过几次电话。我们已经开始交流一些看法。在最初的震惊之后,他很好地控制住了自己,美国人民也完全支持他。

我走进总统办公室。他正在最后一次修改演讲稿。我们说好我和他的夫人劳拉会一起在旁听席听他的演讲。他显得出奇地镇静,让人觉得不可思议。我们甚至一起吃了晚饭。我想如果是我,即将要发表这样一个演讲,我会一个人躲起来,反复修改演讲稿。如果这时还需要招待什么客人,我一定会感到绝望。我提出来要早点告辞,但却被他明确拒绝,他说,留下来,让我们谈谈,于是我们一直谈到他该出发的时候。我忽然了解了有关他的两件事(在那个时候,我还没有像现在这么了解他):首先,他的确真诚地欢迎我和英国所展现的友谊。他不仅感谢这份友谊,还从中获得了力量。其次,他并不慌张或烦躁不安,更没有一味地担心。他很平静。作为总统,他有着自己的使命。这并不是他找来的麻烦,他并不想要这样的麻烦,他也惹不了这样的麻烦。是麻烦找上了他。然而,他的思路很清晰。世界已经发生了变化,作为世界上最强大的国家的总统,他的职责就是要弄清楚这个变化,并且作出应对。

当我们走进电梯的时候,他像平常一样跟可爱的白宫公寓领班乔治·哈尼开着玩笑。我问他是否紧张。"不,其实不怎么紧张。"他回答道,"我的演讲稿就在手边,而且我要传达的信息也很明确。"这让我很钦佩,我仔细打量着他;是的,他看上去的确非常镇定。

这是我第一次旁听对国会的演讲。(2003年我自己也将在美国国会发表演讲。)这是一个特殊的事件,也只有美国才能投入这种热情和信心。总统演讲时,你可以感觉到那些议员们紧紧地凝聚在一起,这种凝聚力是出于对国家的热爱、自豪、爱国主义精神和自信,这些情感从那由红木、铜和大理石打造的会场的每一个角落弥漫出来，这里有着丰富的历史积淀，也有着对未来的满满信心。乔治介绍了旁听席上坐在劳拉旁边的我，我适时地鞠了一躬，略有些局促不安。

我看着下面的人群，他们是那么直率、那么坚定、那么确信，我思考着未来到底会怎样。我想我们可以驱逐塔利班。我已经想清楚这需要通过一个战术策略来实现——给他们一个选择：交出本·拉登和恐怖分子，要不就是被赶下台。那么然后呢？我对阿富汗知之甚少，但我知道几个世纪以来，这个国家一直被侵占、被掠夺，然而，它总能挺过来，最终把入侵者赶出家园。

几个月前，我曾坐在契克斯别墅的长廊里，周围挂满了老房客们的画像，还有克伦威尔的纪念品，包括他在内斯比战役[①]中使用过的剑，我偶然发现了一套共三册的日记。作者是陆军元帅罗伯茨，他是英国19世纪中期至晚期，包括印军哗变期间的英军统帅。这些日记写得很精彩，提供了他作为一位年轻官员的感受的第一手绝佳资料，叙述了哗变的经过，它是如何蔓延，又是如何被镇压，描绘了当时的大英帝国的生动画面。日记描写了在海得拉巴[②]和白沙瓦[③]的战役，接着还描写了在兴都库什山[④]、坎大哈[⑤]、赫尔曼德省[⑥]和拉什卡尔加[⑦]的战斗，在今天，这都是些耳熟能详的地名。

日记也展现了英国军人的卓越风采。随着哗变的持续——起因则是有谣言说英军里的穆斯林士兵的枪上被涂了猪油——英军节节败退，一些城镇被攻占。印度本土的士兵战斗得很勇猛，而他们现在想杀的人，正是那些给他们提供完善的训练和精良的装备的人。有一阵子，局面僵持不下，悬而未决。印度的地方行政长官们，还有那些王子们，权衡了局势发展之后，有些加入了哗变，有些给统治者们提供粮草。

罗伯茨描述了一个令人难以置信的故事：在他们准备进攻哗变士兵的一个防御工事时，他们自己的士兵之间起了激烈的争执，争论在炮弹将城墙轰出

① 英国资产阶级革命全面爆发前发生的一场战役。因发生地点为英国内斯比而得名。

② 位于印度中南部，安得拉邦的首府，也是印度第六大城市。

③ 位于巴基斯坦北部。

④ 东西向横贯阿富汗的山脉。

⑤ 位于阿富汗南部，坎大哈省省会，也是阿富汗第二大城市。

⑥ 位于阿富汗西南部。

⑦ 位于阿富汗西南部，赫尔曼德省的首府。

裂缝之后,谁应该有幸第一个冲进去。当然,第一个冲进去的人必死无疑。然而,尽管如此,竞争还是非常激烈。最后,来自苏格兰高地的士兵们争得了这一机会,这让他们非常高兴。他们第一个冲了进去,不出所料也没有活着出来。然而,他们所在的军团却因他们的壮举而深感骄傲。

这些日记中所描绘的阿富汗则是另外一回事:更黯淡,更野蛮,更难统治。就像一百年后俄罗斯人发现的那样,这个国家很特立独行。

于是我许下了承诺,我们会投身这场战斗;然而,在承诺的同时,我也知道战争充满了未知数,在阿富汗更是如此。部分也正因为如此,我才认为有一点很重要:这场我们即将打响的征战,不应该只是简单的惩罚之战。它还应该肩负起解放的使命。的确,战争的起因是恐怖分子对世贸双塔的袭击,然而,一旦我们开始参与其中,这就不能只是为了报复、复仇,对敌人以牙还牙。它的影响必须更加广泛,目的和意义更加深远。正是因为这场战争与某种意识形态密切相连,而这种意识形态并不仅仅局限于阿富汗——实际上对于阿富汗而言,这还是一个舶来品——所以战争的目标应该更加远大。所有这一切使得这场战争显得更为重要,而坚持到最终取得胜利的责任也更加重大。

9月20日,我们连夜飞往布鲁塞尔,参加第二天的紧急欧洲理事会会议。我特意决定在会议之前去一趟美国,那么在会议时,我就可以直接介绍我在纽约和华盛顿看到了什么,感受到了什么。欧洲一贯很支持美国,但是现在已经到了采取行动的时刻,你没有办法保证情况是否会有所变化。最终,会议很顺利,也通过了一项声明,将所有谴责恐怖行为的人们联合起来,也认同了采取行动的必要性。对于恐怖袭击,无论是政治家们还是普通大众,大家都还记忆犹新;新闻报道也基本上围绕着这个话题,有更多的细节被曝光,更多悲惨的故事、苦难、牺牲与英雄事迹为大家所知,事件背后的意义被分析、被了解,估计在接下来的几个星期里这些还是会主导新闻报道。

那些事件背后的意义很深远。如果那些恐怖分子可以杀更多的人,他们一定会那么做。如果罹难的人数是三万,而不是三千,他们一定会欣喜若狂。各国领导人猜测并担心着下一次袭击可能在哪里发生, 大家思考的不仅仅是已经发生了的事,还有可能发生的事,这些想法盘桓在大家脑海里,紧迫而又让人大伤脑筋。

在最初的一段时间里,甚至在战争开始之前,那时伊拉克还远未被提上日程,有些想法日渐清晰,最终也成为了决定。我已经描述过其中的一个决定:这场战争不是为了思想低地而战, 而是为了思想高地而战——我们的价值观对阵他们的价值观。战争的目的不是为了简单地消灭塔利班，而是以民主来取代塔利班，重建这个国家。这并不仅仅是为了实现理想主义，也是为了理解为什么阿富汗会成为失败的国家，为什么它会成为培育恐怖主义的沃土，为什么它会陷入无政府状态和专制并存的可怕而又残酷的混乱之中。不管你喜不喜欢，从那时开始，我们所参与的就是重建一个国家的工作。

第二个决定是，一旦任何这样的组织，或是一个同情他们、有着和他们类似想法的国家，得到了核武器、化学武器或是生物武器——所谓的三大大规模杀伤性武器，那么这些组织和国家的前景将无法想象。如果获得了这些武器，从"9·11"事件来看，他们几乎毫无疑问一定会使用这些武器。确实，在"9·11"之后，带有炭疽热病毒的信件就被送到了国会、白宫和其他一些官员那里，新闻里也到处都是关于可能发生某种形式的化学攻击的警报。于我而言，很明显的是，对于类似武器的交易、转移和开发，我们必须采取全新的不同的态度。我们需要发出新的信号，建立新的应急机制，让大家明白这样的可能性对于我们的社会会造成直接的威胁。

这一切很快就不言而喻，至少在中东问题上是如此。萨达姆以及他在十年间一直妨碍武器核查工作的问题，当时还没有被放在首要位置，但是从那时起，这个问题就开始受到关注了。当时还没有作出如何对付他的决定；虽然如此，终有一天，我们需要直接面对他，或者让他同意合作，或者就让他下台，不管是基于何种深入的分析，这一点都显而易见。

第三，这样的一次袭击是如何在没有任何人知情的情况下，计划、发展、管理并实施的呢？如果有人可以在美国策划这样的阴谋，那么类似的阴谋还可能发生在其他哪些地方呢？从那以后，我似乎觉得，公民自由的平衡关系——保护嫌疑犯的权利和保护公民权利这两者之间的关系——发生了变化。当然，如果要因此而采取应变措施的话，一定要小心谨慎。作为律师，我深知那些以保障我们的生活方式为名，而实际却对此造成危害的风险。然而，当"9·11"向世人展示了恐怖主义的能力以及意图时，世界上所有的政府——尤其是那些和美国结盟的政府——看到了采取新的安全措施的必要性，甚至是新的应对方法。

所有这些决定——当然，当时是在支持和理解之下作出的——将对国家和政府的未来产生深远的影响。我们觉得我们受到了攻击。更重要的是，我们觉得我们收到了警告。

9月21日星期五晚上，我回到了契克斯别墅，很累，但颇受鼓舞。如果我能预知未来，那么当时我一定也会备受困扰。

接下来的几周很疯狂,但基本上我们还是有条不紊地策划了驱除塔利班的军事行动以及重建阿富汗的计划。

尽管压力很大,乔治依然决定不能操之过急——"我不想仅仅只是为了面子上好看,将价值一千万的导弹花在打击一顶只值十美元的帐篷上。"他作过这样一个让人印象深刻的评论。他同意向塔利班下达最后通牒,让人们看到,如果塔利班愿意接受条件,我们也给了他们机会。然而,他们显然对此不屑一顾。

我定期给他写一些短信,提些问题,激励他和我的想法:人道主义援助;政治联盟,特别是我们应如何拉拢阿富汗北方联盟(反塔利班同盟),但同时又不把国家的领导权赋予他们;经济发展;以及但愿能成功的军事行动之后的调停工作。最重要的是,我在世界各地——中东、巴基斯坦、俄罗斯——奔波,试图确保已有的支持。我给自己的幕僚和高级官员们写了一封私人短信,说明了我们该如何让全体人员,包括我们自己和美国人,更好地通力合作。

在科菲·安南的领导下,联合国起了很大作用,从一开始,我就认定他们应该帮助缓解政治上的压力。好在他们有经验丰富、机智过人的拉赫达尔·卜拉希米[①],能理智地和阿富汗人对话。

国外的几场会议也很顺利。我访问了普京总统。那时,我们还是坚定的同盟。我和他坐在克里姆林宫的前厅里。我一直觉得很难从文化角度界定莫斯科。圣彼得堡显然很欧洲化,然而莫斯科却完全有自己的特色,在广义上很难界定,它甚至有点深奥莫测,有点咄咄逼人,让人印象深刻。

普京迫不及待地想帮忙。车臣问题让他见识了极端主义的影响力。在所有这些不同的斗争中,他看到了潜在的联系。当时,他也看出,和美国结盟也许可以帮助甚至促进俄罗斯的复兴与重新崛起。我一直有一个遗憾,就是我们从来没能想出一个战略,可以让他实现这个理想,站在我们这一边,而这最终导致他试图通过和我们对立来实现这个理想。也许这是他更喜欢的方式。他和乔治私人关系不错,然而普京认为,美国没有给予他和俄罗斯足够的尊重和应有的地位,随着时间的流逝,他决定向国际社会推行一个愿意扮演反抗美国的角色的俄罗斯。伊拉克战争时,他找到了可以让他扮演这样的角色的机会,并且以他一贯的气势扮演了这样的角色。我们早应该更加努力拉拢他;尤其是美国一直都有点低估他,这可不是个好主意。

---

① 拉赫达尔·卜拉希米(1934—),曾任科菲·安南的特别顾问。

虽然如此，2001年年底，我们还是在一起策划，我们如何能确保那些和阿富汗接壤的前苏联国家在接下来的任何行动中支持或顺从我们。他甚至提议我们那天晚上一起飞到塔吉克斯坦，亲自去说服塔吉克斯坦的总统；我喜欢这个提议，但是我的随行人员们对此却有所畏惧。

巴基斯坦总统穆沙拉夫的处境很尴尬：他的政府曾经和塔利班组织一起合作过；阿富汗和巴基斯坦接壤；在部落和政治上的联系也很密切，但是，他是我们，当然也是美国的同盟。

10月5日，我们乘坐一架装备有反导弹设施的英国皇家空军飞机飞往巴基斯坦。之前我认为这有点小题大做，直到我们开始在机场降落时，我改变了想法。飞机一个急转弯，在驾驶员小心的操控下盘旋而下。当我们终于降落，飞机轮胎在停机坪上吱吱作响时，机组人员爆发出一阵掌声。很明显他们终于如释重负。在我们从机场驱车前往伊斯兰堡的路上，我看到有些马路和街道已经被封锁了，尽管如此，还是有很多人站在两边，男人穿着白色长袍，女人多数戴着面纱，他们都盯着我们，看不出来他们是抱有敌意还是善意。

有人带我去了穆沙拉夫在总统府的书房。整个会议期间，有一个保镖一直在门口徘徊。每一次有人送茶或是点心进来，他都会走进来，挡在我们面前。穆沙拉夫明确表示谴责塔利班，并且支持我们，还愿意提供帮助。他知道袭击改变了一切。他告诉我一些事情，在之后的岁月里我也常常回想起他说过的话：齐亚将军在20世纪70年代时犯下了一个致命的错误，他将巴基斯坦的民族主义和虔诚的伊斯兰教信仰联系在了一起，而在这一过程中，他以集宗教、政治与军事为一体的领袖自居，骄傲地向大家展示在他伏地祈祷的过程中额头上留下的痕迹。穆沙拉夫解释说，民族主义和伊斯兰教之间的联系，促进了激进主义在巴基斯坦的发展，也使得克什米尔问题更加严峻，和印度的和解更加困难。

“那么，”我说，“想必经济发展是巴基斯坦面临的最大挑战吧。”

“当然，”他说，“然而现状是，如今巴基斯坦的政治问题就是核武器和克什米尔。”

“我们能帮上什么忙？”我问，猜想他的回答一定会是关于援助或是印度。

“解决巴勒斯坦问题，”他立即回答，“那样就是对我们的帮助。”

离开的时候，我很高兴能有他的支持，然而也有些不安，因为他对任务最终的胜利在于平衡这一点看得如此清楚。

所有的这些访问，我都带上了整个内部团队随行。戴维·曼宁爵士也对我提供了极大的帮助,他是我的首席外事顾问,在"9·11"事件发生时他正好在美国。那个时候,我已经加强了唐宁街的核心团队,任命了令人敬畏的斯蒂芬·沃尔为欧洲事务顾问。他们俩都是政界的典范。戴维沉着冷静,在压力下能处之泰然,也很有创新意识,面对僵局时总能想出应对的策略。斯蒂芬很专业,当然也很有经验;但在他内心深处,你可以感受到他爱憎分明,有着强烈的情感、看法与见识,他希望你能够抓住这些看法并且采纳实施。有些你做得到,而有些你做不到。但平淡无奇就绝对不是他;我喜欢这一点。

在此期间,军事行动也在10月7日开始了。战争以空袭为主,我们只投入了非常有限的地面部队。阿富汗北方联盟也在积极推进。我们明确了四大核心目标:摧毁基地组织在阿富汗的基地;阻止他们在阿富汗以外成立其他基地;在世界范围内对他们进行打击;对那些反抗基地组织的国家给予支持。

从2001年10月的第一次攻击开始,英国便一直与由美国"持久自由行动"领导的联合部队一起并肩作战。英国皇家海军的潜艇向塔利班和基地组织发射了"战斧"导弹,英国皇家空军也为美国战机提供了侦查和空中加油服务。在英国政府的授权下,美国的飞机从英国在印度洋的领地迪戈加西亚岛起飞。

2001年11月,英军展开第一次军事行动,来自皇家海军陆战队的第40突击队守卫了巴格拉姆的空军基地。之后,一支主要由第45突击队组成的一千七百人的队伍展开了"水雉"行动。他们的任务是摧毁恐怖分子的各项设施,并阻断基地组织在阿富汗东部的行动。在几次主要的行动中,"水雉"行动摧毁了敌人的一些掩体和藏身岩洞,同时,也为之前被塔利班和基地组织所占领的地区提供了人道主义援助。2002年7月行动结束。

2001年12月,在英国的领导下,并经联合国安理会第1386号决议以及之后的一系列决议(最新的相关决议为2007年通过的第1776号决议)的授权,协商成立了国际安全援助部队,旨在协助阿富汗过渡政府在喀布尔及其周边地区创造并维护一个安全的环境。约翰·麦科尔少将带领执行了由十六个国家共同组成的国际安全援助部队的第一次任务。除了为国际安全援助部队提供总部以及支持,英国还提供了各旅指挥部以及一支步兵营。在顶峰时期,我们出动了两千一百名士兵,在2002年夏天,将援助部队的领导权转交给土耳其之后,我们投入的士兵人数减至三百人。

2001年底,塔利班终于被击垮,残余势力退回了阿富汗南部普什图人聚居区,以及巴基斯坦部落区,混入了平民当中。我们必须确保阿富汗不会再次成为恐怖分子培训和备战的土壤。因此,国际武装力量要继续留在那儿,维护安全和稳定，继续与塔利班及基地组织的残余力量作斗争，同时也要支持阿富汗安全力量的发展。

在那个时候，我们的同盟依然坚固，舆论依然倒向我们，目标也依然很明确。鉴于之后所发生的事，我有必要重申当初的目的是什么。我们的分析显示：阿富汗已经名存实亡；塔利班已经控制了这个国家；在塔利班的庇护下，极端主义有了发展的空间。另外一个不稳定的因素是毒品交易。欧洲街边的毒品中有百分之九十都是来自阿富汗。

如今，多年以后，人们说：但是，当时的使命并不明确，或者说有些混乱。事实并非如此，我们的使命很明确，现在是，过去也是。当时，对于我们而言——我相信现在也是如此，驱除基地组织的战斗，或是防止塔利班重新崛起的战斗，或是建设民主的战斗，又或是确保阿富汗建立正当的经济体系而非毒品经济的战斗，其实这些战斗并不能被完全割裂开来。纵容塔利班重新崛起，不能建立统治秩序，你会得到同样的后果，得到同样一个名存实亡的国家。问题不是我们试图做了太多，而是实现这一切，需要以资源和毅力为后盾，作长期的、完全的和持续的投入。

一直到2004年，包括2004年一整年的时间里，虽然我们已经明确挑战的规模很大，但是事情的进展却很慢。之后我会谈到2006年的决定，那时发展明显已经停滞不前，然而从2001年12月临时政府建立开始，一直到2004年总统选举时投票率达到百分之七十，而且有很多女性投票，甚至一直到2005年秋季的省级选举，阿富汗似乎已经走上了成为一个更加美好的国家的轨道，尽管不时也会绕远或是走岔道，且途中也碰到了很多阻碍。

顺便说一句，我并不是在强调我们把一切都做得很完美，或是不可能再做到更好。类似的情况都是如此。然而最重要的是，我的确对很多形势作出了错误的判断：比如，阿富汗问题的深度；塔利班融入当地社区的能力，尤其是在南部地区；以及他们召集援军的能力——他们号召了境外山林高地中那些目无法纪的人们。凭借这些手段，他们才能通过持续不断的恐吓、组织以及心狠手辣的手段，重新夺取对某些地区的控制权，或者至少是破坏了我们正在进行的工作。

他们的狂热也意味着他们会为达到目的，不择手段。他们会不带任何悔意、昧着良心地杀人、恐吓或是折磨人。那些村民们，因为不确信谁会成为他们的领导，便会在寻求同盟的帮助和服从当地的宗教极端主义者之间游走。与此同时，位于喀布尔的中央政府，在哈米德·卡尔扎伊的带领下，正在努力推行他们的法令。

随着2001年慢慢过去,随着"9·11"事件的新闻渐渐淡去,原本是至高无上的全世界共同的努力,越来越像只是美国和它最亲近的同盟们的努力——一开始大家还有些不情不愿,之后便也乐得如此。没有发生第二次"9·11"事件。化学武器袭击的说法被逐渐淡忘。随着生活日趋正常,人们渐渐淡化了需要直面威胁的意识,这个意识渐渐走形,也不再占据主导地位。有一些观点出现,开始时还有些遮遮掩掩,之后便越来越有自信,这些观点大大破坏了继续行动的想法。

第一种观点认为,随着时间的流逝,以及同盟军轰炸的画面深入人心,穆斯林对战争的支持开始动摇。我们的敌人千方百计希望强加于我们头上的想法——也就是说,这是一场针对穆斯林国家的战争——开始对大家产生了影响力。更重要的是,从一开始,这就被认为是西方人的事情。虽然土耳其军队也参与其中,之后也有一些其他非西方国家的加入,然而阿拉伯和穆斯林的舆论都认为,所有的行动都是为了美国,不是为了对付恐怖主义。伊斯兰教徒内心深处的想法,认为自己就是受害者的想法再次被提出,于是他们质疑我们的动机,抓住我们言语中的任何破绽不放。乔治和西尔维奥都用了"东征"这个词。显然他们只是指普通意义上的东征,就像我们会用这个词来形容打击犯罪或是毒品的运动,这是在我们的政治领域的一个常用词,但是却被曲解成他们用这个词来指代当年西方基督教徒组织的、反对穆斯林国家的"十字军东征"。很多阿拉伯和穆斯林国家的政府并没有意识到——也许这一点并不奇怪——他们应该为了实现民主而团结起来。

在西方社会,最初支持采取行动的道德力量也开始渐渐消失。这几年,阿富汗已不再占据大家的主要视线,于是,这些力量的消失似乎也不会带来太多实质性的差别,然而这却意味着,一次又一次,当我们需要高度关注时,除了美国和英国,我们得不到其他国家的关注;而很显然,我们也没有办法仅仅靠我们自己就能完成这一切。欧洲人是和我们站在同一条战线上,但却被他们自己的舆论所牵制,虽然他们在一些大方向上支持我们,却极不愿意投入军事力量,或是付出伤亡的代价。

毫无疑问,我们可以把事情做得更好,也可以采取不同的方式;但是进展停滞的主要原因,在于我们的敌人察觉到,我们对于长期作战的忍耐力有限,力量有限,而且我们也不想长期作战。在伊朗和阿富汗,他们开始了解我们并没有为伤亡惨重的战斗作好准备;如果他们显示出他们会一直坚持下去,日复一日，在他们熟悉的土地上，和一群在过去的几十年中见证了那么多残忍与压迫的人们一起，那么他们就可以获得胜利，不是依靠更强大的力量，或是更丰富的资源，也不是依靠更广泛的感染力，仅仅是依靠不屈不挠的坚持。

在黑暗的日子里，我会想起《圣经》中的故事，耶稣问："你们哪一个要盖一座楼，不先坐下计算花费，能盖成不能呢？"[①]我们料到了这会是一条漫漫长路；我们当然也考虑到了一路上的艰难险阻。然而，我们所没有想到的是，这极端主义对于它的拥护者们的想象、意志和生活方式牢固而又深入的控制。

事实上，很多不是极端分子的人们也认为：极端分子和我们对抗是一件正确的事；这是一场西方和阿富汗人民的战争。这样的看法是完全错误的，因为阿富汗的人民已经在选举中表达了他们所渴望的东西。我试图在一个既需要软权力也需要硬权力的价值观之上，建构一个广泛的战略来驳斥这样的说法。

在2001年工党大会的演讲中，我说我认为可以也应该建立新的秩序。我将它同革命共产主义在一些地区受到的挫折作了比较。军事力量当然起了作用——不管什么是正确的，苏联本来都可以取得胜利，如果它当时没有意识到它的力量会受到我们的抗衡的话——然而，最终，它却被一个观点的力量所制约：人类自由。很快，人们将苏联视为铁腕政权，它的确如此。在现实中，共产主义经济也遭遇了困境。在提升和充实人类心灵方面，共产主义社会也遇到了困难。一路走来，我们的确错误百出，然而，我们的坚持却是正确的。

步入21世纪，这些争夺政治意识形态高低的战争已经消退。甚至在中国，有中国特色的社会主义这一体系也在市场和政府调控之间找到了平衡。除了在朝鲜，柏林墙的倒塌的确真正开启了一个新的纪元。

如今，我们面对的是一场新的战斗——有关文化和宗教，不仅仅只是政治本身，然而，在我看来，通向胜利的途径却是相同的：诉诸武力。但我也明白，击败一个不好的想法的方法是用一个更好的想法来取而代之。我认为，我们需要提供一个综合的策略来改变世界，以此来更好地展现我们所信仰并以之为行动准则的价值观。

西方国家也有很多缺点，然而，就如我一直所说的，有一个简单的方法可以评判一个国家：人们是试图进入这个国家，还是想要离开这个国家？总体而言，我们的问题是移民的拥入而不是有人移居国外。归根结底，人民才是老大，

---

① 出自《圣经·路加福音》。

政治家们不是。我们同样也主张正义;所以我也阐述了,作为这场更广泛的战斗的一部分,我们需要显示对于中东地区和平的决心,我们对于非洲——"世界人民心中的一道伤痕"——的关心,以及我们对于环境所作出的承诺。总而言之,我们必须证明,我们自己想要得到的,我们也希望所有人都可以得到。

我演讲的前提是"世界互相依存"这个决定性的特点。

> 放眼全球,"9·11"事件让政府和人民共同反思、判断并改变。在这一过程中,在所有与战争和行动相关的讨论中,出现了另外一个内容。大家开始凝聚在一起。共同体正在显示出它的权威。我们意识到,在世界新的挑战面前,我们的边界是多么脆弱。
>
> 今天,冲突很难受到国界的限制。今天,在某一个金融市场上发生的震荡会被世界上的其他市场所重复。今天,信心已全球化;有或者没有信心,影响的都是全球。今天,威胁就是混乱;因为人们有工作要做,有家庭要平衡,有贷款要偿还,有职业要发展,还有养老金要支付,大家渴望秩序与稳定,如果这不能在其他地方存在,那么也很难在这里存在。我一直相信互相依存就是我们所处的这个世界的特点。

我讲述了在世界问题上采取共同行动的必要性,也描述了全球化所带来的挑战。接着,我又说:

> 问题不是如何阻止全球化。问题是我们如何利用共同体的力量,将之和正义结合起来。如果全球化只能使少数人获利,那么它会失败,也活该失败。但是,如果我们能遵循在我们国内卓有成效的原则——权力、财富和机会必须掌握在多数人手中,而不是少数人手中——如果我们以此作为全球经济的导向灯,那么它将会成为美好的力量,也会是一场由我们领导的国际性的运动,而我们也会为此而骄傲。因为不接受全球化的唯一选择就是被孤立。
>
> 面对这样的现实,放眼世界,国家之间自然越走越近。在魁北克,所有北美和南美国家决定设立一个自由贸易的区域,与欧洲竞争。在亚洲,有东南亚国家联盟。在欧洲,作为最密切协调的团体,我们现在拥有十五个国家,还有另外十二个国家正在谈判,希望加入。除此以外,还有很多其他的。俄罗斯和欧洲之间正在开始发展新的关系。

还有，印度和中国，这两个国家各自的人口数量都相当于整个欧盟人口加起来的三倍，一旦它们的经济得到充分的发展——相信它们一定会——难道不会在我们的有生之年，让世界地缘政治的格局完全重新组合吗？

当我们采取行动，使那些发动"9·11"恶行的人受到究诘，我们这样做并不是出于杀戮的欲望，而是出于正义。我们并不是针对伊斯兰教。那些真正的伊斯兰教徒们在这场斗争中是我们的兄弟姐妹。相比12世纪顶着《福音书》的教义之名烧杀抢掠的十字军，本·拉登更过分，他并不服从《古兰经》的正统教义。

现在已经到了西方社会需要正视他们对于伊斯兰教的无知的时刻。犹太人、穆斯林和基督徒都是亚伯拉罕的孩子。这场运动是为了拉近我们彼此的信仰，理解我们共同的价值观以及传承，是统一和力量的源泉。

我也为美国作了强有力的辩护——不仅将它视为一个国家，而且将它视为一个观念的代表：

作为一个社会，美国也有其缺点，就像我们也有我们的缺点。然而，我想到美利坚合众国是在打败了奴隶制之后建立起来的。我想到了它的宪法赋予了每一个公民不可剥夺的权利，它如今依然是世界的典范。我想到一个黑人，出身贫穷，却成为了他们陆海空三军的最高军事长官，如今是他们的国务卿，科林·鲍威尔；坦率地说，我怀疑这样的事情能否发生在我们这里。我想到了自由女神像，想到有多少难民、移民和穷人传递它的光亮，想到如果不是为了他们，为了他们的孩子，他们可以拥有一个新的世界。我想到在有些国家里，那些成功的人士，他们不会被问到他们的口音、阶级和出身，而是会因他们所做的事情以及获得的成功而受到钦佩。我想到了我碰到的纽约人，虽然他们依旧沉浸在震惊之中，但却很坚强；那些消防员和警察，虽然为他们的同事深感悲痛，却依然高昂着他们的头颅。

想到这一切，我不禁反思：是的，美国的确有它的缺点，但它是一个自由的国家，一个民主的国家，它是我们的同盟，有些人对于"9·11"的反应暴露了他们对美国的憎恨情绪，而这种情绪则让那些为"9·11"悲痛的人们引以为耻。

我相信这是一场自由之战。我也希望将它变成为一场正义之战。这正义不光是为了惩罚罪恶,还是为了将这些民主和自由的价值观带给世界上所有的人。

我所指的自由,并不仅仅是狭义上的个人自由,而是指广义上的自由,是指每一个人都拥有经济和社会的自由使自己的潜能得到充分的发展。这才是国际社会的意义,建立在完全的平等基础上的国际社会。从非洲北部的沙漠,到加沙的贫民窟,到阿富汗的山区里,那些饥饿的人们,不幸的人们,那些没有土地的、无知的人们,那些生活在物资缺乏和肮脏的地区的人们:他们都是我们的目标。

我们要抓住这样的一个时刻。万花筒已经被重新摇晃过。筒里的碎片还在翻滚。很快它们会再次静止。在此之前,让我们重新安排周围的世界。

今天,人类的科学与技术足以毁灭人类自身,或者将繁荣带给所有人。然而,科学本身无法为我们在这二者之间作出选择。只有道德的力量,以国际社会之名,才能作出选择。"在我们共同的努力之下,我们可以比孤军奋战获得更多。"(引自新第四条款)

那些在"9·11"事件中失去生命的人们,和那些哀悼他们的人们,现在就是建立那样一个国际社会的时刻。就以此作为他们的纪念碑吧。

和所有富有想象力的演讲一样,这个演讲同时收获了喝彩与讥笑。这篇稿子由我自己写成,几乎是一挥而就。没有往常写文章的痛苦,也很少有修改。我坐在契克斯别墅的书房里,眺望玫瑰园,看着秋天的色彩刚刚开始出现,写出了这样的一篇演讲稿。我记得我从书桌上拿起一个金银制成的墨水台,那是1937年有人送给张伯伦的礼物,上面有一行拉丁文的题词,翻译过来的意思是:"站在前人走过的路前,判断哪一条是正确合适的路,然后选择走那条路。"我感觉我们正处于需要对世界的未来作出重大决定的前夜。我写得很轻松,因为我所写的就是我所想的。

回头看看,这的确非常理想化;但这也是一种策略,是基于一个非常重要但也颇具争议的决定之上的策略。

在1999年的芝加哥演讲中,我已经阐明了为了创造一个更公平的国际社会而进行干涉的官方声明——在必要时,进行军事干涉。我放大了国家利益的概念,论述了在一个互相依存的世界,当不公与危险存在时,我们的国家利益便会受到影响。因此，面对这个新的挑战，我以业已成熟的直觉，采取大胆的方式准备好进行干涉，而不是袖手旁观。

本质上，关于到底应该如何推行外交政策，大致上有两种观点。这常常表现为在理想主义和现实主义之间作出选择，但这样的划分其实对于两种观点都不公平。理想主义者相信，由原则所驱动的外交政策才真正有效，因为这是唯一可以改变、说服大家的。现实主义者则认为，通过实用政治，我们挽救生命，节约金钱，避免冲突，这些显然是值得实现的目标。它们只不过是两种对于什么是行之有效的途径的不同分析罢了。

“9·11”事件是如此恐怖，如此让世人震惊，让世界为之错位。它完全从本质上改变了我们的世界观。在当时，人们已经完全准备好要以激进的方式进行干涉，让所有的错位重新归位，重新变得有序、融洽。

然而，随着时间的流逝，人们开始怀疑事件的后果是不是有可能被夸大，怀疑也许这就是一次性的事件。如果是这样，有一种论点认为，我们是不是应该只要解决这次的问题就可以了，也许可以逐渐想出对策，但首先使之平息下来？当我们的任务变得越来越棘手，而敌人坚持作战的意志越来越明确时，这样的论点也变得越来越有吸引力。也许这种极端主义可以被遏制。也许，比如，通过对以色列和巴勒斯坦和谈的推进，我们可以最终解决这个问题。也许如果我们的野心可以小一些，只是处理一些国际事务，认识到不同的文化有不同的处理方式，我们可以更加融洽地相处。因此，他们争辩道，这其实并不是一场“反恐战争”——这样过激的语言听上去是多么无益。这其实和伊斯兰教或是宗教没什么关系。那些看上去有联系的争端之间其实并没有什么关联，都是当地的问题。将民主带到这些国家，就是试图将西方社会的观点强加于非西方国家的人民头上。这是一种无知的文化殖民。他们如此这般继续争辩。

而像我这样的人的反应则是，我们收到了警告，应该保持警惕。你不能将基地组织简单归入某些疯狂的意识形态的分支。后来，我更深入地研究了这个问题，我看到了伊朗革命的重要性。的确，在2001年，伊朗对塔利班和萨达姆充满敌意，因此对基地组织也是如此，但这种敌意是出于什叶派和逊尼派之分，而不是因为两者的方法论或是世界观的差异。他们是为了争夺伊斯兰教内部反动运动的领导权，而不是为了谁能来推动进步的运动而战。

我想到了1979年晚期逊尼派极端分子因为担心被什叶派穆斯林抢先一步而发动的“麦加事件”。事件最终被强硬镇压，沙特政府也见识到了它的力量。从那以后开始，允许宗教力量来改变沙特社会的倾向便越来越明显。

我不相信以暴制暴。我回头审视:在阿富汗,为了制止俄罗斯人,我们是如何以控制局面之名,支持了后来成为了塔利班的一群人;我们又是如何为了牵制伊朗而武装了萨达姆。而在这两个例子中,这样的"现实主义"的后果就是制造出了新的、更危险的不稳定因素。

不过总而言之,我认为"9·11"事件已经让之前所有的分析显得多余,或者至少可以让大家觉得有必要重新审视这一切。我们不能再假设这些有着根深蒂固的危险因素的国家与我们毫无关系。在控制还是革命之间,我成为了一名革命论者。我不再认为这样的情形可以被控制在安全范围之内。这需要本质上的改变。

2002年1月,当我还沉浸在和家人,还有当时还是婴儿的利奥一起在埃及的沙姆沙伊赫的阳光下开心度假的日子里,我出访了阿富汗的巴格拉姆机场。我走出C130运输机的机舱,看到面前铺着一块红地毯。有人警告我们不要走到红毯的外面去,因为机场的大部分地区还有地雷。

当我走下台阶,卡尔扎伊迎了上来,我看到了仪仗队。一看就知道他们是被匆忙召集在一起的,他们的制服看上去是讨来的,或是借来的,或是从各国军队中偷来的。那些士兵个个都很消瘦;那个地方到处都是烧毁的房屋和弹坑。

当我和卡尔扎伊一起检阅士兵时,摄影师和摄像师们走在我们的前面,试图抓拍几张照片。他们和阿富汗的保安人员起了冲突,保安人员把他们扔出地毯,而他们却会再次冲上来,就像一出短喜剧,我们面前上演着圣维斯特舞①,而我们面对镜头,还得表现得若无其事。

"我想请你见见我的内阁。"哈米德说。我们走向机场边一栋被轰炸过的楼房,走进去,在临时的长凳和塑料花园椅上坐下来。他给我介绍了一个人,我想是艺术和文化部长,他坐在那里一动不动。他失去了一只眼睛。那只没有受损的眼睛紧盯着我,一直没有离开过我的脸,一眨不眨。

他们说了他们的希望和恐惧。哈米德知道该说什么,也知道该怎么说。他的英语很棒,同时神态自若,自信满满,这让我的心情也好了起来。离开的时候,他们英勇的决心让我深受鼓舞,而对这个国家境况的匆匆一瞥却让我灰心丧气。

一切都需要时间。然而,到底需要多长时间,会有多少困难,我不知道。

---

① 指圣维斯特舞蹈病,是一种能够导致手脚不自主地快速移动的疾病。

第十三章　伊拉克:开战在即

2010年1月,在关于伊拉克战争的奇尔科特调查[①]中,当我的证词部分快要结束时,我被问到了一个问题:"你曾有过任何后悔吗?"想着该如何回答那个问题时,我不由得感到有点恶心,那是一种愤怒与痛苦交织的感觉。单凭灵魂的静思,无法提出或回答这样一个问题;而这样一个问题,也无法以深刻、清晰,甚至是简单的诚实来衡量、思考和解释。

这是一个"头条新闻"级的问题,因而必须有个与之相配的"头条新闻"级的回答。回答"是",我知道后果——"布莱尔为战争致歉"、"最终他还是道歉了"。即使换种不同的说法,后果估计也没什么两样。那些曾经反对战争的人们将欢呼;那些曾经支持战争的人们将感到沮丧,想象着他们的支持甚至他们的牺牲毫无价值。回答"否",那么你看上去就像无情的畜生,对别人的痛苦无动于衷,更有甚者,别人会认为你之所以顽固不化地进行反抗,不是因为你有力量,而是因为你不知道除此以外你还能做什么。

所以我说我为此负责,承认这是我作出的决定,防止报纸在背后说三道四。然而,这是一个并不完整的回答。

我之所以愤怒,是因为我所参与的这个调查,本应是关于战争的教训总结,却不可避免地变成了对于决定甚至是真诚的信仰的审判。在那些在战争中失去亲人的家庭面前,我曾经想向他们伸出援手,但我知道,如果我这么做,这将迅速被滥用和误解。然而愤怒是自私的、微不足道的——相较而言也是短

① 2009年6月30日英国政府为研究伊拉克战争中的经验、教训及问题而展开的调查行动。

暂的。

但痛苦仍然存在。痛苦的主要原因并不是那些自私的理由。当然,总有一点点自私的因素。他们难道真的认为,我对于那些在战争中死去的人们毫不在乎、毫无感觉、毫不悔恨吗?死去的不仅仅是英国士兵,还有来自其他国家的士兵,当然其中大多数人来自美国,还有日本、德国、丹麦、爱沙尼亚、西班牙、意大利等其他我们的同盟军。在战争中死去的还有伊拉克人自己,除了在我们的武力下丧生的,还有那些由于我们未能及时干预而死于他们自己人手下的伊拉克人民。还有像伟大的塞尔吉奥·维埃拉·德梅洛[①]那样的外交家们,为了一个他们并不推崇的事业而献出了生命。另外,更有一些在战争中无辜丧生的人们,就像肯·比格利[②],以及与彼得·穆尔[③]一起被绑架的私人保镖。

如果我对这些事件无动于衷,那么我无疑就是毫无人性、情感扭曲的人。但我的痛苦并不是因为这些针对我的指控。

痛苦来源于那种难以用常言描述的悲恸，或者说是那种在听到这些悲惨的消息时心中的猛然刺痛。泪水,尽管已经流下很多,也无法平复这些伤痛。我为他们感到无比难过,为他们早逝的生命难过,为他们的家人由于亲人逝去而带来的悲伤难过，为了人们对于死因的探究而让他们更加伤心而难过，为了他们要承担这样一个一点儿都不公平的后果而难过。为什么非得是他们的孩子、丈夫、亲人在那个时间、那个地方,踏上那段征途,承担那份使命和安排?

命运之所以作出了这种悲剧选择,与我的决定有关。但是仍然有无数种偶然因素共同造成了一个生命的逝去。

痛苦还源于采取行动、承担责任的紧迫性,是行动,而非仅仅是感受。

现在,同情已经不能代表我的心境。我觉得“哀悼”和“同情”这些词已太过苍白。他们已经死去,而我作为那个导致他们逝去的事件的决策者,仍然还活着。

经过深思熟虑,我用了“责任”这一说法,虽然并不全面。

我并不后悔作出参战的决定,之后我会给出理由。可以说我从未预计到即将到来的噩梦,当然这也是我的责任之一。但是“责任”并不是指已经放下的负

---

① 德梅洛时任联合国伊拉克问题特别代表,2003年8月19日在巴格达自杀爆炸袭击中以身殉职。

② 英国的一名工程师,2004年9月16日在伊拉克的巴格达被绑架,随后被绑架者杀害。

③ 电脑顾问,于2007年5月27日在伊拉克与四名保镖一起被绑架。四名保镖先后被杀害。彼得·穆尔在2009年12月30日获释。

担，更是指我将持续承担的负担。“后悔”看上去更与过去有关。责任则与现在和未来有关。

即使我现在已经卸任，扮演着完全不同的角色，我依然致力于同样的奋斗，而这样的奋斗也引发了其他的一些事件，我接下来会详细描述。当我说，我每天都会想起伊拉克、阿富汗战争及其后果，回想起那些受害者时，这是事实；但还不止于此，通过每一天的反思，我再次投身于一个更为宏大的目标、一个尚未完成的事业。无论如何表达后悔，我都无法让逝去的生命复活；但是，我可以将余生的绝大部分时间奉献给这一更宏大的奋斗，努力赋予它意义、目标和决心，无论事大事小，我都将责无旁贷，勇往直前。我无法用语言来表达歉意；我只能希望，通过我、一个还活着的人的努力，能够从死亡的悲剧中挽回一些什么。

在开始叙述之前，我还必须提及一件事情。很多读者并不赞成我的决定，也许非常不赞成，也许你甚至都不屑于来辩论这个事情。对此，我也深感遗憾。但是至少在这一刻，让我们每个人回到开始，我将试着解释那些我曾经在脑海中所思考的一切。

关于伊拉克问题的争论，问题在于，基本上人们已经拒绝倾听对方的说法。“未表态的”公众人数可能比想象的还要多。在我的经历中，“人民”——相对于其他人，如演员、评论家、马屁精、政治狂热者而言——对于决策的复杂性有着固有的理解。他们的看法常常来自于直觉，而且还会不时改变。他们理解领导是一项艰难的工作。而他们的推理过程和政治家们的不尽相同，看似很肤浅，但在有些方面却很深刻。如今，他们对伊拉克已不太关注，但是如果关注，他们仍然会以开放的心态聆听那些说服意见。

那些持强烈反对意见的人，以及那些热中于此的人就不同了。他们已经拿定了主意，传统的言论——当然也存在于进步论者中间——如花岗岩般强硬，而且持否定看法：这是一个错误。在我作出的所有决定中，这一个是连跟我比较亲近的朋友也反对的；实际上，也不是简单的反对，而是觉得难以理解。我的老友杰夫·盖洛普曾经常说，他和我并不是看法不同，而是：“我就是不明白你为什么要这么做，托尼。”我的很多支持者承认我这么做的目的是正确的，但仍然认为这是我良好纪录中的一个“污点”。当然，那些不支持我的人则认为这终于证明了我的罪恶。

我完全理解人们为什么会这么想。冲突的官方理由是为了执行针对萨达姆的大规模杀伤性武器的联合国决议,而我们在控制了整个国家之后,却并没有找到大规模杀伤性武器。我们认为他们正在进行大规模杀伤性武器的研发项目,但其实他们并没有。2003年5月萨达姆被赶下台之后,伊拉克的局势变得血腥,很有破坏性且混乱异常。如果我们真的找到了大规模杀伤性武器,大家的看法就会不一样;还有,如果当初我们在2003年5月结束冲突,而且战后的形势也能和当年在科索沃一样,那么大家的争论就不会那么激烈,会比较理论化。然而,没有找到大规模杀伤性武器似乎颠覆了开战的理由,而战后形势则让战争的现实以及后果在我们脑海中长存。

因此,对于传统言论而言,这是一个理由,而且是一个非常简单易懂的理由;然而,还有另外一个理由。如今,政治总会参考舆论范例,而这些舆论往往是在很短的时间内形成并确定,然后变得不可挑战。人们只有很短的时间来反思和思考;我们快速地分析问题,也没有耐心反复权衡,接着便很快作出判断;而一个更慎重的过程则会尽量避免这样草率的行为。一旦作出了这样的判断,媒体就会争相报道,让这些判断更加深入人心。而反面的报道则往往被忽略,直到最后演变成:如果对这样的判断进行挑战,就会被认为是妄想。在当今社会,大家已经不知平衡为何物。人们希望看到的,是明确而且快速下了定论的观点。

因此,出于这些原因,我的任务并不艰巨:不用去说服读者们参战的理由有多么正确,只要让他们理解这个理由就可以了。这是为了让大家敞开心胸。我常常在想,我是不是做错了。我希望你也可以想一想,我是不是有可能作出了正确的决定。

有关萨达姆和大规模杀伤性武器的情报被证实是错误的。人们说——连我也这么说过——为什么会这样,这一直是个谜。如果萨达姆没有什么可隐藏的,为什么这么长时间他都不让调查员进入伊拉克?即使是在他让调查员们进入伊拉克之后,他为什么还要阻挠他们?为什么仅仅为了保护一种谣传就让他的国家陷入战争?依前联合国武器调查员查尔斯·迪尤尔费尔所言,这是不是有点自相矛盾:他认为,当美国和它的同盟们威胁使用武器时,看似只是虚张声势,而实际上却是认真的;而当我们认为他的确拥有大规模杀伤性武器时,他实际上是在忽悠我们?

当我为了奇尔科特调查而再度重温所有事实时,我重新完整地阅读了2004年最终版的《伊拉克调查小组报告》,也有了更多的时间来思考它的意义。报告是由美国/英国小组撰写的,这个小组一开始由戴维·凯博士领导,之后由查尔斯·迪尤尔费尔领导，报告是为了确认关于萨达姆和大规模杀伤性武器的真相，分两个阶段发布。第一阶段在戴维·凯领导下于2003年得出结论，认为萨达姆当时并没有在研发大规模杀伤性武器。这上了新闻头条，也很自然地让大家认为一定是之前的情报出了错，萨达姆显然遵守了联合国的决议，所以这场战争也是错误的。而凯博士在报告中所提出的告诫却基本被忽视，包括他指出，萨达姆可能比我们想象的更具威胁。在当时，因为有了那个主要的发现，他的这个评论被大家认为是难以理解的。

第二阶段的报告来自查尔斯·迪尤尔费尔，一直到2004年才发表。这份报告所受到的关注度远不如前，然而，这才是一份全面完整的分析。伊拉克战争时期，由于时间的紧迫性，我并没有完全理解这一份报告。而且，几年之后，查尔斯·迪尤尔费尔才发表了他的书作，详细地描述了这份报告的汇编工作。为了奇尔科特调查，我看了报告和他的书。那些令人费解的问题得到了解答。

在迪尤尔费尔的领导下，伊拉克调查小组得以采访到了萨达姆政权的内部人员、萨达姆的高级官员。经过几个月的大费周章，美国联邦调查局的特工乔治·皮罗也锁定了对萨达姆本人的访问。小组披露了萨达姆和他的高级官员们的会议录音带，会议中他们讨论了大规模杀伤性武器。真正的故事浮出了水面。这值得一读。

基本上，在制裁开始之后，萨达姆政权便受到了极大的限制。1996年，萨达姆的女婿披露了萨达姆对于发展大规模杀伤性武器的持续兴趣，这个消息传遍了全世界。(后来他被诱骗回伊拉克，并惨遭杀害。)此后，限制的力度得到进一步加强。

萨达姆作了一个战术上的决定。从90年代中期开始，萨达姆的政策就是不惜一切代价摆脱制裁。他关闭了正在研发的大规模杀伤性武器项目，并废弃了那些在1991年未被调查员销毁的材料。他明白不能再冒险制造大规模杀伤性武器了，并试图将它们藏起来。

然而，他依然深信，大规模杀伤性武器对于他的政权及生存有着极为重要的战略意义。他相信，在两伊战争中，化学武器的使用对于击退伊朗士兵——他们满怀对宗教的狂热，投身于一波又一波打击伊拉克军队的战斗中——至关重要。正是因为使用了化学武器，他认为，才弥补了他们较伊朗军队在人数上的劣势。对于库尔德人的毒杀不仅仅从军事上也从心理上给了他们想要挑战萨达姆的希望重重一击，这些武器在镇压内部不同意见上也起了关键性的作用。萨达姆知道，伊朗正在试图获得研制核武器的能力，他也相信以色列已经有了这个能力。对于他而言,获得研制核武器的能力可以让他达到他的基本目的:成为阿拉伯世界里的统治力量。

因此,他的确隐瞒或是消除了所有研发核武器、生物武器或者化学武器的项目的证据。然而,伊拉克调查小组发现,终止这些项目只不过是一个战术决定,战略上他们并没有放弃。

伊拉克调查小组总结道:

> 制裁取消、伊拉克的经济稳定之后,萨达姆想重新发展伊拉克大规模杀伤性武器的能力——这些武器在1991年被基本销毁,但是现在的可能会和之前的有所不同。萨达姆渴望发展核能力,越来越无视国际社会的压力和可能造成的经济风险,他旨在集中精力发展弹道导弹以及战术化学战的能力。

2004年7月的《巴特勒报告》也赞同这个结论,虽然这份报告是写在2004年9月伊拉克调查小组报告的完整版发表之前。《巴特勒报告》总结道:

> 作为我们调查的结果,同时也考虑到由伊拉克调查小组所发现、伊拉克内部人员所报告的情况,我们得出结论:在战争之前,伊拉克政权有战略意图,在联合国调查组松懈下来,制裁不再严格或是被取消时,想要重新启动被禁止的武器项目,包括——如有可能——核武器项目。

为了实现这个战略目标,萨达姆将能重新启动这些项目的科学家和技术人员集中在一起;他违反制裁规定,进口了军民两用的物资,并保留了未向联合国公开的实验室,这些实验室可以在短时间内重启大规模杀伤性武器项目。这些活动的资金来源于非法利用"石油换食品"的项目,该项目允许伊拉克利用石油出口收入进口食品和药品。

根据他们所采访的伊拉克高级官员的描述,伊拉克情报部门在1991年至2003年间,保留了一系列未申报的秘密实验室,用以研究和测试各种化学品和毒药。他们继续总结道:

> 伊拉克调查小组没有找到证据显示伊拉克情报部门犯罪学部(M16)的科学家正在这些实验室制造化学战或生物战所需制剂。然而,有消息

> 指出M16正计划制造一些化学战所需的制剂，包括硫芥、氮芥和沙林。
>
> 这些实验室的存在、功能以及目的从未向联合国报告。
>
> 伊拉克情报部门的项目还包括人体试验。

所有这一切都是在伊拉克调查小组所进行的采访中被揭露的，当然，这些访问也是汉斯·布利克斯在2002年11月至2003年3月间所进行的调查的关键所在。没有证据可以证明伊拉克拥有正在开发中的大规模杀伤性武器项目这一情报的准确性，而我们却是基于这个情报作出了决定。因此，事实的真相和我们在2003年3月曾经以为的真相并不一致。然而，事实真相确实证明了他的确是一个威胁，而且，也证实了萨达姆的确违反了联合国决议。

如果我们在2003年时退出，那么危险是不言而喻的；由布利克斯带领的联合国调查员们将永远无法进行那些访问；他们可能作出（错误的）判定，认为萨达姆已经放弃了拥有大规模杀伤性武器的目标；制裁将被取消；而且如果要向一个已经被证明是"清白的"政权再度施加压力，那将会非常困难。如此一来，萨达姆将既有发展大规模杀伤性武器的意图，也拥有了这项技术；而且，随着石油价格的上涨，他的购买力也会大大增强。

现在，你可以质疑这个分析的很多部分。也许他会决定，最终他并不需要大规模杀伤性武器；如果他试图开发这些武器，也许国际社会会对此采取行动；无论如何，这一切都可以从长计议。但是，如果你读了伊拉克调查小组的报告，你所看到的会是一个肆无忌惮的政权，唯一能约束它的力量来自外部。它具有完全黑暗的本性。比如，有一个小例子：报告详细描述了他们拿人体作试验，研究生物毒剂——这暗示了这种毒剂虽不是大规模杀伤性武器，但显然可以用来进行暗杀行动。

在这里，我所表达的观点并不是为了说服大家清除萨达姆是正确的，而是为了让那些坚持传统言论的人们，至少可以停下来，好好思考这个问题。我并不是说这个观点是毫无争议的：也就是说，如果在2003年我们没能采取行动，萨达姆将重新走上历史舞台，而且将更加兵强马壮，在大规模杀伤性武器和在那个地区支持恐怖主义方面，成为伊朗的竞争对手——当然也可以认为，事实会朝完全相反的方向发展——但是这样的情况至少也有发生的可能性，就像另外一种观点一样，认为萨达姆会就此修身养性，默默无闻地安享晚年；而已经准备好接替他统治的儿子们会进行改革。

那些反对我们行动的道德质问，集中在清除萨达姆之后所出现的混乱和伤亡上。但同样,我们也可以从相反的角度来看待这样的质问。数字不能也不应该用来作为道义判断的准绳;这是萨达姆残杀的人数;这是他下台后死亡的人数。这样的计算方式有失偏颇。然而,既然已经有那么多人谈及了2003年3月以后伊拉克人的死亡人数,在能获得的最可靠的证据而不是最不可信的证据的基础上,来探讨一下这个问题,至少也是值得的。

对于"现在的伊拉克是否比萨达姆时期的伊拉克更好?"这样的问题,真的只有一个合理的回答:当然更好。对于在萨达姆当权期间死亡人数的最可靠估计为:

两伊战争,1980至1988年:两国总死亡人数为六十万至一百一十万(安东尼·科德斯曼:《现代战争的教训》,第二卷,第三页)

针对库尔德人的"安法尔行动",1988年:共有十万名库尔德人死亡;还有更多的人受伤,流离失所。(人权观察[①]:《伊拉克的种族灭绝》,2003年)

1991年入侵科威特/海湾战争:七万五千人死亡(米尔顿·莱滕贝格尔:《20世纪战争与冲突死亡人数》,康奈尔大学,和平研究项目)

1991年针对什叶派的战争/报复:五万人死亡(莱滕贝格尔)

这些年来其他的政治迫害:十万或者更多的人死亡(人权观察:《伊拉克政府的罪行需要接受正义的审判》,2002年12月)

但是,这只讲述了故事的一部分。1979年萨达姆开始当权时,伊拉克比葡萄牙或是马来西亚都要富裕。而到了2003年,伊拉克有百分之六十的人口都靠食品救济度日。数百万人营养不良,还有数百万人背井离乡。上述数据告诉了我们萨达姆时期的伊拉克到底是个什么样子。根据联合国的调查,到了2002年,伊拉克五岁以下儿童的死亡率高达百分之十三,甚至比刚果还要高。到了2007年,在联盟的帮助下,以及由于伊拉克政府采取了正确的免疫接种与营养计划,这个数字降到了百分之四。这相当于说,每年有五万至六万名儿童的生命得到了挽救。

在有人说"啊,这是制裁的缘故"之前,我们应该记得萨达姆是可以自由购买食物和药品的。是他自己选择不购买食物和药品,并借此声称是西方社会造成了伊拉克儿童的死亡。在库尔德人居住区,尽管有萨达姆针对他们,尽管他

① 是一个非政府的国际组织,总部设在美国纽约,以调查、促进人权问题为主旨。

们也受到制裁，那里的儿童死亡率只有伊拉克中部和南部地区的一半。

在伊拉克中部和南部地区，到了2003年，有三分之一的儿童长期营养不良。由腹泻和急性呼吸道感染所造成的死亡是很容易避免的。甚至是在之后的战争期间，2005至2007年间，营养不良的人口数字也已下降到只有萨达姆当政期间的百分之二十五。

这些是我们从未看到的死亡数字；我们从未亲眼目睹的屠杀；在我们的电视屏幕上从未出现的悲痛事件。然而，这些死去的人，和在萨达姆被清除之后丧生的人们一样，个个都是真实的。

那么，到底有多少人丧生？人们再次很快抓住了"事实"，并对此深信不疑。一般认为2003至2009年期间，一共有五十万或是六十万人丧生。这个数字一旦被公布，媒体就会对其进行再三炒作。

这个数字最初源自2004年10月发表于《柳叶刀》杂志上的一份报告，据说这份报告是对于伊拉克死亡人数的科学分析。他们给出的数字——六十万——成了大新闻，在作为主导意见被大肆引用之后，大家便认定这是事实了。而之后，这份报告的研究方法却受到了广泛的挑战；报告中的数字被认为是不准确的并且具有误导性；而且报告中所给出的评估也被其他出版文献大加质疑。而这一切却没有引起公众的关注。

国际红十字会组织曾经对所有的证据作了详细核查，得出结论认为，伊拉克罹难人数统计组织，加上来自"伊拉克生存条件调查"及"家庭健康调查"的大量数据，给出了最准确的估计。布鲁金斯学会编纂了他们自己的发现，他们的发现和伊拉克罹难人数统计组织（顺便提一句，这是一个反对伊拉克战争的组织）的看法相似。他们的数字都在十万至十一万二千之间。

十一万二千已经是很大的数字，但比起五十万而言还是少了很多。他们的另外一个发现是，其中的大部分人——大概有七万人——不是死在我们联盟军队的手里，而是死于2005至2007年期间由基地组织和由伊朗支持的民兵发动的宗教屠杀。

同样，这也并不是为了证明，对于伊拉克而言，清除萨达姆比留着他要好，而只是让大家权衡来看，在萨达姆时期伊拉克是什么样子，而在他被消除之后，伊拉克又是一个什么样子。我们接下来也会提到伊拉克现在的真实情况。

因此，这并不是一个简单的"如果当初我们知道现在所知道的一切就好了"的问题。基于我们现在所知道的，我依然相信让萨达姆继续当政，比起将他清除，对于我们的安全而言，风险更大；而且，尽管战后情势非常糟糕，如果让萨达姆和他的儿子们继续控制伊拉克,那么情势可能会更糟。当然所有这一切并不能减弱对我们没能预见到在萨达姆下台之后可能发生的一切的批评。对于战后计划的辩论非常激烈,这一点我之后会提到。事实上,我们没有预计到基地组织和伊朗会在战后插手伊拉克问题;我们是否应该预计到这一点是另外一回事,如果我们之前预计到了这一点,那么我们会采取什么样的行动,这也是另外一回事了。

正是因为这些原因,我甚至没有办法让我们的一些支持者们满意,他们希望我会说:这是一个错误,但出发点是好的。那些反对伊拉克战争的朋友们认为我很顽固;其他的那些不太友好的人,认为我在骗人。对于这两部分人,我都要说:请大家以开放的胸襟来看待这个问题。

我必须接受现实,接受在清除萨达姆之后所发生的一切;而那些持有和我不同观点的人也应该明白这样一个事实:如果萨达姆和他的儿子继续控制伊拉克,那么同样也会造成某种后果。看看他统治下的二十五年发生了什么,你能告诉我,在接下来的五年、十年或是二十年,情况会变得更好吗?

我的思维有些跳跃。让我们回到2001至2003年,从开始时讲起。有两种方式可以来描述发生的事情:一个是依据决策过程中的心理变化;另一个是依据事件发生的先后顺序。我会从决策开始讲起。

首先,作为一个前提,我们应该排除"阴谋论"这样的说法。在大规模杀伤性武器的问题上,没有什么"谎言"。你可以在各大政府网站上看到我所收到的情报。多年来,联合情报委员会的报告都认为伊拉克正在发展化学和生物武器研究项目。在一些国际情报组织中,有人对这些项目的规模有所质疑,但没有人真正质疑这些项目的存在。2002年11月一致通过的联合国第1441号决议中也谈到了这一点。

原因很简单。1981年,在有明确证据显示巴格达附近的图瓦萨的确有研制核武器的项目存在之后,以色列轰炸了那里的核武器研究设施。化学和生物武器研究计划一直在继续。在1988年,作为阿拉伯化政策的一部分,为了将巴格达北面的库尔德人清除出去,萨达姆对库尔德村庄进行了化学武器攻击,造成十万或以上的人死亡,包括一次对哈莱卜杰的袭击,造成几千人在一天之内丧生。

1990年3月,《观察家报》记者法尔扎德·巴佐夫特被吊死,据说是因为他暗中察看了伊拉克的军事设施。作为伊拉克入侵科威特之后的海湾战争的停火协议的部分内容,武器调查员进入了伊拉克,找到了他们化学与生物武器用品的存放地点并予以销毁。不得不说，大家可能不怎么担心这些武器会被用在伊拉克人民的头上，而是更担心这些物品有可能被用于飞毛腿导弹，在冲突期间，他们对以色列使用过飞毛腿导弹，而且，也担心他们会在更宽泛的区域战争中使用这些导弹。

武器调查员列出了他们所找到的所有材料，也列出了他们没有找到的材料明细。在1999年1月的一份报告里——后来被大家多次引用，他们说他们列出了大量大规模杀伤性武器材料，而之前从未有人对此作过解释。

从一开始调查就遇到了各种阻碍。到2003年3月，冲突开始时，对于伊拉克拒绝与武器调查员合作的问题，一共通过了不少于十七项单独的联合国决议。1998年，武器调查小组离开以示抗议。就如我之前所说，在1998年12月，为了打击他们的设施，克林顿总统和我授权了对巴格达的空袭。行动达到了目的，但是至于到底有多大效果，没有人能确定。大家普遍都认为他们的大规模杀伤性武器项目还在继续开发。

我写下这些并不是为2003年的冲突辩解，而是为了唤起某种如今被埋在记忆深处的记忆，让大家回想起当初在萨达姆统治下的伊拉克到底是个什么样子。他的政府对内施加了种种骇人听闻的暴行与压迫，对外是不稳定因素和导致冲突的原因。这些可以在1999年的报告中略见一斑：

> 伊拉克的人权状况正在每况愈下，对于民权和政治权利的压迫持续不减。政府对于人权的侵犯与伊拉克的许多国际责任背道而驰……同时，也是那个地区和平和安全的威胁。（《中期报告》，马克斯·范德·斯图尔撰写，1991至1999年任联合国伊拉克问题报告专员，五十四届联合国大会，1999年10月14日）
>
> 在伊拉克，对人权的恶意侵犯正在有组织地进行……伊拉克政府却千方百计地将伊拉克人所受的苦难归罪于制裁……而它的军队所犯下的种种恶行却被完全屏蔽起来，他们的人民毫不知情。（《大赦国际》报告，1999年11月24日）

虽然这些并不能为战争的合理性辩护，但确实突出了某种观点的荒谬性，即有人认为布什就是在地图上插上了一枚大头钉，然后莫名其妙地决定去攻打伊拉克。的确，第一次海湾战争所发生的事情——在将伊拉克赶出科威特之后，大家决定不攻打巴格达——影响了美国人的想法。当时那样做是有着令人信服的理由的：在1991年3月的停战协议之后，萨达姆加紧了对他的人民更为血腥的压迫，成千上万的人死亡，而他对国家的控制也得以加强。

国际社会试图通过“石油换食品”计划来减轻伊拉克人民的痛苦。这样的计划很有必要，因为当时制裁仍在继续，而制裁正是出于对萨达姆研制大规模杀伤性武器的担忧。但实际上，这样做从来没有真正起过作用；萨达姆、他的儿子和手下们经常偷偷挪用应该用于换取食物的钱。结果，就像我说的，食品和药品经常没有办法进入伊拉克。

石油的问题又引发了另一个论断：这一切都是因为石油。虽然这个说法很荒谬，但还是很快被传了开来，而且在今天还有人支持这一说法。而实际上，如果我们在意的真的是石油，那么我们可以在转眼之间就和萨达姆达成协议。为了能够取消制裁以及武器调查，他一定乐意付出更多。在2003年冲突之后，作为联合国决议的一部分，我们建立了一个由联合国监管的体系，确保用石油换来的钱可以真的到达伊拉克人民的手中。几十年来，今天，这笔钱终于第一次被用于伊拉克的基础设施、学校与医院的建设；这也是为什么2010年伊拉克的人均国内生产总值是2003年时的三倍的原因之一。

也许这个时候是应该来回应某些严厉的指控：有人认为制裁已经牵制了萨达姆，而且会继续起作用，直到消除他的威胁，所以没有必要打仗。

而实际情况是，到2001年，现存的制裁体系已经逐步瓦解。因为在2001年中期，联合国安理会开始讨论采取新的措施来替代原有的制裁。萨达姆成功地让人们相信，是制裁造成了伊拉克人民的悲惨境地。而萨达姆则通过违反制裁，从“石油换食品”计划中非法获利了上亿元。

大家的讨论基本上围绕着更具针对性的“灵活制裁”展开。认为“灵活制裁”能够钳制萨达姆的观点，其实经不起仔细的推敲。所谓“灵活制裁”，最初的设想是，主要依赖于伊拉克的邻国改变政策，防止违禁物品和设施流入伊拉克，而恰恰正是这一点破坏了之前的制裁体系。为此，“灵活制裁”的最初草案包括严格禁止类似的交易，以及其他一些对萨达姆的约束。

即使有了这些，我仍怀疑制裁是否会有效。然而，如果没有这些，那就毫无希望。随着讨论的进行，有些国家反对更严格的规定，于是这个提案没有通过。尤其是没有通过对于伊拉克周边国家的严格禁令。就像肯尼思·波拉克在《山雨欲来：入侵伊拉克》一书中提到的，这其实使“灵活制裁”失去了意义。他指出制裁能够有效需要七个前提条件，他也得出了结论，认为这些前提条件一个都无法满足。

无论对错，我们这么做是出于已经给出的理由，以及在这些理由背后的想法。那么：是哪些想法？

如果不是“9·11”，伊拉克战争就不会发生。人们有时会以为我说这句话的意思是，伊拉克和阿富汗具有同样的威胁性，也就是说，和基地组织有联系。我不是这个意思。的确，美国内部是认为两者之间确有联系。而且，的确也有可靠的情报显示，在2002年中期，萨达姆允许了基地组织进入伊拉克（之后这造成了严重的后果），而且他显然也准备好了支持恐怖主义，萨达姆还付钱给巴勒斯坦自杀式袭击者的家庭。然而，对于伊拉克的威胁的评估，并不是建立在萨达姆对于恐怖主义与恐怖主义组织的积极支持的基础上。

（这里还有一个很有意思的补充报道。后来有消息显示，本·拉登的副手扎卡维在2002年5月到过伊拉克，与伊拉克的高层开过会，并于2002年10月在那里组建了自己的势力。顺便说一句，我们并没有撤销与此相关的情报。也许我们当时应该对这个情报给予更高的关注，但在当时，为了竭力避免错误地将基地组织和萨达姆联系起来，我们有些低估了这个情报的重要性，至少从英国的角度来看是低估了。）

伊拉克是这样和“9·11”事件联系起来的。就像我之前所写的，在有三千人丧生的袭击中——人类历史上最可怕的恐怖袭击——真正让人震惊的是，这表明基地组织追求的是没有限度的毁灭，也就是说，他们更希望“9·11”事件能使三万或者三十万人丧生。 这并不是一个为了达到某种政治目的而实施的恐怖袭击；这是为了追求某种由宗教驱动的目的而进行的宣战。这和我们以往所面临的任何事情都完全不同。

同时，大规模杀伤性武器的问题也日益升级。而如今，为了给我们所采取的行动安上一个最糟糕的罪名，历史已经被重新改写，似乎整个大规模杀伤性武器的问题只不过是所作出决定的一个简单借口而已。实际上， 武器扩散问题——不仅仅只是核武器，还包括化学和生物武器——在“9·11”之前就已经引起了大家越来越多的焦虑。之前，各种已生效的协议和条约都缺乏执行力。巴基斯坦的科学家阿卜杜勒·卡迪尔·汗使巴基斯坦拥有了核能力。在情报领域，有很多关于他的幕后讨论、争论以及关注。据说只要出钱就能向他购买这一技术。我们确信，有些国家，像利比亚，在进行化学或生物或者是核武器项目的开发。

“9·11”之后，我们的想法是：一旦这些恐怖主义组织获得了研制大规模杀伤性武器的能力，他们会用吗？“9·11”的例子说明他们会。那么，我们怎么才能让这些交易停止？我们如何才能向那些正在发展，或是可能发展这些能力的国家发出明确的信号,让他们停止这些活动? 我们如何才能让大家相信,如果继续和国际社会的意志作对,我们将不再容忍这样的行为?

在这点上,有一个毫无裨益又不合情理的对比。在很多场合,尤其是关于伊拉克,人们会说:你们到底是为了政权更迭,还是因为大规模杀伤性武器?真实的回答是,虽然从某种程度上讲这是两个不同的问题,然而,从另一方面看,这两者显然是密不可分的。比如,如果伊朗是一个管理有序的民主国家,能和世界和平相处,那么,即使他们试图获取核武器能力,我们的态度也会不一样。我们依然会有担心,也依然会表示反对,但是这样的风险与威胁却大为不同。不过如果伊朗是民主国家,他们可能就不会试图获取这样的能力。换句话说,对危险的判定,部分是由对这个政权的评估来决定的。从深远的意义上来说,萨达姆政权的性质决定了它发展大规模杀伤性武器的野心,而因此带来的风险也不容我们小觑。

有一个常见的论断就是源自这糊涂的想法,认为美国的政策是为了政权更迭,而英国的政策则与大规模杀伤性武器相关。因此,这种论断说,一开始我们的立场不同,而最后,英国却被拉到了美国的一边。

读一下克林顿总统同意的《1988年伊拉克解放法案》会很有裨益。正是在那个时候,美国的政策发生了转变,要促使伊拉克的政权更迭,而这个转变的原因——法案里说得很清楚——正是因为大规模杀伤性武器问题,也因为萨达姆违反了联合国决议。这并不是从道义上针对萨达姆,而是考虑到大规模杀伤性武器的威胁,以及他对于国际社会意志的反抗。

因此,当"9·11"的影响还未平息,当我作为一个领导人思考着将来潜在的风险时,恐怖主义获得大规模杀伤性武器的可能性所带来的风险,在我的脑海中占据了首要地位。

的确,在有些方面,你可以说,像基地组织那样的组织,一定与萨达姆那样的政权势不两立。基地组织的目标是政府,通常是阿拉伯世界的政府。而政府——尤其是那些独裁政府——生性不喜欢也不信任那些在他们势力范围之外活动的人。对于那些通过铁腕来治理国家的人而言,狂热主义如鲠在喉。这些都是金科玉律,至今也是。

但是我想我可以看得更加深入:在表象之下的更深层面,流氓国家与恐怖主义组织之间正在结成某种同盟。他们有着共同的敌人:西方国家以及西方国家在阿拉伯世界的同盟。他们无疑都有着对西方文化、态度以及思想的恐惧。接受这样的思想无疑会对他们造成实质性的威胁。萨达姆以及所有阿拉伯领导人，之所以大肆反对由沙特阿卜杜拉王储以极大的勇气在2002年提出的阿拉伯和平倡议，是有原因的。以色列和巴勒斯坦的和平对于那些带有极端主义色彩的国家而言，是一种威胁，今天依然如此。这意味着共存。对于基地组织这样的组织而言，这是诅咒。对于像萨达姆政权这样的政权而言，这是威胁。一个平静的、走向变革的地区，对于像他或是他儿子这样的人而言，不会是一个容易掌控的地区。

他们有着同样的对于生命的冷漠态度，都可以为了达到遭人唾弃的目的而大肆杀戮，可以为了达到这些目的，不惜将宗教和伊斯兰的历史掺杂进来。正是这些相同之处，让他们有了共同的敌人。

像萨达姆这样的人会希望基地组织在伊拉克变得强大吗？绝对不会。那么他是不是会在伊拉克以外利用基地组织呢？很有可能。那么，是否有武器扩散的风险——不仅仅是从伊拉克，还从其他地方渗入那些恐怖主义组织，而这些人是绝对不会反对使用大规模杀伤性武器的？我当然觉得有可能。

事实上，我现在还是有着同样的想法。有多少次，提到伊朗政府时，人们会告诉我，什叶派在中东绝对不会和逊尼派结盟。然而，如果是出于战术上的目的，他们则可以接受——因为他们都不希望稳定，又同样狂热地反对“西方”价值观，他们无疑将此视为对于他们的权力的长期威胁。

我也认为，中东地区的问题环环相扣，而且面临的基本挑战也很简单：亟需现代化。这个地区充斥着各种有毒害的物质：对于未来的错误看法；对于伊斯兰教的解读，往好里讲是有所欠缺，往差里讲则是危险的；统治政权可以成为西方的同盟，但却处于极大的内部压力之下。领导人往往具有良好的意图，然而他们所领导的国家却并不买账。因此，那些领导人欢迎西方国家，而他们的社会却不欢迎我们。我们和中东地区领导人的对话，能够在根除激进主义的问题上达成一致，然而，发生在他们国家街道上的那些对话，代表的却经常就是激进主义。

对于以色列的态度就是一个例证。在领导层面，虽然中东地区的领导人对以色列不满，有时也是出于正当的政府原因，但基本上他们还是希望和平的。曾经的口号如今已变得令人讨厌，而且也成为了引起内部不满的原因。曾经他们希望利用以色列问题，而如今他们只希望能够解决这个问题，让它彻底从议事日程上消失。虽然当时大家认为伊朗的威胁更小(在反对伊拉克战争时，他们常会提到这一点，之后还会更多地提到)，但是当时对于伊朗的影响和意图的担忧已与日俱增。他们也许不喜欢以色列，但是他们从来不惧怕以色列。而对于伊朗则完全是另外一种担忧了。

然而,即使是对当地阿拉伯报纸的最粗略的浏览也能让人看到,社会底层的人,以及在受过良好教育的媒体人员都憎恨以色列。这成为了将国内改变的需求引向别处的一个手段,将政治精力和承诺集中于外部事业,集中于某种不公平——不仅仅是对于巴勒斯坦的不公平,也是对所有地区的穆斯林的不公平,也集中于不断地证明西方社会不顾及伊斯兰教徒的利益,以及对于伊斯兰教本身不友好。

就像我之前所论证的,政治上最容易出问题的组合就是,人们面临一个选择:选择一个有着正确理念的非民主政府,不然就选择一个有着错误理念但却深得人心的组织。这样的选择在这个地区及其周边随处可见。而在萨达姆这个例子上,这几乎被颠倒了,也就是说,对于那些急于将他们的人民带上走向未来征程的海湾国家而言,萨达姆在这个地区的影响既令人讨厌,也阻碍了大家进步的步伐。

面对这样的一个地区,我认为它稳步进化的机会并不大,而且如果让萨达姆继续执政,情况毫无疑问会变得更糟。我从来都没有真正理解什么是"新保守主义"。让我困惑的是,人们会说:这是指强制推行民主与自由。我觉得用这来解释"保守"有点奇怪。通过分析,它真正的意思是指,认为这个地区稳步进化无望,需要彻底重组。

2002年1月,乔治·布什所发表的国情咨文以提出"邪恶轴心"论而出名,他将伊朗、伊拉克、叙利亚以及朝鲜联系起来。这表明美国已开始打算改变世界,而不仅仅只是领导世界;就像阿富汗战争所显示的,如果有需要,他们还会诉诸武力。

从我的角度看,这个论点的支持者的表述有两点不足。第一点(这并不是对乔治的批评,他的措辞总是很谨慎)是,他们将这个论点用带有派系色彩的语言——"新保守主义"来表述,对于像我这样的进步论者,这样的划分显然有问题。其次,就像我在2001年9月的工党大会演讲上所说的那样(之后不断被提到),我相信,为了解决这个争端,从战略上讲,解决巴勒斯坦问题至关重要。虽然巴勒斯坦并没有导致极端主义,但是解决巴勒斯坦问题对打败极端主义有极大的帮助。

不过,先将这个问题置于一边,我从改革论的角度也得出了和乔治从保守主义角度出发得出的同样的结论。这个地区需要彻底的改变。而且这个改变会与以往不同。在20世纪80年代,我们给萨达姆提供了武装,就像我们给阿富汗的穆斯林游击队提供武装，前者是为了能够牵制伊朗，后者是为了能够钳制苏联。当时这是出于战术需要，但却是个战略错误。这一次，我们会带来民主与自由。我们会将权力移交给人民。我们会帮助他们创造一个更加美好的未来。我们不会扔给他们不同的领导人，而是让他们有机会选择自己的领导人，就像我们的人民那样。

难道我们没有让大家看到这样的理想主义是可以实现的吗？在阿富汗，当时他们正在准备他们的第一次选举，而塔利班似乎也已经被驱逐。在我的第一个任期，我们推翻了米洛舍维奇，使巴尔干半岛的面貌焕然一新。在饱受钻石大战蹂躏之后的塞拉利昂，我们保全了民主。我们有像美国这样的军事强国，更别提还有英国和其他国家。萨达姆根本无法抵抗：他一定会输，或者他会自动下台，如果他明白另一选择就是被迫下台。

所以，如果我们需要向那些挑衅国际社会的行为传递一个讯息，那么这个讯息应该被传递到伊拉克。如果有那么一个政权，本质邪恶，嗜好冲突，那一定是萨达姆政权。如果有哪国的人民需要解放，那一定是伊拉克人民。

然而事情却并没有这样发展。这正是因为，这样的斗争根深蒂固；正是因为，这是现代主义者和反动分子之间的生死之战；也正是因为，差不多整个伊斯兰教的未来都遭到了威胁——曾经是，现在也是：它的信仰、它的故事以及它在21世纪的地位。正是因为这所有的一切，才会使反对现代化、反对我们的力量不会轻易交出他们的领地。他们会全力抗争，就像这会是他们的生死一搏，因为也的确如此，曾经是，现在也是。就让民主的价值观自己落地生根；让由西方社会赞助的发展来帮助那里的人民走向繁荣富强；让阿拉伯世界的人民看到，现代化能够为他们的工作、休闲与生活带来多大的益处，而那些认为西方国家是敌人、是异教徒的说法也会瓦解，让人们看出其实质是自私的胡说八道。

为了与我们作对，他们不惜使用几乎任何政府，甚至是一个强大的政府都无法应付的手段：恐怖主义。事实上，在逊尼派的暴动中即使有一些恐怖袭击，而且颇具破坏性，却也可控。然而，带来狂风暴雨并且几乎把国家摧垮的，却是由基地组织领导的袭击：在市场里、商场里，甚至是在清真寺里，杀死了大批的平民，四处散播恐惧和恐慌；同时也有针对性地对什叶派聚集地的祈祷场所和圣地，以及什叶派教徒发动的恐怖袭击，旨在煽动，也的确是煽动了宗派主义的火焰。

如果只有他们自己的力量，那么即使他们有以上的暴行，我们也可以应对。然而,让它具有摧毁一切的力量的,却是恐怖主义加上伊朗在什叶派激进成员中日益强大的影响,之后又加上了基地组织,而基地组织对于英国、美国以及其他国家所采取的恐怖手段和他们制作的简易爆炸装置的威胁，导致了大家的退却。也许刚开始时,我们是和萨达姆作战;而最后,我们却是和同一支反抗力量作战，而这个力量存在于这个地区的各个角落，存在于这个地区之外,甚至在我们自己国家的大街上。

换言之,如果没有外来力量影响伊拉克,那么这个国家战后的形势还是可控的。而让这一切变得困难,有时甚至几近失控的原因,是来自外界的影响力量，执着于混乱与毁灭的力量。伊朗和基地组织都知道伊拉克所面临的风险。它们两个都不会在不作任何抗争的情况下,就让伊拉克稳定下来;而随着我们的意志日渐薄弱，他们的意志却日益坚强。最后还是凭借伊拉克总理努里·马利基的领导能力（坦白说这很出乎大家意料)——以及布什的增兵决定——才使得天平重新倾斜,让大家坚定了走向民主与现代化的决心。

这一路的确充满了各种艰难险阻,比任何人能够想见的都要艰难。然而问题是,之所以会有人认为战后状况“证实”了清除萨达姆是错误的,回想起来,是因为我们接受了一些本不应该接受的事情。我们清除了萨达姆,给予了伊拉克人民一个机会,让他们在联合国的支持下走向民主,并同时给他们一大笔资金来重建国家。他们也希望如此,也在选举中表达了强烈的愿望。然而,清除了萨达姆却给了恐怖主义与反民主力量可乘之机来扰乱伊拉克。这引发了一场血腥的战争。因此,就有人抛出了这样一个观点:应该让萨达姆继续掌权。如此一来,伊拉克人民——有点像阿富汗人民——就会面临一个选择:或是被一个残酷的独裁者统治,或是被恐怖主义侵占,被恐怖主义以他们的独裁方式来统治。所以,伊拉克人民或者接受已经存在的暴政,或者就接受一个宗教暴政。

在我离任之前不久,在一次访问巴格达期间,有一位伊拉克人对我说:“所以你们(指西方国家的评论家们)是说:我们或者就让萨达姆来统治我们,或者就让恐怖主义来统治,但是我们却不能拥有你们所拥有的?我们当然一定要打败萨达姆;现在我们必须打败恐怖主义。但是我们的未来一定有一个更好的选择。”

麻烦在于，我们在伊拉克和阿富汗的敌人已经发现了当代西方社会心理的一个重要特点:我们希望速战速决,希望胜利。而如果战斗变得血腥、长期而又不可预期时,我们的意志就会动摇。尤其是我们的士兵的阵亡,会大大降低我们的士气并让我们感到沮丧。这并不能激起大家的愤怒、决心或是报复心理，相反却让大家感到痛苦，觉得不值得这么做，觉得这场战争过于沉重，带来了太多的悲伤。当然，在如今这个媒体异常发达的社会，战争在现实生活中被实时播出——而在现实生活中，战争从来都是残酷可怕的。具有讽刺意味的是，最后一批失去信心的人却是战士们自己，他们志愿参军，也希望军队为战斗作好准备。但是，公众却早已泄气，感到筋疲力尽，心力交瘁。在伊拉克的结局就是，随着时间的流逝，大家的意志越来越消沉，而最终真的是因为布什增兵的决定和伊拉克人民希望走出深渊的决心让大家重拾了信心。

事实上，在伊拉克有两场战斗：一场是短期的——消灭萨达姆；而另一场则是长期的——摆脱恐怖主义在战后破坏稳定的行径。而正是在这第二场战斗中，伤亡数字让人惊骇，伤亡的既有无辜的伊拉克穆斯林平民，也有美国、英国以及其他盟国的士兵们。但是，如果向这些往往是由外部力量来鼓动与引导的恐怖行径让步，那对于更广泛意义上的斗争而言，无疑是灾难性的挫折。

因此当时争论很激烈，直到今天这样的争论依然激烈。而历史永远都会作出最终的审判。在这个时候，我并不寻求所有人的支持。我只希望寻求大家的理解，使支持或反对伊战的论辩能更加平衡，而不是像传统言论那样一边倒。

这不是苏伊士运河战争，1956年时，英国和法国不顾美国的反对，试图推翻纳赛尔[①]，但以失败告终。这也不是越战那一场对抗真正的叛乱的战争（虽然在越南并没有得到全体人民的一致支持），而最终叛军获得了胜利。

大家为了伊拉克问题喋喋不休地争论时，却忽略了伊战在当时对于其他国家的影响。2003年早期，利比亚开始与我们谈判，和盘托出了他们的核武器及化学武器研发计划，并最终自愿放弃了研制这些武器，将它们摧毁。同年10月，伊朗开始被美国的行动所震慑，在2002年8月后第一次重返谈判桌，讨论它的核武器项目。在布什总统的要求下，朝鲜也重返六方会谈。阿卜杜勒·卡迪尔·汗从事的活动曾经是巴基斯坦政府激进行为的起因，终于这一切也停止了。大规模杀伤性武器材料的扩散者和供货商匆匆忙忙地偃旗息鼓。大家都知道美国人强硬的态度会带来不好的后果，然而，这同样也会带来重要和有益的影响。人们认识到，布什很强硬，他会做出任何事情，他们知道他们得留心一点。从和阿拉伯世界的领导人的私下谈话中我了解到，当时他们的反应——不管公众的立场如何——是默许美国禁止任何人胡作非为的那种态度。随着战

① 即迦玛尔·阿杜尔·纳赛尔（1918—1970），埃及的第二任总统。他在1956年当选总统当年，宣布苏伊士运河收归国有。同年10月，英国、法国、以色列联合进攻埃及，苏伊士运河战争全面爆发。

争的持续,他们的人民的态度转变了,他们的默许态度也转变了;但是,他们从来不会想要一个软弱的美国总统。他们了解他们的邻居们。让他们对美国有所忌惮,并不是一件坏事。

在2003年3月之前发生的一系列事件,标志着冲突的逐步升级。在“9·11”事件之后,美国人的想法发生了彻底的改变。伊斯兰教内部的极端主义完全扭曲了伊斯兰教的真义,已向美国宣战。比起像我这样的局外人,美国政府的内部人员更清楚:我们需要以全新的眼光来审视这个世界。庇护或是帮助恐怖主义的国家,和那些从事大规模杀伤性武器研发的国家一样,都是潜在的敌人。当这两大危险因素——恐怖分子以及研发核武器、化学或生物武器的所谓的“流氓”国家——合二为一时,后果将不堪设想。2002年的八国集团峰会上曾达成了一项并不引人注目的协议:几个主要的国家同意投入上亿美元的资金来保护或是清除前苏联国家的大规模杀伤性武器设施。每一个国家都同意采取——它们也的确都做到了这一点——广泛的反恐立法;采取了更为严格的条例来控制洗钱,因为洗钱可能与恐怖或是大规模杀伤性武器交易有关;也努力打击了煽动极端主义行为的组织。

2001年2月在戴维营,我第一次和乔治会面,我们只是在谈到新的制裁决议(“灵活制裁”)时——我之前有过描述——才谈到伊拉克,但当时大家并不认为它是一个紧急的问题。乔治正开始着手在美国建立一个更强大的右派力量的基础,这能够支持他走过两个任期,他尤其关注教育和税收改革。我们相处得还不错,但都有些小心翼翼。实际上,一开始,比起我和乔治,切丽和劳拉·布什可能相处得更融洽。很快我就喜欢上了劳拉——谦虚、不装腔作势,但是显然有着强大的内心。要融入这样一个有权有势的家庭应该不容易,而芭芭拉一定是一个令人敬畏的婆婆。(虽然比起她的公众形象,她实际上可爱多了。)在劳拉的内心里,她对自己有信心,这给她在日后面临艰难险阻时提供了一个坚硬的外壳。

乔治有着很强的幽默感,很谦卑也善于自我贬抑,但这并不能改变他是保守论者而我是改革论者的现实。在很多社会问题上,我们似乎都不能达成一致;在气候变化这个问题上,我们可以说是势不两立。

这并不是我第一次去戴维营,我曾经和比尔一起去过。这也使得这次的会面显得有点奇怪。上一次,我和比尔在1998年2月的阳光下讨论如何才能让中左派摆脱长久以来爆发力不足的问题,除了这一点,他们的保守党政府还是比较稳健的。那次的谈话很有启发性，充满智慧与理性，是比尔一直喜欢的谈话方式，而我也会和往常一样心领神会，并补充上我自己的分析；我一直很惊讶，同时也深受鼓舞——我们的想法会如此相似。

而布什一点都不像乔治。当然，这并不是因为他不聪明；他很聪明。有关乔治的最荒谬的一幅漫画将他描绘成了一个愚蠢的白痴，只不过凑巧成了总统。没有人可以凑巧得到那样一份工作，在美国选举的历史上，有多少才华横溢的政治人物遭遇了滑铁卢，因为仅仅依靠才华还不够。如果一个人不够聪明，他是无法克服长达九个月的竞选过程中的艰难险阻的，而且在这之前，他还需要付出多年的努力。要成为英国政坛的领导人也不容易，不过是因为另外一个原因——首相答问。白痴是没有办法完成任何一次首相答问的。能够生存下去并且一直高昂着头颅——哪怕只是当一年的反对党领袖，你必须非常聪明，要大大超过普通智力水平才行，不然你一定会被生吞活剥。

然而，要在美国政坛或是在英国政坛上获得成功，除了聪明还需要其他品质。你必须要有能融洽沟通的能力，而且需要用朴实的语言表达出来。朴实的语言能让人们看到包含其中的智慧。里根很聪明。撒切尔也很聪明。有的时候，这种朴实会影响一些其他东西：由果断的本性所带来的简洁的风格。不过简洁也可能是因为冲动，或者也可能是因为忽略了问题的复杂性，因此，有时简洁也会导致人们作出错误的决定。但这绝对不是因为愚蠢。当形势需要这样的清晰指令时，你也可以作出清晰的决定或行动，而且它们也可以是有力并且有益的。有些领导人想得太多；而有些人总在不停地权衡；有些人则将考虑各种选择本身视为目的，无法作出明确的决定。当然，能够在行动之前好好思考一番是件好事，然而思考也需要有个期限，思考之后必须采取行动。这个说法本身就有道理，但同样，领导一个国家或是任何组织，不能采取行动就会造成后果。不行动就是作出了维持现状的决定。而维持现状也会有其自身后果，通常也会有其自身的发展动态。因此，清除萨达姆产生了很多后果，而如果不能清除他同样也不会不造成任何后果。我们可以讨论这样的后果的性质，也可以讨论它的影响会有多广泛，但无论如何，都会有一个后果。

乔治看世界的眼光非常单纯。不管对错，这使他形成了非常果断的领导作风。虽然你可能坚决反对他的决定，但是如果当初采取的是截然不同的做法，同样也会有问题。

当我们坐在戴维营主楼外的阳台上，沐浴在2月的阳光下，聊聊天，以便“熟悉对方”时，我很明显地感觉到，他和比尔·克林顿完全是两个世界的人。但是他同样也很强硬,思路清晰,明确地知道他想要什么。

去戴维营是在我备战2001年大选期间的一次适时的休整,后来大选很快因为口蹄疫问题被延后。我刚刚度过了燃油税抗议危机,在民调中领先至少十个点,正信心满满。从他对待我的态度中看得出来,他也期待一年之后会继续跟我打交道。所以,我们两个都希望能与对方友好相处。

戴维营建在卡托克廷群山公园内的森林里,占地一百四十多英亩,由若干座木屋构成,很有美国风格,也很精致。主楼里有总统吃饭的地方,一座电影院(不管你信不信,我们在那里看了《拜见岳父大人》),还有几间书房和娱乐室。设施很齐全。这里有点大农场的味道,但它也能迅速变身为行动指挥场所。

我喜欢戴维营。那里有大片的土地可以散步,还有许多穿梭在树丛里的小路。媒体被很小心地拦在了外面,只有开记者招待会时才被允许进来。那里还有一个健身房和一座小教堂,食物也很好吃。这是一个休闲和制定方案的好地方,而且乘直升飞机前往白宫的草坪也只有一小段路程,所以它的吸引力是不言而喻的。

在那次访问后的几个月里——主要的新闻都是关于我对于服装的选择,和往常一样,认为我的着装不当,还有就是乔治的一条评论,说我们两个用同一个牌子的牙膏——可能我比他更多地想过伊拉克的问题。

1998年12月轰炸了巴格达之后,国际社会陆陆续续地采取了一些针对萨达姆的军事和外交行动,虽然都不怎么成功。2001年6月在我获得连任之后,美国、英国、法国、德国和俄罗斯花了很长时间一起讨论新的制裁体系,可以让萨达姆允许联合国武器核查员重新进入伊拉克。大家对于俄罗斯的商业利益一直有所顾忌。2001年7月在热那亚的八国集团峰会上,当我和普京谈到制裁问题时,他开玩笑说,他完全支持实行制裁,如果我们能将伊拉克欠俄罗斯的八十亿美元补偿给他。

如果萨达姆拒绝服从,美国计划重演1998年的行动;但基本上,当时对伊拉克的基调还是比较平和的,并没有紧迫的外交压力。而我可能是希望采取强硬手段的最忠实的倡导人,不过即使是我,也没有想过要强迫萨达姆下台。

2001年7月,我甚至写信给伊朗的哈塔米总统,感谢他支持我们对于伊拉克的决议草案。曾有一度,我被告知哈塔米有意重修伊朗与我们的关系,并且能重新将伊朗带上正轨。我很怀疑这一点,但愿意试一试。

2001年8月,美国和英国在伊拉克南部禁飞区巡逻的军队指挥官向我们报告,联军飞机所面临的威胁大大增加。就在8月底,美国的F-16战机已在巴士拉展开行动。然而所有这些都没有上新闻头条。

而在9月11日，发生了恐怖主义对纽约和华盛顿的袭击之后，一切都改变了。就像我之前所解释的，突然之间安全威胁的性质完全转变了：从一个很低的级别提升到了一个极为重要的级别；从一个可以慢慢解决的问题变成了一个迫在眉睫的突出的问题。

转眼之间，美国人的态度就发生了转变。萨达姆让我们想起了过去的战斗，他曾经是被我们打败的敌人，但却并没有被赶下台，这也引起过很多人的不满。然而，他一直没有被视为一个威胁。当时，并不是因为他所造成的直接威胁变大了，而是因为"9·11"事件是如此让人震惊，后果又是如此严重，于是萨达姆又重新落入了美国人的视线，他们认为整个世界需要改造。那些曾经不受欢迎但还可以容忍的国家一夜之间便成为了潜在的敌人，需要与他们当面对质，让他们改变态度，或是重组政府。

重要的是，大家有了紧迫感。在那个阶段，没能采取行动就会带来严重后果。在那个时候，大家担心的并不是行动，而是不行动会带来的后果。如何改变这个世界是一个艰难的挑战；如果不去面对，犹豫不决，那么就会面临更大的风险。

紧接着而来的问题是，如何对付本·拉登、基地组织和塔利班。美国显然已经开始为处理大规模杀伤性武器的问题作准备了。2001年11月，布什总统向那些正在研发大规模杀伤性武器的政府发出了严正警告；尤其警告伊拉克必须重新让武器调查员进入。2001年12月，一组跨党派议员给乔治写了一封信，措辞严厉，要求清除萨达姆，并推行政权更迭政策。

2002年1月，在压力之下，萨达姆开始和联合国就武器调查员的问题再次进行谈判。然而他对于联合国决议的执行却少之又少，这从下文所列举的表格中可以看出，这些表格是为议会工党在 2002年7月的内阁会议上的讨论而准备的。

伊拉克所必须遵从的安理会决议一览表,以及伊拉克遵循决议的记录

要求	伊拉克是否遵从?
安理会第661号决议——1990年8月6日 伊拉克必须遵从联合国第660号决议(撤出科威特)	伊拉克被三十七国联盟驱逐出科威特
对伊拉克实施贸易制裁,燃料与药品除外	否
安理会第686号决议——1991年3月2日 伊拉克必须归还攫取自科威特的所有财产	否
安理会第687号决议——1991年4月3日 伊拉克必须尊重1963年与科威特所共同认定的疆界	是
伊拉克必须无条件同意,销毁、拆除大规模杀伤性武器,或使其变成无害	否
伊拉克必须说明大规模杀伤性武器项目的地点、数量和类型	否
伊拉克必须配合联合国监测、核查和视察委员会以及国际原子能机构的调查	否
伊拉克必须承担因入侵科威特所造成的所有直接损失	否
伊拉克必须配合寻找自从伊拉克侵占科威特之后下落不明的科威特国民和第三国国民	否
伊拉克绝对不能进行或支持国际恐怖主义活动	否
安理会第688号决议——1991年4月5日 伊拉克必须结束压迫本国平民	否
伊拉克必须允许与国际人道主义组织的接触	否
伊拉克必须就伊拉克平民的需求问题与联合国秘书长合作	是

(转下页)

(续表)

安理会第707号决议——1991年8月15日	
伊拉克必须彻底公布其所有完整的发展大规模杀伤性武器的计划	否
伊拉克必须授予联合国监测、核查和视察委员会以及国际原子能机构无条件、无限制的视察自由	否
伊拉克必须停止任何隐瞒或转移大规模杀伤性武器的行为	否
伊拉克必须彻底答复联合国监测、核查以及视察委员会以及国际原子能机构提出的问题或要求	否
伊拉克必须允许联合国监测、核查以及视察委员会以及国际原子能机构的飞机飞行，并保证它们不受干扰	否
伊拉克必须停止任何种类的核活动，除了合法使用其同位素	否
伊拉克必须向联合国监测、核查和视察委员会以及国际原子能机构提供一切所需后勤支援	否
安理会第715号决议——1991年10月11日	
伊拉克必须和联合国监测、核查和视察委员会以及国际原子能机构充分合作	否
伊拉克必须制定刑法法律，确保禁止研发大规模杀伤性武器	否
安理会第949号决议——1994年10月15日	
伊拉克不能以武力威胁周边国家或者联合国行动	否
伊拉克不得加强在伊拉克南部的军事力量	否
安理会第1051号决议——1996年3月27日	
伊拉克必须向联合国监测、核查和视察委员会以及国际原子能机构报告所有军民两用的大规模杀伤性武器的装运	否
安理会第1284号决议——1999年12月17日	
伊拉克必须与联合国监测、核查和视察委员会合作	否
伊拉克必须与三方委员会合作	否
伊拉克必须配合“石油换食品”计划	否

当然,像往常一样随着阴谋论的谣言四起,有人认为,美国在2001年下半年就已经决定要武力清除萨达姆,所以从那时起,战争就是不可避免的了。但事实并非如此。这既不是政治的也不是人类的做事方式。而且,最终,是由人类来作出政治决定。

真正所发生的事情,就像我说的,是美国对于风险的态度有了一百八十度的大转变。伊拉克绝对被提上了议事日程。大家已经倾向于相信萨达姆是屡教不改的。当时大家确信,他正在进行大规模杀伤性武器的研发计划。大家也相信,他的下台会让世界变得更美好。大家的确这么想。但离下定决心还有很长一段路。如果萨达姆能放弃走那些毫无诚意的弯路,而是像卡扎菲明智地在利比亚所做的那样,那么问题可能就迎刃而解了。如果当时他能打开国门,不支持而是谴责"9·11"事件,向大家声明他了解游戏规则已经彻底转变,那么他也会发现,在他开的国门外,人们对他也不会有成见。但是,如果能这么做他就不是萨达姆了。

我想表达的观点是,从"9·11"开始,美国人已经决心要与萨达姆交锋;但是从理论上讲,这种交锋可以一直采取外交斡旋的方式,而且也可能获得成功。

我之所以知道这些,是因为我和乔治一直在沟通。他可能考虑过,到某个时候确有必要采取行动。快到2002年年底时,他更清楚地认识到了这一点。然而,在2002年早期和中期的几个月时间里,还并不是这样。而且,正如我所描述的那样,甚至到了2002年底和2003年初,冲突依然有可能避免。当然,现在人们会指出,其实我们当时已经有了军事计划,而那些外交途径的斡旋只是演戏而已。这些计划是不可避免的,也是正确的,并不是因为战争在所难免,而是因为毕竟战争也是可能的选择之一,而这样的选择需要提前进行计划。

我们第一次开始认真探究这个问题是在2002年4月,我访问了乔治在得克萨斯州的克劳福德农场。农场很偏僻,占地一千六百英亩,有一栋房子、一栋客舍,还有不少外屋。和往常一样,我带了不少人一起去,外婆和利奥也跟着一起去了。这感觉很奇怪。切丽常常喜欢带着一家子跟我一起到处跑,但是坦白说,当我工作的时候我更希望是自己一个人,不用分心,可以全神贯注地工作,不用担心利奥是不是无聊了,外婆是不是有什么抱怨,也不用担心大家是不是能融洽相处!所以,我从来不善于应对这种工作和社交混杂在一起的场合,这让我不时感到急躁和紧张。

然而,乔治和劳拉让我有宾至如归的感觉,他们的好客程度远远超出了一般的东道主。不过让我沮丧的是,天气居然很冷。我一直以为得克萨斯整年都有阳光（这不对，我知道），所以在经历了英国的冬天之后，我一直对来这里充满了向往。我很少会放弃在家过周末。我试图让我的周末不被工作打扰，除非的确非常有必要。然而，这次是一个例外，我想真正了解乔治的最好的方式，就是跟他在华盛顿或是戴维营以外的地方会面。

从我的立场看，当时我已经想明白，清除萨达姆对全世界，尤其是对于伊拉克人民来说大有裨益。虽然我知道政权更迭不是我们的政策，但是我会充满热忱地而不是气馁地来看待这样的变化。在1999年的芝加哥演讲中，我发表了有关“保护责任”的新声明，也就是说，一个政府不可能随意压迫和蹂躏它的公民而不受到惩罚。我曾将此声明在科索沃和塞拉利昂问题上付诸了实施。

话虽如此，因为采取这样的行动还需克服很多困难，因为战争应该是放在最后一位，而不是第一位的解决方式，我得出了一个明确的结论：只有在萨达姆不遵守联合国决议的情况下我们才能诉诸战争。他虽然是个专制统治者，但我们不能仅仅因为他专制就将他清除。

后来，根据英国驻美国大使克里斯托弗·迈耶爵士的评论，又冒出了另一个众所周知的谣言。他声称在克劳福德时，我以血起誓会支持美国，支持政权更迭，而且我还在离开克劳福德的第二天，在得克萨斯对老布什他们演讲时清楚地表明了我的立场。

实际上，克里斯托弗从来就没有参加过我和布什的会议；他甚至都不和我们在同一栋楼；我没有作出过这样的承诺——实际上我强调通过联合国渠道来解决问题；而且我在得克萨斯的演讲也和我在其他公开场合所发表过的声明完全一致。

但事情往往就是这样：谣言一旦出现，它就会成为“事实”。

然而，有两件事情我很清楚。首先，必须让萨达姆遵守联合国决议，他必须停止多年以来的阻挠和不合作。其次，作为一个国家，英国必须依然和美国“并肩作战”。这个政策并不像听上去的那么不成熟或是考虑不周。这并不代表我们为了他们的利益而牺牲自己的利益，也不代表我们转包了我们的外交政策。这意味着，我们两个国家之间的联盟具有重要的战略利益，我认为对英国来说，这还是重要的战略优势。

这表示，我们将把对美国的袭击视为也是对我们的袭击，我的确这么想。这也坚持了某种态度：认为我们已真真切切一同向恐怖主义宣战，而赢得这场战争的胜利是我们共同的利益。当时和现在一样，我都相信美国绝对不能接受输掉这场战斗，而我们作为他们的同盟，面对共同的威胁，在他们需要帮助的时刻应该和他们站在一起。我知道这一切听上去还是老一套,甚至有些人会觉得有点自欺欺人——我们怎么可能影响美国人的决定?我完全明白,最终美国会基于他们自己的利益作出决定。但是,我也明白,当新的世界在我们身边日渐成形时,如果没有美国,英国和欧洲将会面对一个更不确定的未来。共产主义受挫——我们要知道,如果没有美国,这是不可能的——证明我们和美国的联盟很重要。当我需要比尔·克林顿的帮助,需要他在科索沃冲突中采取行动时,他的确有所行动,拯救了巴尔干半岛的国家;这表示,我们要知道不仅仅是在历史上,即使是在刚过去不久的岁月里,我们也需要美国的帮助。所以当他们需要我们时,我们难道真的要拒绝吗? 或者更糟糕的是,难道希望他们能够不用我们帮助就取得胜利?经过认真的考虑,我感觉到了这样一个同盟的责任和历史,紧急但并不沉重地号召着我们履行我们的义务,号召我们采取行动,号召我们在他们陷于危难之时,和他们并肩作战,而不是和他们保持距离。

在克劳福德学校图书馆召开的记者招待会上,我们的身后飘扬着美国和英国的国旗,我们向大家传达了一个明确的信息。大意就是:伊拉克或者改变对于大规模杀伤性武器核查的态度,或者就等着政权更迭。

不过,私底下我们讨论得更加细致。我们交换了对于萨达姆政府本质的分析,它对于我们的安全造成的威胁,也谈及了中东地区更广泛的问题。在当时以及之后,我所关心的是将萨达姆的问题放在转变时期的中东这个大环境下来考虑。虽然当时我还没有像今天想得这么清楚,我依然认为这两件不相干的事情是同一件事情的组成部分。因此,我极力向乔治主张关注巴以和谈进程问题。对我来说,巴以和谈进程是不可缺少的软实力的组成部分,而这软实力是为了平衡清除萨达姆所需要的硬实力。

和谈进程简直是一团糟。2000年的巴勒斯坦起义之后,巴勒斯坦人参与了一系列恐怖袭击,而以色列也进行了严厉的报复,最终导致了占领区的逐步扩大。在克林顿的任期快结束的时候,和谈进程已经几乎要取得突破(或者说看上去就要有所突破),但如今已接近破裂。我认为,采取措施进行补救并将和谈进程重新带上正轨,这一点非常重要,尤其是对于在创造条件推行更强硬、严厉的手段的同时,不引起阿拉伯人的反抗和穆斯林的反感而言。“9·11”事件刚过去六个月,大家对于采取行动已经不那么积极,而对于军事行动的热情也大大减退。

在去克劳福德的前两天,我在契克斯别墅和军队的高级官员们召开了一次会议。会议并不是专门为克劳福德准备的,而是为了谈谈一些基本的问题,谈谈可能必须采取何种军事行动。我们也讨论了我们的目标是应该集中于大规模杀伤性武器，还是政权更迭。我强调过，这两者互相联系，而且在这个时候还很难讲在过去几年中，伊拉克大规模杀伤性武器的威胁有了确切的变化。而对于这个威胁的评估的确是发生了改变。

新任国防参谋长、前海军参谋长迈克尔·博伊斯爵士，还有安东尼·皮戈特爵士将军（他研究了军事行动的种种可能），一起作了一个汇报。他们警告大家这场战争一定会很血腥，而且要清除萨达姆必定需要很长的时间。美国已经开始最初阶段的计划，但是要摸清楚他们的真实想法的确很难。我们必须参与到计划之中。当然，和往常一样，这又是一件进退两难的事：如果你希望参与到计划之中，至少从原则上说，你也得愿意参与到行动之中。从很早的时候开始我已经知道，最后可能不得不以武力来清除萨达姆，所以我决定，我们应该参与到计划之中。大概从4月份开始，甚至从美国一开始有所想法的时候，我们就已密切参与其中。

所有这一切并不代表着非战不可。事实上，在这几个月中，大概一直到11月，我和乔治在交流的过程中，时常会感到焦虑不安。因为，我们是在为可能发生的事情作准备，而在媒体眼里，这就意味着战争已经是板上钉钉的事。我们整理出了基本的思路：萨达姆必须遵守联合国决议，并且让武器调查员重新进入伊拉克；在这种情况下，我们绝对不允许他乱来——他必须无条件地完全遵守；如果他拒绝，我们就有理由将他清除。所以，外交手段和战争计划在不同的道路上同时进行着，只不过在某个时刻两条道路并在了一起。

然而，这却让国内的政治氛围有些紧张。很自然的，人们看了报纸上的报道就认为战争已成定局，于是便各自站好了立场。如果我们说我们并不确定会不会走向战争，他们会问我们是否已经开始计划；如果我们承认我们正在准备某些计划，那对他们来说，这就意味着我们已经决定要打仗了。战争只是紧急后备计划的观点并没有被很多人所接受。而且，说句公道话，从部分美国系统中流传出来的很多议论也暗示了最终的政策方向只有一个。

我们带着一些需要从长计议的问题从克劳福德飞回来。在乔治承诺了重新着手中东和平进程之后，我发表了一项关于中东和平进程的声明。我们还需要决定年度预算，我和戈登开了几次会讨论这个问题，总体而言，会议结果还比较令人满意。我们终于在一项政策上达成了一致：提高国民保险税来支付NHS的费用。

而且当时，我们和媒体之间的关系自执政以来首次出现了恶化。出于对保守党的失望,右派们开始对我和看上去比较好欺负的部长们,还有那些和我紧密合作的人进行了越来越尖酸刻薄的人身攻击。

我们还经历了王太后[①]葬礼的一系列事宜。王太后在一百零一岁的高龄安然辞世。举国上下都在悼念她。这几十年来,她一直是熟悉而又可敬的英国公众人物,在二战中的伦敦大轰炸期间,她坚持留守伦敦,她以坚毅与勇气一直为人们所爱戴与怀念。

一个像这样的大型全国性事件的安排总是非常复杂。在正式的葬礼之前,她的灵柩将在威斯敏斯特议会大厅安放一周。我办公室的文员克莱尔·萨默,一位可爱、能干而又非常正直的年轻女士,就葬礼的礼节问题联系了黑杖侍卫,一名退休将军。出于某些我不太清楚的原因,在关于我该做什么,或是我该站在什么地方等诸如此类的小事上(我甚至想不起来具体的细节,因为实在太琐碎了)出了点问题,但后来问题解决了,至少克莱尔这么认为,她同意完全按照黑杖侍卫的要求来做。在葬礼结束之前,我完全不知道以前还出现过问题。

《电讯报》、《旁观者》、《星期日邮报》就此事进行了长篇累牍的报道,讲我和阿拉斯泰尔(他对此事也毫不知情)如何干涉了王太后的葬礼,引起了大家的惊愕与忧虑,我们这样横插一杠是多么无礼,等等。都是一派胡言。就这么一次,我很愚蠢地当了真,并决定向英国报刊投诉委员会投诉。那是我最后一次犯那样的错误。公平地说,那个专职的主管还是很通情达理的,不过委员会的成员都是编辑。后来我们被告知,消息源头可能与黑杖侍卫有关。所以委员会觉得他们不能作出任何裁定,但这还是给我留下了不太愉快的回忆。

接着,一位出色的大臣,史蒂夫·拜尔斯,决定辞职。他忍受了连续几周的不断的攻击,被人称为撒谎者、骗子、恶棍,还有其他一些难听的话,因为他拒绝解雇他的新闻助手乔·穆尔(她在9月11日发出了一封电子邮件,称"9·11"时期是一个"埋葬"坏消息的好机会),也因为很多跟铁路相关的问题。他完全没有必要辞职,但是我能看出来他已经受够了。你必须是一个超人或者非人,才能忍受这一切:你的家人天天在看这些报道,朋友们对你表示同情,敌人却在欢呼。我看得出来他已经被打垮了。内阁的重组给了我一个重新任用戴维·米利班德的机会,他再次担任了大臣,离他被选为下院议员还不到一年。

我们在6月份有了新的内阁,约翰·普雷斯科特对彼得·曼德尔森还有其他一些人进行了严厉的攻击,他说这些人破坏了新旧工党之间的平衡。我狠狠

---

① 指英国女王伊丽莎白二世的母亲。

地予以了回击，我说现在是一个艰难的时刻，但是政府就是这样，我们不能每一次遇上困难时就——我想那个时候我说的是——“尿裤子”。

无论如何，这就是当时的状况：和以往一样，重大的、临时的和细琐的事情掺杂在一起。而伊拉克以及我们会如何处理伊拉克问题则贯穿了始终。

伊拉克战争将因为很多原因被人们回顾，然而有一个很有意思的研究围绕着一个事实：它是新世纪以来，在透明的媒体环境下被二十四小时直播的第一次地面战争。毫不夸张地说，每一天都有各种故事冒出来，而大家的辩论也随着报道被引向这边或者那边，也总是将推测变成事实。有的时候我们都不确信是我们在推进我们的日程表，还是日程表在推着我们往前走。2002年8月，我在法国度假时，接到了乔治的一个电话，他也同样感到沮丧，因为所有人都认为我们已经下定了决心，战争已势在必行。

然而，从某种程度上讲，他们这么认为也并不让人吃惊。7月末，在假期前的一次会议上，迈克·博伊斯非常明确地表示，他认为美国人已经下定了决心，除非萨达姆洗心革面。当时的国防大臣杰夫·胡恩描述了可能的方案：一是以循序渐进的方式慢慢投入兵力；二是以快刀斩乱麻的方式，迅速行动。他还谈及了军队的行进方向。当时，优先的选择是从北部切入。因此，在阅读这些会议材料的时候，你一定会认为我们已经下定了发动战争的决心。

但是一般人毕竟与最终决策者有所不同。其他任何人都可以争论、设想，但最终只有一个人可以作出决策。我知道在当时乔治尚未决定。如我所说，他已经设想了一个概念性的框架，其中最核心的概念是萨达姆必须全面遵守协议、解除武装。但他尚未明确如何推动萨达姆采取这些行动。

7月末，我私下向乔治传去一封私人短信，建议通过联合国渠道解决问题，并再次强调了中东和平进程的重要性。我的外交事务顾问戴维·曼宁亲赴华盛顿，向康多莉扎·赖斯传达了这一想法，并直接向总统进行了汇报。我随后也致电布什谈及此事。

关于是否通过联合国途径来解决问题引起了激烈的争论。我们同意在夏季休假之后会面。

我与最亲信的团队详细讨论了所面临的挑战的方方面面。如果战争发生，我们如何才能以最少的人员损伤赢得胜利？这是一个军事层面的问题。如果我们要参与，如何才能获得最广泛的同盟？这则是个联合国层面的问题。如何处理，才能不激起中东的整体骚乱？这又是个阿拉伯的问题。

我休假回来在塞奇菲尔德召开了一个新闻发布会。令人不可思议的是，我在那儿总是很放松，即使是在最不轻松的时刻也是如此。我的思路也非常清晰。我会非常强硬:我们必须解决萨达姆的问题,这样做是正确的;而关于大规模杀伤性武器,我们必须向全世界发出一个简单明了的信息。

当时我们还作出了另一个相当重要的决定。人们希望看到关于萨达姆和大规模杀伤性武器的证据,这也很合理。我们收到的情报中确有证据。但显然公开情报并不是常见的做法。但我们确信我们不得不这样做。此后我多次为当初作出这个决定感到后悔。那些所谓的“档案”,成了日后最恶毒的互相指责和谴责的主题。事实上,考虑到当时要求公开情报的呼声,我们当时根本无法拒绝。然而整件事情史无前例,这也是部分原因。针对萨达姆行动的反对者和支持者都在敦促我们与公众分享我们所获得的情报。

在回顾这些档案时,有两件事必须提及。第一件:与事后聪明不同的是,在当时——也就是2002年9月——大家都认为，这些档案没有包含任何新的信息。当时,媒体对那个声名狼藉的“四十五分钟”的说法[①]产生了兴趣,但之后并未再次提及,而且我也从来没有在之后的任何时候提到这一点,甚至在2003年3月18日议会决定性的辩论中也并未提到,而正是在那天,议会授权政府派遣军队参与伊拉克战争。从2002年9月到2003年5月底,在四万条记录在册的议会质询问题中——当时英国广播公司还制作并播放了相关的节目——只有两条问到“四十五分钟”的问题。在五千条口头提出的质询中,没有一条谈及此事。在2003年3月18日的那次辩论中也没有任何人提到这一点。因此,认为我们是基于这个情报而决定参加战争的说法纯属凭空捏造。

第二件事:如果当时我们能够公开发布联合情报委员会的报告,也就是一份基于原始材料的情报报告,那么情况就会乐观得多。我们讨论过这种可能,但可以理解的是,情报机构认为这样的做法完全背离了传统。不过,如果我们真的公开了这份情报,那么,很多不幸——以及那些关于谎言、捏造情报等毫无根据的断言——也许就能够避免发生。或者,也许不能……

在各种关于这些档案的断言中,有几条谣言值得澄清一下。这些档案是联合情报委员会的工作成果。他们热心并公正地保护其所有权。其所陈述的是对基本情报材料的精确总结,正如四场业已结束的质询所证明的。我和阿拉斯泰尔都没有撰写过其中的任何一部分。我只是写了导言。

的确很多人说,联合情报委员会在2002年3月发布的《伊拉克报告》中警告

① 指“伊拉克具备在四十五分钟内向英国发射化学武器的能力”这一情报,后被证实为谬误。

说，有关伊拉克的情报是"零碎"且"不充分的"。但他们所忽视的是，在这个报告中还接着提到"但是很明显，伊拉克在继续推行一项政策，以获取大规模杀伤性武器及其运送方式"。到2002年9月，当然，又收集到了新的情报。最终的报告囊括了这一信息，也更加明确。但是随后收集到的证据则更加显著。就在档案发布之前，新的情报表明，一个可移动的生产装置已经被制造出来。而这也是为什么我们在档案中描述萨达姆的大规模杀伤性武器项目"正在升级"的原因。

在这一点上，也许值得来讨论一下另一个问题。提交给奇尔科特调查的一个证据表明，就在战争爆发前夕，有情报显示，萨达姆也许并不能迅速制造出大规模杀伤性武器。媒体对奇尔科特调查的报道中提到了这一点，而潜台词就是：实际上，我曾经接到过警告，萨达姆的威胁其实没有我们原先想象的那么严重。但事实上，情报的内容是：萨达姆已经采取了措施隐藏他的项目，包括拆除和储藏特定设备。情报的结论并非是说他已经放弃了大规模杀伤性武器项目，而是说他正在进行遮掩以避过检查组的耳目。我明确地被告知，这一情报确认了大规模杀伤性武器计划的存在。因此，这一情报告诫我们，我们应该坚持行动，而绝不是放弃。

不管怎样，在第五次调查之后，毫无疑问人们仍然会认为需要更多的调查。而事实真相是，我们确信萨达姆有一个正在开发中的大规模杀伤性武器项目。从他以往的表现来看，我们有足够的理由这么认为。我们根本没有任何欺骗的意图。实际上这种意图在任何情况下都是荒谬的，因为一旦萨达姆下台，那么真相也就会随之显现。正如我之前所说，伊拉克调查小组报告解释了为什么我们会犯错，以及什么才是正确的。

9月7日那天，在调查档案发布之前，我们再次去了戴维营。在这次会谈中，我们只有一个目标：让乔治通过联合国途径来处理问题，即让他同意在采取任何行动之前，先通过一个联合国决议，给萨达姆最后一次机会。

这绝不是一次容易的游说。从政治角度而言，美国的情况和我们完全相反。联合国当时的表现也不尽如人意。会议的气氛有些紧张，尽管在那时乔治和我已经培养出了个人默契。最终，单独会面时我得到了他的认可，不是他卖给我一个人情，而是我相信他最终认同了这个想法——如果我们有一个强大的同盟在背后支持我们，一切必将事半功倍。我说过，我很担心美国单边行动或者美英联合行动的后果。在会议之前，我写给他一封短信，说明了我的担心，指出结果不可预计，而联盟是明智之举。我们必须尝试努力推进和平，即使最终还是要诉诸战争。这不是科索沃,甚至也不是阿富汗。这将更加任重而道远。

然而当时,军事行动的不利风险的确更多围绕着推翻萨达姆的难易程度,以及行动是否会带来任何人道主义方面的负面影响。当然也有逊尼派和什叶派的问题,但在那个阶段——或者说一直到萨达姆被推翻之前——我们从未察觉真正的威胁:来自外部的干涉,即基地组织和伊朗。我们的军方和情报部门的看法是:尽管萨达姆的确为恐怖组织提供了支持,但只有模糊的证据表明他与基地组织之间有关联。而且在两伊战争之后,伊朗伤亡过百万,我们认为伊朗应该会相对顺从一些。大家广泛地讨论了有关逊尼少数派突然从统治者被转变为被统治者的问题。但是主要的问题在于萨达姆抵御战争的能力,以及他所能获得的支持。这些都与对战后规划高度相关。

一旦乔治宣布了他倾向于通过联合国渠道来处理这个问题,这次的访问就相对轻松了。迪克·切尼[①]只在那待了很短的一段时间,他明确表示不希望走联合国途径。他坚持强硬路线。

有很多阴谋论都是针对迪克的,大家很难理性地讨论他的问题。对左派而言,的确,他是个并不复杂的遭人憎恨的角色。甚至对中间派来说,他也不讨人喜欢。你必须走得相当"右"才能发现迪克的支持者。

我对他的看法与大多数人不同。我认为他有一个核心的观点至少值得我们认真思考。他相信,从本质上说,美国已真正地处于战争之中;这是一场与恐怖分子及为其提供支持的流氓国家进行的战争;它源自某种意识形态,而这种意识形态对美国造成了直接威胁。因此,击败它的唯一的方法就是:正面应对,以美国最强大的实力将这一意识形态摧毁,并让民主取而代之,让它在那里生根发芽。如果可以,他会致力于更多这方面的努力——伊拉克、叙利亚、伊朗,在这一过程中与它们的替代者(如黎巴嫩真主党、哈马斯等)周旋。也就是说,他认为世界的格局需要重新构建,在"9·11"事件之后,必须通过武力加紧推进这一改变。因此他支持强力解决。没有"如果",没有"但是",没有"也许"。我们步步紧逼,如果你不改变,我们就迫使你改变。

当然,这种态度让人们感到害怕和厌恶。但是,正如我此前所写,我不认为它如传统看法所认为的那么不切实际。这也是一种努力的方式。我们的敌人有着一种意识形态,而它的确对我们造成了威胁。终极的解决方案是民主和自由的普及。换句话说,考虑到推翻像萨达姆这样的人物时,甚至都有可能将此视

① 美国前副总统。

为是一个进步的立场。

对于他的陈述及试图推动的方式，我认为有所欠缺，不够全面。恰恰因为战争是基于某种意识形态之上，所以发动和赢得这场战斗也必须基于某种理念。这种理念不仅仅能感召我们，更要感召那些已经或即将深受这一意识形态之害的人们。换句话说，仅靠强权战略是不够的。它所需要的不仅仅是军事行动，还必须使人民——中东以及穆斯林世界的人民——参与其中，并需要在那个世界里建立起同盟。这些并非矫揉造作的反战言论。这是制胜的关键点之一。举个例子，这就是建立一个巴勒斯坦国家的进程是如此重要的原因。这并非是无关痛痒的场边穿插秀，而是在主舞台上的重头戏。

因此，当我们谈及人权及囚犯问题的时候，我们必须通过行动来表明我们所推崇的理念的力量。然而，尽管它可能有一定的局限性，但在以现代的方式进行沟通的现实中，在信息重塑了公众评论的平台的时代里，这不是一种怯弱的妥协，而是不容置疑的必要手段。

关于他的观点，我们要谈的还有很多，但他的方法和传递信息的方式却仍然是20世纪80年代的方式，而非21世纪初期该有的方式。

到9月底，我们对于一个新的联合国解决方案有了清晰的认同。没有联合国决议就采取行动——就这一做法的合法性问题，我们得到了总检察长彼得·戈德史密斯的鼎力相助。

我在工党年会上的演讲进行得异常顺利。尽管我谈及了伊拉克和外交政策，我仍然留出了大量的时间来谈论对改革的推动。当时，有关健康、教育及犯罪的计划，我们已经进行得相当深入；而且我终于感觉到对这些计划有了更多的自信，也和相关的大臣们更有默契。

我那一如既往的忠诚朋友比尔·克林顿出现在会场为我助威，也提醒了他们，我是个改革论者，而且，我熟识的美国人可不只是乔治一个。他甚至还到布莱克浦的麦当劳买了汉堡和薯条，让几个在那里吃夜宵的人感到震惊、困惑，也喜出望外。他非常善于与普通人融洽相处。他喜欢这样，能够从其中有所收获，并深受鼓舞。我也可以这么做，但总是觉得有点不好意思，从来不确信我是不是硬把自己推到了陌生人中间，骚扰了他们。而他真的喜欢“闲聊天”，他说在布莱克浦吃顿麦当劳就如同他每个周二晚上都做的事情一样。凯文·斯佩西[①]那天也在。他是个很有趣的人，跟比尔一起出现，度过了英国北方的一个夜晚，

① 美国电影演员。

他模仿起比尔来,惟妙惟肖。一起表演的还有保罗·罗杰斯以及自由乐队和坏伙伴乐队的主唱。那天我们拍了不少奇怪的照片,让党派积极分子们大跌眼镜。

我总在想,即使是那些不喜欢我的人(有不少)或者与我意见不一致的人(很大一部分)也仍希望我是一个举足轻重的人物,是一个世界领袖,而非仅仅是英国领导人。顺便提一下,这不是为了做任何事情,但是英国人,无论他们怎么说,都希望他们的首相能在世界上显得形象高大。大部分的国外领导人,如果来到吉尔福德大街,大概都不会有什么回头率。如果是美国总统,那一定会有回头率。其他人真的难说。也许后来的萨科齐能引起人们注意,但那时甚至连希拉克都不会让英国人停下脚步来驻足观望。然而,英国人却希望图卢兹的人们能认出我来。我们的领导人需要引人注目,即使不是大出风头,至少要有影响力。问题是,随着时间的流逝,世界已经发生了改变,而英国的版图和力量已今非昔比,这使得扮演世界领导人的工作更加艰巨。并不是大家的期望有所降低,而是要达到这个目标变得更加困难。

我要再次强调:这不是在阿富汗、伊拉克采取行动或任何其他事情的理由,但是我们与美国的联盟给予了英国重要地位。有人认为我们与美国保持亲密关系会影响我们与其他各国的关系,这是完全错误的。与之相反,这给了我们直接的立足点。没有什么说法比说我们与美国的联盟削弱了我们在世界的地位更无聊的了。事实恰恰相反。甚至在中东问题上也是如此。在与中国和印度的关系上也是如此。我记得曾经有一次与罗宾·库克就伊拉克的政治进行争论。他对我说:这对选举来说将是一个灾难。记得威尔逊和越南战争吗——他没有支持美国人。我知道,我回答道,那么你告诉我,1970年选举的结果①又如何呢?我并不是评判决定本身,只是就政治而论政治罢了。

2002年10月,有证据表明恐怖袭击仍在继续——巴厘岛的一家夜总会遭到炸弹袭击,造成两百多人死亡,包括很多游客,其中主要是澳大利亚人。这狠狠打击了那些自鸣得意的想法。接着又发生了莫斯科剧院的人质事件,造成一百多人丧生。稍后不久,2003年2月,我们自身的威胁也随之而至——有传言称希思罗机场将遭到袭击。我们按常规召开了紧急会议。关闭机场是备选方案之一。但是我担心其结果会对英国的产业和航空业造成巨大的损失。最终,我决定加强机场周边的警戒并以此作为威慑,具体措施包括加设装甲车辆和重装

① 在1970年选举中,爱德华·希思带领的保守党击败了威尔逊带领的工党。

甲士兵巡逻。这一措施的确有效。但媒体却谴责我们编造事实，来为积极介入"对恐怖主义的战争"作铺垫。

2002年11月，在经过充分的辩论之后，联合国决议终于得到通过。随后不久，由汉斯·布利克斯率领的武器核查人员重新被允许进入伊拉克。汉斯是个好奇心很强的家伙。他聪明、能干，我喜欢他。但他的问题是过于在意调查中的政治色彩。这也很正常，但其实他只需要做好他的本职工作就行了。如果萨达姆遵守了决议，那很好；如果他不遵守，那就随他。他必须作出判断，这是他的工作。如何应对这一结果，则是我们的工作。然而，他先是说萨达姆没有遵守联合国决议。但随后，当他预见到萨达姆不遵守协议的后果时，他开始转变立场，认为萨达姆也可能遵守了协议。我们不清楚究竟是事实发生了变化，还是他对于政治含义的解读发生了变化。他不断地说："我必须决定是战争还是和平。"而我则不断说："你不需要。你只要告诉我们你真实的评估结果。"然而，说真的，他的确处于一个很难抉择的位置，而且，在我们最后一次尝试和平解决这一问题时，他给予了我们很大的帮助，这一点我将在下文中进一步描述。

2002年的晚些时候，我们的军队已经和美国人一起整装待发。可选方案还在讨论之中。总的来说我们有三种可能的介入方式：第一种是纯粹的后勤支持；第二种是空军及海军，加上特种部队的投入；第三种则是全面进行"战斗部署"，也就是说，派遣英国地面部队参与伊拉克境内行动。日渐成熟和自信的迈克·博伊斯清楚地认识到，从英国的视角来看，第三种方式无疑是最佳选择。他说如果我们的军队不能全面参与行动，那么他一定强烈反对，而且全面参与行动还可以让我们对美国人的想法有更大的影响。这也是我直觉的判断。

新的一年来临了，我们也感觉最后的决定时刻来到了。武器核查人员已进入了伊拉克。1月中旬的第一份布利克斯报告很明确：萨达姆没有遵守联合国决议。下一份报告将在一个月内给出。11月份通过的联合国决议没有说明在采取军事行动前是否有必要出炉新的决议。关于是否有必要通过新的决议，引起了一些法律方面的争论。彼得·戈德史密斯再次对此表示担忧。俄国人已经持否定态度。很有可能第二份决议将会被否决。

我仍在想也许真有可能通过第二份决议。乔治坚称不需要。杰克·斯特劳和其他人警告我说，如果没有这个决议，我可能无法顺利通过下议院的投票。

我当时孤立无援到了极点。一方面，美国对此已经有些不满，而从本质上我同意他们的基本观点：萨达姆是一个威胁，无论如何他都不会与国际社会全面合作，而且世界——更不要说伊拉克——在他倒台之后会变得更加美好。我的直觉和他们一致。我们与美国结成了联盟。“9·11”事件之后,我曾许下诺言要与美国“并肩作战”。我决心要履行诺言。

然而,从另一方面来看,我在内阁几近孤立,更别提与议会工党,以及大部分媒体和公众的观点之间的巨大分歧了。担心,并不是因为我下台的可能性——在某种意义上说,下台又如何呢——而是因为牵涉众多、风险极大。战争与和平;与恐怖主义的斗争;我们宝贵联盟的未来;国家及其军队的声誉,以及在这所有之上的——人民的生命。不管是哪一种决定,都关乎人民的生命,因为我们所谓的“和平”,对于那些在萨达姆铁蹄之下的人们而言,并不能称之为和平。

2002年12月,我在努力地思考着,2003年1月我休了一个短暂的寒假,试图理清头绪,到底怎么做才是正确的。我抛开了一己的眼前利益、政治算计和自我反省。我知道,从政治角度而言,这可能就是终点。我只是想知道:什么才是正确的事情?

现在,我已能拨云见日,明白了基于第一份《布利克斯报告》的结论,除非有意外发生,不然最大的可能就是战争。我们可以选择退出,我确信这一点。第一个方案就是基于这种想法设计出来的。乔治一直给我选择这一方案的机会,让我们置身事外,只要在战后重建阶段加入即可。我们那时已经有了很多盟友。二十五个欧盟国家中的十三个已达成一致。最终联盟将超过三十个不同的国家。但是很多国家都决定不参与初期的打击行动。

我记得那次在契克斯别墅的圣诞节。如往常一样,一棵巨大的圣诞树立在大厅中,那些装饰和欢庆,随着时间的沉淀给人以神圣的庄严感和仪式感。我的家人来了。切丽的家人也来了。房子里忙碌、热闹,充满了圣诞节的气氛。当众人在品尝圣诞节前饮料的时候,我来到长廊。这是我独自沉思的地方,装满了古老的图书,有些甚至传自卡克斯顿[①]的年代。我坐下来,静静思考。我真正相信的是什么?是萨达姆将要袭击英国或者美国吗?不是。是他代表了一个比伊朗或朝鲜或利比亚更厉害的大规模杀伤性武器的威胁吗?不一定,尽管他是唯一曾使用过大规模杀伤性武器的领导人。那么只剩下一种解释,正如那些调查最终指向的那样,他将对该区域的稳定造成威胁?非常可能。他会提供大规模杀伤性武器的原料给恐怖主义者或者为其提供帮助?是,我可以预见他将这么做。摆脱他的统治,对他的人民来说会更好吗?肯定是。这可以不通过一场

① 卡克斯顿(1422?—1491),英国第一位印刷家。

漫长而又血腥的战争来完成吗？没人可以确信这一点。我需要更多的时间吗？当然，不过，我需要这个时间来思考是否还有其他处理方式，而不是我认为时间可以让他的政权特性发生变化。一个新的伊拉克是否有助于构建一个新的中东地区？我想有可能。

我是否认为，如果现在退缩，我们日后还不得不跟他周旋？这一点我很明确：是的。这个人，看看他过去的所作所为，除了是一个动荡的根源，其他的绝无可能。在未来的某一天，尤其是如果他现在变得更加强大，他一定会重拾他的老伎俩。

所以，进还是退？进，我最终决定。而且如果决定参与其中，那么最好是全面的参与，而非部分参与。我仍然认为有可能避免战争。我仍然认为有其他的替代方案——外交或者通过其他的一些方法(私底下我和一些阿拉伯领导人就此有过一些探讨)——能够避免冲突。我下定决心，至少，要试着说服美国人给大家多一点的时间。但我说过我将支持他们，如果冲突不可避免，那么我一定不会三心二意，而是会全心全意地与他们一起并肩作战。

如果当时你告诉我，在推翻萨达姆之后，我们不会找到大规模杀伤性武器；而且在他倒台之后，将会有六年与恐怖主义纠缠不清的冲突，并将给伊拉克人民带来如此悲惨的折磨，那么我的决定是否会改变呢？我每天都在问自己这个问题。血流成河。那么多鲜活的生命被残忍地践踏、毁灭。是的，一个新的伊拉克正在崛起，至少希望的曙光已经出现。但这又是建立在怎样的代价之上的啊！

于是，我想到让他继续当权。我记起有一些伊拉克人跟我讲起的在萨达姆统治下的生活。杀戮、折磨，最糟糕的是恐惧。“除了你最亲的亲人，你谁都不能相信，”我记得有一个人这么说，“谁都不能。”在2006年那些最灰暗的日子里，当巴士拉被伊拉克民兵占领时，我记得问过一个当地人，如果战争从未发生过，一切是否会更好一些。“你不是当真的吧？”他回答道，“这需要时间。伊拉克已经是一个支离破碎的国家。在某些方面，现在比之前更糟了。这没错。但是，我的回答是，不。因为你根本想象不出以前是个什么样子。至少现在，未来在我们手中。”

然而，回到当时，我根本无法预见未来，我只能努力驾驭当时。2003年2月，上百万人在伦敦举行游行，反对战争。此前从未有过比这个更大规模的示威，它让我想到了自己的孤立无援，以及我为即将作出的决定所要承担的责任。

第十四章 决定

在准备3月19日的战争行动前的那些星期里，我或许经历了担任首相的十年中最为艰难的日子。检查员们回到了伊拉克，也给出了他们的报告；但这些报告并无定论。2003年1月27日的《布利克斯报告》是检查员们的第一份正式报告。布利克斯曾在1月9日联合国安理会上所作的口头通报中说过，伊拉克政府2002年12月声明中的许多重大事项并未得到解决；而且，检查员们所寻找的那些信息也并非可以直接得到。

在1月27日给出的报告中，检查员们清楚地指出，伊拉克至少在表面程序上有某种程度的开放，但2002年11月的联合国决议要求萨达姆采取"立即、无条件与积极的"合作。由于这一报告为弄清我与其他人所作出的决定提供了基本的因果联系，所以是很重要的。布利克斯是这样说的：

> 1991年的第687号决议与我将要提到的后续决议一样，要求伊拉克采取合作态度，但这种合作伊拉克经常加以拒绝，即使有所合作也很不情愿。与南非自行决定解除其核武器并为人们对其解除武装建立信心而欢迎检查的态度不同，伊拉克似乎对于让它解除武装的要求——只有实现这一要求方能赢得整个世界的信心，让人们可以安心地生活——并没有表现出一种真诚的接受态度，即使到今天也依旧如此。

随后他继续详细描述了他对于各种进展的最新认识。这个文件很值得一读，因为它可以让人深刻地了解到，试图与萨达姆这样的政权打交道是多么不容易的一件事。

化学武器

VX神经毒剂是有史以来开发的毒性最大的毒剂之一。

伊拉克曾经宣布，它只对VX进行过试生产，其产量仅几吨，而且质量不高，产品也不稳定。因此据说这种毒剂从来没有被作为武器使用。伊拉克说，它在海湾战争以后依旧拥有的少量剩余毒剂已在1991年夏天单方面销毁。

但联合国监测、核查和视察委员会[①]得到的信息与此说法有所不同。有迹象表明，伊拉克曾经着手解决纯度与稳定性问题，并且比它所承认的更为成功。确实，即使从伊拉克提供的一份文件中也可看出，这一毒剂的纯度——至少在实验室产品中——要比他们所说的更高。

同样有迹象表明，这一毒剂已经被用作武器。此外，有关VX毒剂化学前体的下落也有一些问题尚未得到完全解决，尽管伊拉克宣称，这些化学制剂或者在海湾战争的轰炸中失落了，或者已被伊拉克单方面销毁。

请允许我现在转而谈及我过去曾与安理会讨论过的所谓“空军文件”问题。最初，这一文件是在1998年由联合国特别委员会的一位检查员在伊拉克空军司令部的保险柜中发现的；但伊拉克保安人员从她手中夺去了文件。这一文件给出了两伊战争期间伊拉克在炸弹方面的支出清单，其中包括化学炸弹。我对于伊拉克现在已经向联合国特别委员会提供了这一文件而深感欣慰。

这一文件表明，伊拉克空军在1983到1988年间总共投放了一万三千枚化学炸弹；而据伊拉克方面宣布，在此期间他们共使用了一万九千五百枚炸弹。因此，在这些炸弹中的化学毒剂的数量应当在一千吨左右。在没有说明相反状况的证据的情况下，我们只能假定，这些数量的毒剂下落不明。

有关在巴格达西南一百七十公里处一个储存仓库中的一个掩体里发现一些一百二十二毫米化学火箭弹头的事情已经广为人知了。这是一座相对新的掩体；因此这些火箭一定是在过去几年内移放到那里去的，在这一期间伊拉克是不允许拥有这样的军火的。

---

① 以下简称“联合国监核视委”。

对于这些火箭的调查仍在进行中。伊拉克声称,这些军火是在海湾战争期间存储在那里的,是大约两千支火箭中未被发现的那一部分。事情有可能是这样的,但也有另外一种可能,即这些火箭只不过是冰山露出的尖角。发现几支火箭并没有解决问题,但却指出了尚有几千支化学火箭依旧下落不明的问题。

这些火箭的发现表明,伊拉克需要作出进一步努力,来保证其发布的声明在当前是准确的。在我最近在巴格达所进行的讨论中,伊拉克方面宣称,他们将在这方面作出新的努力,并且已经建立了一个研究委员会。在此之后有报告说,在阿尔塔基的一座存储仓库里又发现了另外四支化学火箭。

我愿进一步提到的是,检查员们在另外一个地点发现了一批实验室数量的硫二甘醇,这是一种芥子气化学前体。

生物武器

我过去曾有机会对安理会提到过有关炭疽的问题,现在,由于其重要性,我再次提出这一问题。

伊拉克曾声称,它曾生产了八千五百公升这种生物武器试剂,并宣布他们已于1991年夏天单方面销毁了这些试剂。但有关这种物质的生产情况,伊拉克方面提供的证据很少,他们也完全没有提供任何销毁了这些物质的具有说服力的证据。

我们发现了有力的证据,表明伊拉克所生产的致炭疽物质比它承认的要多,而且在他们所说的销毁日期之后,至少还保留了上述物质中的一部分。这一部分可能依然存在。伊拉克或者应找到这些物质,并在联合国监核视委监督下销毁这些物质,或者提供更为有利的证据,证明它们确实已在1991年被销毁。

正如我在去年12月19日对安理会的报告中所说的那样,伊拉克未能对一个相当大数量的——六百五十千克——细菌生长媒质的情况作出交代;伊拉克在1999年2月对阿莫里姆专家组提交的报告中承认,这些物质是从外国进口的。作为它在2002年12月7日声明的一部分,伊拉克重新提交了阿莫里姆专家组文件,但列入这一进口媒质的表格却未在其中。看上去这一表格的缺漏是有意的,因为他们重新编排了再次提供的文件文本的页数。

在1月24日给安理会主席的信中，伊拉克外交部长宣称："所有进口的生长媒质数量都已列出。"但这并非实情。我注意到，有关媒质的数量足以生产——举例来说——大约五千公升浓缩致炭疽物质。

导弹

我现在转而谈论导弹问题。海湾战争以后，伊拉克是否还保留着飞毛腿式导弹是一个值得严重怀疑的问题。伊拉克宣称，一些飞毛腿式导弹是在20世纪80年代发展一种反弹道导弹防御系统时作为靶子消耗的。但他们至今尚未给出任何有关这一导弹的技术信息或消耗数据。

从伊拉克提供的资料中可以看出，在过去四年中存在着一系列在导弹发展领域内采取的未曾事先通告的活动。我们正在试图通过检查与现场讨论弄清楚这些活动的意义。

这其中有两项计划特别值得注意。它们分别是关于一种液体燃料推进的名为"A1萨姆德2型"导弹的发展，和一种名为"A1法塔赫"、用固体推进剂的导弹的发展的。这两种导弹都进行了超过允许的一百五十公里范围的试射，其中，所试射的"A1萨姆德2型"导弹最大射程为一百八十三公里，"A1法塔赫"式导弹的最大射程为一百六十一公里。这两种导弹都有一些已经提供给了伊拉克武装力量，尽管他们宣称这些导弹仍处于研发阶段。

A1萨姆德式导弹的直径比较早型号导弹的直径有所增加，达到了现在的七百六十毫米。这一改进是在已有联合国监核视委执行主席1994年信件的情况下进行的；那封信指示伊拉克，他们的导弹直径应小于六百毫米。而且，联合国监核视委执行主席1997年11月给伊拉克的信中禁止将来自某些地对空导弹的发动机用于弹道导弹。

在我最近在巴格达与伊拉克官员的会晤中，我们得到了这两个项目情况的通告。我们被告知，这两种导弹的最终射程都将被限制在允许的最大射程一百五十公里之内。

据我初步认定，这些导弹很可能代表了被禁止的导弹系统。试射射程超过一百五十公里的导弹意义重大，但我们还需要作一些进一步的技术考虑才能在这一问题上得出结论。在此期间，我们要求伊拉克停止这两种导弹的实弹试射。

此外，伊拉克已经更新了它的导弹生产基础设施。而且伊拉克还重建了一定数量的铸造室，这些铸造室过去已在联合国监核视委的监督下销毁。它们一直用于生产固体燃料导弹。无论这些铸造室试图制造的是何种导弹系统，它们有能力生产射程远超过一百五十公里的导弹的发动机。

与这些导弹及其发展也有关系的是最近几年的进口——尽管存在对几种物品的禁运令，但这些进口一直持续到2002年12月。这些进口货物中最重要的，是可以用于A1萨姆德2型导弹的三百八十台发动机。

伊拉克也通告了用于推进剂、测试手段与导航和控制系统的化学物质的最近进口情况。这些物品同样可以用于明令禁止的目的，但对此还尚待查实。我们已经清楚的是，这些物品是非法输入伊拉克的，也就是说是伊拉克，或者是在伊拉克的某家公司破坏了联合国多项决议规定的禁令。

最近的检查在一位科学家的私宅中发现了一箱大约三千页的文件，这些文件中的许多与铀的激光提纯有关；长期以来，我们都在担心文件可能分散隐藏在个人私宅中，这次发现为我们的担心提供了依据。伊拉克方面反驳了这一解释，他们声称，研究人员有时可能会把一些文件从他们的工作地点带回家中。而在我们方面，我们只能认为这一情况可能并非个别现象，而这种文件的存放方式也可能是有意为之，即以个人私宅为该类文件提供掩护，从而使这些文件更难以发现。

任何进一步掩藏文件的迹象都是严重的问题。伊拉克方面在最近与我们的对话中承诺，鼓励个人接受我们进入私人场所检查的要求，不能为任何受禁物品、活动或文件提供庇护。承认拒绝接受对于任何地点的即时检查都将是严重的问题。

找到能够提供可靠信息的人：人员名单

在伊拉克宣称没有以文件形式存在的实际证据时，我们要做的就是至少要找到一些人，如工程师、科学家和管理人员，他们可以证明自己所经历的事情。大型武器项目是由人来执行与管理的。与那些有可能在过去参与这些项目的人面谈可能会填补我们的知识与看法的空白点。知道他们现在正在为和平机构服务可能是很有用的。这就是联合国监核视委依据联合国1441号决议要求得到这样的人员名单的目的。

伊拉克方面提供了约四百个参与所有导弹项目以及生物与化学武器项目的人的名字。这名单可与另一个三千五百人的名单对比，那是一份联合国监核视委在20世纪90年代曾经面谈过的人员名单，也许是从文件或其他来源获得的与过去的武器项目有关的人员的名单。在我最近在巴格达的会议中，伊拉克方面承诺对这份名单加以补充，并提供了另外大约八十个名字。

通过可信的面谈获取信息

过去，许多有价值的信息是从面谈中获得的。也有接受面谈者显然担心伊拉克官员在场干预的例子。这就是联合国第1441号决议授权联合国监核视委与联合国国际原子能机构，以我们决定“形式与地点”为条件——这些地点可以在巴格达，甚至也可以在国外——进行私下面谈的背景。

到现在为止，我们要求在巴格达与十一位人士进行面谈。得到的回答毫无例外是：这些被要求面谈的个人只能在伊拉克监测局谈话，或者至少要有一位伊拉克官员在场。这可能是出于被要求面谈的人的希望，他们希望证明自己并没有说过任何当局不愿意他们说的话。在我们最近在巴格达的会面中，伊拉克方面承诺鼓励有关人员接受“私下”面谈，即单独与我们会面。尽管如此，情况仍然未有改观。但是，我们希望，通过当局的进一步鼓励，知情人将会接受私下面谈的要求，无论是在巴格达或是在国外。

我对于引用了这么长的一段话表示遗憾，但这对于理解在发生冲突前有关大规模杀伤性武器争论的前因后果十分关键。我们这些主要盟友都深信不疑，萨达姆有一个正在开发中的大规模杀伤性武器计划。我们尽了极大努力使得联合国第1441号决议得以通过。无疑，让检查员回到伊拉克是由于出现了军事行动的威胁。同样，美国武装力量的集结也是为了在那里的合作行动，这是关于这种集结能想到的唯一原因。但这一合作行动并未达到第1441号决议的要求。与萨达姆打交道的历史无法让人相信他对联合国的诚实。

到了这个时候，英军部队也已经在为可能发生的战争进行准备。1月份我们向议会提交了几份报告。对于在外交方面取得突破，我依旧抱有不小的希望。取得第二份联合国决议的前景对我来说也是至关重要的。违反第1441号决议本身是否自动使采取行动变得合法，这还是一个有争议的问题。当时对此有过合法性辩论；但很快事情就变得非常明显，法律与政治无法避免地纠结在一起。如果人们不同意这场战争，他们就倾向于认为第二份联合国决议——其中特别地、明确地批准使用军事行动——是法律上必需的；如果人们同意清除萨达姆，他们就不这样认为。人们是否能够得到这样一份决议取决于希拉克总统与普京总统是否赞成。

此时此刻，认真对待司法大臣彼得·戈德史密斯建议中提出的问题或许是合情合理的。奇尔科特调查之前也对此事进行了广泛的，而且确实是详尽的意见征询。但这又一次成了那些根深蒂固的谣言的攻击目标，用来说明战争显然是违法的，说什么彼得其实也是这样认为的，还有什么他是迫于压力才改变主张的，不是基于良好的法律原因，而是出于卑鄙的政治原因。

因此有必要在此重述彼得·戈德史密斯作出最后判定所依据的一些法律想法与概念。在20世纪90年代初通过的前一份联合国决议特别授权使用武力，强制萨达姆配合联合国检查行动。第678号决议特别提到：

> 联合国授权成员国使用一切必要手段，维持与执行联合国1990年8月2日的第660号（1990年）决议以及第660号决议（1990年）之后的所有相关决议，恢复这一地区的国际和平与安全。

于是在那时建立了联合国特委会的检查机构，旨在解除萨达姆的武装，并拥有清楚的授权：如果他未能合作，则可使用武力。这一决议仍旧有效。因此，从得到授权开始，可以使用武力的这一论据便一直存在。

重新提出这一论据为1993年和1998年对萨达姆采取军事行动提供了基础，因为当时他违反了联合国决议，并实际上将检查员赶出了伊拉克。到了2002年，第678号决议依旧有效。但人们觉得——2002年3月我收到的一份文件中阐述了此事——随着时间的推移，我们应该有一份更新的联合国决议，这一决议应明确指出萨达姆违反了联合国决议，以使第678号决议成为采取进一步行动的基础。因此我们走了联合国的这条路，即认定，先通过一项联合国决议是合法化的必由之路。

2002年11月的第1441号决议就是新的联合国决议。决议认定萨达姆违反了决议；给了他一个“最后的合作机会”；呼吁他为检查员提供“立刻、无条件与无限制”地进行检查的自由，并十分罕见地宣布，如果他未能照此办理，那本身就是“进一步实质性地违反决议”。

的确，决议并没有明确指出，随之会采取军事行动。但它清楚地重申了第678号决议，而且否决了法国/俄罗斯要求在采取任何军事行动之前首先通过另一项决议的修正案。尽管如此，它还是要求安理会对于违反决议的情况进行评估。

因此当然有人会据此认为，另外一份明确授权使用武力的决议是必需的。但同样有理由争辩的是：并不需要这样一份决议；第1441号决议是很清楚的；如果萨达姆实际上没有完全遵从决议，那他就实质性地违反了决议，这时即可实施第678号决议，因此军事行动是合法的。

我在此的目的与以前一样，并不是说这次行动的合法性无可争论，而只不过是想要说明，认为这次行动合法的人至少与认为其非法的人有同样多的理由——如果不是更多的话。

真实的情况是，国际社会一致同意了第1441号决议；但随后，当他们清楚地发现萨达姆还是没有真正遵守游戏规则时就又反悔了。正如我所说的，如果萨达姆作出了跟卡扎菲一样的举动，并真正地转变了，第1441号决议便不意味着任何军事行动。乔治在多个场合中对此表示赞同。但萨达姆并没有这样做；而无论如何，他没有这样做的后果是第1441号决议的精神所无法接受的。

自然，外交部与司法部的法律界同仁就此曾展开了激烈的辩论。一开始，尽管彼得认为第1441号决议在很大程度上改变了辩论的基础，但他肯定还是认为我们需要另外一份决议。这一问题完全与联合国安理会在通过第1441号决议时的考虑有关。

最后，在他与联合国讨论第1441号决议时任常驻联合国代表的杰里米·格林斯托克爵士谈话以后，他的观点与我们的变得接近；而与美国律师们的一次辩论终于说服了他。让他终于转变的原因是有关谈判的记述，特别是法国与俄罗斯试图将军事行动与一项新的决议联系在一起而遭到挫败的事实。

所以从法律的角度上说，自然有支持与反对的意见，但彼得最后同意了军事行动的合法性，前提是要有明显的证据证明萨达姆并没有完全遵从决议。而布利克斯，尽管他在许多地方模棱两可，但在敌对行动开始的前夜，在这一点上还是清楚的。

但从政治的角度，以及将合法性推进到毫无争议的地步的角度出发，第二份决议当然是我们所希望见到的。最为重要的是，这将使国际社会重新团结起来。

令人遗憾的是，在2月里，尽管我付出了最大的努力——上帝啊，我真的尽了全力——国际社会的分歧还是进一步扩大了，而不是变小了。欧盟刚好一分为二。如我所说，二十五个成员国中有十三个表示赞同。十个新成员国最终坚决地支持美国的立场——它们居然因此受到了雅克·希拉克的责骂！但"以老对新"的欧洲范例并不是真实的——西班牙与意大利双双支持采取行动。美国在欧洲以外的盟友，如日本与韩国，也再次加盟。北大西洋公约组织的许多申请国也作出了同样的选择。约翰·霍华德领导下的澳大利亚也坚决支持。

但在许多一贯表示支持的国家——如土耳其，公众舆论对此表示了强烈的反对。加拿大决定在没有新的联合国决议的情况下不支持行动，墨西哥也是如此。

总的说来，对于有些国家，美国是它们的盟友——这是它们外交政策的一个基本组成部分。这样的国家倾向于支持美国。还有一些国家，对于它们来说，这种结盟是重要的，但不是其政策的基本组成部分。它们的态度比较犹豫。如同在这种情况下会发生的那样，不同意采取行动的国家行动起来了，开始形成新的同盟，而法国、德国与俄罗斯则成了新的权力与影响的中心。

我认为这种情况具有高度破坏性，但我也明白这是不可避免的。它们对此的感觉与我一样强烈；而且它们也不打算像它们认为的那样放纵美国。它们认为，冲突会损害西方与伊斯兰社会的关系；而且当然，他们越是这样说，也就越是大力发挥这种分析并使之加强。

对于我来说，选择依旧不变。我同意美国关于萨达姆是一个威胁的基本分析；我认为他是个魔鬼；要在这样一种时刻，当美国的关键盟国都已经团结、凝聚在一起的时刻，结束我们与美国的伙伴关系，那时的我认为（现在依然如此），这无疑会给双边关系造成长期的损害。

但我还是最后一次碰了碰运气。与所有敏感的意见都有着牵连的问题是，人们感到就这样进入战争过于莽撞。美国本身并不介意讨论这一问题，但他们在这一地区集结了二十五万的兵力，因此无法就这么干等着，听着外交华尔兹的旋律——对此他们有很好的证据认为会是十分冗长的——慢慢地跳出一个结果来。他们的立场是：第1441号决议是萨达姆的最后机会；他没有抓住这个机会；如果我们给他时间，这只不过是让他和以前一样跟我们胡搅蛮缠；他不会有所改变；如果我们认为他会改变，那就是在跟我们自己开玩笑；所以，让我们动手干活就是了。

检查员的报告最多只能说是尚无结论；但这些报告当然不能作为萨达姆进行了"立刻、无条件与积极的合作"的证据。美国在这一点上急不可待。由于等待，布什总统已经失去了一些支持率。国际社会是分裂的，英国的舆论是分裂的，工党也是分裂的。我在许多暗礁与无穷的险阻之间蹒跚而行。

在我周围的每个人都几乎紧张到了无法忍受的程度。在国内的唐宁街，我简直有些像一具僵尸；我吃饭的时候三心二意；听不到孩子们问我的问题；我试图保持正常的家庭生活，但家里的每个人都深切地感到，所有的一切都是如此不正常，而且这种不正常完全不是由于我的表现造成的。我强迫自己偶尔放松一些，停下工作，但这一事件就像一种永无止息的疼痛在抽动着，根本不肯离开；它不肯让我有一刻忘记它的存在，而且在不停地提醒我，让我必须处理它。

逐渐地，我确实处理了这件事。我坐下来，理清了整件事情的过程。通过最后的分析，我知道我会跟美国站到一起，因为按照我的观点，无论在道义上还是战略上这都是正确的。但我们还是要为和平解决作最后一次努力。我决定做两件事情。首先要把清除萨达姆当作一件道义上必须做的事情，以此回应反对战争者在道德上的谴责。其次，在萨达姆持续违反决议的情况下，最后一次试图重新把国际社会统一在一个清楚的原则之下。

在2月15日伦敦爆发大规模游行示威的那天，我要在格拉斯哥举行的苏格兰工党春季大会上讲话。我没睡好，满脑子想的都是讲话的论据；但我决心清楚地指出，无论人们对于冲突的恐怖现实有何感触，他们都不应该逃避萨达姆持续在位这样一个恐怖的现实。我很早就起来，坐在爱丁堡我们下榻的旅馆(出于安全的考虑我们在那里过夜)里工作。

古苏格兰旅馆是位于王子街尽头处的一座极好的老旅馆。从包间里我能看到阿瑟西特山在爱丁堡城堡后面拔地而起。那是座宏伟的14世纪城堡，每年夏天爱丁堡军乐节在它的城垛之内举行，届时管乐器与军鼓的演奏是古苏格兰军事力量展示的音乐背景。我少年时代在费茨中学时每年都会去，尽管当时正值学校假期。不知怎的，从旅馆窗户望出去，看到山岩、城堡，以及所有这些爱丁堡的熟悉景色，这让我的心情得到了撰写演讲稿所需要的平静。

格拉斯哥会展中心周围环绕着安保人员。抗议者被强制靠后。工党党员们有礼貌地倾听着我的讲话。其实人们对于我的论证很有兴趣。讲到演说的中心议题时，我以如下内容说明情况：

> 对于反对战争的道德质问，我们从道德的角度回答：清除萨达姆是道德的必需。这并不是我们采取行动的原因。那是必须按照联合国有关大规模杀伤性武器的指令执行的事情。但坦白地说，正是出于这个原因，我们才不得不采取行动，我们应该以坦荡的良心这样做。

是的，战争将会带来后果。如果我们用武力清除萨达姆，就会有人死亡，其中包括无辜者。而且我们必须接受行动的后果，即使是那些原本不愿意看到的后果。但如果“不进行战争”，那也同样会有后果。

如果我接受劝告，不坚持解除萨达姆的武装的话，是的，那就不会有战争——但是，萨达姆却依然存在。许多游行示威的人将会说，他们痛恨萨达姆。但接受他们的劝告的结果是，萨达姆会依旧统治着伊拉克，控制着伊拉克人民。伊拉克是这样的一个国家，它在萨达姆攫取政权之前的1978年比马来西亚或者葡萄牙更富裕。而今天，在这同一个国家中，每一千个伊拉克孩子中就会有一百三十个死于五岁以前——其中百分之七十死于腹泻或者呼吸道感染，这些本来都是可以很容易防止的疾病。几乎三分之一出生于伊拉克中部与南部的孩子患有慢性营养不良。那里几乎百分之六十的人靠食品救济度日。一半的农村人口没有安全饮水。

在那里，每一年，包括现在我们正在说话的这个时刻，数以万计的政治犯被关在萨达姆的监狱里，他们在令人毛骨悚然的条件下日渐委靡，而且每天都有人被处决。过去的十五年间，在那里，超过十五万名伊拉克南部什叶派穆斯林与伊拉克北部穆斯林库尔德人遭到了屠杀；多达四百万名伊拉克人在世界各地流亡，其中包括现在在英国的三十五万人。

这并不是一个仅仅拥有大规模杀伤性武器，在除此之外的其他方面都温文尔雅的无害政权。这是一个与我们政治事务中每个人都信赖的所有原则或价值观相抵触的政权。如果清除这个政权，就不再会有任何为受害者举行的游行示威，不会有为在他统治下每年毫无必要地死去的成千上万孩童举行的抗议，不会有因刑讯室的存在而发出的正当的愤慨，而这些只要萨达姆还在位，就将一直存在。

随后的日子是一个集外交活动、讲话、记者招待会和电话谈话为一体的旋涡。我那时肾上腺机能极为亢奋，精力高度集中，头脑特别清醒，注视着其他领袖作出其最后的决定。有些人会支持美国；有些会反对；有些则在敷衍了事。这实际上是一个令每个人备受煎熬的时刻。兹事体大，大到可以让任何人铭记不忘。乔治的立场很清楚：除非有什么极为特殊的、无法预见的事件发生，美国将动手清除萨达姆。整个美国武装力量的威力都聚集在伊拉克周围。

具有讽刺意味的是——如同我对乔治指出的，当美国的意向变得更明了的时候，同时也当然就是萨达姆的态度变得更为合作的时候。这一点可以从布利克斯2月14日的报告中得到反映。1月的报告曾指出他对于第1441号决议的违反，而2月的报告却指出了更多的服从。但现在重读这份报告可以有许多启发。很明显，这种服从在军事行动的前景变得更清楚的时候明显升级；但同样明显的是，除非统治伊拉克的那伙人的心灵有一次名副其实而非朝三暮四的变化，否则就不像有解决问题的迹象。这份报告描述了他们发现的伊拉克在远程导弹进口物品方面对于联合国决议的违反，描述了在没有伊拉克方面更多合作的情况下找到炭疽和VX神经毒剂的困难；然后报告总结道："如果伊拉克在1991年为我们提供必需的合作，在1991年的第687号决议规定中对其解除武装的过程可能会很短，从而可能会避免十年的禁运。今天，在2002年的第1441号决议实施的三个月后，如果伊拉克能够很快实现与联合国监核视委与国际原子能机构'立刻、无条件与积极的合作'，那么通过检查进行的解除武装期也会很短。"他们对解除伊拉克的武装抱有希望；但这份报告还是下了结论：对于联合国三个月前的决议提出的要求的服从情况尚未达标。

即使是在他3月7日的报告中，汉斯·布利克斯也这样说到了伊拉克的合作。在说到合作——他在一个有些保守的陈述中这样说："很可能是由于外界的压力"——正在加强以后，他接着说到了面谈和文件问题：

> 很明显，尽管我们可以把伊拉克方面为解决一些长期悬而未决的解除武装问题所采取的大量主动行动视为"积极"，甚至可以说"积极主动"，但由于这些行动是在新决议通过三到四个月之后才采取的，因此并不能称得上"立刻"合作。

最重要的是，在有关面谈的关键性问题上，布利克斯从来就没有得到过对方的合作。这种合作只是在2003年3月以后才得以与伊拉克调查小组成员进行。因此，尽管我们和布利克斯都想要更多的时间，但除了得出"因为萨达姆没有一项进行中的大规模杀伤性武器的计划，因此他就不是一个威胁"这一错误结论之外，这段时间内是否能产生任何其他结果是大可怀疑的。

面谈问题绝对至关重要。这是伊拉克调查小组如何才能最终明了整个事情的关键。实际的情况是，萨达姆永远也不会允许他的上层人员泄露机密。2002年12月，在布利克斯与联合国监核视委进入伊拉克以后，我们得到了情报（这一情报依然有效），说萨达姆召集从事武器工作的核心人员，并告诉他们，任何对在伊拉克之外的面谈采取合作态度的人都会被视为敌方间谍。后来在

2004年,伊拉克调查小组发现了证据,证明就在检查员回来之前,伊拉克副总统塔哈·拉马丹主持了一次有超过四百名科学家参加的会议。在这次会议上拉马丹威胁他们,如果检查员发现了任何妨碍取消禁运的问题,科学家们就会有凄惨的后果。当然,第1441号决议要求的责任与此相反:他们应该披露任何与检查相关的事项。伊拉克调查小组同时也发现,检查刚一重新开始,外国专家们便被藏了起来,为的是不让检查员找到他们。

因此,事后回头一看便很清楚,我的努力可能无论如何都会白费;尽管当时我觉得面谈可能真的会找出点什么。

但当模糊不明的报告接二连三地出笼,人们的意见便进一步两极分化了。

在大部分欧洲国家里,舆论相当尖锐地反对战争。在西班牙,何塞·玛丽亚·阿斯纳尔告诉我,那里只有百分之四的人赞成军事行动。我跟他说,如果对人们进行一次民意测验,相信猫王埃尔维斯仍然活着的人大约也就是这样一个比例。但阿斯纳尔是一个硬汉子,还是要坚定地跟美国站在一起。他和我一样相信大规模杀伤性武器的扩散跟恐怖组织之间的关系太明显了,这是我们无法容忍的;而现在到了面对一个使用过大规模杀伤性武器的政权——萨达姆政权——采取坚定立场的时候了。

但他也跟我一样认为,如果可能的话,现在寻求新的联合国批准武力行动的决议很关键。杰克、希拉里·阿姆斯特朗、萨莉以及其他跟我关系最密切的人向我建议说,没有一份特别同意使用武力的联合国决议,政治解决将是困难的,而且可能会夭折。我问阿拉斯泰尔,我被迫辞职的几率有多大。"大约百分之二十。"他说。"超过百分之三十,"我回答,"而且还在看涨。"

内阁会议定期举行,大臣们都支持我。罗宾在作退出的准备,但平心而论,他是公开这样做的,而且没有对我个人不好的动机(在当时)。

克莱尔总是有她自己的主见。说到进行战争准备,人们在流传的最奇特的说法之一是,这种准备成了一项个人使命;这个人在某个休息室里著名的沙发上跟几个特别顾问讨论,而内阁被排除在外。实际上,这几乎是在那六个月中的每次内阁会议上都会讨论的话题,对大家广泛通报情况的不只有我,还有杰克和杰夫·胡恩,与会的每个人不但有权发言,而且的确在发表意见。

这也是唯一一次下议院提前明确同意了的军事行动。政府一直就此事通报反对党领袖们,他们也能够见到情报与军事首脑。

两大反对党领袖的表现都很有尊严、很得体。很显然,查尔斯·肯尼迪将要反对战争，但他的举动仍然是合情理的、友好的，而且我觉得，他明白我当时也处于一种困难境地。

伊恩·邓肯·史密斯一直提倡反对萨达姆。他认为萨达姆是一种威胁，永远也不会改变，应该对其采取行动。他曾在2002年年初就此写过一本非常有分量的宣传册子。跟其他拥护撒切尔夫人的前大臣与拥趸们一样，他是一个欧洲怀疑论者，但却十分热心于跟美国结盟。他给了我坚定的支持，我对此确实十分感激。更重要的是，与他的许多同事不同，他不是那种只在一帆风顺时才是你的朋友的人，而是一个即使情况不那么乐观的时候依旧坚持自己观点的人。

我需要保守党的投票支持才有把握在下议院取得胜利，这一点还在相当早的时候就很清楚了，而且我们也承诺要在行动前进行一次投票。这样我就知道，我将会赢得投票本身。但是——这是一个很大的"但是"——保守党（极为有道理地）清楚表明，如果在有关冲突的投票结束后，有人提出对政府的"不信任案"，他们将站到工党内部的反对派一边。在这种情况下我就会倒台。因此我必须取得完胜，而且要以一种可以威慑任何工党内部成员，使他们虽然反对，但还不至于在面临针对政府的"不信任案"时投票反对政府的力量来取胜。

3月5日，星期三，当法国、德国和俄罗斯撇开美国提出了一个联合提案的时候，杰克在首相答问以后过来见我。他确实对其政治后果感到慌张与担心。"如果下星期三你跟布什在没有第二份决议的情况下就去打伊拉克，世界上只有一个政权会发生更迭，而且就发生在这间屋子里。"这话他是作为一个朋友和同事说的，而且是他的真心话。

我发现，在2002年9月接替理查德·威尔逊担任内阁秘书长的安德鲁·特恩布尔正在悄悄地阅读工党党规，想弄清一旦我倒台，这将对政府意味着什么。如果这种情况发生，政府将由约翰·普雷斯科特领导，而且安德鲁还有一系列官僚政治的程序需要完成。顺便说一句，他并没有偷偷摸摸地这么做；研究所有的可能性——这当然也是其中之一——是他的分内工作。但听说这件事的时候，我有些不自然地笑了一下，并且想：这些天确实有可能是我在位的最后日子了。

我竭尽全力到处搜寻，看在外交解决的大海里还有没有最后的一根稻草。3月7日，当普京明确表示将否决第二份决议时，事情变得更加复杂了。我知道我还剩大约十天，可以努力为检查员们争取一些时间。我还是觉得可能——尽管可能性正在降低——得到萨达姆的投降协议；或者，另外一个想法在我头脑中萦绕着，或许我们可以同意动用一种蓝贝雷帽（即联合国支持的）检查员特种部队,那就能有效地接管解除武装的过程。与此同时我也有了自己的主意,对此我与汉斯·布利克斯和安理会中的一些不结盟国家人员一起做过一些工作。

安理会有五个常任理事国。此外还有十个非常任理事国,它们由各成员国轮流担任。这些非常任理事国主要从南美洲、非洲或亚洲国家中选出。每一个常任理事国都享有一票否决权,但非常任理事国没有。

我的想法来自布利克斯给出的联合国检查员报告中实质性的模糊之处。如我们将要看到的那样,这些报告就像美国人正确指出的那般,是萨达姆违反了联合国2002年11月决议的证据。所以他们说,从政策与法律的角度出发采取军事行动是合法的。

但是,从政治上看你也可以这样说,好吧,他们确实没有完全遵从决议,但在有些地方他们还是遵从了的。而且很明显,那些没有遵从的地方是可以确认的,特别是没有允许在伊拉克境外的面谈,未能给出有关文件,拒绝提供销毁违禁物品的证据等。我构想出以下想法:我们可以跟联合国检查员一起起草一份文件,点明大量尚未解决的问题;然后我们详细说明萨达姆必须立即接受的要求;而且我们要给出一个有限的时间——七天——让他开始完全遵从决议,否则就会接着开始军事行动。布利克斯认为萨达姆可能会接受。我着手去说服美国人,要他们接受这一点可不容易。

面谈问题又一次成了我注意的焦点。这一点使我跟汉斯·布利克斯之间进行了一系列相当困难的谈话。我对他说,我们必须把关键人物带出伊拉克。这是能使他们——哪怕稍微有一点胆子——诚实一点的唯一方法。他不太愿意这样做。他说,他们可能会被害,也有可能他们的家人会受到折磨。他觉得他无法承担这样的责任。我有点被激怒了。我当时说,如果伊拉克政府会去杀这些人员,那让萨达姆遵从第1441号决议又从何谈起?不管怎么说,他最终还是同意了。

我周围的人在以下观点上达成了一致:如果我们向联合国安理会提出附有这样一份时间表的决议,但它却被否决,那我们还是可以利用它,只要大多数安理会成员国支持它就行。只不过这是政治手腕而不是法律问题了。

在3月7日到14日之间的这一周里我有一个狂热的电话谈话安排。由于我的谈话对象中许多人的住所使用美国东部标准时间,我得经常在早上很早的时候就打电话。要让乔治接受这个办法的确不容易。他的思维方式与此格格不入。他手下的军事首脑担心——并非没有道理地——拖延会给敌人时间,而时间可能意味着更为艰苦的战斗，会带来更大的牺牲。我们的军事首脑同样也担心这一点。对于萨达姆可能的反应，我们依照情况制订了各种计划。他可能放火焚烧油田，施放化学剂，或者更糟糕些，使用生物武器，或者攻击以色列。他的前科无法让我们对他的可信度或者人性有信心。英国与美国的情报机构此前都警告过这种风险。

无论如何我觉得还是值得一试。智利总统里卡多·拉格斯是我们的盟友；他是一个十分精明、明智的人，一个改革型政治家，有勇气做棘手的事情。他跟墨西哥总统福克斯的处境都十分尴尬：他们都是美国的坚定盟友，但他们国内的舆论都压倒性地反对战争。

我在给乔治的一张便条上陈述了我的延期计划。然后我们通了电话。这件事很难办，但我把事情坦率地说清楚了；他不情愿地接受了。我们让布利克斯那伙人准备好了文件。这其中包括五项关键测试。这将把这个政权所隐藏的一切都彻底冲洗干净——特别是在面谈问题上，可以让人看清他们是否抱有诚意。

智利与墨西哥打算跟我们一同行动，但却有某种限度。里卡多说得很清楚，如果法国坚决反对这一计划，那么要让他们参与这样一种只不过是形式上的投票就很不容易了，因为将有否决，所以它根本就无法通过，尤其当否决是来自法国而不是俄罗斯时。

不幸的是，如果说法国的立场有所改变的话，那么就不是变软，而是变得强硬。他们开始声称，他们不支持在任何情况下采取武力，无论检查员发现了什么。显然他们很欣赏在他们自己、德国和俄罗斯之间新近形成的强有力的三角关系。这实际上成了权力的另外一极。他们可以勇敢地面对美国，挑战美国，并由此为他们在穆斯林和阿拉伯世界挣得情感分。

我决定，无论如何我们还是要把我们的五项测试放到桌面上。3月13日，星期四，我们很早就这么干了。法国立刻就反对这些测试。雅克·希拉克发出了一个非常强硬的声明，说他不会在任何情况下支持军事行动。时任外交部长的多米尼克·德维尔潘——我其实很喜欢他，但在这一点上他不同意我的意见——也在本质上反对测试。这都是在伊拉克根本还没反应的时候发生的。里卡多接着解释道：在这种情况下，他实在无法参与一个显然是无效的联合国安理会的文字游戏。联合国的这条路就此堵上了。

与此同时，我们已经解决了我们自己的合法性争论。

3月7日，彼得·戈德史密斯提交了他的最后意见。如同我前面说过的，他去了华盛顿，并与联邦政府的律师们进行了详尽的讨论。他一一陈述了赞成与反对的论据，并在权衡双方论据之后选择了赞同。后来，很多人推测，彼得是屈于"压力"而作出这样的选择的。真实情况是他过去是，现在也依然是一个真诚、正直的人。他确实想要弄清真实的情况。这是很困难的。世界上到处都是律师，而就这件事情，每一个律师都有他或她自己的想法。正像他应该做的那样，他深切地感到了自己的责任。这件事从法律上分析可以清楚地找到反对的理由，但也同样可以找到赞同的理由。他争辩着，讨论着，反思着，最后作出了决定。他的意见综合了各方观点。他的论据也综合了各方观点。他做了他自己的工作。

他是一个负责行政管理事务的人，是律师中少有的真正具有管理能力的人。彼得对于刑事检控专员的职责、对皇家检控服务的职责、对刑事司法的职责所作的改变大大提高了司法系统的效率。对于法庭在移民、恐怖主义和政治避难方面的裁决，我经常表现出不耐烦的情绪（而且并不总是有礼貌地表达的），他都一一容忍。但在这些范围内，他是一个激进的改革分子，有能力将激进的主张转化为真正的改变。

乔治和我预定3月16日在亚速尔群岛会面，部分原因是要绑定西班牙和葡萄牙；这两个国家都支持我们，但他们的首相都承受了敌对的议会和舆论方面的巨大压力。现在很清楚的是，军事行动已经不可避免，除非萨达姆能够自愿下台。乔治已经同意向他发出下台的最后通牒。但我们都不认为他会这样做。阿拉斯泰尔、乔纳森和戴维与布什的班子，特别是与康多莉扎·赖斯共同努力，以求拟出一份措辞正确的声明。

英国国内的情绪继续不稳定。3月11日，唐纳德·拉姆斯菲尔德建议，鉴于英国国内的政治风向——认为我们或许不应该参与首轮军事行动——应该举行一次记者招待会，结果不慎引起了轩然大波。有些人认为他是在试图使我们紧张不安。对于我来说，其实很清楚，这只不过是他一时口误而已。他其实是想帮忙的，却帮了倒忙，而且到那时军方已经绝对正确地确定了我们将从一开始就参与行动，对于任何把我们当作第二梯队的想法都很不满。

罗宾·库克来了，并且说现在很清楚，第二份决议是不可能的了，他要辞职。我们俩非常友善地一起起草了辞职声明。我明白第二份决议在政治生存等事情中的重要性。我现在承认，我觉得总从道义上考虑是否可以采取行动有些古怪。道义的考虑会让军事行动更为合法化，这当然是真的，但我们是否能够得到第二份决议，这主要取决于法国与俄罗斯的政治手腕，以及他们对自己的政治兴趣究竟在什么地方的考虑。我们在科索沃的行动没有得到联合国授权。在波斯尼亚或者卢旺达问题上，我们是否能够得到联合国安理会的同意也是令人高度怀疑的。对于塞拉利昂问题，我想都没想过安理会会同意。而对于这些问题中的每一个，如果人们说从道义上我们不应该干涉，这是很没有说服力的。更进一步说，如果干涉行动变得困难起来——如同我们在阿富汗出现的那种情况，有联合国的授权这件事并不等于就能让人们继续干下去。

但是，一旦我们得到了授权，当然可以让政治上的斗争至少在一段时间内变得容易得多。但我们没有得到授权，所以选择很清楚——就像在那种时刻许多国家的领袖所面临的选择一样：干涉还是住手？我们大致可以期望有三十个参加共同行动的国家，但美国和英国应该当仁不让。

3月16日早上我们起得很早，然后飞到了亚速尔群岛。这是一个有点超现实主义的事件。表面上看我们还在争取政治解决方案。还有些最后一分钟的希望，认为阿拉伯世界采取的主动行动会让萨达姆退出；或者会有一份萨达姆的投降协议。乔治对于我们能够为了和平的希望而采取一种坚持努力到最后的方针感到满意。我们在举行会议的主房间外面一个看上去有些奇怪的小房间里面坐着聊了一会儿。这是在拉日什空军基地，像在大部分空军基地里一样，这里的各种设施都很简陋。房间很实用，除了墙上的一些瓷砖之外，装潢很简单。从飞机上看去，这是一座美丽的海岛，但我们看不到多少东西。

我们又一次详述了主要的论据。他是完全冷静的。他认为我们必须向全世界发出一个完全清楚的信息：如果你与大规模杀伤性武器有任何牵连，我们就要找你算账。他甚至比我走得还远，他的思想专注于恐怖组织掌握了大规模杀伤性武器装备的可能性上。“我不愿意成为眼看着这种情况发生的总统。”他说。“我爱我的国家，而这些家伙仇恨我们，因此威胁着我的国家。”

嘲笑乔治·布什有关世界的观点简单化是很容易的。他的有些观点确实看上去带有摩尼教的特色。但从另一方面说，人们又很难驳倒这种脱胎于一种非常直接分析的简单化观点。尽管有着作为人类政治实体所天然存在的种种不足与局限性，美国仍不失为一个伟大的自由国家。我发现美国的思考方式有许多与我们欧洲国家不相容，但在枪支、死刑与监狱制度方面，许多美国人同样不同意这种事情。

这些事情中没有哪一件能够削弱它的力量、它的吸引力，或者它作为一个国家的基本优点。我知道“作为一个国家的基本优点”听起来有点古怪，但他们和我们都有着政府系统，有着基本权利和自由，这些是“优点”。现在有些国家还无法达到那种程度，但却正在朝这个方向发展，并终将得到它们。我相信中国是这样的一个国家。它有着独特的问题。它有着世界上最多的人口，其中包括五十多个不同的民族。它需要时间发展政治。我们应该理解在这一发展中的压力与担忧。

但如果你看看其他一些国家，你就看不到这种良性的进化。你所能看到的只是权势的邪恶运用、整个国家停滞不前、人民受到压迫而且前途无望。没有什么山中的房屋可以让人觉得现在的斗争是值得的；目光所及，在地平线上能看到的只是更为深重的绝望。对于那些生活在这种苍凉的荒野中的人们来说，美国的确引人注目，光彩夺目；或许它不是他们在自己的国土上所能够向往的一所房屋，但却是一所可以从远处眺望的房屋。在看到这所房屋的同时他们就知道，现在的生活并不是必须过的生活。

于是，当我回头重读所有的文件时，所有关于那些令人苦涩不堪的会议、电话和沉重思考的回忆都涌上了我的心头；我知道，一旦我们停止通过联合国的渠道行动，而萨达姆又在违反联合国决议，从那时起英国除了同美国并肩作战就没有其他的路可走了。当然，这样一个声明总是要经过**最后关头**的修改。这是一次疯狂的侵略行为吗？不，我们本不会支持那种说法。但有前面那段历史，你无法把萨达姆称为一个疯狂行动的目标。

就我个人而言，我毫不怀疑我们或迟或早总得解决他的问题。但我一直在宽慰自己——就像我在格拉斯哥演说时说的那样：即使我们错了，我们也还是消除了一个暴君；作为一般原则来说，我很愿意这么干。

但无论如何我也清楚，这次国际社会的意见分歧意味着，未来的行动进展将对我们的命运产生极大的影响；而在战争中会发生什么通常是无法预见，同时也是令人不快的。所以，离开亚速尔群岛时我就知道：开弓没有回头箭。我知道我处于孤立状态，我的权力在摇摇欲坠，而且——一个令人反胃的想法——我的命运完全取决于一切进展顺利，万万不能砸锅。更有甚者，这是我第一次承诺向旨在推翻一个政权的军事行动投入地面部队，而在这一行动中我们担当的是配角；一切安排并不在我们的掌控之中。的确，在阿富汗，英国部队也参与了地面行动，但首次行动却是空中打击。这一次我们将与萨达姆的武装力量交手，这支武装力量本身经过了两次战争，并且将为他们在伊拉克等级制度中的尊崇地位而战。

当透过为这一天的旅行而包租的英国航空公司飞机的窗户，眼望着亚速尔群岛的海岸线消失在远方的时候，我十分清楚地意识到，由于这一决定，许多生命将结束或者改变。我也很冷静，但这种冷静是因为现在我的命运已经与无数其他人的命运紧紧地结合在一起了。我正在做的是我认为正确的事情。但上帝啊，我情愿不做这件事情。

我们回国了。星期一我召开了一次紧急内阁会议。罗宾已经辞职了，所以没有参加。我和大家一起又一次复述了我们的主张。我最后让乔治承诺了行动准则，这对于中东和平进程具有极为重大的意义。它在本质上为通往和平道路的步骤提供了一个庞大的框架，这一点直到今天仍然适用。以色列人对此有抗拒（考虑到他们后来坚决支持的态度，这很有讽刺意味）；美国方面最多可以算是半冷不热的，但它对于巴勒斯坦人、阿拉伯世界和欧洲共同体来说却是圣典。经过许多争吵与辩论之后，我们成功地让美国签署了这一文件，甚至让美国在向萨达姆提出的最后通牒中对此给出了一个特别承诺。

除了克莱尔·肖特，内阁成员都支持我。所有对我最忠诚的人都加入了讨论。如同以往在这种情况下出现的场面一样，约翰·普雷斯科特最为坚定。德里·欧文在讨论中的插话很有帮助；他说，如果法国不威胁否决任何授权武力行动的决议，我们或许可以得到第二份决议；但现在的问题是，由于我们费了这么大的劲来争取第二份决议，以至于人们产生了一种错觉，觉得没有另一份决议行动就不合法了。

然后就是3月18日的下议院辩论。布什的最后通牒接受了我们提出的全部改变意见，平衡了各方观点；其中没有好斗的言辞，但对伊拉克人民表示了坚决的支持。而且对于我来说很关键的是，它突出强调了中东的和平进程。我前一天晚上一直到很晚都在准备自己有史以来最重要的发言，星期二上午也在继续准备。在这一类情况下，我就是埋头写作。

写下论据是很容易的。我回顾了萨达姆对于国际法准则和联合国决议不间断地嘲弄的历史，他与检查员的对抗，以及1998年的军事行动。我解释了我们不能让这一行为继续下去的原因；以及在“9·11”之后，我们是在怎样的情况下才不得不发出尽可能清楚的信号的：安全状况发生了改变，我们对于使用或开发大规模杀伤性武器的流氓政权的容忍度也应发生改变。

在一个我不甚满意甚至几乎删掉的段落里，我对比了20世纪30年代的情况；当时在很长时间里，人们普遍不肯相信希特勒是一个威胁。我很注意地不把萨达姆与希特勒混为一谈，而且特别与许多人的肤浅认识——他们对比了2003年与1933年的状况——划清了界线。但我确实说到了当时人们对于《慕尼黑协定》是多么欢欣，因为他们觉得已经避免了军事行动。

但现在我要把两者区别对待。实际上这二者的确很相似。但这种相似更多表现在：建立在曲解伊斯兰教基础上的极端主义的一般意识形态以及我们对其的态度，和30年代正在增长的法西斯主义威胁以及我们对于它的态度；是这两者之间的比较，而不是行动的准备阶段的比较。在这两种情况下，人们都很不情愿相信我们需要进行一次战争。在这两种情况下，我们对于和平的渴望都蒙住了眼睛，看不到我们的敌人坚持按自己的方式行事的决心。在这两种情况下，我们都在原谅一部分人与国家的行径，而这种行径在其他情况下我们会对之深恶痛绝。在这两种情况下，事情好像距离我们都很遥远，因此我们会问：为什么我们需要干预？

我以这种方式对基本情况进行了总结：

> 让我告诉议会我知道的事实吧。我知道，世界上存在着一些国家或者国家内部的集团，他们扩散与买卖大规模杀伤性武器——特别是核武器技术。我知道，世界上有一些公司、个人与一些过去参与核武器计划的科学家，他们正在出卖他们的装备或者知识。我知道，有那么几个国家——主要是存在着高强度镇压政权的集权国家，他们正在铤而走险，极力争取获得化学武器、生物武器，或者，最为迫切的是，核武器制造能力。其中有一些国家，他们距离拥有可供实战使用的核武器的一天已经为期不远了。这种行为现在并没有减缓。这种行为正在加速。
>
> 我们都知道，恐怖组织现在在大多数主要国家中都在活动。就在过去两年中，就有大约二十个不同的国家遭受过严重的恐怖主义暴行的袭击。数以千计的人们——不包括"9·11"事件——在这些袭击中丧生。这些恐怖主义的目的并不只是残暴的行为；它旨在制造恐怖。他们要使局势恶化，要分裂，要造成一种悲惨状况的后果。它在世界各处毒化政治进步的机会——在中东，在克什米尔，在车臣，在非洲。是的，推翻塔利班给了它一次打击，但它还依然存在。
>
> 当然，这两种威胁有不同的目的和不同的起源，但它们都有一个基本的共同观点：它们憎恨那些标志着我们的生活方式的自由、民主与宽容。现阶段这两者之间的结合是松散的——这一点我完全承认，但这种结合正在加强。根据我的判断，这两者走到一起的可能性——让恐怖主义者拥有大规模杀伤性武器，甚至所谓的放射性肮脏炸弹——现在对于英国及其国家安全是一个真切存在的现实威胁……

> 让我来解释其危险。用一个火箭发射装置发射的三公斤VX神经毒剂将会污染一个城市四分之一平方公里的面积。一公升致炭疽物质中含有数以百万计的致命剂量，而在伊拉克有一万公升这样的物质下落不明。“9·11”事件的发生改变了美国的心理——这是很明显的，但它本应改变整个世界的心理。
>
> 当然，伊拉克并不是这一威胁的唯一国家。我从来没有这么说，但它是对我们能否严肃地对待威胁的一次检验。面对这样的威胁，整个世界应该团结。联合国应该是外交与行动二者的焦点。第1441号决议就是这样说的。这就是解决问题的办法。我在此直截了当地告诉议会：把两者分开，只喜欢结果而不喜欢手段，这从长远来说只能给联合国带来更多的损害，不如我们可以追求的任何其他一次性解决办法优越。倒退回十二年来的碌碌无为；只是去谈论、讨论、辩论而从不行动；只是宣布我们的决心而不付诸实行；继续说些吓人的大话而没有行动的决心——这是可以想象得到的最为软弱的方法。如果我们继续采取这种方法，那么当威胁真的来临的时候——无论是在伊拉克或者别的地方，那时谁会相信我们？对于下一个暴君来说，我们的信用还值几个钱？

我也论及了国际社会的分化，尤其是我多么希望欧洲能与美国达成协议。回想起来，我怕这些只是增加了我的孤立状况；但猜测一番，按我所描述的设想，另一个领袖是不是能够成就不同的结果，这是很有意思的。

> 我们所见到的确实是欧洲与美国相互分裂造成的后果，并不是全部的欧洲，因为西班牙、意大利、荷兰、丹麦和葡萄牙坚定地支持我们。而如果我们像应该的那样，把明年将要加入欧共体的新成员计算在内——所有这十个国家都坚定地支持其政府的立场，那么这也同样没有包括大部分欧洲国家。但联合国的软弱无力是由于这一分裂造成的。
>
> 我想用以下方式处理这一问题。这一分裂的核心在于对于世界的概念。在这一世界中有着相互竞争的权力中心，以美国及其盟友为一方的是一个中心，而以法国、德国、俄罗斯和他们的盟友为一方的是另一个中心。我不相信所有那些国家都想要有这样一种结果，但是这就是我们现在面对的形势。我相信这样一种观点是误导人的，对于我们这个世界是有着深刻危险的。我也知道为什么会有这种现象。有人憎恨美国所占据

的支配地位。有人害怕美国的单边主义。人们问:“美国会倾听我们说话,关心我们的心事吗?”而且,或许有人并不完全明白美国在“9·11”以后的想法。这些我都了解。但解决这个问题不应该通过对抗,而应该通过伙伴关系。伙伴不是仆人,但他们也不是竞争者。去年9月欧洲应该用一个声音对美国说的是:“我们理解你们对于恐怖主义和大规模杀伤性武器的战略忧虑,我们将帮助你们应付这一问题。在我们通过的任何联合国决议中我们的话都是算数的,并将在萨达姆未能自愿解除武装的情况下实施这些决议。尽管如此,作为回报,”——欧洲应该这样说——“我们也要求你们做两件事情:美国确实应该选择以联合国为途径;而且你们应该认识到重开中东和平进程凌驾于一切之上的重要性。这就是我们要求你们做的。”

最后我论及政权更迭问题。

我从来没有说到更换政权这一行动是否合理。我们必须按照第1441号决议的规定行动——这是我们的法律基础。我可以坦率地说,如果我们真的采取行动,我们应该问心无愧地坚决行动。我完全相信,那些反对我们这次行动的人跟我们一样憎恨萨达姆。谁会不恨他呢?……

野蛮的镇压——死亡营与刑讯营、对持不同政见者的凶残关押、对任何疑为不忠诚者及其家庭成员的日常责打——都是有案可查的。就在上个星期,一些说了萨达姆坏话的人被捆绑在巴格达的路灯柱上,他们的舌头被割了下来,手足被切下,最终流血而死。萨达姆用这种方法警示他人。我想起了几周前与一位伊拉克流亡者的谈话,当时我对她说,我明白在萨达姆的残暴统治下应该有何等恐怖。“可是你不会明白的,”她回答道,“你不可能明白。你不知道始终生活在恐惧之中是什么滋味。”她是对的。我们把我们的自由当作与生俱来的东西。但想一想吧,如果你不能说话讨论或者甚至质疑你所生活在其中的社会,你将会有何种感想?你亲眼看到亲朋好友被抓走却根本不敢抱怨。你忍受着面对毫无怜悯的恐惧却丧失了勇气的耻辱。这就是伊拉克人民的生活。让萨达姆继续在位,随之而来的事情就是,他们将继续被迫过那样的生活。

于是,采取行动的道义理由——这一理由从来没有从我的灵魂中消失——为我提供了演说的最后部分，也是其最激昂的部分，或许是1999年芝加哥讲话在我心底里的回音。

最后我们漂亮地赢得了投票，四百一十二比一百四十九。我的班子——包括政府公职人员和特别顾问——简直是妙不可言；他们给了我最强大、最持久的支持。

我回到了唐宁街。人人都认为美国会在第二天开始空袭。实际上，行动是由英军首先发起的，包括特种部队在内的英军保护了油田，防止了生态灾难。

我们进入了战争。它将持续多久、有多么血腥与艰苦，这些都会很快揭晓。

第十五章 **伊拉克:善后**

大部分意见——公众与最重要的媒体的——都反对军事行动，其问题在于,这一部分意见总有一个要证明的观点。除非能够设法拉拢他们,使他们至少持中立立场，否则他们总会带着一种强烈的——不管是有意的或者是下意识的——想看到这次行动失败的愿望。我并不是说他们希望灾难会降临到多国部队或者当地人民身上,而是说他们的内心有些无法协调的情绪。他们强烈感觉这次行动是错误的。他们想说:我们早就告诉过你们了。不管他们多么强烈地想要抗拒这种想法——在伊拉克这件事情上有些人并没怎么强烈地抗拒——他们还是把行动中的每一次挫折都看成是对那些倡导这次行动的人的责难。这一点对于伊拉克在后面阶段发生的事情有关键性影响。

我从一开始就急切地想让这次行动尽快回归联合国旗下，并重新弥合大西洋两岸联盟的不和。如果行动出师不利,我们会需要这一联盟。

对于战争的善后计划不足,这一点是有很好的记录的。人们仔细研读、检查,并在很大程度上吸取了在2009年简要的《美国总检察长报告》和同年的《兰德报告》中阐述的教训。

军事征服行动本身取得了辉煌的成功，但伊拉克国内的重建行动却不如意。而清理出哪些是可以避免的失误,哪些是未曾预见与无法预见的挑战,并分清它们各自的效果,这在今天也都是很困难的。美国承认,他们的重建计划是很不成功的。我们在英国占领区可以干得更好一些;但坦率地说,在我们负责的那些地区,计划是合适的,工作怎么说都是呈上升型发展的,任何不适当的地方都得到了充分的注意。

问题是，即使对于战争善后制定了最为透彻和完全合适的计划，那也不过意味着，人们会把更多的努力集中在一些事情上，而那些事情并非流血事件的最终原因。

战前准备时人们提出了三个主要的令人担心的问题。其中最让我们担心的是，这样一个全靠食物定量供给维持的国家在政府严格控制的分配系统不存在以后可能会出现人道灾难。这一点是我们大部分时间都在思考的问题，也是许多政府内部相互协调和美国与其主要盟友之间协调的主题。

当人们认为对战争善后问题计划不足有许多征兆时，他们是完全正确的。但他们却忘记了，那些征兆预示的可能发生的事件却很幸运地并未真正发生。而由于某种原因，尽管计划不足，却并未发生人道灾难。食物分发下去了。系统能够发挥作用。

第二件令我们关心的事是萨达姆使用化学或者生物武器的可能性。我们花费了大量时间与金钱，试图保护人民免遭这一可能的荼毒。结果，由于明显的原因，这种事情根本未曾发生。

最后，我们担心萨达姆会放火焚烧油田，从而引发一场严重的生态灾难。由于英军在行动早期进行的适时、准确的干涉，这一情况也得以避免。

我们发现，那些油田确实已经布上了地雷并作好了起爆准备。如果我们没有去干涉，其结果将会是对整个伊拉克南部地区、其沼泽地带、这一地区的生物和野生动物以及周围海面的污染。萨达姆曾把超过一百万的沼地阿拉伯人赶出他们帮助维持的沼泽地带，以至于那些沼泽地带的情况已经在恶化。但一层石油浮游膜会带来可怕的后果。

当然，最让我们担心的是军事行动本身。对于我们的武装力量，我们最担心的是萨达姆的军队，特别是他的共和国卫队——他们有自由使用整个国家力量的手段，拥有高度集中的权力——会与我们死战到底。在这种情况下会出现巨大的伤亡。

于是行动开始了。在参加了3月21至22日的欧盟理事会之后，我在3月24日给下议院的一份报告中阐述了我们的目标和采取的初步行动。

> 现今我们的这一军事行动只不过开始了四天。有必要重复一下我们的中心目标。它们是推翻萨达姆政权，保证解除伊拉克的化学、生物和核武器武装的计划。但在完成这些目标任务的同时，我们也考虑了其他方面。我们想要以这样的一种方式展开这次军事行动：要让受到萨达姆残

暴统治的伊拉克人民遭受最小的苦楚;要保护能使该国人民将来得以繁荣国家的财富;要让这次战争成为一次解放的战争,而不是征服的战争。为了这个原因,我们没有像有些人预计的那样首先进行一次饱和轰炸,然后再开始地面进攻。与此相反,地面部队立即就开始了行动,保障了石油设施的安全,夺取并控制了战略资产,而不是摧毁它们。空军的轰炸也有精密控制的目标。当然还是会有平民伤亡,但我们竭尽了一切人力可以做到的努力,以使这一伤亡降低到最低程度。未对自来水与电力供应实施打击。轰炸目标是萨达姆政权的基础设施、指挥与控制中心,而不是平民百姓。尽管地雷的存在使我们受到了阻碍,但我们还是为打开人道援助的通道作出了巨大努力。

与此形成鲜明对照的是,萨达姆的政权通过自己的行为最清楚不过地暴露了其本质。他们在石油设施上设置了地雷,而且是埋设在很深的地下。如果我们没有迅速地实施打击,伊拉克将来的财富甚至就在现在已经灰飞烟灭。他们以违反一切国际法准则的方式让囚犯游街,那些胆敢批评政府的人被处以极刑。

现在请允许我为议会提供一些军事行动的细节。在南方,我们的目标是保障法奥半岛上关键油田设施的安全,占领伊拉克通往外部世界的唯一港口——乌姆卡斯尔港,使伊拉克第二大城市巴士拉不至于成为萨达姆反对多国部队军事行动的基地。我们在西部沙漠中的目标是阻止萨达姆将它利用为对外敌意侵略的基地。在北方,我们的目标是保护库尔德自治区域的人民,保卫北方油田的安全,并保证那里不会成为萨达姆的反抗据点。当然,我们最关键的目标是以最快的速度抵达巴格达,从而进一步逼近这一政权覆亡的目标。

我希望议会能够理解,有些行动细节我在此不便透露,特别是那些有关特种部队的部分;但尽管如此,现在英军与美军部队已经占领了法奥半岛,这一点是肯定的。南方的石油设施正处于多国部队控制之下。尽管尚有零星抵抗,但乌姆卡斯尔港也在盟军手中;不过对于人道援助来说最为重要的航道可能还被水雷阻塞,将需要一些时间方能疏通。巴士拉现在正被包围,已经不能用作伊拉克的基地了,但在巴士拉市内还有对萨达姆最为忠诚的保安部队的零星单位,他们仍在负隅顽抗。虽然他们已经被包围,但还有能力使我们的部队遭受损失,所以我军正在谨慎前进。我们已经牢固控制了巴士拉国际机场。西部的沙漠地带一般地说是安全的。在北方，我们正在对摩苏尔、基尔库克和提克里特的伊拉克政权目标实施轰炸。我们一直与土耳其政府和库尔德当局保持联系，让他们保持冷静。

与此同时，以美国第五军团为首的多国部队正在向巴格达进军。就在我们说话的同时，他们距离巴格达市南部尚有六十英里，逼近了卡尔巴拉。从那里稍加挺进，他们就将与保卫通往巴格达通道的共和国卫队麦地那师遭遇。那显然将是一个关键的时刻。多国部队也在向伊拉克东部的阿尔库克挺进。在巴格达南面幼发拉底河上的两座主要桥梁已经完整地落入我军手中。这对此次行动具有关键意义。

空军袭击了伊拉克的军事设施、萨达姆政权的中心和指挥与控制中心。出动空袭的飞机超过五千架次。数以千计的伊拉克士兵举手投降，还有其他伊拉克士兵直接离开了战场，他们的作战单位正在解体。但还有那些与萨达姆关系最为密切的军队正在抵抗，而且他们的抵抗将是十分顽强的。他们是伊拉克武装部队中的精英，深受当地人民痛恨，是一伙亡命之徒。因此，我们眼前必定还有一段艰苦的日子，但我们正依计划实施战略及其时间安排。

欧洲理事会是以悲剧开始的。我星期四晚上很晚方才抵达布鲁塞尔。3月20日我们在英国代表处的官邸过夜。这是一座可爱的老房子，是19世纪布鲁塞尔排房中的一座。布鲁塞尔有许多美丽的地方（但遗憾的是，欧洲共同体的建筑都没有包括在其中），这是其中的一个。它有着那种非常特殊的19世纪中叶的建筑风格，有着带高高的天花板的大房间，以及那种不尚修饰的细长双扇门。

星期五早上我很早就醒来，知道了八名英国海军陆战队士兵和四名美国陆军士兵在科威特的直升飞机相撞事件中丧生的消息。这是一个不祥之兆。在此之前，在科索沃、塞拉利昂和阿富汗的联合行动中我们都只损失了五六名官兵。这次行动会非常非常艰苦，这种感觉又一次来到了我的头脑中。和过去一样，我想象着那些家庭，上门的噩耗，悲痛的寡妇，失去父亲的儿童，诸如此类纯粹的惨剧。

雅克·希拉克跟格哈德·施罗德都在理事会开始的时候过来见我，并以真诚而又令人感动的态度向我表达了他们的哀悼之情。我对此很感激。这也让我们得以讨论该如何让国际社会重新团结起来。

我的目标是说服美国人,战斗一停止,整个政治解决进程就应该在联合国的指导下进行。然后联合国就可以监督选举。他们将拥有形式上的作出决定的权力,即使很明显,实际权力还是在美国手中。那时候我们就可以说:好吧,我们在推翻萨达姆方面有不同意见,但现在他已经不在了,让我们为一个稳定、友好并有着良好政府的伊拉克一致努力吧。

在这方面,理事会开得比原来想象的要成功。会议在一点上取得了一致意见,即石油收益须由联合国托管而最终交给伊拉克人民。会议同意,联合国应该有一个强有力的战后授权法令,而新的临时政府应该——几十年来第一次——广泛代表伊拉克各阶层的意见。从20世纪60年代起,什叶派(占人口总数的百分之六十)和库尔德人(占人口总数的百分之二十)就被完全剥夺了权利。现在有机会让他们重新参与管理自己的国家了。

没那么容易说服美国。在很大程度上,人们跟我出于同样的原因而很喜欢科林·鲍威尔。迪克·切尼、唐纳德·拉姆斯菲尔德和美国政府中的许多人认为联合国的官僚机构只会把事情弄糟。跟往常一样,工作要做在说服乔治方面。我们预定在3月27日会面。我给他写了一封详尽的短信,解释了为什么必须把联合国拉进来。我又一次强调了中东和平进程的深远重要性。在戴维营会面的时候,我们几乎是逐行讨论了这一短信。如果仔细研究了这一短信,他应该很爽快地同意通过联合国途径这一方案。这很好,但实际上事情却办得很艰难,这本身就说明了这个问题的本质。

美国人的想法是觉得联合国碍手碍脚。我的想法是,还是得靠建立统一战线来取胜,而联合国就是这样的统一战线最方便的中转站。这并不是决定要发动游击战还是常规战的简单问题。过去有过游击战争的历史。但现在是一场通过现代化技术、现代化新闻报道和通讯进行的,在全世界人民的客厅里实况转播的真实战争。这是一个壮观的场面。观众看到的将是——而且,最主要的是,他们是通过透镜看到的——胜利或者失败的极关键的要素。当然,舆论在战争中总是扮演着角色。但现在,媒体与前线部队镶嵌在一起。每一个人都在给出现场评论。综合的新闻录像并不只是比原来庞大得多;它与我们以前看到的有着本质上的区别。我有时候就在想,如果今天的媒体带着它们今天所拥有的技术出现在过去的那些战争,包括第二次世界大战中,那些战争是不是还会以它们原来的那种方式进行?像德累斯顿或者广岛的那种情况是否还会出现?

问题就在于,实际战争对人们的视觉冲击完全让前因后果的分析或者解释变得暗淡无光。它本身在讲述它自己的故事,因为那些画面是如此令人震惊。在那些情况下解说的精髓是，要解释清楚我们为什么要这么干，我们的目的、目标、道义上的原因以及地缘政治的基本理由，要让大家能够完全赞同与接受；只有这样的解说才能压倒战争情景的视觉力量。

实际上，对于任何现代军事行动都是如此。对于任何非短期的战争行动更是如此。因此建立一支多国部队来推翻萨达姆才会如此重要；这就是为什么在后萨达姆时代，让国际社会重新团结起来是事情的关键，重要性高于一切。如果建设后萨达姆时代的伊拉克能够成为我们所有人为之自豪的一项工作，那就没错，尽管会有着多得令人烦恼的联合国官僚程序，但同时也会有国际认同的巨大收益。或者说，至少存在着这样一个更光明的前景。

要乔治接受这一点可不容易，要迪克接受就更难了。但最后我们“在原则上”同意，应该让联合国介入。

为了尝试修补篱笆，我从戴维营直接去纽约见科菲·安南。我过去与现在都很尊敬并喜爱科菲。在整个伊拉克事件中他的地位都非常尴尬。他做了最好的工作，把握了一条合理的路线。我个人能够确定他是反对这次行动的，但他完全能够看到联合国返回伊拉克事务的意义，并很感谢我来看他并征求他的意见。

对于那些人们熟悉的有关将联合国排除在外的批评——而且也因为这是克莱尔·肖特几星期后辞职的遁词，我有必要在此指出，从开始时科菲就清楚地表明了他并不谋求联合国的“领导”地位。他想让联合国处于各项事务的中心，但却（正确地）认为，在那个国家稳定之前，联合国根本无法发挥领导作用。他所得到的就是他所想要的角色，即一个“中心”的，或者“必不可少”的角色（后来人们这样称呼这一角色）。

在随后的几天、几星期里，人们为持续的会议、消息更新、电话会议和地面部队稳定的推进而忙得不可开交。

我通常与核心人员，包括国防参谋长、情报机关首脑、杰克·斯特劳和杰夫·胡恩，在每天很早的时候会面，然后在九点召开战时内阁会议。在决定是继续留任还是辞职时，克莱尔认定战时内阁会议是一种持续的痛苦时刻；通常这一会议只是就一些单独的事项展开非常详尽的辩论。我试图让会议集中目标，但坦白地说，这很困难。不过，这却让每个人都一直参与其中。受到政府行政部门某些（尽管不是全部）大人物支持的一些人指责说，我们在伊拉克犯的一些错误是由于没有在内阁全体会议上进行足够讨论造成的。这实在是完全没有道理的。我没有参与第二次世界大战或者福克兰群岛战争，但我敢打赌，如果温斯顿·丘吉尔或者玛格丽特·撒切尔通过正式内阁会议讨论每一件事情,那我就像谚语中说的那样,“吃掉我的帽子”——绝无可能。就跟任何其他阶层的人一样,你没法在由一大批人组成的团体中决定事情。通过那种方法你可以辩论、讨论、听取别人的观点,但你无法用那种方法管理一场战争、一个组织,或者一家公司。这种方法根本行不通,至少从我的经验上看是如此。但这一次大概还是我的错……

美国与英国部队的表现好极了。确实,从3月19日到萨达姆政权的实际垮台只有不到两个月。事实上,4月14日,我在给下议院的一份公告中说,尽管冲突尚未结束,但实质上萨达姆政权已经崩溃。这是一次实施得特别好的干脆利落的军事行动。我大略地列出了我们迄今取得的成果:

> 伊拉克南部现在基本上处于英军控制之下。西部是安全的,在加伊姆主要城区中的战斗正在减少。在北方,库尔德武装力量已经从基尔库克和摩苏尔撤出,让美国部队接手控制。美国部队已经切入并围住了提克里特。他们遇到了一些抵抗,但总的来说,萨达姆的军队已在整个伊拉克崩溃。许多残存的战斗中,特别是在巴格达的战斗,派去参加的是外国非正式武装。美国人已控制了巴格达市本身的大部分,但还不是全部。
>
> 很明显,现在的问题是这一政权垮台之后出现的混乱。坦白地说,有些混乱是不可避免的。在一个野蛮的极权国家内威吓人民达三十年之久的政权一旦覆亡,这种状况无论如何都会发生。也发生了针对一些特别政府机构的抢劫,包括为该政权服务的医院。但这是一种严峻的形势,我们需要加紧工作,对其进行有效控制。
>
> 巴士拉的例子告诉大家,最初的难题是可以克服的。我对于在罗宾·布里姆斯少将有力领导下的英军在巴士拉扮演的角色最感荣耀。
>
> 伊拉克的技术与管理人员现在正在向英国部队报到。和他们一起,我们很快就可以恢复许多关键服务。大部分公共卫生诊所已经在工作。英国部队已经为巴士拉总医院提供了氧气,并在可能的其他方面提供医药支持。联合巡逻已在4月13日开始。在巴士拉周围的城镇中,抢劫或者已经停止,或者正在减少,当地巡逻已经恢复,与市政府的合作进行得很顺利。

谢天谢地,对于这样一个军事行动来说,英国方面的伤亡很小——死亡人数不到三十。当然，每一个死亡事件都是一起个人悲剧，但在这样重大的行动中，这算是特别低的了。

当军队向南挺进，在清除伊拉克军队的抵抗、扫清任何叛逆分子的同时，他们也通过其优秀的工程兵部队修补桥梁、电力、自来水和发电设施。人们正在执行修复与修理工作的详细计划。尽管克莱尔的态度确实干扰了平民的努力，但军队的贡献抵偿并超过了因此带来的缺陷。坦白地说，无论如何，只要安保形势良好，克莱尔所造成的损失都是很容易修复的。

美国方面的重建与人道援助办公室所作的努力成了一团乱麻。另一方面的事实是，在美国军队攻入巴格达并对实际状况真正有所了解之前，他们也真的做不了多少事。我将会说到他们的努力是怎样有所进展的。但在开始我们需要搞清楚，人们说后来的困难是由于没有考虑到民间重建伊拉克的能力，因此计划不周，口头上这样说是很容易的，但这并不真实。事实很明显，如果问题出在行政管理或者官僚机构方面，那么只要投入足够的金钱与努力，任何缺点都可以纠正。出问题的是安保方面。有些民事方面的错误决定对此并无帮助，这一点我以后也会说到。但认为它们是问题的根源，这一点却是错误的，恐怕是一种错觉；而且这是很重要的问题，因为在将来的冲突中我们必须知道这方面的限制。重建是基本要素。在暴力环境下重建是不可能的。我在伊拉克和阿富汗都看到了这一点。在加沙和约旦河西岸我也看到了这一点。

唯一的问题是，通过更好的准备，安全形势本身是否会得到改善。如果向巴格达市内及周围地区投入不同的部队或者更多的部队，安全情况可能会好一些。南方开始由英军控制，但不久就由英军与来自其他国家的两万名友军共同控制，实际情况会怎样，还不那么清楚。因为在2003年的大部分时间里，南方是相对平静的。

但我对任何改变都能防止基地组织和伊拉克势力出现的说法都持怀疑态度；正是他们，在2005年到2007年间几乎将这个国家推进了深渊。

在那最初的几个星期里，一切事情看上去都在依照计划进行。该政权在人民中间几乎没有支持者。许多城镇宣布对多国部队敞开大门。零星的战斗还在继续，但在没有当地的基地支持的情况下很快就结束了；而南方——强烈反萨达姆的什叶派地区——很快就安定下来了。的确，到了4月12日，巴士拉已经恢复了当地的警察巡逻。

阿拉伯复兴社会党的官员们或者被捉或者向美国军队投降了。当臭名昭著的——当时便已如此，以后还更甚——阿布格莱布监狱大院被占领后，人

右：我成为首相之后，工作和生活之间的界限越来越模糊。1999 年 8 月，在比利牛斯山接听电话。

下：2000 年 8 月，带着宝宝利奥到达佛罗伦萨机场。

右下：在意大利抽时间拨弄我心爱的吉他。

左：利奥•乔治•布莱尔是一百五十年来第一个由英国首相在任期所生的孩子。

下：在契克斯别墅游完泳后，比尔•克林顿推着坐在婴儿车中的利奥。

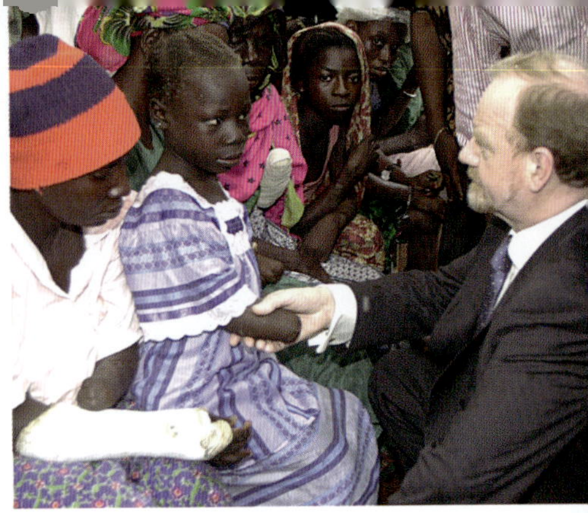

上：2000年6月8日，罗宾•库克会见被反政府叛军打伤的法通•克鲁曼。

上：2000年5月14日，国防参谋长查尔斯•格思里爵士到达塞拉利昂的弗里敦，以判断地面情况。

右：2000年5月10日，一名英国士兵在弗里敦西部的郊区巡查时，遇见当地的孩子。

左：2002年2月9日，在塞拉利昂检阅军队。对于我们在那里所取得的成绩，我深感骄傲。

上：2001 年 3 月在口蹄疫暴发期间与军队一起出访苏格兰。

右上：2000 年 11 月的燃油危机之后，紧接着便于次年 2 月份暴发了口蹄疫。（右）

左：2001 年 6 月 8 日，和切丽一起庆祝工党第二次获得大选的胜利。

右：父亲为我们的连任备感骄傲。

最右：那一天的晚些时候，利奥第一次和我还有切丽一起在唐宁街 10 号的台阶上亮相。

THE Sun 4AM SPECIAL ELECTION 2001

IT'S MY SON WOT WON IT

2nd historic landslide for Tony Blair

PAGES 2,3,4,5,6,7,8,9 AND 4-PAGE PULLOUT

上：在乔治·布什当选总统之后，2001 年 2 月 23 日，我和他第一次在戴维营会面。

左：2001 年 7 月，乔治·布什和劳拉·布什访问了英国。2001 年 7 月 19 日，在契克斯别墅的露台上。

右：2001 年 7 月 19 日，和切丽、利奥以及乔治·布什一起在契克斯别墅。

主画面：随着伊拉克战争的继续，2003 年 8 月 28 日，赫顿调查进行的地点——皇家高等法院——门外出现了抗议者。

右上：2003 年，访问了在巴格达的军队之后，从绿色管制区回来。

右中：2003 年 8 月 28 日，离开唐宁街去为赫顿调查作证。

右下：2003 年 4 月 9 日，在美军到达巴格达之后，萨达姆•侯赛因的雕像被推倒。

上：2003 年 8 月 29 日，忠诚而又敬业的阿拉斯泰尔•坎贝尔离开了唐宁街。

最上：2004 年，波诺在工党年会上就世界贫困问题发表演说。

上：在 2005 年年会上，和戴维•布伦基特一起。

左：2005 年 5 月 2 日，在竞选活动中和戈登一起吃冰激凌。我坚持要吃巧克力薄片的。

左下：和年轻人一起前往东北部的一个活动中心的路上。

下：2005 年 5 月 5 日，在我们第三次获得历史性的胜利之后，接到女王让我组建新内阁的邀请。

左上：中东和平进程还在继续。2004 年 12 月 22 日，在耶路撒冷的一次记者招待会上，和阿里尔•沙龙在一起。

上：2004 年 7 月 19 日，耶路撒冷，希蒙•佩雷斯在伊扎克•拉宾的照片前，这两位都是中东和平进程中的关键人物。

左：2001 年 11 月 1 日，在巴勒斯坦的加沙地带，和亚西尔•阿拉法特一起。

左上：2006 年 7 月 17 日，在圣彼得堡召开的八国集团峰会上，安格拉•默克尔、雅克•希拉克与我在媒体的聚光灯下谈话。

右上：2000 年 11 月，我在视察受洪灾的格洛斯特郡，到处都是电视台的摄像机。

右：2004 年 6 月，和参加八国集团峰会的领导人们一起在海边散步，此次峰会在佐治亚州的海岛上召开。

上：鲍勃·格尔多夫，2005 年 7 月 2 日“现场八方”音乐会的推动者。

右上：2005 年 7 月 6 日，伦敦获得 2012 年奥林匹克运动会的举办权，在新加坡的丹尼丝·刘易斯兴奋得跳了起来，身边还有伦敦市长肯·利文斯顿和特莎·乔韦尔。

右：伦敦人民同时在特拉法加广场庆祝。

左：2005 年 7 月 8 日，在格伦伊格尔斯召开的八国集团峰会上，我代表与会领导人，就“7·7”伦敦爆炸事件发表声明。

下：三枚炸弹在伦敦地铁里引爆，一枚在塔维斯托克广场的公交车上引爆。五十二人丧生。2005 年 7 月 7 日。

左：在伦敦的老维克剧院发表有关世界贫困的讲话，戈登旁听。

下：2007 年 5 月 8 日，在贝尔法斯特的斯托蒙特和大家一起庆祝北爱兰最终重新实现共治，从左至右依次为：马丁·麦吉尼斯、伯蒂·埃亨、我、彼得·海因、伊恩·佩斯利。

左下：2007 年 5 月 10 日，在特里姆登工党活动中心宣布我将在下个月辞去首相职务。

右下：在任期的最后几个月里，我进行了各种访问。2007 年 5 月 19 日，在巴士拉和英国军队在一起。

左：2007 年 6 月 27 日，带上必不可少的文件夹，我前往参加最后一次的首相答问。

右：和我的议会私人秘书基思·希尔在一起。

上：2007 年 6 月 27 日，和工作人员讲完话之后，我最后一次走下唐宁街的台阶。

右：踏上带我回东北部的火车。

上：2007 年 6 月 27 日，和家人一起在唐宁街 10 号的台阶上最后一次接受媒体拍照。

左：2008 年 7 月 28 日，和巴拉克·奥巴马在一起。

下：2010 年 3 月 9 日，和马哈茂德·阿巴斯在一起。

左上:2009 年 4 月,作为我“非洲治理倡议”的一部分,我在弗里敦会见塞拉利昂旅游局的官员们。

右上:2009 年 3 月 19 日,作为四方会议中东和平特使,在伯利恒附近的拜特斯卡亚会见巴勒斯坦人马伊•易卜拉欣•阿塔拉。

左:2010 年 1 月 6 日,代表我的信仰基金会,向迪拜的温彻斯特中学学生发表讲话。

下:2010 年 6 月 25 日,在泰恩河畔纽卡斯尔的诺森比亚大学的体育馆,和来自森德兰的巴恩斯学校的学生在一起。该体育馆由我的体育基金会合作运营。

们发现里面是空的。萨达姆释放了所有的囚犯,至少是那些刑事犯罪分子。这一点应该是向我们发出警报(跟我们得到的情报——2003年初,萨达姆允许基地组织在伊拉克内建立了一个基地—— 一样向我们发出警报):他采取的策略并不是与我们占优势的军队直接对抗,而是要让这个国家坏事丛生,然后再试图让它整个地乱作一团。但在这时,人们迎接盟军部队即便不是以绚丽的花环,起码也更像是对待解放他们的部队,而不是像对待占领军。到了4月底,一百万什叶派进香者参加了在卡尔巴拉举行的什叶派主要庆祝活动,这是萨达姆过去禁止他们做的事情。

4月27至28日,就连巴格达的局势都已足够平稳了,重建与人道援助办公室首脑加纳将军得以主持了一次有二百多位伊拉克与多国部队国家的代表参加的政治与重建会议。6月底,第一个新巴士拉政治协调会建立。

此前,我本人于5月29日访问了巴士拉。英国部队表现极好。我先后在总统府和乌姆卡斯尔港看望了武装部队。港口经过了排雷,人们正准备将其重新开放。港口的潜力非常大,可这些潜力在萨达姆执政期间都失去了。它本来可以成为——在古代伊拉克最强盛的时候它确实曾经是——世界上的大港口之一。2007年离任之前,我曾在阿拉伯联合酋长国发表过一次演讲,当时我说,假以时日,巴士拉将会变得像迪拜或者阿布扎比一样。为此许多人嘲笑过我。但事实上这是可能的;而且今天它已预示会在今后三年里实现吞吐能力翻番,这还是在已经比萨达姆时代的吞吐量大为增加的前提之下的估计。

我访问了一所新近由英国部队加以修缮的学校。巴士拉是安静的,相对和平的。但在巴格达,萨达姆的塑像被从基座上扯了下来,在欢呼声中四分五裂。这是一个伟大的时刻。我很笨地接受了《太阳报》的一次采访,结果脱口而出,就我在战争问题上几乎丢了职务一事(你可能会想到,这跟前方将士丢失生命或者冒着失去生命的危险相比是微不足道的)说了些颇为自负的评论。但总的说来,在那时,这场战争虽说残忍、血腥,但却是有效的、短暂的。到了5月底,多国部队损失了大约五百人,其中四百多人是美国人;根据伊拉克死亡调查组织的数据,有大约八千名伊拉克人死亡,显然其中主要是战斗人员。

人道灾难没有发生。油田受到了保护。萨达姆的抵抗力量瓦解了。原来有关灾难的警示是错误的。

我们觉得我们已经接近了这次主要战争行动的尾声,实际上却正在到达这一行动的另一个不同阶段的起点;但这一阶段艰苦、血腥、漫长,而且在那些年里,许多时候根本没有人知道结果究竟如何;即使是在今天,结果也是非常脆弱的。

在这一阶段，对我们有着沉重的负面影响的是当初作决定时缺少国际社会的团结，以及许多人顾及既得利益企图证明这一决定是错误的。我在4月底访问俄罗斯时对此有所体会。弗拉基米尔·普京在记者招待会上发起了一次尖刻的攻击，把英国人说成是美国的代理人；然后在宴会上我们进行了一次紧张的、有时相当激烈的讨论。他认定美国正在走一条单边主义的道路，并且这样做并非出于好的实用目的，而是想确立一种真实原则。他一再说："假设我们对格鲁吉亚——反对俄罗斯的恐怖主义基地——采取行动，如果我们拿下了格鲁吉亚，你会怎么说？而美国人认为，他们可以对任何他们想要采取行动的人采取任何行动。"车臣是另一个例子，尽管我指出，我实际上支持在那里打击恐怖主义。

这时我才意识到，他对于美国没有理会俄罗斯感触有多么深，以及他有多么大的决心要让美国人最终认识到这是一个错误。困难就在于，对他说的单边主义我有一半是赞同的。在这方面美国是有一些自负，却并没有严重到会对我们的事业产生相反效果；但这并不意味着本来不应该采取这次行动，或者说他所做的类比就是正确的。事实的真相是，印度与巴基斯坦在克什米尔问题上的争端的确引发了零星的暴力活动，而且有恐怖主义分子从巴基斯坦出境。但是，即使可能涉及全国性组织的因素，却不能说巴基斯坦政府是一个恐怖主义政府，或者巴基斯坦是个流氓国家。中国有关台湾的问题是中国内部的统一问题，这中间其实并不存在对任何人的外部威胁。车臣的确表现出了一些同样的特征，但坦率地说，如果美国和英国像俄罗斯进入车臣那样高调行事，世界上就会一片大哗。

我为弗拉基米尔的坦率而尊重他。尽管意见不同，我们却一直把话说在明处。不过，建立一个真正坚固的美俄伙伴关系的机会已经丧失了。如果我是美国总统，我不会允许同样的事情发生在与中国的关系上面。要把它们包括在内，以平等的地位对待它们，而且不仅仅是形式上的，更是实际上的。

我们还有另外一个更为紧迫、更令人尴尬的问题。我们积极地搜寻大规模杀伤性武器。我们肯定会发现它们的。这是我一直等待着的时刻。这表示将在一个主要问题下面画上一条线，表示已有定论。

当我们的部队进一步深入伊拉克的时候，我们每天都会得到报告。有时候我们会试着检查工厂或其他地点，却一无所获。还有些时候我们以为有了发现，但结果还是一场空。一个又一个星期过去了，我变得越来越焦虑。到了5月底我访问巴士拉的时候,唐纳德·拉姆斯菲尔德不知怎么提出了一个很无益的想法,说我们可能永远也找不到大规模杀伤性武器了。这是一个后来证明是正确的预言,但我们需要谨慎处理。无论如何,这就是当初的**开战理由**啊。

在巴士拉的时候我会见了杰里·布雷默,他刚刚接手人道援助办公室的工作,这个办公室很快就要成为多国部队临时管理委员会了。我跟他说,他可以随时向我们要求他需要的任何东西,并建议他采取像管理自己的机构一样的策略。"不要退缩,"我说,"如果需要,你就提出要求。我将支持你,而且我敢肯定,你们的总统也会支持你的。"果然不出所料,他开始似乎有点不知所措,但他工作很称职,也很投入。

而在那次谈话之后,我大大加强了努力支持的力度;这并不局限于我们在巴士拉的战场行动方面,而且表现在这个国家其他地方、所有那些我们可以支持美国的事情上。这成了我后面几个月中主要关心的事情。

这次访问确实是一次提醒不利情况的警告。尽管我能看出我们做了许多工作,但我也看到,我们有赢得了战争却随之丢失和平的危险。人们对我们寄予极大的期望。部落和宗教生活的复杂性显而易见。这是一次巨大的挑战,完全没有任何扬扬自得的理由。

我回国后把主要的大臣们召集到一起,给出了一系列指示,要进一步帮助美国站稳脚跟。我们曾想过,他们将管理国家的中心,而我们管理南方。这次访问后我意识到,如果他们不能成功的话,我们也一定会失败。我曾把我过去的主要外交政策顾问约翰·索厄斯派到了巴格达。他得出了同样的结论:美国的行动需要极大的改进。我也给乔治发去了一封郑重的便函,然后我们通了电话。

幸运的是,5月22日,联合国一致通过了第1483号决议,在伊拉克发展的各个方面给予联合国一个关键角色。这让我们回到了多边途径之上。我强烈争辩,要求派出一位真正高层的联合国官员前往巴格达。经过一番深思熟虑之后科菲同意了。在我的力促之下他选派了人权事务高级专员塞尔吉奥·维埃拉·德梅洛,他是一个具有第一流履历与经验的人。

但是,我的注意力很快就转到了其他的方面。5月29日,作为英国广播公司《今日》节目里的主要内容,他们的军事记者安德鲁·吉利根作了一次披露报告。在这份报告中,他关注的是在2002年9月材料汇编中的四十五分钟断言。正如我已经说过的,这一断言是材料汇编中的内容,第二天有些报纸对它进行了集中报道;现在回想起来,这些报纸的报道方式是我们当时应该予以纠正的。

但当时我们没有注意到这一点。

这一断言后来证明是错误的。而且，是在我不知情，国务大臣甚至联合情报委员会也不知情的情况下披露的，其中包括国防部有关此事的内部辩论。一个参与了辩论，但不直接负责材料汇编起草的人是戴维·凯利博士，他是一位具有大约二十年经验的国防情报专家。

英国广播公司并没有直接声称这个四十五分钟断言中的情报是错误的。吉利根说的是：

> 负责起草这份材料汇编的高级官员之一告诉我们的是，实际上政府或许在把它放进材料汇编之前就已经知道那个四十五分钟的数字是错误的……我们的消息来源称，唐宁街在其公布之前一周下令对其添油加醋，让它看上去更加激动人心，并让其披露更多的真相。

很难找到更富煽动性或更加严重的指控了。弄错了的情报是一回事，明知情报有误却依旧作为正确的加以公布则是完全不同的另外一回事。这就不是一个错误，而是一种行为不端了。更重要的是，此事被直接归结到唐宁街10号身上。

由于对此有五次不同的聆讯，人们为之花费了大量的笔墨、时间和精力；回顾每一个事实、每一项主张和从属意见及其引起的所有令人痛心的个人灾难，这将是冗长乏味的。凯利博士，一个正派而可尊敬的人，自己结束了自己的生命。英国广播公司的两位高层人士，格雷格·戴克和加文·戴维斯辞职。由于这样一个不实指控，阿拉斯泰尔和许多官员经历了好几个月炼狱般的生活。或许我本人的诚实度在此之后也从未恢复原状。这的确是相当严重的后果。由于在这一事件之后又发生了另外一件事：有关战争的意见分歧不再只是观点不同，而是成了有关人员品行方面的恶性辩论。一个困难的局面演变成了一个丑陋的局面，而且持续了下去。

当然，如我已经说过的，简单而又无可逃避的真相是，尽管萨达姆确实拥有大规模杀伤性武器——他使用过它们，但我们却从来没有找到它们。我们得到的情报被证实是错误的。但就是在这里，政治和现代媒体的关系扮演了这样一个关键的角色。

情报是错误的，我们承认这一点，我们为此道歉，我们甚至解释过。但对今天的媒体来说，只要犯了错误，无论做什么都永远不够。这一错误是严重的，但说到底只是一次失误。人类会犯错误。而且,鉴于萨达姆过去的表现,这是一个可以理解的失误。但这导致了一个重大新闻,而且它无法满足媒体今天对于丑闻的渴望。一个错误无法让读数达到足够高的程度,所以媒体的搜索在继续,这是一种寻找谎言、欺骗,并非失误而是违法行为的搜索。但问题是,如果人们找不到这种东西,他们就会努力地设法促成甚至杜撰一个。

我并没有说我们对这项指控应对得当。但这是一个全球性的爆竹,就在我们需要团结人民的时刻,它点燃了一系列阴谋论,以可能情况下最尖锐的方式造成了人民的分裂。在此之前我们有失误,在此之后我们成了一群“骗子”。

其实基本的事实是直截了当的。正如轮番而来的每一次聆讯都发现了的那样——在实证面前它们也不可能有其他发现,最初的广播中的每一点都是错误的。并不是唐宁街或者任何一个政府工作人员把四十五分钟断言放进材料汇编中的,而是联合情报委员会放进去的。我们没有“或许知道这是错误的”,也没有任何其他人知道这一点。我们从来没有下令对其“添油加醋”。凯利博士并不是负责起草它的官员之一。

更糟糕的是,吉利根在《星期日邮报》的一篇文章中声称,阿拉斯泰尔是整个断言的作者,即臆造者;这是一个把阿拉斯泰尔推到最前列面对所有反战抗议的指控,人们完全无法相信他居然会这样写,除非他确实肯定他说的是真的;这显然不是真的,而且到那时我们和联合情报委员会都否认了这一指控。

人们永远也不清楚的是,凯利博士——尽管他承认与吉利根谈过话,但却否认他曾作出过这一指控——是不是在与吉利根的谈话中介绍了一些情况,因此使后者觉得这一情节可信。

但后面发生的事情为今后几年我们与媒体之间的相互关系定下了基调。我本人与英国广播公司之间的关系从来没有真正恢复如初;从那以后,一部分媒体也更加肆无忌惮起来了。

问题是,英国广播公司的领导层未能看到,这不是一个我们可以随意放行的指控。当然,如果政治领袖必须追踪有关他们目的的每一条虚假或者歪曲了的报道,他们就会成为全职媒体事实上的检查员。但这件事有着本质上的差别。人们在伊拉克奉献着他们的生命。他们可以原谅一次失误,却无法原谅一次欺骗。除此之外,这意味着是我在有意误导下议院。如果这件事属实,本身就意味着我的辞职与名誉扫地。

从一开始我就试图让格雷格和加文看到这一点。在这件事情上,我与他们两人之间的友谊是一种妨碍而不是帮助。《邮报》一直在攻击他们是傀儡。他们想要证明他们是独立的。而且格雷格个人是反战的，因此他无法真正认识到，作为英国广播公司的总经理，他必须保持中立立场。

我需要让他们接受的只不过是那个故事不是真实的。他们随便怎么攻击政府都可以，但必须收回“不诚实”的指控。他们不肯这么做。加文一直在说，调查一项指控是否属实，这不是英国广播公司理事的职责——这是一个古怪的说法，因为这正是他们所应该做的。格雷格在某些时候相当固执，他试图坚持那一播报是准确的，因为那个四十五分钟断言是错误的，而正如我一直说的那样，这一点根本不是事情的关键。

不管怎么说，我能用自己解释问题的方法让你“烦出眼泪来”[①]，无疑他们也可以让你这样。随后发生的事情则更为严重，也更富悲剧性。

吉利根的指控导致了其他接踵而来的指控。外交事务委员会决定介入调查；我们首当其冲，进入了后来才知道是无限消耗时间、令人疲倦和情绪低落的六个月，在这段时间里，大家都在为洗清共同的名誉而进行苦斗。

7月初我们搞清楚了吉利根说法的来源。是凯利博士自己说出去的。他承认他也跟《新闻之夜》的苏珊·沃茨说过，但她所作的报告温和得多，不那么有煽动性，尽管那些报告也作了一个错误的指控，说情报系统与唐宁街之间就四十五分钟断言有过争论；这当然不是那么回事。这一争论从未发生过，因为直到联合情报委员会将其放入材料汇编的时候我们才知道它的存在。

我从来都没真正了解凯利博士为什么会自杀。谁会知道在这些事情的背后有什么原因？这是一件非常令人伤心、非常没有必要而又可怕的事情。他在这么多年里作出了如此优秀、如此忠诚的服务。或许他对于吉利根广播所产生的强大压力感到不习惯，他感到受到了包围，或者觉得一旦他的角色曝光，他会受到内部纪律处分。我不清楚，也不应该擅加揣摩。后来在我的要求下我在契克斯会见了他的遗属，他们是非常有尊严、非常理智的人。令人很不愉快的讽刺是，尽管凯利博士引起了这么多的争论，长期以来他本人却一直主张清除萨达姆。

凯利博士的名字是怎样曝光的，这是《赫顿报告》中很大一部分的主题。那也是野蛮的媒体指控，特别是对阿拉斯泰尔的指控的主题。有人认为这一名字是他透露的，这违反了国防部的指示。但这并不是他透露的。简单的事实是，一旦我们知道这是凯利博士，而外交事务委员会又在介入调查四十五分钟断言

① 《烦出眼泪来》是“黑标社会”重金属乐队1999年的一首歌。

和英国广播公司播报内容,我们就将面临着受到如下指控的风险:如果我们知道泄露的途径而又拒绝说出,这就是向该委员会隐瞒事实。实际上,在我的坚持下,这整件事情都是由凯利博士的顶头上司——国防部常务次官凯文·特比特爵士——和内阁办公室安全与情报协调员戴维·奥曼德爵士一手操办的。前者的名字是7月10日公布的,不出所料,外交事务委员会立即宣布要与他面谈。

7月15日他接受了面谈。他否认自己是吉利根说法的来源,因为他对此有所质疑。他特别地说到自己从未认为或者说过阿拉斯泰尔对把材料塞进材料汇编一事负有责任。情报与安全委员会也进行了他们自己的调查。他也必须向他们提供证据;在这一过程中,他们说他认为材料汇编是"已有情报的真实反映,是以非常清醒与实际的方式表达的"。

由于所有这些事,我在7月16日的首相答问中遇到了麻烦。英国广播公司拒绝回答凯利博士是不是他们的新闻来源这一问题。外交事务委员会已经认定他不是,并为此责备政府。我对英国广播公司的立场很恼火。对于他们,遵守传统的不透露新闻来源的记者工作原则当然是有道理的,但这一次明显是一个例外。现在有人被指证为其消息来源。他们可以承认或者否认他曾参与其中。如果不是凯利博士,他们不需要指出提供消息者的名字,只要说另有其人就可以了。但他们当然不敢指出来,因为如果他们承认这不过就是凯利博士而已,而他本人又不承认对他们说过了他们所宣称的话,那他们就得收回在原来的广播中公布的故事。所以,如果他们这么干,那就算完了。

那天晚上我飞去美国。第二天我将对参众两院发表演说。这是一个重要时刻。我在路上和第二天上午写下了演讲词。这是我所有演讲中最重要的之一,也是我个人认为做得最好的演讲之一。

> ……这是一次无法单单用军队进行并取胜的战争。我们在所有的常规方面都远比恐怖主义者强大,尽管我们有如此强大的力量,但还是学会了谦恭的美德。最后,这并不是单靠我们的力量本身才会击败这一魔鬼的。我们的终极武器并不是枪炮,而是信念。
>
> 有这样的传言:尽管我们热爱自由但其他人并不热爱;我们与自由的联系来自于我们的文化;自由、民主、人权、法治,这些都是美国的价值,或者说是西方的价值;阿富汗妇女很满足于在塔利班的皮鞭下生活;伊拉克人民由于某种原因是热爱萨达姆的;米洛舍维奇是塞尔维亚的救星。

国会议员们，我们的价值不是西方的价值，它们是人类精神的普遍价值。在任何地方、任何时间，如果给普通人以机会，让他们去选择，他们的选择都会是一样的：自由而不是暴君；民主而不是独裁；法治而不是秘密警察专政。

对自由的传播是对自由的最好保证。这是我们要保卫的最后阵线，和我们前进的第一条阵线。正好同恐怖主义者追求用仇恨分裂人类相反，自然地，我们必须将人类团结在一个信念之下。这个信念就是自由。我们必须聚集力量，为这一信念和让这一信念成为普遍信念的同情心而战。亚伯拉罕·林肯曾说过："那些剥夺别人自由的人不配享有自由。"正是这种意义上的公正，让道义成为对于自由的热爱。

在我们的安全受到直接威胁的有些情况下，我们将依赖武力。在其他情况下将依赖说理的力量。但在所有的情况下，我们的目标都是一致的：我们所追求的自由不是为某些人的，而是为了全体人民的，因为这是在这次斗争中通往胜利的唯一道路……

而且，这并不是一场文明化的战争，因为每一种文明都有自己独特的能力来丰富人类遗产的宝藏。我们是在为整个人类——白人与黑人，基督教徒或非基督教徒，左派、右派或者人数上百万的不同派别——不可剥夺的权利，即自由而战。这是在爱与希望中养育家庭的自由，是谋生的自由，是你的努力受到褒奖的自由，是你不必因为恐惧而向任何人屈膝的自由，是实现自我——只要这一点不影响他人的自由——的自由。这就是我们为之奋战的东西。这是一场值得投入的战斗。

而且我也知道，这对于美国是艰难的；在这个庞大国家的某些小角落里，在内华达或者爱达荷，或者是别的我没去过但总是想去的地方，我知道，那里会有一个努力进行着自己的工作、生活得非常幸福的人，他会对你们提问，向你们这些国家的政治领袖提问："为什么该是我？为什么该是我们？为什么该是美国？"

仅有的回答是："因为命运把你放到了历史的这个地方，时间的这一刻，并把这一工作交到了你的手中。"

而我们这一看着你们成长的国家，与你们并肩战斗过而且现在仍在与你们并肩战斗的国家，对我们的结盟有着无比的自豪并对我们的共同纽带无比热爱的国家，我们的工作是与你们一起战斗。你们永远不会孤独，我们将与你们一起为自由而战。而且，如果我们的精神是正确的，如果我们的勇气是坚定的，整个世界都将和我们在一起。

我的演讲受到了狂热的欢迎。他们全体起立鼓掌欢呼多达三十五次。但在那时候，他们对于讲话者的欢迎总是慷慨的。

后来参众两院的议员们常常对我提起此事。真实的情况是：我的讲话确实有着鲜明的论点；尽管共和党人喜欢严密的安全措施那部分，民主党人也同意讲话中有关气候改变、中东和平、非洲和社会公义的一般性议论；但问题是，这一讲话在某些方面描述了我在政治上的弱点。右派人士部分同意，左派人士也部分同意，但却很少有人完全同意！

在我演讲之后，切丽与我回去跟乔治和劳拉一起共进晚餐，他们俩跟平时一样优雅而又好客。我想乔治真的对于我的演说留下了深刻印象；这是一个轻松而又（总的来说）很愉快的晚上。我们胜利了。萨达姆垮了。从乔治的观点看，这次政权的更迭还是相对容易的。从我的观点看，联合国重新介入伊拉克问题，国际社会有着重新团结起来的前景。这是考虑伊拉克问题的最后一个轻松的夜晚。

我们离开得不算太晚。阿拉斯泰尔先回了英国。我将飞往日本和韩国，进行一次早就安排好的访问。切丽和我乘车前往华盛顿市郊的安德鲁斯空军基地。这一次要飞很长时间。我们换了衣服，进入英航航班的卧铺机舱睡觉。半夜里，戴维·曼宁爵士叫醒了我："非常不好的消息。"他说。

戴维是一个很冷静、很实际的优秀顾问，是一个非常正直、非常忠诚并有着相当勇气的人。他在整个伊拉克事务中都给了我很大的支持。他很快就要前往华盛顿担任大使。"戴维·凯利死了，"他说，"疑为自杀。"这的确是一个可怕的时刻。

当然，在一个理性的世界中，这是一场个人悲剧。可以把他的死归结于在他身上的压力。可以把这当作一件孤立的事件处理。但我却知道，在当前的媒体气氛下，人们没有丝毫可能会这样处理。这将会被当成是一起"水门事件"式的谋杀。这会引发各种阴谋论的猜测。这会让有关此事的前因后果、背景和版本的形形色色的臆造出笼。媒体将宣布，这是一个丑闻。他们绝对有能力让它成为一个丑闻。

我经常回想对调查凯利博士死亡事件的决定；当时我精疲力竭，又是在那么早的早上，而且是在横跨大西洋的航班上，使用不那么安全的航班电话。我跟接替德里担任大法官的查利·福尔克纳通了电话，他同意找一位法官。这位法官必须品行端正、与此事无涉因而没有偏见，应该没有任何人会把他说成是“新工党”成员，甚至是根本不认识我们的人。如果有必要，我们可以公开进行调查，尽管我完全不知道有多少事情需要调查或者要花多长时间。最后查利打电话回来，建议由原北爱尔兰法官赫顿爵士—— 一位完全符合要求的大法官——担当这一任务。他确实在各方面都是完全可靠、完全正直的。我们当场就敲定了他。

或许我应该更顽强地与他们一决雌雄的。或许我不应该被这次突发的死亡事件弄得手足无措。尽管从本质上说我想要洗清我的名声，那却不是我这样做的主要目的。从一开始，尽管我这样做解除了别人对于新工党真正政策攻击的可能，但却对他们转而攻击政府“编造”、“欺骗”，攻击我是“骗子”的行径种下了祸根。这是现代政治演变的一部分：人身攻击，而不是政治辩论。在正常情况下，在就一成不变的政治问题进行辩论时，这样野蛮的相互攻击不会走得很远。还是在2001年的大选中，保守党徒第一次将我称为“布骗子”[①]。

但这是有关发动战争的决定的辩论。在这种情况下，我们能够真正苦撑下去吗？难道我们没有责任对此进行调查吗？可能有，可能没有。但我在那时候觉得：该是结束的时候了。让我们把一切都公开进行吧。让我们完全透明好了。

就让真相公布于众吧。然后可以肯定的是，经过一个职业法官的客观判断，人们会接受裁决。肯定如此。肯定如此？综合各方情况，我还是认为这是值得做的。可能我们能在一段时间以后看清这到底是怎么回事；但在那时，经过令人分心的六个月，我们还是很难看到正面的东西。

我不会复述每一点证据。我建议大家去读有关报告。让首相和所有高级官员像这样作证是史无前例的。从来没有发生过这样的事情。此案预定10月得出结论，但赫顿爵士2004年1月底才最后公布了报告。这一报告全面叙述了材料汇编、材料汇编的编写、阿拉斯泰尔的角色、国防部和唐宁街每一个细部的活动、凯利博士所做的事情等，而且都叙述得很详尽。以下是结论的一部分：

> 材料汇编是由联合情报委员会评估人员中的一个小组准备与起草的。联合情报委员会主席约翰·斯卡利特先生对于材料汇编的起草全面负责。
>
> 所谓四十五分钟断言是基于秘密情报处从他们认为可靠的来源接

① 原文Bliar，与布莱尔的姓(Blair)相近。

到的一个报告作出的。因此，无论在将来的什么时间里，无论这一四十五分钟断言所依据的报告是否被判定为不可靠，吉利根先生在2003 年5月29日的报告中提出的指控——说把它放到材料汇编中是政府的决定——都是没有根据的。

这份材料汇编是一份呈递给议会与公众任意阅读的文件，而不是只由政府考虑的情报评估；据此，我认为斯卡利特先生和联合情报委员认真考虑唐宁街10号有关起草的建议，并采纳这些建议中他们认为与联合情报委员会所得到的情报一致的部分并无不妥之处。

英国广播公司管理层在下述方面未能恰当地调查政府的抱怨——政府认为，上午六点零七分播报的内容，即政府甚至在决定把四十五分钟断言放进材料汇编中去之前就可能知道它是错误的，这是不正确的——因此犯了错误。

在政府把凯利博士的名字私下透露给媒体的问题上不存在可耻的或者不正当的或者欺诈的策略。

这位法官发现的确实是他通过证据所能发现的一切，但这一刻对媒体的行为方式具有深远影响。

这位法官当然遭受了来自媒体的巨大压力。他很坚强地挺住了；但在报告公布之前的那些天里我很担心：我并不担心事实，而是担心他是否真的觉得他有能力在事实的基础上作出判断。直到那时候，媒体一直在怂恿他，说他像阿尔斯特花岗岩一样坚强；说他将把政府的杜撰专家打回原形；说他将无惧于直指谎言为谎言，如此等等。

当我做德里的学生时他告诉我，有两种法官：一种法官作出了自己的决定，但却留下了一些没有交代清楚的地方可以让失利的一方抓住不放，其实这些地方刚好暴露了法官本人在是否作出一个清楚决定时的内心彷徨；另一种法官作出了自己的决定，而一旦有了那种观点，他就会完全清楚地、不折不扣地、坦率地表达自己的决定，不漏过任何指控，回答每一个疑问。赫顿爵士就属于第二种法官。

这是一个综合裁决。迈克尔·霍华德在议会中对之作出了反应，他很愚蠢地试图依然故我地行事，就像法官未曾发现他所发现的事情那样；这是一个严重的错误，这个错误加深了他作为一个机会主义者的形象：这种人开始支持战争，但当局势严峻的时候又想为自己涂上一层反战的色彩。

这对于我们是一个巨大的解脱，但在获得解脱的同时我们也犯下了自己的错误，一个带来了严重后果的严重错误。我一直跟加文·戴维斯有着私下谈话，保持大门敞开，以保证我们与英国广播公司的整个关系不至于陷入全面危机。不管怎么说，它是国家的主要新闻传播机构。

在这些讨论中我们同意，在裁决指出了错误的一方时，我们应该试图让双方冷静下来。这些谈话的最后一次刚好发生在赫顿宣布他的裁定之前，当时我再次向加文保证：如果英国广播公司受到了批评，我们将不会要求惩罚任何人。

1月28日报告发表的那天，我们忙得要命。我的核心团队坐在内阁会议室里，内心带着不安和期盼，等着戈德里克·史密斯——他已经接替了阿拉斯泰尔的职务——把报告带进来。我也在那里跟他们在一起，我们一起如饥似渴地急急忙忙读着结论；当意识到他的裁决对我们有利时，可以听到大家同时发出了一声舒缓的叹息；然后我们表达了对于他没有为英国广播公司开脱，而是实话实说的勇气的由衷诧异。

然后我必须准备在下议院的声明。仅仅一天前我们在有关大学学费的投票中以微弱优势获胜；这两件事都让我精疲力竭。我一心想回我的书房起草声明。

阿拉斯泰尔说他也想发表一项声明。那时他已经离开唐宁街了，但还是作为剧中主要演员之一而回来接受这次报告。我们的关系还是非常密切。我不大情愿地同意了。实际上我想他会坚持的。他写了些东西出来。声明中有一个段落，是关于如果他或者他手下的某人被裁定有罪——法官实质上认为，英国广播公司并不单单是那次广播有错，而且他们知道它是错误的——他们将会受到严厉惩罚的事。我把这一段删掉了，他很不高兴，而且激烈地表示了抗议。他不明白我为什么这么做。虽然我同意了加文的意见，但除了对安吉说过以外，我没有对任何人说起我们之间的谈话。所以阿拉斯泰尔不知道我为什么如此强烈地要删去那一段。

我确实很不近人情而且愚蠢，没有考虑到阿拉斯泰尔所承受的重负。如同我说过的那样，他十分敏感。无论你相信与否，只是当我读了他日记的时候我才完全意识到这一点。我没有意识到，自从他离开以后，那几个月他都生活在担忧最后裁决的痛苦之中。当然，一旦离开了唐宁街，他就不再有那种具有包揽一切性质的工作来让他分心了。他的生活一直都停滞着。与此同时，还经常有人在街上跟他搭话，说他是谋杀凯利博士的凶手；他在家里也经常收到威吓性的邮件，上面时常带着斑斑血迹。因此，这对于他来说是宣泄情感的重要时刻。但与此同时，所有在心里沸腾的愤怒——阿拉斯泰尔心中的愤怒确实不少——也一下子喷发了。他没有犹豫就开始怒斥了。

当他真正发表声明的时候——我看得出，他当时的激情是由于对这整件事情的悲伤，但其他人可能会将其看成是对他开始仇视的媒体的报复——他又把那一段“遭受惩罚”的东西放回去了，尽管用了一种温和些的方式。

即使在那时我还是可以挽救当时的局面。但我对英国广播公司注意不够；或者说我正在准备我的下议院声明，想着如何洗清我的名声，如何抨击迈克尔·霍华德的机会主义。不管怎么说，我以为加文在做任何事情之前会先给我打电话的。我发表了声明。一切进行得都很顺利。然后我去访问一所学院。当我随后跨过了一道门阶的时候我还无法准确判断英国广播公司会决定怎么做。我本来应该在那里当场说出，我不希望任何人因为这件事而被解雇。但我没有这么做，而只是全神贯注地说：我一直想要的无非就是要人收回那个没有正确反映我的正直的错误说法而已。

这是一个错误。我想加文以为，由于法官判词的严厉，我已经废除了我这一方所作出的承诺。他与格雷格都辞职了。我真的不希望发生这种事。格雷格就是格雷格，他从来就不很适合英国广播公司的工作，但加文是一个正派的、可尊敬的人，我感到我没有对他遵守我的诺言。

这也激怒了媒体，让他们进行了一次反击。在大约十二个小时中他们全都呆住了。然后，随着《邮报》集团和英国广播公司的再次结盟——这是整个事件中最令人遗憾的事情之一——他们决定以他们的力量来对付我们的力量。“掩盖事情真相!”第二天的《每日邮报》大标题“尖叫”着。其他报纸也紧紧跟上。突然间，阿尔斯特花岗岩铸成的人就变成了唐宁街的走狗，英国广播公司成了为掩盖事实真相而进行的最可怕阴谋的牺牲品。无论如何，难道不是所有人都已经知道我们是骗子了吗？在几天之内，这种说法随处可见；然后就又加上了各种民意测验，表明公众意见的确相信这是在掩盖事实真相。这样，本来应该是一次切开不信任的脓包的手术，结果却增强了不信任，进一步毒化了局面。

当人们发出我们是一个“编造事实”的政府的指控而我让他们举出实例的时候，材料汇编总是其中重要的一点。但我指出，有一次(其实是四次中的一次)长达六个月的聆讯发现的却与此相反。是的，但如我们所知，那只是对于事实真相的一次“掩盖”。

基本的问题是，在有理性的人们中产生的有理性的意见分歧不会受到这样一种进行政治辩论的方式的影响。吉利根播报的内容引导了新闻，因为他声称存在着不端行为，或者是直斥政府撒谎。他觉得他有一个消息来源；但对于如此严重的一个指控，你至少应该想到，要让这个指控针对的人来发表意见。在播报之前，从来没有人跟我们联系过。无论如何，单单一个错误永远也不会引导新闻。

现在实际上应该这么干了：那份情报是错误的，我们应该为此道歉，而且我也确实道歉了。所以，一个真实的故事是一个故事，而且是真实的。但在今天的环境下，它并不具有那种能够引起轰动、发人深省、让人大叫一声“哇呀”的慑人心魄的丑闻因素。就这样，一次失误被弄成了一次欺骗。其实，也就是政治与媒体之间的这种关系定义了政治辩论。在野党觉得自己有责任参与，否则他们看上去像是懦夫。结果，这件事情没有成为国家内部两种观点之间的辩论，而成了一场谁比谁“更诚实”或者“更不欺骗”的战斗；这对于大多数情况下的政治来说，实在是一桩无利可图的事。

但不管怎么说，事情就是这样的。最后，更为严重的事情是伊拉克国内的发展形势本身。对于战争善后进行一次恰当的研究不但对事情本身是必要的，而且最重要的是能指导将来。真实的情况是，使用英国军队保卫英国本土的可能性微乎其微。更为可能的尝试是与其他人联合，通常是与美国人，在成为极端主义牺牲品的遥远国度作战。我们应该如何处理这样的局势，这一点值得认真分析。一个未曾解决但却需要紧急解决的问题是：我们在伊拉克或者阿富汗过去与现在所面临的挑战在何种程度上是可以避免的；而且，在何种程度上的挑战才让我们认为这种范围的行动是不可避免的？

让我进一步解释这个问题。2003年5月以后在伊拉克发生的事情开始是相对良性的。那里有抢劫和一些暴力行为；有一些对于多国部队的攻击，但它们是可以控制的。我曾描述过我们是怎样把联合国重新带回伊拉克事务中来的。7月初，我们在联合国的帮助下组成了伊拉克临时管理委员会。这是一个关键时刻。委员会有二十五位成员：十三位什叶派人士，十一位逊尼派人士，一名基督教人士。它是经过协商程序产生的。这是重建伊拉克主权的第一步。正如塞尔吉奥·维埃拉·德梅洛描述的那样，伊拉克正在“恢复它原本应该处于的状态：本身安定和平，全面参与国际社会事务”。

与此同时，尽管还有与残存的萨达姆分子之间的军事行动，其他地方的情况也在向重建国家的新局面发展：学校重新开课、医院恢复功能、警务人员回归岗位。6月底，巴士拉有一万七千名大学生正常地参加了考试。

这并不是说南方不存在暴力事件。6月24日，在米桑省位于阿马拉南面的马加卡比尔镇发生的悲剧性事件中,六名英国皇家军事警察丧生。这些都是孤立的袭击事件。但即使到了2004年年初,人们还可以在巴士拉周围驾车,当英国代表到达那里的时候,将在2004年2月离职的希拉里·辛诺特爵士来见我,他当时还是相对乐观的。

正如杰克·斯特劳7月15日在下议院发表的声明中概述的那样,我们清楚地表明了,只要伊拉克自己可以站住脚跟,我们就准备撤离。

我们得到了世界各地慷慨的财政支持保证。石油信托基金成立了。重建与人道援助办公室开始了它的工作,并蒸蒸日上地发展着。巴格达交通繁忙。摩苏尔和基尔库克一般地来说是平静的。库尔德地区自然觉得自己得到了解放。

要点是:我们与伊拉克民众中的大多数人想要的是同一件事——清除萨达姆,国家在外力帮助下站稳脚跟,然后我们撤出。然后是一个新的、代表民意的政府的成立。

让我们将时间暂时定格在2003年7月,这对于理解后来发生的事情是绝对必要的。是的,八千名伊拉克人丧生,太多了,他们连一个都不该死;但这只不过是萨达姆年复一年杀人数字的一个零头。我们的损失是我们不希望看到的,但比可能会遭受的小;而这些人的牺牲换来的,是一个与国际社会不相容、发动了两次重大战争的国家现在可以成为我们的朋友,而不是我们的敌人。

有人认为随之发生的事情或多或少是清除萨达姆不可避免的结果,这一观点是不正确的。没有发生保卫萨达姆的大规模暴动。没有反对入侵的愤怒倾泻。第一时间出现的只是宽慰与希望。

是的,重建与人道援助办公室当然可以把重建计划弄得更好一些,但那并不是一个问题。我们有足够的金钱、精力和人力,在冲突结束后一年内重建伊拉克。

随之发生的事情是安全状况的日渐恶化。这部分是由于某些伊拉克人自行其是的结果,是那些部落、宗教和犯罪集团决心要让新生的民主流产,试图攫取权力的结果。但把困难局面恶化成几近浑浊一团糟的关键外部因素,却是这些内部持不同政见势力一手与基地组织联系,另一手与伊朗联系。

在这样做的过程中,恐怖主义者发现,如果他们能够在普通伊拉克人中间引发恐慌,特别是使用人肉炸弹,那么人们的怒火将落到多国联盟和伊拉克政府身上,而不是落到他们身上;而且,在多国联盟方面,参与贡献的国家忍受将士伤亡的阈值非常非常低;如果可以超过这一阈值,多国联盟便再也无心恋战——并不是部队本身,而是国内的公众。换言之,如果恐怖主义者能够引发混乱，它所造成的恐怖与安全强制措施也标志着使命的失败，标志着民主实验有所误导，标志着在伊拉克面前只有回归过去的旧路。

人们的反应不是对恐怖主义邪恶行径的怒吼，而是对这一事业的气馁与幻想破灭。一方面，人们可能会明白，我们要与之战斗的是那些恐怖主义者；但另一方面，一次又一次汽车炸弹爆炸，我们的士兵们没有牺牲在战场上，而是在该死的简易爆炸装置袭击下倒下；大屠杀的事实让一切分析显得那样苍白无力，不管是我们要待在那里的原因或者待在那里非常重要的论据。血腥的事件让人们丧失了希望，人们的心田播入了绝望。

原因是缺少一个更为广泛的多国联盟，以及国际社会的分歧可能对此造成了部分影响。但当我们眼看着同样的事情发生在阿富汗的时候，我不知道这一分析是不是完全正确。

关键的时刻于8月19日在巴格达来临。一枚卡车炸弹在联合国总部于该市的驻地爆炸，二十多位联合国雇员丧生，其中不幸包括塞尔吉奥本人。这是令人恐怖并且无法忘怀的一天。我在度假期间听到了此消息。我跟科菲通了话，他深为震惊。我后来给塞尔吉奥的伴侣写了信。我过去和现在都深深地感到对于他的死负有个人责任。我曾热中于对他的任命，并敦促科菲这样做。

当时我并没有完全意识到这次袭击的重大影响。这当然完全是邪恶的。那是些手无寸铁的平民。他们在那里帮助伊拉克。整个国际社会支持他们在那里；的确，他们**就是**国际社会。但让这成为关键事件的是其他的原因。我们应该意识到，就在这一刻冲突已经发生了质变，成了一种不同的东西。这很像是基地组织的作为；他们在伊拉克的首领扎卡维，一位约旦人，恰恰是在多国部队攻入之前进入伊拉克的。这正是我们应该振作国际支持的时刻；我们应该公开宣称：“我们立场坚定，绝不允许联合国被驱逐出伊拉克；无论开始时如何，现在，这是一场反对我们在其他地方与之战斗的共同敌人的战斗，我们将团结在一起。”

与此相反，联合国立即撤出了它的雇员，而且几年内没有向伊拉克派出成批人员。对于基地组织来说这一行动奏效了。他们清除了联合国的存在。他们播下的是恐怖的种子而不是勇敢的反抗。这一流血事件告诉人们的故事是我们无法保护自己，而不是他们屠杀无辜的倾向。

但即使在那时，2004年上半年也只出现了三十次自杀式袭击。政治进程在继续。到了2005年上半年，袭击数字增加到了二百次。到2005年中期，逊尼叛乱分子与基地组织搭上了关系；伊朗在背后支持的准军事组织开始了他们破坏南方稳定的活动。然后他们开始对逊尼派发起教派袭击。当然,绝大多数死亡者都是伊拉克人,但西班牙和意大利也遭受了士兵与平民的伤亡;他们国内的人民要求撤军的呼声立即高涨,并终于带来了撤军的一天。荷兰、丹麦、日本和其他国家的士兵也有伤亡,同样的事情也发生在外交人员和新闻工作者身上。

美国军队报复的时候很自然地拘禁了一些人,其中包括抓对了的,但也有抓错了的。2004年4月,从阿布格莱布监狱发放出来的照片表明,美国士兵曾经残暴对待伊拉克囚徒。无疑这只是很例外的事件,而且犯事者也受到了起诉。但此事的影响极坏。对于那些一直反对这一行动的人来说,这些照片是从天而降的机会,好让他们在美国的名字上面抹黑;而卡塔尔半岛电视台和阿拉伯世界的其他人则利用了它们,把它们说成是美国对待穆斯林态度的象征。

也有针对英国士兵的类似指控。我尽了最大的力量来保护我们的士兵,不使他们受到一场搜捕女巫式运动的伤害;但这是很困难的,而且检察官也感到了要求起诉的巨大压力。这是一个令人作呕的时刻。当然这种对待囚犯的方式是完全不对的,是应该受到惩罚的;但用这些孤立的不当行为来完全淹没绝大多数士兵为帮助伊拉克和它的人民所做的绝妙工作,这种不公正极为荒唐。

但是,所有这些都被用来在圣战主义者网站,甚至不少主流媒体上煽动反西方情绪。我没有发现在伊拉克以外的任何地方曾有人对自杀袭击,或者对于反叛分子企图阻止伊拉克人民自己决定自己政府的事情有过哪怕一次抗议。

人们的思维模式是:你要"入侵",那是你的选择;随之发生的事情就是你的麻烦,就得由你自己去打扫干净。你可能会感觉这是完全可以理解的,是合乎道理的,但却忽略了一个重要的方面:这些麻烦也是由外来势力——基地组织和伊斯兰武装分子——带给伊拉克的,那是些我们在世界各地都与之战斗的势力。因此,在伊拉克与他们的战斗并没有脱离这一战斗,它已经成了这一战斗的一部分。

这一点是我们未能很好表达的。我很早就意识到,我们必须扩大这一战役,把它与整个斗争联系到一起。这也是软实力与硬实力结合的意义极大之处;这就是为什么推动中东和平进程,并向伊斯兰世界温和与现代化的部分伸出友谊之手有着如此关键意义的原因。

据基地组织在伊拉克的首脑估计,他们在2003年到2006年间成功引爆了数以千计的自杀式炸弹。我的观点非常简单:如果不把这些计入方程式之中,那么安全工作将完全是另外一种样子——艰难,但却是可以管理的。

特别是2004年6月,在建立了以伊亚德·阿拉维—— 一个非常有能力的非宗教政治家——为首的伊拉克正式主权政府之后，当伊拉克的政治又继续向前发展时，基地组织意识到，单单是针对平民的炸弹攻势已经不够了。然后，在伊拉克举行第一次正常选举后，基地组织立刻尝试颠覆随之建立的新政府。尽管存在所有这些情况，在整个2005年，大部分伊拉克人走了出来，投票选举，表达了他们想要让自己的国家稳定的意愿。他们自己的能力开始了非常缓慢的增长。

于是，为了加剧冲突，2006年2月基地组织进行了对萨迈拉清真寺——伊拉克最神圣的什叶派圣地——的炸弹袭击。这是一个具有毁灭性的事态发展。这意味着，现在的基地组织渴望挑起派系暴力事件。什叶派高级教会人员以极大的勇气排除困难，呼吁冷静。但这建立了一个模式：很快，在什叶派正式武装力量的内部与外部建立了民兵组织，他们也对逊尼派进行了野蛮的报复。当然，这正中基地组织下怀。一些自杀式炸弹袭击者是伊拉克人，但许多不是，而是穿越边境的外来者。其中有些是妇女；有一个甚至是孕妇。

直到2004年初，南方还一直是相对平静的。确曾有些孤立的事件，而且对公共建筑的破坏也是一个正在增长的问题，但局势或多或少还在控制之下。然而穆克塔达·萨德尔，一个与伊朗有着密切联系的什叶派激进教会人员，领导了什叶派反对英国“占领”的运动，并得到了许多支持者。他开始公开煽动暴力。

2004年1月我访问了巴士拉和我们在阿兹祖拜尔建立的新警察学院。这是一处很好的设施，而且在当时，我们对于我们训练的警察的忠诚度很有信心。巴士拉一直在往好的方向发展。但就在2004年慢慢过去的时候，人们已经可以很清楚地看到，一些在伊拉克内部的什叶派势力，更重要的是那些在伊朗的什叶派势力，他们愤怒而担心地注视着南部的政治发展。尽管有基地组织，尽管反叛势力中有复兴社会党分子，但真实的情况是，伊拉克仍在进步。已经进行了议会与地方选举。行使民主权利对于人民来说是不容易的，但他们确实行使了，而且是大批的人民这样做了。在那个时候，投票都与宗教和部落有关，因此基本可以预测结果，但在某些地方也出现了一些越界投票的迹象；而且人们有着持续增长的倾向，想要投票选举那些他们认为可以干好工作的人。同样，尽管恐怖主义者袭击生产设施，但石油收入开始大增。总的来说，考虑到整个国家政治的三十多年的动荡和在这一地区真正民主的缺乏，这是一个引人注目的成就。

但是当然，对于所有反对自由与民主的伊拉克理念的人来说，这是一种威胁与危险。奇怪的是,他们对于濒临险境的事物的分析比我们要清楚和透彻得多。如果伊拉克成功地变成了一个运转良好的民主国家,伊朗的现状便不会维持很长时间。伊拉克的繁荣将持续——就像当时的确在发展的那样——生活水平和政府系统间的联系会变得很清楚。确实,由于在伊拉克政府中什叶派多数的存在,伊朗的影响很容易就会找到市场——萨达姆确实是那种影响的一个障碍,但随着时间的推移(这也是我一直认为会发生的事情),伊拉克的什叶派终究会认为他们自己是伊拉克人。当萨德尔逃离的时候,对他的支持也迅速消失了,由伊朗支持的他的民兵组织在武力威胁下于2007年解散。

但在2004年的那个时候,巴士拉很快就——开始是逐步的——变得越来越不稳定了。第一批真正精巧的简易爆炸装置在2004年3月被用来攻击英国军队。第一次简易爆炸装置造成的死亡事件发生在2004年6月。这些致命的装置成为流氓民兵分子在攻击英国军队时偏爱的武器。我们为战车披上的装甲越多,他们使用的爆炸物也越多。由于这些装置越来越精巧,威力越来越大,人们认为,它们最有可能是在伊朗制造的。

当然,是伊朗在幕后训练和武装这些民兵的;随着时间的推移,这些民兵越来越下定决心要拿下南方,特别是巴士拉。但许多其他势力也同样是腐败的,有犯罪行为的。

美国军事历史学家金伯利·卡根在她最近的著作《浪涛》中描述了基地组织和伊朗是怎样开始共同运作,逐步让脆弱的伊拉克民主制度脱轨的。根据她的说法,到2007年中期,伊朗一直在资助并训练基地组织的行动人员。从2007年4月直至7月,美国人几次试图与伊朗接触,以获得调停。伊朗人很乐意对话,但他们的行动并无改变。

那一年英军死亡人数是最高的,大部分都是简易爆炸装置造成的。当然,英国部队当时一直与民兵组织作战,每次受到攻击时都给对方以猛烈还击。由于南方的许多地区已经交还给伊拉克全面负责,军事行动便越来越集中在巴士拉进行。部队将留在其他省,如米桑,作为预备队,但他们主要是试图在这一城市里处理复杂的政治与军事挑战。

2006年后期,在军队的高级指挥官中有相当明确的想法,认为我们已经在巴士拉完成了我们能做的一切。我们实际上已经与那里的管辖者与民兵达成了一个临时协议。当地人民的经济状况得到了改善,但安全状况还不行。问题是:我们留在那里是一种刺激,还是一种支持?日渐增长的意见是,这可能是前者。

我承认，我一直对这种观点持有怀疑态度。尽管根据一般意义上的常识，依据现实情况，巴士拉只能这样管理；但我还是深深地疑惑，伊拉克人或任何其他人是不是愿意像这样生活。但我能明白为什么人们会有这样的感觉。有些时候，我们在巴士拉的非武装人员干不了什么事情，他们的总部经常因为担心炸弹和暴力而大门紧锁。

2006年10月，当我为了北爱尔兰与伊恩·佩斯利和新芬党的谈判而待在圣安德鲁斯的时候，新的总参谋长理查德·丹纳特将军爵士接受了《每日邮报》的采访，其中主要说到，我们在伊拉克已经待到头了，我们在那里对于安全的危害与我们对它的维护一样大；说我们应该把注意力转移到阿富汗去，实际上我们在那里的机会要大一些。如同大家可以想象得到的，我对此不很高兴；马丁·麦吉尼斯和格里·亚当斯告诉我，爱尔兰共和军的将军永远也不会这么干，这更令我生气。

2006年12月我又一次访问了巴士拉；当然这一次也像以前一样，我发现部队士气高涨，并决心要打击敌人。那里的理查德·希勒夫少将似乎具有我们所需要的勇气。士兵们告诉我，他们将要对一支邪恶的警队采取一次行动，这很让我感到振奋。他们在圣诞节那天实施了这一行动，全部逮捕了那帮家伙，并解散了这个警队。

然后我们提出要进行一次重大的进攻，把巴士拉从民兵组织手里拿下来。我们正在损失士兵，但那部分是因为那些控制了巴士拉街道的民兵组织知道，只要我们还在，他们就有危险。跟在国家中部不同，这些袭击现在几乎全是针对英国部队而不是针对平民的。

但是，出于我可以理解的原因，以马利基首相为首的新伊拉克政府不希望由多国部队发起这样一次攻势，而情愿以伊拉克部队为主。英国部队在伊拉克第10师身上做了很好的工作；很显然，要不了多久，他们就有能力发起这样的攻势，当然了，需要多国部队的支持。

最后，2008年3月，在英军配合下，伊拉克与美国部队在巴士拉发起了自2003年以来规模最大、最成功的安全攻势——伊拉克人称之为“骑士之进击”——有效地从城市中清除了伊朗在背后支持的罪恶民兵组织。这是一个重要的时刻，但我却有这样的感觉：如果我们更为信赖我们的使命，而不是这么容易就感到绝望——如同士兵们在地面进攻时所表现的那样——我们本可以在这次最后战役中作出大得多的贡献。2008年在巴士拉战斗中我们扮演了相对不那么重要的角色，我们的部队回味起那次战斗就感觉不好。

但是说到底,其实英国部队是非常英勇的;他们在稳定南方——以及能一直坚持到伊拉克武装有能力发动诸如“骑士之进击”一类的攻势——方面发挥了绝对重要与不可替代的作用。

也应该指出的是,从2003年5月起,在伊拉克的英国与美国部队受到了联合国完全的、无可争辩的支持。这对那些攻击他们的人不会产生什么影响,不过,这应该对那些从外部批评他们的存在的人产生影响。但英国军队在2007年的那些行动,在为2008年扫清城市打下基础方面是至关重要的。

伊拉克其他地方的情况甚至还更为血腥。在自杀炸弹袭击增加的同时,安全状况变得如此糟糕,以至于外国平民已经无法继续帮助伊拉克了。他们如果必须出门,就得带上保镖,他们也成了袭击的目标。为了取得赎金,犯罪分子开始劫持人质。宗教狂热分子开始迫害任何与他们信仰不同的人。基督教徒被孤立了出来,他们受到了恐吓。

美国陆军的表现堪称一流;他们很坚忍,有献身精神,具有质朴的、少见的勇气。在巴格达,我们的特种部队和他们的特种部队一起作战,在冲突中担负了一种鲜为人知的使命,但这一使命对于将来有着十分重大的意义。我几次探访过他们,他们是些真正不可思议的人,其勇气超出了人们的想象。而且非常精明,不是只知苦干或者只有纯爷们气,而是在作战中特别精明;他们完全清楚我们押上的是什么样的赌注。从根本上说他们是出去搜寻基地组织。久而久之,他们就能战胜基地组织。他们的努力当然不会白费,这就和伊拉克保安部队的扩大一样。但特种部队在伊拉克所做的工作是整个军事行动中最引人注目的事迹之一,值得在他们的历史上写下浓墨重彩的一笔。可以肯定的是,他们沉重地打击了基地组织的力量,打退了他们——不仅在伊拉克,而且是在整个世界范围内。

我也同意让苏格兰高地警卫团投入使命行动,在2004年11月北巴比尔的“狗林行动”中帮助美国军队。我因为同意这一计划而受到批评,其中包括通常的所谓英国人为美国人冒险的谬论;他们忽略了相反的一点,而且那也是真实的:美国人同样在为英国人冒险;但跟平常一样,那些部队本身完全是兴致勃勃地参与行动的,而且表现极佳。

但到了2006年中期,形势便很清楚了:伊拉克行动无法取得成功。我们并没有失去控制,尽管我们陷入了僵局。普通伊拉克人民有了抱怨,说我们没有为他们提供安全,这一点也不令人吃惊。出现了一些文章,认为相形之下还是在萨达姆统治下要好过一点。根据伊拉克死亡调查组织的数据,2006年有将近两万八千名伊拉克人丧生，2007年的死亡数字与此相近，其中大部分死于恐怖袭击与报复行动；他们不是被美国或英国士兵所杀，而是死于教派暴力行为。但我们跟多国部队一样受到了谴责。

2006年11月，乔治·布什用鲍伯·盖茨代替了唐纳德·拉姆斯菲尔德。2007年初，乔治决定增派美军部队。这是一个非常重大的、我认为没有任何其他人会作出的决定。他作出了。增兵开始于2007年后期。这起到了作用。还有许多其他因素：其中之一是逊尼派内部改变了意见，结果过去的逊尼叛乱者投奔了过来，这部分地是由英国人格雷姆·拉姆少将促成的。而且伊拉克政府也进一步发展了伊拉克保安部队。

2008年伊拉克的死亡人数降到了九千人多一点。到2009年，这一数字降到了低于四千人。到2010年5月只有八百五十人。

所以，战后余波比任何人所想象的都要更加血腥、更加骇人听闻、更加恐怖。我们预计中的危险并非这样的。残暴、邪恶这样的字眼都无法形容的危险现在还让我们的感官震撼。

那么，我们可以阻止这种危险吗？是不是值得这样做？

如同我所指出的那样，重建进展不足和基本上可以说是属于平民这方面的缺点是产生这一危险的部分原因，但只是部分原因。如果这些工作能做得更快一点，或许就能创造一种更良好的气氛，这无疑会对局势有所帮助。但最重要的是，我们必须记住一件事情：恐怖主义活动并非由于重建工作进展不足所造成的挫折引起的；相反，恐怖主义活动的目的是阻止这种发展。在南方经常发生这样的情况，英国人修复了关键的设施，但却又被这些恐怖主义者再次炸毁。在国家的中部和北方，基地组织的行动模式是恐吓与禁止伊拉克人重建他们的国家。因此，这些活动并不是人们在表达对于进度的不满；它们是有意破坏这一进展的尝试。

像我将要说到的那样，认为一个更大的预先计划好的活动和一个庞大的民间重建计划能够填补早期的真空，这一点是正确的。这将立即为失业的伊拉克人提供一个工作计划。但我个人的观点是，如果相信这本身就能阻止暴力，那是极端天真的；暴力的起源是深刻的、政治性的。

如果有可以控制的安全状况，任何缺点都可以很快克服。（这一点在阿富汗也是正确的。）安全就是问题之所在——不是许多问题之一，而是**只有**这个问题。

解散军队和清除复兴党是更加有争论的问题，因为它们与安全状况有关。

有人认为这两件事都与无政府状态有关,但这两件事的影响有限。真实的情况是,军队或多或少自己解体了。最初对于复兴党的清除政策带有明显性与一锅端的性质,但部分因为英国的提示,这一政策很快就得到了纠正。而且我们必须要记住的是,对于大量的伊拉克人来说,复兴党是萨达姆政权的化身。他们憎恶它,害怕它,它以任何形式继续存在都是对解放的阻碍。

在两百万复兴党党员中只有大约二万五千人被撤去了职务。与第二次世界大战后在德国的去纳粹计划相比,这是一个激烈程度低得多的计划。当英国在南方开始启用一位萨达姆过去手下的将军—— 一个非常有能力的人——来维持秩序时,巴士拉人民发起了强烈的抗议,他们把他视为旧政权的一个可憎的象征。

回过头看,清除复兴党和解散军队这两件事都可以而且应该用一种不同的方式进行。如果当时我们就这样做了,或许就会像彼得雷乌斯将军建议的那样,部分逊尼反叛分子会驯服。但像我说的那样,这只不过是占了事后静心思考的优势才能得出的判断;而且平心而论,当时作出决定的人一定会热烈地争辩;他们会告诉你,实际上有压力要他们再做得更激进一些。

关键的问题是要从战后的善后工作中吸取正确的教训,而不是容易得到的教训。人们当然渴望下简单的、官僚式的结论,但不同的大臣在不同的人员中间召开的会议总会有不同的结果。至少在牵涉到英国的努力方面,我确实认为这样做是油滑的、不正确的。

甚至美国方面也认为,把所有确定无疑的失误——现在美国也承认——说成是后来发生的混乱与屠杀的原因,这是一个贸然的结论,必须进行仔细分析。重读所有会议的实录,评估与再次评估,我们所看到的并不是缺乏效率或者鲁莽的人们所作的愚蠢或者冲动的决定;我们真正看到的是,尽管面对不停发展的局势、持续变化的情况和一切结果的不可预见性,人们仍在尽力贯彻正确的政策。

那么,我们应该得到什么样的教训呢?这一点是很重要的,因为我们在将来很有可能会面对类似的情况。

第一,要假定最坏的情况。我们相信伊拉克有一个起作用的政府工作部门,相信政府的基础设施是完整而且有能力的。其实并不是这样。萨达姆把整个国家搞得一团糟。如果没有完全靠恐吓与武力实施的控制,他们就什么也没有。伊拉克完全是一个经济状况极差的国家。在这种情况下应该有这种现象。失败了的国家就是这样:它的状况就是失败了的。在所有可以想象到的方面都是如此，包括安全。以后我们应该准备好一个影子政府，让它作好随时接手的准备——就好像我们在2004年建立的一种现在称为“稳定单元”的东西，它是一个可以执行政府各部门功能的实体，目的是支持国家从冲突中走出来。

类似的，军事行动所必需的部队也可能与应付战后余震所需要的部队大不相同；当然也可能会需要更多的部队，尽管我们也应该公正地指出，在国家的某些部分——例如在南方——外国势力的更大存在将会受到人民的抵触与厌恶。但主要的问题是，我们应该处于一种具有足够灵活性的状况，让我们可以召唤更多的部队，而且这种召唤是有效的。

我们将处于一种国家建设者的状态。我们必须接受这一责任，承认这一责任，并从一开始就为之制定计划。在伊拉克的事例中这一点显然是失败的。

第二，我们需要尽快建设当地的安保力量。这样一来，比较艰难的东西显然就会容易做一些；而且从政治上说，如果是由当地武装力量进行工作，对于那些本身就有压力的当地政治家来说也容易接受得多。

平心而论，这一工作在伊拉克几乎是立刻就开始了的；如同前面已经说过的，警察学院和训练设施是在2003年中期建立的。但创建一个新的伊拉克军队则完全不是同一个数量级的挑战。这需要时间。正如我在2004年5月和6月给布什总统的信件中指出的那样，负责安全“伊拉克化”进程的彼得雷乌斯将军表现极佳，而且在那时已经制定了一份伊拉克武装力量的计划。同样，部分因为这一“伊拉克化”主题的很多方面是我的想法，我们给彼得雷乌斯将军配备了一个英国助手。但这是一个在后勤、技术和政治方面非常庞大的努力计划，因此要创建一支从头到尾全新的军队。这需要训练、军官学校、支持单位、装备、立法——在我们必须持续注意不忠诚或者间谍渗透现象的同时，我们也需要所有这些东西。

2004年6月，一个新的联合国决议给了伊拉克保安部队所需要的权威，并为防务的移交设立了一个时间表。到2004年11月，我已经可以在会议记录中写道，看来彼得雷乌斯的计划已经奏效；但到了年底，当恐怖主义袭击强化了的时候，我一再提及原来的主题，即我们需要改善“伊拉克化”的计划并以某种方式加速其实施。

2005年1月的选举显然是一个关键时刻。反叛势力转而试图阻止选举的进行。直到选举前还担任首相的阿拉维因无法为他的人民提供必需的安全而深感沮丧。我为南方的伊拉克武装力量批准了追加的一笔一亿二千万美元的资金。如同我说的那样：“我能肯定这是必不可少的吗？不能。但我还是情愿冒这个风险拨款,而不愿意在六个月以后才发现,它确实是必不可少的。”

从那时起的整个2005年里,易卜拉欣·贾法里取代了阿亚德·阿拉维,然后努里·马利基又取代了贾法里;而我则不断地与美国人和我自己的人对话,讨论我们如何才能迅速提高伊拉克军队的能力。但真实的情况是,这种事总是需要时间。到2007年他们准备好了,或者说至少有了第一阶段的正常能力,而且在某种意义上说,如果从这么低的一个最低点出发,这么多的努力总会有一点成效。回顾整个2006年,这种为了一个更好、更快、更有效的计划所进行的持续与具体的努力给我留下了特别深刻的印象。

在会议记录中一再出现的另一个主题是为逊尼的妥协所准备的东西。这是第三个教训。政治工作必须与安全和重建同时进行。在逊尼派人士失去全面掌权地位的过程当中,他们肯定会是不稳定的因素,尽管他们只不过占总人口的一小部分。他们花了一段时间才意识到,我们无意用什叶派独裁代替逊尼派独裁。从开始我们就将他们的妥协定为一个优先考虑的项目。但萨达姆的残存势力与基地组织很聪明地利用了逊尼派人士的担心。在整个政治解决的过程中,尽管我们作出了很大努力,他们还是持续地抱有与我们疏远的感觉。我们也知道,有些恐怖主义分子就是由伊拉克境外的那些害怕什叶派政权的富有人物赞助的。然后,当什叶派开始报复的时候,他们就更觉得自己正身处于一种宗派战争之中了。2006年间,人们确实看到伊拉克处于内战之中。有些人甚至建议,让伊拉克分而治之是唯一的解决办法。

但最后,当逊尼地区对于基地组织的活动带来的持续战斗感到厌倦的时候,他们开始寻找出路。在2007年和2008年间,由于拉姆少将强有力的支持,他们缓慢地但却确信无疑地与多国部队和伊拉克政府达成了交易,并向给他们带来了这么多艰难与不幸的基地组织发起了进攻。一旦这种事情与我们的努力同时发生,整个潮流就转向了。孤立的反叛还在继续,但伊拉克保安部队的活动已经沉重打击了基地组织,开始让他们失去信心了。

然后马利基在他反对基地组织追随者的活动中表明,他已经准备接纳什叶派和逊尼派的抗拒主义者了。宪法在整个2009年的确立以及那些随之而来的问题说明它还是何等脆弱。2006年,即使那些支持战争的伊拉克人的悲观情绪都在增长,而到了2008年,他们又恢复了乐观看法。“这需要时间,”一个人对我评论道,“但最后是会成功的。”我真心祝愿他是对的。

2006年后期我与马利基最后一次会面。他还是让许多人不喜欢他(有些人说他骨子里还是一个宗派主义分子,而他显然还在与种种挑战斗争);但当我们面对面坐在他房间里的时候，我们进行了一次坦率而又友好的谈话。与以往一样，我是从军用机场乘坐直升飞机，从危险地区外围的上空飞过来的，然后降落在绿色管制区——那是巴格达一个经过加强防守的孤立区域，国际社区和政府机构都在里面扎营。我也访问了一天前遭到迫击炮袭击的大使馆。

政府的建筑物是萨达姆过去的一座宫殿，安保很严格。很难想象政府可以在这种地方行使权力。在马利基和我谈话的时候，我力促他不但要在口头上说他管理着整个伊拉克而不仅是什叶派的伊拉克，而且要有实际表现；对此他以非常简单的语言回答了我。他说，他将彻底地让人们看到，他会对付任何攻击合法政府的人。他说，有些反叛者过去是萨达姆的人，他们永远不会妥协，他会消灭他们；但他也厌倦了激进的教派人士穆克塔达·萨德尔。“他会知道，我不会容忍这种情况的。”他说。我不很肯定我是否相信他。

但我想错了。他确实跟萨德尔正面交手，并解除了他的武装。在2010年的选举中，马利基与阿拉维领导的派别都反对宗派主义的方式。塔拉巴尼总统继续扮演了关键的统一角色。

所以，我们能更早得到更多的部队吗？能做更多的事来更快地创建伊拉克军事力量吗？能作出更多的努力来让逊尼派更早地归顺吗？无疑在这些领域里都有做得不好的地方。但事实是，在所有这些方面我们都为成功尽了全力。我们的部队战斗得很英勇。在不到三年的时间内我们建立了一支伊拉克军队。我们始终尽最大可能听取包括逊尼派人士的意见。

在所有这些领域——安全、重建、政治——我们都可以做得更多更好，这一点是肯定的；但我有一种感觉，就是无论我们干得多快多好，还是会有改进的余地。无论任何性质的军事行动，其真正过程与原来的设想毫无二致，这种情况从来就没发生过，以后也永远不会发生。

我们对于在伊拉克会发生什么事情的估计不是随便得出的，我们参考了各方面专家的意见，也有伊拉克的流亡人员参与了讨论——虽然其中有些人带有明显的个人色彩，但其他人却没有。人们告诉我们伊拉克有一个有效的行政部门，但实际上并没有。人们告诉我们会出现人道灾难，但我们避免了它的发生。人们警告我们，说萨达姆可能会战斗到最后一刻，但他崩溃了。人们告诉我们什叶派与逊尼派之间的宗派暴力斗争会是一个重要因素，但实际上，这一斗争在开始时全然没有我们担心的那么严重。

最重要的是，绝大多数人没有看到伊拉克与基地组织之间的联系；他们也没有看到伊朗继续干涉的风险，除了小规模的以外。而这正是我们最大的教训。

在即将结束首相任期的时候，我在唐宁街的一次会议上问我们的军事首脑和情报人员:如果在这场“活剧”中没有基地组织和伊朗这两个演员,我们是不是能够很好地控制局面？回答是非常干脆的:“是的。”

正是这种外部威胁与内部异见者的结合,才几乎摧毁了伊拉克的前程。他们以摧毁一个国家的邪恶目的安排这样的尝试，其对人民的生命与人民的痛苦之漠不关心简直令人无法相信:在市场里发动自杀式炸弹袭击,在祷告者进行祈祷的地点袭击他们,杀害那些帮助国家重新站起来的士兵与警察,枪击、炸弹袭击、绑架与杀害试图协助伊拉克人民过上好一些生活的联合国官员、非政府组织成员和平民工作者。

而在说过了所有这些以后，我的结论并不涉及那些炸弹袭击者的态度——他们冷酷的思想导致了这样的屠杀与不幸,涉及的是我们的态度。

在西方国家中,什么时候对这样邪恶的现象有过哪怕一次抗议?人们在道义上的愤慨何在?在伊拉克人民最需要的时刻,他们的那些兄弟姐妹们又在哪里？谁来帮过他们？批评的焦点在什么地方?

批评的焦点集中在想要制止这场屠杀的美国与英国的武装力量身上,而非集中在那些实施了这一屠杀的人们身上。而这些基地组织和伊朗的黑手的目标并非仅限于伊拉克。在他们的选择下,伊拉克成了他们的战场。他们的影响使我们在巴基斯坦、黎巴嫩的部分地区,巴勒斯坦的部分地区,整个中东及中东以外的索马里,甚至在远东的部分地区也面临着同一威胁。这就是我们在我们自己的街道上、在我们的空中航线上、在我们自己国家中开会的地点上所面临的危险；每一个国家现在每年都不得不花费数以十亿计的资金来保护自己,以免遭受恐怖主义分子的袭击。

因此,我们的最后结论如下。无论计划如何,大家都要作好这样的准备:起来战斗,如果有必要,这将是一场旷日持久而又血腥残酷的战斗。要作好准备,不单单是要重建一个垮掉了的国家，而且还要在极力做一切坏事来阻挠我们做好事的敌人面前重建这样的国家。

我们作好这一准备了吗?我们的决心能与我们敌人的决心相比吗?这才是真正的问题。

如果我们能够预见到伊拉克在清除了萨达姆之后会变成什么样子，我们还会这样做吗?我们还应该这样做吗?许多人会说不。金钱与鲜血的损失是异常惨重的。

但我的反应是非常清楚的。如果这些金钱和鲜血花费在清除萨达姆上面,我会同意，但事实并非如此。它们主要被花在处理极端主义造成的后果上面，而极端主义的目标并不是实施伊拉克人民的愿望，而是反对他们的愿望。

当我们问：看看这些流血事件，怎么能说这是值得的呢？对这一问题我们要说的是：第一，想一想谁应对此负责。不是英国与美国的士兵。这样的暴力并没有必然性。这是蓄意破坏的颠覆行为。如果我们对他们低头，我们就在更广泛的意义上加强了他们所代表的意识形态。如果我们拒绝向他们低头，并支持伊拉克民主，我们就对每一个地方的这种意识形态实施了一次打击。

或许就像人们问周恩来对法国大革命的评价时他所说的那样："现在评价还为时过早。"我能知道的一切就是：我做了我认为是正确的事情。在美国需要同盟军的时候我跟他们站在一起。我们共同为这个世界除掉了一个暴君。我们共同战斗，为伊拉克人民争得了一个民主政府的权力。

我的书桌上保存着一封来自一位伊拉克妇女的信，她在战争开始之前来看我。她告诉我，她的家庭由于冒犯了萨达姆的儿子而遭受了骇人听闻的折磨与死亡的打击。她请求我采取行动。在萨达姆垮台之后她返回了伊拉克。几个月后她被宗派主义分子谋杀。如果还活着，她现在对我说的会是什么呢？

第十六章　国内改革

回头去看入驻伊拉克后头几年的情况，很容易就会认为那几年最重大的事件就是伊拉克。实际上，正是在这段时间里，国内的诸多事项有了令人极为满意的飞速向前的发展。

整个2003年到2004年以及2005年初，英国都在基金会医院和国民健康服务、大学收费、城市新型学校计划的开始、身份证和反社会行为等问题上进行着关键性的奋斗。具有讽刺意味的是，最让我接近下台的事并不是伊拉克问题，而是大学收费问题。而我最接近于自愿辞职的时候是在2004年，当时我认为我受够了，因此准备让戈登接手，因为我觉得他会继续推行改革的既定方针。后来我最清楚地感觉到，尽管我不愿意，但我还是要坚持下去，这是在我意识到他不会继续进行改革，因此我应该为第三个首相任期而战之时。

因此，尽管新闻标题常常都是围绕战争的艰难，而政府内部的斗争却有关改革，它牵涉到新工党计划的核心。

我描述过一段履新之路。开始的时候我们以一种清楚的起码的本能进行治理，但却没有关于这样的本能在具体政策方面应该把我们带到哪里去的知识与经验。特别是，我们认为会有可能把结构与标准分开；也就是说，我们相信我们可以保留现存公共服务系统的已有参数，还同时可以对这一系统所产生的结果进行根本性的改变。随着时间的推移，我们意识到这种想法是错误的：除非我们改变了结构，否则就不可能对标准作出超出定量范围的改变。在第二届任期开始的时候，我们形成了一个改革的框架：改变服务系统的整体性质；引进竞争机制；模糊政府单位与民营单位之间的界线；挑战传统按照工种与既得利益划分行业与工会的界线；并在总体上试图让系统更富自由度，鼓励创新、区别对待，给系统以新的活力并令其可以伸展拳脚。在上述每一方面都进行了详尽彻底的调查与研究。每一项改革都进行了多次吃力的计划。每一项改革都进行了修订和调整；而且有时候——每一次都让我很苦恼—— 一些改革最终淡化了。不过它们加起来，形成了一个具有相当规模的变革整体，为整个系统设立了一个新的方向。它们将形成将来任何改革的主要基础，而违背了这一基础的现象都将最终回归这一基础。

但可以肯定的是，每一项改革都受到了无情的攻击、批评与反对。或许受到最激烈非议的是大学资金来源的改变。整个辩论对在现代世界中进行变革的难度提供了一个对人极有吸引力的展现，并几乎导致了我的辞职。它激发了顽强得令人难以想象的不同意见。它让我们在2005年的选举中失掉了一些议员席位，如果考虑到那些额外席位的丧失和过去超过八十个席位的多数，这让一次超过六十个席位的多数看上去像一个糟糕的结果。它分裂了政府；但到了2005年后期实施改革的时候却并没有引起多少混乱；而在今天，对于如何进一步发展它的争论与如何取消它的争论同样多。

这对于改革的进展是一次足当吸取教训的实例教学：提出了改变的计划；这一改变被人批判为一次灾难；它在巨大的喧闹与反对声中发展；它很不得人心；它终于成为了现实；不久以后，一切都归于沉寂，好像历来如此。

这一课也很有指导意义：如果你认为一项改变是正确的，那就坚持下去。反对是不可避免的，但很少是无法击溃的。有许多出声的中伤者，同样也有许多沉默的支持者。而领导者是决定改革能否实现的关键。如果你没法胜任这样的角色，你就别当领袖。

这一课还有更广泛的意义：这并不单指某一项具体的争辩——要学会如何在讲话中超越喧嚷与吵闹的层次，而且要时刻牢记把注意力集中在关键的事情上面。重读有关这些改变的每日新闻，我对于当时有关每一种改革的说法是何等激烈、这些说法的每一种在今天又都如何被忘却而深感吃惊。特别是大学收费问题；它的每一步发展都引发了一个特别系列的小危机、灾难和反叛。而对于今天来说，唯一重要的只是一个必要的改革得以实现；它既然已经实现，今后的改革便将在它的框架内构筑。

此事源于跟戈登和财政部令人烦恼的常规讨论。

我任由戴维·布伦基特在2001年的竞选宣言中宣布，我们不会同意增加大学学费。这违反了我自己心中更合理的判断，但却基于必要的政治原因：人们对于我们正在计划这件事的担忧情绪在议会工党和全国执行委员会中广为传染开来,戴维觉得我们必须否定这种说法。这是2001年计划中我同意作出的几项妥协之一。

但选举过后不久,对于我们的大学的挑战就变得非常清楚了。那时我终于有了这样的观点——今天我更加对此坚信不移:像我们这样的发达国家的前途依赖于我们的人力资本(这是我们所必需的),依赖于我们有一个具有活力的、生机勃勃的世界水平的高等教育系统。而且,一个像英国这样有其传统和语言的国家会很适于这样的一个挑战。但是,正如这个国家中许多其他事情一样,我们无法躺在我们的荣誉上面睡大觉。我看了一下全世界五十所最好的大学的名单,其中只有四五所英国学校,而在欧洲大陆几乎没有。美国在这一项竞赛中获胜,而中国和印度正紧追其后。有关美国的情况特别能够说明问题。他们在前五十名中占统治地位——而且对于前一百名也是同样情况——并非偶然的,也不是由于大小或者规模;这显然而且不可避免地因为他们的收费系统。他们更富企业家精神;他们寻找校友,并建立了庞大的赞助体系;他们的助学金系统让他们得以帮助贫困学生;而且他们在资金上的灵活性意味着能够吸引最好的大学教师。那些有最好经济条件的大学能得到最好的老师。就这么简单。

在排名较低的大学的问题上,我们也让自己陷入了平均主义的泥潭。过去的保守党政府把所谓"多种专科学院"改成了大学;这本也不错,但只是这种改变让人们产生了这样一种幻觉,那就是所有的大学都有同样的学术地位,但这显然是不正确的。甚至那些原来是多种专科学院的大学——它们中有些也能提供杰出的服务——也需要资金方面的灵活性。

2001年后期,罗素集团——英国二十所领先的大学——中的关键领头人来唐宁街见我。他们的要求很清楚:他们需要多得多的资金。当时的牛津大学校长罗伊·詹金斯十分赞同大学收费,他私下说服了他们来见我。当时英国大学(大学校长与副校长[①]委员会)的主席艾弗·克鲁的立场也同样坚定。作为社会民主党的一个老党员——因此是一个对于革新派政治具有丰富知识的人——艾弗完全理解政治上的形势,而他也完全认为,改变是必须的。

在戴维·布伦基特成为内政大臣之后,我已经在2001年6月提拔埃丝特尔·莫里斯接替他成为教育大臣。埃丝特尔是人们能够在政治人物中见到的一个

① 英国大学的校长一般都是荣誉头衔,这里的"副校长"就是实际上的校长。

少有的有趣例子。她最后于2002年10月辞职，当时她很直截了当地说："我应该对自己很坦率，我其实不喜欢这份工作……现实是，我不是这一工作的最好人选，对它我无法接受。我对自己的表现的评价是很苛刻的。我在设定工作重点方面做得不好。我必须知道自己让事情变好了才行，而且我认为自己没有很好地为首相分忧解难。"我当时不很清楚她是不是真的这么想，但最后知道她确实是认真的。这种要求她无法达到，所以感到心情不快。她完全不是那种感情脆弱的人——完全相反，如同每一次对手是自由民主党（她的老对手）的时候一样，她在面对一次相当激烈而且十分恶劣的地方选举时坐稳了她的席位。她的本性与外表完全如一：正派、工作勤奋；但高层政治斗争极端残酷，这让她感到无所适从。

她就这样离开了，接替她的是查尔斯·克拉克，他在金诺克时代一直是工党政治家，因此足够坚定，而且对自己有着严格的要求。他为他所主管的这一摊工作作出了重大推进，但在无奈中他也继承了后来成为戈登政治中相当不可捉摸的一部分特质。

一旦大学的头头们挑明了问题，我知道我们必须有所作为。我们在竞选宣言中作出了不增加学费的承诺，这是实实在在的；但坦率地说，如果仅仅由于这一点就延迟作出对于国家必须作的决定，那是可笑的。于是我开始了内部讨论——主要是与财政部，这一点在后来几乎长达两年的时间里成为我们内部辩论和讨论的一个议程。从一开始就很清楚的是，戈登想要反对。只是到了后来我才意识到他的问题所在。从本质上说，他认为要由他进行第三个任期的竞选，因此不希望有任何东西钳制他的计划或者让他不得人心；而这件事肯定会有这种作用。因此他对此事的态度与以往一样，并不公然反对，但却很有策略地加以拖延。

我们在2001年后期第一次开始谈论这件事。这时候他并非没有道理地提出很多其他先要做的工作。这些工作都顺利完成了，2002年上半年，在后来的会议中我们开始坐下来认真考虑学费的决定。就在这时埃丝特尔感到夹在我们俩中间不好做人，而她本身的特质又决定了她不足以坚定地支持谁。因此或多或少地，这发展成了在我与戈登两人之间意愿的一次交锋。我可以说，就是在这个时候，直到这之前还保持着积极平衡的创新张力开始呈现消极平衡。我并不是说他在那里没有起到巨大的积极作用——如同我总是重复的那样，他是一个大人物，而且是一个可靠的大人物。而且毫无疑问，从广泛的意义上说，他对于政府是一个非常有用的人物，因此让他继续做财政大臣是正确的。但问题是，由于他的期待和渴望，他想把革新一直冻结到他接手以后。我从来都不完全知道他自己对于政策有多大的个人倾向性，但想让政府定格不动——这显然不可能——的渴望与一种原本微妙的目的交织，而随着时间的推移，让他的表现越来越清晰地左倾。这几乎集中表现在我们各自的顾问身上：他那方面是埃德·鲍尔斯（当时财政部的首席经济顾问），我这方面是安德鲁·阿多尼斯。

安德鲁和我都跟罗伊·詹金斯关系密切。罗伊在2003年1月初去世后我非常怀念他。当安德鲁打电话告诉我这个消息时，我感到深切的悲伤。在灵魂深处，罗伊是一个真正正直的人。过去他是我的朋友和导师。我肯定，如果他活着就会反对进入伊拉克；但他会理解我为什么要这样做。他传给安德鲁的不仅仅是他的政见，还有他的政治特点：一种对于真理的理性、明智的追求。对于他，如同对于安德鲁一样，第一个问题是：这是正确的吗？只有在这个问题回答了之后他才会继续问：这是明智的吗？这一点过去是，现在也依然是政治的正确途径，而且当然，恰好是与公众的利益吻合的。但使用这一方法的人是很少的。

埃德·鲍尔斯无论过去还是现在都是有着高度智慧的人；不但如此，他还具有一些作为领袖人物本质上不可或缺的特质：他有勇气，能下决心作出决定。但他遭受着所有思想左倾的知识分子感到的同样的困扰。正如我在其他地方评论过的那样，这些人从来不会“得到”启示。他们当然不会承认这一点，但在他们眼里，中间阶层，除了知识分子那一部分以外——只不过是他们的一批非自然的选民罢了。并不是说他们把这些人视为敌人或者什么的——那么说就过分夸大了，但他们会认为，一个人担心自己的纳税率未免过于自私，因此便意味着在道义上有些沉沦。他们能够“明白”，虽然惩治这些人是不精明的，但这么干本身却并没有错。

埃德为戈登提出的策略大致是这样的：在资产净值与市场之间有一种交换；布莱尔把我们向“市场化”推进得太远，所以远离了资产净值。因此所有这些围绕着选择、竞争、多样化、灵活性的语言都发生了同样的现象；最后，所有这一切都只不过是把我们推向一个本质上不公平合理的系统中去的尝试；而受到更为不妙的刺激的事情是，这只不过全都是中间阶层——历史上只是工党支持者中的一小部分——痴迷的东西，但却因此让我们丢掉了“核心”的选民。

在这一理智批评的后面他还加上了一个确实含混并最终非常有破坏性的政党批评。这就是其观点——我担心在处理党的问题上他受到了戈登倾向的影响——为了公开证明我与公众一致，我有意选择与党对立，即我用牺牲党的利益的方式取悦公众。这是一个非常普遍的意见。

一般说来他还是相当可敬的。在与埃德及戈登的多次会面中，我逐渐让埃德放弃了他的保留意见——不管怎么说，我当时还是首相——并诱导他说出了真实意见。他的基本观点是，我整个对党的传统思维的攻击是为了证明我是“独特的”。他将其称为“独特主义”。有关这种主义，他的意思是：我相信只有我才能胜利，而所有这些争论——大学收费、学校改革、健康服务改革、身份证、政治避难、法律与秩序、福利——差不多只是为了创造出领袖凌驾于党之上的感觉而人工发明出来的而已。他相信，而且我想他也以此说服了戈登，你可以是一个传统的工党领袖，但你还是会赢。

我告诉他，这一点无论在理智上还是政治基础上都是对于新工党从根本上的破坏性错误理解。从理智上说这完全是直截了当的：这个世界上所有通过重新选举上台的政府当然都要重新设计他们的国家和公共服务事业，让它们能够为消费者与使用者提供更好的服务，而后者则在其生活的其他领域内习惯性地作出他们自己的选择和决定。换句话说，我的论点是，这些改革是在“人民”需要的方向沿着纹理切开的，即顺应人民的要求进行的。我试图从政治上解释，我在作为领袖期间的全部目的是要在新工党中创建一种长期不变性，其准确意义就是我并不特殊。甚至远在2002年，我们便显然比以往的任何工党政府更强大、更有持久性、更稳定。

我的确相信，一个作为传统工党政治家的工党领袖是无法赢得选举的，但这只是因为我相信我们必须改变传统。一旦新工党概念融进了工党考虑与行动的方法之中，我们就会有一个不同的传统，一个更持久、更可信任、更能赢得选举的传统。我没有选择与党对抗；我选择的是改革。但如果改革遇到了阻力，那我们就无法避免对抗。

无论如何，当2002年渐渐过去时，我们明显陷入了僵局。2003年初，在查尔斯·克拉克的坚持下我们有了进一步的讨论。这一次我坚持要财政部提供一个明确的替代方案，而不是不停地单纯反对我们所提出的大学收费建议。

简单总结一下：我们提出的建议不是让在校学生每年预付一千一百五十英镑，而是他们应该付不同的费用，上至每年三千镑——其收费的差异由大学自定——这笔贷款将由学生在毕业后按支付能力偿还。将会给比较贫穷的学生以生活补助，同时鼓励设立助学金。这整个的一揽子计划将有效提高大学的收入，使其达到每年百分之三十的增长。这显然是一个更为公平的系统。很明显，大学生会有较高的负债，但我们只从那些开始有了收入的毕业生那里回收资金。贫困学生将得到实在的、大幅度的帮助。如同所有这一类形势下所出现的情况那样，我们在推行这一政策的过程中采取了一系列策略性妥协来让苦药变得不那么难以下咽——其中有些我虽然采取了，但很不情愿；而所有的这些措施都提高了费用——但无疑这对我们的大学来说有很大的好处，可以让它们跟欧洲大陆的那些挣扎着的大学有所不同，可以把我们带回到能与美国展开竞争的地位上去。的确，在这些措施通过以后，几位副校长告诉我，这一改变实际上拯救了他们的大学，使其免遭经济崩溃的命运。同样，正如我们的对手知道的那样，这一措施一旦作为观念引入，就再也没有回头路可走了。

财政部一直在要求作更多的工作和分析。他们指出了我们的建议还存在着缺点这个事实。我的回应是，所有的系统都存在缺点。他们作了些表明我们的方案不得人心的民意调查。我说，一切改变都不得人心，除了通过普遍提高税率来为大学提高资助，但这样一来问题就不再是资助了，就变成了一个税收问题，那当然也是不得人心的。因此事实上，这是一个改变现状的经典问题。这种改变是必需的、正确的，但永远不会是得人心的。另一方面，按照我一贯提出的说法，其实人民预期政府会作出不得人心的决定，他们等着要抱怨这些决定，并期待着领导层能够克服抱怨。但是，如果你什么时候不再领路前行，这种抱怨也就停止了，代之而来的是一份解雇通知书；因为人民在他们内心的深处知道，政府在那里就是应该带领人民前进的。

我们最终还是从财政部那里挤出了一种替代方案，那实质上就是一种毕业生税，纯粹而又简单。按照民意测验这当然也是不得人心的；甚至它具有一种我认为是严重的而且无法弥补的缺陷：这意味着，毕业生不但要偿还他们自己的学费，而且对于所有毕业生来说都有一个按照他们的收入——而不是按照他们个人得到的教育费用——所要支付的一般税款。换言之，这并不是对个人债务的个人偿还，而是对于所有大学生总债务的毕业生偿还。我完全不喜欢这一方案。这打断了学生借债与他们偿还债款这两件事情之间的根本联系；而且这从根本上改变了我们税务系统的性质，但这种改变既不合理，又不合情。

很显然这是埃德的想法，戈登从来没有大力推动这一想法的实施，因此它慢慢就淡出而无人提及了。这就意味着或者采纳了我们的建议，或者根本就没有改变。最后在2003年中期，我直截了当地说：一个月后我们再谈，那时我们将作出最后决定；到了那时要么你拿出行动来，要么我们就这么执行了。最后我们就这么执行了，但已经浪费了宝贵的时间。

安德鲁·阿多尼斯在这整个过程中完全是一颗明星。他给出了无穷无尽的分析与逆分析，用他惯用的清晰方式安排论据，耐心并有礼貌地促使一切向前发展。安德鲁跟埃德形成了鲜明的对照。如果是一次小规模的政治辩论，埃德会赢；而且正如我说过的那样，总的来说埃德是一个聪明人。但如果说到打动公众与影响公众的意识，安德鲁跟埃德就不属于同一个层次的人了。他完全明白这件事情为什么这么关键，以至于我们的所作所为超出了工党的传统习惯；他的父亲是从西属塞浦路斯移民来的一个邮差，他本人就是渴望达到目标的一个代表；而且他知道，如果工党要在相当长的一段时间里控制政府，它就必须成为一个面向未来并走中间道路的政党。安德鲁仔细地把事实与观点安排到一起。查尔斯·克拉克是我们的强大助力。我第一次感觉到，有查尔斯、艾伦·米尔本和戴维·布伦基特这几个人跟我一起，我们能够完全协同一致地实施我想做的事情，而且他们知道为什么要这样做。他们有着同样的直觉，每个人都具有让工党继续发展，使之发生现代化改变的政治技巧。他们全都在与倔强的工会领袖、愿意找碴的国会议员、左派活动家和各种智囊团人物——后者的主要贡献就是以真正激进的改革家的名义解释，为什么任何改变都是没有必要的——无数次打交道的经历中磨砺了这种技巧。

而我倾向于认为，如果我真正相信某一件事是更为实际、更为有效的，我总是可以说服所有人接受它（即使我自己的经验也没有消除我的这一特征）。人们知道策略与战略之间的差别以及怎样并在什么时候必须协调前进。

我们让女王推迟到那一年晚些时候才发表她的讲话——差不多到了11月底。当然，这时候的主要新闻是有关伊拉克的，有关那些试图阻止恐怖主义威胁那个国家的脆弱状态的努力，还有就是有关《赫顿报告》的。但推迟这一讲话的真正原因是要理清围绕着NHS、学校、反社会行为和大学收费所进行的重大国内改革事项。在隔壁唐宁街11号作了许多支吾其词的讲话，并再次发表了许多反对意见之后，我也终于从他们那里得到了对于身份证问题的原则同意。所有这些事——它们处于立法的不同阶段——都在迅速进行。

有关大学收费的长篇故事来到了议会第二次阅读的紧要关头，这件事定于2004年1月底进行。这真的是一件成败难料的事。现在这样说听起来有些奇怪，但这却是当时的实情。

迈克尔·霍华德刚刚成为保守党党魁，并铸下了他的第一个大错。他从伊恩·邓肯·史密斯那里继承了对于大学收费的反对意见。当然，保守党完全清楚，他们本该支持这一措施的，而他们为什么没有这样做的原因是对良好的在野党艺术的一个有趣反映。

让我们暂时把原则放到一边——先不去管这一政策的是非，而把注意力集中到赤裸裸的政治上去。在野党的常规观点是：在你做得到的地方尽量捞取选票。所有的民意测验都指出，大学收费不得人心。公众的时尚花车是反对收费的。那就爬上花车去追求时尚吧。

在许多情况下，这样做在政治上是正确的。比如说有关国会议员花费上的争论。真实的情况是，议员们的报酬过低，于是就用“花费”这种方法来增加他们的收入；但这种事情你没法公开说出来。公众情绪被煽动起来了，他们很愤怒。时尚花车开动了。这时期望在野党阻止这种“时尚”是完全没有道理的，而且顺便说一下，这从长远来说也是不明智的；我时常为在野党的这种最后伤害了政府的飞去来器[①]式行为感到伤感。但这很公平。这就是事情的由来，而渴望选票的在野党得到了短线利益。

但如果这种时尚花车朝着一种高级跨党派精英对之有意见分歧的方向开行，它们则会是危险的。那时它们是一种错误，根本不值得在上面花费时间；因为即使这种意见仅仅属于少数精英，但其质量却很高，而且它会让舆论迅速转向。

每一个曾担任过政府大臣并希望作出这种改革的保守党关键人物都与我们有同样的意见。精英的意见是清楚的：这一改变是必需的而且是正确的。但迈克尔·霍华德因为与反对派——工会、左派人士等等——站到一起没有捞到许多选票，而且失去了许多可信度。这与他十分活跃地支持伊拉克行动却企图利用《赫顿报告》的尝试是一致的——这些举动加到一起，让我们得以发展了一个很有说服力的对他本人的反面意见，即他是一个机会主义者，因此不值得信任。

说他是一个机会主义者，这种攻击似乎太低调了。这其中也包含着一个教训。对于接踵而来的每一个保守党领袖我都会发展一种攻击策略，但我是在深思熟虑之后才这样做。通常我是基于首相答问时进行的密切观察才做的。我从来不进行贸然攻击，总是试图使这种攻击能说明问题，其目标是让非政治家能同意我的话。我所想的并不是工党代表大会高潮时我要如何争取人们的支持，而是如何在我法律界的老伙伴们那里争取支持，他们想要组织一个有证据的案子；还有就是如果这个案子做成了谁会得利。

于是我认定，梅杰比较软弱；黑格说笑话的能力强于他的判断能力；霍华德是个机会主义者；卡梅伦是根墙头草，不知道该往哪边倒（保守党为我干了

① 一种打出去又可以弧形线路飞回来的器具。

我该干的活，在伊恩·邓肯·史密斯身上下了损招）。这些攻击像这样一表达，个个都显得过于朴实，简直可以说是平庸，而且完全没有什么感染力——但那就是其优势之所在。其中任何一项攻击如果被人认可都将是实际上的致命打击。是的，这并不像把你的对手称为骗子，或者假货，或者恶棍，或者伪君子那样解气，但立场中立、漂浮不定的选民在听到这些说法时大概只会耸耸肩而已。这些不会在人们心里引发共鸣。前者过于夸大其词，过于沉重，它们代表的只是一种侮辱而不是论战。而那些比较轻的指控能让人接受，因为它们更准确；精确地说，因为它们更低调，所以就更站得住脚。如果真的站得住脚，那就行了。因为在每一种情况下，这都说明他们不是好的领袖，因此他们也就玩完了。

实际上，如果迈克尔在大学收费这件事情上支持我，就会在我自己的阵营内形成真正的损害；同时会让人们认为他很理性、很明智，让他增加力量，虽然投票结果也不会有什么改变，但他没有支持我，这就帮助了我。

我这边反叛的力量并不小。他们以尼克·布朗和乔治·米迪为首，这两个人都很接近戈登，也是非常出色的组织者。我这边的政治班底也在加班工作。

萨莉·摩根处于巅峰状态，其表现达到了最高水准。她属于新工党，由于她得益于20世纪80年代学生会的训练，能以一种别人无法企及的方式与国会工党议员中的妇女接触。顺便说一下，有些妇女在游说其他妇女的时候很无用，但另一些妇女做这种事情却很灵光。萨莉并不是后一类"妇女"中的一个，但她却能够深入非新工党的圈子，能够以不止一种政治语言说话，而且面对挑战具有一丝不苟的现实主义精神。查尔斯和我有一点那种"随便他们干什么鬼事情"的风格，这本身没什么不好，但"干鬼事情"也牵涉到承担"鬼投票结果"的风险。而且我们还没有到可以打保票的程度。萨莉和希拉里·阿姆斯特朗——她是干工党组织秘书的一把好手，而且对于工党国会议员政治中的大道与小道方法知之甚稔——告诉我，在没有意外的情况下，这次投票结果处于两可之间。

圣诞节之前我们——我、查尔斯、萨莉和阿姆斯特朗，加上戴维·希尔（他在阿拉斯泰尔离开后担任新闻秘书）——在唐宁街开会。让我很高兴的是，戴维在民营单位工作了一些年后同意回来，结果成了工党在1997年大选中的首席新闻官。

"我感到很有信心。"查尔斯以典型的查尔斯风格说。

"我实在看不出你为什么会那么有信心。"萨莉有点酸溜溜地评论道，"是对于选票的计算结果让你这么想，还是你那种天生的好精神头在作怪？因为我正看着那些咱们还没得到的选票呢。”

这是一段令人不舒服的时期。2004年1月27日我们将要进行第二次阅读，而第二天赫顿的调查就要出报告。1月会是很不安逸的一个月。两起事件中任何一起有了坏结果都意味着我们的谢幕。

但我那时总是在想，如果是因为坚持原则而不得不退出的话，那就退出好了，毕竟还有更不光彩的退出方式。如同我已经说过许多遍的那样，我并无恋栈之意。当其他人都走了，而我跟萨莉一起喝杯咖啡的时候，我对她解释了这件事。“嗯，你是相当了不起的啊，我能肯定这一点，”她不无刻薄地说，脸上带着微笑，“但如果你不介意的话，我想还是让我们在投票上集中精力吧。”

“那我们该怎么做才能赢？”我问。

“你赢不了，” 她回答，“如果你的财政大臣没有毫不含糊地全力支持你的话。”

这就是问题的关键。

新年伊始，我又跟戈登谈起了我离开的事。从各方面来说我干的可能都不是件聪明事，但我的确感到厌倦了。在政策的每一条重要道路的每一个主要通过点上都有人设下了挡路的栅栏。

第一批基金会医院将于不久后成为现实。这些医院是从那些已经达到了最高标准的医院中仔细挑选的，它们将有着更大的自由度、权限和自主权。它们是为了顺应现代保健服务不断变化的要求所迈出的具有重要意义的第一步，要创建有能力在医疗服务方面按其本身设想的方法作出改革的自我管理的医院。

NHS的问题是那种庞大、过时的公共卫生服务系统的典型问题：它很死板，没有进行革新的刺激。诊所无论是好是差都得到同样的奖励。公众支持的范围虽广却收效甚微，与医疗相关的大的利益集团发生了动摇。基金会医院就是要打破单一庞大组织之墙的缺口。假以时日，其他医院也会选择照此办理，因为它们也会引入民营单位，它们的员工的工作实践也会又具有产生深远影响的变化。

我们在2002年1月跟艾伦·米尔本一起开始了引入它们的工作，但这却在财政部引发了一次狂暴的争吵。戈登觉得艾伦对他抱有敌意。与以往一样，他并不正面加以辩论，而是采用了一种与财政部相关的论据：由于基金会医院有权借用公众资产，因此它们是对公共财政的一个威胁。这一辩论是没完没了的、相互间满怀恶意的、对稳定团结没有好处的。到了我们最后取得立法同意的时候——这次工党内部又发生了一次大规模倒戈，而许多人又是因为看到财政部明显对这一政策持不同意见才这样做的——艾伦离开了政府。

2003年5月，在距离投票还有一个月的时候他来看我。他知道这对我是个不小的打击，但他实在受够了。我对于失去他而感到很遗憾。他是一个相当出色的大臣。他因为不愿与戈登对立而离去，我不责备他；有许多理由让他选择离职，其中的一个是确实需要英国政治好好看一看的。

现在处于英国政治最高层的人就好像每天都要把自己的政治生命放在手中一样。没错，政治本就是一种艰难的职业，不是胆小者干得了的——历来如此，但在今天的政治中压力如此之大，批评如此之野蛮，其攻击目标如此之随意，以至于我们有创造这种局面很大的危险性，这种局面会让“正常”人觉得想要走开，把地方让给那些狂热的野心家和稀奇古怪的人。当然，人们并不总是走开，但他们总有一种想要这么干的倾向，其直接原因就是那种几乎是在无休止地搅动丑闻与阴谋旋涡的风暴以其巨大的力量在他们头脑周围喧腾。那些有自己的生活、家庭、除政治外的其他兴趣的人，有能力做其他事情的人，就会感到一种内心的倾向，想要去做其他的事情，以便离开这种是非之地，让风暴去自行发展。

艾伦是在我担任首相期间第一个自己想走而走掉的人（尽管埃斯特尔或多或少也符合这一模式）。他不到五十岁，算是相对年轻，正是年富力强的好时候，但他选择离开了。不用说，威斯敏斯特议会大厦内的谣言工厂当然不肯相信有人会作出这样一个理性的决定，因此坚决地试图发明各种有关他离去的“真实”原因；但他确实是因为自己给出的原因而离去的：他觉得不再喜欢这种工作，他想走了。

我要约翰·里德接替他的职务。开始里德不大愿意。他是一个苏格兰人，苏格兰实行了中央政府的权力下放，因此当地的NHS机构已经转移到了苏格兰行政院手中。我觉得他可能觉得这也是一只有毒的圣餐杯①，因为这将在政治上很烫手；当然他对艾伦与戈登之间的争吵是清楚的。他也曾几次在不同的地方任职，因此或许想在一个地方待长一点时间；但我肯定他是这一职务的合适人选。这一次我的判断无疑是正确的：他完全明白改革的合理性，明白其中的

① 圣餐杯是一种高脚杯，常在宗教仪式中盛饮料供人饮用。有毒的圣餐杯指一些看上去很美好但却有毒的东西。

政治因素，明白如何在党内和向公众提出理由与实证，而且他决心力促此事的实现。他与这一职务的契合简直是天衣无缝，而且也绝对有能力与戈登对抗；更重要的是，他喜欢这一点。约翰相信——我完全不知道这是否正确——戈登过去曾试图在他身边“引爆”一件丑闻；而约翰的性格不会让他能够轻易忘记这样一次攻击。他可以跟戈登一起工作，但不会屈从他的压力。

与此同时，戴维·布伦基特正在开展法律与秩序的工作，而且颇有成效。2002年女王讲话的核心是对反社会行为的立法。我们也发表了有关身份证的第一份咨询文件。两个措施本身都是正确的，但也是在玩一种重要的政治游戏。对于许多社会，特别是城镇中的那些比较贫困地区的社会来说，反社会行为、轻微犯罪与秩序混乱是人们关心的头号问题。在公共场所乱涂乱画、少量毒品交易、暴力与虐待可以在几个月内把一个很可爱的社群变得一团糟。

就生活质量而言，没有比这更大的事情了。只有你生活在这样一个地区，然后才会准确地知道我的意思。美国人曾经创造了一种“零容忍政策”来处理这种情况，而我们的反社会行为法也建立在同样的概念基础上。这一概念是这样的：如果你容忍了轻微程度的犯罪现象，你很快就会发现，那些无视法律的人已经从轻微程度升级，发展到严重程度了。所以，要从初期就出手清除；不能容忍任何错误现象，哪怕是涂抹一条街道上的墙壁或者是乱丢垃圾都不行。这完全符合我的信念：有凝聚力的社会只能建立在更好的机会与更大的责任相结合的基础上。我们在市中心贫民区的改建方面投入了数以十亿英镑计的资金，但如果由于无法律与秩序混乱而使街道状况不断变差，这些投资等于无用。

需要特别的法律来处理反社会行为的理由是很简单的：这些行为中，单个的每一项都很轻微，不足以动用主要的警力或给以严厉的惩罚。如果把这些行为当作具体的犯罪个案用常规的方式进行处理，结果就会发现，没有任何一项控诉是严重的。新法的目的就是把这些犯罪现象归入反社会行为的总纲之下，简化程序，真正限制这一类犯罪分子。

这些法律自然引起了强烈的反对——在某种意义上说这是合理的，因为它们确实牵涉到对于传统程序的简化；尽管我们可以说，这些法律起作用的那些地区从来就不反对它们，那些地区的人民喜欢它们，希望有更多这一类法律出台。保守党有些迷惑，他们感到自己应该反对，因为他们的律师朋友们相当鄙视或者不同意这一整体概念。尽管如此，他们的选区却同意这样的措施；而他们自己本身就应该是一个维护法律与秩序的党，所以他们面临着两难的境地，感到十分不舒服。

身份证提案是完全不同的另外一件事情。对此事的反对意见形成一个相当强大的整体，包括许多源于实际操作方面的反对意见。基于两个原因，我确信身份证是必需的：首先，我看不到有任何其他替代方法对付非法移民。我对于移民的担心来自其本身，并且我认为，除非移民受到控制，否则他们就有在良好的种族关系下面埋上定时炸弹的强大能力。第二，我认为假以时日，身份证会有助于简化国营与民营单位两者的交易业务，而它们是当前普通生活中的实质与基础。房贷转账、银行提款、信用卡、低龄饮酒处理、大量公共服务、福利——所有这些转账业务及经营经常需要某种形式的身份证明。

我能够看到所有的那些实际问题，可以想象这可能需要时间。公民自由的论点我觉得有些荒唐，其实我觉得，许多管理得很好的民主国家也有身份证，而存储在里面的信息还比不上大部分超级市场电脑里面存储的多。但对于我来说，起决定性作用的论据现在是，过去也是一个技术性问题。由于新技术，现在已经可以通过指纹与虹膜扫描制卡，要复制这种卡是极端困难的，因此便大大降低了造假与滥用身份证的可能性。是改变了的生活方式和改变了的技术两者之间的结合让我确信，引入身份证制度是正确的。

在经过一些反复以后，保守党又一次出来反对，我认为他们这一次也是错误的。

戈登有着多重很好的理由反对身份证制度，因为实际操作和费用方面的问题是真实存在的。他反对反社会行为立法的论据又是他的那些顾问给他的。他有自己的民意测验专家，但遗憾的是，他们过去有时给了他一些令人难以想象的不灵验的建议。他们在这里的论据是，移民与法律和秩序问题只不过是由于我们不停地谈论它们，所以才具有重大意义。他们特别指责戴维，说他是在煽起对这些问题的争论，而不是对这些问题作出反应。

他们会这么想很让我感到好奇。只需要在这个国家里走上半个小时，你就会意识到这是些非常切实的问题，而且是时下人们非常关心的问题；而认为只要我们不去关心这些问题，它们就会自然而然地消失的想法简直疯狂。与此相反，没有让这些问题倾覆我们国家的航船的唯一原因就是我们在谈论它们，并对它们采取了行动。当然，我们所做的一切都还不够，但对之不闻不问明显糟糕一千倍。

但这方面与财政部牵连不大，因此他们即便反对，却也无法为之设置许多障碍。

但我想，你恐怕已经得到了一幅大致的图像：我在奋力向前推进；戈登在阻止。这整件事让人感到无力，感到压抑。于是，我不是第一次，也不是最后一次回到了这个核心的两难境地：要如何处理这个问题？

到了那时——甚至比在2001年更甚，解除戈登的职务会让整幢建筑在我们眼前坍塌。他在党内有着大量支持者，而且在媒体方面也有强大的支持。我与《每日邮报》的保罗·戴克交恶，戈登就正好跟他搭上了关系。鲁珀特·默多克喜欢戈登。伊拉克问题让我与左派报纸分道扬镳，而他本人与他们的关系却有了突飞猛进的发展。大人物们因为完全正当的理由看好他：他是个极好的财政大臣，他具有超人的智力，有着庞大的，甚至是令人无法相信的能量与驱动力。他是我的一个麻烦，不是任何其他人的大麻烦——好吧，可能对于其他的一些内阁大臣来说也是的，但当时那些人里面没哪个有那么大的能量能跟他作对，包括我也不行。他也跟平时一样足够仔细，只从财政部的角度提出反对意见，而没有采取反对改革的立场。

除此之外，所有的阻力只能延缓我们改革的进程，有时候有淡化改革的效果，但却从来没能停止其前进的步伐。每一项改革——尽管如此艰难——都通过了。显然，如果他能支持这些改革，事情就会变得容易些，不会如此令人头疼；他只是一个减速阀，而不是一堵墙。

我没有选择赶他走，而是用了一个替代方法：试图与他达成一项最后共识；试图向他保证，如果他和我合作，如果他真正跟我依照共同的计划行事，我就在选举之前离开，把权力移交给他。

这种选择并不明智，因为这个计划永远也不会奏效。当然，让约翰·普雷斯科特做中间人也不明智。我这样说并不是因为约翰有什么坏心眼，相反，他的行为只不过是出于他相信其对工党有好处罢了；但问题是，他认为我们之间的政策分歧并没有什么了不起的，这只不过是个人意气不同而已。因为约翰本人对于新工党有着很多的保留，这些保留蒙住了他的眼睛，使他看不到这些分歧事关新工党究竟是什么的核心问题。

对于我来说，尽管我有时自然对戈登的行为感到很生气、很沮丧，但这确实不是什么个人成见。最重要的事情就是要推行新工党计划，证明工党确实是它可以成为的那样一个党，因为这个党已经发生了改变，改变了它过去协同建立的公众服务项目和福利事业的状况，而且是从根本上改变这些东西，让它们得以巩固，因为我们已经让它们实现了现代化，使之成为对于21世纪正确的东西，使之成为当今新世界中正确的东西，这一世界与1945年人们所想象的有着划时代的差别。我把这些看成对我的使命的至高无上的实现：用以表明，本身经历了现代化进程的革新政治是可以让国家实现现代化的；要摆脱工党对于其过去的那种守旧的、受时间局限的依恋，并在这样做的同时，帮助这个国家摆脱同样的束缚。我认为我能够看到撒切尔主义的正确之处及其严重危险的局限性。我同样相信——而且这一信念日益增强—— 一种新型政治正在出现，在这种政治中，左派与右派的传统差别不再像现在这样模糊，这种模糊经常对分析过去与将来都具有深刻的不利影响。

只是因为我不肯把首相的职位让给他，他就阻碍我的措施，这是通情达理的吗？当然不是。但让我们从他的观点来看一下这个问题：一直在等待；一直在担心，我会不会在他戴上桂冠之前牺牲所有的政治信誉；一直在惧怕时间的流逝。

而从我的角度上看：我到2004年后期就已干了七年多了。这份工作对我造成了损害。这里有伊拉克和"9·11"造成的损害。与戈登之间的斗争造成了损害。彼得走了，阿拉斯泰尔走了，安吉走了。我心中的阴影越来越大，越来越暗。

他会不会认为我不单是他取得这个职位的障碍，而且是对他的命运的障碍？他会不会在取得这个职位之后改变了，放松了，他会打碎枷锁，展开翅膀？重要的肯定是改革的计划。如果在我开始了计划之后他能将其完成，这将成为我们两人的共同荣耀。因此，如果他能够同意继续这一计划，为什么我不可以放下这个重担，退出、解脱呢？想一想那种松了一口气的感觉吧。想一想那时候的自由。在没有担忧、紧张与斗争的情况之下构筑新的生活。一个能让我思考、能让我创作、能让我学习我一直为之着迷的宗教哲学的生活，然后说不定我可以构筑一样比我在政治领域内所能构筑的更为重要的东西呢。

这当然仅仅是自欺罢了。更糟糕的是，这是一种怯懦的表现。我的意志消沉了。就是这么回事。就这么简单。没有什么伟大的抱负。毫无高尚可言。跟无论是他的或者我的命运都没有关系。只是一个正常人与生俱来的正常弱点所导致的。

2003年11月我们同意到约翰在海军部大厦的公寓里见面。此前在多尼伍德的一次会见火药味很足，而且也没达成什么协议。再过几个星期就要就大学收费问题表决了，双方看上去依旧势均力敌。我的办公室人员坚决反对我跟约翰和戈登一起进餐。他们猜到了这会导致什么后果。这并不是说他们对于约翰极不信任，或者觉得他是反对我的；他们只是认为，明明我们之间没有什么可交流的，他却认为是可以交流的，因此他们不信任他的直觉。

我步行穿过白厅的皇家骑兵卫队阅兵场。这是一个寒冷的晚上，广场上几乎空无一人。我从侧门进入，乘坐电梯上楼去他的公寓。这是一所宽敞的公寓房，配着漂亮的家具，但跟所有这一类雍容优雅的地方一样，在我的心中总是觉得它有些死气沉沉。约翰和保利娜在赫尔的家—— 一处老旧的救世军旅舍——更有特色。不过这个公寓舒适而便利。

我跟约翰先喝了点酒，接着就一起等戈登，他晚到了一小会儿。我们立刻就坐下吃晚饭。这次谈话不是令人很愉快。过了一会儿我请约翰离开让我和戈登交谈。我坦率地把我的担心告诉了戈登：我准备走——跟我经常说的一样，我只准备干两任——但他必须停止对改革计划持续设置障碍与有意封堵。跟以往一样，他否认自己设置障碍，说他只不过是就财政方面的问题合理地提出看法而已。我说我需要知道，在我离开之后他会百分之百地投身改革计划并将之进行到底。他说他当然会。约翰回来了。我说：我已经说清楚了，我不会参加谋求第三任的竞选，我会在大选前离开，但需要戈登无条件的全力支持。约翰说他认为那是合乎情理的。于是我们就分手了。

上面我写得干巴巴的。他是这样说的：我接到了托尼说他要走的保证。我是这样说的：我接到了戈登说他会合作并把计划继续进行下去的保证。然后你可以仔细考虑，究竟是谁遵循了诺言而谁没有。

不幸的是，随着时间的推移我有了一种新的观点。这是一种根本就不该索求或者作出的保证。我们没有权利这样进行权力分割。这不是我们的权力。不明智。在政治上是不合情理的，更谈不上什么民主。更糟糕的是，这件事情的中心有一个明显的漏洞。为了同意计划而放弃职务——如果你想一想——其实是让这一职务丧失了原本的资格。无论领导权属于谁，它都走向了反面。同意这一要求是一种权宜之计。这时候我不知道还能做别的什么事情。但那种对于他有权得到职位的感觉——这种事情本不应该在有关首相职务的讨论中出现的，因为没有任何人"有权得到"——从那时滋生，还在迅速地发展。或许他不管怎么样还是可以得到这一职务的。或许他应该得到，但永远不应该通过私相授受的方式来获得。

我并非要把民主说成一种华而不实的东西。一个首相有他自己选定的接班人，这是经常发生的现象。我要说的更是政治方面的一种东西；用这种方法作出选择是完全错误的。

当然，一个经常被朋友反复提出，有时甚至也被敌人提出的问题是，为什么我不干脆解除戈登的职务。这是一个完全合理的问题，但却没有一个明显的答案。

有时候与我关系密切的助手会对我说：你并不欠他什么，哪怕你觉得你欠了他的；你们过去的友谊不应该是你前进路上的拦路虎。

但让我没有这样做的原因既非责任也非友谊。这是因为我不同意这样的前提：他退出政府比他待在政府里要好。考虑到他的某些表现，特别是接近结束时的表现，我这样说似乎有些特别。对这个问题——"如果撤了他，你会好过些吗？"——的答案似乎如此清楚；但是这个答案中有一个假定：如果撤了他，其他的一切都将保持原样：即这个世界不变，只是少了戈登。

政治不是这么运作的。

到头来一个政治领袖必须把握复杂的局面，同时对其进行判断。或许可以说戈登就是这么一个复杂的局面，而我必须将他把握住。在管理政治与经营一家公司或者一支足球队之间存在着关键的差别。我与亚历克斯·弗格森有过一次谈话，可以明确解释这一点。"如果你有一个极好的队员，但他却很能给你找麻烦，你会怎么做？"我问。"开了他。"他回答。

"如果你开了他，但他还是出现在更衣室和球队里面，那又怎么办？"我接着问。"那就是另一回事了。"他这样笑着回答。

戈登在党内和媒体中有着广泛的支持。许多人认为他是一个优秀的财政大臣，而且差不多所有人都认为他是一个强有力的财政大臣。当人们说我应该撤了他或者降他的职的时候，他们并没有考虑到这样的事实：如果我这样做，党和政府将立即出现严重的不稳定，而这甚至可能会把他更快地升到首相的位置上去。到2004年——可能远比那时还早，无论左派还是右派媒体都坚持认为我的行动是怀有恶意的，是错误的。考虑到他担任首相时的表现，现在说我不应该让他有机会当首相当然很容易；但在当时这样讲却几乎是不可能的事情。在任何有影响的群体中，几乎没有人会支持我这样做；而且有些现在对戈登满怀批评意见的人当时唱的会是相当不同的调子。

但这并不是我没有解除他的职务的原因。如果我认定他确实不适合担任财政大臣，我会撤了他，即使这会让我加速下台也在所不惜。我未能这样做并非缺乏勇气，也不是简单的有关控制复杂局面的问题。这是因为我相信，尽管存在所有这些问题，尽管我不时有这样那样的感觉，他仍是这个国家最好的财政大臣。

我是出于两个原因得出这样一个判断的。首先，正如当年戈登在我首相的保护伞下得到的好评是错误地抬高他一样，今天贬低他强大的能力也是错误的。真实的情况是，每一次我考虑可以由谁来替换他的时候，我的结论都是他仍旧是这份工作最好的人选。有他在，政府就有了底气，沉稳，有力量。他作出的许多干预效果极佳，特别是在国际层次上。在他发挥最高水平的时候，他的睿智与能量无与伦比，对于国家大有裨益。我想大概是在2001年的什么时候吧，有人认为他应该担任某种国际方面的工作，但我在思考之后决定，如果他不在，政府将会变弱，而不是变强。

后来，当我查遍了所有可能替代他的人选之后，我还是不大情愿地照样得到了同一个不那么令人舒服，但在我看来却毫无争议的现实结论：他大大胜过其他人。只是到了最后，彻底的新工党人才崭露头角，他们具有足够的资历与经验来接替他的位置。

第二个原因是，尽管戈登反对许多项改革，并延缓了其中的一些，他却并没有阻止它们。我们进行了这些改革。到我离任的时候，我们已经在NHS中引进了选择与竞争机制；新型学校正在迅猛发展；犯罪法案已经通过；大学收费制已经确立；福利与养老金改革虽说还没有引进，但正在形成。这些都不是小项目。它们是主要的改变。在议会的最后讨论中他支持了这些项目。他不会发起这些改革；但到了紧要关头他也参加了。改革的议案获得了通过。这中间我们学到了些东西。为什么我领导的政府成了第一个能够连续赢得两次大选，甚至可能三次大选的工党政府？为什么它的执政时间是过去执政时间最长的工党政府的两倍还不止？这除了新工党是主要原因之外还有另外一个原因。这是那些与我最为亲近的顾问也都从未弄明白的部分；我过去曾以此取笑他们：正是由于我能作出这样的判断，所以我才是领袖，而他们不是！

说到底，尽管来自戈登的没完没了的个人压力令人疲倦，但实际上，这给我造成的麻烦远远不像他们（或许是他）想象的那么多。而且在许多方面，这种反对全然没有可能会出现的情况那样有着致命的危害。因为持不同意见的人唯戈登的马首是瞻，因为内部批评者自然而然地聚集在他的大旗之下，因此，革新政治中总是自然存在的反对派势力就被约束到了一定的程度之内。把他清除出去，则以下两件事中的一件就会发生：或许他会占据一个位置，然后在远远不到十年的时间内发动一次对最高权力的成功挑战（或者至少，将是由于其后果而让它结束的挑战）；或许会出现另外一面大旗，这可能是一面更为左倾、对于党的长远健康可能更为有害的大旗。由此我得出了结论，把他留在内部加以控制，比让他出去并脱离控制强，更比——在更糟糕的情况下——让他成为一股更为左倾、更具破坏力的势力的傀儡领袖强。

那他是不是很难相处，有的时候让人发狂呢？是的。但他也很有力量，很有能力，很优秀，对于这些品质我从来都不失尊敬。

我还发现了另外一个有趣的因素。我一直持这样的观点，认为尽管玛格丽特·撒切尔是一位伟大的首相，但她根本就不应该阻挡迈克尔·赫塞尔廷当领袖的路。正是由于她阻止他的决心，才导致她在受到挑战之后退出了领袖竞争，从而令约翰·梅杰当上了领袖。赫塞尔廷有许多缺点，但他是一个强有力的人物，将成为一股难对付得多的可怕力量。他或许也可以阻止欧洲怀疑论者的病毒统治保守党。所以我总是持这样的观点：她让个人好恶危害了保守党的真正利益。

我决心不重犯这样的错误。我会有足够的勇气把个人的苦涩放到一边，不去挡戈登的路。在这样做的同时，我却以不同的方式犯了同样的错误。我也在试图选择自己的接班人，但当意识到我的选择是个错误时已经太晚。

尽管如此，这样做还是让我得到了平静。在那次晚餐之后，戈登和我又开始正常地谈话了。虽然相当拐弯抹角，但他还是逐渐地让财政部特别委员会的乔治·米迪以及尼克·布朗不再提反对意见。结果我们赢得了大学收费的投票，霍顿的报告也对我们有利。

我在心中更觉得安然了。我没有告诉办公室里的任何人我已经同意，只要戈登合作我就退位；但自然他们都猜到了。他们很理智地没有把我往回推，而是让事情自然发展。特别是乔纳森和萨莉，他们很有信心地认为这种事情最后不会发生。他们明白我希望离开，但他们认为，我得出戈登会继续改革事项的结论是不可想象的。他们完全肯定他不会。

在此期间，需要我们处理的事件蜂拥而来，又多又频繁。2004年3月发生了马德里的恐怖袭击事件，是针对西班牙大选而来的。有差不多两百人丧生，两千多人受伤。这是一个清楚的提示：恐怖主义依旧存在，还很活跃。尽管发生了像2002年的巴厘岛炸弹事件，但人们对“9·11”的记忆已经有些淡漠了。在纽约遭袭后的第一波恐惧浪潮下通过的反恐怖法现在受到反对势力持续的擂鼓攻击，那些人觉得这些法律与英国的自由不相符合。我一直清醒地意识到恐怖主义者会非常喜欢袭击英国这一事实。我们或多或少地定期更新情况，通报最新发展情况，并密切注意许多秘密组织的活动。

十个国家在5月加入了欧盟。我们一直坚定倡导欧盟的扩大。这是一个重大时刻。《欧盟宪章》得到了通过。带着深刻的疑虑，我同意我们必须对之进行一次公民投票。没有这样一次投票，《欧盟宪章》不会在上议院通过，即便是下议院的投票结果也在未定之中。可想而知,我的声明得到了来自保守党的沙哑欢呼声,因为他们很清楚地知道,我的内心中其实并不想这么做。

雅克·希拉克也很苦恼,因为他感到这件事给他带来了真正的麻烦。这一点他是对的。如果英国答应进行公民投票,这就把很大压力加到了法国人身上,让他们觉得也要这么做。但说真的,我对此无法避免;更不要说还有杰克·斯特劳的坚持倡导,那还不如表面上装得心甘情愿地去干好了,总比被一次表决强迫着去做好些。但这提醒我,我必须走多远才能说服英国的公众,让他们意识到加入欧洲主流的好处。与以往一样,我们的困难在于,欧洲怀疑主义者是有组织的,而且有媒体坚定地支持他们;而那些持建设性态度的人则是一盘散沙,而且还有革新派媒体做他们的坚定"后盾",即花更多的时间批评他们自己这方面,而不是去揭穿对手的宣传。

但尽管如此,我们在欧洲还是相当强大的。我们仔细地选择了自己的战役。我特地组织了同盟军——这样就能保护我们不受法国、德国联盟的任何冤枉——并对希拉克与施罗德采取了欢迎态度,尽管我们在伊拉克问题上有着很大分歧。

格哈德·施罗德是个很不容易对付的角色。尽管我们在外交政策上有不同看法,但总的来说我很赞赏他在国内政策改革方面的激进立场。我对他跟他原来的财政部长奥斯卡·拉方丹之间的问题深感同情;后者现在坚定地采取左倾立场,并将在不久的将来组成新党。而且我觉得格哈德很有领袖素质。

如同我在其他地方说过的那样,推动我把英国带入欧洲中心的动力与天真的理想主义毫无关系,尽管我刚好也有着大欧洲理想;推动我的完全是国家的自身利益。假以时日——而且这一天很快就会到来,没有任何一个欧洲国家,包括德国,能够具有足够大的能力去对抗那些来自真正的大国的压力,除非我们能够团结在一起。联合起来,我们就是强大的;处于分裂状态,我们不但弱小,而且还会使地缘政治的权力游戏失去平衡。欧洲可以与美国、中国、印度、俄罗斯、巴西和其他新兴国家一起扮演一个角色,而不是介于它们之间寻求归宿。通过这样一个角色欧洲可以做很多工作,而且并不单单是为了它自己,也是为了国际政治的平衡。但如果欧洲国家内部不和,互相倾轧——而且主要国家能够很快地从中找到机会——那就不单是我们自己能够感觉到欧洲地位的下滑,整个国际社会都会如此。

就这样,所有的一切都在进行,包括通常那些杂七杂八的东西:在首相答问时,"父亲权利"保护运动组织的人朝我投掷了一只装满紫色粉末的避孕套(这是我做过的最短的首相答问，我对此很感激）；肯·利文斯通再次当选伦敦市市长；英格兰足球队在2004年欧洲杯比赛中互罚点球时被淘汰。短时间里，媒体怪兽的眼睛分了神，让一些看上去正常的人当了政。我任命彼得·曼德尔森担任驻欧盟大使，尽管这一任命受到工党国会议员和内阁部分人员在内部的强烈反对。在两次中期选举中，我们败在自由民主党手中一次，丢掉了一个席位；但另一次勉强击败了他们，因此保住了另一个席位。在地方选举中我们遭受了一次沉重的，但算不上灾难性的打击。我们赢得了争夺彼得留下的席位的中期选举。

我们的政治地位看上去很脆弱，但实际上我们还是很有力量的。在我担任领袖期间，保守党一次也没能从我们手里赢得中期选举。我应该把心思多放一些在那些事情上。正如彼得过去对我说过而我从来没有很认同的那样，“你比你自己想象的要坚强多了”。

我们在2004年初继续进行改革计划的下一阶段的工作。我们现在列入计划的是学校改革，其中包括给学校以更大的自由，但也包括第一批尚在胚胎阶段的新型学校；套用美国模式的不同水平的大学收费；NHS医院基金机构和第一批基金会医院，还加上民营竞争的开始；难民管理改革；反社会行为立法；儿童保育中的早期学习新系统；还有正在进行的养老金、福利和身份证方面的工作。

现在我们的目标是建立一个着眼未来的清晰日程，把所有这些改变提高到一个新的、持久普遍的水平。迄今为止的改变清楚地表明，学校与医院的自主权越大，那里的革新就越大；选择与竞争越多，得到的结果的质量就越高；特别对于NHS来说，等待时间的缩短完全是由于系统对于民营投资的开放与面向病人的资金的增加这两者的结合促成的；而有关法律与秩序的改变的唯一问题是，人民希望它们走得更快、更远。

总结一下：是更多的资金投入加上系统的改变造就了这些结果。在整个2004年里，也就是我掌权七年以后，我们终于得到了实质性的真正改进。迈克尔·巴伯在2001年大选之后建立的监管实施单位带来了巨大的收益。它与战略单位都是主要的革新产物。它曾受到严厉的批评，而且至今还受到传统政府部门相当持续的抨击，但迈克尔——以及他那支大约三十人的相对精干的团队——让政府部门的表现从数量到质量都有了改观。

正如迈克尔在他的《对于监管实施的指导》一书——它已经被全世界国有

单位奉为圣物——中所解释的那样，我们首次追踪了重点工作项目，得到了有关它们的进展与进一步发展的实时数据，因此我们可以扫除障碍，并在必须的情况下调整政策。其中最重要的是，那些负责实施的人员知道他们受到了监督。这并不是一种沉重的过程。迈克尔高超的技巧让业绩管理好像是——也确实如此——与政府部门结成了伙伴关系。它是高度有效的。

到了这时我感到事情确实开展起来了；但就像我说的，我们现在需要把所有这些项目推进到下一个阶段。于是我们开始制定一系列五年计划，这些计划将在夏季工作阶段结束时公布。我们的目标是为党建造一座实在的新工党基础平台，在此基础之上赢得第三次大选。当然，这方面的关键是要保证唐宁街10号与11号的紧密协同工作，这样我们便开始了试图让这种协作向前发展的实践。

与此同时，我也为很可能发生的离职作准备。切丽和我从1997年便退出了伦敦房市，在这期间房价飙升。在一个名叫玛莎·格林的朋友帮助下，我们开始慎重地寻找房子。要在不被人发现的情况下做这种事可不容易，但玛莎极为老练地处理了这件事；最后我们在康诺特广场找到了一所房子，在这里居住，我们就可以让利奥继续在威斯敏斯特小学读书，他在那里感到很愉快。

我在心里已经认为两届任期够长了。正如我已经解释过的那样，我曾真心实意地做出了有关伊拉克的决定。无论是对是错，我试图去做我认为对于国家最为有利的事情。但右派媒体想让我出局，因为我有可能为工党赢得第三届政府；而左派媒体则真正地为战争而感到恼火。这两者走到一起导致了一场运动，这场运动甚至测试了我的反弹能力以及刚毅和胆量。作为首相你应该习惯于受到批评，但被人诽谤则是另外一回事。本质上我并不是个喜欢哀鸣的人，但在内心深处我开始了哀鸣。

我只能又一次用意志消沉一词来形容这种情况了。我的内心感受很难用语言来表达。当然，能做这件工作是一份巨大的荣耀——顺便说一下，确实如此！——但就是在这里，我最大的力量也同时是我最大的弱点：我是个正常人。我面对着两种选择：其一是令人毛骨悚然的大量行动与其特殊效果——这里，最后的英雄将高奏胜利的凯歌；其二是一个精神上的惨剧，一个垂死的妻子发现她的丈夫与自己最好的朋友私通，她仅有的孩子自杀身亡，而最后她自己也在孤独与贫困中死去。我要选择的是前者。如果问我，我是愿意跟朋友们一起坐在一间好的餐馆里面谈论除了政治以外的任何其他事情，还是愿意听完瓦格纳[1]的《诸神的黄昏》[2]，你会发现我在餐馆里。跟大部分人一样，我情愿笑，不愿意哭；情愿快乐，不愿意悲伤；情愿感觉有向上的蓬勃朝气，不愿意感觉情绪低落。我自然的倾向是一早起来便对眼前的一天充满着期望。

但我发现我现在不是的。当然，生活有时候更像一出精神上的惨剧，而不那么像一个令人毛骨悚然的行动的感觉；有时候，瓦格纳的歌剧比与朋友一起度过的惬意夜晚更能令人反思；有时候，眼泪比笑声更为合适。许多人由于我的决定而流下了他们的热泪，那为什么我不可以同他们一起悲伤？而且确实，我怎么可以不同他们一起悲伤呢？

早年的那些欢娱与无边的乐观早已消散而去。的确，每一天，每一次会议，有时候每一个小时都似乎是一种斗争，无止境地在反抗外力的同时奋勇向前，这种外力有时候看得见，有时候看不见，有时候持续地把你往回推，有时很狂暴，但似乎总是有着永不竭尽的能量，而且时常满怀恶意。

那么，什么时候疲劳会转为自我怜悯，然后转为投降？我很清楚，这样的情感正在抓住我的心。我接受疲劳感，蔑视后面的两种情感，但却感觉得到我的意志正在消退，我的抵抗正在减弱。而且我还曾告诉过戈登，如果他继续执行同一条方针，我就会自愿离去。因此这就给了我离去的理由（或者说借口？）。无论如何，我想走了。

我跟切丽说起了这些。她觉得我不该走，但却很清楚地表明她会支持我的决定。但就像她在关键时刻能够表现出来的那样，她迫使我说出了我为什么想走的实情。她直截了当地告诉我，如果我认为戈登会继续执行同一方针，那就是在跟自己开玩笑。“你就是想走了，”她说，“我明白是为什么。在许多方面我也是如此，但还是让我们实话实说吧。”

我不知道她对戈登的想法是否正确。我曾认为，一旦这一方针成了他自己的，他可能会按其行事的。另一个推动我这么做的原因是有关工党的。在现代政治中，连任两届算是一个巨大的成就；我干了十年了，这在当今肯定是最大值了。在早些年，当政治的节奏比较慢，领袖的曝光度小得多，不至于被别人研究与批评得那么透彻的时候，你可以干上三届甚至四届。今天，一个新首相或者总统甚至只要上台一年，公众就对他熟悉得差不多厌烦了。到了第八年，他们已经受够了。实际上，你已经受够了。

我们给房子还了个价，卖主接受了。我在那时候的感觉是，我要在党代表

---

① 瓦格纳（1813—1883），德国作曲家。

② 这是瓦格纳的歌剧《尼伯龙根的指环》的第四部。

大会上宣布我将退出，圣诞节就退下来。那会给戈登留下整整六个月的适应期以准备大选。

但是五年计划的工作现在遇到了真正的困难。问题是，一旦你宣布了你要实现某事的愿望，甚至只不过在你自己心里对自己说说，它就会流传出去，就好像发生了渗透作用一样。

而且，我跟约翰·普雷斯科特和戈登立下的规定之一是，他们不可以透露我要走的事情，哪怕是对他们最为亲近的班子也不行。我甚至特意对戈登说过，他绝不可以在任何情况下与埃德·鲍尔斯或埃德·米利班德讨论此事。我允许他告诉休·奈，而我告诉了安吉（当然，他已经不再为我工作了），不过仅此而已。尽管如此，他实际上把这件事告诉了所有在他小圈子里的人。

这的确是一个问题。我曾在《卫报》的访谈中阐述了我离去的可能性：如果我感到我会给工党惹麻烦的话我就会走。那就是说，只要我想走——如果我很快就要走，那么不言而喻，我所有的权威就都会烟消云散。但现在出现了些文章，它们似乎是在讨论我离去的可能性，甚至有些文章说各方面都已经同意了。我对此很不满，但最后我假定，他对他手下的人说起此事是不可避免的，而且他会说是因为他需要事先筹划。实际上，让我改变主意的并不是这件事情。

让我收回原定计划的原因与跟财政部正在进行的讨论有关。代表唐宁街10号进行讨论的马修·泰勒和杰里米·海伍德实际上认为，他们完全清楚，对于这一计划，特别是埃德·鲍尔斯完全不可能支持。其他的财政部官员在说到我的时候是这样描述的——按照其中的一个人的说法："不久之后他就不在这儿了"，这种讨论是一件"没什么大意义的事情"。

这些情况零零星星地反馈给了我，然后在5月的一天里，马修跟我说了几句悄悄话："你明明知道他们丝毫也不可能执行那些五年计划，对不对？"他也告诉了我，他们正在考虑对大学收费改革进行大幅度调整。

我决定跟戈登摊牌，于是我们在那个月晚些时候见了一次面。我告诉他，我们很担心改革计划与他心目中的想法不一致。就在那个时候他对形势发生了误判。

我肯定，在紧张局面下我从来没有正确地把握他这个人。或许我们相互间的了解太深了，而且就像一些常常吵架的夫妻一样，我们想都没想就已经发泄了感情。但这一次他犯了一个极其严重的错误：他本应该再次向我保证，但他却想来吓唬我。他本应该露出迷人的微笑，但实际上却对我张牙舞爪。

实际上他说的是：你已经同意走了，那还有什么好说的。这是完全错误的战术，这让我的反应非常强烈。然后他改口说，我们当然同意那个方针，而且说埃德·鲍尔斯除了百分之百支持以外没有其他任何意见；他还否认他曾经告诉过埃德有关我要走的事情。我知道他说的这两件事都不是真的。

会面不欢而散。而且更糟糕的是，敌意几乎立刻就升级了。他们决定强行通过他们的计划。这是最蠢的事情了——这逼迫我或者直接对抗或者投降。而如果我投降，以后我对着镜子看着自己的时候，除了一句“胆小鬼”之外还能说得出什么？

6月底我去伊斯坦布尔参加北大西洋公约组织会议，我回想起在那里从戴维·希尔处得知英国报纸头条标题的事情。在正常情况下——我很幸运——很多媒体说的话戴维并不让我知道。他是这样说的：“我给你看的这段消息属于‘必须知道’范畴。”他是一个完美的政策执行人，有着真正优异的政治判断力，冷静，自信，而且在压制媒体的狂飙上是你所能找到的最好的人。正如你能想象得到的，当时要压制的媒体狂飙可不是一星半点。报纸上连篇累牍报道的都是英国新闻界的一个行动，这个行动显然是，而且几乎是公开地源于我的前经济顾问德里克·斯科特有关戈登的一些批评性评论。当时德里克已经不在唐宁街工作了。尽管他确实是一个思想开放的好顾问，但他在唐宁街10号工作时的“独立性”也太过分了点（即难以管理）；而且人们也没法让他跟既定的政治策略保持一致。谁都知道这一点，戈登也知道。但德里克的评论被大肆宣传，弄成好像是经过我批准而对戈登进行的攻击，那简直就是荒唐。这件事定下了所谓“戈登是受害者”的基调，从那时起直到我离开都持续存在着。

“我们该怎么办？”戴维问。

“什么也别干，”我回答，“只是清楚地表明，我们完全支持戈登，并不同意德里克的意见。”

我离开了伊斯坦布尔，转道参加欧盟特别理事会，然后在6月30日回到伦敦，发表了一个有关北大西洋公约组织和欧盟会议的公告。这个月我忙得简直不可开交。这之前的一周我们参加普通欧盟理事会，再前面一周是在佐治亚州的海岛举行的八国集团峰会。我一直忙个不停，没多少时间去关心戈登的事。但我能感觉到压力正在形成，而且这一压力日渐增大。

我召开了通常的星期四内阁会议，还参加了几个其他不同的会议，然后在星期五去了契克斯别墅。我过去偶尔去那里散散心：在不可避免的情况下，或者是在最需要谨慎与保密的时刻（例如有些关于爱尔兰问题的谈话），也在那里陪同外国领袖；但总的来说，契克斯别墅是我放松与反思的一个地方。我发现这两者总是同时存在的。

在夏天我可以坐在大阳台上，翻阅着放在匣子里的文件，还时不时地来上一杯茶或者接个电话什么的。我通常午饭吃得不多，也不喝酒；如果是星期六就看看《足球焦点》节目，把自己装扮成是一个专家；如果比赛实况转播在中午我就先看球，然后工作一阵之后就进健身房。早些年里我可能会去霍尔顿的皇家空军机场打打网球。

这个周末我坐在那里长时间地冥思苦想。我最后得到了一个无法避免的结论，然后又得到了另一个。第一个结论是，我并不真正相信戈登会继续执行改革计划。真实情况是：如果他认同这一计划，他就会支持它。而且从一个人周围是什么样的人你可以看出许多东西；在戈登周围的人不同意改革计划。是啊，或许可以哄着他们干，甚至逼着他们干，但一旦我走了，这一羽翼未丰的雏鸟计划不大有希望被贯彻执行。

第二个结论是，我想要走的唯一原因是胆小，纯粹而又简单。我可以用无私的堂皇姿态把这个原因乔装打扮一番，把我要走的原因虚假地说成是为了党或者国家的利益，或者甚至为了家庭的利益，但这根本站不住脚。推动我走的原因并不是无私的，而是自私的。我要走是因为我干不下去了；诽谤、压力、不停的骚扰、对我的目的进行的歪曲与诽谤。厨房里的温度变得太高了，我在出汗。

现在我也知道在我走后会出现什么情况了。这不会完全跟老工党一样，但也不会是真正的新工党。很快我们就会回到常规工党对常规保守党的斗争格局上。这场斗争只会有一家胜出。

几周前，深受杂事烦扰的约翰·里德忙里偷闲，利用一个难得的休息机会来看我。约翰是一个非常聪明的人。一旦他打破了酒精饮料在他身上的束缚，他立刻就会成为任何政党中最精明、见解最深刻的政治家之一。如果他能康复得稍微早一点，他就可以扮演一个重要的角色，让工党继续保持新工党状态。

我们坐在唐宁街花园里的藤椅上。跟他以往的习惯一样，他说话直截了当。

“你绝不能走。”他说。我开始抗议，但他挥手让我闭嘴，“我知道你是怎么想的。这将是一个最可怕的错误，不但是你的，而且是党和国家的。你绝不能这么干。戈登会是什么样你我都知道。他或许会在某一天成为领袖，不过他也可能成不了；但现在就移交权力是不负责任的。更重要的是，甚至在伊拉克问题结束之后你也还需要竞选，哪怕有这么一个包袱在身上；而且你还需要赢。如果你不这么做，无论你有什么遁词，你都是个逃兵。”

就在我2004年7月坐在契克斯别墅温暖的阳光下的时候，我意识到，如果说是约翰说服了我——特莎·乔韦尔、艾伦·米尔本、彼得·曼德尔森和其他人都提出过同样的看法，倒不如说是他冲破了虚幻的迷雾，揭露了我自己的思想，并对其进行了清楚的描绘。留下来对我会很艰苦，有时甚至会很可怕；但离开则是单纯的、基本的勇气上的失败。

我与我真诚爱着的英国人民——与他们之间的政治关系，至少从我这方面来说，有时几乎就像一种恋爱关系——已经停止了爱恋，而且我们的恋情再也不会重新开始。他们还在支持我，但在许多情况下他们是郁郁寡欢地，甚至是满怀怨恨地给予支持的。仍然让我感到欢欣的事情是我在做我全心全意地信仰的事情；我要赢得第三次大选，并以此迫使保守党改变；而且要确保我心目中确信是正确的国内改革计划能够进行到底。伊拉克问题将给我带来严重的困扰；但我同样肯定，无论出于哪一种睿智的考虑来作出决定，愚蠢的退却是无法想象的，突然的撤离将是一场灾难。在表面上，我尽量以平常心看待我们的竞选计划和迈克尔·霍华德领导的保守党的选举计划，但心目当中对于哪一项计划对英国人民更合情理却深信不疑。我们赢得大选的关键还取决于我们能否明确并义无反顾地继续保持新工党的状态。如果我们改变了这一点，甚至只要稍微偏离一点，我知道我们就会完蛋。

我已经下定了决心。我不能把权力移交给戈登，至少不是现在，也可能永远都不会。第二个星期里我通知了他。你可以猜到他的反应。我收回了对五年计划的管理权。我们与政府各部门协同工作，尽管财政部不乐意，但我们的工作还是见到了成效。我们以合理的全新形式定出了计划，它们成了我们第三次竞选宣言的基础。经过了两星期舒适的假期之后，我完全恢复了精神。

我在党的代表大会上的讲话中为我们的第三次竞选制定了宣传点。在过去的竞选中，是阿拉斯泰尔和彼得·海曼起草的讲话稿，这是他们的强项。然后由我一再修改草稿，通常易稿超过十次甚至十五次。他们一般偏向思想体系中的一个方面，而安吉和乔纳森则偏向于另一个方面。慢慢地，从2001年的讲话开始由我自己起草讲话稿。彼得和阿拉斯泰尔则写一些关键段落，或者受托为其润色。其他人则提出自己的意见。与此同时，戴维·希尔会指出不足之处或者我们没有注意到的重要细节。马修·泰勒与安德鲁·阿多尼斯关注政策方面。萨莉·摩根发表评论。

我把我们已经做过了什么和还将要做什么作为主要强调点。跟平时一样，我试图把传统价值与对将来世界的分析结合起来，而传统价值正是要在这个世界中应用的。我也试图给工党一个新的地位：不是只能偶尔组成政府的弱者，而是能在相当长的一个时期内执政的政党。

在党代会的最后阶段我还需要应付一个情况。前一年我曾第一次出现了心律不齐现象，这是一种心脏问题，意味着心脏上部与下部的跳动发生了不协调的情况。这会在以后引起不规则心跳、呼吸急促和疲劳的感觉。如果不加诊治，这会引起中风。（是的，是中风，很奇怪不是心脏病突发。）我已经经过了一个疗程的治疗，它基本上令心脏功能得到了加强，让心跳恢复了节律。

2004年夏天我就注意到心律不齐又复发了。这次复发让我觉得呼吸困难。（在健身房里这种现象最为明显，我意识到有什么地方不对劲。）这次医生们说我应该做一次名为消融术的手术，这可以有效地烧去心脏中引起短路的一小部分。不管怎么说，别让我去讨论医学细节；我只是请医生提出建议，听从医生的安排。手术定在党代会一结束就进行。

戈登仍然处于一种高度危险的情绪之中。他在党代会的讲话中一反常态地赞美了“真正的工党”的好处。当然这是一个错误，但这同样也是给党的一个不祥信号。我感到我必须动手处理领导层问题了。

不顾许多人的建议，我决定宣布我将参加下一届竞选，但这是最后一次了。许多人认为说出你会在什么时候退出是一个致命错误。我指出，这是玛格丽特·撒切尔所持的观点，而这确实给了她很大的好处。超出了某种界限，你怎么干都是错。说出你什么时候会离开，他们就会说：为什么现在待着？说你会继续，但不说什么时候结束，他们就会说你想永远干下去。这里没有一种容易的处理方法。

我决定给媒体许多东西，让他们没法完全搞清楚到底该怎么样才能全部利用它们。我同时告诉了他们三件事：我将参加第三次竞选，但不会参加第四次；我已经买了一所房子；我将做一次心脏手术。这种事情只能以这种方式进行，而他们在企图找出我同时抛出这些消息背后的“真正”含义时造成了不小的喧闹——因为同时通报三件这样的事情，其原因自然绝不会如此简单；我感到这很有趣。戴维·希尔把这件事处理得非常得体。我做了手术。房子买下来了。有的时候事情不过如此。

第十七章 2005:托尼·布莱尔/戈登·布朗

2005年的大选很肮脏:从初期的宣传战便是如此;在随后的内部辩论中也到处是污染;竞选运动性质恶劣;选后局面摇摇欲坠。我对它没什么期待。我并不享受参选的过程,但我们胜出了。回首一看,对于所有其他政党占有六十余席的多数,我们感觉这似乎是一个小的奇迹。在某种意义上这的确是一个奇迹。

我把这个国家带进了一场与一个不得人心的美国共和党人总统共同进行的不得人心的战争中。这场战争最后让右派与左派找到了一个共同点。对于我个人的政治地位来说,它给了工党考虑一个问题的机会:是否可以仅仅牺牲一个包袱,而让戈登当领袖,从而重建我们的党?

所有这些都模糊了一个实际上更为基本、更为重要的事实:新工党的基本立场依旧统治并决定着英国政治的重心。尽管存在着所有这些不利条件,尽管发生了战争,有我已经当了这么多年首相的因素,有大学收费问题(这个问题让我们损失惨重),有初期与戈登的龃龉,还加上来自左派与右派持续不停的负面与破坏性的喧闹批评,但我们依然取得了胜利。这是一次我们从来没有抱太大希望而赢得的大选,正如我在选后剖解与分析中试图指出的那样,关键的事情是,我们根本就不会失利。

2004年11月的女王讲话效果出乎意料的好。立法程序——总是一个用以描述政府想要做什么事情的有些古怪的手段——充满活力,让人振奋。我们在大选中有一个有力的计划。我们在大选中的宣传平台是无可争议的新工党,而且在所有政策的主要领域里都有详尽的计划:有关学校方面,特别是有关新型学校;有关NHS改革的下一个阶段;有关福利、犯罪、身份证;有关住房与房建计划;有关地方政府;甚至有关一个新的工业战略。坦率地说,尽管有这样的一种媒体气氛——当时英国广播公司或多或少总是在讲伊拉克问题,他们却从来都没有对于政策问题,特别是国内政策问题作过多少介绍。但说到公众,有关他们的一件事情确实很有趣。即使他们对政策细节没有多少了解,但他们却感觉得到,我们是一个有计划的政府,是一个仍旧保留着使命感的党,有着一个还能够从事领导工作的领袖。大臣们和党有一套方针政策,这可以让他们保持注意力,即使他们不得不应付有关伊拉克,有关"布莱尔这个骗子","该是换届的时候了"这一类攻击以及粗野、残忍的竞选中的一般干扰。尽管保守党也有一套政策,但它们看上去更像一套设计出来挑起愤怒与不和的耍嘴皮子的玩意,而不是经过深思熟虑、着眼国家未来的动员计划。

乔治·布什重新当选了美国总统。当然,作为一个民主主义者,我喜欢约翰·克里,认为他可以成为一个好总统。但无论我本人属于哪一个政治阵营,(按照观念来分)问题是很明显的:布什的失败就是布莱尔的失败。

而且正如我已经说过的,我已经喜欢并欣赏乔治了。最近有人问过我,我见过的哪位政治领袖最为正直。我把乔治放在非常接近首位的地方。这实在让那些心胸相当宽广的听众中的有些人觉得骇人听闻。其他的一些人甚至哧哧窃笑,认为我是在开玩笑。但我真的是这个意思。在真正的正直和无畏的政治勇气方面,他可以跟我见过的任何政治领袖相比。我对我的听众说:你可以不同意他在伊拉克所做的事情(我没有不同意)或者其他事情(我也没有不同意),但你还是得接受的是,他确实真心相信传播自由与民主这一事业。

在一种有些古怪的意义上说(古怪是说看上去与直觉不符合),他是一个真实的理想主义者。我记得2005年1月的巴勒斯坦选举,当许多人认为应该推迟的时候乔治一力主张如期举行。他并没有忽视或者不肯认识到这可能会让哈马斯取得胜利的提醒;他只是说:"如果那是人民的意愿,那就让我们去看一看吧。"

这是现代政治最奇特的事情之一。这一通常是由某种媒体的观点确立的范例完全令正常的分析感到迷茫。2008年奥巴马/麦凯恩竞选中的漫画让我微笑:巴拉克是个有远见的人,约翰是老牌政治代言人。一个人似乎把美国说成是一种新的前途,而另一个人似乎称它是过去的陈旧遗迹。这是一个决定气氛并为大选下定义的范例。

实际上,是约翰清楚说明了一种可以称为为了自由事业的极端理想主义的外交政策。巴拉克是传达一个光彩形象的超级高手，但他是一个现实主义的执行者，倡导谨慎的对外交往，讲究的是通过妥协与达成交易来缓和紧张局势。对于这些目的来说，不必管谁对谁错，这只不过是现代政治的一个真正有趣的特点：气氛每一次都战胜了政策。

乔治也是这样。人们基本上认为他是一个右派共和党人，他所要的是扫除敌意的野蛮独裁政权，并坚持认为这些政权不应该由友好的野蛮独裁政权来代替，而试图用自由民主政权来代替。当然，这种感情的一部分是对于战争的完全自然的憎恨，一部分也是共和党错误地允许这种"新保守主义"的可笑概念生根的结果。有关这一点我经常提醒乔治。

这就意味着战争是由一种右派或者左派的意识形态所代表的，而不是由一种可以统一的方式，由一种如此容易并准确可行的方式所代表的。甚至关塔那摩—— 一种既可以理解又在一种不同方式下显得合情合理的政策——也在那些相信法制准则的人的眼睛里成了一个可以随意击打的沙袋。

真实的情况是，那些在阿富汗战场上被抓获的囚犯在某种意义上是战俘。在正常情况下，战争结束时应该遣返他们；这样做了以后我们大家都可以有平静的日子过了。只是在这一情况下例外的是，这场战争并未结束，而且这也不是一场常规战争。没有办法在一个常规的法庭上证明他们是"有罪的"。另一方面，他们中的许多人如果获释无疑将是一种威胁。但这件事的处理方法几乎是最容易激起争论的，就好像我们在刻意追求与有关自由的观点格格不入的局面，而不是努力直面出于我们安全的现实考虑而具有的两难状况。

但在任何情况下，乔治的重新当选免除了党内外另一把锤子对我的打击，因此他们对此的深深失望是明显的。

其他的事件来来去去：2004年10月女王为充满争议的（由于其花费）爱丁堡新苏格兰议会大厦落成剪彩；亚西尔·阿拉法特11月去世；12月我失去了内政大臣戴维·布伦基特，其罪名是为他前情人的保姆办理了快速通道签证。

我确实很为他感到遗憾。因为一个跟他完全不合适的有夫之妇——而且她还怀上了他们的孩子，他让自己陷了进去。戴维在几个月前很诚恳、很后悔地告诉过我这件事。他早就离了婚，他的儿子们都长大成人了，他感到孤独，就这么简单。但这一关系从来都不会有什么结果——他自己一门心思想着那个婴儿，但孩子的母亲却不会离开她的丈夫；这种局面显然让他心绪不宁，使他既无法保持关系也没法保守秘密。在这件事被揭穿之后我并没有辞退他的意思，但媒体却要编造一些东西让他出局。随之而来的会是一场公职人员对公众的义务与其本身利益之间的冲突。这就是在签证申请中出现的情况。实际上这并不是什么大事,但那时候这件事本身已经无关紧要了。痛苦与紧张让他无法正常工作。所以他辞职了。

我们感情激动地告别了。我决心在大选以后设法让他回来。我很崇拜戴维,真心赞美他,同时发现他对于他这个孩子的态度——尽管继续下去会有媒体关注的危险,但他不会放弃探望孩子的权利——是非常有原则的。他是一个真正正派的人,具有伟大的政治天才。他错误地选了一个女人,这是很容易发生的事情,但在政治上却是致命的。

我预定在新年期间到埃及的沙姆沙伊赫度假。就在准备离开契克斯别墅的时候,我在圣诞节次日接到有关亚洲发生海啸的电话。我犹豫着该不该走。很可能会有成千上万人丧生,其中也会有英国人遇难。

我还是决定去度假,我先前工作得太疲倦了。利奥最近几乎没见到过我。我刚开完了另外一次相当累人的欧盟理事会。我还会面临一次选举。不管怎么说,海啸的善后可通过电话处理。沙姆沙伊赫更靠近相关时区。我知道我会因为度假而受到批评,我也的确受到了批评。

在沙姆沙伊赫的那些日子分为两段:从一大早直到很晚的午饭时间电话不断,然后就放松下来了。我们尽力安排了我们能够提供的援助,利用了我们在外国的服务机构与领事服务机构,以及我们的法医和警察,来帮助印度尼西亚和泰国当局;应付那些帮助失去亲人或者仍在凄凉地搜寻自己亲人的家庭时在管理方面遇到的挑战。我认识一些受难者的家庭,其中包括迪奇·阿滕伯勒和希拉·阿滕伯勒,他们失去了他们的女儿、外孙女和亲家母。

出现这些情况时我都对死者的家属极为同情。我跟迪奇——他是一个极为优秀的人——谈话的时候他流泪了。我在想,如果我失去了尤安或者尼基或者凯瑟琳会有什么样的感觉——迪奇的外孙女十四岁,我意识到了那种心灵受到蹂躏的滋味。我为他感到心中剧痛。

回国以后有许多事情让我忙碌。一条极好的消息是保守党在旺蒂奇的国会议员罗伯特·杰克逊弃暗投明。罗伯特曾经是牛津大学万灵学院的教师,也是上届保守党政府的教育大臣;他认识到大学收费是高等教育的必要步骤,因此全力支持。他有着上流社会人士的优雅仪容,但实际上,在这层表面之下却有着热情而又令人欢快的性格。我让阿拉斯泰尔(我一直与他有密切联系)处理此事,结果一切顺利。

我在伦敦组织召开了一次会议,以支持巴勒斯坦当局及其新领袖马哈茂德·阿巴斯总统（又名阿布·马赞）的能力培养。考虑到我后来做的事，这是很有意思的。

真实的情况是，我的政策还是基于一种双轨制战略，其中包括软硬两个方面。硬的是：我们坚持完成在伊拉克和阿富汗的事业。软的是：我们承认巴勒斯坦的国家地位。而国际社会基于其通常的半盲目方式，把加沙地带的分离看作是以色列的"单边"行动，因此是错误的；我强调的是，这可以表示结束占领和移除定居点的步骤。因此，对于所有的问题，我们除了顺其自然以外没有其他好的选择。

阿里尔·沙龙是一个非常特别的人。他在跟你会面的时候可以就是坐在那里长篇大论地告诉你恐怖主义袭击的事情（好像我们在英国从来没听说过这种事情一样），滔滔不绝地上课，以恐吓的方式谈话，而最糟糕的是，哪怕你同意他的意见，他还要继续气势汹汹地说话，好像你在跟他争论一样，这简直能逼得你发狂。在这种时候，我常常会走出会场，问我的工作人员："他觉得我是法国人吗？"

尽管他是这样一个确实可以让人发疯的角色，但同时又是一个真正的领袖，一个在各种意义上都堪称大人物的人。他异常坚忍，从不妥协，而且，如果他不想走开，那么谁也搬不走他。他是一个不会让任何人——包括他自己的支持者——胡来的人。他以尽可能强硬的方式支持他在加沙的分离政策。国际舆论认为，他所采用的是他们所能想象得到的最不合群的方式。

但就像我在与其他领导人辩论的时候指出的那样，这又怎么样？我过去就说过，他需要关心以色列人的想法；而且他们曾遭受过四年的恐怖主义袭击。他们不会以一种让人看上去像是在帮助巴勒斯坦或者安抚西方感情的方式行事。一个无可辩驳的简单事实是，以色列离开了加沙，接下去就轮到我们来尽量利用这一形势了。

伦敦的会议开得很成功，但我对于乔治是不是把心思全放上去了不是很肯定，而新任国务卿康多莉扎·赖斯正在熟悉情况。由于有其他的事情加上选举，所以我几乎没有时间多注意巴勒斯坦，只是偶尔关注一下而已。

（后来康多莉扎开始关注中东形势；而且她的关注充满了激情与效率，以至于她几乎就要成功了，只是由于2008年的以色列政治动乱才使之功亏一篑。她是一个引人注目的人，特别聪明、投入；如果说到她的缺点，那可能就是她过于正派，不很适合政治的世界。她也是那种具有最高层次的经验与能力，而在退出政坛之后找不到高档次政治工作的人的一个荒唐但经典的例子。但那已经离题太远了！）

2005年的最初几个月里我对内部事务十分注意，其中包括设定竞选计划，回头细读即将公布的一系列公告的草案，由于政府的一些部门在最不方便的时候发表公告而气恼地纠扯着自己的头发。经过几年来对于2005年1月1日通过的《信息自由法》的立法过程，政府部门的工作真正进入了有效的“透明”轨道。

信息自由，四个无害的字。写下这几个字的时候我看着它们，并感到像是正在摇晃着自己的脑袋，直到它从我的肩膀上掉下来。你这白痴。你这天真、愚蠢、不负责任的傻瓜。这种愚蠢——无论说得多么生动——无从描述，所以根本不说才是合适的。我为这种极端的蠢笨而颤抖。

一旦意识到了这一错误的全部恶劣性质，我就对任何愿意听我的文官说——其实是相当不公正的——当我需要汉弗莱爵士的时候他跑到哪里去了？这是我们在得到权力的第一次阵痛中完成的立法。你明明知道你所知道的一切，但你怎么可以允许我们做出这样一件明显的蠢事，为一个合情合理的政府埋下定时炸弹呢？

有的人或许会觉得我这样说实在令人震惊。哦，他要的是一个秘密政府，他要把政治家干的下作事情藏起来，不让“人民”有知道以他们的名义所做的事情的权利。

真实的情况是，《信息自由法》有一大部分不是让“人民”使用的。这是给新闻工作者使用的。对于政治领袖来说，这就像是对一个正用一根棍子抽打你脑袋的人说，“嘿，还是试试这玩意吧”，然后递给他一把锤子。这些信息既不是新闻工作者出于好奇而去搜集的，也不是作为知识拿给“人民”的。它是用来作为武器的。

说这是一个危险的法案还有另一个原因：如同其他组织一样，政府需要在一种合理的保密的基础上进行争辩、讨论并决定各项事宜。这并不是一般的重要，而是极为重要。如果没有这样的保密，人们就会很拘谨，可供选择的考虑便会很局限；而这种考虑范围对于成功决策不利。在任何按照这种方式行事的系统里随后发生的事情就是，人们死盯着那些白纸黑字的东西；许多事情他们只敢嘴里说，却不敢形成文字。在分析复杂事物时这完全不是一种好的方式。

这一立法的真正后果在那时还只是初具雏形，并没有对2005年的状况造成很大的冲击。只是在后来——已经为时已晚——当其全部愚蠢都已浮出水面时，我才意识到我们已经越过了一系列本来应该标成红线的界线，从而深深地迷失于在合理情况下本不该探查的禁地之中了。

与此同时，我们忙于为竞选定下正确的口号。最后我定下了宣传口号是：“奋力向前，决不退却”。我知道，在所有的一切中，我们的力量就在于我们有一条未来的方针路线。我知道，迈克尔·霍华德领导的保守党的弱点是他们没有真正的改变。尽管“奋力向前，决不退却”流于平庸，甚至可以说有些乏味，但这个口号很清楚，而且是一条可以在其大旗下集合形形色色政策的好口号。在整个竞选过程中我们都在两面作战：伊拉克问题和国内事务。我们的对手会试图把一切都聚焦到伊拉克问题上面。而我们则必须把战线拓宽。我知道伊拉克问题将使公众怨恨；但我也知道，他们会对那些企图利用伊拉克问题来达到政府更迭的人感到厌恶和不满。他们知道，保守党曾为了与我同样的目的支持伊拉克战争。迈克尔企图利用伊拉克问题的尝试深刻地说明，他缺乏真正的政治直觉。

在这次选举中，戈登这个通常的问题也同样存在。我请艾伦·米尔本回来帮助组织竞选。反对他的简报于是一窝蜂地出笼，也出现了一些试图令伊恩·麦卡特尼不安的事情，因他在党主席的位子上作出了杰出的贡献。阿拉斯泰尔回来帮忙了。自然，大家以菲利普·古尔德为核心。但这让戈登·布朗有了说不完的烦恼。通过阿拉斯泰尔和菲利普我们刚好能够把竞选工作做好，但我强调的是“刚好”。

还有另一个有些困难而且危险的后果。阿拉斯泰尔和菲利普都认为，这应该是托尼·布莱尔和戈登·布朗的一次双重竞选。在许多方面我不是很得人心，戈登是一个成功的财政大臣，所以这种想法是有道理的。但彼得·曼德尔森和艾伦强烈反对这一主张，而且彼得还多次对我说，我比我想象的要强大，所以不需要做这种事。以彼得为一方而以阿拉斯泰尔和菲利普为另一方的意见分歧有时相当大。

只有这一次，我不完全清楚自己是怎么想的。一方面，我知道计划是我制定的，而且对于那些政策很有信心；而另一方面我感到压抑，而且说实话，我感到了反对派真正的分量及其非常个人化的本质，因此有些精神不振。正如我早些时候说过的，“布骗子”这个字眼是在2001年选举中被人首次使用的，但大规模杀伤性武器的故事更为这一概念加上了助推火箭。尽管有《赫顿报告》的结论，尽管任何人只要愿意都可以自由地到政府网站上阅读这些情报并作出自己的判断，但对于那些当时仇恨我的人来说，这都是不容错过的好机会；而我想，对某些人来说，“仇恨”并不是一个色彩太强烈的词。

这里的部分原因在于他们对自己的无力感到愤怒。特别是保守党,他们已经可以在地平线上看到自己的第三次失利——在此之前他们从来没有连续丢掉三次大选。当然,跟20世纪80年代的工党一样,他们的失利是有原因的,那就是他们自身的欠缺;就像当时在野的工党对撒切尔一样,他们因失利产生的沮丧蒸腾着,变成了残忍。(“她是个独裁者。”我记得人们有一次对着我尖叫着。“不,她不是独裁者,”我相当不明智地回答,“她赢得了一次大选。”)撒切尔夫人总是把为她加油的主要报纸放在车上,我则把对我个人进行有效攻击的主要报纸放在车上。特别是《每日邮报》,那算是相当有恶意的了。正像我说过的那样,戈登跟《邮报》集团的总经理保罗·戴克关系密切,这两个因素的结合使这一报纸的评论相当恶毒。

在2002年可笑的所谓“切丽门”事件中——卡萝尔·卡普林的情侣彼得·福斯特与切丽在布利斯托购买了两套公寓房,我跟戴克便有了一次交锋。通常我任由媒体糟践我,无论他们说些什么都无所谓。有时候见到一些胡乱说过我——甚至是切丽——的一些事情的记者,我也不过高高兴兴地跟他打个招呼,并没有过分追究。而且很让人觉得有意思的是,对那些围绕着某位公众人物的宣传,不管是好是坏,人们都忘得十分之快;除非这种事情反复发生,而且后面有某种计划在推动;在这种情况下就可能会是很令人烦恼的,而且有时候会造成持续的伤害。我时常会在公共场合碰到有关的另一个人并向他问好:“你怎么样啊?”这时他就会用异样的眼光看着我,好像在说:“你是说你并不知道?”他仍旧因为被某个可悲的故事折磨而感到刺痛,而我,一个仅仅是冷眼旁观其发展的人,或许会发出“啧”的一声或微笑一下,但是无论如何我都会很快地让它过去。我知道,当我受到攻击的时候也会是这样的,所以我既不对媒体表现出激动,也不着了魔似的去注意它。这种故事会让我觉得刺痛,但我也并不要太长时间就能恢复。

在这个事件中,卡萝尔允许彼得·福斯特进入了她的生活后,这是她犯的第一个错误;她诚恳地承认了错误,并表示歉意。或许切丽根本不该试图在布利斯托买公寓,但尤安在那里读大学,所以她觉得它们可能会很有用。问题是,作为首相夫人,你自己没法亲自去做这件事,原因很简单,你就是做不了。买公寓本身没有任何错误,买的方式也没有问题。彼得·福斯特所起的作用是非常小的。切丽跟他会面只不过五分钟;我从来没见过他,也没跟他谈过话。而且,顺便说一下,你也没法为《邮报》炒作这个故事而责备他们;这个故事是真的,但看上去几乎好得令人无法相信。于是就有了这么一个经典的星期六下午来电——是某家周日版报纸的来电，说要在最后时刻检验一下对一个故事的反应，这样就让人只有最少的时间作出反应——而我在电话里搞错了她的意思，说福斯特跟这次购房什么关系也没有，然后就把问题转交给阿拉斯泰尔处理去了。但几天以后我们就陷入了媒体长期火爆的围攻之中。然后，当有关福斯特个人和他的历史的问题越来越多的时候，这就变成了一件实在丑陋的事情。《邮报》一马当先。但这是其一贯伎俩，倒也不必为此感到烦恼。

为了抵消针对我的这一运动，我决定在大选中有意直面对于我的批评。这并不容易，而且必须加以仔细的筹划。在“刚强勇敢地面对大合唱”与“每个人都恨他”之间有一条细细的界线，但把握好了它会像一种战略一样奏效，尽管它令人很不舒服。

在大选准备期间，我们几乎因为一场就要到来的“流感”而产生了巨大的惊慌。有一整篇博士论文专门描述了这次根本没有发生的“流行病”。就此世界卫生组织发表了一份报告，声称在全球范围内将会有五十万到七十万人死亡。人们翻出了第一次世界大战期间流感的统计资料，其中每一份都增加了普遍的恐慌，而且任何一个流感病例都让报章写出了“大灾难即将来临”的大标题，耸人听闻。任何一个偶感风寒的人都认为他是世界性灾难的一部分。

恐怕当时我是试图用最少的钱来办最少的有关流行病的事。我明白这样做的风险，但在我看来，似乎“大型传染病流行”的可能性不大。而在那种情况下，每一个人都在尽力规避风险，因此除非你处理得很小心，否则你就会花一大笔钱去避免一场永远也不会真正发生的危机。

但是，这一体系的反应是完全可以理解的。当你第一次不认真对待这种消息的时候，那就是狼真的进村的时候；所以你必须把握一条路径，做好防范措施，并且做好一旦看上去真要出事就马上加大投入的准备。但是我的上帝，那无休止的会议和言过其实的夸张哦！

不管怎么说，我们还是安然渡过了危险。就在我们要开始竞选工作的时候，教皇保罗二世在4月初去世。他是天主教堂的一位卓越而且得人心的领袖。两年前，我们在他的私人小礼拜堂里举行过庆祝弥撒。他一直是这么热心、善良而且关心他人。他并不同意进入伊拉克，但他明白领导者的难处和压力；当跟我谈及此事时他并没有特别说明自己的观点，而只是给了一些精神上的引导。当然，他是一位有着真正平易近人特性的神学保守主义者。

真的有数以百万计的人在他去世的时候走上了街头。世界领袖们前往罗马的圣彼得大教堂参加葬礼。梵蒂冈是一个令人惊叹的地方。你驱车进入的时候，会发现自己突然来到了另一个世界。瑞士卫队——16世纪早期以来的传统——迎接你,并引导你进入。这是宏伟中的宏伟。沙特阿拉伯的国王有一次告诉我,这是他进入的最壮观的建筑物(他肯定参观过许多)。如果去拜访教皇,你需要在进入观众室之前穿过一系列前厅,它们中的每一个都比前一个更壮观,直到你最后与教皇宗座打招呼。如果这是要让人留下深刻的印象,那么目的肯定达到了。从5世纪的格列高利教皇开始,梵蒂冈就一直处于这样有趣的政教合一体制,直到现在它还以同样的方式存在——是的,这是宗教组织的中心,但同时也是一种权力中心;你可以与之联系,但是当然不能怠慢它。

葬礼仪式是在大教堂的台阶上举行的。台阶顶端端坐着的是领袖们。广场上聚集着群众。人们就座时出现了一个有趣的插曲。梵蒂冈决定让我们所有人按照国家名称的字母排列顺序就座。不幸的是,因为英国跟津巴布韦紧挨着,就把我跟罗伯特·穆加贝安排到了一起。就在我要坐下的最后关头,我发现了是谁坐在紧靠着我的一把椅子上，幸运的是他当时正在跟坐在他另一边的人谈话,没有看到我。我正在开始竞选的关口,这可不是什么理想的官方宣传图片。这种事情太可怕了,连想都不能想。

我大步跨到了后排,那里是大使和保安人员以及其他人集中的地方。这让负责安排座位的牧师们大为惊恐,他们一直试图把我拉回前排就座。就在葬礼即将开始的时候,我十分惊慌地发现,查尔斯王子进来了,而且理所当然地被人领着走向英国的席位。我向前冲去,但太晚了,他砰然就座,就坐在穆加贝旁边。所幸皇室成员不必参加竞选。

两天以后我们开始对历史性的第三次执政发起挑战。开始的时候外界看好我们,民意调查表明,尽管我们有几个月困难的时光,但还是大约领先五点。我决定竞选让一些人嘀咕,造成了一些后果。罗伯特·佩斯顿—— 一个与戈登走得很近的记者——曾在最近出版了戈登的一部传记,其中基本上是按照“戈登是牺牲品/托尼是叛徒”的基调写的,这在几个星期里很是引起了一些反响。公平地说,我觉得这本书本来拟与假定就任的领袖同时出现的,但后来使用了不同的文本,这就意味着,现在托尼·布莱尔与戈登·布朗的分歧已经是人所共知了。

无论如何,我觉得我对我们的竞选宣言、我们的业绩和我们揭露保守党竞选之脆弱与单薄的能力很有把握。竞选的第一站是到韦茅斯,正好是保守党王国过去深蓝色大本营的中心，在那里我们只是在2001年才第一次赢得了南多塞特的席位。

选举的结果还是我们获得了多数席位，这实际上没那么引人注目，原因是结果波动不定，缺乏统一模式。我们上次虽然获胜，但有优势最不明显的两个席位，南多塞特是其中之一。在这次的争夺中，我们的优势有所增加：这个结果是很特别的。在有些地方，波动对我们十分有利；而在其他地方，我们则把传统的工党席位输给了自由民主党，他们在竞选中抓住反战和大学收费问题大做文章，投入了极大的精力。

我们在核心的新工党问题上得到了很多选票。这一点没有发生变化。尽管再次当选的形势变得很清楚，我们也失去了一些选票：这是因为有些人在明白知道保守党不会上台的时候放心地把票投给了自由民主党。

不管怎么说，党对选举结果有了一种非常严重的片面解读，就是认为：如果由另一个领袖，即戈登来领导，我们会干得更好。这也就是认为，由另一个新工党领袖带领我们可能会干得更好；而由一个可以把伊拉克问题的责任推给另一个人的新工党领袖来领导，我们一定会干得更好。但造成2001年和2005年之间差别的真正原因是输给自由民主党的百分之四的选票，而不是说发生了任何对保守党有利的重大波动。换句话说，这是经典的抗议选票；如果我们不会丢失因新工党而得到的主要支持的话，这些选票就可以很容易地在第三届任期中恢复，因此让我们有足够的时间准备第四次竞选。因此，波动发生的不均衡的问题并不是突然产生的奇怪现象，分析起来它包含着意义深刻的政治教训。

就这样我们又继续当政了。气氛还可以，但一些人——包括绝大多数的媒体——要把伊拉克作为唯一出现的问题，所以我们受到了一些影响；而对大部分选民来说，伊拉克问题并不是像那些人考虑的那个样子。

这并不是因为人民并不在意这场战争或者它的后果——他们很明显是在意的。当时我们经常由于巴士拉周围的恐怖袭击而损失士兵，其频率之高令人恐怖。人民中的大部分感到，对伊拉克问题作出决定本身就是困难的。换句话说，与媒体黑白分明的偏爱相比，他们对于决定这一问题何等困难有着更深刻的评价。即使不同意，他们也明白当时那种两难的境地。因为决定必须由领袖做出这一事实，他们同情领袖。在竞选过程中，许多人对我说，他们对于用不着自己作决定感到很高兴。同样，如同我过去说过的那样，他们不信任我的对手们——特别是保守党——所使用的方式。

其他问题也有很多，例如正好处于波动地区中心的英格兰中部地区的长桥工厂，那个具有悠久历史的主要汽车生产厂家的厂主处于破产的边缘。这件事刚好发生在竞选如火如荼开展的时刻。在这个问题上戈登和我工作得很好,形成了大家看得见的影响;我们立刻赶到那里,对人民发表了谈话,力图解决问题,而且表现出了明显的控制能力,终于像大家看到的那样令一切就绪。

我的竞选行动围绕着各种访问:对学校和医院的访问,对儿童中心的访问,对公共服务的整个基础设施的访问——对之我们进行了庞大的投资,其结果正在显现出来。你可以看到投资在这些传统的实体企业中的效果。学校考试结果、医院候诊时间和犯罪数字的统计结果自然地显示出改革的效益。十岁学童读写能力与计算能力的最大改进方面名列世界第三,而四分之三的十一岁学童在阅读、书写与算术上达到了高标准。百分之九十七偶发的与急症的病人的候诊时间少于四小时,实际上没有一名病人的手术需要等候九个月。极具权威的英国犯罪调查的数据表明,总犯罪率下降了百分之三十——几乎相当于每年减少了五百万宗罪案。创纪录数字的警察——几乎比1997年增加了一万三千人——与四千六百名新的社会支持工作者一起工作。

竞选宣言中的新计划看上去不再像一个政治家希望做到的事情的一览表,而更像一个已经卓有成效而又合乎逻辑的计划的下一阶段。在公共服务业工作的人们感觉我们是站在他们一边的;他们也本能地感觉到,保守党不是这样的。因此,我们在国内事务中是强大的。

在一个问题上保守党很强大,可以击败我们:移民。我们在执政的最初几年,实际上在经济移民的避难申请问题上遇到了真正的麻烦。如同我以前说过的,处理这些申请的系统太过时了,简直无可救药。最后,在经过了许多管理机构的阵痛之后,我们总算让它步入了正轨,但非法移民还是一个问题。当然,英国并不是面临这一问题的唯一国家,但我以沮丧的心情眼看着欧洲一个又一个具有革新精神的政党因为在移民问题上出现的偏差而竞选失利。

总的说来,左派人士是那些对于移民抱有极大正义感的人。他们痛恨种族主义,并且知道,移民问题经常是种族主义病毒的载体。当在英国的人们过去说他们反对移民的时候,他们中很大一部分反对的是一种特殊的移民,即有着黑色或棕色脸庞的移民。这种事情没有人说出口,但谁都知道有这么回事。

因此,左派人士的倾向是把对于移民的关心等同于对其下隐藏着的种族主义的关注。这是一个错误。真实的情况是,移民,除非是正确控制的,会引起真正的紧张,会给有限的资源更大的压力,并让移民大量拥入的地区出现这样一种感觉,就是社会已经失去了对自己前途的控制。处在我们的境地,考虑到牵涉的移民数目,这种关心是自然的。这并不是种族主义激起的,而且这是广泛存在的。更重要的是，某些类型的移民来自世界上某些高度混乱的地区，他们把他们自己的内部问题同时带了进来：从世界上那些有麻烦的地区，带进了英国的城镇与乡村，因而引起真实的忧虑是不足为奇的。

每当我们调整与收紧政治避难法的时候我都会让好心眼的进步人士感到痛心，他们认为我是在向种族主义“让步”。我过去一向都在解释，说我们必须这么做，这正是为了避免种族主义。这些法律是一团乱麻。政治上的挑战是要防止主观种族主义增强，造就一个主流联合体。但在整个欧洲，每当右派政党提出对移民的严格控制时，左派政党就会高呼：种族主义者。人民就会说：你们不会得逞的。

保守党极力要把我们往这方面推，所以他们开始高调攻击非法移民，宣称担心这个问题的人并不是种族主义者；他们希望我们会说担心这个问题的是种族主义者。当然，我坚持没有这样做。

不但如此，在竞选期间我还访问了有许多没有理由的政治避难申请人居住的多佛尔，并发表了一个直接关注这一问题的讲话。多佛尔的国会议员格温·普罗瑟本身就是一位左派人士，他很机敏地意识到，如果他不能用一种承认有问题的说理武装自己，他就无法重新当选。我赞扬了移民对于英国的贡献，但也承认非法移民的问题。我描述了我们将如何处理这一问题。我抨击保守党，说他们提出了这一问题但并没有处理的政策，即他们是在利用这个问题，而不是想解决麻烦。让他们十分吃惊的是，我把身份证问题作为我的核心论点，论说了检查身份的某种手段是应对这种挑战唯一有效的方法。在那次讲话之后，我们在这个问题上基本上封住了保守党的嘴；而且只有在这个问题上，媒体实际上允许对之进行实况转播与辩论。由于我们所处的立场——一种如同律师所说的“承认并避免”的姿态——十分巧妙，我们最后胜出了。

但在做过了所有这些之后，反对我们的人——特别是媒体的那伙人——除了伊拉克问题之外就剩不下什么东西了。

必须对竞选进行非常细心的安排——哦，那当然了，你会这样说。但这次，我们必须比平时还要更为仔细。在2005年的竞选活动中，无论我们去什么地方，任何人发出一声喊叫或者是做了什么抢眼的事情都会上新闻。当然，竞选机制在那种事情发生时便会作出反应，尽量保证它不会被中断。结果，媒体与政治不分胜负。我们觉得受到了不公正的待遇；他们觉得被不公正地关在门外或者是被玩弄了。

对于党的组织者来说这是一场噩梦，但他们是一群了不起的人物，他们无限忠诚，作好了挺身而出勇挡一列奔驰的列车的准备——如果这能对事业有所帮助的话。我曾负责建造了一台强有力的政党机器。尽管为这次竞选筹集资金总是比在2001年更为艰难,但却也没有艰难得太多,而且我们党负责资金筹集的人迈克尔·利维也跟以前一样做得极为出色。我们基本的、核心的、有理性的中间舆论联盟依旧是巩固的,而商界本能地不信任保守党,也不喜欢他们在欧洲政策、移民问题或者对我的个人攻击上的那种有些令人不快的态度。保守党通过欧洲怀疑主义者得到了极好的赞助，但观点现代而且通情理的人的捐款多数给了我们。

凯特·加维与竞选活动管理者们也做了极好的、仔细的工作,让我们精力充沛,保证了我们不至于精疲力竭。电视提问总是一种挑战。而且,显而易见,整个提问其实就是有关我的——我的业绩、我的人品、我的决定。我被置于危险的高处。我是攻击的目标。我是那个应该毁掉的人。一切都那么明显与自然,但这就意味着,我们必须极端小心,而我们也的确如此。

我也时常感到身上疼痛。后来发现,整个竞选期间我都在跟腰间盘突出作斗争。我试图表现出年轻而且精力充沛的样子,交替地做出如下姿态:在讲台上口若悬河,移动迅速,有意识地踱步——那些通常会使出的小技巧,但在这样做的同时,我时时感到一阵阵极为难耐的疼痛在侵袭着自己。如果有这种情况出现,最重要的是不能让自己的表情有所改变。我或多或少地知道,任何时候都有几十位摄影师在捕捉我的每一个动作，其中至少有四五个是专门找碴来的。而且,如同戴安娜过去常说的那样,那些照片才是有说服力的东西。如果你曾受到腰间盘突出的困扰，你一定知道我说的是什么。没什么东西比它更糟。实际上,这是对于公众人物说的。腰间盘突出很厉害,但这却是看不见的。能看得见的病痛是要尽一切代价避免的,特别是别让我们的媒体看见。断胳膊断腿什么的没关系,但是如果有任何让你形象受损的隐形的东西,那么在你知道之前话就传出去了:“加西莫多[①]当政了”这一类话。这很不好。

所以我要一次会面接着一次会面地进行下去,每一次都有风险;每一次冲突都有潜在的爆发的危险,每一个评论都可能受到仔细研究,每一个面部表情都是沉静或者是惊恐的象征,每一次微笑如果太轻微都是在咧嘴,太过头都是太粗俗……人们说政治竞选运动被人工雕琢得太过分了。好吧,它们需要如此。

---

① 法国作家雨果的名著《巴黎圣母院》中的驼背人。

你相信也罢，不相信也罢，在选举期间我与戈登的关系相当好。这部分是因为我们是一帮的，而且我想这也让他冷静了下来。我们曾就收税与开支进行过一次有趣的辩论，这并不完全是一次意外的不幸。我的观点是，我们已经到达了开支的极限。我们曾为NHS而增加了国民保险金；而即使经济还在增长，我也能感觉到已经到头了。我们还在新工党的圈子之内，但我们在有些地方已经做到头了，或者我认为如此。第三届任期必须让钱花得有效果。无论怎么说，我们已经在保健、教育和公共服务方面增加了投资，其数量在非战争时期是史无前例的。说我们不是一个真正的革新政府，这种指责总是最可笑的事情之一。事实是，我们显著增加了公共支出，用以补偿撒切尔年代的投资不足，但这事并没有到此为止。

埃德·鲍尔斯在参考了财政部的民意测验——我觉得这些测验没什么说服力——之后认为，公众想要更大的支出，而且准备为此增加税收。在这些问题上，公众撒了个小谎。他们说我们想增加支出，而且从理论上说的确如此——但实际上，他们认为应该付钱的不是他们自己。不管怎么说，情况就是这样。我过去常说，公众思维并不总是符合逻辑的，但那是他们的特权。尽管如此，他们确实希望他们的政府合乎逻辑。

在竞选过程中，我确实想这样说：我们这一次不会以大幅度提高税收来为增加的支出买单。哪怕是在2001年，我们也尽了努力没有提高所得税率。我们兑现了我们的诺言，但有一点不诚实，因为我们为NHS付账而增加了公众的国民保险金，这是合情合理的。但同样的花招我们没法玩两次；我们也不该试图这么做。

戈登更倾向于使用一切手段，但在竞选的过程中他发现了我说过会发生的现象：这样一来人人都认为，他正在准备再次提高国民保险金额；而他却并没有这个打算。这样，随着时间的推移，他势必会有与我或多或少相同的想法。

但总的来说，我们一起合作得不错；而且在第二周结束的时候，民意测验显示的支持率提高了。我们向前看的方针的力量，新工党的本质，我们在政策辩论中如此明显地处于优势的事实——所有这些都让人民向我们靠拢。与此相对照的是，保守党的竞选活动看上去有些琐碎，甚至可以说是羞羞答答的。自由民主党在刻意避免让竞选成为领袖之间高度个人化的较量，因为查尔斯·肯尼迪基本上是个正派人；尽管如此，他们还是在局部地区的主要策略上不很清醒，使用了一些社会主义工人党将会为之自豪的语言来说我跟乔治·布什。

选战进行了三分之二以后，形势已经很明朗了：我们会赢，而且会赢得很轻松。当我们开始最后几天冲刺的时候,没有看到一场势均力敌的决斗的媒体决定继续发动攻势。英国广播公司的人真的对伊拉克问题很愤怒。当竞选进行时他们也很愤怒,因为这一问题并没有像他们感觉的那样会拖我们的后腿。这当然是竞选的一大部分,但却没有成为支配因素。他们认为这是因为我们太狡猾了。实际上如同我说的,这是因为人民知道这个问题的重要性,但他们同时也明白其复杂性。他们没有忽视它,但他们也很小心,不让它左右选举结果。

有人给了《邮报》一份司法大臣建议的秘密抄本。跟所有律师的建议一样——特别是在双方都明显地有辩论余地的情况下,它以细微的差别解释了好处与坏处,并给出了结论。我们发表了这一战争总体来说是合法的结论;但依照人们一直遵守的原则——在这种情况下更是因为一个非常敏感的原因——没有发表建议的全文,而它只对政府的高级官员和巴特勒调查组公开。对巴特勒调查组公开是依照枢密院条款执行的。

《邮报》刊登了一个摘录,主要是认为这场战争是不合法的那一部分。英国广播公司将其拿过去广播了。尽管我们在第二天,即4月28日,发表了十三页的文件全文,但他们还是获得了他们希望有的机会。而就在投票的前一天,我们在前线发生了悲剧:又损失了一名士兵。结果让选举的最后十天实际上淹没在伊拉克问题的海洋中。气急败坏的自由民主党和保守党重施"骗子"问题的攻击。在这一最后阶段,我们有百分之三至百分之四的选票丢给了自由民主党。《邮报》并非真的想说:投票,把他们撵出去。实际上他们跟英国广播公司一样很聪明地说:削弱他们的优势。这与当时人们的心情相映照:人们觉得再来一次三位数的多数席位太过分了。因此我假定公众或多或少明白了他们想说的话。

不管怎么说,结果在选举揭晓的当晚我们没有感到获胜,而是感到受了挫折。我坐在麦诺贝拉等候投票后的统计结果,这时戈登打电话告诉我,说英国广播公司的政治新闻编辑安迪·玛尔曾对他说,他们觉得这会是一届没有明显多数的议会。我实在不相信会有这样的事情。即使他们大肆纠缠伊拉克问题,我还是相信,英国想让政府胜出,并将出现一个可以有效工作的多数。而且我敢肯定,尽管我们在伦敦北部和其他地区在某种意义上丧失了某些选票,但中低阶层选民——新工党的核心——还是我们的。

菲利普·古尔德来了电话,他认为我们可以得到八十个席位的多数。如果真有这种情况那就不错了。这很有趣。六十六席——那是我们实际得到的——跟八十席只差十四席。实际上,如果只有七席的变动,那就是实质上的差别;由于大学收费问题我们至少在学生投票中丢失了七席。但是险些不到百分之三十六的得票率对于一个获胜的政党来说是太低了，这让我们感到精神有些压抑。

我像以往一样逐项审看结果。在我选区里的一个选举人是雷吉·基斯，他是2003年6月在伊拉克被暴徒杀害的六名英军士兵之一的陆军一等兵汤姆·基斯的父亲。我深切地为他感到难过，因为他认为他的儿子是无谓牺牲的，因为他认为这一切都毫无意义。我想要过去跟他谈论此事，但我也知道周围的照相机虎视眈眈，随时准备抓住能够以他们希望的方式为选举定下基调的场景。

我们走到工党总部"庆祝"胜利。党的工作人员理所当然地认为：创历史纪录的三连任，超过六十席的多数，有什么问题？于是在我的低沉心情和他们的亢奋心情之间就出现了一个相当奇特的落差。

还有一个原因让我情绪低落。当这天夜里结果逐步清楚的同时，我与戈登之间的关系也迅速恶化。我搞不清楚为什么。表面上是因为他认为我拒绝在组成新内阁时与他商讨，而实际上我还是跟他商量过的，只不过我不同意把他推荐的一些人安插到他希望的位置上。他想提拔杰夫·胡恩，让他成为工党组织秘书，但我认为这一职务对于杰夫完全不合适；他想让新当选的埃德·波尔斯直接进入内阁，这我也觉得不合适；而且我们就迈克尔·威尔斯、唐·普里马罗洛和其他一些我因为各种不同原因认为不适宜担任内阁大臣的人的问题发生了通常冗长、无意义的争论；但这些人我确实想委以职务，因为他们是戈登的有力支持者。

所有这些造成的后果是，在后来我重组内阁——总的说来情况顺利——的时候，我发现工党的国会议员们明显地变得心胸狭窄起来。一方面，我从国外不断接到祝贺的电话，他们自然认为第三次担任首相会是一次大规模庆祝的理由；而另一方面，在工党国会议员中那些最后认为自己不会得到什么好处的人有了表示不满的反应。

戈登的人——在这个时刻包括克莱尔·肖特这一类人物——跑去会见媒体，不断发表一些或多或少作践我的言论，说什么如果他们有另外一个人当领袖的话还可以干得更好，而我的人则出来为我辩护。回过头去看，这些情况当然是很滑稽的，如同彼得曾经警告过的，这部分地是因为我们进行的是一次托尼·布莱尔加戈登·布朗的双重竞选。这让他的人可以这样解释选举的结果：我们因为我们的领袖才赢得了选举，但我们的领袖需要另一个人来处理他的烦恼问题。事实上，当我使得一些选民疏远了工党的同时也吸引了另外一些选民。并不一定要有另外一个人才能做出吸引选民的事情，即使确实如此，他们也未必能补偿那些远离的选民——也就是说,我是引起分裂的原因。而且,尽管媒体把我处理成一个失败者,而事实上我并没有失败;但我还是不由得陷入了这种心情,这简直有一点疯狂。

然后迈克尔·霍华德宣布他不再担任保守党党魁,这给了我一个利好的转变。这件事改变了我的心情;没有完全改变,但刚刚好够。人们突然想起,保守党失利了,我们胜利了。疯狂的情绪减退了,而且到星期三我对工党国会议员发表讲话的时候,事情已经在某种程度上平息下来了,尽管还存在许多干扰,而且戈登的人极力增加这些干扰。我意识到,从那时起,我待在这个位置上的每一天都将是一场斗争。

尽管选战很可怕,但我在这一过程中也变得更坚强了;而且我也完全清楚了,我已经真正成长为一个领袖了。我的弱点、担忧、想要逃离的感觉还在,但关键的是我能承认这些感觉。它们现在是我公然承认的伙伴,而由于我承认了它们,所以它们也就满意了,不再是扰乱我的魔鬼;它们是我需要忍受的苦痛,我也需要跟它们争辩,需要压倒它们;这是任何人在同样的形势下都会感到的普通的、自然的感觉。感到害怕没什么可耻的。这些都在我的控制范围之内。

现在我作好了与戈登进行一场我知道会是旷日持久的斗争的准备。我必须牢牢地嵌入改革的计划(而且无论他会做什么动作,我断定他不敢公然反对);尽我最大的能力做好在伊拉克的事;而且如果可能的话,在我离开政坛之前铺平我们部队的回国之路;要成功地完成八国集团峰会与欧盟主席的工作;如果有一线成功的希望——尽管我很怀疑——要发出申办奥运会的申请。我还要做好一份第四届政府的工作计划,如果戈登足够理性的话他可以执行;如果他不够理性,接手后偏离了新工党原则,那么他就会遭到不可避免的败绩,这时我也就有了我的不在现场证明。

还有另外一个重要事件即将到来。《欧盟宪章》——从我们的观点来看,这个名字本身就是一个致命错误,而且它还冷酷无情地让我们承认要对其进行公民投票——将在我任期的头几个月里成为工作的一个主要部分。法国和荷兰将在5月举行它们的公民投票。从民意测验看不出结果如何,但我觉得法国还是会通过;如果法国人通过了,荷兰人可能也就会跟着通过。我们的民意测验认定不会通过,但许多人相信我们会改变这种状况。我跟过去一样是比较乐观的,认为我们或许可以正好把它变成一个决定是进去还是出来的公民投票。如果法国通过了,应该也可以跟着通过。我的顾问们不同意,但我很向往能够就一个我有强烈感觉并认为是正确的事情展开一次真正大规模的公众辩论。

同时我们也可以看到，在这样一个运动中，那些革新派的同盟军因伊拉克问题出现的分裂会如何得到弥合。所以，尽管这很明显是一次巨大的挑战，我还是或多或少地有品尝这一斗争滋味的意愿。

当事态平缓一些之后，我在5月晚些时候到托斯卡纳休假，住在我们的朋友库索纳的斯特罗斯一家人那里。我跟利奥有一段正常的、相处得极好的时间。利奥五岁了，他正处于那种你几乎能看到他的大脑在向外发展的奇妙年龄段。除了对于溺爱他们的父母来说，说实话婴儿是相当令人烦恼的；他们甜蜜地偎依着你，还有一点没精打采的，我想你明白我是什么意思。从大约三岁起他们开始有意思起来了，而且一直那样到大约十二岁，这时候地狱的黑暗迷雾笼罩上了他们。在大约二十岁的时候，他们又一次令人难以相信地重新以半文明化了的人类出现，让你不再认为自己是糟糕的父母，或者在家庭中出现了什么基因错乱，并意识到他们仍旧是你的孩子而你爱他们。当然有例外，但这是我的经验。

不管怎么说，我离题了。库索纳是个可爱的地方。阳光灿烂，而且隐私也可以保证不被泄露，因为所有新闻都聚焦在法国和那里的公民投票上，那些野兽的眼睛暂时偏离了，于是我也放松了。尼古拉·萨科齐来了，当时他还只是法国政府的一个部长。很清楚的是，人们现在正围绕着他所领导的中间偏右的人民运动联盟的前途进行着一场激烈的辩论；但同样清楚的是，他相信他会赢得这场辩论。

尼古拉和我在某些方面上是相同的：精力充沛、意志坚强；对于传统的左派与右派范畴很不耐烦；很不喜欢教条和僵化；我们都喜欢用直觉分析问题，而不是用思想意识；而且我们都知道，21世纪的政治不会跟20世纪的政治一样。但我们有一个方面是不同的：他有着过剩的自信心，连一点自我怀疑都没有。当我们在从斯特罗斯一家住着的别墅开始的林荫道上走着的时候，他很坦率地以完全的自信谈到他自己的胜利："我将会获胜。我会成为总统。"

任何其他人说出这种话来都会让人觉得他很自负，或者甚至有些疯狂；但他是带着魅力和以清晰的思维这样说的，让人觉得这似乎完全是实实在在的。英国人会教训某个这么说话的人一番，让他知道自己是谁；但我看得出，法国人会让他大胆尝试。这是一种有着热情、锐气，而且也有一点傲气的态度，这是某种可以定义法兰西的小方法，但也是我赞美法兰西的一个小的方面。我能看到他们正注视着尼古拉，心里在想：嗯，那是一位总统。

到我们这次休假将近结束的那一天，吃晚饭的时候传来了新闻：法国公民投票否决了宪章。我立刻知道自己摆脱了困境。我确实愿意为此干上一仗，但同时真实的是，如果我输了，那我就会跟首相职位说**再见**。你几乎可以感觉到那种松了一口气的快意穿过了英法海峡，向意大利翩然而至。我跟杰克·斯特劳谈了，他完全没有隐藏他的感觉。“大好消息。”他说。

“我相当期待一次公民投票呢。”我说。

“那你比我想象的更疯狂。”他回答。

还有另一个原因让这一公民投票的结果对我们意义重大。7月1日，我们接过了为期六个月的欧盟主席位子，这一位子我们最近一次是在1998年占据的。

在七年前首次担任欧盟主席期间，我还处于刚当上菜鸟首相的第一波热潮之中；而且我刚刚接触欧洲事务，因此这对于他们和我都是一个未知数。这不是我第一次担任首相的工作亮点之一。我更有兴趣的是证明英国发生了改变，而无意于改变欧洲。我们进行了许多精彩的表演，但却没什么战略，我在一些“主动行动”面前知难而退，这也是正确的。某个聪明大脑有了一个主意，就是我们的主席领带(每一个国家都有它自己的领带和图案来标志主席职位)应该来自学童们心目中各个国家的形象。直到我接到了罗马诺·普罗迪——他曾几次担任意大利总理，当时他处于其中的一个任期——的一个电话，我才知道原来还有这么一个主意。人们经常会发现自己比较不容易跟上罗马诺的思路，但这一次他清楚得像一座钟。“嘿，托尼，你侮辱了我的国家。你知道，我们可不只是一张比萨饼。我们有罗马、佛罗伦萨、威尼斯、米开朗琪罗、莱昂纳多·达·芬奇、伽利略、威尔第、加里波第，而现在我的国家认为，世界把我们看成一张**多种荤素馅的**比萨饼。这不对。你必须改一改，要不然就会严重影响英国与意大利之间的关系。”如此等等。如果我告诉你这是有关那一届主席职位我所能想起来的全部事情，你就会明白这实在不是我较为出色的时期之一。

现在是第三次竞选胜利后不久，我当了八年首相，已经变成另一种领袖了；而且欧洲所面临的挑战也在质与量的方面都有所改变。作为一个开始——而且部分是由于英国的坚决坚持——欧盟扩大为二十五个成员国，很快又要扩大为二十七个。在一段时间里，欧盟在伊拉克问题上经历了非常不和的过程，差不多相等地分裂为支持与反对两个阵营；而自从法国和德国归入反对阵营以来，这种情况就特别令人痛苦。经过许多年的内部争辩，《欧盟宪章》中形成了一种咨询方式，但这一宪章却被法国拒绝了。欧洲何去何从？而且似乎还嫌不够，还要加上即将对欧盟预算重新规划的一场战争。

在这最后一个方面，英国正处于最激烈的辩论和意见分歧的焦点。从本质上说，过去英国的退还款与共同农业政策方面的考虑是大家都盯着看的目标。退还款对于英国是高度政治敏感的问题，就如同欧盟的共同农业政策对于法国一样。

总的来说这一届主席职位是十分有趣的，而落在英国这个国家里就更有趣了——如果不是爆炸性的话。就好像是要把这一切搅得更乱似的，就在我马上要接过主席职位的时候，我们拒绝了卢森堡和它的首相吉恩-克劳德·容克关于进行一次预算妥协的建议。吉恩-克劳德从20世纪80年代起就是财政部部长，是一个在欧盟理事会中长期浸淫的人物。尽管卢森堡是个小国，但它是欧盟发起国之一，而作为一个有经验与明智的理事会成员，吉恩-克劳德很受尊重。他尽了很大的努力，要形成一个协议，而且对于英国在退还款的问题上也很善解人意。但我感到我不能就这么算完。用这种方法解决问题是错误的。他对此感到很痛苦，很可理解地感到失望。我是个大煞风景的人，而他感到我是一个极为令人讨厌的人是很有道理的。

对于退还款我有两件麻烦事，这两件事都对——在我的领导下——我们与欧洲的关系会如何发展有着重大意义。第一件是欧洲怀疑主义者的媒体几乎歇斯底里的——对不起，纠正一下——是欧洲怀疑主义者的媒体全然歇斯底里的表现。每天总印数大约八百万份的报纸——从普及的意义上来说是欧洲特有的情况——完全地、狂野地、不可救药地对欧洲抱有敌意，歪曲欧洲正在做的事情，并普遍地把欧洲的形势视为一种一方得益一方受损的形势：任何让布鲁塞尔高兴的事对于英国来说都是不好的事。默多克旗下的报纸特别恶毒。在撒切尔夫人治下，许多报纸已经开始像那个样子了，就我来到时所看到的情况说，这是她留给我们的最糟糕的遗产——她传给英国的这种情感。（尽管总的来说她无疑是一位伟大的首相。）

这一神话经过了发展，而且今天许多人认为她总是那样的。但她并非如此。特别在1979和1983年，她在竞选首相时是亲欧洲的候选人。那时候《邮报》是支持她的，同样支持她的还有《电讯报》。但当撒切尔夫人变成怀疑主义者的时候，她将此传染给了她的媒体支持者，而到了2005年，欧洲怀疑主义就成了英国新闻界占比重很大的主题。

总的来说，欧洲对于我是一个简单的问题。这与现代世界有关。我支持欧洲的理想，但即使我不支持，我也完全是直截了当的：在一个充满新兴力量的世界里，为了施加自己的影响并发展自己的利益，英国需要欧洲。这并不复杂。这并不是一个精神病学问题。这是一个现实政治的实际问题。

我认为反欧洲情绪是一种毫无希望、荒唐、老套而且不切实际的东西。这也是危险的孤立主义,一种看待世界的近视症;我觉得这种近视症逆向影响了这个国家的整个心理状态。这是一种后帝国谬见。

当美国右派——他们相当蔑视欧洲在外交政策上的软弱(而且布鲁塞尔的官僚机构当然是一个笑柄)——与英国右派联合,在一段时间里构筑了一个所谓"对于美国是玩具而对于英国是危险的死胡同"的论点。这种想法或多或少地认为,与在欧盟发挥关键伙伴作用相比,我们更应该保持作为美国亲密盟友的身份。

当然,这也是一种错觉。在经济与政治方面美国要比英国强大得多,因此这样一种依附关系对于他们是很适宜的,但对我们不是。而我也绝对清楚地知道,如果我们进入了欧洲,人们会比华盛顿更认真地对待我们。

更进一步说,在世界的其他地方,一个与欧洲半脱离的英国看上去很奇怪;这是很逗趣的英国怪癖的一部分,是那种"可爱的英国人"一类我真正痛恨的事情。我回想起在1995年我还是反对党领袖时曾到新加坡访问李光耀的情景,我想他是我见到过的最精明的领袖。对于左派来说他是个非常讨厌的人物。很让他吃惊的是,我没有问他有关在新加坡的民主的问题。我听人们说过他是何等聪明,而且任何傻瓜都能看到,他在新加坡成就的事业是现代政治想象中最伟大的创举之一,所以我只是简单地问他:请告诉我如何取胜,如何治国。

他哼了一声,顿了一下,然后对我娓娓道来。他对于治国的建议是:继续撒切尔的改革,但抛弃她对于欧洲的疯狂排斥。"我曾对玛格丽特说过,她这样做太疯狂了。"他说。"在当今世界上,英国脱离欧洲会付出他们无法承担的代价。这是完全不现实的。"许久以后,令人惊叹的印度总理曼莫汉·辛格对我说了同样的话。中国人太有礼貌而且也太正规,他们没有说得如此坦率,但显然他们也是这么想的。

为什么英国有着如此深入骨髓的欧洲怀疑主义,这是一个很令人费解的问题。我的理论是,我们在欧洲的麻烦事的缘由是因为欧盟不是我们发明的;或者至少可以说,我们不是创始国之一。当然,这个理论也可能是胡说八道。然后当哈罗德·麦克米伦合情合理地认为我们应该加入的时候,戴高乐拒绝了。这一点与强烈的帝国感情结合,现在还萦绕在表层之下的英国人灵魂之中——部分是超人一等综合征,部分是缺乏安全感综合征——给了整个英国国民一个有关欧盟的印象,而这对于事情是非常没有帮助的。

欧洲当然也有他们的错觉：他们认为，要让欧洲强大，只要把他们的决策过程统一起来就行了。换言之，"泛欧统一"观点就是主张进行更多多数选举，要给欧洲议会更多的权力，给欧洲立法更大的空间等等。这样的一个聚合方式从根本上说更是有关宪法的，也同样于事无补。随着时间的推移，这变成了躲避关于影响欧洲力量的真正问题——如何采取能让欧洲走上正确方向的强有力的政策决定——的一种方法。人们想要对技术性框架的问题进行无休止的辩论，同时却倾向于躲开核心政治问题：是否解放我们的经济，是否要在防务问题上成为主要力量，应该采取何种外交政策，等等。

所有这些意味着，英国的错觉—— 一种偏见——由于他们在欧洲的错觉中所发现的客观现象而得以保存。对于欧洲的一些批评是完全有道理的，但其中的任何一种都不应该让我们自己离开欧洲。它们给了欧洲怀疑主义坚实与很有基础的论点，用以做出有关欧洲的发展方向的论断，而它们的负面影响或多或少支配了英国的辩论。

同样，到了这个时候，在2005年的预算谈判中，英国的退还款取得了一种虚幻的、几乎是邪教式的地位。要对之进行挑战几乎就相当于把达尔文介绍给一个狂热的上帝创世论者。早些年，在当时对欧盟预算贡献的统计基础上，英国支付了一个不成比例的数量。1983年，撒切尔夫人成功地获得了一个很复杂的退还款公式，但其目的很简单：减少英国的贡献，令预算的分担更为均衡。她花了很多工夫做这事，这也成了圣洁神话的一部分。

当欧盟扩大的时候，这一公式——在当时勉强补偿了英国所受到的不公正待遇——就成了一种对其他国家不很公允的计算方法。这并不难看出，有数字为证，是大家同意了的、清楚的，用的单位是英镑、先令和便士，或者是欧元。

但在英国的辩论中，这些都不重要。我们的退还款是碰不得的。对此的质疑就是对国家的背叛。对数字的分析本身就是将英国推向滑溜溜的下坡路。相形之下，西班牙的宗教裁判所将给叛教者更多的自由空间。

我说过，有关退还款有两个问题。另一个问题是戈登。他采取了一种非常强硬的政策，而我知道，必须对他进行小心的管理。有许多报告暗示，他必须"阻止"我放弃所有这些利益。不用问，鲁珀特·默多克的报纸在全力为此推波助澜。因此我认为，如果我是个控制航行的飞行员的话，让我驾驶飞机穿云破雾将会轻松得多。卢森堡交易并不是一个很糟糕的交易，但还不够好，我能做得更好。如果我负责谈判，我可以用好得多的技巧进行。当然这是一次真正的豪赌，而且也大大增加了我自己作为欧盟主席的赌注。如果我失败了，损失会非常大,但如果我成功了,这将是一个重大的成果。

6月22日,就在卢森堡峰会未能达成协议而结束之后,吉恩-克劳德作为卸任的欧盟理事会主席向欧洲议会发表讲话。我预定第二天作为接任主席向他们发表讲话。欧洲议员们对受到了很不公正待遇的吉恩-克劳德充满激情地欢迎。他是一个真正的欧洲人。他是被背信弃义的约翰牛整蛊的。他进行了一场悲壮的苦斗,而欧洲议会有点像工党,最喜欢的就是虽败犹荣的斗士。他得到了起立鼓掌的殊荣,发表了一次联邦主义者的讲话,其主要内容是控诉那些认为欧洲没有受到暗中威胁的人们。

这没有为我第二天的到访定下什么好调子。听到了被劫持且身受残暴侵犯的少女的父亲——他深感震惊、义愤填膺——的控诉之后,他们现在将听施暴人讲话。

这对于我是一个非常重大的场合。我是一个三次选战的胜出者(这让一些人赞美我,一些人憎恶我——特别是左派,因为他们认为,一个能赢得选举的革新领袖几乎是没有原则的);在伊拉克战争以后我是一个造成不和的人物;我没有让英国加入欧元区。尽管我的一般立场是亲欧洲的,但对英国舆论认为合理的界线,我却小心翼翼地不肯越雷池一步。这意味着我被右派辱骂为亲欧,却又被左派辱骂为不够亲欧。但这却让我得以治国,并在可能的情况下推动事情向前发展。

我确实对雅克·希拉克启动的欧洲共同防卫政策这么干了。作为1998年的主席,我实际上主持了理事会创造欧元的行动(几页前我说了,我不过是一个无足轻重的表面人物而已),并通过谈判达成了对维姆·德伊森贝赫担任欧洲中央银行行长的任命——顺便说一下,谈判是一团糟,法国的骄傲在那里与荷兰的固执交锋,又跟以伟大的赫尔穆特·科尔(当时已经有些走下坡路了)为代表的德国的利益发生了冲突。我实际促成了里斯本进程——这是在一系列协调行动的框架下对欧洲经济实行改革的第一次认真尝试,并取得了有限的但却依然是真实的成功。我在欧洲的三大条约——阿姆斯特丹、尼斯和罗马宪章条约——之间穿插,这其中的每一个都可能很容易地把英国推回到欧洲的边缘:我们曾于1992至1997年间在那里徘徊。但这种事情没有发生,英国还继续发挥着相当核心的作用。

所有这些事情中最重要的是,2004年6月我组织了大家反对法国与德国让比利时首相盖·维霍弗斯达成为委员会主席的要求,最后任命了若泽·曼努埃尔·巴罗佐为委员会主席。这是欧洲的双引擎马达在这样的重大事件上第一次熄火。我与格哈德·施罗德的关系就此再也没有恢复如初。雅克·希拉克对此的接受更冷静一些。如果你想让欧洲在非联邦制的方向上进行改革，巴罗佐显然是一个更好的人选。但是，如果没有与其他领袖的关系，而且是当英国没有处于主流而是被边缘化的情况下，这种事情是永远也不会发生的。实际上，这对于为什么要居于核心地位是真正客观的一次讲解和证明。真正参与其中，我们才能够成功。如果只是在边缘徘徊，对什么都没有影响力，那我们就怎么也不会成功。

当然，事实上我同样也受到亲欧洲人士的批评，他们认为我在让英国加入欧元区问题上不够“有勇气”。实际上，这跟是否有勇气毫无关系。与戈登是否反对也毫无关系。首先，在1997年他确实更为倾向于取得单一货币地位，而我对此是反对的。我对于欧元的担心非常简单。在原则上我是持赞同意见的，而且对我来说，这其中的政治关系是清楚的：最好还是加入，这样可以成为决定欧洲经济政策的主要参与者。但我也知道，另一个方面，政治关系也是非常清楚的。如同我过去一直对我的人说的那样，说到底这是一个经济问题。可以将之称为经济与货币同盟。如果我们无法很清楚地知道这会在经济上对英国有好处，那么在政治上就是不能接受的，也就是说，政治问题就是经济问题。麻烦的是，从经济的角度来看，这件事至少不是很清楚，当然也不是毫无疑义的。在2001年大选的时候，我觉得可能在经济上会发生决定性的转变，而单一货币可能会是有益的；而我当时下定了决心，如果真的如此，我会举行一次公民投票，看通过的机会如何。我与戈登的分歧就在于，他清楚地表达了自己对于欧元的反对，而我总是说，即使我们不加入，或者特别在我们真的不加入的时候，这件事总归在外交方面是正确的。如果经济情况有所改变，我就会促进加入。但这种情况并未发生。而且对于我来说，事情就是如此。（我希望强调的要点是，有人说我答应了戈登，只要他同意想办法让英国加入统一货币我就引退，那完全不是真的。）

所以，作为一个总结，我过去的讲话记录既可以给我带来支持者，也可以给我带来毁谤者，但在2005年6月23日的那个时刻，后者的数目超过了前者。这一讲话最终成了我较为重要的讲话之一。

讲话稿是我一早坐在布鲁塞尔旅馆的书桌前自己写的，是那种自然而然地写出来的文章。我拿起笔，一气呵成。

在我站在欧洲议会前的时候他们已经准备好了起哄。但我跟你说，在经过了下议院的首相答问之后，这就像在严密守卫的监狱里长期服刑后走到一所女子学校的操场上一样。

我知道我想说些什么。多年来我就一直想着这些事情，现在我的机会来了。我认为，欧洲已经成熟，可以考虑选择一种经典的第三条政治道路。这是在那些高谈社会欧洲——其实基本上指的是有着更多的规则——和那些想要欧洲成为除了市场之外别无他物的人之间的第三条道路。所以这是怀疑论者与联邦论者的交锋。我要说的实质上是，社会欧洲和经济欧洲的目的应该是相互扶持，"而政治欧洲的目的应该是发扬民主和有效的制度，在我们想要和需要的范围内发展这两方面的政策，为我们的共同利益而开展合作。但政治领导层的目的是得到对于今天的世界正确的政策"。

然后我继续阐述欧洲所面临的挑战：如何在一个正在改变的世界中进行变革；在这个世界中不但有美国，而且有中国、印度等新兴国家在扮演着不断增长的角色，而这些国家在幅员和人口数量上都超过了单一的欧洲国家，因而终将在影响力上也超过单一的欧洲国家。

我赞扬了欧洲，也嘲笑了那些无穷的宪法方面的托辞，并指出，每当我们说这种痴迷会让我们"更接近人民"的时候，我们都在进一步失去他们的支持。然后我陈述了一个在重大决策和方向上的变革时间表。

当然，我得到了法国和荷兰的公民投票拒绝《欧盟宪章》这一事实的极大协助；几乎无法争辩的是，现阶段的欧洲政治是有效的。欧洲正处于危机中，这一点真正无法辩驳，这正为我变革的论据增加了"燃料"。

讲话产生了巨大的影响，并在多年来第一次在英国得到了像样的宣传。(尽管同时出于好的目的和坏的目的：因为欧洲怀疑主义者也喜欢这个讲话。)这一讲话在欧洲回荡着，成了人们谈论的话题。

在我的讲话后，在议会内的提问中，我也给他们展示了一些首相答问时的表演技巧，给了其中几个人一些抨击(他们的同事们总是喜欢看到这种事)，压制了英国独立党的持不同政见者(证明你能够对付英国的怀疑主义者)，而且还开了些一般的玩笑，让某些人感到了困窘，这些让大众感到很开心。安排在我之后讲话的是1968年的巴黎革命家丹尼·科恩-班迪特。我告诉他，过去我常常听他的讲话，但现在他得听我的，这是一种进步。他们全都愿意听这话，这同时也恭维了他。

自然，随着时间的推移这一效果将逐步减退，但为我的主席任期开了一个好头。如果开始的时候就有不祥之兆，那就会蒙蔽人们，使他们也有兴趣让它继续"不祥"下去。

当然，在预算上我们还没有达成交易，这一严酷的事实依然存在。随着将要在9月举行的德国大选的临近，欧洲政治正面临着有关领导层的一次巨大改变。虽然格哈德与德国社会民主党竭尽全力企图扭转民意测验中大为不利的局面，而且几乎就成功了，但安格拉·默克尔最终还是脱颖而出，成为新总理。

如我所述，我与格哈德之间的友谊退色了。伊拉克问题没有对此造成影响，但他对盖未能被任命为委员会主席的事极为恼怒。在盖当主席的任命被阻碍了的那天的晚餐中，他对我进行了相当个人化的指责。我试图向他解释，盖想让欧洲行进的方向是我无法接受的，我对他的举动并非出于个人原因。格哈德很清楚地表达了他的意思：他的举动是出于个人原因。于是事情只好就这样了，很遗憾。他具有许多领袖应该具有的品质，那都是我所赞赏的。

大选之前我花了些时间与安格拉交流。实情是——而且我担心，下面的情况在我与欧洲中间偏右人士之间的关系上越来越真切——我们与她之间比与德国社会民主党之间有着更多的共同点。德国社会民主党非常接近俄国，而且尽管格哈德是改革派，但他的党却不是。他们关于欧洲社会模式的观点是非常传统的。安格拉却看到了变革的必要性。同样我也喜欢她的个人性格。开始的时候她看上去相当腼腆，甚至有些冷漠，但她的热情很快就展现了出来。我想她是诚实的，而且从本能上说是与我志趣相投的人。我们相处得很好。

她的掌权——她的险胜或多或少让长期的德国联合内阁谈判显得很笨拙——是预算谈判中一个重要的新因素。这也与另一个关键挑战息息相关：与土耳其之间的关系。在新政府领导下，土耳其一直在向加入欧盟的目标大步迈进。与传统的土耳其政治模式不同，现在的政府是由伊斯兰正义与发展党控制的，但其总理塔伊普·埃尔多安和当时的外交部长阿卜杜拉·居尔却是通情达理、向前看的人士；而且可以坦率地说，他们至少在当时是我遇到过的最讨人喜欢的土耳其政治家。他们很精明，知道他们需要的东西，急切地想加入欧盟，而且更重要的是，他们在塞浦路斯问题上很通情理。

欧盟的立场是，从长远看他们愿接纳土耳其加入，但这需要时间。要想加入有一些标准；必须达到这些标准，以缓和例如德国这样有着大量土耳其移民的欧洲国家的紧张情绪；这些标准让土耳其的现代化鼓吹者有了一个目标。因此原则上是可以的，但实际上还很遥远。那不是一个大问题。

欧盟不大情愿的原因部分地是因为它在不久前刚刚扩大了，人们想要有一段消化的时间；部分地是由于土耳其—— 一个有着七千多万穆斯林的国家——很清楚地会作出**其他不同的**选择。并不是说欧盟领袖们反穆斯林，尽管在欧洲人民中无疑存在着这种情绪。但很清楚的是——而且实际上也很有道理——这会是欧盟性质上的一个重大改变,必须谨慎从事。

我过去与现在都支持土耳其加入。我想让土耳其向西边看而欧盟向东边看;而且,如果处理得当的话,土耳其的加入会让我们大家都得到好处。无论对于我们或者他们都非常危险的一件事是把土耳其推开,因为这似乎会强调犹太—基督教传统与穆斯林文明无法共存。疏远造成的后果牵扯极大。在我退位以后,人们有礼貌地,但却坚决地将土耳其朝着一种非完全成员的方向推动。这对双方来说都是一个危险的错误。

10月底我在汉普顿宫召集了一次非正式的欧盟峰会。对于这一类会议来说很不寻常的是,这次会议提出了一项有关大学、研究与发展、能源和革新等问题的方针,在这些问题上新的欧洲预算应该合乎情理地加以特别注意。欧洲有掉队的危险,因此我试图给出一个在欧洲未来的竞争力上极为重要的相关计划。

但预算仍旧是这一计划唯一的真正问题,而英国的退还款是人们谈论最多的问题。在这个问题上讨论得越多对我就越困难,因为如我所说,甚至谈论这一问题就等同于政治亵渎。法国将以一种真正的“揪着你的鼻子”的方式提出这一问题,而且确实一直在这么做。我在争辩时就欧盟的共同农业政策进行了一些反驳。

由于预算问题理所当然地贯穿整个欧盟的支出,因此这就是问题复杂之所在。这的确是一种一方受益一方受损的游戏。这是一项固定的预算,因此某些人的获益就意味着其他人的亏损。这个角斗场事关每一个国家的利益,这里既有想借欧盟资金发展自己的新成员,也有力图保证历史给予他们的任何特权不丢失的老成员。

这是一场包含细节、政治上的交叉势力、国家尊严、主席与首相的自尊心的噩梦;所有这些都以鲜明的色调进行着栩栩如生的公开表演。在12月的峰会之后——这将是最后的谈判——每个与会者都将满面笑容或者泪流满面地回国。他们都拼尽全力、几近疯狂地为笑脸而斗争,但每个国家的媒体都做好了相信峰会结果会让人流泪的准备。我被夹在这中间,而且由于英国在退还款问题上所处的位置,别人很明显对我有**先入为主的不公正看法。**

这次谈判经历了许多天,如果包括这一年以后所进行的那些讨论工作,那就是许多个星期。我名副其实地成了一个对结构经援与区域经援的复杂性、对西班牙在瑟塔与梅利拉上的担忧、对瑞典和荷兰自己的退还款公式、对法国农庄主可能的平均收入、对德国各州可能的容忍度，当然还有对欧盟开销的每一个关键政策的拨款细节都很有研究的专家。

我有幸得到了以我在唐宁街10号的欧盟顾问金·达罗奇和英国驻布鲁塞尔欧盟大使约翰·格兰特爵士为首的杰出团队的协助。他们实在是太出色了，他们是英国政府机构最优秀的代表，具有非凡的创造性，愿意打破传统意识进行思维（这方面确实存在大量的传统意识），并在各个成员国中拥有深广的人脉。

谈判最后定于12月15日至16日举行。很明显这将是一次通宵达旦的工作。就像是一个有着无数小片的拼图游戏，如果改变了其中一片的轮廓，另外的五片突然就无法拼合了。整个预算的大约三分之一需要以对新成员国有利的方式重新规划。这意味着所有老成员国，包括英国，必须多付钱。

欧洲理事会会议通常在布鲁塞尔的贾斯特斯·利普西斯大厦六楼举行。这些会议室阴森可怖，让你有一种要赶紧同意以便离开的急迫感。担任主席的成员国享有一套刚好离开主走廊的房间，在那里你可以坐下接见一个接着一个的国家代表，倾听他们的领袖的抱怨、诱哄和威吓，同时判断哪些只不过是气势汹汹的咆哮，而哪些是真实的哀怨，哪些可以让步，哪些必须证明与事实有误，并确定什么时候是由主席对他们进行威吓的正确时机。

没哪个国家愿意被别人占便宜，但也没哪个国家愿意被人指着鼻子骂为失败的根源。因此，在那个令人厌烦而又了无生机的房间里，在接踵而来的每一个令人痛苦的会面中你都在精心计算，什么时候该前进，什么时候该退却，什么时候该拖延。

我的战略是：与安格拉结成同盟并与她分享成功的好处——这能巩固她的总理地位，从而使她对我友好；妥善处理西班牙和意大利的关系；声援波兰；与法国达成交易。最后在每个人都想达成协议回家的时候悄悄地塞进我们自己的拼图片。

我们达成了一个第一次让英国支付与法国差不多款项的交易。英国媒体将此称为一次背叛；不过说实话，就算我能把雅克·希拉克用链子拴上牵到伦敦游街，他们也会那么说。那时我已经无所谓了。我们维持了退还款，把它的终止跟共同农业政策绑到了一起，并同意在预算期内可以对两者同时进行改革。尽管我不应该这么说，但这几乎就是一个小奇迹。

其间我跟戈登一直处于关系最紧张的时期。他实际上坚持要法国同意终止共同农业政策，并在公开声明中以一种激怒法国的方式宣布了这一点。实际上,他不仅想要他们放弃共同农业政策,而且还想让他们为曾支持过这一政策道歉。但这却以一种可笑的方式帮助了我,因为我可以说:看到我的麻烦了没有?现在你们总该实际一点了吧?就这样,在不经意间我们成了一对伙伴:一个朝他们唱红脸,一个唱白脸。

谈判进行到凌晨的时候变得更为紧张了。戈登拒绝同意这个交易。充当我们俩中间传话人的乔恩·坎利夫是一个聪明的财政部模范官员,但他后来简直受不了了。这个可怜人。戈登情愿让这次谈判垮掉,然后在下一次主席任职期间重新争斗。我知道这将大大损害国家、政府和我本人的名声;而且一旦我们退出了驾驶席,英国能否得到一个更好的交易也完全没有保证。实际上,那时的交易几乎肯定会更糟糕。

最后,恐怕我完全不接他的电话了。可怜的乔恩走进主席室说:“财政大臣非常想跟你说话。”我说:“我实在太忙了,乔恩。”然后他说:“他真的是这样要求的。”然后我说:“我等一下就打给他。”乔恩又说:“你真的打算这么做吗,首相?”我说:“不是的,乔恩。”

我或多或少成功了。我们达成了一个好的交易。戈登跟交易摆脱了干系。很快就有了许多其他令人伤脑筋的事情。

第十八章 凯歌与悲曲

当今政治领袖的时间表越来越疯狂了。现代旅行的便利,外交事务成为主要工作内容所带来的紧迫性,需要处理的事务的范围与领域:所有这些意味着,你有可能在几天之内要跑上四五个国家。因为这是可以做到的,你早晚会被认为应该这么干。这种时间表的惩罚性质即便与仅仅二十年前相比,也要厉害多了。

我对此慢慢习惯了,而且我还有一个很大的优势:不受时差影响。对于我来说,太阳照耀的时候就是白天,天黑的时候就是夜晚。我也吃褪黑激素丸。无论身处哪里、位于什么时区,吃上一颗这样的药丸就能保证你六小时的睡眠。

一个问题是,出行确实能让消化系统紊乱。你需要吃健康食品,同时要有节制。我是个非常典型的英国人,在洗手间里的时候喜欢悠闲自在。浴室是一个重要的房间,我无法生活在一种不尊重浴室的文化之中。无论如何,那种事你可能并不想知道。但正如我经常说的那样,政治家也需要人们把他们作为人来看待、来理解。一夜没睡好,或者身体某一部分不舒服而感觉糟糕,那你的表现就不会好。我们与其他人的差别仅仅在于,我们的表现全都有电视记录或者记者报道,并且没有重做一次的机会。

我之前就一直知道,从2005年7月2日起的七天将会充满挑战:飞往新加坡申办奥运会并在那里度过繁忙的两天,然后飞回苏格兰的格伦伊格尔斯参加八国集团峰会——那一年由英国主持,也就是由我担任轮值主席。这是两项重大的挑战,也是两次巨大的风险;如果它们办砸了,那就是两次重大失利。

奥运会2012年在伦敦开幕时,许多人将会被铭记,是他们把奥运会带到了英国，但这一切都是由时任文化、媒体与体育事务大臣的特莎·乔韦尔开始的。当申办的可能性第一次被提出时，内阁中的大部分人的态度都是模棱两可，财政部则对此抱有敌意。我喜欢这种大胆思维，但却看不出我们有成功的可能——法国人受到普遍青睐，还有来自马德里和纽约的强劲对手——而且，在伦敦千年穹顶之后，我们对这一类特别庞大、费钱而又可能很难对付的东西总有一点神经质。但体育界立刻就意识到了它的重大意义，极力支持申办，并在整个过程中进行了理智的倡导，表现出了令人称道的坚定。特莎的态度也同样坚决。

特莎是一个伟大的人物，是人间的瑰宝。她代表着最崇高的政治忠诚，这种处于最佳状态的忠诚不是盲目的，而是经过深思熟虑的。她明白，要想取得成功，一个政党需要强有力的领导，而领袖需要忠诚的支持者；如果你认为领导层是错误的或者受到了根本的误导，那就该更换领袖；但不要空有一位领袖，又不支持他的领导权。那种方法意味着政治上的乏力。特莎就是那种最高意义上的明智的忠诚者，并且会在任何艰难的情况下都和我一起走到底，因为她相信我的领导力。而且，如果她不相信，她就会告诉我。

她告诉我，奥运会也是一个巨大的机遇。想想它会对我们的年轻人，对健康、对体育、对这个国家的自信心产生多么大的影响吧。我说："是啊，但假定我们未能成功，或者更糟的是，我们被法国击败了，结果我受到了羞辱呢？"那天，当我坐在唐宁街花园里——在阳光明媚的时刻我通常会在那里与人单独会面——生动地讲完这些话之后，她责备地看着我说："真没想到，这就是你对于领导方式的态度。我以为你会作好冒点风险的准备。这是一个很大的风险。当然我们有可能失利，但至少应该有勇气试一试。"特莎这样说的时候，我感到自己的无力，甚至感到了羞耻。我知道她是在影响我，但也知道，这是成功的影响。"哦，好吧，我们就试试。"

内阁行动了起来，但只是因为我动了真格，并且乔纳森·鲍威尔一如既往精神饱满地给予支持，以他特有的方式在批评着、敦促着，这让每个人都感觉他们最好还是顺势而为。

2003年中期，我们成立了一个申办团队，以完全专业化并完全胜任的巴巴拉·卡萨尼为首。来自国际奥委会的克雷格·特威迪是一位懂行而又娴熟的委员会政治家。2004年5月，塞博·科接任申办委员会主席。我只在电视屏幕上见过他与史蒂夫·奥维特之间著名的赛跑。他是一个伟大的运动员；另一方面，他后来成了威廉·黑格的幕僚长——那并不怎么伟大。我完全不介意他是一位保守党人士——他显然不是一个有着狭隘党派意识的人，而且无论如何这会从政治上把所有人都团结起来一起申办——但老实说我对他不是很有把握。尽管如此，我信任特莎，特莎对他很有把握。事实证明这是一个巧妙的选择。作为运动员，他能够立即在体育界取得所有人的支持。作为个人，他以一种睿智、正派与有说服力的方式工作。在他身上没有任何一种保守党的糟糕特征，却具有保守党的大部分美好特征。

但很清楚的是，这是一件漫长而又艰难的工作。我们甚至连第二名都不是，我个人很怀疑我们会获得成功。对于我是否应该去新加坡，有过激烈的争论。最后我还是去了，但更多的是因为这是一个犯罪现场，我应该在场来获得辩护，避免让人批评我没有尽力。当我到达那里的时候，申委会团队已经在那里安营扎寨好几天了。此时的情形正如在这种局面下经常会出现的滑稽情形那样，我们可以跟人谈论这次申办，但不可以四处游说。试着看看你能不能发现其中的差别。反正我不行。

申办部署分为两部分：在英国高级专员公署官邸举办了一个仪式和一次晚会来展示我们的资料，并赋予团队齐心协力与团结一致的感觉；然后我们就去见国际奥委会的各位成员，其中指定我去单独会面的大约有四十人。考虑到总共有一百一十五位投票委员，这对我是一个很公正的比例。我坐在宾馆的套间里，在他们被逐一引进来之前有人给我送来有关各人详情的一沓纸头，这样我就大致地知道他们的喜好、担心和厌恶可能是什么。在两天的会见过程中，我再次十分深刻地体会到，有选举权的人到处都是一样的：每个成员有一张选票。在小的选举委员会里面，这是很关键的。

当年，在我争取塞奇菲尔德选区提名的时候，约翰·伯顿教给了我这一点。在管理委员会（当时的选择机构）中有许多爱讲话的人和有权势的人，他们会在辩论中发言；但约翰看准的是那些小老太太、不那么兢兢业业的出席者、腼腆的人、缺乏自信的人、对于选谁拿不定主意的人和没有加入某一阵营的人；然后我们一起去做他们的工作。归根结底，他们和那些大人物一样，每个人手里都有同样多的选票：一张。

因为奥委会成员分散在全球各地，这一箴言甚至更为正确。第一个发现这一点的人是切丽。从我们刚开始申办的时候起，她就一直在世界各地奔波，会见那些不那么有影响的成员。有几个人对于我们的成功申办是必不可少的，她是其中的一个。我的妻子是很难被说动的，但一旦作出决定，她就会坚定不移。她也可以把一个房间整理得比我见到过的任何房间都好。

她和她母亲以及杰出的杰姬——我们的保姆——都对体育有着极大的热忱(说真的,我没有),所以切丽很喜欢这个任务。但无论她喜欢或是不喜欢,到了我们全都在新加坡会聚的时候,她已经会见、回访了奥委会中很大一部分委员,并跟他们保持联系。在国际奥委会举行的晚会上,我们不断地碰见她的"老朋友"——他们通常是孤单单的一个人,因为人们认为他们不重要,但他们无疑跟那些大受追捧的人手中有着同样多的选票。就这样,我们已经暗地里累积了许多静悄悄的支持者。塞博同样满世界奔走,效果也很明显。

如同我很快就发现的那样,那些见到我的人们没有一丁点想要跟我谈论体育的兴趣,他们准确地把我看成一个那方面的门外汉;但他们对政治很着迷,对于跟一个著名的政界人士会面也很着迷。我发现我前不久在欧洲议会的讲话是一个很大的交谈主题。我知道这很古怪,但它能引起共鸣,而且尽管有人同意入侵伊拉克,有人不同意,他们对于我作了一个非常不得人心的决定这一事实都很尊重——很奇怪吧?

因为我们不应该夸大政治的吸引力,所以也把大卫·贝克汉姆安排进了申委会。大卫完全是我们的一个优势——他没有把事情搞砸,完全做了我们让他做的事,而且在新加坡引起了普遍的轰动,这正是我们希望达到的效果。

在多次会面的过程中,我再次意识到,倾听与述说同样重要。知道什么时候别说话是生活中最重要的规则之一,更不用说在政治中了。从根本上说,大部分人在心理上是在四处寻找一个愿意倾听他们的人,一个对于他们想说的话有兴趣的人,一个认为他们说的话既睿智又令人兴奋的人。这一点适用于任何层次的人。实际上,人的层次越高,这一点就越正确。在我与其他领袖——跟那些我非常熟悉的人,或者在有着非常紧迫的公事需要处理的情况下,我不经常这么做——的大多数会见中,我会听他们说话,或者问些问题让他们谈,这样我就可以听。良好的会面必然是听得多说得少。

此外,还要知道什么时候该表示不同意,什么时候不要理会对方的评论。如果事情比较重要,而且会发生可怕的误解,你就必须介入反驳;但经常出现的情况是,即使与你对话的人作出了一些完全荒唐可笑的断言,你对他的反驳也只能导致一场无用而且不会有结果的争吵,这就会让谈话很尴尬,不容易进行下去。除非这与你们讨论的真正主题有密切关系,否则你就该任由它过去。

我就这样会见了数不清的奥委会成员,并在给定的时间内尽量去倾听他们的话。有些时候他们来得又多又快,我甚至把那些有关他们的纸条弄错了顺序，人也弄乱了。有一个人进来了，纸条上说他是一位标枪冠军。看到他长得很瘦小——身高只有五英尺八英寸[①]的样子——我觉得很奇怪。我想他们应该都比较高大才是，尽管实话实说，我对于掷标枪的人的了解实在有限。我问他，在他的运动项目中什么是最重要的因素。他的回答完全让我陷入了五里雾中："是冰的质量。"

上帝啊，我想，我真的对投掷标枪一无所知哟。"哦，原来如此，"我说，"这对于你非常重要吗？"

"是啊，这是最重要的。"他回答。"这决定了你能跳多高。"他继续说。我能看到塞博正在他身后疯狂地打着手势，但他没法表达得很清楚。

"你能跳起来多高呢？"我问。

"三英尺的样子吧。"他说。

塞博插话了："这些他全知道，因为他是多年的花样滑冰冠军。他的冰上舞蹈非常有名。"

另一个戏剧性的时刻出现在以莫斯科市市长为首的俄罗斯代表团来访的时候。肯·利文斯通悄悄告诉我，他们之间关系密切，而且他们有一个默契。他没有告诉我详情，我想最好也别问。

他们鱼贯而入。表面上看他们是些典型的俄罗斯人。在一伙俄罗斯人身上有一种气质，让你希望他们站在你这一边。你会感到，如果环境出错，或者在任何环境下，他们都可能会很过分；感到那些限制我们行为和性格的界线都不再有效；感到你完全能理解为什么拿破仑会失败，而希特勒还想愚蠢地尝试。

他们庄重地坐下了，眼睛看着我。我看着他们。然后他们很理解地微笑点头。肯这次参与了我们的谈话；他看了看我，然后我们都对俄罗斯人点头。这头一点起来就持续了一段时间，直至谈话开始；至少对我来说，谈话完全难以理解。谈话的要点是，我们相互间非常理解，他们忠于他们的诺言，我们忠于我们的诺言，他们不喜欢那些不忠于诺言的人（我对此感到有点不安）。但既然说过他们遵守诺言并且我们也遵守，别的就不必再说了。接着，经过又一轮会意的微笑与点头之后，他们鱼贯而出。

"我的上帝呀，肯，这都是些什么意思啊？"他们走后我问。

"你可爱的脑袋瓜子用不着明白这些，"他说，"我想事情很顺利。"

穿插在所有这些"非游说"活动之间的还有一些正式会议和招待会。西班

---

① 约合一米七二。

牙王后——她非常优雅，是西班牙人的一大财富——与上任不久的首相何塞·刘易斯·罗德里格斯·萨帕特罗曾共同出席。尽管我与阿斯纳尔[1]之间保持着友谊，萨帕特罗对我总是表现得非常得体，而且他很明显是一位精明的领袖。大政治家们跟王室普通成员混杂在了一起。新加坡总理在堂皇的旧殖民地时期的将军大厦举办了一次招待会，我们全都在那里别扭地混杂在一起，跟某个人说着话，同时以蛇一样的敏锐关注着其他人做出的动作；我们都深深地知道，任何怠慢的言辞或者行为都可能让我们失去珍贵的一票。这是真正可怕的事情：明明是竞争对手却要装成另一番模样，在乞求的同时还得维护尊严。

安妮公主也参加了巡回会面，而且举止非常谨慎，因为她是国际奥委会的成员。人们尊敬她是因为她的真知灼见，同样也因为她本身就是一位奥运会获奖选手。她做了大量鲜为人知的慈善工作，也是英国了不起的亲善大使。我总是很喜欢她。我怀疑这种喜欢只是我单方面的，或者更准确地说她并不在乎——除了禁猎之外，在这一点上我敢肯定她很不满意。她跟她的父亲非常相像。人们觉得菲利普亲王对于外界的看法全不在乎；这种想法是对的：他真的不在乎。安妮也是这样的。她就是她，如果你不喜欢，那就走开好了。这种品质我没有，但我赞美那些有这种品质的人。不幸的是，这让人们看不到他们性格的另一面。

我们第一次在苏格兰巴尔莫勒尔堡会面的时候，安妮公主称切丽“布莱尔夫人”；切丽(典型的切丽)说：“请叫我切丽。”

“实际上我更愿意叫你布莱尔夫人。”安妮回答。一方面，这种粗鲁非常令人吃惊，而且与我们所处的民主时代不协调。但另一方面，这也表现出了一种令人赞赏的决心，即坚决不与我们的民主时代协调，并将自己的想法说清楚。

我还记得，在我当政后不久，白金汉宫认为他们应该为一些工党议员举行一次招待会。由于我们占有相当的多数，或许他们认为他们应该这样做，以免有些潜在的废除君主制的倾向冒头。这次招待会一直进行得很顺利，直到菲利普亲王游荡到了一个非常虔诚的左派女权主义议员琼·瓦莱身边。“你好，”他说，“你是哪里的代表？”

“斯托克。”她说。

“糟糕透顶的地方，是不是？”他回应道。

在我即将离开新加坡的那天晚上我们参加了一个盛大的仪式，是奥委会

① 西班牙前首相。

的开幕发言和酒会。我碰到了西班牙足球运动员劳尔，试图邀他放弃皇马加盟纽卡斯尔联队，但没有成功。在酒会中我一心想离开。我筋疲力尽，而且说老实话，很想宰了下一个跟我谈话、纵论当今世界所面临的地缘政治挑战的人。我已经厌倦了奥林匹克运动、奥委会成员以及奥委会的仪式。我的大脑已经转移到了八国集团峰会的准备上面；在逗留于新加坡期间，我持续收到——并不总是正面的——有关这个问题的报告。我越来越意识到双重败绩的可能性：没有争取到奥运会的举办权，也办砸了八国集团峰会。

雅克·希拉克到了，他大摇大摆地走了进来，就好像是拥有奥林匹克及其所有一切的主人。我以一种带有偏见的方式注意到——这也许是由于我的心情——每个人都在他周围上蹿下跳。或许我已经待得太久，人们对我太熟悉了；或许我表现得太谦虚，没有显示出足够的威严。我开始表现出了哀叹的迹象，这是我手下的人看得出来的。

这正是让那些不过分尊敬或者敬畏你的人围绕着你的重要时刻。唐宁街10号负责重大事件的乔·吉本斯很同情我的疲倦，但坚决反对我离开。还有那么多人需要拜访呢。塞博很友善，但坚定得一塌糊涂：留下。切丽似乎是不知疲倦的。我将无法出席第二天的大型介绍会，因为我必须回去准备八国集团峰会。雅克本人可以亲自介绍，而我只能通过录像了。好吧，那就待着吧。

最后，就在我几乎要放弃生存意志的时候，也就是在所有酒会侍者与我一一合影之后，总算到了走的时候了。我们上了飞机回家，这是一次十二个小时的航程。

实际上，我与雅克在酒会上的不同表现，可以说总结并象征着伦敦和巴黎在申办态度上的差别。

1948年，伦敦是在劝说之下才举办奥运会的。随后，冷战或多或少扭曲了申办的过程。但到了20世纪90年代，奥林匹克运动成熟了。在某个国家举办大会是在帮奥运会的忙——这种时代已经过去了，举办变成了令人望眼欲穿的奖赏。当今奥委会的想法是，承办国可以修建所需要的基础设施，并实际用于运动会。过去的终点现在变成了起点。真正的附加值是，主办城市可以对奥林匹克精神作出什么样的贡献，这种精神只是对奥林匹克运动之魂的一种笼统描述，它无法触摸但却可以让人深深地感觉到。

当国际奥委会对伦敦进行初步访问以评价我们的申办时，白金汉宫为检查组举行了一次宴会，当时我就坐在组长身边。只是在与她谈话的过程中我才意识到，伦敦的申办应该是有关他们的，而不是我们的；或者更准确地说，是我们可以做些什么来促进奥林匹克运动的灵魂实质、精神与内涵；而不是仅仅关注伦敦、基础设施等等。国际奥委会是运动员、生意人、王室成员和普通人中伟大与崇高人物的奇妙组合；但无论他们的来源如何，他们对以下指责都极为敏感：整个运动会变得商业化了，已经丧失了与其内在精神的联系。他们想让奥林匹克运动重新意味着某种事物，某种更崇高、更纯洁的事物，而不仅仅是一个巨大的生财盛典。

人们谈论着奥运会需要留下一些遗产，这通常指的是那些不会随着运动会结束而马上关闭的设施。我认为这意味着能让世界发生正面的改变。我发现塞博和其他人也有同感；于是我们便着手把伦敦展现成一个现代化的、生气勃勃的、多种文化并存的、多民族融合并且令人骄傲的地方。这是一个具有当代价值的伦敦——现代化与传统结合的都市。

与酒会上的表现十分相像的是，法国人展现的是一种“我们将会胜利——这时候你们就不走运了”的态度，并试图以一种似乎不可抵挡的姿态横扫众人——典型的法国作风。我们展现的态度是：“我们恭敬地请求为伟大的奥林匹克运动效劳”，并在不为人知的表层下面进行了几近疯狂的努力——典型的英国作风。在许多情况下法国方式是正确的，但他们恰恰做得过了一点点。毫无疑问这就是关键之所在；我们所展现的让人感觉更好。

最后还要说到一个人，没有他我们可能无法成功：西尔维奥·贝卢斯科尼。此前的8月我曾到撒丁岛他的家中访问，谋求他对于申办的帮助。意大利起着关键作用。他问我主办奥运会对我们有多重要。“很重要。”我说。

“非常重要吗？”他问。

“非常重要。”我回答。

他说：“你是我的朋友。我无法答应你任何事情，但让我看看能不能帮上忙。”典型的西尔维奥作风，这就是我喜欢他的原因。大部分政治家会说“我答应你”，然后什么也不做；他说“我无法答应你”，但实际上帮你做事。

私人关系举足轻重——这当然是很明显的；但这也被某些人完全忽略，这些人认为是辉煌的谋略和精确的计算在推动着谈判和妥协。在所有层次上，特别是在最高层，政治是与人有关的。如果喜欢一个领袖，你会试图帮助他，哪怕这对你自己的利益有所影响。如果不喜欢他，你就不去帮助他。而如果你基于政治原因而态度冷淡——比如因为他们是争议人物，像西尔维奥这一类人——那没问题，但别哄骗自己了：吃亏的是你自己的国家。那些领袖们也不是傻瓜，他们知道你不打算为维持关系而付出代价。你认为他们对此就不会心怀怨尤？我不知道意大利人是怎么投的票，但是……

离开新加坡的时候我们不敢抱有希望，但心中还是在希望；究其原因，我归结于所有这一切造成的愉快心情和人们当着你的面总是说好话的事实。但不知出于何种原因，现在好像不再是法国胜券在握了。

整夜飞行之后我们在爱丁堡机场降落，然后驱车前往宏伟的格伦伊格尔斯酒店。选择格伦伊格尔斯酒店并非因其宏伟，而是因为我们需要一个比较安全的地点。1998年的八国集团峰会——我第一次参加——是在伯明翰最靠近市中心的地方举行的，但在那之后的七年间——甚至在“9·11”事件之前，更不要说其后了——举行世界峰会的要求发生了变化。我们生活在充满抗议的公众时代。因为现代媒体本质上是通过冲击效果才能奏效的，这就让抗议者知道，如果抗议方式具有足够的破坏力，他们就会扰乱那些通过民主选举上台的政治家们的议事日程。一大群人可以冲击一次峰会并让它流产，可以占据新闻焦点的覆盖范围，可以冲淡峰会的重要意义；简言之，可以让峰会贬值。这就迫使政治家试图将他们自己与抗议活动隔离开来；而自从2001年的日内瓦峰会以来，他们倾向于在远离政治中心或偏远的地区举行这样的会议，这样就不容易受到干扰：法国的依云、德国的海利根达姆和美国的海岛就是这样的地方。

进入格伦伊格尔斯的时候我们可以听到反对全球一体化的抗议者们的叫喊声；他们反对我们的会议、反对八国集团、反对整个政治体系。我对于他们并没有慈善为怀的想法。为什么我们不能会面与谈话呢？毕竟，这是有关非洲与气候变化的会议。而你们又有些什么麻烦？换句话说，我对他们的感觉与他们对我的感觉类似。

然后我必须会见苏格兰首席大臣杰克·麦康奈尔。重要的是，要让人们看到他也是正在“发生”的事情的一部分，因为安保方面的安排已经实在过于棘手，很难实行。他必须会见当地居民；几天前在爱丁堡举行的庞大的八国集团峰会会前集会，他必须安排好警察部署，而且，跟平常一样，人人都想要八国集团峰会，但同时也想抱怨由此带来的纷乱。

令人吃惊的是我在从新加坡回来的路上睡着了，当然部分原因是吃了药。我洗了澡，整理一番之后自我感觉很好；当然，由于等待奥林匹克的申办结果而有点紧张。显然这事我现在已经不能再做什么，所以也就把精力集中到了八国集团峰会上面。

我已经决定这一年要做点不同的事情。大选后我在内部处于一种比较虚弱的地位。戈登和他的人正在躁动。媒体或多或少总是不停地在从背后袭击我。人们一直在逼我谈论把权力移交给一位新领袖的问题，而当时谈这个问题多少令我本人蒙羞，也令我的地位有所削弱。

但到那时我自身的发展已经达到了一个新的阶段。我并不愉快——我身上的压力实在很无情，但我在精神上非常坚强。我会至少再坚持两年。那至少与我做完整个任期这个誓言高度一致——很明显，我并没有实践这一誓言，但已经不是那么公然地违背人民对我的信任了。如果戈登能够和我按照一种既定方针共同工作，或许我可以如我说过的，在这之前引退；但假如这还很困难，我将至少再干两年。

如果党内和媒体的那伙人在这之前抨击我，想要强迫我下台，那双方就会发生血战。在局面发展到那一步之前，我将做自认为正确的事。我过去几年一直是按照这一原则行事的，现在我还将继续这样做。我不会退却。就这么简单。我甘冒失败的风险，也不会让对失败的恐惧缩减我的雄心。我不会浪费一丁点时间或者放低我的眼光。因此，我想要一个不同的八国集团峰会方针。

八国集团峰会通常把精力集中在当前问题上面，而且传统上总是有关世界经济。它的成员资格代表了历史上而不是当前的经济与政治实力。我们开始逐渐非正式地将其他国家纳入进来，这是从1998年伯明翰八国集团峰会开始的。

这次我把它提高到了一个全新的水平。首先，我邀请了五个国家——中国、印度、巴西、南非和墨西哥——参加差不多全部峰会，并邀请了不同的非洲和阿拉伯领袖作为补充。八国集团与五国领导人会话会成了一个新的模式，这让全球事务最主要的参加者——或者他们中的大多数，尽管是非正式的——得以在联合国或者世界贸易组织正式框架以外唯一的非地区全球性政治会议中齐聚一堂。

第二，我决定努力争取一系列雄心勃勃的结果。我确定这次会议的目标是双重的：为非洲设立一个大家同意的一揽子计划，谋求广泛的扶持与伙伴关系；至少在原则上建立一个新的有关气候变化的全球性协议——要把美国和中国包括进去——以在2012年《京都议定书》期满后继续发挥作用。有关非洲的一揽子计划建立的基础是我2004年在鲍勃·格尔多夫鼓动下成立的非洲委员会。

鲍勃。有关鲍勃我能说些什么呢？他能把你弄得神魂颠倒。他能不停地说话。他能像对犯了错误的学童一样对世界领袖说话。我本人对此并不介意——但相信我，我是一个例外。鲍勃在认真起来的时候可以是相当没有理性的，实际上可以说是狂热的。但他却有两个非常突出的可取之处：他很机敏，而且很勇敢。他足够机敏，知道什么时候该停止刺激以免发生灾祸，或者让一个不通情理的要求无法继续谈下去。他很勇敢，因为他不是那种只能同甘不能共苦的朋友；不会说什么“别用你的妥协玷污我”或者“你现在不得人心，我才不跟你走在一起呢”一类的话——在如今这样一个多姿多彩的世界里，说这种话的人遍地都是。他和波诺都是真正全身心投入的人，有着丰富知识，一心要把事情干好。他们不是那种只顾保护自己的人。

非洲委员会的成员级别很高。其组成照顾了各个方面但都经过严格遴选，其中的非洲成员更是些有真知灼见、头脑清醒并决心实践报告的中心主题的人；这一主题即最后将由非洲自己解决非洲的问题。他们是那种典型的“自救，而不是等待施舍”式的人物。是的，我们需要增加援助，但目的是让非洲能够自己站起来，而不要再说什么由于过去邪恶的殖民时代，他们无法自己管理自己这一类鬼话。我对于非洲的观点基本上一直是一种三重想法：我们需要一种发达世界与不发达世界之间的伙伴关系，而不是施舍者与接受者之间的关系。治理方式与腐败跟债务和援助一样是个大问题。解决冲突是核心问题。换句话来说就是硬件和软件。尽管西方公民的确对非洲的困境深表同情，但他们也或多或少担心这是一种毫无希望的局面。金钱资助是道义上必须的，但人们不大相信这样做就会有好的结果，而这又导致了“援助疲劳症”。这是鲍勃和波诺本能地知道的情况；而且，即使他们不知道，他们与乔治·布什的第一次会面也会让他们知道。

我知道波诺会是一个能够会见乔治的重要人物。凭波诺的头脑，他本可以去当总统或者首相。他对于政治有一种绝对自然的天赋，与人交往水乳交融，非常机敏，同时又是一个极富感染力的演讲者。我想过很久，想知道是什么让他能够如此胜任自己的工作。最后我确认，除了所付出的努力以外，他具有那种特质，那种我在每一个我遇到过的真正成功人士身上所看到的强大的渴望；以此为推动力，可以让他不断地改善，永远也不会真正地感到满足或者放松。采取正确的方式并有着适当的控制，这种推动力同时传达着一种谦恭。我知道他能够把乔治争取过来，并且完全不会出现大部分他那类人物所具有的神经质的轻慢。

说实话，乔治对于我关于八国集团峰会的方针感到忧虑。他从来都不喜欢峰会，甚至可以说不信任峰会。他能感受到峰会的压力，不喜欢那种不可避免地专注于美国“做得不够”的感觉，讨厌那种虚伪，它标志着，有时甚至确定了峰会的性质。我不得不动用我的许多主要筹码——无论如何它们都很有分量——来争取让他同意这一议程并参与其中。

他对于非洲及其管理方式持严厉的批评态度，这是有道理的；但尽管如此，他还是加倍提供了给非洲的援助；对于气候变化，他持怀疑态度。乔治是一个真正的保守主义者；他具有我所赞赏的保守主义者的特质，同时也具有那些使我不会在政治上成为保守主义者的特质。这些特质之一就是，如果某事激起了广泛的公愤，保守主义者的第一个本能反应就是对抗这种愤怒——他们这样做也经常是正确的。他们不会因为人人都告诉他们应该这样而赞同某种观点。

这种态度就是一些人可能会说他们不喜欢保守派政治家，却还是投票选他们的原因。人们倾向于随大流；但出于一种奇特的原因，他们尊重一个随时准备对抗潮流的领袖。确实，如果他或者她没有作好这样的准备，公众就会怀疑，他或者她是不是一个合适的领袖。这种心理奏效的方式很古怪，但却是事实。革新派政治家经常对此摸不到头脑。他们情愿跟随思想的潮流，但当公众在民意测验中说他们相信甲，但往投票箱里丢的却是支持乙的选票时，他们就会对此感到迷惑。

我总是记得1983年的竞选，当时工党推行的是退出欧洲经济共同体的政策。我本人并不支持这一政策，并曾这样告诉我的选拔委员会；但作为初出茅庐的新候选人，我为了不至于犯错还是在竞选中采取了党的立场。民意测验显示，绝大多数公众支持退出，那些支持工党的人尤其如此。对于一个有着悠久传统的工党选区来说，这应该是一副能够打赢选战的好牌。但事实并非如此。让我十分惊骇的是，我倡导着一项不仅我自己并不相信，而且我天然的支持者们也不相信的政策。结果是，他们接受了保守党的看法，即退出欧洲是不实际的。很有趣的是，后来工党的官方立场转变了；但公众的反应依然故我。今天，没有哪一个政党能以一种反欧盟的方针赢得绝对多数席位，除非公众变傻了，但通常他们不会。

不管怎么说我又跑题了。问题在于，当全世界都在谈论气候变化会威胁我们这个星球的时候，乔治这类人的自然反应是这样回答："这是你们说的，我并不确定。"主流的主张越是咄咄逼人，他们的抗拒也就越坚决。

在他第一次参与的2001年热那亚八国集团峰会上，我们就气候变化问题进行过一次讨论。那时比利时是欧盟轮值主席国，所以比利时人也参加了。时任比利时首相的居伊·费尔霍夫施塔特是一个很好的人，而且很聪明；但他很忠于欧盟。《京都议定书》已经达成，比尔·克林顿已经在上面签字，但美国参议院以九十八票对零票未予批准。在入主白宫以后，乔治断然否决了这整件事。

我想他后来知道自己犯了一个策略上的错误。实际的情况是，在当时那种状况下，无论他说什么，众议院都不会通过。他本可以采取一种低调的立场。而他没有这样做，却像通常那样说了他想说的话，即无论是《京都议定书》还是气候改变的基本论据，都还没有说服他。而且他还进一步说，在不严重损害国家经济的情况下，美国根本不可能达到《京都议定书》的目标，而他根本不会去严重损害美国的经济。

在乔治发言之后，居伊说他理解乔治所说的话，但说实在的，美国的问题有一个非常简单的解决办法，这个办法不但对整个世界都有好处，而且也会对美国人民自己的幸福有极大的益处：如果他们给汽油加税，让价格上涨一倍，那么美国的排放量就会大幅度削减。这将会是一个十分大胆的行动，能帮美国人民戒掉对于汽车的痴迷，并为乔治赢得不但是比利时的，而且是整个国际政治舆论的高度赞赏。

乔治恰好赶上了第一轮讨论，还没有跟每一个与会者打过招呼。他不认识或者没有认出居伊，但震撼莫名地聆听了他的建议。

他转向我小声问："这人是谁？"

"他是比利时的首相。"我说。

"比利时？"乔治说，很显然对他那种全然的愚蠢感到很吃惊，"比利时不是八国集团成员啊。"

"不是的，"我说，"但他是作为欧盟主席出席的。"

"你们让比利时管理欧洲？"他摇着头，现在是对我们的愚蠢感到惊骇了。

所以，仅把乔治说成是气候变化的怀疑论者还不到位。随着时间的推移，他的想法有所改变，但其变化速度很慢——这是保守主义者特质中我不赞赏的一种，因为他看出了，美国对于碳的巨大依赖其实是把他们的未来放到了这个世界上不稳定、不可靠的那部分力量的手中。一旦有所觉悟，他就在开发清洁燃料上投入了比以往任何一届美国政府都多的资金。实际上，他对非洲的援助也增加到原来的三倍。但与过去一样，由于这个世界对于他已经形成定见，所以他的信誉并未因此而增加。

我有一次问一位工党的后座议员，为什么他这么恨乔治。甚至我的亲密朋友中也有人私下问我到底对于乔治·布什是怎么想的，这确实是一种让人尴尬的情况。这时我会说我真的喜欢他，但每逢这种情况都会让人根本无法理解。当我问那位后座议员为什么这么恨乔治的时候，他说："我就是恨他，没法完全解释清楚，就是这么回事。"然后我问，如果事实证明他是正确的，那会不会有什么不同。“在那种情况下，我想我会更恨他。”他回答。

这就是乔治面临的情况。到2005年7月八国集团峰会他已经有所改变了，但还没有达到我希望的程度。他一直不肯说，他会让美国参与气候变化问题的协议。而且尽管他在非洲问题上确实有所突破，并且在为HIV和艾滋病行动筹集资金方面有着真正令人瞩目的成绩，但我们要的是一个大数目——在今后的一些年里需要额外的五百亿美元，而且对这些款项的用途都有详细说明。我们没有进行一些令人愉快但却一般性的讨论，而是把实际的数字、实质性的投入和真正可以做到的项目摆到了台面上。乔治对此很紧张；我绝对清楚的是，尽管其他人也会参与，但他们之所以这样做，是因为他们相信，乔治会主动成为搅局败兴的人，这就解救了他们。我也知道，如果他同意了，没有其他人敢说不同意。

我施加了真正的压力，而且说老实话，这种压力比其他领袖希望有的或者认为必要的压力更大、更广泛。的确，如果没有乔治的支持，事情是办不成的。即使有了他的支持，能办的事情也有限度，而我想做的却远远超出了这个限度。

美国式的峰会谈判实在是非常困难的；要作好意见交锋、逐字逐句进行争论的准备，然后他们才会在最后时刻到来，让与会的每一个人都为他们到底来了而觉得应该对他们心怀感激。这样做不会赢得许多朋友，但他们知道，每个人都要靠他们的实力来保护。如果他们垮了，没有谁能为他们进行战斗，他们就得为自己而战。这很公正，但这会让任何峰会主办人，包括我，经历令人忧虑的时刻。我知道，如果拼命加大推动力度我会搞定乔治的；但我们要解决的是气候变化和非洲两件事，他或许会想，给一件就足够了；但我两件都想要。

而且，一旦进入了某个过程，人们会发现自己很难从中脱身。乔治知道，从开始让步起，他就走上了一道自动扶梯，会被带着走很长一段路——就像他确实于两年后在德国做的那样。他知道，如果现在认同了这个过程，发表一项声明，承认挑战的严重性以及这主要是人为造成的这一事实，他就让美国失去了回旋余地。他也从来不会躲到国会后面。如果他说要做这件事，他就会真正地努力去做，而不是口头上同意，心里却知道会有其他人否决、他不必真的去做。

八国集团与五国领导人对话会是一个关键论坛，可以让主要排放国之间进行顺理成章的非正式辩论和讨论。正如我不知疲倦地对人们指出的那样，这比一百多个国家来到联合国，同意了一项不包括美国在内、印度又不肯承担任何进一步减排义务的气候协议要好得多。这就是为什么直到今天，无论有多少国家批准了《京都议定书》，却只有很少的国家——英国是个例外——实现了自己的减排目标。

就非洲来说，我知道，如果没有实在的数字，这会成为又一大堆“可怜的非洲，我们多么关心你啊”式的垃圾公告，这类公告骗不了任何人。鲍勃、波诺和非政府组织联盟发起了一项有效的运动，实际上就是依次走遍所有的主要国家，向这些国家的领导层展示公众对在非洲采取行动有多么支持，以此让他们感到惊骇。这一运动推进得十分聪明，因为他们总是大力赞扬那些领袖，以鼓励他们。在鲍勃和波诺的领导下，辩论切合实际。如果我们给了援助，他们就会说我们给了。如果没有，他们就会谴责我们。很公平。绿党人将会是机会主义者，即使乔治前来负荆请罪，请求人们原谅他过去的新保守主义立场，承诺从此之后所有美国人将放弃汽车，驾驶风力滑板车。

逐渐地，我恐怕已经变得不太喜欢非政府组织文化的一部分，特别是那些绿党组织。不要误会，我承认非政府组织做了杰出的工作；但他们中一些人的问题是，一方面他们被媒体视为关心他人的人——这当然是对的，同时他们也是筹集资金、推销自己并与跟他们类似领域的其他非政府组织进行竞争的组织。他们全部的**存在理由**是让政策改变，因此要他们说“是”是很难的；我们曾经改变过政策，但并没有让他们有所改变。而且，他们完全学会了如何玩现代媒体这种游戏。由于媒体就是有关冲击力的，于是他们就越喊越响，以便让人听到。他们的词汇中没有“平衡”这个词。全都是“骇人听闻”、“背叛”、“危机”之类的词。他们也有自己严格定义的教条和传统智慧，如果你向这些教条和传统智慧发起挑战，他们就会激烈地为之辩护——通常不是摆出他们自己的理由，而是对你挑战它们的目的加以诋毁。在非洲问题上，我一直设法让他们看到，带有贸易援助的自由贸易符合非洲根本利益；但实际上却根本说不通。他们联盟中的一部分人基本上采取了这样的立场：“全球化是富国的一个阴谋”，并驳斥说这会打碎他们的支持。他们于是发起反抗。

这就如同绿党对于核能的态度。今天，使用核能的优势已如此明显，所以说老实话，面对能源的匮乏与气候的改变，反对发展核能的态度几乎可以说不负责任。我敢打赌，其实他们中的许多人私下里知道这一点，但公开承认却无异于异端邪说，并且会分裂整个运动。

我在这里强调的是，在非政府组织内部也有许多跟政治斗争中相同的勾心斗角——有的时候比政治斗争中的还要多，而且他们根本就不是客观观察者，却被人当成客观观察者。他们部分地是在为某种事业而奋斗，而另一部分是为了他们的既得利益。但这并不意味着他们说的一切都是错误的,而且他们是健康的民主的一部分。(这一次我是说真的。)

很幸运我们在格伦伊格尔斯的时候天气晴朗、暖和,让我们可以坐在外面的阳光下面——或者至少其他人是这样。我每次起床都感到很激动,思绪跳跃,时而想着八国集团峰会的细节,时而不断地思索着让特拉法加广场和香榭丽舍大街上的人群焦急等待着的奥运会申办结果。第一轮通知下来了,莫斯科出局,然后是纽约出局。

现在大家的心情十分紧张,工作人员不再跟我谈论非洲和气候变化,因为我的回答全是废话。从我与许多拉丁美洲国家的奥委会委员的多次谈话中可以清楚地看到,如果最后的竞争者是伦敦与马德里,他们将支持马德里(说西班牙语的人们相互支持);但如果是伦敦与巴黎,他们很可能会支持我们。投票结果很快就会揭晓。在像这样的投票者总数很小的情况下,对于主要竞争者承诺的选票数很自然会大于实际的投票人数。每当塞博告诉我他得到了多少坚定的承诺,我都只是干巴巴地一笑——就像任何一个曾经经历过工党选举过程的人所做的一样。

大约上午十点,消息传来,马德里出局了。现在是我们跟巴黎竞争。用不着等很久了。乔和团队的其他人出去看电视里面宣布结果的节目去了,我可受不了那种煎熬。我在外面,这时冷静到令人恼怒的乔纳森·鲍威尔也出来跟我在一起。我觉得他不怎么在乎。当办公室里的谈话内容转到足球上时——通常每天至少一次——乔纳森会把手指塞进耳朵里,好像在说:这事请到别的地方谈吧,我们中间有人还有工作要做。他的电话响了,他很无所谓地接了电话;然后他似乎很随便地——好像有人刚刚告诉他,下午四点的约会改到四点十五分了——对我说:"哦,我们赢了,对吧? 好事啊,不错。"

我当然蹦了起来,就像附近某个沼泽地里的一只正在蹿飞的野鸡。很奇怪的是,那一刻我想起的是我十二岁时的情景,当时我发现自己赢得费茨中学的一笔奖学金;那时我就在达勒姆的花园里面带着纯粹喜悦和解脱的心情奔跑,原来令人疲惫的焦虑被欢愉所代替。我想我围着乔纳森跳了一阵子舞,然后拥抱了他。乔纳森不是一个很愿意被别人拥抱的人;但他刚好在那里,于是就被我拥抱了。然后其他人都跑了出来,他们当然都很愿意接受我的拥抱。

这是一次重大的胜利,的确可以说是一次辉煌的胜利。说实话,我也知道,尽管八国集团峰会当然还是一个需要越过的大坎,但这次胜利将减轻我身上的压力。庆贺的电话打过了,采访也做完了,对聚集在特拉法加广场上的人群也发表了讲话。这时我可以回过头来以一种乐观、自信的心情考虑八国集团峰会的问题了。

第一批来参加峰会的人中就包括雅克·希拉克。我真诚地为他感到遗憾——你别说，我真的有这种感觉。他在有关欧盟协议的公民投票上失利，我敢肯定，这是一次能够让人深切感受到的可怕打击，因为这是他自己的人民对他的生硬拒绝。现在又是这一出。而且因为我们都在各自的申办中如此高调出征打先锋，这对他来说无疑是一次双重羞辱。如果处在他的位置，我一定会感到情绪低落，非常低落——那种情绪又岂是低落二字可以形容的。

但无论在别的方面你可以如何评论雅克，他始终是有勇气的，而且是个中老手。他出现了，而且非常优雅；他以个人和国家的名义祝贺了我，祝我万事顺利，而且在这样做的时候表现出了尊严与真诚。我不知道他私下在自己房间里是否啃过地毯或者用拳头擂过地板，但我想他没有。

他在20世纪60年代就曾出任过部长，并在三十年前我在巴黎当酒吧跑堂时就当了总理。这些事情他全都经历过——事实上他或许见得太多了，但他的优点之一是并没有因此而困窘。失利时他也表现得风度不凡。我觉得他一直有着一种极好的特质：他看上去就像一位总统，无论谈吐或者风度都像。照我看，他的政策是另一回事，但从性格上来说他就是那种人。2002年他与利昂内尔·若斯潘竞选总统。若斯潘是法国体系所能产生的荒谬的共生制度下的社会主义总理。当时的民意测验结果非常接近，但我总是肯定雅克会胜出。当人们问我为什么的时候，我说：因为他看上去像一位法国总统，而利昂内尔看上去像一位法国教授；而法国人民，嗯，想让他们的总统看上去就有个总统样。就像密特朗一样。

峰会将以女王主持的一次豪华宴会开始。在此之前，乔治、我、切丽，还有劳拉一起喝了一次酒。我能看出乔治将帮助我，而且当然，切丽和劳拉总是相处得相当好。我们的共同朋友比尔·盖梅尔顺便来看我们。比尔每一分钟都变得更加富有；他从孟加拉国买了些没人要的油田的特许经营权，结果发现它们的储量比任何人原来想象的都多得多。“我们的职业选错了，乔治。”比尔走了之后我说。他同意；但我们俩都不真的这么想。从政是自愿的。

好像雅克的麻烦还不够多似的，据报道，几天前他拿英国的食物开玩笑，对弗拉基米尔·普京和格哈德·施罗德发表了一通口无遮拦的评论，其意思相当于声称你不能信任烹调技艺如此低劣的人。作为添头，他把芬兰人也归入了同一档次。我个人并没觉得这有什么了不得，只是感觉很好玩；但是，每个人当然都得做出一副义愤填膺的样子。雅克对这件事进行抵赖,但这无关紧要。形形色色的名厨、不同种类的大厨和仇恨法国的普通人轮番上阵,指责这种丑陋的攻击;而芬兰人,我想他们确实很易怒。芬兰总理后来严肃地告诉我,这在芬兰是很严重的问题。(我想,上帝啊,别胡扯了。)

当我们和女王一起坐下来用餐的时候,日本首相小泉纯一郎作了一番非常有趣的善意取笑。小泉是我在政界碰到过的最有趣的人物之一,而且他当然与我遇到的其他日本政治家都不同:他是位伟大的领袖,非常活跃,有着不同寻常的个性。在开始痛快地吃第一道菜的时候,他用磕磕绊绊的英语大声对桌子对面的雅克说:“嗨,雅克,美味的英国食物哦,你说是吗?”接着就是一片哄笑声。雅克有点酸溜溜地看着他,被迫讪讪地笑了笑,但却对女王抗辩,说他从来没有真的说过加在他身上的那些话。“说的什么话?”女王问,她是唯一没有听说过这个故事的人,于是大家不得不把整件事重新解释一遍,每个人都觉得很好玩——而感到最好玩的莫过于小泉,他意识到自己找到了一个富矿,于是就无情地加以开采,逐一评价每一道菜肴,有时候实际上每吃一口都要哑着嗓子发表有关卓越烹饪的评论,一直到我觉得雅克就要抽出侍从武官的手枪向他开火为止。

这类八国集团宴会上总会发生一些奇特的事。领袖们通常都需要调整时差,但他们还是不得不分神来看看会议议程,在格伦伊格尔斯尤其如此。周围环境总是很有气派,但公众关注的总是气派到何种程度,而且不可避免地在质问举办峰会的支出。当然,大量的支出用在了安保上。但不管怎么说,问题还是出在领袖们身上,因为他们鲁莽地觉得一定要聚会谈论世界事务;而不是那些杂乱无章的抗议者的过错,尽管他们难以控制,甚至可能发狂。这有点像是公交司机的奢侈假日、非正式的工作会议和重大政治交易的混杂物。你永远无法确定它会如何解决问题。

开幕宴会往往是很欢快的——领袖们来上一两杯之后也差不多就变成正常人了,但在后来的几天里,当争吵到来的时候他们的戒心就重多了。这次宴会很不错。女王跟他们相处得挺好,尽管有些客人不怎么清楚该怎么跟她相处。有些人跟她蛮亲热。现在让我告诉你点什么吧:你不会跟女王很亲热的。有时候她表现出跟你很亲热的样子,但你可别试着跟她做同样的事,否则人们就会用异样的眼光看着你。我看着那些明白女王和总统之间区别的人,和那些不明白这一区别的人,心里感到很有意思。女王和总统都是国家元首,但女王就是女王。她是王室的,不是什么通过选举一步登天的平民。你可别忘了这一点。

宴会之后我回房间继续做我议程上的工作。还有好多事情要做——大家对给非洲的援助数字有分歧，对于气候变化问题也还有不小的抵触。我睡得时间不长但睡得很好，一早起来就开始准备了；我还有点兴高采烈，但现在真的开始聚精会神。

第一个会面是与乔治的双边会谈。没过多久我们就甩开了所有的人一起吃早饭。我需要感觉到他会不会越过界线，同意参与制订《京都议定书》之后新交易的对话。他现在不会同意接受一个减排目标，我能明白这一点，但他会不会参与一种最终与议程相符的程序？有关非洲问题他或多或少是会参与的。

在处理整个八国集团峰会议程的问题上，我十分荣幸地拥有一个精神饱满而又真正有能力的团队的协助，其中包括迈克尔·杰伊爵士，他曾是驻巴黎大使，现在是外交事务主管。让我惊喜的是，他同意担任八国集团峰会筹备官（即政府指派负责准备峰会的人）。说实在的，这比他的工作级别要低得多，但这却表明了我们的投入和我们对于这次峰会的重视程度。他具有经验、影响力和信念的恰当结合。

他的助手是从牛津饥荒救济委员会加入我们的贾斯廷·福赛思。换句话说，他是从让我特别厌恶的非政府组织运动那里来的。但他后来做了非凡的工作；他曾经是他们中的一员，了解所有这些非政府组织，能够发现他们的策略、准确确定他们的弱点和断层，因此是一个真正敏锐的非政治性的政治家。他做的是有关非政府组织方面的政治工作，迈克尔做的是政府方面的工作。我在唐宁街10号的外交政策顾问奈杰尔·斯恩瓦得爵士用他如炬的目光紧盯着这一切，并以只有他才能实现的方法特别地追随着美国人的动向。

乔治和我共同主持了一个简短的记者招待会。他必须解释，为什么他前一天晚上在庭院里骑自行车的时候撞倒了一位警察。这事只会发生在乔治身上。按一贯的作风，他在医院里跟那位警察谈了话，而且对此很自责；但自然而然的是，这件事一经媒体处理，就好像乔治来格伦伊格尔斯的紧急目的，就是要找到一个苏格兰警察撞上一番，而且如果那天下午还有几个警察列成一队的话，乔治或许就会像割草一样把他们一一扫倒。

似乎不会出现什么事情来打扰我们轻松的心情。推动一下，八国集团峰会就会达成协议，这将成为峰会的一个里程碑。我知道，要让强大的国家放弃它们传统的经济角色来为世界作出贡献，这会有多大的风险。但我也知道，这是一次应该进行的赌博。我感到满怀信心，它们又回到了我身上，让我对于我的判断、我的自信和我的命运充满了希望。

我走了几步路，来到新闻发布会的小房间，我将在那里会见中国的胡主席。他似乎非常正式，但是位强有力的领袖，而且我想他也是标准的正派人。在我们开始谈话的时候我请他委任一位官员，我可以不拘礼节地跟他联系，使已经在香港归还中国以后得到了根本改善的英中关系发展到一个新的高度。他提了一个人选，我们同意了，接着谈话就开始转移到了八国集团峰会的议程上。

中国在应对气候变化方面心存顾虑，担心会由于接受与经济发展阶段不适宜的义务而受到限制。中国人很担心被迫接受对他们的头等大事——发展——不利的事情。他们还有百分之六十以上的人口在靠农业生活（美国和欧盟大约是百分之三），并希望把千百万人口从农村转移到城市。没有强大的经济与工业发展——以及随之而来的更多的能源消耗——这将是一件不可能完成的工作。2000年到2006年间，中国煤的消耗量增加了一倍。他们知道，同意加入旨在达成一项协议的对话远没有表面看上去那么无害，所以可以理解的是，他们非常谨慎，但同时也感觉到了他们自己的力量；他们对与力量相伴而生的责任也有很强的意识，知道他们参与大国俱乐部之中不能同时又游离其外。我觉得，只要我不是做得太过分，或者让他们接受措手不及的条件，我就能让他们参与对话。

谈话进行了十五分钟后，乔纳森递了一张纸条给我。上面简短地说地铁出了点事。可能有伤亡。或许是一次事故，或许不是。直觉告诉我，不是事故。

乔纳森突然离开了房间，然后又神色不安地回来了。我向胡主席道歉，解释了纸条的事，然后问乔纳森，我们是不是有了进一步消息。

"发生了不止一次爆炸。"他说。

我的上帝啊，可别是一次恐怖袭击。别是这东西，别在这里。这一直是我最怕的，是他们显然很清楚的，是能在我们中间制造分裂的。就在现在这个时刻，有些我不认识的人们，他们的生命永远地改变了，或许永远地结束了；一个人的希望、梦想和雄心破灭了，世界被遗忘，一切都由于他们永远也不知道、不明白，永远也无法与之争辩的原因结束了。恐怖主义是最大的不公正：他们以无辜者为目标，目的正是为了摧残无辜。

我起身请求胡主席原谅，我必须去核实一下情况。在走向房间的路上，我一把抓过乔纳森递给我的移动电话，得到了最基本的事实，接着就撞上了乔治。他当然已经听说了。"恐怖袭击吗？"他问。

“可能是一次事故。”我说。但我们对望一眼，知道不是事故。

这时已经很清楚的是有三次袭击，都在伦敦地铁里，都是在客流高峰期。我对查尔斯·克拉克说了此事，他正如我期望的那样：很专注但并不惊慌，正在努力思考如何组织相应的对策。当然要关闭整个地铁系统，还有地铁站，但还要采取其他什么防范措施呢？紧急救助人员还会需要哪些帮助？

“伤亡人数如何？”我问。

“我不清楚。”他说。

“有人死亡吗？”

“恐怕免不了。”

“有多少？”

“我不知道。”

毫无意义的问题，毫无意义的回答；谁也不知道。

开始我们认为可能只有五六个人；当然，每个人的死亡都是一个悲剧，但还不是最坏的情况。那个时段最糟糕的情况将发生在阿尔盖特站和利物浦街站之间、拉塞尔广场站和国王十字站之间、埃奇韦尔路站和帕丁顿站之间——这些都是通勤交通最繁忙的路段。

大约上午十点，传来了第四次爆炸的消息。这次刚好是在上沃本广场南面的塔维斯托克广场发生的，是在一辆公共汽车上。那正是我过去做出庭律师时经常走过的地方，是过去的工业劳资法庭所在地。我断断续续地想着所有我曾在那里的情景，脑海里浮现出一幅画面：公共汽车的顶棚被炸飞了，断肢、骨头和鲜血四下飞溅。但为的是什么？以上帝的名义吗？

愤怒、怜悯与决心在我心中翻滚，就像插队的人一样相互碰撞。我做了一次深呼吸。要去掉感情色彩，只进行冷静地思索。要了解大致的灾难程度，把握整个国家对此的情感，但要以一种可以让你描述这种情感的方式去做；除了描述这种情感之外，自己不能被它们所充斥，这样才能让你的头脑保持清醒。我要离开八国集团峰会吗？我们要取消它吗？我怎么能够一边等待消息一边主持会议呢？我们要通过改变安排而把胜利拱手让与敌人吗？如果继续举行会议，是不是对受害者过于麻木不仁了？

我知道这听起来好像很无情，但我必须仔细思考。以后会有时间让我哭泣的。现在你是领袖，那你就该领导民众。

通过在危机时刻启动的奇怪的苏格拉底程序，我们慢慢制订了一项计划。灾难程度是明显的：不是最糟糕的情况，但有五十二人死亡，更多的人受伤，而且天知道有多少人的精神受到了创伤。五十二个死者。五十二个有着家庭、朋友、女朋友、男朋友、孩子的人。五十二个本来享受着丰富多彩的人生的人。五十二个那天早上起来根本不知道这是他们最后一次醒来或者与人吻别的人。

我把其他领袖召集起来解释了情况。对于是否离开这次峰会我确实感到非常为难。现在回想起来，这是非常明显的：我应该回伦敦。但当时却看不大出来有这种必要。对此最为强调的是雅克：你必须回去，英国人民期待着你回去。峰会怎么办？我问。我们同意，峰会由迈克尔·杰伊爵士主持。

在告知媒体一旦我知道事实就会在唐宁街发表公告之后，我举行了一次非常简短的发布会。查尔斯将主管议会那边的事宜。搭乘皇家空军的一架直升飞机从邓迪机场起飞，我们飞到了诺索尔特，并从那里到了唐宁街。

即使在最为悲剧的时刻也仍然会有荒唐的场合。法国大使热拉尔·埃雷拉问他是否可以跟我们同机回去。我们当然同意了。飞机起飞以后，机上的乘务员问我们想不想吃点东西，因为我们都错过了午饭，大家都很饿。没有时间准备任何东西，午饭只有一碗不新鲜的土豆片、一些很差劲又很咸的花生，以及几块三明治，那些三明治要是放在英国铁路公司的强盛时期，肯定会被他们拒绝。我偶尔瞥见了埃雷拉，看到他的脸在抽搐。如果我们因为雅克攻击英国烹饪而以诽谤罪把他告上法庭，埃雷拉将会是为他辩护的第一位证人。

回到唐宁街后我们尽最大力量整理了已有的事实，并召集了内阁办公室情况通报室紧急会议。最糟糕的事情是不知道还会发生什么。就这些了吗？谁干的？为什么？这显然是基地组织网络的一部分，但这次具体是谁干的，人在英国国内还是在国外？还需要一段时间才能给出所有这些问题的答案。在事发之后的几个星期里，我们都接到电话威胁说有新的袭击，或者接到有关袭击企图的情报。这实在是场噩梦。每一次电话都可以是关闭机场或者交通基础设施、封闭市中心的原因。我们在7月22日不幸误杀了巴西学生让·查尔斯·德梅内塞斯；后来证实这是一次可怕的失误，但我也为涉及此事的警官感到深深的遗憾，因为他们是出于善意，想保证这个国家的安全才采取行动的。有一次我们为最新接到的袭击威胁召集了内阁办公室情况通报室会议，尽管有关的情报看上去很不足信。很难不理睬它。为此采取行动也很难。要行动我们就得再次关闭地铁。因此：行动还是不理睬？我依次看着桌子周围坐着的人，最后问伦敦警察厅厅长伊恩·布莱尔——他在整个袭击过程中和袭击以后做出了杰出的工作——该怎么做。“恐怕这是要由你决定的事。”他说。我决定不采取行动，但当他们威胁要进行袭击的时刻来临的时候，我度过了一个焦虑的难眠之夜。

在从苏格兰南下的整个航程中我都在仔细地思索，作为一个国家我们应该如何反应。乔纳森、查尔斯和其他人可以负责具体与直接的反应；我应该专注的是如何表达我们作为一个国家的感受。这不是在“装模作样”或者是要“引起同情”，像人们经常愚蠢而玩世不恭地所说的那样。在这样的时刻，这是要明确我们的感觉，从而引导我们的反应，并控制事件后果。因为，五十二位完全无辜者的死亡必然会有后果——这是英国有史以来遭受的最严重的恐怖袭击，甚至比爱尔兰共和军在动乱的四十年中进行的任何袭击还要糟。

人们可以以多种不同的方式作出反应：可以有反穆斯林小分队；还可以说这其实全都是布莱尔和布什的错（在一些媒体认为这种说法很保险的时刻，我们可以看到这种说法出现）；但最重要的是，人们将会感到绝望与悲伤。怎么可以这么做，而且恰恰是在伦敦，在这样一个象征着多元文化共存的城市，一个刚刚获得奥运会举办权这一殊荣的地方；难道正是由于它的开放、友好与不带偏见的特质？无法相信。首先是凯歌，随之而来的是悲曲。

我认定了英国人民——穆斯林们、基督教徒们，我们全体——发自良好本能的第一个观点将是：联合起来，万众一心，反对极端主义者，要团结一致、拒绝偏见。我知道，随后将有第二种感情：愤怒，并要求采取包括立法在内的严厉措施，以行动阻止这一类事件再次发生。对于自由与反恐怖法之间的关系，我当了这么久的首相，到了这时，我的灵魂中已经灌注了铁血精神。当霍夫曼法官认为反恐怖法对国家，而不是对恐怖分子有更大威胁的时候，我简直无法相信，无法明白一个明智的人怎么会说出如此极端愚蠢的话来。因此我知道，一次战斗即将来临。

但我知道，第一件要做的事是团结，所以我发布的唐宁街公告试图呼吁团结，而且我相信，总的说来我们做到了这一点。我要特别向英国的穆斯林公众致敬。

我确实对某些群体领袖以及他们如何面对——或者说根本不面对——这一极端主义做法存在着疑虑；但现在不是怀有这样的疑虑的时候。现在是通过胜利的凯歌，也通过痛心的悲曲让奥运精神继续发扬光大的时候。

那天晚上很晚的时候我回到了格伦伊格尔斯。我们已经向这一可怕的恐怖暴行的受害者表达了必要的、恰当的体恤。现在我们必须表明，八国集团峰会是我们进行政治活动的方式；这也是重要的。在我们的方式和恐怖分子的方式之间存在着本质的差别。我们必须与恐怖分子斗争；这种斗争不仅要通过警察、情报机关和安保手段进行，而且正如我一再重申的，这也是一场观念的交锋。他们是否有意选择了八国集团开会的时机发动袭击,这一点我不清楚;但事件就发生在那一时刻,我们不得不以能想到的最突出的方式来强调两者的区别。这是善意的政治活动与邪恶的政治活动之间的区别。明显。简单。除了疯子谁也无法否认这一点。

回到会场,我很清楚地发现,这次恐怖主义事件在领袖们身上造成的后果是激发出了他们身上最美好的东西。他们的反应是卓越的,而且是一致采取的行动。他们一致决定支持八国集团峰会的议程,并让峰会取得一定的成果。对非洲的拨款凑齐了。八国集团与五国领导人对话会得到了通过。诚然,迈克尔·杰伊表现出了娴熟的技巧,但他们能够走到这一步,却是由于他们的政治本能和对于恐怖袭击真切的憎恶。我们不会得到希望得到的所有东西,但正如迈克尔说的,我们得到了其中的十之八九。而且相信我好了,对于任何峰会,特别是八国集团峰会来说,这是真正的成果。这实际上为此类峰会设立了一个新的标准,而且被正确地认为具有历史意义。

第二天我们集合举行最后一次会议,并准备峰会的公告。我的想法是,我们发表一个公告,说明我们取得的成果并将成果与恐怖活动进行对比;我们——全世界的领袖们联合起来——将共同做这件事,大家一起象征性地签署这一公告,赋予它进一步的反响与可信度。这就是听到了奥运会申办结果后四十八小时内我们所做的事,是我整个政治生涯中最令人震撼、最起伏跌宕的两天。

有关非洲,我们达成了以非洲委员会为基础的一揽子行动计划。我们得到了五百亿美元的承诺——包括补充援助,取消债务,对艾滋病、疟疾的治疗,以及在加强社会治理、反对腐败方面的拨款。

有关气候变化,我们同意展开八国集团与五国领导人对话会来实现一个明确的目标,即达成一个新的全球协议,协议将首先降低排放量的增加,进而减少排放。

作为附加,我们也同意了支持巴勒斯坦当局的一揽子计划。

但最为重要的是,我们维护了正确的政治原则。尽管所有的呼吁、峰会的复杂程序、公告中的沉闷措辞、恢宏的周围环境,尽管这些看上去都与通常的政治活动并无二致,但我们全都从中感受到了一些不同的东西——尽管我们都是些历经考验、早已习惯了政治风云中各种情感的老手,那就是对于我们所做的事情具有的那种真诚而又真实的感觉。

我在酒店的花园里举行了记者招待会。又有一个非政府组织的家伙发出司空见惯的胡言乱语，说我们所有人如何背弃了非洲；在他之后，鲍勃以不同寻常的机敏作答，从根本上把那个人的负面评论批驳得体无完肤，并且跟随那人从招待会会场走了出来，像暴怒的爱尔兰人才会做的那样对他破口大骂。

我为《今日》节目录制了吉姆·诺蒂采访我的录像。我喜欢吉姆，但我已经知道这次采访想说明什么问题：如果我们没有进入伊拉克，可能就不会有这次袭击了。与这种论调争论简直是场噩梦；这当然是因为，从某个方面来说，如果不跟这伙人斗争，你可能也就不会在他们的仇恨者名单中名列前茅。但那样一来，人们又会对你决定外交政策的方式有何观感呢？而且你知道，哪怕你对那种论调有一丝接受，然后只要一眨眼的工夫，所有的麻烦就都成了我们的错，而不是他们的了；这当然正是他们所想要的。

当时我只是想绕着它走，并不想与之对抗。无论我对它感到多么愤怒，在这个时候都是没有意义的。但我能够感觉到，整个争论有了新的转向，而我在那里会受到极度的孤立；虽然我不会受到工党的冷遇，却会受到人民的冷遇。我深深地感觉到了这一点，感到了作为一个国家的我们，感到了我们的本质。感到这一点的时候，我对于政治生命的终结并没有任何恐惧——尽管我能意识到它的来临，但从某个方面来说，它虽没有那么狂暴，却更加令人痛苦。

对于英国我有一种想象。我一直相信我能够而且将会说服这个国家，让国人相信沿着新工党的道路前进是新英国的正确选择，是现代的方式。这比伊拉克、比与美国的结盟、比其他所有事情都更为重要；这是对于我们应该在21世纪初期走到哪里的一种完整想象；它关乎我们将如何最后克服对历史上伟大陈迹的留恋，从而发现我们未来的全部潜力。

但现在我无法肯定我是否能做到这一点。我无法肯定我是不是还能说服人民。有这么多股力量联合在一起对付我。如果我反击得过分猛烈，将会出现许多的意见分歧和苦痛——而且坦白地说，是的，其中也包括个人的痛苦；我可能很容易被解职。

我感觉到了所有这些东西，但都被我放到了一边。可以回头算总账。眼下，让我感到松了一口气的是，这一周总算过去了。这一周以胜利的凯歌开始，在悲剧中发展，在某种可以称之为最好政治的真实中结束。

我想过，当人们回首往事的时候会如何看这一周。对于一些家庭来说，这是丧失了亲人的最为悲切的时刻。但对于非洲的那些人来说，虽然他们并不知道，为把他们从贫困、饥饿、冲突和疾病中解救出来所作的努力，但这却可能是以生命代替了死亡的时刻；而且其中牵涉到的并不是数以十计，而是数以百万计的人。

星期五晚上我跌跌撞撞地走进家门，看着正在他自己房间里熟睡的利奥，并为自己倒了一杯饮料；我决定看一场电影——这显然是逃避现实的一种行为，同时试图专注于切丽正在问我的那些家事，试图根本不去想那些事情；我试图让自己不去担心下一步会发生什么、下一个电话会说什么、下一张纸条上会写些什么、下一次对抗是什么、下一次恐惧的震颤会是为了什么。

我沉思着：我肩头的重担那令人敬畏的性质、它所带来的苦痛和兴奋。政治：高尚的事业、卑鄙的手段；你所作出的计划，以及让这些计划混乱不堪的事件；无以言状的凄惨以及试图缓和它的无谓尝试。

我又一次上楼看了看利奥，他仍然在熟睡。他的人生之路在他眼前。

他会积累多少胜利、多少悲切、多少幸福和伤痛？他会抛洒多少热泪，又是为了什么原因？我想起了我的母亲。我这年五十二岁，刚好到了她去世时的年龄。这么年轻，我现在想。当她已经病了而且知道她可能很快就会死去的时候，我曾问她，如果可能的话，她是否愿意回到我的年龄——当时我二十岁——并从头再活一次。

“不，”她回答，“不，有太多的痛苦。我不会喜欢再重新经历一次的。”

“但你活着的时候是幸福的啊，妈妈，是不是？”

“是的，当然是的。但我不会再去重复一遍，不，肯定不会。”

我现在知道她是什么意思了：并不是说死去会更好——当然不是的，但把这些全部重来一次，忧虑、需要实现的抱负、明知无法实现的幻梦、这么多奋斗……这是生命的目的：去奋斗。

利奥也可能会在那辆地铁列车上，在那辆公共汽车上。上帝啊，不要让我的孩子们在我之前死去。我想到了那种悲伤，那些牺牲在伊拉克和阿富汗的士兵、那些埋葬在巴格达或者坎大哈的瓦砾下的其他人，他们的父亲和母亲的悲伤。

想想那种恐怖吧。想想我的责任。

我静静地关上了利奥的房门，顿了一下，抛开了所有这些思绪。让我暂时忘掉这些吧，直到必须重新想起它们的时候为止。

第十九章 咬牙顶住

从许多方面来看，我在任的最后两年既是最好的两年，也是最糟糕的两年。说是最好的，因为在这段时间里我觉得自己自由、强大、信心十足。说是最糟糕的，同样也因为我有那样的感觉。在这两年间，党内动乱不断；戈登一直在策划着什么；反布莱尔的媒体（即大部分媒体）放弃了任何客观的借口；伊拉克在危险的边缘蹒跚爬行；而在他们所有的阴谋都没有得逞之后，又出现了一次对我和我的工作班子的警方调查，在没有作出任何指控的情况下几乎推翻了政府。我回头看着这一切，心中禁不住想：你怎么坚持下来的？

在这期间，我试图穿上一套真正可以称之为心理盔甲的东西，羽箭会在上面被轻易地弹射落地，从而让我变得轻盈，可以在疯狂的暴徒动手撕扯我四肢的时候飘然而起，从他们头上凌空掠过。

这样做必须要有勇气，因此我在回顾的时候充满了自豪。我陷入了困境，不战斗就只有倒下。我记得，许多年前我选区里一个对治安不好的街区已习以为常的朋友告诉我：如果有一天面临一场街头殴斗，你得挺住，千万不能倒下。人们总是想，如果你倒在地上了，别人就会不再理睬你；但他们不会这样的，他们会踢你的头，而且非常可能会杀了你。因此你一定得站直了，他这样警告我。他们会打烂你的脸，但你会活下来。

现在我的脸当然被打得稀烂，但我还站立着，而且做了许多事。

我在心里差不多认为2007年中期——这一届议会的中期——是一个合适的引退时间，但如果戈登合作的话，我也可以走得更早些，如果他不合作，就晚一点。事实上他并没有真的下决心——或者说完全没有让我有信心相信他——要正确地继续执行这一路线;但我在2006年9月的逼宫以后还是被逼退位了,这事我会在后面详说。

尽管存在着所有这些困难,我还是对我正在做的事信心十足。当然,如果能再多待上一年或者十八个月,为政党和国家把改革的计划做得更深入、更完善,那当然更好。不管怎么说,已经做过了的事情具有重大意义,而且将继续存在。

我有信心是因为我现在完全把握着政策的规划。在关键位置上坐镇的大臣们,都理解我在试图做什么而且知道为什么要这样做。尽管这一计划还需要经历来自唐宁街11号的持续阻挠,但我能够看出,戈登也担心把事情阻止得太厉害,怕默多克那伙人以及其他人断定——而不再仅仅是怀疑——他是反对改革的。

每向前一步都是战斗;但到那时我对此已经全都习以为常了,已经作好了每天起来备战、然后出去跟任何挡路的东西干上一仗的准备;准确地说并不是无所畏惧,而是已经把我自己的政治生命安全置之度外。

并不是说我没有进行一切政治上的常规机变,以便找出一条可行之路;我在许多地方作了一些古怪的策略性让步。但总的说来,自从成为首相以来,这是我第一次在内政与外交政策方面由我真心认为正确的东西指引着。我作好了随时被击败而后引退的准备,但我不会在基本战略目标上有所让步。

2006年2月,我为菲利普、阿拉斯泰尔和我与戈登、埃德·鲍尔斯和休·奈的会议写了一篇文章。我有意识地把他们牵扯了进来,把我的想法摆在他们面前,真的想争取他们同意。我几次提出愿意以合情合理的条件引退,如果与此同时相互关系合适的话。但我那时候对这一点十分坚定:除非我清楚地知道改革方针会被继续执行,否则我不会自愿引退。

在2月份的文章中,我为我们应该如何工作设定了一个基本的框架,完成了包含每一个具体项目的未来潜在议事单。另外,尽管财政部颇有异议,我还是在内部开始了一项名为"基本储蓄回顾"的行动。这一行动的目的是要找到在公共服务方面的投资已经达到的目标之外,我们可能还会达到什么范围,并且把目标聚焦在一个更小的、更具战略意义的政府上面。在我的心目中这本身是正确的,同时在处理"大国"和"税收与支出"的争论方面也是关键的。我敢肯定,上述争论迟早会让我们在国家内部的同盟解体,从而消解我们赖以获胜的能力。前面已经说过,这种争论在2005年的大选中已经出现过。

不幸的是,这一行动每前进一步都得经过斗争,因而成了在我离任之前唯一未能执行到位的项目，因为这确实是一项依赖于戈登配合的活动。

尽管如此，计划的其他部分都在快速进行着。在中小学改革方面，特别在安德鲁·阿多尼斯任大臣、康纳·瑞安任特别顾问的情况下，我们能够按照一个雄心勃勃的计划锐意进取，该计划最终让我达到了我需要达到的目标。

2005年圣诞节之前的几个月特别忙。10月25日我们发表了一个新的中小学改革白皮书，我们在其中提出建立独立的不收费公立中小学的主张。我们并没有重提选拔学生的原则，这一原则曾经在文法学校和综合制公立学校的问题上让国家陷入了争论；但在其他每一个方面，我们都摆脱了传统综合制学校的束缚。我们很清楚地说明了，随着时间的推移，所有的学校都可以而且应该成为自我管理的基金会组织，不论是基金会学校还是民办学校[①]；它们在选用员工与工薪方面远为灵活；它们可以在任何领域选取希望的合作伙伴。而且，由于这些自主权大大增加了的学校属于它们所在社区的一部分，它们可以为当地的成人与年轻人所用，用于学习、运动、闲暇活动与社区服务。

全国政策论坛是工党较早时候的改革产物，用意是让政策的制定更加理性、更少地引起冲突。2005年夏天在全国政策论坛上的一次讲演中，我阐述了改革的基本原理。

尽管这时大部分关键讲演的讲话稿都是由我亲自起草的，但此前加入了我的班子的菲尔·柯林斯是我手下有史以来最棒的讲话稿起草人，对我有极大的帮助。由于时间紧迫，这些讲话稿经常是一大早在我唐宁街的公寓里拟就的。我会在大约五点起床，悄悄下楼以免吵醒孩子，沏上一杯茶带到客厅；在客厅里，我坐在一张有皮垫的圆桌旁边的椅子上草拟讲话稿；在写作过程中，有时我会朝窗外房子的后面看看，看着在圣詹姆斯公园里晨练或者在晨曦中赶着上班的人们；他们有时候也会瞥一眼英国最著名的这一家人。我在想着他们，他们过的是什么样的生活，他们在那一天里的心情如何，什么样的思想占据着他们的头脑。我知道，每一个生命都是友谊、焦虑、雄心和担忧所结成的一张网。

在讲演中我是这样说的：

> 如果这是一种让人无法前进的体系，那就应该改变这种体系。不去

---

① 原文academy，多由商业、宗教或慈善团体及当地社区在教学力量薄弱、表现欠佳的综合制学校的基础上联合创办，由政府资助大笔经费，可根据本地区实际需要灵活调整教学大纲和授课老师。

改变它,就意味着我们更关心的是体系而不是人民。那是完全令人无法接受的。

当然,改革必须是正确的改革,应该是能够成就其目的的改变。但人们更经常声称的是,这种改变背弃了原则;然而这些人实际上保护的并不是某个原则;他们保护的是某种实践,而且在这种情况下经常是过了时的实践。

令人高兴的消息是,我们有真实的进步的例子;这是在我们的意愿驱动下,克服了变革的阻力所取得的;但这也是在无数文官们的意愿甚至热情的驱动下取得的,这让他们发挥了自己的首创与革新精神。所以,现在是时候了,我们要在各条战线上加速向前推进改革:要开放这一体系,打破这一千钧巨石,让家长和学生、让病人、让遵纪守法的公民成为体系的核心。是的,我们已经成就了伟大的发展。让我们从中吸取经验和教训,绝不在现有的成就上停滞不前,而是在将来,把它们推到一个新的、更高的水平上去……

就职八年期间,我有大量的经验作为证据。由此得到的结论是明显的:金钱本身不是决定性的因素。只有当金钱与体系的现代化、有效的实践和激励措施结合时,才能得到最好的结果……

归根结底,所有这些改革都只不过是达到目的的手段。目的不是可以随意选择的。目的就是不分贫富的高质量服务。目的就是,无论你生活中的起点在什么地方,你都能得到发挥最大潜能的机会。目的就在于对其自身价值的彻底拓展。但进步的唯一手段就是那些能够达成进步的目标的方法。

申请进入第一批民办学校的学生远远超过了这些学校的容量。很显然,这并不仅仅是因为它们的新校舍。正因为这些民办学校看上去并不属于一些遥远的官僚机构,不属于那些政府的——无论地方的还是全国的——领导者,而是属于它们自己,为了它们自己。这些学校将掌握它们自己的命运。这一点立刻就给了这些学校以骄傲与目标。其创办者是那些坚定而且成功的人,他们把这种对于成功的坚定和积极性带进了学校。而最重要的是,摆脱了那种令人疲惫的,甚至经常是——在最糟糕的情况下——来自国家与市政当局以政治正确为标准进行的干扰,这些民办学校只关心一件事——不是由政治偏见而是由常识形成的:如何把学校办得最好。

在哈克尼地区，我曾访问过在哈克尼·唐斯一所过去失败了的综合制学校旧址上建立的新墨斯本尔社区民办学校；人们会认为这类地区的中产阶级人数不多且自命不凡，即使在这样的地方，民办学校里对于严格纪律的强调、对于正常服饰和良好举止的要求，无论对于贫穷或者相对富裕的家长来说都像幻梦成真一样出现了。第四电视台的《发送》节目在新的唐克斯特民办学校秘密录制了一次节目，其中包括一些家长的抱怨，说他们的孩子受到威胁——如果不能按时到校就会被开除；这让我知道，我们真的取得了一些成就。当然，节目的录制人认为，人们会为这样严酷的纪律大发雷霆；其他的家长却自然而然地很高兴。

民办学校的想法在我离职之后被冲淡了，但它却具有无法阻止的惯性，并将很容易地收复失地，恢复它最大的力量。我在2006年后期宣布——这恐怕又一次引发了唐宁街11号的狂呼和吼叫——我们将把现有的计划增加一倍，达到四百所；如果达到了这一目标，则这些学校加上基金会学校，就会让我们真正地踏上一条变革之路。

戈登会抗议，说他从来没有反对过这一计划；而且说老实话，他确实没有直截了当地反对过；但很显然他手下的人并不支持，而且想要从财政部拿到任何东西，都需要不停地挥动一把大弯刀，砍开他们日复一日设置的反对的重重枝叶。我回想起在唐宁街的一件事，当时我们在那里欢迎来申请成立基金会学校的校长们。他们中的一个快活地告诉我，他是不顾当地国会议员明显的反对意见来到这里的。“哦，”我说，感到有些恼怒，“他是谁？”

“埃德·鲍尔斯。”他回答，并不知道他的话让我确认了自己的感觉，即戈登·布朗的班子真正赞同的观点是什么。

对民办学校的最初评价经常是负面的，但在某种意义上，总的来说，即使这些负面报道也是它们成功的一个标志。人们把这些民办学校跟最好的学校加以比较，却很省事地遗忘了，这些学校中的每一个都是在长期失败的综合制学校的基础上建成的，也就是说，我们选择了最难对付的核桃来敲。人们进行这样的比较这一事实正是一种判断标准，说明人们对它们的成功寄予了莫大期望。人们预计它们会是好学校，胜过一般的学校，可以与最好的学校平起平坐。而那正是我们想要有的判断标准。

今天的结果当然是清楚的：民办学校的进步速度是其他学校的三倍。但在当时，有些注定会挣扎，有些甚至中途退出，需要恢复；但总的来看，它们成功了——这并没有超出我的预料，而是在我的估计之内。

党内对此的反对相当坚定而又持久。让我很伤心的是，甚至埃丝特尔·莫里斯也依据那句老话，“要的是标准而不是结构”来质疑民办学校，并为我们放弃了这句箴言而表示惋惜。但整件事情的实质是，如果没有一种不同的结构，我们根本就不可能实现更高的标准。尼尔·金诺克也加入了攻击我的行列，鼓吹用戈登代替我；但这时他们的行径已是司空见惯地越界了。他认为民办学校是为精英服务的；尽管更为仔细的观察可以发现，所谓精英并不在于比其他当地学校的孩子更富裕——显然他们并不富裕，而在于比其他学校的孩子表现更好。对于我来说，这才是关键之处。无论动机有多么好，这是经典的要让水平下降的做法。这个论点指向新工党的立党核心，指向它倡导的志向。平均不能也永远不应该以牺牲优异为代价取得。我一直坚持的是，在可能的情况下绝不能放弃对于优异的追求。攻击这一点——无论我们对于文法学校、私立学校、专门学校或者任何其他学校有什么感觉——就是犯了致命的错误。归根结底，这就意味着我们准备舍弃一些优秀的东西，因为它们代表着错误的意识形态。

现在顺便说一下，或许真实的一点是，这样的学校可能确实代表了错误的意识形态。我反对在十一岁的时候对孩子进行选择。这太粗糙，太终极化了，并据此在一个小得可笑的年龄阶段就对孩子一生的机会作出了一锤定音的决定；或者以一种不那么感情化的方式来说，对他们在学业上的能力作出了一锤定音的决定。我过去常想到我的哥哥比尔的经历。他是一个睿智、通情达理、头脑冷静并且完全正派的人。有他这样一个哥哥，过去和现在都是我的荣幸。同样他也非常聪明，在做过王室高等法律顾问并写了一些有关银行法的学术著作以后，现在是高等法院的法官。

20世纪60年代，比尔十三岁时参加费茨中学的入学考试，刚刚过线，因此被安排到了一个成绩较差的班级里面。确实，他当时完全没有出色的成绩。但在五年后参加牛津大学考试的时候，他已经取得进步，获得了一份奖学金，进入贝列尔学院。

孩子们在变化，因此在很早的时候就把他们分档次是不对的，或者是不公平的。但是引进综合制学校、摈弃文法学校的方式，很近似于学术上的有意破坏。这不是那些大臣——主要是工党的，但也有保守党的——很成功的考虑，当然，这些大臣还是让自己的孩子进了私立学校。他们没有经历过自己孩子的真实转变过程，受到的主要是教育界权威人士的鼓动，因此他们立法将文法学校（选择孩子，但同时也是优秀的学校）改变为综合制学校（不选择孩子，经常是不那么优秀，有时实在是相当糟糕的学校）。

这样做是因为人们假定，文法学校比较好的唯一原因是他们选择学生。这跟人们的一种说法犯了同样的错误，这种说法认为，私立学校之所以好，只不过因为那里孩子的家长是中产阶级，生活比较富裕，那里的设备更好，即它们更好些的原因仅仅在于特权和阶级。

真实的情况是，这两种学校之所以优异还取决于其他因素。它们是独立的。它们具有对特质和身份的敏锐意识。它们有强有力又得到充分授权的领导层。它们更为灵活。它们进行创新，因为没有人告诉它们不可以。它们追求优异。而且它们认为优异是可以达到的——这是一个主要因素。换言之，它们相信失败并不是一定会发生的，是可以避免的；而且如果无法避免失败，这是它们自己的错误，而不是"体系"、"孩子的背景"或者"家长的不足"的错误。

当然，如果你的父母是中产阶级或者你被选中了，现在这些特征——或者说思想态度，如果你愿意这么说的话——就更容易了。更容易去想；更容易去做。但我的学校改革计划的整个基础是，对于不选择学生的公立学校来说，它们并非不可能成功或者不可能达到，前提是：1) 准备好承认文法学校与私立学校做得好的原因；2) 准备好让公立学校能够得到同样的自由，鼓励它们以新的方式与新的伙伴合作；3) 准备好为它们提供更多的资金。

我过去曾就这些观点——甚至与我最亲密的班子成员——进行过激烈的内部辩论。最后，问题经常归结于一点：如果你在一个周围全是一般学校的区域里引入了一所真正好的学校，嘿，你就瞧吧，家长全都嚷着要把孩子送进那个真正好的学校里面去。当然，这会让那些没能把孩子送进去的家长、让当地的地方议员、让老师们……感到惊惶。但就像我过去声称的那样，这完全不能成为不让这个真正好的学校存在的原因；这必须成为做另外一些事情的原因：分析为什么其他的学校只处于一般水平甚至更差，如何才能改变它们。

我还记得，恰好在1997年大选前我访问伦敦的一所学校的情况。就在校长欢迎我们进来的时候，学校前厅发生了一场斗殴。我们站着谈了一阵——扭打的声音很让人分心，接着他说："我们还是到别的地方去吧。"

"我们不该阻止他们吗？"我指着那些打架的学生问。

"不必了。"校长领着我们走向他的研究室时说。然后他作了些解释：附近的家庭如何问题重重，吸毒如何是一个真正的麻烦，孩子如何从小受到不良教育而且对学习没有兴趣。这对于这所学校为什么一定会失败是可信的解释，并且在校长看来绝对是有说服力的。顺便说一句，他是一个很诚恳并且对工作很投入的人。他也说到，由于这所学校"没有一个很棒的"名声——附近所有人都认为它是个垃圾场，所以他们最后得收留那些被其他学校开除的学生。

但问题是我们接受失败，并且接受的并不仅仅是个别学生的个别失败，而是所有学生的集体失败。我知道，有两件事是清楚的：对于我自己的孩子，我永远也不会接受这样的事情；说所有的学生和/或家长都有同样的态度或者问题，这绝对不会是真实情形。我们所允许的，是让感到不满而且不合群的少数人的行为去损害大多数人的利益。当然，即使对那些感到不满而且不合群的人，我们也不应该接受他们的失败。但接受整个学校的失败——而且当我们上任时这一类学校成百上千——是严重的、令人无法相信的社会不公；更重要的是，这种社会不公是我们错误的观念形态助长形成的。

在1997年以前，保守党也试图通过建立中央政府直接拨款资助的学校来部分地解决这一问题，这些学校得到了更多的自由与独立。但问题是，这只是部分实行的，而且只对那些已经做得比较好的学校赋予了自由。这并不错，而且我尽力保证，尽管我们改变了学校的状态——工党憎恨中央政府直接拨款资助的学校，但我们还是试图保持它们的基本自由。不过从1997年5月1日到2007年6月27日，我们实际上所做的事情是：首先，对这一计划的不完全性加以纠正——把精力集中到最差的学校身上；然后，通过民办学校项目建立一种全新形式的学校，它们既可以实现中央政府直接拨款资助，也可以实现我们改革的目标：建立高质量的公立学校制度。保守党把大部分精力放在中产阶级的学校上面，我知道那是为了得到普遍的或者至少是广泛的接受；我们的计划必须兼顾体系中最糟糕的部分和最好的部分。

但这是怎样的一次斗争啊。而且即使在我没有直接参战的2005年后面几个月，我们依然与党内很大一部分人有着激烈的斗争。当时我们有了一个可以信任的核心小组——是由几位与我观点相同的大臣组成的，他们知道这是工党必须做的事情。不过，我感到我们正在赢得这场争论。

在其他战线上我们也在斗争。就在圣诞节前，《同性伴侣法》生效；它规定同性伴侣享有与结婚夫妇同等的权利，并负有同等的责任。我对此感到非常自豪。对于这项法案，大部分工党国会议员是支持的。但我不免想起那些日子里，当保守党因为同性恋者权益问题猛烈抨击我们的立场时，当时的辩论其实是绝对的谩骂。对于我们，这在20世纪80年代是一个实在的问题，因为我们担心失去中期选举的选票；而这一次，我们让法案生了效，大家普遍感到的是一种庆祝的心情。

首批运用这一法案的伴侣们出现在贝尔法斯特。必须承认，我当时预料会出现一些强烈的抵制，但真正发生的最多不过是一阵咕哝声。我们收到了来自整个世界的信息，我很欣慰地看到这对如此多的人都有着重大的意义，比当时通过立法时我所想象的还要多。因为一件在你看来很自然的事而被认定为二等公民，这感觉一定很糟糕。因此，我本不应该为人们有这种程度的感情宣泄而感到吃惊。但我确实感到了吃惊。

在某种意义上，这件事最好之处在于，到了那时保守党也开始支持这项立法了，这意味着该问题将不会再次被当成英国政治的分界线。我想，这对于我们政治辩论的健康是一个重大的收获，而且这一问题的表现方式揭示了政治活动的变化本质。我总是觉得，为了能让支持更广泛、更深入，革新政治必须创造一套有关政治的不同范例。我逐渐总结出一种态度——又一次与比尔·克林顿的态度类似，我称之为“严厉对待犯罪，宽厚对待同性恋权益”的政治。

看上去这似乎把两个不同的问题联系到了一起，但对我来说，它们表明了革新性社会态度的一个显著转变。过去，保守党人对于法律与秩序以及移民与同性恋等“政治正确”问题采取强硬态度。左派分子慷慨大度，右派分子则气量狭窄。我这一代人确定了一个不同的范例：你在私生活中干些什么是你的选择，但你对他人所做的事情却不是。因此出现了对于人的态度（不因种族、性别或性取向而歧视）与对社会秩序（我们需要强制实行之）的态度上的差别。此时仍有可能在右派与左派人士中发现过去的态度与划分占有优势，但这种可能已经比以前小得多了；那些不明白这些转变潮流的政治家很可能会因此而不知所措。

在有关新反恐怖法问题上的插曲就没这么令人愉快了。2004年12月上议院裁定，根据已经成为英国法律一部分的《欧洲人权公约》，我们现有的拘留犯罪嫌疑人的权力不合法；此后我们试图通过上述新的反恐怖法。简单地说，关于我们面对的威胁，我本人与司法系统和媒体——至少是它们中很大一部分——之间有着根本的分歧。

尽管人们认为这些决定是严格的法律问题，但不可避免的是，在人权领域有许多关于政治的主观判断。我觉得这样一个裁决不会在2001年9月或者2005年7月，即紧随对美国和对伦敦的恐怖主义袭击之后形成，但随着时间的推移，人们对这些法律的需求已经不那么迫切。的确，我们要求的是严酷的权力，除了在最罕见的情形下，这种要求原则上是无法接受的。

从本质上说，问题是直截了当的，至少可以这样描述：我们（这里的“我们”指安保系统、警察、政治领袖）相信，那些受到监视的恐怖主义嫌疑犯是一种危险。但为一项指控提供经得起推敲的证明往往很困难。我们花费了大量时间和人力监视这些群体，对他们或多或少地进行了持续的侦查和评估。我们经常想等到采集到了恐怖活动的证据之后再行动，但也担心等得过久会发生意想不到的事情，担心在阴谋成熟的时候我们却未能发觉。对于嫌疑人是外国人的情形——大多数情况下是这样的——我设想给他们一种选择：离开这个国家，或者受到拘禁。这违反了人身保护令的通常原则，并且区别对待外国人与英国人，因此在法律上是有问题的，但却是从实际存在的安全难题中产生的解决办法。

一旦上议院作出了裁决，我们就必须修改法律。问题在于，我们要求赋予警察不经起诉羁留恐怖嫌疑人最长达九十天的权力。当然有许多保护措施，包括每七天让他们在法庭上亮相一次。但警察当局很清楚，这种权力对他们有帮助，而在7月的爆炸事件之后我感到我们宁可在执法方面偏于严厉。我们在2005年大选前曾有过尝试。保守党反对延长任何未经审判的羁留时间。时任影子内阁内政大臣戴维·戴维斯曾让保守党在许多法律与秩序问题方面采取了宽松的立场，他不只反对国际恐怖法，而且反对由陪审团参审欺诈案、反社会行为和罪行起诉等措施。我喜欢戴维，认为他是一个不同寻常而又有原则的政治家。但我也认为，这对于保守党来说，是一个疯狂的错误。

不管怎么说，在大选来临的那些日子里，传统的保守党对于非传统的保守党立场的支持在持续增加。如果我是一位保守党首相，《每日邮报》和《每日电讯报》一类右派报纸会猛烈抨击反对党，而不是猛烈抨击我们。这景象将非常丑陋。

大选之后我们可以更冷静地对待这一切了，但保守党还是反对。自由民主党自然是反对的，而且在工党国会议员中也有很多人不服从。我知道在当时——而且就我所知，现在的情况仍然是这样——我们正在监视二十个或者更多的激进组织与潜在恐怖主义组织的基层单位，因此我希望有这种权力，一是为了权力本身的原因，二是希望就此发出一个强烈的信号：英国将是一个恐怖分子极不容易采取行动的地方。正如我过去常对人民说的那样：你可能不喜欢布什的方法，但自从2001年9月11日以来，美国没有出现过严重的恐怖主义袭击。不要认为这只不过是因为他们走运。

尽管公众站在我这一边，下议院的大多数议员却并非如此。2005年11月，我们自执政之后第一次在表决中失利。尽管如此，我还是轻松地接受了这一事实。到那时，我已经推测过，我能够坚持到为自己设定的两年时间——那是我认为可以让改革计划就位所必需的最短时间——的唯一机会是，我要以这样一种方式领导政府：要让人们经常为我看上去对党内甚至公众舆论的反应漠不关心而感到吃惊，只要我认为我正在做的事情是正确的，从长远来说是对工党与公众有好处的。换言之，我相信，唯一能让我继续在位的方法是要作好随时丢官的准备，但要丢官也要丢在坚持原则的时刻。

我完全清楚我必须做些什么。我真正感到自己的能力到达了巅峰状态，感到自己驾驭了这个游戏。我深深地理解，这种情况是在我的声望落入最低点的时候发生的，因此具有辛辣的讽刺意味，但我也知道，2005年5月我是赢了而不是输了，因此人们也有着对我残留的尊敬和对于坚强、果断的领袖的忠诚。我可能会遍体鳞伤，但肯定不会屈服。

与通常的政治智慧相反，当大选来临的时候我决定不在核心问题上妥协，宁可因为不屈服而被击败。当然，我们失利的时候出现了各种各样谈论首相权威消失以及诸如此类的文章；但我能感到，正是我这种对自认为正确的事情的莽撞做法使我与公众贴近了。当然，在中小学和NHS方面我可能会以不同的方法行事；但在这件事情上—— 一个单纯的、几乎是原始的有关国家安全的问题——我本能地感到，失利比通过妥协获胜更让人舒心。

两个星期后风暴已经过去，我们引进了另一个颇富争议的措施：允许英国的饮酒法律与欧洲法律接轨。我觉得坚持一个严格的结束饮酒的时间是没有道理的，而且在许多方面会产生负面效果。我也天生抵触如下说法：由于少数人的不端行为，绝大多数人在想喝酒时享受饮酒快乐的自由应该受到限制。我想解决方案应是，严厉对待不守法纪的少数人，而不是惩罚遵纪守法的大多数人。这次《每日邮报》也像通常一样发起了反对运动，并得到其他一些人的支持；但我们坚持下来了。特莎·乔韦尔非常坚定，并一直坚持了下来（尽管从那时起她也成了攻击的目标）。

在各条战线上我都在努力向前推进。我曾在2002年底委派阿代尔·特纳对养老金政策进行一次总结。这激起了戈登的强烈反对，正如他曾强烈反对我委派独立顾问戴维·弗洛伊德对福利政策进行类似的总结。我知道阿代尔和戴维会给我激进的建议。这两个问题都必须面对。

同时，这两个问题都与我对今后公共支出模式的考虑有关。如我所说，我们已经作出了可行性研究报告，试图以此把辩论主题从投资额度转移到从中可以得到的附加值上面；这就是改革的速度必须加快的原因。对于公共支出应该占多大比例才是公共领域与私人领域之间经济平衡的正确数字，我心里没有准确的概念，但我知道会有一个限度。所以我想，2005年大选以后就是转移重点的时机，也是不再纠缠于到底是谁支出最多的时机。

我想这对于国家是正确的，同时也是明智的政治态度。如果保守党按照他们最初的直觉行事，支持改革，那事情就要难办一些。得到在野党的欢呼总不是什么令人舒服的感觉。尽管戴维·卡梅伦开始确实有这种观点，而且在教育方面他们或多或少也坚持这种观点，但在公共服务改革的其他方面，特别是健康卫生方面，他们开始与既得利益者结盟。从政治的角度看，这更为协调，并让我们与基本的同盟者之间的关系得以巩固；这些人在高官甄别测试问题[①]上不信任保守党，觉得他们立场改变得太频繁。

但这并不仅限于公共支出的数额，支出的组成也很重要。这就是养老金与福利问题的关键所在。与每一个发达国家一样，我们将来总会面对由谁来为养老金买单的严重问题。不断增加的老年人口，人数不断减少的年轻一代，对于生活水准提高的期待，随着人们寿命越来越长而不断增加的医疗卫生支出：所有这些在某一个时期都会不可避免地成为难题。最好现在就面对它，并为解决困难搭好框架，这样才能逐步控制支出，并把为之提供资金的责任从国家向个人倾斜。国家仍会担当推动者的责任，并在困难的时刻提供保障；但让人民为他们自己付出更多是合理的；同样合理的是，让他们以一种体现出不同思维的方式来付出：今天，人们在如何为退休生活提供资金方面有比过去大得多的选择空间，例如非全职工作、使用自己的房屋作为抵押资产、使用各种不同的储蓄投资，而不单是通常的养老金安排。

我们过去曾尝试过哈里特·哈曼和弗兰克·菲尔德的倒霉的改革方案，但所谓“存托式”养老金的问题在于，它们总是不够明确，总是很尴尬地在国家拨款与私人支付之间游移。我在尝试对此改革的过程中接受了一次很大的教训：要清楚，如果某个地方没有人在大叫大喊，这个地方可能就不会成功。有共识非常好，但很不幸的是，现代政治总是在意见分歧与争论中发展起来的；在这种政治中，有一种类似炼金术士追求的点金石一样的东西：如果说它能把贱金属转化成黄金，那么这听起来就太美好了，不像是真的；而这或许恰恰说明它确实不是真的。因此，虽说意见一致是美好的，但如果它只是一种错觉，认为带有真正冲击的真正改变会让每一个人高兴，就不那么美好了。实际上，的确没

① 原文litmus-test，在政治上是指对高级官职的潜在候选人进行的测试，对相关问题的回答将决定是否会将这一潜在候选人列入候选人名单，或是否继续对其进行考察。

那么美好。而且在这类情况下，所谓“共识”可能只是改革并没有真正达到痛处的迹象，在此情形下改革可能无法实现目标。

“存托式”养老金没有引起多少反对，但我们也没有从中得到什么益处。我们需要更加激进的想法，并设计出一套更加切合实际的国家支持策略，包括提高退休年龄，以及一套更加完备的方案，让中等收入者进行储蓄。

我让阿代尔领导这一改革。他有约翰·希尔斯和珍妮·德雷克充当明智的左膀右臂。他们在2004年10月和2005年11月的两份报告中提出的方法，将最后形成下一代养老金供给的基础。这一改革保护了基本国家养老金，同时又将其作为一个平台，在这个平台上个人可以决定通过他或她自己的努力与决断来增加养老金，而且这一点是在养老金上的支出不会按照国内生产总值的比例增加的框架之内达到的。

作为一个团队，他们极为广泛地征求了意见；**尽管**我前面对有关“共识”说过了那些话，但他们实际上在没有放弃改革根本原则的基础上尽可能地与人们达成了共识。但在各种不同的方面，他们没有得到某些支持。保守党对此并不完全支持，财政部对此反应激烈。公正地说，戈登在这一问题上的反对是真心的。这并不是单单要阻挠发展——他觉得，通过保护基本国家养老金，我们作出了一个没有必要的承诺。在提供基本国家养老金问题上，他支持重新平衡贫富。

我完全反对这一方法。我感到，总的来说，公众会把基本国家养老金视为因为他们对国家保险所作的贡献而应得的“红利”或者“权益”。擅自改动这一点，特别是在以重新分配为驱动的基础上这样做，我们就将陷入一个真正具有破坏性的辩论之中。

这一点触碰了另一个高度敏感的政治问题。1997年大选之前，我反对最高征收百分之五十所得税的想法。我一直想把削减基本税率作为一种保留的选择。但我也曾允许在重新分配问题上采取一些真正重大的措施。我们曾经改变了国家保险的最高限额；个人免税额有过改动；最重要的是，随着经济的增长，我们在最贫困的家庭和养老金领取人身上花费了数十亿英镑的资金。说什么1997年至2007年的政府没有进行再分配，这过去是、现在也还是最纯粹的胡说八道。我们过去就是这样做了的，而且是大张旗鼓地做了的。

由于经济的强劲增长，中产阶级和最高收入者的收入增长显著，而收入最高者增长最多，现在这也是不争的事实。因此你总可以计算收入差距——最高收入者与最低收入者的收入差别——说它有所增加。但实际情况是，这是由最高收入者收入增加造成的。收入最低的百分之十的人收入有了非常大的改变。我不是一个税收抵扣的拥护者，因此我本可能采用不同的方法，但我无论如何还是会这样做的。最贫穷的养老金领取人的收入有了大幅度提高，这让那些相对富裕的养老金领取者感到怨恨。（我的岳母过去就一直坚持这样对我说。）

从感情上我赞同一种观点，即有些最高收入没有正当性；但从理智上我认为，这正是在全球化经济中人们办事的规矩，如果试图阻止这种做法，所造成的损害将大于好处。韦恩·鲁尼的收入应该高于一个护士吗？演员或者畅销书作者呢？股票或者期货市场交易员呢？或者在正确的时机出售自己的企业从而只付出很低的资本增值税却把数以亿计的英镑揣进腰包的人？在某种意义上这些现象没有一种是合理的；但在这样一个某些人有着供不应求的全球性可转让技能的世界中——不管你喜欢还是不喜欢它——阻止这种现象反倒是不合理的。

并且最重要的是，即便让每一个英超联赛球员缴纳双倍所得税，也收不上来多少钱。你最后无可避免要做的，无非是让较高税率在收入链上向下移动，直到你所打击的是那些辛苦工作、不具有可在全球转让的技能的人，而根本不是那些你称之为“不配如此富有”的人们。

因此在2005年大选后我也想过，我们需要小心谨慎。有些人可能会说我们没有进行足够的重新分配。我敢肯定我们作了大量的重新分配，但也敢肯定，我们需要给中产阶级和低层中产阶级中的有抱负者一些充满爱心的关照。因此，我支持并鼓励阿代尔制定一项政策，来避免对基本国家养老金进行任何形式的重新分配。

由于这一原因左派人士也感到高兴，因为他们担心基本国家养老金会从其他角度被破坏，即导致普遍提供原则的缩减。更重要的是，我们把养老金的增加改回到原来的以收入为基础，而不是以物价为基础。长期以来这便是工会的一项要求。但由于这一让步——考虑到养老金与依照收入计算的国民保险贡献之间的关系，我认为无论如何这都是正确的——结果我们成功地获得了一套看上去公平而且平衡的解决方案。

有关福利方面的辩论总是更为激烈，但这也是必要的；而且在政治革新派中有着正派、明智的人们，他们能够看到变革的需要。改革的存在理由已经在早些时候确定了：丧失劳动力补贴被滥用；太多的人依赖长期补贴度日；在为这些人提供积极支持、让他们重返劳动力市场方面，工作做得太少。

约翰·赫顿曾是一位非常出色的卫生大臣，对改革有重大推进作用。他在福利方面很内行。约翰是一个很棒的人，忠诚、肯干而又聪明。在那些具有无限的雄心的人（我恐怕就是一个例子）看来，他似乎缺乏一种对于决断的最后推动力；但按照自己的方式，他觉得他所具有的那种程度的雄心让他感到舒适。这种东西所给予他的，除了其他的之外还有勇气——他希望在工作中做正确的事情，否则他就不想要这份工作。这是一种非常好的态度，对他很有益处。他并不跟戈登进行很多争辩，只是兴高采烈地在戈登周围工作，就像邮递员一样，朝一个养着一条拴在皮带上狂叫的狗的人家里送信。他不会不去理睬那条狗，也不会拒绝认真注意那条狗。他甚至可能会朝那条狗扔上一块饼干。但最后，他会递送那封信。

戴维·弗洛伊德有关福利支出的总结强调了丧失劳动力补贴，同时也给出了一个合情合理的报告，透彻地分析了问题，可以让我们在今后重新设计福利预算。

无论特纳还是弗洛伊德的建议，都给了我们一个巨大的机会来描述、确定与实施一些不仅仅为了国家，而且对政府的生存具有关键作用的改革。我不断地对戈登说，这两套建议不但本身明显正确，而且如果我们不这么做的话，将来的保守党政府就会这么做，而且是用保守党的方式来做。所以，让这些建议成为我们的，动手去做吧。它们也将给你一个极好的平台，让你来证明自己对改革事业的坚持与投入。

这两套建议都在本质上再次重新划定了个人责任与国家责任的界线。我认为，这是表达21世纪社会与公民之间关系的正确方法。人们必须——更重要的是有意愿——在自己肩上承担更多的责任，而不是不断地缴纳更多的一般税款；而且尽管他们完全作好了养活那些无法照顾自己的人的准备，这种慷慨并不会延伸到那些他们相信——很有几分正确性地——只不过是在玩弄这个体系的人。遗憾的是，我无法让戈登看到这一点。

当所有这些决定着英国福利国家未来性质的严肃而重要的工作正在进行的时候，那些通常的丑闻也在同时发生——现实的、不那么现实的、荒诞的，它们充斥于报章的大标题中。大约是在这个时候，我的确开始用一种不同的眼光来看待与媒体的互动。它们可以通过猛烈的攻击来压低民意测验数字。但有一件事情你知道吗？这件事情最后是会结束的。关键是要生存下去。而生存的关键是，当周围所有的人都昏了头的时候，你要保持头脑清醒。

2006年的头几个月里我们过的是双重生活。在表层下面，NHS、学校、犯罪、养老金和福利方面的那些主要变革，或者已经完成或者正在计划之中。政府内部的人正在反复讨论现代服务体系的基本设计，但这在许多方面并不为公众所知；因为他们对之一无所知，所以很遗憾地没有实际机会参与辩论。经过前二十年的发展，现在媒体文化已经确立。丑闻很重要。政策无所谓（除非与争议挂钩）。

由于我已执政九年，媒体认定必须有所改变——这一事实又放大了上述倾向。如果由于某种原因——真正的意见分歧、厌倦、渴望报道新人新事——相当一部分的媒体认定他们想要改变，他们便会创造一个实地报道多棱镜来让改变看上去是正确的、不可避免的、无可争辩的。作为最后的解决办法，它们将完全不理会政策，只报道丑闻；这样在公众看来，就好像政府是一个充满了丑闻的泥潭。由此出发，只要简单的推理就可以得出结论：政府已经无法继续为人民服务。

在我任期的最后两年中，他们不停地说我们已经气力不济了，尽管从任何客观标准来看——至少在国内改革方面——我们都还干劲十足。他们实际上指的是，他们已经失去了耐性和兴趣。

到了我用戴维·希尔代替阿拉斯泰尔主管传播人员的时候，仍是这种情况。我想，后者在那个最后时期一定完全陷入了困境，并且对着媒体暴跳如雷，像一个疯狂的樵夫。这是一个非常特殊的时刻。

1月，鲁思·凯利加入了我的班子，性犯罪者名单也已列出。哦，在那些天、那些星期里，有多少狂呼的愤怒和疯狂的评论对着他们发现的一个错误呼啸而来，认为这意味着有人错过了一个名单，而这是一个更为广泛的系统性失误的一部分（但他们却拿不出任何证据说明有任何人因此受到了实际损害），但实际上那只不过是由于一个新系统投入运行所产生的。

3月爆发了所谓“金钱换取信誉”丑闻，此事尚待后述。

然后，4月里有查尔斯·克拉克的事：一批外国罪犯在刑满后应该遣返回国，但却没有被遣返。这是严重的，查尔斯犯的错误是，他在所有事实尚不清楚的时候就试图过早地做得太公开——这个问题与其他许多类似问题一样，在我们执政之前就早已经存在——结果他受到了猛烈的抨击，给我、给他自己，也给政府都带来了不良影响。

像任何这种问题一样，一个长期无人理睬的黑暗角落突然曝光，这就是发生的事情。这很公平；但后面发生的事则根本是在对之采取事后妄评的态度，这就是荒唐可笑地使用一种夸大的方式，从而让你看上去犯了大错。就这样，当外国罪犯“丑闻”被揭露出来时，它引导了新闻，这是很合乎情理的；但其后因为媒体对此如此强烈的聚焦，每一个细节都成了另一个大标题，这样一来就好像负责此事的政治家——这一次是查尔斯——实际上好多个月里什么都没干，无法摆平此事，因此无法胜任自己的工作。接下去当然就有人跳出来说：哦，这事我全都警告过他们了（通常是对某个备忘录的第193自然段进行一番拐弯抹角的引用），于是狂热就演变成了歇斯底里。

无论如何，你得亲身经历这一切；到最后，我对于处理这种群情激昂的场面已经变得相当老道了。其基本要素是，你得迅速设法搞清事情的细节，然后用事实、反证、背景、解释和用专业知识来蒙蔽人的艺术把他们压倒。

而且，好像所有这些都还嫌不够似的，随之而来的是约翰·普雷斯科特与他的工作日程秘书特蕾西·坦普尔有染的新闻。

无论从政治还是性的角度来看，这都是一件很奇怪的事。人们经常对我说，权力是一种春药，于是女人——政治还是男性占优势的场所——就会来勾引政治家，而且还是以一种她们从来没有梦想过与其他人这样进行的方式。我想这一定是真的，因为如果我们正视事实，大部分政治家肯定都属于相貌较差的那一类。或许你也可以说，丑陋的亿万富翁与美女之间也有同样的情况。她们在他们身上看到了什么？事实是相当明显的。

有趣的是，为什么政治家会甘冒这样的风险。我的看法是，这是由于身居高位而必须对自己采取的那种极度的自我控制造成的。政治家生活在压力下。要想有所建树，他们必须极为自律，对自己的所作所为小心翼翼，努力表现自己。天生向往自由的本性则想要把你从那种自律的监狱中解放出来。然后就是邂逅时刻的来临，多么令人激动，多么顽皮，多么缺乏自律。突然之间你被从那些阴谋、麻烦、无穷无尽的策划与成堆的重中之重中转移了出来，送进了遥远沙漠中的一个极乐之岛上；你摆脱了一切，你解脱了，你无忧无虑。你成了一个新人；哪怕只是短短的一瞬，然后又得再度回到现实之中。

顺便说一下，这自然不是什么借口。让你自己处于这种境地是非常愚蠢的，也是不负责任的；事情如果被发现，就会对你周围的人产生巨大的伤害。这就是政治家们变得特别不可理解地幼稚的地方。他可以选择许多安全的途径。不，慢点，实际上没有什么完全安全的途径。但他可以选择较为安全的途径。而他却没有。他对于第一个看上去对他有兴趣、真实地（虚荣地）迷恋他、把他作为一个普通人来喜欢的女人不设防；而且最重要的是，他对任何一个在举止、言谈、思考问题等方面不像政治家的女人都不设防。

可以说政治在某个方面非常非常枯燥。不言而喻，政治所牵扯的事件本身并不枯燥——那通常都是些严肃的大事，而且正是因为这些事情人们才踏足政界；但不知为何，在这些事件存在的地方，它们的严肃感会非常容易消失。日复一日，一个会议接着一个会议，厌烦是可能的。你会偶遇一些特殊的、令你灵感大发的人；而说到在我周围工作的人，我属于异乎寻常的好运者，因为他们不光工作干得好，总的来说还都是非常有趣的人。在我办公室里以及在与我关系亲密的国会议员和大臣们中，人与人之间的交往总是伴随着笑声，当然，这是对政治生活中存在的荒谬的鄙视，很能令人消遣，而且的确是一种人生乐趣。在能够选择的范围内，我会选择那些乐观与积极向上的人来伴随我。

但在外面的丛林中，除了食人的野兽之外，也有令人疲于奔命的沼泽、令人感到挫败的官僚政治、古怪而喜好争辩的人、疯狂的媒体和土拨鼠日[①]式的乱糟糟的会议。

对于许多跟我一样的政治家来说，这一部分的人生乐趣显然是缺乏的，他们经历的大多是沼泽。我完全理解那种渴望脱逃的心情。这实在与婚姻是否幸福或者处于其他状态没有多大关系。这是不负责任因子在负责任的人生中的一次爆发。遗憾的是，跟所有这一类爆发一样，它是有后果的。

我当时正在会见一位外国来访者，这时，接替安德鲁·特恩布尔担任内阁秘书的格斯·奥唐奈和乔纳森·鲍威尔一起紧急要求见我。这从来都不会是什么好消息。但我必须承认，我本来以为会是一些更为乏味的事件，没想到听到的是约翰·普雷斯科特与特蕾西的事。

一开始，我倾向于不那么认真地对待此事，但这恐怕是个错误；我实在应该对此事给予更多的关注。我主要是为他，更重要的是为他的妻子保利娜，同时也为特蕾西感到遗憾。那些把任何这一类丑闻捅出来的"揭底党"根本没有意识到的是，他们正在把自己永远地钉在耻辱柱上。出事的政治家可以东山再起，至少可以部分地东山再起；但揭底党永远也不可能东山再起。他们只是一个单一故事的附加说明。他们唯一的选择是靠说这个故事过活，或者随着这个故事消亡。前者让人有失身份，但只是暂时的；后者至少没那么显眼，但事实毕竟存在，所有的人都会这样看待他们。任何数量的金钱都无法充分弥补这一点。无论如何，特蕾西并不是为了钱而这样做，这一点很清楚，这个故事浮出水面是由于灾难与恶意中伤两者造成的。

---

① 每年的2月2日是美国与加拿大的公众假日。据民间传说，如果当日多云，则土拨鼠会出洞，这便标志着冬天即将过去。

从那时起事情就进入了一个艰难的时刻；而且让情况更为复杂的是，她也是政府雇员；因此，除了明显的错处之外还有可以进一步真正指责的地方。但我还是决定不让约翰离职。他是工党的中坚分子，总的来说忠诚而积极，许多时候非常勇敢。我知道，成为副首相对于他来说是一件非同小可而且确实值得骄傲的事。考虑到他对工党和政府的贡献，如果仅仅因为他所做的事——说到底只是一次愚蠢的性丑闻——就辞退他，这种行为将是以一种忘恩负义的野蛮方式来结束其职业生涯。

最终媒体彻底打垮了他，让他像一只被放在墙头上任人瞄准射击的西瓜。约翰从来也不隐瞒对他们的痛恨。他们从来也不隐瞒对他的蔑视。现在，实际上一直到他离开的那天，他们一直持续对他猛烈开火；有时用的是愤怒的火箭炮，有时用的是嘲讽的吹火管，但总是带着一种破坏狂的无情欢欣。

对他的抨击给我留下了另一个不幸的后果。我知道，从纯粹自私的角度出发，最好还是撤掉他。这会让媒体得到他们要的头皮[1]。这可以让我们在上层进行一些变动，并且即使这样会导致托尼·布莱尔与戈登·布朗之间的竞争，它也可以起到更换一些人的作用。但我就是无法让自己狠下心来这么干。保利娜坚持要他留下来，我认为这是对的。(她总是比别人想象的更关心她周围的人。)她不想他被这件风流事一棒子打死，如果你愿意这样说的话。而且，她是如此通情达理，清楚地知道这意味着什么，也知道这并不意味着什么。她感觉别人背叛了自己，却没有抛弃自己；因此她感到愤怒，但没有心急如焚。我觉得我应该像她那样正确地处理这件事。于是他留下了。

但对他的攻击所造成的不愉快在约翰身上有了反应。从那时候起，留下工作已经没有了欢乐。他只是在反抗；却没有快乐。他想走；但如果我不走，他觉得自己很难离开。慢慢的，他渴望着离开，而这种渴望让他越来越坚定地相信，现在已经到了改变领导层的时候了。当然，还有许多其他的因素。但这个因素还是很重要的。

这是最为奇怪的时期。改革计划正在生根发芽，我感觉自己在对这些问题的把握上处于巅峰状态，而在我周围却是丑闻和争议的持续喧闹。当我在远离尘世喧嚣的巢穴里与我的心灵挚友们在一起的时候，我们可以一起为心灵和肉体充电，然后再勇敢地尝试，回到下面的尘世之中奋斗；通过这些，我们满怀着良好的心情和意愿扫清道路。但如果我们感到自己处于受人围剿的状态，那

---

① 旧日美洲土著会从被杀的敌人头上剥下作为战利品的带发头皮。这里借用此意。

就是因为我们确实受到了围剿。

这有时也让我犯错误。在2006年5月的地方选举之后——这次选举的结果对我们不利，但还没有到最糟糕的程度——我决定重组内阁。照惯例这种事应该每年都做。很显然，政府需要更新，有必要在其中引入新鲜血液。而且，首相或总统总是在与他的团队协商，协商如何能令政党的状况适合人们的志向的要求。这些志向有些是合理的，有些是不合理的；但拥有这些志向的人却认为这是完全合理的。如果你一直不提升某人，长此以往他就会对你心生怨恨。如果你提升他，你就排除了另一个人，那个人也会不满。你要寻找一份微妙的方法指南，让离职的人仍然有一种归属感；不过根据我的经验，这种方法指南永远也不会有用。从那时起，决定他们是否对你忠诚的唯一东西就是他们的性格。性格好的就会对你忠诚，反之就不会。除非你真的能给他们一件无异于当大臣的绝妙替代物，否则他们就不会受你愚弄；而且很自然的是，媒体会拿这种事情大做文章，给人的印象是他们是被撤了职。在这种情况下，性格好的人会是很特殊的极少数。

所以，你必须重组内阁。但有一些建议：你应该总是有目的地提升或者降职，而不是做做样子。这一回我决定要大搞一次，要让人们看到我们还有活力，看到我还在为了未来而领导政府。我想过让查尔斯·克拉克担任外交大臣。他会干好的，而且现在回头看我说不定真的应该这么干；但他当时深陷倒霉的“外国罪犯”问题的泥潭。同样我也想保留杰克·斯特劳。他真的干得很出色，其他国家的外交部长对他赞赏有加。除了他已经干了五年了之外，没有其他有说服力的原因让他离任；而我想，以这种理由不再用他实在是有些愚蠢。我甚至不太认真地考虑过戴维·米利班德，但又想到，为他着想，还是让他负责国内事务为好，因为这样可以让他在党内留下更好的印象。

最后，我作了一次“全世界最糟糕”的决定。我让戴维当了环境大臣，把原来的环境大臣玛格丽特·贝克特弄去做外交大臣。对这一提升她没有表现得兴高采烈，反倒是大感震惊。不出所料的是，杰克对自己被替换感到不安。我提出让查尔斯做国防大臣，但他拒绝了——我觉得这很蠢——回去做他的后排议员去了。总而言之，这是在错误的时间任命了错误的人选——我希望这些人留下——所造成的一次混乱。剩下的职务实际上让我可以对一些年轻人——例如道格拉斯·亚历山大、詹姆斯·珀内尔、安迪·伯纳姆和吉姆·墨菲——进行适当的提升。但总的来说，这对政府没有多少帮助，对我却有损害。

好像这还不够糟糕似的，在2006年夏天又发生了以色列—黎巴嫩战争。这次事件以及我对它的反应，或许是伊拉克战争以来对我伤害最大的一次。这表明我已经偏离西方媒体传统智慧的主流和我自己的人民有多远；同时也表明我已经变得多么习惯于（或者是坚持？）自己的一套固定思维模式。

整个事件证明了，我们所进行的这场现代的非平衡斗争有多困难。真主党对以色列发起了一次袭击，强度虽然不高但仍造成几名以色列士兵丧生。在这个时候，随着哈马斯掌权与巴勒斯坦当局的被驱逐，加沙已经被包围。就在以色列人加紧对加沙的围困、和平进程已经中断的时候，哈马斯发动了对以色列城镇的火箭袭击。然后，真主党开辟了一条新战线。

这是一次明显的蓄意挑衅。以色列已经从黎巴嫩撤出了。确实，舍巴农场——这是以色列在20世纪80年代占领并仍旧保留着的一片土地，也是真主党声称他们必须保持武装的理论依据——问题仍未得到解决，但这片土地很小。这一问题并不真正让人担心，而在黎巴嫩内部，真正的挑战是真主党对这个国家的政治和军事结构缓慢而持续的控制升级。黎巴嫩是一个民主国家。贝鲁特是在20世纪80年代的灾难之后重建的。但是，如同整个地区一样，由于许多更广泛的斗争而产生的实质性深层紧张仍旧存在，并未消失。这个国家处于和平状态，但和平很脆弱，民主政治家们受到威胁，其中几个，例如拉菲克·哈里里已经遇刺身亡，而且叙利亚对这个国家有着普遍影响。这样一个美丽而又有着悠久历史与巨大潜力的国家，却同时也是一个毒素附身、内核衰败的国家。

以色列对于这一挑衅采取了它一贯的反应。以色列人只相信一件事，而且这种相信是出于他们经验的感知：如果遇到了挑衅，不要把另一半脸也让别人打；回击，而且是狠狠地回击。你剜掉我们一只眼睛，我们要剜掉你的两只眼睛作为报复。他们相信，任何示弱的表示将意味着，他们短暂的国家历史——仅有六十年——的终结。

谁发动了战争，这一点是毫无疑问的。战争的发展让人看到了一个熟悉的模式。以色列受到了袭击。以色列发起了反击。这就是问题所在。开始的时候，人们是支持以色列的。私下里有许多人，甚至一些身在中东的人，也在担忧真主党与伊朗的联系，并把真主党看成跟哈马斯一样，是伊朗势力的代理人。这些人私下里催促以色列摧毁真主党。开始时，同样能够看到这一点的西方领袖们排成长队建议以色列坚定立场，坚决反击。

冲突开始时，在圣彼得堡召开的八国集团峰会正在进行。这次峰会有两件值得纪念的事情。一是一个美妙的“乔治”时刻，当时他不知道会议室里的麦克风已经开始工作了，就向我发出了一个乔治式的问好："哟，布莱尔。"我们接着就开始了一次谈话，结果就被录了下来流传给子孙后代，直到我意识到有人在听我们的谈话；但这全都是些无关紧要的话题，否则后果可能会严重一千倍。英国国内有些人发了疯，不知怎么发现这是对英国人的侮辱。结果我们成了某种我们从来都不是的人物：易怒者。我本人并没有感到生气，所以我觉得"哟，布莱尔"这种打招呼的方式很有趣。实际上，这标志着亲近无间。在所有我遇到的高层政治人士中，他是最不可能举止粗鲁或出口伤人的。他会对阿拉斯泰尔或者乔纳森以一种非正式的口吻谈话，这种口吻是大部分国家的大部分总统都绝不会容忍的。特别是阿拉斯泰尔，他过去常用一种可能再没有其他人，即使是他核心小圈子里的人也不会用的方式与乔治开玩笑；而且我觉得乔治似乎很喜欢这种方式。在我离职以后，我的一群朋友跟利奥一起访问了白宫，当时我和切丽不在场。乔治恰巧在他的办公桌旁，听到了他们在那里。他走了出来带着他们参观，领着每个人进了椭圆形办公室，照了照片，非常有风度。他没有必要这么做。没有人逼他这么做。但他就是这么做了。

所以"哟，布莱尔"只是一个玩笑；但遗憾的是这只有我理解！

不管怎么说，这是件小烦恼。另外一件事是讨论黎巴嫩问题。有趣的事情是，在所有那些通常的公告、决议和记者招待会后面有一个共同的信念：真主党正在兴起，而且如果以色列能把他们干掉那就好多了。

当然，随后发生的事也是人们所熟悉的。在以色列武力报复之后，真主党再次使用火箭袭击。这样一种战斗不可避免的可见模式是：手持优势武器装备的优势"西方"军队造成了破坏。没过几天，国际社会的不安就从挑衅转到了报复上面。以色列突然变成了侵略者。他们造成的破坏确实令人震惊。但以这种方式使用武力时总是那个样子的。没有人知道可以用什么替代方法。做得太少，挑衅者会更加大胆。在以色列，人们担心的是他们做得总是太少。在英国，如同在除了美国以外的所有其他地方，人们的反应是：这事干得实在太过分了。

从本质上说，如果把"有效"定义为击败敌人，那么这样的一次行动算不上有效。这是关于现代战争的观点。真主党过去是，现在依然是一种城市游击队组织。他们有意把平民作为袭击目标。他们的武器相对较差，因此他们杀的人也相对少一些。他们摆出一种勇敢的失败者的姿态。以色列政府拥有一支武器精良、训练有素的陆军与空军队伍。他们的攻击目标不是平民。但在一个游击队组织所在的平民环境面前，他们仅有的终极武器只不过是威慑。因此他们动用部队试图进行威慑以阻止进一步的袭击。这不可避免地杀死了大量平民。他们因此迅速披上了压迫者的外衣。

一开始能够理解挑衅行为的国际舆论，在每天晚上看到屠戮场面后迅速转变，对给无辜的黎巴嫩人民所造成的伤亡感到失望。这种失望相当强烈，然后又转变为谴责。

然后又出现了一次政治抉择，结果却对我造成了真正的持续的伤害。欧洲的公众意见迅速集中在要求以色列罢手上。单方面罢手。即使真主党还在继续进行火箭袭击也要罢手。美国的公众意见与此完全不同。超过百分之六十的美国人支持以色列的行动。

我觉得让一方单方面停火是错误的。双方都应该罢手，而且除非火箭袭击停止，我们无法期待以色列罢手。但大多数人并不这么认为。他们觉得我们对于流血事件完全无动于衷。我想，以色列总理埃胡德·奥尔默特正面临着非常棘手的局面。我知道，如果我是他，我会认为现在不可能罢手，除非真主党也罢手；或者除非把他们打败；或者——这其实是后来发生的情况——黎巴嫩遭受了足够的打击，让真主党感到他们无法再干了。这是一种可怕的威慑方法，对于黎巴嫩来说是极其恐怖的。但我能从奥尔默特与以色列的立场上看待这种方法。

当然，暗藏在所有这些下面的，是以色列与巴勒斯坦和平进程的状况。如果这一进程停滞不前，各种各样的糟糕局面都会出现。如果这一进程有所进展，每一种渠道——在这样一个充满了隐秘渠道的地区——都会突然在其尽头出现亮光。在我看来，这全都回到了一个同样的问题之上，以色列与阿拉伯的直接冲突只是其表现形式而不是原因。以色列与巴勒斯坦问题，只不过是由于宗教差异而被用来当作摩擦和战争的巨大来源。

在你看来，对巴勒斯坦领土的占领或许是非正义的；但这是一个存在着大量非正义的地区。让它转化为对全球安全的威胁的是，耶路撒冷是伊斯兰教的圣地，是第三个最为神圣的地方，因为根据伊斯兰教的说法，先知是在睡梦中被转移到那里去的；犹太人对那片土地的占领是一种公然的冒犯，是对伊斯兰教的侮辱，而最重要的是，它象征着伊斯兰教的衰落。这一点让人想起了自十字军东征以来穆斯林所受伤害的方方面面。它诉说的是一种宗教，这种宗教正是因为它而受到亵渎，信徒也因为它而受到压迫。

逐渐地——但也太慢了一点，当需要坚定地大步迈进的时候，人们只迈出了试探性的步伐——出现了一种解决问题的轮廓，这确实是一种妥协。让以色列具有国家地位；巴勒斯坦国的地位也开始慢慢形成。让耶路撒冷分治，至少在领土上是如此。他们可以分享圣地。

这可以作为一种解决办法——再也没有其他方法了，但要实施这一方法却碰到了各种其他的障碍。这样一来，一个非常简单的解决办法却要通过复杂得可怕的过程才能实现。其结果就是，在长期倒退与渐变的过程中偶尔取得突破。当进程向前发展的时候，所有其他事情看上去都好一些；当没有发展的时候，就会像我说的那样出现糟糕的局面。在黎巴嫩的冲突又正是一个例子。

战争适时而止。以色列与国际社会——这一次是国际舆论而不是各国政府——的疏远变得更糟糕了。作为能够理解他们观点的少数人中的一个，我也因此而受到了伤害。

2006年9月我访问了贝鲁特。我一直在与黎巴嫩总理福阿德·西尼乌拉会谈。他是一个完全正派的人，虽然不喜欢真主党，但也不得不在口头上强烈抨击以色列的行动，这让他全然处于两难的地位。我乘坐一架军用飞机在机场降落，然后在生平所受到的最严密的安全保卫下驱车离开机场进入贝鲁特。不出所料，许多黎巴嫩人不喜欢我。但和以往一样，关键的政治领袖们理解局势的复杂性，而且最重要的是，他们知道，如果真主党获胜，这对于黎巴嫩的未来会是灾难。我们在西尼乌拉位于老城区的办公室里会面；尽管当时头脑里装的都是政治问题，我还是不免想到了贝鲁特有多么美丽，这一地区本身的历史及其宗教、艺术和文化的历史是何等源远流长。

他很有尊严，也很友善。他传递了一个直截了当的信息：除非解决了巴以问题，否则这个地区就不会有和平。“有了这个，什么都有可能；没有这个，什么都没有可能。”他说。我再次承诺，我会尽我的能力让美国总统把我们的努力重新集中在这一点上。

我会见了政府的几位成员，有的是穆斯林，有的是基督教徒，还有的是德鲁兹教派穆斯林。所有人都对有人来看他们表示感激。他们传达的信息令人感到特别沉痛：他们的国家正濒于灾难的边缘，必须有人拯救它；但它的命运依赖于这一地区的权力斗争的整体解决。他们中的几个人说到自己的同事在过去几年里被杀害，几乎是一个接一个地遇刺身亡；而且他们丝毫没有自我怜悯地说，这可能也会是他们的命运；但无论如何，人民的精神是好的，而且迟早会取得胜利。在我们的记者招待会上出现了一次有组织的破坏；很自然地，和通常一样，这受到了媒体新闻的关注。

在与西尼乌拉坐在一起的时候，我意识到自己面临的政治问题现在非常严重；实际上已经病入膏肓了。有时候我在想，为什么我不能认输了事，谴责以色列，并呼吁他们单方面罢手呢。以色列人会理解这一点的，而且这将成为一个众所周知的安全阀，可以排解尖锐的政治批判。

但到这时，我开始把处理这件麻烦事的整个惯常手法，看成麻烦本身的一部分。而且顺便问一句：这个麻烦是什么？这是一个很好的第一性的问题。对于大部分人来说，从新闻中看出的是，2006年7月发生的是以色列/黎巴嫩冲突。我不是这样看问题的。我把这一问题定义为伊斯兰教极端主义与其他人之间的更广泛的紧张关系。对于我来说，黎巴嫩被卷入了一场比跟以色列之间暂时的战斗重大得多、不祥得多的事件之中。确实，我把整个以色列问题视为更广泛图景的一部分。

我当然看得出，以色列的行动在某种层次上是不相称的。我看得出以色列某些立场的不合理性。我看得出巴勒斯坦人民遭受的明显不公正对待。但我得到的结论是，所有这些都不是事情的根本；事情的根本是影响整个中东和伊斯兰教的更深层次、更广泛的斗争。那么，又是什么让和平无法实现呢？是舍巴农场吗？认真地说，不是。是以色列与巴勒斯坦之间有关1967年的边界或者土地交换问题上的争吵吗？别胡扯了。只要愿意，哪怕只有一半明理的人也能在一天之内找到解决这些问题的方法——只要进行这一更广泛斗争的那伙人允许他们这样做。

我认为，除非理解伊朗的角色，否则就无法理解真主党；或者说，除非理解叙利亚的角色，否则就无法理解黎巴嫩；或者说，除非理解这两者的角色，否则就无法理解哈马斯；或者说，除非你不仅理解这一地区的历史，而且理解这里的宗教的历史，理解它如何看待自己，理解它怎样发展了对自己的描述，理解它如何看待它自己的尴尬处境，否则你就无法理解这两个国家中的任何一个。而在这里，跟在伊拉克和阿富汗一样，有着现代文化和返祖现象之间的紧张关系。因此，对于我来说，解决问题的途径既不在于纯粹使用硬实力，也不在于纯粹使用软实力，而在于这两者的结合。

正如我早些时候解释过的那样，这是我从2001年9月以来一直重复的主题。我支持美国强硬的军事立场：在数以千计的无辜生命在“9·11”事件中消亡之后，我们除此之外还能做什么？当恐怖袭击成了基地组织和伊朗支持的伊拉克国内势力的武器，或者成为阿富汗的塔利班的武器时，我坚决相信，我们必须与之战斗，而不是向他们投降。

但我总是主张，单靠武力不能为我们赢得斗争。使用武力的同时，我们也要有同样的活力和决心推动和平，特别是以色列和巴勒斯坦之间的和平；而且为了和谐一致，要跨越宗教和文化的差异，把具有良好愿望的人们——无论他们的信仰如何——统一到一个共生共存的现代世界之中。

军事斗争的残酷和它不可避免的错误与灾难导致了世界舆论的分裂。有些人基本上相信，布什本人就是麻烦之所在，还有人相信软实力是一种幼稚的想法，徒然让人分心而已。随着时间的推移，后者无疑逐渐被前者超越。这是一个完整的思想体系——我认为，其产生的后果以一种带有破坏性的方式在震荡、回响——最后发展成一种立场，它实际上说的是：要想成功，那就跟布什对着干。反其道而行之，我们就不会出错。这是一种危险而且让人误入歧途的谎言。

因此，我可以说是四面受压。但到了那时候，我真的感到妥协是让我很不舒服的事情。如果我谴责以色列，这要比不诚实更为糟糕；这可能会动摇我内心坚决捍卫的世界观。所以我没有谴责以色列，但我能够感觉到，或多或少地，工党国会议员们对此都有些抱怨。人们耳濡目染地听到这些，觉得应该同意发起抱怨的人的意见，而不是同意领袖的意见。但我用我的决心安慰自己，而且基本上成功了。(我想，当领袖们被最后的狂妄冲昏头脑时，总会发生这种事。)

当议会不再开会的时候，我们通常要再过几天才开始休暑假。这几天我通常待在契克斯，在那里可以和家人在一起，并抽出一些时间思考。我会穿着牛仔裤和T恤衫坐在外面，看报纸，弹吉他，在树林里面沿着斜坡往下跑，晚餐后拿着葡萄酒到外面呼吸夜里的空气。那里的工作人员很友好，而且——我知道这听起来有点令人讨厌——只会帮助人，不会向人挑战。首相当然应该接受挑战，但有时候你只是想要有那么一天晚上，没有谁会来向你唠叨什么，没有人要跟你一起制定战略部署，没有人把你叫醒让你去处理紧急事件；没有人做太多的事情，除了问你晚餐想吃什么。

不管怎么样，人类总是能找到方法来适应自己的精神。这倒不是说，我作为首相所遇到的这点艰难，可以跟许多人十分英勇地遭受的真正艰难的岁月有丝毫可比之处。我只是说，一旦成为领袖，那么尽管你也是正常的人，但在遭受压力的时候，你就会发现自己内在的特殊求生本能。尽管这可能让人不愉快，但你在早晨还是要起来，要穿衣、吃饭、喝水、呼吸。你必须继续活着。你必须找到这样做的手段。对于那时候的我来说，唯一的手段就是坚持自我。我或许有可能成为孤家寡人，但我相信这个人。

那年夏天，我正要出国旅行，黎巴嫩还处于噩梦般的全面激战之中，此时我意识到我应该推迟度假。在我们试图通过联合国决议来结束这一冲突的时候，我大部分时间都在唐宁街。我犹豫不决，不知道该不该推迟度假。我十分不愿意这么干，因为我知道，如果一不小心，这次度假就会泡汤；而且说到底，如今我们有现代化的通讯手段。但最后我还是留在伦敦等待，一直到我们确认这份决议可以通过。

登上前往圣卢西亚的飞机时我已经筋疲力尽了。我一心向往着能在温暖的大海中坐着小船，让热风吹拂我的后背。这是我作为首相的最后一次暑假。

第二十章 最后阶段

我在飞机上沉思着黎巴嫩事件的政治意义和我自己对这些事件的反应。政府关系部门的首脑鲁思·特纳一直在跟工党国会议员们见面。这些人并不一定是我的超级忠臣，但丢失了他们——像彼得·海因、约翰·德纳姆和卡伦·巴克这些人——会有很大的风险。他们是工党国会议员的主流人物，与党内的左派和右派都有联系，而且他们当然也把握着工党的脉搏。

他们对特纳比对我更为坦率。他们不同意我在黎巴嫩问题上的立场，但这并不是他们真正关心的。他们认为，我的反应表明，我失去了对事物深刻的感触，是直觉的失败，是我与公众舆论的危险分裂，而且更重要的是与我一贯的风格不符。

过去人们总认为，我是对事件有着准确感触的政治家，是一个能够表达公众的想法并将其归纳成形的人，一个对公众意见具有敏锐嗅觉并能以某种直觉追随公众意见的人。他们现在觉得我已经失去了这种能力；那本是让我成其为我的特色。一方面他们认为这种损失在政治上是灾难性的；而从另一方面看，他们只是无法理解这一点。

由于我很难对此作出反应，这就让我歇了口气，并在这八个小时的飞行时间里可以好好地想一想。其实并不是我没有感觉到有关黎巴嫩的公众舆论，也不是我无法清楚地把它们表达出来。我的问题在于自己无法同意这种舆论。我完全同意，这么多无辜平民，特别是儿童的死亡是根本不应该发生的，是无法接受的。这样的行动造成的人间惨剧让我深感震惊。我想过，有多少家庭将感到悲痛；我想过，如果你是一个卷入了这场噩梦的普通黎巴嫩人，你会想向全世界大发雷霆。

但我也担心真主党如果获得“胜利”会带来的风险：他们能够分析形势，知道什么样的挑衅行为可以让以色列进行报复，致使他们成了最后的胜利者。我觉得，单方面停火会让他们取得这样的胜利。我觉得，任何能让他们觉得下次可能会有风险的事，都会给将来带来真正的、可能的威胁。他们必须认清，如果再想这么干，就会付出代价；而这种代价是黎巴嫩人民不会准许他们付出的，至少是不准他们用平民的生命去付出的。

对我来说，这种分析不应局限于这次冲突本身，而是必须包括未来冲突的潜在可能。以一种能够威慑真主党将来行为的条件结束冲突——这样可以拯救生命。这只不过会给我们一些政治上的时间和空间；而且在这里，我又一次想以一种主要的软实力主动介入，以解决舍巴农场问题，当然也同时要让以色列与巴勒斯坦之间的和平进程重新启动。我孤立的“第三条路线”没有几个人支持，但我坚信，虽然我们因为看到了电视画面中展现的战争后果而深感震惊，但这不能蒙住我们的双眼，让我们看不到用错误的条件换取和平带来的后果。

因此，事实并不是我猜不到现在吹的是什么风，而是我不信任一种随风倒、没有主见的政策。十年前初当首相的时候，我会自然而然地意识到公众想象力的每一个潮流，那时我会作出一种不同的选择。现在，我深深地被我获得的一种分析能力所吸引——这种分析不是基于反对派的需要而产生的，而是基于政府治理国家的责任而出现的。我并没有变成另外一个人，但我变成了另外一个领袖。我能一目了然地看清这会给我造成的麻烦，但我总结出了一个观点：尤其是在安全问题上，我应该做我本能地认为是正确的事情，而不是我本能地猜到会顺应民意的事情。

当我们来到圣卢西亚，在机场降落的时候我想：是我变了呢，还是我只不过是倔强？这是领导人的特色呢，还是只不过是虚荣？让我们进入伊拉克的到底是支持我的信念呢，还是我没有别的道路可以选择这一事实？我们对自己到底有多诚实？让我们的动机与担忧各行其是、让我们的信念与骄傲两不相干，这到底有多难？

我们假期的第三天，有人企图炸毁几架在英美之间飞行的航班；这个阴谋就在快要得逞时被粉碎了，这让我们在安全方面受到了一次很大的震撼。这些阴谋策划者企图引爆以过氧化物制成的液体爆炸物——这就是至今为止仍然限制把液体带上飞机的原因。这自然而然地引发了机场保安措施的大幅度加强。

当天和此后的几天里，我与交通大臣道格拉斯·亚历山大和内政大臣约翰·里德召开了一系列电话会议。在最初的惊恐过去之后，我强烈希望最大限度地减少破坏。随后我们之间多次例行交换了意见，我像以往一样从方便乘客的角度出发，而他们更多的出于避免风险的考虑。公正地说，约翰说的绝对是对的，但在思考问题的时候我们必须极为谨慎。道格拉斯能够预见有关我们置“专家”建议不顾的可怕的头条新闻。我相信，如果我们做过了头，那么在惊恐过后，希思罗机场就会被我们的行动真正损害；而安保措施总是倾向于做过头的。因此他们坚持不让商务人士携带行李箱，上飞机的东西都得拿在手上；香水是危险品，什么都是危险品。在我多次告诫，其他人发出了许多抱怨——对此他们都耐心地不予理睬——之后，最后达成了一种暂时妥协；而当大家都恢复了常识时，已经是好多个月以后了。

尽管有着持续不断的干扰和要我回英格兰的惯常呼吁，我到底还是得到了一次休假。工作从来都没有真正离开你，责任带来的压力也同样如此。无论何时何地它都与你同在，其轻重程度取决于你的心情和传来的消息；但尽管如此，远远离开、身处不同的环境，这种压力也容易忍受些了。我需要一次休假，我在8月底回来的时候感觉休息过来了，人也轻松了不少。

这种感觉持续了大约十分钟。不管怎么说，工党国会议员的心情变得沉重了。戈登·布朗的班子或多或少在公开躁动，要我确定离职的日期。他的同盟军主要在我的支持者的左翼，但他也选取了一些更年轻、更布莱尔化的人物；这些人由于各种原因没有进入我这一方的主流，但后来我发现，是有人向他们提供了很有吸引力的承诺，答应他们一旦转变立场，就会得到将来的提升。

我知道我被围困了。工党国会议员分裂了，而且或许是第一次，大部分人要求改变。但变成什么样子呢？当然是倾向戈登了，但那是为了做什么呢？这一点他们并不清楚，而且我认为，这是一种奇特而又古怪的短视，而他们中间的大部分人似乎并不想问。

有尼克·布朗负责数字，戈登与埃德·鲍尔斯构筑了一个联合阵线，这个联合阵线实质上对工党国会议员说：我们可以保持人们对新工党的支持，但我们是一种不同的新工党，也就是说经分析后去掉了“新”的成分。但看上去并非如此，分析也从来没有达到可以让他们中大多数人都明白的深度。有些人的确问过有些什么样的改变，并得出结论，知道这些改变或者不趋向新工党，或者是一种过分模糊的表达，根本没有什么效果；但这些人只是少数。

到那时我已经得出了结论，知道如果我离开，我们得到的结果将是一种令人不安并最终杂乱无章的妥协；其本质是老工党的组织政治，再加上新工党的部分政策，还有一些与左派交换得到的东西。党会回到老工党的老路上去，而政府会是有点新的工党式政府。我认为，有多少新工党成分会留下来取决于我走之前能干多少事；当然，还取决于有没有人走上前去，主动承担新工党的职责，并在必要的情况下向戈登挑战。

整个2006年我都在跟戈登和他的核心班子会面，但他们从来就没有对此抱有诚意，或者试图跟我一起建立一个新的政策方针；而且无论怎么说，在3月开始的警方调查之后，我们的关系就已经改变了。

在政治生活中，你必须比在非政治生活中更为提防怨恨的产生。首先，这是一种经过扭曲的很糟糕的感情。其次，对于领袖来说，这是一种很不健康的感情。第三，由于领袖所具有的压倒性权威，你通常很少有理由抱怨。总的来说，我任职期间从来没有感到怨恨。愤怒的爆发是有的。极少情况下也有绝望。但没有怨恨；那是一种不间断的感情，是一种可以逐渐消磨你而不是让你偶尔爆发的感情。

如果说我有过很接近于抱怨的情况，那就发生在所谓“金钱换取信誉”事件的时候。与其说怨恨是针对事件发生了这一事实，倒不如说是针对事件发生的时间、它彻底破坏稳定的性质，以及最重要的是，我的班子成员在事件中被打击时受到的那种真正可怕的不公正待遇。这是在企图以极不光彩的方式结束我的首相任期。

说来奇怪，我从来没有为此事批评过警方。我很熟悉而且真正喜欢那些保护我的警察，我对警官团队以及他们所做的工作有一种发自内心的尊重。我与那些帮助推行法律与秩序政策的警察相处得很好。我能看出，跟从事任何职业的人一样，他们也有缺点，但我觉得在大多数时间里他们执行的是同一种方针，而且我认为他们对于法庭和官僚政治的无奈或多或少是有道理的。我参加过多次悼念死去警官的追悼会，并对他们确实甘冒生命危险而表示感激——这类追悼会是由迈克尔·温纳创建的警察悼念委托公司组织的，井然有序。(这是他所做的比较不为人知的事情之一。)

我看得出他们在这一事件中面临的困难。如果不好好调查此事，他们会受到媒体的无情抨击；而这件事情越是进行下去，他们就越是处于一种双输的局面。结束案子，人们会指责他们掩盖事实；继续下去，他们会受到让他们发现某种事实(或者更准确地说，找出某个人)的强大压力。有关此事的所有后果是，政府每个月或多或少都会受到一次新闻震荡，这样的震荡可以让人眉毛一扬，但已经无力吸引公众的眼球了。

到那时我已经心志坚定，到了对任何事物——除了那些为我工作的人，特别是鲁思·特纳和乔纳森·鲍威尔——全都不在乎了的地步；这实在是可怕到让人难以接受。说实话，性格柔弱一点的人会因此垮掉。所幸他们都很坚强，但到事情结束时他们已经耗尽了自己的最后一丝力量。

事情是由《星期日泰晤士报》在2006年3月15日捅出来的；他们声称，工党资金筹集人迈克尔·利维曾提出，可以对那些被提名为2006年上院议员的人授予世袭贵族身份，以换取伪装为贷款的捐款。顺便说一句，我不相信有这样的事。首先，为了审查世袭贵族资格而成立了新的任命委员会，这就使得人们永远不会期待这样的事。实际发生的事情是，由于我们接受了贷款——贷款不需要透露借贷人的情况，于是产生了一些尽管错误却很明显的暗示，认为如果贵族爵位被批准，这些贷款便会转为捐赠。

事实上，捐款人问题在现阶段——特别是在大选临近时候——成了挂在外部任由媒体撕咬的一块大肥肉；这就是部分问题所在。不知道为什么，人们总有这样的印象，认为给一个政党一笔钱就是腐败的证据。因此捐赠就意味着要宣布捐赠人的名字。贷款就没有这样的问题。

确实，无论保守党还是工党（或许我也可以加上自由民主党）都有许多巨款捐赠人；他们随之成为"工作伙伴"进入上议院。但如同我过去说过的那样，只要这不是一次出卖或者交易，同时也有其他对他们进行任命的正当原因，那就没有理由不让他们进入上议院。有许多人，他们捐钱给慈善机构，可能同时也期待着能够因此获得某种荣誉；而且他们或许也真的会获得一些荣誉。但你不能就此明确规定什么；他们不会因为有人许诺某种荣誉才捐款。

不管怎么说，这是一件有些暧昧的事，但自从很久很久以前这种体系就是这样运作的。唯一的差别就在于，我们引进了关于透明度的规定，并坚持公布政治捐赠人的姓名。过去没有人知道谁给了保守党多少钱；这种情况在20世纪的70年代、80年代和90年代一直如此，也从来没有谁问过。但事情到了我们这里就总有些不同。而且，我们无疑改变了法律。于是，增加透明度的行动又一次极具讽刺意义地产生了事与愿违的不良后果。

我可以相当肯定，并没有对这些个体捐赠者和贷款者作出这样的承诺。所有这些人都有很正当的理由进入这个名单，他们中的每一个人都会对上议院作出重要的贡献。人们也忽略了这样一个事实：政党的领袖们也有权进行一些党内提名。换言之，公众有这样的假设——事实上并不令人惊讶：对于上院人选的提名，有着超越党派基础的客观评价。但对于工作伙伴来说，这一系统的运作是不同的。事实上，我是到那时为止第一位放弃了对所有任命的绝对权力的首相，尽管我们还保留了数量有限的党内保留职位的提名权。因此，下面这种情况在某种意义上来说非常奇怪：如果某个工会进行了慷慨的捐赠，该工会的领袖就可以进入上议院，对此没有人会眨一下眼睛；但如果私营企业的老板们——他们可能是非常成功的生意人（在这种情况下确实如此）——这样做，人们就会认为很不正当。

这一消息一经《星期日泰晤士报》披露，就成了一件让工党勃然大怒（人们通常忘记了那些为选战筹集的资金都是从哪里来的）、让媒体兴奋不已的中型丑闻。但让这事从可以控制发展到不可控制的爆炸性局面的，却是工党的财务主管杰克·卓梅 3 月 15 日发表的声明：他说从来没有人告诉过他此事，因此需要对此进行调查。第二天，一位苏格兰民族党议员提出进行一次警方调查，这让警方感到别无选择，只能照此办理。从 2006 年 3 月 21 日一直到我离职的那天，这是毒性最强、最让人感到无力的脓疮。这个案子在我离职后几周就结束了，没有任何人受到指控；但对所有涉案人员来说，这都是一次历时近十八个月的地狱般的经历。

戈登与此事的关系如下。我仔细地考虑过要不要写这个插曲。安德鲁·罗恩斯利在一本有关我和戈登的书中说到了这件事，但在有些方面写得不合事实。因此我决定披露真实的情况。我们对于阿代尔·特纳有关养老金的建议有着极大的分歧。就业和养老金大臣约翰·赫顿和我都认为这些建议是正确的，但戈登不同意。我们确定在 3 月 15 日那天举行一次关键会议来决定此事。这将是一次非常艰难的会议，我对此没有任何怀疑。我同意与戈登在上午会面，这是在下午四点跟约翰·赫顿的三人会议之前。戈登进来的时候情绪非常恶劣。我可以毫不夸张地说，这是我们有史以来进行的最令人不快的一次会议。公正地说，他出于某种原因认为，整个的捐赠事件只是我在以某种方式给他留下一件可怕的丑闻，是会以同样方式损害他的领袖地位的一颗定时炸弹；按照他对我的说法，加拿大的让·克雷蒂安就曾经对保罗·马丁这么干过。（保罗·马丁接任总理的时候，前任总理让·克雷蒂安给他留下了自由党内有关资金问题的争吵。）这当然是一派胡言，但我想戈登可能真的相信是这么回事。或者这可能是一种巧妙的借口。我无法确定。但他在会议上接下去说的话却让我大吃一惊。他并没有以养老金问题开始谈话，而是说起了这次贷款事件的破坏性有多么大；说什么可能会有一次全国执行委员会的调查；还说他可能会提出进行一次这样的调查。我当然说，这样做将会有极大的破坏性和煽动性，在任何情况下他都不应该这样做。

当他接着说“好吧，调不调查将取决于今天下午的会议”时，原来已经冷到冰点的温度一下子掉到了北极。如果我搁置特纳的建议，他就不调查。但如果我坚持，他就会调查。

我还记得在我书桌上有一张纸，很奇怪的是上面写着皇家爱尔兰军团的座右铭“Faugh a ballagh”的译文，意思是“扫清障碍”。这支部队在北爱尔兰和平取得进展后准备集结撤离时，我在唐宁街会见了他们。我们还就我会不会在“首相答问”中使用他们的座右铭开过玩笑。结果，我一直没机会用这个座右铭。

戈登突然看到了这张纸，他用手指捅着这张纸。“这就是你该做的事——扫清障碍！”

这无论如何也无法令人高兴，而且他还说了其他话，但那只能私下留在那间屋子里，留在我们的记忆当中。我只想说，他觉得我正在毁坏他将要接受的遗产，而我觉得他正在毁坏我将要留下的东西。他认为这一政策是错误的；我认为是对的。他作出了威胁；我对此很不屑。

然后我们在四点钟跟约翰·赫顿一起开会讨论养老金问题。在这次会议上我坚持推行特纳的建议。会议大约五点结束。六点钟杰克·卓梅发表声明，提出进行调查。事实上我无法确定是不是戈登唆使杰克这么干的。戈登说自己从来没跟他说过话。而且如我所说，我确实不相信他会希望看到这样凄惨的后果。这给工党造成了极大的损害。每次重新提起这件事都会让我们党和我个人受欢迎的程度下跌。而具有讽刺意味的是，养老金的政策方针还在向前发展，于是每当我们浮出水面，开始接触空气，准备往前进的时候，这件事就又把我们拽到水面以下。在那件事情以后我们的关系就有了不同的态势：很正式，有的时候甚至很友好，但我没法忘记这件事，而且发现我很难原谅这件事。我也为此感到很伤心；不仅是出于表面上的明显原因，而且因为这让人看到了政治真正肮脏的一面。出于某种原因它可以让人做出实在不应该做的事，这就像一个永远也洗不掉的污点。而且他不论在那时还是现在都是一个好得多的人，本来是干不出那种事的。

这样，到了2006年9月，这一事件已经持续了好几个月；每隔几周都会有新的“揭露”或者从调查中泄露出来的消息，再加上黎巴嫩的事，以及工党内部对于改革方案的反抗，还有我已经在职长达九年这一事实——工党国会议员的态度变得更加强硬也就不足为奇了。他们认为，准确地说，他们的领袖并非他们的第一号财产——这一点是可以谅解的。

尽管在调查过程中，我们自 1997 年以来第二次在民意测验中落后（第一次是在燃料危机的时候）——这本身就非常引人注目，但民调的数据也不算很糟。我们掉下去了几个百分点，但我正在开始摸清戴维·卡梅伦的底细。我能感觉到，他并不清楚能在多大程度上改变自己的政党，而且也不清楚自己在多大程度上希望这样做。我觉得他们的政策立场是脆弱的，特别是在法律与秩序以及欧洲政策方面；因此我的战略是快速向前推进，持续向他们提出挑战，让他们决定是继续紧跟我们的步伐还是掉队，或者是转到其他不同的道路上去。戴维·卡梅伦很聪明，待人友好，而且我觉得他柔中带刚；但他没有经历过我在 20 世纪 80 年代和 90 年代初所经历过的那种艰难的、却具有高度教育意义的学徒期。那让我的领导艺术与直觉得到了磨炼，他的却没有。这些东西他还是有的，但还很粗糙。

但我的政党只看得到一件事情：死跟着布莱尔只会有麻烦；不跟着他才有好日子过。

暑期度假回来之后，我和女王一起到巴尔莫勒尔堡度过了一个惯常的周末。期间在阿富汗发生了可怕的尼姆罗德飞机坠毁事件，十四名军人丧生。这架坠毁飞机参与的行动——“美杜莎行动”——沉重打击了塔利班的领导层，给了我们一次心理上的巨大胜利。他们的伤亡很大。

2005 年与 2006 年人们又重新注意到了阿富汗。有人说人们是因为伊拉克才不注意阿富汗的，但这并不是实情，至少英国人不是这样。在伊拉克最艰难的时刻，我们仍旧下定决心要让阿富汗步入正轨。2004 年的选举是成功的。由于安全局面变得更严峻，于是我们自 2005 年夏天开始，准备在这个国家的南方承担领导责任，那里塔利班的势力还很强大，那里的毒品生产是阿富汗人收入的主要来源。的确，在伊拉克所能做的事情很有限，那些军事首脑对此感到失望，越来越想把重点从伊拉克转移到阿富汗去。

2005 年 9 月，约翰·里德发给我一封函件，提出在赫尔曼德省部署英国军队需要九个月的时间准备。有关这方面的函电交流、会议和讨论从 2005 年后几个月一直持续到 2006 年。最后大家原则上同意进行部署。但正像约翰清楚说明的那样，这是一个艰难而又危险的任务。塔利班会拼死战斗，紧紧抓住这块我们从来没有成功地从他们手中夺取的领土。我们的武装力量将会遭到自杀式袭击。

2月我们在伦敦就阿富汗问题召开了一次会议，由科菲·安南和我共同主持。会上大家对于挑战的范围是很清楚的：来自民生力量与军事力量方面、来自国家建设方面，以及来自给阿富汗一个实实在在的希望、让阿富汗人民可以在将来有一个运转良好的民主制度方面。

无论在伊拉克还是在阿富汗，下面一点都很清楚：在敌人的头脑中，对我们与他们展开的这场斗争的重要意义有着非常鲜明的概念。当然，他们把他们的战斗说成是反对西方占领军的斗争，但却有意忽略了以下事实：第一，这些武装力量的存在是有联合国决议授权的；第二，这两个国家中的民选政府都希望这些武装力量存在；第三，最重要的是，我们的武装力量存在的唯一原因是敌人的恐怖主义行动。他们一旦停止这些行动，我们立刻就会撤出。

当然，他们非常清楚地知道这一点。他们真正惧怕的正是让人民自己决定结果，因为非常明显，通过人们的自由意志决定的结果将坚决反对狂热，支持现代化。当阿富汗的最后一位国王查希尔（1971年对英国进行过一次国事访问）以九十二岁高龄于2007年7月去世时，我们便注意到了以下事实：在20世纪60年代与70年代，阿富汗曾是一个处于上升期的国家，当时的人均国内生产总值相当于韩国的水平。

尽管我们的敌人对于自己为捍卫思想体系而进行的战斗的重要性认识得很清楚，西方舆论对我们在那里存在的原因却认识得越来越模糊；他们在问，这是不是真的值得。人们又一次从常规的对称战争模式那里作出了类比，而不言而喻的是，这其实是一场非常规的不对称战争。我们正在进行的是一场长时间的国家建设，目的既是为了他们的国家，也是为了我们自身的安全。这就是21世纪初期整个世界的局面。20世纪的战争、意识形态和权力结构好像是另一个时代的一部分，而不是另一个世纪的一部分。人们的思想发展得太慢，还没有跟上形势，这不足为奇。

所以，2006年的一个持续的、重复的主题就是要在阿富汗增加行动。我对此感到担心，不知道我们是否在那里找到了正确的平民领袖；我也担心，尽管我们的军方对如何贡献力量有着良好的计划，但我们的热情会不会得到响应也还不一定——至少在美国之外的响应是不一定的。

我心里想的全是这件事以及国内的挑战。8月底，就在我将去巴尔莫勒尔堡之前，出现了许多精心策划的关于我何时最后确定离职日期的争论，我决定接受一次采访。你一定认为，我在那时应该已经学到不少东西了吧。接受采访有一个规矩：在对那些显然会被问到的问题还不知道如何回答之前，绝不要这样做。这听上去挺简单，但令人吃惊的是，甚至那些富有经验的老手也经常犯这样的错误：他们在进场的时候还满腹经纶，有着大量慷慨之辞要说，头脑里对于他要说的中心思想是什么十分清晰，但对别人一定会问的问题的答案却从未留意。

不可避免的问题是：你已经准备为离职设定一个日期了吗？事实上，现在我已经决定，2006年的党代会多半是我的最后一次。正如我已经暗示过的那样，如果能有更多的时间我会待下去的，但我看得出来现在的形势很不妙，戈登的人马已经一天比一天更为大胆了。如果我在9月底的党代会上宣布离职，就会出人意料，并且具有应有的锐气。我不乐意在此之前宣布这件事，因此我本不应该答应做这次访谈，至少在没有仔细想好如何应对这个问题之前不应该。

但我心中的想法很多，诸如我们应该如何坚持新工党的方向；我应该如何赶走那些反对这些方向的家伙；在决定变革之前，我应该如何面对工党内部有关"变成什么样子"的直截了当的提问。或许我在内心深处的想法是，如果我能挤出更多的运作空间，那谁会知道可能发生什么事呢。政治瞬息万变。但实际上我想，我真的已经下定决心了。我只不过是想控制宣布离职的时机。

8月下旬我在契克斯接受了《泰晤士报》的采访。提问者是菲尔·韦伯斯特，我一直很喜欢他并认为他很坦率。他的问题提得非常公道。自然，他问了那个明显的问题。

自从2005年大选以后，就一直有一个相当荒唐的惯例，认为会有一种"稳定并且有秩序的过渡"，个中含义当然就是"把权力移交给戈登"。实际上，作为一个惯例这是有问题的。本来不应该有这种假定。本来应该有辩论与选举。但没有几个人想要一场辩论，更没有几个人愿意举行一次选举，这样一来这就好像真的成了公认的惯例了。

所谓"有秩序过渡"，一部分是指我应该设定一个日期。现在清楚的是，我必须在某一时刻做这件事。戈登当然对我的目的和行动心怀疑虑——而且到了这个时候，从他自己的角度看，他在某种意义上是正确的——所以迫使我给出一个日期，而且假定这个日期会在党代会上宣布。

回答菲尔的提问时，我并没有自然而然地设法躲闪，而是大致上这么说的：不，我不会设定日期。

安德鲁·阿多尼斯在暑期休假期间给我写了一封绝妙的短信，对我影响很大。这份短信如此出色，值得在此全文引用。

安德鲁·阿多尼斯给首相的一封私人短信——8月21日，星期一

我认为我应该在你有关这一重大问题的思考上给些建议，尽管我只在此说两件不怎么值得惊讶的事情：1)一旦“说出了日期”，你的权威就会迅速下降，下面很快出现的就是越来越多的呼吁，要你把日期提前，以便“结束这种蹩脚的鸭步”；2)出于对公众利益的严肃考虑，我认为你应该继续留任，直到2007年工党年会，而且如果明年夏天的形势许可的话一直留到2008年。

在我看来，如果暑假回来后你能在工党年会上制订出一份有力的日程表，那么以你的政治权威，应对此事绰绰有余。与此相反，考虑到戈登·布朗的助手和他所扶持的势力，他接任后将不可避免地使(无论他那时如何尽力挽回)“每件事情都与左派妥协”。看上去他会是在你与卡梅伦之间的一个虚弱的——尽管是长期的——插曲。

还有两个广泛的考虑：一是有关“体面的引退”和“有秩序的过渡”方面的空想；另一个是如何重新获得进取精神。

我在一次单独的假期漫步中思索着过去一个世纪中首相位置的更迭；无论正确与否，以下是我的三个结论：

一、从来就不存在什么“体面的引退”和“有秩序的过渡”——有的只是引退与过渡，所有这些更迭都有些不顺当，也无法令人满意。我想，这就是生活。

二、所有更为成功的首相在离开唐宁街10号时都伴随着最受贬损的“体面”与最“无秩序”的过渡。格拉德斯通、劳合·乔治、丘吉尔、麦克米伦和撒切尔都为了某种目的坚持掌权，直到最后一刻。如果一直在计划“体面的引退”，他们就不会成为那样伟大的领袖，也不会取得那样重大的成就。与此相反，三位追求“体面”与“有秩序”的长任期首相，即威尔逊、鲍德温和索尔兹伯里，都丧失了活力与目标，他们的名声和同样糟糕的遗产并没有因为人们热情洋溢的退休赞词而得到改进。(艾德礼永远都是一个谜。)

三、与你现在的情形最为相近的，是哈罗德·麦克米伦在1963年夏天所处的情形。事实上，你与麦克米伦之间在更多方面的相似是令人惊奇的。总的来说，麦克米伦也是一个成功的长任期首相；作为一个对于横扫

他的政党、国家和国际事务的“变革风潮”有着敏锐感觉的中部英格兰现代主义者，他在国内取得的成功很快就获得公认。1963年夏天，选举在即，而他正被普罗富莫的丑闻、被解职的人和对他心怀不满的人的敌意，以及媒体要让一个“新人”出来击败威尔逊的吵嚷弄得焦头烂额。经过数月非同寻常的犹豫——由普罗富莫与其他已被遗忘的较小事件以及朋友不恰当的建议引起，他最后决定留下，迎战即将来临的大选。事实上，就在这个时候，在多年外交政策的挫折（在南非和罗德西亚的种族隔离、戴高乐第一次否决英国加入欧盟等）之后，他与美国总统约翰·菲茨杰拉德·肯尼迪一起成功地推动了《部分禁止核试验条约》的签署。当他宣布此事时，内阁大大地舒了一口气，一致向他叫好——但接下去，在保守党年会前夕，他受到了前列腺疾病的打击——在短时间内他曾担心这可能是一种致命的疾病。随后的事情就都是历史了：他在压力下急匆匆地辞职；“新人”亚历克·道格拉斯-霍姆爵士（！）出马；一年后威尔逊在大选中险胜……而麦克米伦在其后的二十三年里都在为此而后悔。

如何采取决定性的主动行动？

在国内战线上，我认为你需要考虑宣布一项将由你领导的进一步改革计划。对此我所能找出的最佳方法是，由你本人领导一个对公众部分公开的“下一步”改革计划，这一计划将与企业社会责任齐头并进。你应该在下月宣布将这么做，并进一步在明年公布新制定的五年计划与企业社会责任，使整个事件达到高潮。这并不包括你作为这样一个阶段的领袖所不可能做的事情——一个“新方针”，而只是对一项事实上已经基本成功的方针（关于公共服务的选择与质量；福利与公共秩序方面的权益和责任）进行持续的更新与加强。对此，持中间意见的人士和明智的评论家会认为它们真正是你的东西，而且对于国家来说具有持续的必要性——与20世纪80年代的私营化、工会、劳动力市场改革和麦克米伦的“一个国家”的经济自由主义有着同样的必要性。如果你在明年退位，将会停滞不前的正是这一持续的关键改革，因为持中间意见的人士会强烈感受到任何有关其他事情的抱怨。

参照已经列入计划中的工作以及应该列入计划的工作，我很快就可以更详细地写下一个这样的“改革计划”。但要真正写下一份有用的东西，我还是建议你召集一小批值得信任的人，那些近年来为你从事教育、保健、福利和内务工作的人，让他们为你的国内战略制订一个计划，越快越好。

希望这能对你有所帮助。

安德鲁

或许是下意识地，我就这样对菲尔·韦伯斯特决绝地说了，说得比我的本意更为决绝。但报纸的标题是“布莱尔在离职时间上公然蔑视他的政党”，也就是说，这看上去像是一种反叛行为，好像我改变了主意并一意孤行地决定继续留任。就是这么回事。这条新闻一出来，我就立刻给戈登打了电话，再次向他保证，我无意任满整个五年的首相任期。但我能够看出，他，或许更主要的是他的班子，已经认定他们又一次被我“偷走”了他们应得的东西，并决定最好还是开始跟我战斗。

“政变”就这样开始了。实质上，他们决定组织一波又一波的劝辞信来轮番劝说我退位。有些古怪的是，第一封这样的信我们是在 9 月 4 日访问约克的一家问题青少年护理院时知道的。在进行这样的访问时我总是在思索，想到我在孩童时期是多么幸运，然后又是多么幸运的一个父亲。有些故事实在可怕。例如父亲离家出走了，或者母亲跟了别人，而新来的男人跟这个孩子合不来，最后他们就把他或者她赶了出去，流落街头。简直无法让人相信。当然，有些青少年在行为方面有着严重问题，实际上让父母很难当；但这终究是让人非常震惊的。

这是一所帮助孩子并训练他们、教育他们、教他们个人技能与言行举止的新型护理院。这是一项很具挑战性的工作；而且像进行所有这样的访问时一样，我对那些维持护理院运转的人们怀有极大的尊敬，因为他们提供了如此耐心、投入的服务。可以肯定的是，我不会喜欢干这种工作的。它需要一种非常特殊、非常有献身精神的人。我们把几个孩子带回到了约瑟夫·朗特里基金会的总部，我们在那里召开了一次研讨会，还跟基金会的一些员工进行了会谈，为第二天我将在约克的新厄尔斯威克人民厅有关社会排斥问题的一次演说进行准备。

你应该总是可以看到这类事情有趣的一面。我作了这样一次访问，与那些青少年谈论找一份工作、为生活寻找目标这一类事情。这次访问被视为一次例行的低规格地区视察，突然，作为新闻秘书陪伴我的希拉里·科夫曼把我拉到一边，接着我被告知，有这么一封信在三四十位国会议员中间流传、签名，呼吁我辞职。接下来，访问便不时地被我的班子人员打断，向我通报有关我自己这份工作遭到威胁的最新消息。一会儿有人叫我出去，告诉我有关这条相当严重的消息的最新进展，接着我就又回去跟查伦或者罗伯特谈论他们寻找工作的可能性。

最后，让参加会议的人感到十分困惑的是，我不得不长时间地离会，以便认真分析局势。这封信被泄露给了媒体。更重要的是，一位大臣，即汤姆·沃特森，也是签字人之一。顺便说一下，我对这封信并不感到生气。我明白这是对《泰晤士报》采访内容的反应，而且说明戈登·布朗的班子已经受够了。

我以一种奇怪的方式为工党感到遗憾，一直到我离职的时候，我都或多或少地一直有这种感觉。到了那时，我终于清楚地知道，除非戈登讲清楚他到底是新工党人还是“别的什么”——并界定这种“别的什么”，否则就会出现一场灾难。我知道这一点。但公平地说，我还是花了好长时间才弄明白这一点。即使那些对我和戈登都很了解的真正聪明的人，像菲利普和阿拉斯泰尔，都觉得这可能不会有什么大问题，所以一般的工党国会议员就更不那么肯定了。当然还是有一些人，像党内的约翰·里德和艾伦·米尔本，还有我办公室里的乔纳森和萨莉，他们从一开始就绝对清楚，除非戈登是不折不扣的新工党——这一点十分可疑，否则我们就将受到保守党摆布。如果保守党不全力对我们发起挑战，我们还可能幸存。如果他们全力挑战，我们必输无疑。

但我还是能看到戈登强大的能力、异乎寻常的控制力和永不服输的精力；我意识到那些都是作为一个领袖的重要特质。遗憾的是，我也同样逐步认识到，这些特质只有与政治上的高度直觉相结合才能完全发挥作用。而这种直觉来自你真正知道自己相信的是什么，不是模糊地或者笼统地知道，也不是只知道大要，或者其一般“价值”。你需要从实践中得知，从根本上、从日常生活中的证据中深信不疑。处于这样一种真正关键的政治前途的震中，我却发现了一处洼地——并不是错误的直觉，也不是出于人性的最高层次直觉。是政治上的算计吗？是的。是政治上的感觉吗？不是。是分析上的智慧吗？绝对是。情绪上的智慧呢？等于零。

戈登是一个奇怪的人。但最终我不得不承认，这并不是问题的根本所在。(他的奇怪之处无论过去还是现在都有一种可爱的魅力。）问题的根本在于，他完全不明白新工党在民意测验、所谓“战略”以及选举的王牌以外的真正魅力。他看得出新工党这一招有用，但却不知道为什么会有用。他能够理解其具体的政策，却不明白它在情感上的魅力。

因此我看得出来，在2005年大选以后我们所有的会议和相互交流中，他觉得我所作的所有讨论政策的努力都只不过是赢得时间的花招或者策略。在我们每一次的谈话中,他都急于知道我离开的日期;我会说:好吧,你想把政策推向什么方向?而他总是把这看成是我不诚实的表现,或者我是在寻找说谎的借口。或者他会对我说:你现在做的,是在为你留下美名,而并不是为了我的利益。我接着就会说:如果这些政策——比如关于民办学校或者 NHS 改革或者身份证——是正确的,我们这样做正是为了你的利益。不管怎么说,事情就是这样的,无疑他想的跟我想的不是一回事。

我看得出这一切会指向哪里。工党,或者说工党的很大一部分,正在不顾一切地想要改变。如果我不进行一次有可能会结束这一届政府的斗争,我的任期就不大可能超过 2007 年年中。顺便说一句,我确实曾经考虑过进行这样一次斗争。我有一种感觉,如果我离开并由戈登继任,这同样意味着这一届政府的结束。但我最后考虑的是,如果政府不得不结束,比维持政府更重要的是要让新工党计划存活;要让大家清楚地看到,损害是由他背离了新工党路线才造成的,而不是因为我坚持要留任。但是,要让谁清楚?清楚到什么程度?这都是很好的问题,我无法完全回答。

但到这时我能够看出,我不可能坚持到 2008 年。媒体——《邮报》、《电讯报》、《卫报》、《独立报》、《镜报》,实际上还要加上英国广播公司——在强调:他们想让我下台,让他上台,其原因基本上与工党的原因是一样的,至少到这时对左派媒体是这样的。右派媒体有其他一些想让我下台的原因。鲁珀特·默多克的媒体总体上仍支持我,但即使是他——虽然没有直接赶我走——也认为我给戈登让路是合乎情理的。

因此我知道,为了工党,而且更重要的是为了国家,我有着非常客观的理由继续留任。我真心认为,为了英国的未来,我的政策方针是正确的,而戈登的政策方针是错误的。但是,以政治上有时会出现的某种方式,所有这些都淹没在不顾一切地要求改变的向下冲击当中。

9 月 5 日,我结束了在约克的演说回到伦敦。这次我集合了所有的关键人物,同时也试探了阿拉斯泰尔、安吉、彼得以及其他与我长期密切合作的人们的意见。第二天我跟戈登见了面。我们坐在唐宁街 10 号外面的凉台上,这是天气好时我最喜欢与人会面的地方。我们又一次进行了在过去两年中逐渐展开的那种谈话:这是一种在两个层次上进行的谈话。一个层次是说出来的;另一个层次是没有说出来的。这两种谈话都同样清楚。

他实际上说的是,还会有其他劝退信的。他说出来的是:我根本不清楚这件事的细节，我也完全没有参与此事。他没有说出来的是：你让我别无选择，我真的不相信你自己会离开。

他让我陷入了困境，而且他知道这一点。但同样，他也以一种奇特的方式需要我。我也知道这一点。我不可能继续留任，但对于他来说重要的是，他不能成为让我离任的明显组织者。

我说出来的是：我会清楚表明，这次工党年会是我参加的最后一次。没有说出来的是：别逼我太甚，不然我就说你是政变的组织者。

他确实要求知道我离职的日期，但我说得很含糊；而我也决心不在此时此地给出准确的日期。如果这么做，我知道我几个星期之内就得走人。无论如何，要待下去都会是一场斗争。

我非常冷静。在我的核心圈子里还有人想争辩，认为我应该跟他斗，但我说这是不可能的。我们应该有风度地允许这种事发生。我们必须利用这段时间让尚待进行的改革走上正轨，并为将来设置一个清晰而又明智的计划。最重要的是，我们必须让新工党的薪火存留不熄。我觉得有百分之九十的可能性他会接管权力。我同意，这么做没用。但关键是，不能让人指责我们对他不忠诚。

工党组织秘书告诉汤姆·沃特生，要么把自己的名字从劝退信中去掉，要么辞去政府中的职务。媒体已经有了他辞职的报道。我在回应中重重地给了他一巴掌。

> 我从媒体那听说汤姆·沃特生已经辞职了。我本来想撤了他的职，但想做得礼貌一些，先跟他谈一次话。如果他私下来见我，表达他有关领袖地位的观点，那就是另外一回事。但在一封四处散发让人签名的劝退信上签名，而这封信又捅到了媒体那里，这就是不忠诚、不礼貌，是错误的。因此他继续在政府中留任已经不可能了。

这样的回应极为粗鲁，但在那时我觉得他就该受这样的待遇。实际上后来我感到抱歉，后悔当时的做法了。对于许多本应支持我的年轻人，比如克里斯·布赖恩特、赛恩·西蒙，以及其他人来说，问题只是他们没有把事情想清楚。他们只是迷醉于希望改变领导层的兴奋之中，因此在当中扮演了某个角色。他们并不是真的心怀恶意。他们的确认为应该替换我，我也的确在第四次大选之前被替换了。但是如我所说的，用什么来替换？这一点从来就没有人以合适与应该的方式，出于严肃的政治决策的考虑，来给予深入清楚的解释。

第二天,9 月 7 日,由于事情很轻松地得到了一些进展,我对此很高兴。我访问了圣约翰森林的昆廷·基纳斯顿中学。我在任首相不久之后就曾去过那里,并眼看着它发展、成功。女校长乔·舒特尔是个完全通情达理的人,她不介意我借访问之机发表一次声明。我是跟艾伦·约翰逊一起去的,他总是对我很忠诚,有他陪同我觉得讲起话来更容易。

过去这些天发生的事件自然是很大的新闻,的确让人有一种工党有人反叛、政府陷入混乱、首相陷入困境的感觉。党内有些人就此责备我不肯离职。有些人对于这种不忠诚深恶痛绝。大部分人则无所适从,希望结束这一切,而且要尽力做得合乎体面。

首先我在讲话中代表工党表示歉意;这样做我认为是适宜的。我清楚地表明,现在不会为离职给出明确日期,但即将来临的工党年会将是我最后一次参加。对那些认为拟议中由戈登取代我是一件好事的人,我也提出了警告。整件事情一个很不好的方面是,人们认为他有权得到这份工作。我敢肯定,公众不会这样看待这件事,而且尽管几乎可以肯定是由他接任,他们却不喜欢任何认为这件事理所当然的想法。这件事应该谨慎处理。“在经过了上周的事情之后我也愿意说另一件事:我认为让工党明白这件事是很重要的;而且我认为,党内大部分人也确实明白——公众是第一位的,国家是重要的;对于谁做他们的首相这样一件大事,我们不能把公众当成不相干的看客。因此在事件来临的时候,我们在行事时应该想到这一点。”

这一声明完全发挥了它应该发挥的作用。第二天,一群持中立观点的人士——那些认为自己不是真正的布朗派或者布莱尔派的人——向工党国会议员的主席安·克莱德递送了一份声明,欢迎我的声明,并实际上清楚地表明,我应该定下离职的确切日期。

周末的《星期日泰晤士报》披露,戈登和汤姆·沃特生曾在那封劝退信发出之前在戈登的家中会面。我没有让我的人就这件事大做文章。当然,我从来没有怀疑过,戈登绝非仅仅知道这件事,他就是组织者;但我已经作出了决定,我要努力在没有人能说是我引起了不统一的情况下离开;而且,如果这意味着向戈登有秩序地转移权力,那就这样吧。

如果有人出来跟他竞争,那可能就是另外一回事了。但如果这是不可避免的,那就让它正当地发生,不要带上个人的怨气。如同自始至终所有牵涉托尼·布莱尔与戈登·布朗之间关系的决定一样,我无法肯定我有这样的观点是否正确,但我确实有这样的观点,其原因如上所述。

几天后我在“进步”组织——我很希望它能成为新工党制定政策的重要智囊团——在伦敦的一次会议上发言。这一组织中有着很优秀的年轻人，他们对于我们正在试图成就的事业有着恰当的定位。左派分子在“指南针”智囊团中有自己的一个小组，他们实际上需要一个埃德·鲍尔斯/戈登·布朗式的领导层。他们很活跃，很聪明，但却与一个完全没有任何希望赢得大选的政治组织联系在一起。但他们精力旺盛而且组织有序。我班子里的人很容易跟中间立场的选民搞好关系，以心怀政党的理性前程而受到称赞，但说到组织、计划与密谋策划，他们都跟我一样处于小学阶段的入门水平。

戈登·布朗的惯常做法中一个最糟糕的方面，是为老式工会的暗箱操作以及活跃分子的诬陷行为恢复名誉。这对于所有喜欢那种事情的人来说当然是可喜的——这很大程度上是尼克·布朗/汤姆·沃特生/查利·维惠兰的心态，但对于依靠正确政策走通自己的道路并有赢得选举希望的现代政党来说，则是毫无希望的。

“进步”组织的人物都是些正派人士，但他们很快就在蛊惑下产生了错误的观念，认为自己应该在政治和组织方面形成一股统一力量；实际上，他们需要做的无非是制定一份有效的、向前看的政策方针，而不是去理会政治组织活动。其结果正如戈登·布朗的班子想要的，在应该为下一任领袖制定施政纲领的时刻，他们反倒在所谓“统一”的幌子下保持中立。

平心而论，这当然如同某些与我最为亲密的人所指出的那样，在很大程度上是我的错，原因在于我坚持认为不能让人认为我是在干扰戈登走向巅峰。我一直在强调新工党是我与戈登的共同事业，这实际上有些跟事实不符。但我还是在试图笼络他进入这个项目，希望他能够接受它，哪怕仅仅是权宜之计。这当然让人们大为困惑。

这么说吧，一旦事情已成定局，整个局势就会有所缓和；但这又一次在我的心中触发了十分紧迫的感觉。戈登·布朗的班子冷静下来了。他们赢了，尽管他们仍不信任我，而且我知道他们还会找机会让我下台的日子提前。我的班子很伤心，但他们的士气并没有想象中那么低落。我不得不费了好大的劲来让他们保持精力；我自己则是完全积极的，因此在某种程度上也感染了他们。

经过了让人惊心动魄的一周之后，我又对贝鲁特和中东进行了一次访问。当我 9 月 14 日回到契克斯去舔自己的伤口并为余下的任期制定战略的时候，我有许多事情需要仔细思量。9 月的契克斯总是很宜人。这是一年里气候相当温和的季节，所以我们常常坐在户外的庭院里。

我或多或少已经习惯了在那里过周末。我上午勤奋工作，下午锻炼身体。晚餐很丰盛，还来上一点烈酒。早早就上床。

酒精与首相的关系本身就是一部书的主题。按老式标准我根本算不上一个豪饮者，而且除了圣诞节以外我午餐从不饮酒；但如果你拿那个人人都不说老实话的标准——每周的量——来衡量的话，我肯定算是饮酒超量的人了。晚饭前，我会饮用烈性威士忌或者是杜松子酒加奎宁水，外加两玻璃杯甚至半瓶葡萄酒。所以说，我喝得是不少，但也不算太过分。我有一个限度。但我知道这已经成了支撑我精神的东西了。

年纪渐长的时候，你需要仔细地限定你跟酒精之间的关系。年轻的时候你确实会时不时喝得太多，但你也会许多天滴酒不沾。当你渐渐成长，它很容易就成了你每天或每晚的需要，因为你的身体需要以此来放松。这是宣泄压力的方式。这也是一种刺激。它让你能够忍受一个无聊的夜晚。它在你的生活中扮演了一个角色。

总的来说，我永远也无法说出这对我是好是坏。说它好，是因为它能让我放松；说它不好，是因为我本可以工作而不是去放松的。我得出的结论是——你会认为这是很方便的事：好处压倒了坏处。我认为，摆脱压力、得到放松是让工作得到平衡的核心部分，起了一种类似于休假的作用。但我永远也无法断定。我相信我控制了酒精。但你需要诚实：这是一种药物，你无法摆脱它。所以你需要谨慎地使用，这可能是对的；但永远不要误解它的本质，要正视它跟你的生命之间的关系。

我花了几天时间准备我的会议讲话——这将是我面对工党的最后一次讲话，到那时我便领导这个政党超过十二年了；这同样也是在思索并制定策略。肯定不会有什么缓和。会出现多重挑战。媒体会希望我快点走人，这部分是因为他们急切地想要有变化，部分是因为这对于他们来说是一项竞技，他们想看看是不是能够赢下这场比赛，在我预定的时间之前把我赶出去。好吧，他们知道，一方面我并不情愿离开；但另一方面，这更多的是我的主动行为，而不是他们的，这也让他们不舒坦。我们可以相互包围，相互碰撞，但那是在同等条件下进行的。他们觉得如果能最后一次占据我的上风，逼我下台，那就太美妙了。

然后是工党。在我退出的准确时间上，他们将接受我的决定，但他们一直会在下面谴责我自私，说我待在那里是为了自己，而不是工党的利益。

在权威方面会出现真正的问题。戈登几乎是我指定的接班人。他是工党的将来。他将把人聚拢到身边。如果他不同意什么事情，即使工党的大臣们也要三思，考虑是否站到我这一边而不是他那一边。而且平心而论，即使我已经作出了那个他拼老命要我作出的决定，他的人还是在抗拒我，倾向于怨恨我，并且急于摆脱我的束缚。

工会感觉到自己就要回到核心——当然是党的核心，因而表现出轻蔑之意。当我最后一次对英国工会联盟发表讲话时，他们的态度彬彬有礼，但仅此而已。我们都知道对方如何看待自己，尽管有些真诚而且确实优秀的工会领袖，例如英国商店雇员工会和社区工会（过去的钢铁工人工会）的那些领袖，对我的离职感到难过并且担心，但那些大工会从来就没有与我和解的意思。我们结束时的情况跟我们开始时一样：缺乏相互理解。他们无法理解为什么我要做我正在做的事；我无法理解为什么他们看不出这正是将来要走的道路。十分有趣的是，我相当喜欢他们这些人，而且对基本工会和工党路线也比许多人认为的要忠诚得多。但他们认为我是一个披着工党外衣的保守党分子；我也认为他们是披着劳工外衣的保守分子。事情就是这么回事。但如果回头看一下工党政府的历史，他们给我的麻烦比给艾德礼、威尔逊和卡拉汉的都要少得多。并且要提醒你的是，那时他们手中的权力要小多了。

我同样也得关注那些跟我最亲近的人；我得让他们精神饱满，保持他们的使命感。他们是一群极好的人。这其中有那些自始至终一直跟着我的人：乔纳森·鲍威尔、乔纳森·皮尔斯和莉兹·劳埃德。莉兹这些年来有了长足的进步，已经成了我的副幕僚长，并为我们带来了我和乔纳森的性格中缺乏的秩序与纪律。她还有一种优秀的气质：易于共事、忠诚，还有那种在英国女性的所有魅力之下隐藏着的刚强。当然最重要的是她的能力。

旧工党政治回归工党组织最令人沮丧的一点是，像莉兹这样真正优秀的年轻人在争取工党议员提名方面遭到了拒绝，因为要让位给那些得到戈登·布朗支持、实际上能力远逊的人。我在成为领袖的早几年能够做的一些事情是，鼓励聪明的年轻职业政治家加入我们的行列，进入议会，比如戴维·米利班德、詹姆斯·珀内尔、鲁思·凯利、利亚姆·伯恩；当然，公道地说也有戈登·布朗那边的对应人物：埃德·米利班德、埃德·鲍尔斯、伊薇特·库珀。这种氛围对具有真正良好天分的年轻一代有利。尽管我知道戈登·布朗那伙人会让我有些麻烦，我还是有着不可动摇的信念：我们应该提拔有天分的人。有关埃德·鲍尔斯我常有一些很严厉的话要说——我认为有时候他的表现很不好，而且在政策方面的决策有误——但我还是认为他极有能力，是任何政党都乐于获得的人才。因此在给草根阶层的建议中，我很清楚地告诉他们：不要组织起来反对这些人。无论我们怎样想,他们的能力让他们有权参与一切,而我们有责任让他们参与。

但我最后能看到,这一点不会得到回报。比不公平更重要的是,这对于党在长远方面的发展是愚蠢的,将成为未来的一个重大隐患。20世纪80年代初期我在试图得到提名时所面临的问题,也正是工党那时在招揽人才时碰到的问题,这个问题就是由那种老式的"暗箱操作"程序造成的。到了20世纪90年代末期,我们已经克服了这个问题——如果能力强,你就有好的机会。

在那段最后的时期,我能感到情况正在退步。在能够让莉兹这样的人进入议会的情况下却没让她进入,这是我们的损失,不是她的损失。而且这是一个严重的、能够说明问题的损失。一个拒绝人才的政党会侵蚀自己的能力。但她跟我走得过近,这对她是不利的。

我班子里的其他人加入得相对晚一些。马修·泰勒具有理智与政治常识的完美结合。他能以一种不背离新工党基础而对之有所发展的方式与整个党接触。政策办公室主任戴维·贝内特来自麦肯锡公司。他完全是一个门外汉,而且我觉得他经常认为整个政治活动很让人吃惊;但他真的非常聪明,而且如我希望的那样,带来了门外汉特有的专门知识与不一样的分析能力。他在起草政府政策最后篇章的工作中起了很大的作用。

然后是政治小组的鲁思·特纳、约翰·麦克特南和妮塔·克拉克以及工党的秘书长彼得·瓦特,他们具有献身精神,绝对忠诚,毫不含糊地维护我的利益,他们在斗争的最后阶段表现出的品质远远超出了我的预期。但这是一份很难做的工作:一个即将离任的领袖;另一股虎视眈眈的势力正毫无怜悯地舒展着它的肌肉;还有一次人人有份的——除了妮塔以外——对于他们正直人格的警方调查。每当想到他们如何在这样一个时期中还继续保持了优异表现的时候,我简直无法找到合适的语言来赞美他们。

媒体、工党、戈登·布朗、工会、私人办公室——就在我宣布我会离任的那个时刻,所有这些都将需要费心处理。

我已经撤到了契克斯去思索。我认定,我能从中突围的唯一方法就是给他们一个明确而清楚的原因,从而让他们相信,我会一直待到2007年夏天。"你这样做有何意义?"——这是马修·泰勒和彼得·曼德尔森提出的问题。于是我确定了这样做的意义。这个意义就是:我将离职,但要等到在政策上作出了那些我们正在进行着的、完全镌刻在新工党计划的核心的、基础的决定之后,这些政策将完全嵌入我们正在制定的新工党计划;然后我将建立一个程序,内阁与工党将通过这一程序参与决定未来的计划。戈登·布朗可以是合作伙伴，他可以同意参与其中，也可以游离其外，但他不能说我没有为他设计这样一个程序，或者说他没有得到创制程序的机会。如果在此过程中有不同意见，那就让它们出现好了。至少在程序结束的时候，我们将有一个清楚的平台。如果他接受这一点，那太好了。如果他不接受，没人能说他不曾有这样的机会，而任何其他的领导集体都可以抓住这一机会并实行之。

总的来说，在许多部门的冷嘲热讽之下我们就这样做了。尽管我说了我会离任，但无论如何我还是首相，而且拥有许多名义上的权力与实际上依旧存留的权力。我还可以重新组阁，还可以进行人事提升；即使存在着抱有敌意的媒体，我还有说话、辩论和说服人的平台。最后的九个月本可以是无关紧要的告别期——许多媒体的声音想把这九个月弄成这样，但实际上，我们确定了改革计划的关键部分，而且在养老金、福利、NHS、学校以及法律与秩序方面，我们为将来规划了一套完全合情合理的政策方向，留给愿意实行它们的人。

从来没有一位政治领袖曾经留下过这样的东西。但同时，在这方面也与许多其他方面一样，政治在改变。当今的领袖正在变得更加年轻，英国的地位正在国际世界发生变化，我可能是第一个这样做的人，但我并不相信我会是最后一个。

第二十一章 离去

那几个月非常紧张，特别是在家里，有一片不确定、不安全的阴云笼罩在家人头顶。尽管关系亲密，但是家人，特别是年纪较轻的家人却很奇怪地与首相的工作相脱离。他们见证了一个又一个事件，参与了喜悦与悲伤的时刻，但他们总觉得自己是看客；因为实际上不可避免的是，他们真的只能是看客。

他们不会感受强烈的痛苦与压力，那仅仅是属于首相本人的；但他们却免不了要受到监视。他们能够看到你正在干些什么，但在某个层面上他们却一直被排除在外；这一事实可能会给他们带来一种怅然若失的奇怪感觉，似乎有些模棱两可：他们从来没有真正参与首相的生活，却还是同他的生活结合在一起。

第一次踏入唐宁街的时候，我们是自19世纪50年代至60年代罗素勋爵——当时这所房子是他的住宅——以来最年轻的入住家庭。当时那里没有办公设施，而且也并不真正是一个工作场所。今天的唐宁街有毗邻的建筑和数以百计的工作人员，是一条繁忙的政府大道。这一英国最著名地址的象征性意味着，这里就是权力的中心。因此这里首先是、而且最主要的是一个办公场所，它作为住宅的意义则远远退居次位。

一方面有孩子入住是很可喜的一件事；但另一方面，这个地方根本就没有为此作好准备。利奥降生后，我们就在那栋建筑里有了一个婴儿，这让每个人都感到非常开心，工作人员都喜欢他；但这并没有真的让它成为一个日托托儿所式的工作机构。不过我们还是应付下来了；而且，尽管我从来也不完全清楚孩子在唐宁街成长是多么古怪的一件事，我们还是把整件事处理得很好。而且，契克斯为避开唐宁街的纷扰提供了一个愉悦安宁的去处。如果没有契克斯，首相的生活一定会大不相同，而且肯定是更糟糕。

我们住在11号上面的公寓房里面。我们重新装修了年久失修的厨房，但每一项修缮总是引起支出方面的问题——承包商不得不出于特别的原因变相怠工——造成巨大浪费。我们的公寓里没有雇人煮饭或者做其他杂事，这一点曾让外人感到吃惊，但实际上我们更喜欢这样。这让公寓里更安静，给了我们更多的私人空间，尽管公寓里总有当班职员、公务人员和邮递员在不停地穿行。但唐宁街的工作人员基本上都是友好、乐于助人的，并且都以一种并不刻意强调但却很明显的方式，对你作为首相而承担的压力表示同情。他们从来没有太多地谈论此事，但你可以感觉到那种温和而且友善的情感上的支持。

11号上面的公寓比通常想象的要大些，在两层作为起居室和卧室的主要楼层之上还有几间闲置的房间。在可以俯视唐宁街、皇家骑兵卫队阅兵场和圣詹姆斯公园的顶楼之上，我有一间装备了跑步机、划船机和举重杠铃的健身房。尼基也有一个房间，里面放着他的鼓乐器具和我的吉他；我们有时候也会跑到顶楼上大肆欢闹，当然，毫无疑问会发出惊人的噪音。

不管怎样，或许主要是由于杰出的杰姬——她从1998年起就跟我们家在一起，我们安然度过了三个孩子的青春期、利奥的出生以及他在小学的最初几年。在家庭中的你才是最真实的你——你可以表现出最大的愤怒、最深的爱意，可以显得最为沉闷或最为积极。在家庭中你无法完全自私。你经常想非常自私，但最后，由于你需要其他人的陪伴，你有对其他人的责任，这些让你无法完全自私。在家庭中没有几处藏私的角落，也很少有性格的某些方面，不论好坏，能隐藏起来不被别人发现。那里没有多少假象，更没有多少幻想。你可以在那里瞥见人类性格中最美好和最肮脏的特点。而最终，最重要的是你必须原谅别人的冒犯，这样别人也会原谅你。而且很偶然的，你会窥见家庭所代表的真正力量，会意识到，尽管人类有着各种缺点、忧虑和矛盾，家庭却是人类成就中的一个奇迹，尤其值得珍惜。

我们走出了唐宁街10号，不但安然无恙，甚至还十分强大。但生活在那里的压力从不同角度影响了我们每一个人。

必须仔细思考配偶的地位。在过去的年代里，男人工作，女人不工作。今天女人也工作。生活对于一个工作的女性来说总是很艰难的。这对于切丽是足够艰难的了。与我看法一致，她选择了继续工作，而不是仅仅当一个政治家的夫人。回过头想想，考虑到今天人们对政治家家庭的仔细研究，我不知道这是不是可能的。

切丽还在继续从事她的律师工作,但这是很困难的。许多案子都具有政治敏感性,她无法接手。她并没有作为"官方"夫人而从唐宁街10号得到支持。阿拉斯泰尔的搭档菲奥娜和老朋友罗斯·普雷斯顿实际上出色地为她做了许多事,但这些都不得不以一种很隐蔽的方式进行。戈登当首相的时候,他的妻子萨拉有一间正式的办公室和一个班子。这是完全正确的,应该从此成为规范。

切丽并不总是把一切事情都做得井井有条,而且如同我过去说过的那样,她具有一种不可思议的本能,即得罪有权势的人们,特别是媒体——不幸的是,他们的地位让他们可以非常容易地进行报复;但她工作完成得极为圆满。她把唐宁街——确实是有史以来的第一次——当成了招呼慈善机构的正式场所,差不多每天晚上都让它发挥这样或者那样的作用。对于我,她就像一块宝石:当我脆弱的时候她刚强;当我将要畏缩的时候她坚定;而且她总是勇猛地保护着家人。媒体对她夸张的勾画颇令人恼怒,但她却顶住了这一切,绝大多数时候不为所动。相互间真挚的憎恶是对她与很大一部分媒体之间关系的最好写照!有些批评,她是可以接受的。但她无法接受的是一味片面的攻击。

而且事实上,媒体的攻击经常是随意的;或者更准确地说,是有选择的。就我所知,我前面的两位首相都曾在朋友家里度假。当然,甚至当撒切尔夫人在唐宁街10号时,丹尼斯也得继续工作,但没什么人就此攻击他。她确实由于她的孩子而受到攻击,但总的来说,在那时这些攻击还算是比较温和的。今天人们希望知道一切情况,又可以把他们知道的任何情况都加以负面解释。攻击是否极端地针对个人,要取决于编辑是否想这么干。如果一份诸如《每日邮报》之类的报纸决定要这么干,其他的报纸很快就会加入,因为他们不想脱离潮流。

当然,这最终是一个如此令人激动、令人毛骨悚然的大新闻,它让不利方面的任何部分都可以永远遮住你的眼睛,让你无法看到光明一面不可避免的荣誉。但你毕竟只是个凡人,所以你就会想:是的,这是一种伟大的荣誉;但同时也会骂道:你个杂种!

人们以各种不同方式应付压力,首相和首相夫人也是如此。有些人会饮酒,有些人有狂野的一面,有些人会开玩笑,有些人求助于宗教,有些人寻求特殊的友谊。但我不相信有人不需要应付压力。压力实在太大了。你总会想象某人具有卓越的性格,坚强、坚定、无畏、从不怀疑,愿意独自一人、独自坚持,能带着无比的自信在人类事务的泥潭中勇猛奋进。这样的人是不存在的,但凡人类必有弱点。有些时候,在面对极大的挑战时,人们可以激发出这样的自信心和勇气,同样也可以做出令人难以置信的无私与自我牺牲的行为,但没有哪个人每时每刻都具有这些品质。

而且每个人都需要放松，需要无拘无束，需要卸下满身的盔甲与权势的冠盖，哪怕只有瞬间的歇息也好。而且，如果你真的碰到一个不需要这么做的领导人，那你就得小心了。早晚会出乱子的。

你还会感到另外一种挥之不去的伤感，如同你可以从这部自传中清楚看到的那样。我基本上是一个乐观向上的人。我觉得生命是一份来自上帝的礼物，应该让生命充分绽放，并且怀有目标。有人必须承担首相的工作，有人必须作决定，而且我不知已经说过多少次，能够这样做是一种荣耀。

但是，尽管这是一种荣耀，随着时间的推移，你逐步知道了你所作的每一项决定的后果，无论是好是坏。尤其当你的决定牵涉到生死存亡问题的时候，情形更是如此。我记得在科索沃事件期间，由于误判，联合部队武装力量轰炸了一支平民车队，致使儿童丧生。我想从那时起我的心头便埋下了悲伤的种子。我想过那些孩子们可能会有的生活，想过那些父母的哀痛，想过如果这是我的孩子我会是怎样一种感受。你同样应该考虑到的，还有那些如果你拒绝采取行动就会死去的人们。如果我们在波斯尼亚或者卢旺达采取了本应采取的行动，我们可以拯救许多条生命。但那样做也会造成生命的损失。在伊拉克，我们忘记了在萨达姆统治下死去的孩子，以及那些如果他继续统治还会死去的孩子。但这些都无法让我不去想那些生命，那些如果我们不采取推翻萨达姆的军事行动就还会继续活下去的生命。这一想法一直在我脑海中挥之不去；在怅然长思的静夜里，它会持续、鲜明地出现在我的大脑之中。

我也和大多数人一样应付压力，尽管不一定更擅长。但我必须应付它们。我好像看上去可以把它们丢开，但那只是在装腔作势。它始终存在于我的头脑之中。但我一直试图用对抗的方法来克服心魔。

在那最后的几个月里，有一种沉浸与疏离相互交织的特别感觉。我的精力必须完全集中，但我知道终点将至。因此我在两个层面上采取行动：我跟平常一样完全投入工作，每天作出政策决定；同时在精神上作好离开的准备，考虑我想做些什么，想着将来会带来什么。

女王 2006 年 11 月的讲话以法律与秩序为主题。我们为其制定了以内政部和宪法事务部——现在改称司法部——的改变为主的方针，其中有一剂在身份证问题上的和另外一剂在反社会行为措施上的猛药。

政府十年的改革计划最广为人知的是宪法方面的变化与教育和卫生方面的改革。大学学费、专门学校、民办学校和基金会学校；选择、竞争、基金会医院、癌症和心脏病治疗计划:所有这些,当然还有中央政府的权力下放,都是明显的。

我已经在前面描述过法律与秩序，特别是制止反社会行为措施方面的推动力。我也同样描述过身份证的问题。但这些改革在大众的分析和想象中,从来没有达到跟其他计划同样的完整程度。我相信这是一个错误。对于我来说,法律和秩序——在某种意义上还有移民问题——显然是政府要着手处理的最主要的和最关键的问题，其关键程度正如民办学校或者 NHS 方面的选择之于新工党。

女王的讲话和其后几个月的行动把这一方针推到了一个新的政策观点上。对此人们是有争议的,许多媒体之间有着激烈的辩论;保守党、自由民主党反对,工党的很大一部分也反对。我知道戈登上台以后会放弃这一方针,但因为我很肯定——就连现在也依然这样认为——这一方针终究会被提上日程,所以我想把它表述清楚。

2003 年调整内阁之后,我已经立即开始重组内政部和大法官部了。这是所有工作中最为艰难的,因为这意味着失去我的偶像和导师德里·欧文;但我们一直在试图向刑事司法系统的老式运行方式中引入现代气息。坐镇内政部的戴维·布伦基特对我有很大帮助,因为他对于罪案的直觉非常好。查利·福尔克纳和彼得·戈德史密斯都完全投入了此事。我们对文官各部门的领导进行了调整,这造成了一定的冲击,但人们不可能完全从个人爱好出发进行工作。我们必须进行一些结构和机构上的改变。

我觉得这一安排的问题是很简单的：这导致了一些与政府优先事项不同的优先事项。大法官的职位由三个不同的角色混合而成:他是上议院的议长、所有法官的领袖和法庭的总长官。对于我来说有一点很显然:这些角色的重要意义有质的不同。在等级上排在最后的——法庭——对于我是最重要的,因为那是刑事司法系统的效力的关键所在。

类似的,内政部过去喜欢它处理的所有宪法事务——运用皇家特权、君主制、封号、礼仪问题、人权、皇家宪章、任命、教会事宜、婚姻以及信息使用权,但对我来说,重要的是犯罪和移民。我能感觉到,内政部的精力与政治活力大多用在了精英阶层感兴趣的那些领域,而忽略了一般平民的生活。而一般平民生活中需要的是一种有效的“打击犯罪”和“移民问题控制—执行”的机器。

尽管让德里离职很让人痛心，而且对大法官职位进行的宪法改革带来了困难与混乱,但其最终结果是完全正确的。上议院有了经选举产生的议长,而且明智地选择了一位女性，海伦·海曼；法官们通过独立的委员会任命；大法官部变成了宪法事务部，并将精力集中于推动司法系统的改革与改善，以及改革与保卫宪法。我们在2007年又在其职权范围内增加了监狱和缓刑事宜；这也是有意义的，因为与犯罪斗争是一件事，应对法庭程序和犯罪分子又是另一件事，它们最好由同一个部门处理，这在大多数国家的司法部中都是常规做法。

就这样，我们把宪法事务从内政部中抽了出去，改变了大法官部，加强了内政部的移民、护照和公民权管理职责。我们也需要把这些放到法律的同一框架之内，这合乎现代世界的常理。接着是反社会行为立法、改革反恐怖法的尝试、收紧政治避难和移民的规则，以及在复杂的欺诈案件审理中取消陪审团制（这种案件的审理经常由于其复杂性而在进行了好多个月之后无法继续，但却占用了陪审员的大量时间，使得专业工作人员无法参与陪审团）。DNA测试是一个极为重要的新进展，但人们却以公民自由为理由强烈抵制，我认为这是毫无道理的。由于有了新的DNA技术，我们可以比较犯罪嫌疑人、过去的犯罪分子以及来自犯罪现场的DNA样品，并建立一个DNA数据库。其结果是非常令人吃惊的。过去的罪案解决了，无辜的人员获释。这一方法如果得到推广——大约半数罪案留下了DNA痕迹——将给整个刑事司法系统带来巨大改变。当然，DNA信息必须谨慎使用并得到保护，但即便如此，这也让罪犯很难犯谋杀罪而不被发现、几乎不可能犯强奸罪而不被发现，让袭击他人成了对罪犯自己非常危险的事情。

我们在《犯罪收益法》问题上出现了一次重大争论。这是一项具有重大意义的改革，它迟早会打破法律执行者与有组织犯罪之间的平衡，使其向有利于法律执行者的方向倾斜。我们在2005年4月通过引进《严重有组织犯罪和警察法》开始了这项立法，它导致打击严重有组织犯罪局（SOCA）在2006年4月的诞生。和过去一样，该局也遭到了强烈反对。保守党和内政委员会借口立法中未考虑设立一支英国边界警察部队而批评2005年的法案；自由民主党对于SOCA会得到多大程度的财政支持持谨慎态度；警察联合会反对SOCA，担心自己可能会失去警官们一直享有的独立性，而且他们的收入和工作条件可能受到威胁；媒体质疑这一组织的整体价值。但这一法案第一次给了我们获取犯罪嫌疑人或已定罪罪犯财产的权力，这就让我们有了一个具有真正威慑力的基础。

这所有的结果都源自我与一些人面对面的谈话，包括与警官和受到毒品和卖淫滋扰的地区的居民。毒品贩子和皮条客经常随身带着数千英镑，或者开着时尚豪华的汽车。当然不可能证明这些钱是犯罪带来的收益，但允许他们这么做会带来两个有害的后果。第一个也是很明显的后果是，这样他们就能更容易地干坏事。第二个不那么明显但在我心里却非常重要的后果是，这在附近地区为他们树立了一种声望和地位。年轻人尊敬他们；一般人害怕他们；更糟糕的是，有些人崇拜他们。他们是优胜者。这对当地社区造成的影响极坏。这一法案让警察有权扣留财产——金钱或者不动产，然后再进行调查，看这些财产是不是合法得来的。当然，这跟通常取证与证明的规定相反——这就是人们反对它的原因，这是可以理解的；但我感到，在那些地区的现代生活环境下，这绝对是必须的。

一旦形成了立法，我们就接着做基础工作。我们逐步增加了警察的权力，并让他们从所扣留的涉嫌由犯罪活动得来的财产中保留一定百分比，从而形成激励。这一政策实际上触动了财政部的每一根敏感神经；最终，他们还是同意了，尽管我们对于多少上交财政部、多少上交政府总有争论，但这一原则还是被接受了。

2006年的女王讲话进一步扩展了这些权力：颁布了一项新的《严重犯罪预防令》，通过对于个人或者团体进行约束来防止有组织犯罪；引入了新罪名，即蓄意鼓励与协助犯罪行为，或者在相信会造成这一罪行的情况下鼓励与协助犯罪行为；还通过将调查权与扣留权扩展到官方认可的所有财政调查员，强化了追回犯罪财产的机制。按我的本意，我或许还会把它大大地往前推进一步；但我们毕竟与成功进行的反社会行为立法一样开辟了新的领域；而一旦主政的其他人考虑并试图满足公众的要求，他们就会回来考虑这一方针并付诸实行。

在日常生活中受到恐惧和人身安全因素严重影响的人太多了，减少这些因素就会大大提高生活质量。贯彻这一方针——特别是在反社会行为方面——是我最为骄傲的成就之一。但这样一来，公民自由就得作出让步——没有必要否认这一点，尽管有人觉得我对这些自由无所谓或有所轻慢，但实际情况并非如此。我非常清醒地认识到了保护无辜者、不使他们受到错误指控的必要。

在执政生涯中，我有两次很有理由为英国的司法独立和律师独立而感谢上帝：一次是《赫顿报告》；另一次是作出有关“金钱换取信誉”事件的裁决时。在这两次事件中，律师都受到强大的、有时是完全不恰当的压力，要他们按照多数媒体希望的方式行事；而在这两次事件中，他们都根据证据作出了决定。

就此我可以证实独立与公正的权威人士所具有的价值，他们遏制权力，保护无辜，作出不受恐惧与偏爱影响的判决。

但我也看得到，那些生活在城镇的某些部分、不受任何保护的普通人十分容易受到伤害，其原因就在于，过了时的系统有些方面照顾不到。我曾见过那些法律缺失的地方，还有那些人们因为不得已而循规蹈矩的地方。在后一种情形下，总有某些十分严厉之处，但相信我，如果投票选举，人们会知道应该选择哪种社会来抚养家庭。

我们就这样在法律与秩序问题上阔步前进，甚至在我任职的最后日子里还落实了某些改革。

在赌场立法上我们不那么成功。那是一连串什么样的故事啊！尽管如此，这是一个有趣的例子，可以说明公众的情绪可以如何被左右。

从过去到现在，英国一些老的海滨城镇都有些问题。在 19 世纪和 20 世纪上半叶，人们蜂拥到那里；他们不在乎那里断断续续的夏天，享受那里的购物长廊，体验那里提供的娱乐项目、码头边缘的演出和狂欢节般的气氛。他们尽情享受老式的娱乐。然后，20 世纪 60 年代出现了承包旅游和航空旅行。我还记得，当 20 世纪 60 年代这种新东西开始出现时去贝尼多姆的那次经历。我太喜欢那里了。那是我第一次坐飞机。品尝过了西班牙的滋味——小吃、杜卡多斯烟和里奥加葡萄酒（我当时还没到饮酒年龄，但那不要紧）——以后，老在英国待着好像太温顺、太没有现代气息了。久而久之，英国的海滨城镇就衰败了；而新的千年来临的时候，它们面临的是不确定的前途，或者说，非常确定的没有前途。布莱克浦就是一个典型的例子。

另一个问题是不同种类的赌博——特别是网上赌博——与传统的彩票经理部的同步激增。好多年来，主要的休闲公司（经常是美国公司）都来与政府和这些城镇接洽，希望在那里修建庞大的休闲综合设施，除了赌场之外，也包括大规模的其他娱乐场所、电影院、运动专营店和设施，等等。

我觉得我们应该让他们搞起来。这将会引入巨额的私人资金。现实地说，我们别无选择。海滨城镇排着队想要他们来。曼彻斯特也想搞一个，而且还有很先进的计划，想要在此基础上重新开发市中心。他们将受到严格规定的控制，那些主要经营者很习惯于按照这些规定负责任地做生意。

因此我批准了这一计划。结果遭到了强烈反对。宗教团体抗议，认为这会加剧赌博现象；《每日邮报》拿出了它的惯用伎俩，而且在此期间声称这是一次肮脏的交易，矛头直指有关的各级公务人员。似乎没什么人注意到，能在赌场里干的任何事情都可以在长廊商场、彩票经理部或者互联网上进行，而且保护措施要少很多。

特莎·乔韦尔热情体贴地支持这一项目，我们把事情搞起来了，但在教会和媒体的鼓噪下事情办砸了。我们在上议院投票失利，结果面临着布莱克浦和曼彻斯特之间的荒唐选择，而且还不得不减少拟建的所谓超级赌场的数量——建这种赌场是当时最有回报的投资方式。我离职之后，戈登连曼彻斯特的赌场项目也砍掉了。对于没有其他明显途径来吸引投资的地方来说，这实在太遗憾了。这是道德洁癖最糟糕的形式——既盲目偏信又徒劳无益。就这样，人们可以随着他们的心愿尽情赌博，一直到掏空他们的钱包——但却不能在一个崭新的带有赌场、娱乐中心、体育设施和商店的城镇综合中心里面赌。

尽管如此，我还是带着一种任性的欢愉继续开拓，做那些我觉得合乎情理的事，极少迎合那些时涨时落的舆论潮流——除非我认为它们的意见具有长远意义、值得一听。

2007 年 2 月我们受到了禽流感的惊吓。这种病具有潜在的严重性。在萨福克郡霍尔顿的一个火鸡饲养场确认发现了 H5N1 病毒。我们不停地开会，作了许多准备，以应对禽流感成为全面危机的可能。与应对流感大流行一样，你必须在反应过度与反应不够之间仔细走过一条小心翼翼的羊肠小道。那些反应过度的人总会发出滔滔不绝的官僚主义言论。

我们同意更新独立的核威慑力量。你可能会认为我对此项决定很有把握，但我对此犹豫再三。我可以清楚地看出，常识以及实际论据在反对发展三叉戟核潜艇方面都很有力，但归根结底我认为，这会让我们的国家地位大大滑坡，而且在这样一个充满了不确定因素的世界上，这会让我们的防御力量面临巨大的风险。我完全不认为这是“军事强硬主义”与“软弱或者绥靖主义”之间的争端。从简单、实用的观点出发，双方都有自己的道理。花费是巨大的，并且从核威慑的角度来说，这在冷战后的世界中价值已经减少了，在军事使用上则没有什么价值。把这些钱花在购买更多的直升飞机、空运设备和反控装备上面如何？这个主意还不赖。在英国军事力量有可能应召投入战斗的形势下什么最重要，这一点是很清楚的。讲老实话，在没有美国的情况下我们单独动用自己的核威慑的确是不可思议的——让我们希望，那种让美国威胁使用核武器的局势永远不要出现——那是太大的一步，单个国家无力迈出。

就这样，经过认真的反复考虑之后，我选择了更新核威慑力量。不过，与此相反的决定也并不是愚蠢的。我跟戈登就此进行了一次很好、很切合实际的讨论，与我一样，他也感到左右为难。最后我们都同意我对他说的：想象一下，站在下议院会场中宣布我决定不搞了会是怎样的情形。我们不会这么说，是不是？在这种情况下，尽管花费巨大，但还是谨慎为好，这就是我们的共识。

10 月下旬的内阁会议后不久，我们决定了进一步的政策过程。我们给它起了很响亮的名字，叫做“通往未来之路”。其目的是利用剩下来的九个月，实现某种团结一致，把布莱尔和布朗的班子融合到一起，并把戈登的领导设想界定为既有所改变又与前面的做法一脉相承的继往开来；而最重要的是新工党的概念。

当然，我想他总是认为这是设计出来限制与围堵他的；但我设法让他安心，让我的人帕特·麦克法登和他的人埃德·米利班德从开始就共同经手此事。实际上，我仍然希望能够说服他。我明白，至少有一部分对于改革计划的反对意见是出于政治原因；但一旦当了首相，一旦真的轮到他处理这些问题，我认为情况可能会有所不同，他或许会看到，我推行这一计划并不是为了表面效果，而是因为我的经验和直觉告诉我，对于国家所面临的挑战，除此以外并无更好的办法。与 2004 年相比，我们现在已经有了清楚的经验证据表明，改革已经收到了成效：有工作的人比过去多了二百五十多万，并出现了两百年来最长的经济持续增长期；在医疗保健方面，没有人等候六个月以上才得到治疗；中小学校的标准普遍提高，学生人均教育费支出是过去的两倍；在刑事司法方面，犯罪率下降了百分之三十五。

而且现在我们之间不再有竞争了：他已经赢了，他将接掌权力。唯一重要的事情，而且是对我们俩都重要的，是他成功了，而且新工党计划以一种持续的方式得以建立，工党永远不会回到过去那种短期掌权、长期在野的老路上；因此，英国摆脱了 20 世纪政治的诅咒；因此，革新思想应该在公众意见中得到与保守思想同样的地位——即便不是更高的地位。

通过我的每一丝政治直觉，我知道，只有满腔热情地而不是权宜地坚持新工党的道路，我们才有希望获得成功。正如我以前说过的那样，我相信，如果偏离了这一道路他就会失败。

但我怀疑他看不到这一点。他也参与了“通往未来之路”的政策拟订，而且有时很投入；但我知道在背后，他的人——除了埃德·米利班德之外——诋毁这个计划，说它是一项好大喜功的项目，对它很不以为然。但问题是，我也知道他们并没有替代的方法。我经常对他和他们说：行啊，我知道你们不同意我的分析；告诉我你们的分析吧。我得到的是：一方面，对于政策问题的核心，无论你喜欢还是不喜欢，他们采取的方式是惊惶地避免艰难选择和由此带来的问题；而另一方面，他们却又不肯暴露自己的想法。结果他们让自己确信，出现这种想法的原因是，他们应该在接管权力的那一刻才显露根本想法。正如我开始对他说的那样，如果你知道你到时候希望显露些什么，那没问题；但为什么不至少跟我讨论一下，看看这些想法到底如何呢？

他也很有道理地想要把对工党的改革留给他自己进行。在我这方面，我有两个目标。第一就是要把工党的资金筹集问题解决好。我觉得我们可能会跟保守党达成一项协议，这就可以让我们对此进行合理的改革。前高级文官海登·菲利普斯爵士已经在2006年受命担任一个这方面的委员会的主席，而且他已经以一种典型的实干与睿智的方式取得了一些进展。他在2007年的报告中建议为个人捐赠和竞选费用规定上限，同时增加国家资助的数量与范围。我认为这是一个很好的折中方案。

杰克·斯特劳是负责此事的大臣。我们进行过长时间的讨论，但我无法让戈登同意妥协一次。我想戈登觉得他当了首相之后能够达成一个更好的交易，但他失去了限制保守党支出的机会；而且我有一个有关第四次大选的预感：没有迈克尔·利维和我的参与，我们能募到的资金将少得多。说到底这是一个党内经营的问题，但与竞选有着显而易见的联系。

对于我来说，有关党的第二个问题更为重要。一段时间以来我一直相信，工党面临着自己在政治行为、工作方式、与公众互动以及竞选宣传方面的一次抉择。我得到了这样一种基本观点：传统的政治方法，即具有确定党员、活动家、一般委员会、执行委员会和所有20世纪政治竞选基本结构的党组织，现在已经过时了。在英国和其他国家的主流政党中有一些明显的事实值得分析。我们比一般民众组成的单一目标的非政府组织——比如那些保护鸟类组织、救助组织、保护自然和环保组织等——成员更少。我们与那些支持我们的公众之间的交流方式，会被一般的连锁超市视为老掉牙的方式。我们对于新技术的使用实在很可悲——奥巴马的竞选显然是一次突破，但实际上，即使在2004年克里的竞选中，民主党也比欧洲的大部分革新派政党领先许多。至于布什的竞选——我曾与乔治讨论过竞选组织的基本机构，它们是由他的主要政客卡尔·罗夫一类人设计的——更是在与支持者的联系上颇有创新。

现代的所有成功竞选，包括2007年萨科齐在法国的竞选，都利用了现代方法并且——我认为这是关键所在——模糊了作为核心的活动家与更广泛的公众支持者之间的区别。

我过去常对我的人说：当政十年之后，我们现在正处于政治的最低潮。我们失去了一定数量的支持者，这是不可避免的。那些在1997年5月前的竞选时期怀着热情冲向我们的人，现在退出了。但想想2005年吧：那才是一次真正艰苦的竞选；我们受到了狂暴的抨击，但许多看中我们的新工党政策的人还是没有背离我们，在有些选区我们的优势甚至扩大了。这其中的意义是，虽说社会上有仇恨我们的人，但我们也有自己的追随者。更重要的是，后者并不是头脑一热跟风而来、很快地膨胀但也同样快地衰退的群体；他们是相信我们的人。他们并非对所有的问题和错误一无所知，但他们还是决定跟我们站在一起。

可以说有些投票人——或许有许多——之所以支持我们，是因为他们不想支持保守党。这话有道理。但即使十个中有一个是真正相信我们的人（很可能十个中有四到五个），也有超过一百万人。那就是一个政治基础。

我们能够确定他们是哪些人。这些人中间有些人的利益同新工党的政策息息相关。他们可能是新的一类人，由于我们的政策而找到了工作——体育协调员、教学助理、小生意人和新兴产业中那些相信新经济的专业人员；或者是支持欧洲政策的人，主张干预国际事务的干涉主义者（的确有这样的人……），与当地社会制止反社会行为运动有关的人，诸如此类。

换句话说，除了恶意批评者之外，我能看到一个潜在的支持者的庞大集团。这些人并不是追随政治浪潮的分子，而是由于相信一个现代的、不同类型的改革型政治才支持我们。我们需要做的正是把这批人归入我们的阵营；不是为了他们，而是为了我们。长远来看，政党在制定政策方面的健全、对于候选人的选择、来自下层对于改革要求的压力——所有这些都依赖于那些与党有关系的人的素质、情操、直觉和态度。党在野的时候甚至更是如此。把我们自己限制在老式的或者是工会的基础上，你会有一种政党；打开大门，让党呼吸由真心支持者提供的新鲜空气，你就会有另一种政党，一个能够一次长期执政的政党，一个有着广泛支持、能够支撑起一个政府的政党，一个能够阻止任何那种错误——导致保守党十八年执政而我们在整个历史上直至1997年只有十九年工党政府的错误（其中有五年还要靠与自由民主党结成不稳固的联盟来支撑）——重演的政党。

从某种意义上说，自从我扩展了党选区成员，而且我们在候选人和领袖的选择方法上进行改革以来，这些年来我一直探求着的就是这样的一个政党。竞选的新技术和新形式现在给了我们这样做的工具。我认为我们应该抛弃传统的党员身份与政党结构的概念，把支持者等同于党员对待，让他们参与关键问题的决定；对于新技术的使用不应该局限于扩大新的支持范围，也应该用于跟支持者的互动，用于在竞选中采取新方式。

我很清楚，今天党内的人们成为工党的支持者并非出于同一原因，有着同样的利益，或是对于同样的问题抱有热情。有些人可能是由于我们对于非洲的援助支持我们，还有人可能是由于我们在医疗服务上进行的改革支持我们，另一些人可能是由于我们在反社会行为上的政策支持我们。年轻人与老年人有不同的利益。人们居住在同样的地理区域这一事实在大选和非常具体的地方选举中是重要的，但除此之外地缘方面的影响很小。

我们有着很好的机会来按现代标准重建这个政党。并且，有些改变肯定是不可避免的。工会在合并。特别是运输及普通工人联合会和制造业技术工人联合会在 2007 年 5 月的联合，创建了一个新的庞大工会——联合工会。当前他们与公共服务业的和谐工会一起占据了工党年会一半的选举席位。工会结构还跟过去大同小异。它们是由活动家控制的。如果再次依赖它们，工党是不可能健康发展的。因此，出于多重原因——有外部的，也有内部的，但所有这些都是一个正在改变的世界的结果——改革不但是合乎情理的，而且，如果我们要保留新工党计划所取得的巨大成果，这是最根本的。

我看得出当前的党内辩论正在走向何方。乔恩·克鲁达斯和道格拉斯·亚历山大都在写宣传小册子。乔恩由此变得很有名。这是一种很聪明的政治定位。在他的总体政治分析——新工党叛离了工人阶级，因此叛离了我们的基础——之上，他为党加上了一个计划。这一观点披上了某种现代主义的语言外衣，但归根结底是一种让《卫报》知识界与工会活动家结成左派联盟的企图。无论这种说法何等诱人——他十分精于把它弄得很诱人，这实际上是 20 世纪 80 年代的国家干预主义的重演和更新。顺便说一句，这种论调并非没有市场，但其政策上的言外之意一旦被揭露之后，它就无法触及热心的中间阵营。

的确，道格拉斯过去和现在都是一个聪明人。我曾经试图把他从戈登的核心圈子里挖过来，但没有成功。这确实很遗憾。他和他的姐姐温迪——她是一个很可爱同时也很聪明的人，非常正直——都与标准的正派苏格兰长老派有渊源。他们的父亲是一个很有成就的牧师。道格拉斯在成为国会议员以前就受到了戈登注意，后者很正确地把他提拔了起来。他在写文章方面很有天赋，具有真正第一流的智慧，本可以（或许还有机会）成为一个杰出的领袖。

但“戈登诅咒”让这些人成了阴谋家共犯，而不是自由思想者。道格拉斯、埃德·鲍尔斯以及其他人，与 20 世纪 80 年代以前的我有些相像；但后来我慢慢打开了眼界，意识到这更像一种狂热迷信，而不是教会信仰。

道格拉斯写过一份小册子，其中对于什么事情做错了有着高超的分析；但我觉得其中的解决办法只是在回避难题，从而陷入了混乱。

我让党的主席黑兹尔·布利尔斯主持一个负责党内革新的委员会。我知道黑兹尔是我强有力的支持者。她是一个竞选专家，一个对于行动主义的局限性有着清醒认识的活动家。但实际情况是，尽管她作出了极大的努力，却碰到了戈登的坚决反对，后者认为这是正在离去的领袖在决定即将接手的领袖的前途。这是完全可以理解的，除了我一直在对他说的事实：并没有其他前景存在；而在没有清楚的前景的情况下，党的组织只会倒退。

所有那些年以前，我们认为我们已经对于政治、政党和生活有着相同的观点，但实际上我们或多或少有些不同的看法。我们在许多地方意见相同，但并没有一致到不可分割的程度。党内有足够的凝聚力，可以让我们相互包容；但当我们意识到这是在包容的时候，这已经成了我们党独特卖点的一部分，要消除它破坏性已经太大了。但这却真的是一种虚幻的东西。

政策过程进行得好一些，而且最后得出了一些很不错的结论和分析。在安全、犯罪与司法方面，"通往未来之路"描绘了应对犯罪及其根源的进程，但强调了影响社会的各种快速变化，它们对于犯罪、安全和凝聚力都有冲击。这一文件提出，我们需要的持续改革建立在三个主要因素之上：更有效的防范措施；更好的侦讯手段与执行；以及通过应用公共服务改革的原则对刑事司法系统加以改革。

这一文件也阐述了在一个迅速全球化的世界上英国所面临的挑战，以及如何与同样具有革新价值观的人士共同工作，才能在一个各国政府在国际法原则下和平运行的世界中最好地为英国的利益服务。文件阐述了英国仍然具有的影响与实力，但现在英国必须同时使用软硬两种实力。要作好准备在任何必要的地点进行干预——在合适的情况下要动用武力，但也要在诸如贫困与气候变化等问题上采取全球行动；文件认识到，英国在一个日益相互依赖的世界中的外交政策是由价值观——正义与民主——驱动的。要保证每一个人都有权利得到同等的生活水平，拥有某些共同的全球价值观；并认识到，气候的改变日益重要，这一问题的解决只有在更广泛的全球层次上努力才会获得成功。

在家庭方面，文件认识到家庭——无论其结构如何——在社会中必须起到的重要作用。政府也认识到，家庭的成功并不是由于其构成，而是在家庭中生活的人对家庭的投入；而且政府仍然会发挥作用，保证所有家庭都受到公平对待，并保证让所有家庭都有权得到其他家庭拥有的选择机会。文件所阐述的前景是：在家庭实践了责任的前提下，支持他们行使管理自身事务的权利；通过帮助人们脱离福利救济进入劳动者行列、改善儿童照料与支持家庭投入，达成工作与家庭之间的平衡；通过梳理根深蒂固的社会排斥问题的原因与后果，将最顽固的人士纳入家庭的轨道。

有关国家承担的角色，文件引进了战略的、授权的国家这一概念，作为对全球与国内的持续趋势的回应。文件阐述了这种国家的六个关键特点：强烈注重结果；应对不安全因素；给公民以权利；权益与责任；建立信任；较小的战略中心。

文件最后将能源安全与气候改变这一伴生挑战归并到一起，描绘了一个完成目标的综合的政策框架，其中包括：促进竞争性能源市场；为实现一个健全的后 2012 年国际框架而努力；给碳的排放规定反映其损害的价格；通过制定标准、激励与支持方案，推动向新技术的转化；消除障碍，实现运转状态、机会与投资等方面的改变；保证英国与其他国家能够适应气候改变带来的冲击。

确实，如果我们当时直接接受了所有这些方面并推动它们，我认为它们已经演变成为了政策与立法方面相当有力的未来方针。

我也决定要进行一系列名为“我们国家的未来”的演讲，试图归纳那些在新工党计划后面的哲学思想；说一下我们在哪些方面做得好，在哪些方面没有做好，以及决定所有这些事情的根本原因。一直有这样一种观点，认为我是在进行聪明的营销，想要让它成为一种政治思想。我不得不说，丝毫不令人感到吃惊的是，除了有关国防的那次演讲以外，媒体并不想大量报道这些演讲。他们的问题并不在于我就要走了；而在于他们并不清楚，我的离去只不过是人事上的变动而已呢，还是同时会发生政策上的改变。这样，一系列有关政策的讲话——除非高叫着反对某人或者某事——就无法让他们产生足够的兴趣。当然，你可能会认为，发现这一点是他们的工作；但戈登·布朗的班子已经想到了一个绝妙的主意：绝不暴露任何政见；这就是说，当我还是首相的时候说出他们的观点显然是错误的、对人不尊敬的。让我觉得很有意思的是，人们完全接受了他们的说法。

现在重读这些讲话，我觉得它们对当前也很有意义，因此让我简单地在此总结一下。每一次讲话的目的都不是简单地陈述一项政策，而是要描述我的思想如何在自己从政经验的基础上得到发展。

这就回到了我在第一章中说到的一些事情上面。1997年我有着无限远的眼界，但却没有在政府中进行决策的政治经验。人们有时在分析政治时好像觉得，每当一个新政府上台了，它一定有一个计划；如果能完成这个计划它就成功了，成败在此一举。

但实际生活中的政府治理跟实际生活中的任何其他东西一样，并不是这样的。有关“政府”没有什么神秘的地方，更谈不上不可思议。这其实就和任何其他活动是一回事。你得边干边了解。你了解事实；当然，以后的事件可能会改变这些事实。你认识程序。你了解这份职业的艺术与科学。但因为政治权力是政治斗争——“我们的”想法和政治平台反对“他们的”想法和政治平台——的结果，其倾向是把政府的工作当成关上过去那个家的门，然后搬到一个新地方去。实际上你改变的不是所有权；改变的是租客。

因此弄明白为什么前一位租客做了这件事或者那件事，他们住在这里的时候学到了些什么，发现了些什么，这是非常合乎情理的。遗憾的是，那种教育与政治的运作方式并不一致。在一个大家经常有着同样的目标，因此政策才是关键问题的时代里，重要的往往不是采取左派或者右派的做法，而是如同我前面说过的那样，采取正确或者错误的做法；这是民主的一个显著的不利因素。前一任房客本可以根据自己的经验告诉你的东西，你花了几年时间重新学习。

因此在这些晚期的演讲中，我选择了我认为自己有经验可以传授的政策领域。

第一个是有关法律与秩序的。这一演讲专注于我在试图应对犯罪问题的过程中发现的问题，对于公众来说这是一个庞大的问题，而且隐隐然有不断增大的趋势；这种感觉对普通民众来说比对政治家来说更甚。我以过去的一句有教益的箴言“严厉打击犯罪，严厉追究犯罪的原因”作为开始。就现在来说进行得还算不错。我学到的是：真正的问题在于，在存在着非常复杂的犯罪——团伙、毒品、人口贩运、洗钱，更不要说恐怖组织了——并由深藏的社会问题为犯罪集团提供生长土壤的这样一个世界中，传统的法律与秩序无法奏效。我明白传统的观点：按照正常的法律程序，以常规方法证明有罪。对不起，对这些人来说，这一套不管用。想要战胜他们，你就需要行政上可以运作的、立即生效的严酷权力。因此就产生了反社会行为法、DNA 数据库、“犯罪收益法”立法、反恐法，等等。现在你可能会认为，从传统的公众自由的意义上来说，这样做付出的代价太高了。没错，但是代价就是这样的——这就是我认识到的。如果不付出这一代价，你就无法得到好的结果。

麻烦的是，虽然你能确认哪些人会说——有时不无道理——我们这些被告的人权没有得到保障，但你永远也无法合理地确认那些被未曾阻止的犯罪夺去或埋葬的生命。他们是受害者，而且这种犯罪是可以被阻止的，但却无法用常规的方法阻止。那么就选择吧；但不要欺骗自己，说不存在这样的选择。

与此相关的是一个有关社会排斥的演讲。这里我特别提到了我自己从1993年巴尔杰讲话时期所受到的教育。我过去常常想，有些年轻人让人震惊的表现——暴力、持刀伤人、滥用毒品——是一个失去方向的社会所表现的症状。在这种意义上，我预先说出了戴维·卡梅伦后来的断言：这是一个“崩溃了的社会”。

随着时间的推移，我逐步得出了结论：我没有说这种表现只是整个社会中极少数人的作为，这是一个危险的失误。真实的情况是，大部分年轻人表现良好，实际上比我所记得的我那个时代的许多人的表现都好。说那些令人震惊的表现是社会的特征，这显然是不正确的。真实的情况恰恰相反：这种表现只不过是极个别的，来自一种不同的特征。因此，并不是要对政策加以分析，然后笼统地给整个“社会”开药方，而是应该绝对特殊化地针对那些例外的人。当你查看数据的时候就可以发现，这并不是“年轻人”问题，甚至也不是“贫穷”问题。它与那些全然不正常的家庭相关。而且也不是“家庭生活”问题。绝大多数家庭——尽管有着现代生活的种种紧张——都不是不正常的。它们都起着正常作用。甚至那些受到离婚与分离困扰的家庭也是如此，只有很小一部分家庭不正常，所以应该专注于这些家庭。

我们需要对这些家庭进行特殊的干预，这也同样无法通过正常的社会服务程序来进行。没有国家干预并不是给他们自由，而是鼓励他们的破坏性行为；这些行为将毁灭他们自己以及周围所有的人。对他们进行周期性的探访，不时检查他们的状况，这并没有什么实在的意义。他们需要的是牢牢的控制与限制。要有效地这样做，就必须终止他们的“权利”，包括他们抚养子女的权利。不难确认这些家庭，也不难确认这些家庭中的孩子们。我并不建议，每当出现这种情况时都得把孩子从父母身边带走或者做类似的事情；我只是指出，任何政策都应该具有能让人立刻实施的特点，否则它就没有用处。

是在医疗保健的个人责任领域中，我学到了那些具有更广的社会意义的东西。在第三次演讲中，我说明了为什么我逐步形成了这样的结论，认为现代医疗保健政策必须包含对于饮食与健身的强有力干预。

正常情况下我高度怀疑一般的规定。但不是在这一领域；因为不良饮食与缺乏锻炼不但影响个人，而且影响国家。因此我提出充分理由来禁烟，来为食品贴标签，而最重要的是加强体育运动。在体育运动方面我试图——只怕并没有完全成功——让系统内的人相信，锻炼是日常工作的一部分，即这应该是主流政策制定的一部分。我们在中小学体育方面增拨了大量投资，给了许多优先权。我既提出理由安排了进一步的工作，也提出理由进行了一些基础工作，比如为每一个人——远非仅为精英——提供健身的机会，给出饮食方面的建议。我的理论是，在健康的生活方式上尚有许多值得我们注意的要点，有许多别的建议，但问题是组织、协调和令其更容易为人们使用。出于同一原因，我支持杰米·奥利弗的中小学午餐计划。这些问题已经不再是事后的想法，当然，在我首相任期临近终点的时候这有些好笑。但它们是核心的东西。

第四次演讲又与我的一份暗中抱有的热情相关，这部分地是由于我在上学时丧失了的一个机会：科学。我曾经是一个很糟糕的学生。我的物理不及格，化学半途而废，数学勉强通过，我从来就没认真学过生物，结果这让我后来后悔了一辈子！不知是什么原因，我就是没法领会这些科目。不管用什么方法努力，我还是觉得很糊涂，就是无法看进去，更不要说完全明了其原则与要点了。因此，就这些学科来说，我的早期生活就是在沮丧、费解与淡漠的泥沼中度过的。

现在我受到科学以及它带来的可能性的强烈吸引；科学的进步使世界和我们的生活发生改变，这令我敬畏。

这一演讲有三重目的：解释为什么科学如此重要；为什么我们在戴维·塞恩斯伯里强有力的指导下对科学的投资增加了一倍；为什么我们不应该让人们对它的批评损害它开发新领域的能力。对基因改造食物的批评，与以前一样，又是以《每日邮报》吹响的险恶号角为引导，他们发明了各种各样的胡言乱语，认定这种食物对健康有危害。我一直与这些批评进行着激烈的辩论。

我也曾跟同一批人就利奥以及他是否接种了麻疹、腮腺炎和风疹混合疫苗进行过论战。有一位韦克菲尔德医生试图提示这跟自闭症有联系——后来证明他所说的没有道理。《每日邮报》从中得到了启发。问题后来集中在利奥是不是接种了这一疫苗上面——如果政府说这种疫苗是安全的，那么首相的儿子接种了没有？

这实际上并不是一个没有道理的问题，如果我们在一开始就坦率地回答，情形无疑会好些。但由于个人的原因，我们全家对于牵涉到利奥的事情总是很谨慎,于是我们便以如下说法进行了争辩:利奥接种疫苗的问题不属于公众讨论的范畴。但我们很快就意识到,我们没法坚持这一点。然后我们就非正式地说:注意,我们相信,接种疫苗对于孩子们,包括利奥,是最好的选择;但我们不会让其他人做我们不为利奥做的事情,因此你们应该自己下结论;当然,这就是实际上的承认。于是报章完全清楚利奥已经接种疫苗。但部分媒体还是巧妙地说这还不算清楚,于是公众的关注还在持续。

这一演讲强有力地为科学辩护,并指出了一种区别,即科学告诉我们真实情况的权利,与公众决定是否按这些事实采取行动的权利之间的区别。由于偏见的原因,或者因为我们希望事实有所不同便反对科学或者诡称科学掩盖了事实这种论调,在公众的争论中是不应该出现的。从伽利略到达尔文并一直到当今,上述态度总会造成一些不良后果;而今天,像英国这样的国家无法承受被这样的态度支配带来的后果。

下一个演讲是有关"多元文化融合论"的。这是又一尝试,想让政策越过关于多元化是优点还是缺点的无谓争论。我认为这很明显是一种优点。但是要有一个前提,即要成为英国公民,除了拥有权利之外还应该承担某些清楚的义务。这是所有英国公民应该一起生活的公共空间。这一空间包括对于基本的英国价值观、我们的语言、文化和生活方式的支持。我们不应该在这方面有所差异,而应该是统一的。在这一空间之外,多元文化应该有自己自由驰骋的天地;这样,它就是真正的优点了。

我还就国防问题作了另一次演讲,其中阐明了我的基本哲学,但也在其中说明了一个非常实际的观点。今天我们需要给我们的武装力量新的待遇。我们正在要求他们进入战斗,承受伤亡。近五十年来,除了在福克兰群岛和北爱尔兰的行动以外,都没有出现这样的情形。为此我们需要给他们恰当的装备和奖励。但是,如果我们不参与将要面临的战斗——通常以美国为盟国,我们的武装力量就无法发挥重要作用,让英国具有它的影响力。

第七次演讲是有关工作场所的。重读这一演讲,我感到它在条理上有些不连贯,但这却是一种想法的萌芽。基本上,我想清楚地说明,今天的现代工作场所的作用就是使用和发展人力资本。从这种意义上说,那种"经理人员/工人"式的思想方法已经全然过时。因此,政府和工会不应专注于与管理层或者资本致力于进行一方得益一方受损的零和博弈,而应该尽力让他们的能力、创造力和技能得到最大限度的利用,并且应该成为这一概念与财富创造的积极参与者。由此,政府政策应该指向对于技能的终生提升,而不是专注于劳动力市场的管制。

我最后一次演讲的主题是一个当了十年首相的人想要一吐为快的：媒体！我自然知道他们会对此不屑一顾，会夸大其辞，会普遍嘲笑。从某种意义上说，我所处的地位让我最没有资格说这番话。没有什么人同情政治家与媒体，而政治家 (特别是我)必须花费大量时间来与媒体打交道，因此就很容易受到指控，被指自私、伪善与不诚实。但我还是决心进行这样一次演讲，因为在另一种意义上，只有一个有与他们打交道的经验并身居首相之位的人，才敢于清楚地发出这样的批评。

我早上四点半起床写演讲稿，一气呵成。我承认，当后来面对电视直播镜头、对着一群新闻工作者朗读这篇演讲稿的时候，我有些畏缩。我是根据内心所想写出这篇演讲稿的，而当时内心的感情是很强烈的。

无论如何，其中的观点是正确的：现在的媒体要的就是冲击力，这导致了轰动效果，却挤掉了有关政策或者想法的明智争辩。更重要的是，媒体每周七天、每天二十四小时工作，其能力不可思议，但却没有承担恰当的责任。决定要抨击某人的时候，他们就像我说的那样，像“凶猛的野兽”一般。但比这更甚的是，他们还——部分地由于竞争的存在——高度偏执，这或者是为了造成最大程度的冲击力，或者是要让他们的老板或者编辑的观点被接受。

不管怎么说，你可以想象这产生了什么样的效果！即使在今天，国内外的人们还在对我说起这次演讲。尽管有人作出了最大的努力来歪曲或者不加理会，但它还是起到了应起的作用。

我在职的最后几个星期中发生的主要事件先是苏格兰选举，随后是我们为离职所作的最后准备工作。我把日期定在6月27日，在八国集团峰会与欧洲理事会峰会之后。我们希望，在这一段时间里北爱尔兰和平进程能得到最后结果，并重新确立权力分享模式；为此我竭尽全力。

伊朗在3月23日拘捕了我们十五名皇家海军成员，我们与之发生了一次很有意思的冲突。伊朗人说他们侵犯了伊朗领海，这一点我们确信是错误的；但这还是让我们有许多天感到焦虑。尽管对于伊朗的行动感到十分震怒，我还是很冷静地处理了此事。对于我们来说最重要的是要尽快地把海军成员接回来，所以我们还是选择了外交途径而不是直接对抗——尽管因此受到了批评。遗憾的是，有些海军成员在电视录像中看上去对于抓捕他们的人显得过分友好；当他们在十二天后获释——内贾德总统称之为给英国的一份“礼物”——的时候，有些人对报章叙述了这件事。这引起了许多人的共同愤怒，特别是在那些没能进行这一报道的报纸中间。我对所有这些人感到遗憾。他们处于一种完全意外的情况之下，对于应付这一类事件完全没有经验，或者只有很少的经验，因此我倾向于不计较判断方面的失误。但这还是在几天之中成了整个国家的关注焦点。

我们提出了对于上议院进行改革的建议。戈登表示他想要一个经选举形成的上议院。杰克·斯特劳倡导一个半选举的上议院并提出了可供选择的方案。我仔细考虑了他的建议，但如同我在6月最后一次出现在他们面前时很愉快地告诉联络委员会的那样，我个人认为这是一个很疯狂的想法。尽管现在有许多人想要很快地实现这一想法，但我还是或多或少地怀疑这种事情真的会发生。

上议院是一个很有趣的老地方，一个英国独有的机构。尽管嘲弄传统偶像对于我很有吸引力，但就这件事而言，我认为这种独特性值得保留。上院议员世袭是胡说，确实没什么道理，但选举和任命两种产生方式之间的争论所得到的权衡，已经远远超出了选举的支持者所能容忍的程度。用任命的方法决定，危险在于任人唯亲、假公济私和互利互惠等等，但这种弊端可以通过使用一种不同的提名系统来制衡，就像2000年5月引进的上议院委员会现在所能确保的那样。

通过选举决定的危险在于，最后搞出来的是下议院的翻版，其仅有的区别只不过是所选的是那些因为某种原因进不了——或者不愿意进——下议院的人。现存的上议院的好处就在于，你能够让这样的人进入，他们不是职业政治活动家，不是国会议员的翻版或者代用品，但他们有着不同的、更为深刻的经验或者专业知识。举例来说，要让一个像阿拉·达尔兹——一位通晓医疗保健各条战线一切最新进展的外科医师——式的人物成为上院议员与卫生大臣，这对于政治人才库来说是一个巨大的意外收获。的确，上院议员中的大臣们往往是那些最有才能的人，但我怀疑他们中有许多人——尽管不是所有人——会愿意度过为参加竞选和成为国会议员所必需的学徒期。

同样，这也取决于你想让上议院发挥的功能。如果你想要的是一个修改政策的场所，那么有一批不同的成员在里面会更好。如果你要的是一个竞争的场所，那么我同意，一个经过选举决定的议院会更有力一些。但环顾整个世界，看看类似的两院竞争制，你找不到几个能够很好发挥作用的；或者，至少没有几个能够免于陷入显著的僵局。因此，总的来说我不同意这种意见。

4月，苏格兰议会的竞选全面展开。我们过去赢过两次，但这次的情况艰难得多。我们也将迎来执政十周年纪念日。这对于工党来说是一个巨大的成就，是它历来第一次接近于达到这样一个里程碑，我认为这是一个真正的机会,可以让我们集中关注十年来的某些成就。

事实是,不管有人可能会说什么,也不管在此之后发生了什么,在 1997 年至 2007 年间,英国有着未曾间断的十年经济成长。(我将在后面说到2008 年经济危机的原因。)与保守党执政期间相比,最贫困的百分之二十人口的生活水平得到了引人注目的改善。每个冬天不再有养老金领取者因为取暖不足而去世。NHS 不再被当作危机的例子而不断地出现在报章上,等候就医者的名单和候诊次数也有了长足的改进，有些是跳跃性的改进。(在 2010 年的竞选中,它还会成为一个议题吗？)1997 年,伦敦差不多有一百所学校里只有不足四分之一的学生取得了五项全优普通中等教育证书。到了 2007 年,这一数字下降到只有两所。民办学校计划现在正在大步向前迈进。这是自二战结束以来唯一在其治下犯罪率不升反降的政府。我们采用了大量单项革新,从第一次规定了法定最低工资,到大大增加了产假和父亲照顾母婴假,一直到同性恋权益和儿童起点平等计划。伯明翰、布里斯托、利兹、利物浦、曼彻斯特、纽卡斯尔、诺丁汉与设菲尔德的市中心区都焕然一新。我们进行了大量宪制方面的确立和改革。尽管有许多人不同意我们在伊拉克和阿富汗的决定,但 2007 年英国在世界上具有举足轻重的地位,与美国结成了强有力的同盟,是欧洲事务的关键参与国。同样,还有在北爱尔兰的成功。退后一步加以审视,这十年间我们的进步是有目共睹的。

在 5 月 1 日临近的时候,我们不可思议地开始看到了好的迹象,而在十周年纪念日那天,我们在民意测验中的支持率几乎与保守党持平。考虑到我们现在正好处于一届任期的中间,同时考虑到令人不愉快的“现金换取信誉”调查,这的确足以夸耀。

我决定去苏格兰大张旗鼓地竞选。有一种感觉是我不该去,但我同样也很清楚我应该去,让真正的信誉接受考验。同时进行的还有苏格兰地方选举,所有这些给了我一个机会,出来告诉人们我能够干些什么。

无论他们私下可能有什么感觉,苏格兰工党对此反应极好。竞选的组织者和秘书长莱斯利·奎因是一个真正可靠的人,不知疲倦地给所有人鼓劲。我访问、讲话和接受采访都作了一些,其中有些是有计划的,例如一个准备得很好的有关中央政府向地方放权的讲话,其他的则更像是巡回演说式的即兴表演。但听众需要事先经过相当仔细的挑选。到那时候有一点很清楚,任何人打乱了任何事情都将是淹没一切的头号新闻，而媒体已经作好了持续准备，一心等待这种可以大打出手的时刻。我也做了一些更为轻松的媒体活动，这些活动牵涉到一系列机敏应答，而不是严肃问题；但这些都进行得相当温和。

我甚至到我父亲曾经居住过的格拉斯哥贫民区格万的街道作了一次访问。多年前他在城市的那块贫穷地区，生活在大公司的廉租房中，靠收集汽水瓶积攒看电影的小钱；这样一个格拉斯哥贫贱少年的儿子居然有一天成了首相，想到这一点真让人觉得有些神奇。

大选的结果出来了，我们只缺一个席位，差点就赢了。当计票结束开始核票，一切都暂时成了悬念的时候，我有一小段时间想到杰克·麦康奈尔可能会成功。但是没有；苏格兰民族党及其领袖亚历克斯·萨蒙德以最微弱的多数取胜。如果我们对自己有更加强大的信念——不事先假定我们赢不了，我想我们可能会成功。

对于苏格兰和威尔士的选举，我关心的其实是我自己的地位。我想要结束北爱和平进程，并开始推进政策方针，但我知道有些人——他们怀有可以理解的感觉——认为我一直待到选举结束才走是自私的表现。在一个新领袖的领导下我们可能会干得更好些，特别是如果在戈登领导下我们本有可能在苏格兰取胜。杰克·麦康奈尔十分忠诚而且正派，所以他不承认会是这样，但我不很肯定他说的是不是真心话。另一方面，人们知道正在发生变化，所以要他们投票反对一个几个星期后就会离职的人，这不合情理。这很让人沮丧。我知道，一旦亚历克斯·萨蒙德站稳了脚跟，他就可能反对中央政府，推行他自己的一套。把他从这种位置上赶走要比根本就不让他上台困难得多。

我的演讲效果很好——这并不是说它们覆盖面很广，而是说在一定程度上，那些能够接受它们的人对之反应良好；而且它们确实相当于为我们在当政十年中主要做了些什么和为什么这么做提供了系列佐证。在最后几个月里，我还在继续努力进行政策决策。

我也几次访问了威尔士。看得出，威尔士首席大臣罗德里·摩根——戈登的支持者——对于我参与他的竞选不很热情，但他还是很有风度地安排了我的访问。

来自伊拉克的消息一直很令人担忧，但由于决定增兵，情况很显然会得到逆转。我对巴格达和巴士拉作了一次访问，为部队的表现向他们表示了感谢。在巴士拉，他们几乎每天都会受到迫击炮的袭击。就在我们在建筑群内坐下的时候，有一颗迫击炮弹就落在附近；我知道，在持续的恐惧中生活必定如同在炼狱中煎熬。令人吃惊的是，部队本身情绪很高；但我看得出来，高级军官们认为，我们在伊拉克的作用已经结束，令他们有些感到焦虑的是阿富汗，那里正开始成为一个更大的麻烦。

4月下旬，我会见了在一次非常困难与危险的任务中丧生的士兵的家人。我把他们带到了我在唐宁街的办公室里。这类会见让人感情激动，可能引起高度紧张。不同的家庭以不同的方式应对悲伤。有些家庭哀悼死者，好像把发生了的事情当成一种不可避免的风险，对于战斗部队战士的生命来说尤其是这样的。他们对自己足够诚实，知道我们的军队是由自愿入伍而不是由应征入伍的士兵组成的，而且他们挚爱着的人是在做想做的事情时死去的。其他的家庭感到了一个年轻生命就这样凋谢是多么不公平，因此希望指责什么人。还有些家庭含有混合的感情，几分哀悼，几分抱怨。

这一次，这位士兵的妻子带着两个都在学步的孩子；两个孩子都一样，除了从母亲记忆中的只言片语之外，从来也不了解他们的父亲。士兵的父母和岳父、岳母都有军旅背景，因此对此有着深刻的理解，但无论如何这是令人不安的。我完全没有为自己的任何决策辩护或者是讲什么大道理。我只是让他们提问题，然后我问他们有关这位士兵的事情，而他们非常骄傲地向我勾画了他的形象。

过了大约四十分钟，我请求能够单独地跟未亡人谈一下。我们谈了一会儿，我突然忍不住流下了热泪。当你与这样的人会见并意识到你的决策对于一些人的生命造成了什么样的影响，而且这种对于生命的影响还扩展到了整个家庭的生活的时候，你的内心便发生了改变。你必须有这种敏感之心来感觉到这一点；然后，在完全不丧失这种敏感的情况下，你要有勇气征服它，作出决策；而且尽管如此还是要勇敢向前。

当然，这有很大一部分反映了你面前的人对你造成的冲击，她是一个来自真实生活的人，她引起了你的注意，是你的决策的鲜活展现。在更为客观和不那么直接相关的时刻，你可以想到其他的决策，对于这些决策，你可能永远也不会遇见或者考虑它们在真实生活中的影响，因为那些受到影响的人从来就没有站在你的眼前：在非洲受到帮助的数以百万计的人们，包括——顺便提一下——那些由于布什的艾滋病救援紧急计划而得到救治的人们；那些在北爱尔兰大街上行走的人们；甚至那些受到NHS医治的人们。或者那些由于决策不及时或者决策错误而造成的伤亡，这些是你从来没有听说，也不会知道的。

无论那些决策造成的影响是否来到我们的眼前，最后你都得继续活下去，继续工作，继续奋斗。但在这样做的同时，你要清醒地认识到你的决策产生的冲击给你带来的责任；而就我来说，我知道那种带有强制的紧迫感终我一生也永远不会忘记。

在筹备欧洲理事会期间，我也在访问各国的首都，包括巴黎、柏林、华沙和其他地方，竭力争取人们支持一项有关气候变化的强有力的决议。我在5月初尼古拉·萨科齐在大选中获胜之后见到了他。他的状态好极了，每一块肌肉都充满活力，野心和决心一如从前，而且对于他所面临的挑战充满了热情。

我回顾了在他即将开始竞选的时候跟他在唐宁街的见面，而他一如既往地精神饱满、充满自信。他对于法国、欧洲和世界有着庞大的计划。“上帝啊，”经过这样的二十分钟谈话之后我对他说，“你说话的口气简直就像拿破仑。”

“谢谢。”他正色答道；然后我仔细地看了看，看到了他眼睛里的那一丝笑意，心里不觉松了一口气。

这次在巴黎，他两次向我说，如果《里斯本条约》通过，希望我能担任欧洲理事会主席。第一次是在酒会上，然后又在晚宴上，在毗邻爱丽舍宫的一家餐馆里，他从那里走出去与吃惊的旁观者打招呼，就好像他还在竞选中为每一张最后的选票而奋斗。我有些局促不安地想着这个提议，能感觉到它的吸引力；但我也知道（正如事实确实证明的那样），要让我这么一个人去做这件工作是极其困难的。我对欧洲有着足够的尊重；但我也有许多敌人，那些我曾经与之交锋的人们、那些我没有给予足够重视的人们。我是一个大人物，不是个考虑知名度的小子，那种人容易摆弄。我觉得，由于他的自信，尼古拉对于身边的大人物们有一种轻松的看法。其他人不会以这种方式在我身上看到欧洲理事会主席的那种气质。

他是一个非常让人着迷的同伴——有魅力、生龙活虎，而且还有一股令人神往的对于女性、生活和欢笑的法国式冒险精神，这让我十分喜欢。我也喜欢他实际上是那种“听我的，不然就没门”的人。他当然具有那种要求变革的精神，而且有不成功则离去的意思。而且我非常肯定，只有这样才能迅速展开必须的改革。但跟过去一样，提出理论上的建议是一回事，实际实行则又是一回事。新上台者总是有无穷的可能性，从第一波可能性中我看到了十年前我自己的某些感觉。“事情会变得更困难的。”我警告他。

“当然，我知道的。”他回答，用的完全是我会用的那种口吻，也就是当你认为你知道时的那种口吻；但在有经验之前，知识是极不完善的。

差不多在同一时候我也会见了安格拉·默克尔，而且为她跟尼古拉上台不久我就得离职而感到懊恼。她已经当了近两年的德国总理，但很显然，她刚刚才站稳脚跟。到那时我已经跟她相处得很好了，而且非常喜欢她。

5月8日，北爱尔兰传来好消息，权力分享的局面恢复了。5月9日我告诉女王，第二天我将宣布我什么时候离职。5月10日我最后一次以首相并以当地选区国会议员的身份去了塞奇菲尔德。我正是在那里开始了履新之路，这条路也应该在那里结束。我发表了告别演讲，并宣布我将在6月27日，欧洲理事会一结束就离职。这在议会暑期休假前预留了六周时间，可以让党内竞争领袖或者这一类程序进行，然后就是向新领袖移交权力以及放假，这样戈登就可以发挥作用了。

最后我作了一次告别巡游，走访了那些我们曾做过一些事情并试图将其长期保留下去的地方。我去了塞拉利昂、利比亚、南非，这既是在帮助非洲的未来也是在强调治理的重要性。我们举行了第一次由政府发起的、高级别的不同宗教团体间的会谈。6月有在海利根达姆的八国集团峰会；有在罗斯托克的北大西洋公约组织例会；然后当然就是欧洲理事会了。我5月与乔治最后一次会面。6月中在梵蒂冈会见了教皇。这就像我泛泛说的那样，所有这些就这样过去了，留下的记忆都很模糊。

"通往未来之路"计划的政策文件出来了，但戈登对此已经没有多少兴趣了，而且整个国家都在盼着新领袖。副党魁职位的竞争中有几位候选人；很明显，戈登·布朗阵营支持的是哈丽雅特·哈曼，结果是她最后赢了。艾伦·约翰逊从来就没多大希望，尽管他坚持到了最后一轮；但他实际上是该赢的。乔恩·科鲁达斯做得不错。作为一个完全的现代主义者，黑兹尔·布利尔斯没有得到太多的支持，但她的竞选很有声势。

领袖的职务没有竞争。约翰·里德本可以站出来争一下，但默多克的报纸——我觉得这是鲁珀特教唆的——断送了他的机会，尽管约翰在《太阳报》读者中比戈登更有人缘。在这里，戈登与鲁珀特和戴克交好的战略起到了作用——任何可能出现的竞争者都没机会了；他们都被压扁了。

戴维·米利班德来看我。他在两年后将成为一个具有另一种才干的政治家，具有清楚的领袖特质；但在2007年5月，来寻求我的建议时他表现得有些犹豫；我感觉，从根本上他并不知道自己是不是想当领袖。而这么一份工作不全心全意地干可是没有指望的。他问我是不是认为他应该站出来试试，我说我不能为他作出这样的决定。"如果我站出来会发生什么事情？"他问。

“我想你可能会赢；不是显然会，但还是很有可能的。”我回答。

戴维觉得——他有很好的理由——戈登已经把一切都安排好了。实际上我并不这样想，而且我也认为当时存在着一种动向，人们已经开始排斥他了。由于他立场的模糊不清、在严肃的理论问题上的漏洞，还有与左派的妥协，这些都会变得很清楚。如果对此善加利用，这会让人清楚地看出他是不是选择了新工党的方针。

但这并没有说服戴维。有些人当时或者后来都批评他过于谨慎。我个人对他确实很同情。这不像我在1994年的情况。这里面有着完全不同次序的风险计算。我一点也不责备他，但我确实说过，他应该作好再次出现这种情况的准备，这种情况的出现可能要比他料想的更早。当时我觉得：1）这将会是一片混乱，既不完全是新工党，也不完全不是；2）因为这个缘故，戈登不言而喻的个人缺点将很快地使他受到相当野蛮的攻击，而他对此在心理上并没有作好准备。如果有一份强有力的清晰计划，他可能会渡过难关；如果没有这样的计划，他就得靠自己的人格魅力了，但那从来都不会奏效。

私下里，我们和从前一样，关系一直都还算不错；我只不过是完全不同意我知道他将要做的事情而已。但我已经意识到了，要改变这种状况是不可能的。我在2007年2月给他写了最后一份便笺，但对于这是否能说服他毫无信心。我不能说我可以为此责备他。从他的观点出发，他等这份该死的工作已经等了十年了。如果他有以下想法是可以原谅的：为什么他就不能把位置空出来让我过去试试？因此我们透彻地谈论了一些问题，交换了我们关于处于上升期的新人的提升问题的想法，所有这些都是非常友好的。

在便笺中我解释了，工党只有两种方式可以赢得大选。其一是跟我在职期间的所作所为完全划清界限，我把这称为“一刀两断”。但那需要一个新的可行的方针。另一个是“持续新工党”的方针，即坚持新工党政策，但用它来应对新的挑战。不过我告诉他，他只可能靠第二种方式取胜，因为他也参与了过去十年的工作。任何偏离新工党的做法都会让他向左派略微倾斜，这就足以摧毁新工党联盟。我在离职前的那几个月里为我们制订了一份协调与合作计划，这样他就被视为真正的新工党人士，而不是一个传统的工党领袖。

在一次又一次的谈话中，我试图解释，他并不需要担心与我行事不同。那会是很明显的；因为他具有与我完全不同的性格。我们在风格上的区别是非常鲜明的。但如果他试图逆转基本政策，他最终将误入歧途，不会得到好的结果。

我现在又一次读了那张便笺；恐怕这正是他应该做却没做的事。预算是一个非常好的机会，可以让他形成一份把我们俩绑在一起的共同遗产，并加强财政地位；但那些他觉得跟他非常亲密的人并不真正同意他这样做。他可以跟我说，并且在某种层次上像我尊重他一样尊重我，但我们之间的亲密关系已经不复存在了。他跟阿拉斯泰尔的关系也跟和我一样。跟彼得、跟菲利普的关系也都是如此。他能听进去我们说的话，能看到这些话的分量；但在他内心深处，在骨子里，可以说他并不赞同我们。这永远也不会奏效。

说所有这一切确实是非常困难的，而且我对此也想了很久。没有什么比说"哦，如果他当初能听我的话"这一类废话更糟糕的了，因此，在勇敢地试图避免落入自我辩白的俗套——这恐怕是政治性自传的祸根——之后，遗憾的是我还是未能免俗。而现在我看着那些政策文件——关于社会排斥、关于社会安全预算的使用、关于结构性金融储备税收改革、关于刑事工作的下一阶段、关于健康与教育改革——我确实感到，如果我们真的完成了所有这些工作，整体状况会有多大的不同。如果我们把新工党的方针推进到了一个新的层次而没有在矛盾的信息与举棋不定的死胡同里徘徊，我们必定会为应对经济危机赢得坚实得多的物质基础；而且会在思想上把保守党远远抛在后面。但情况就是这样。这种状况没有发生，就是这么回事。覆水难收。痛哭与咬牙切齿都已经无济于事。

就这样我们只剩下最后的几天。

激流勇退给人以古怪的感觉。我正处于权力的巅峰，尽管不是我个人的权力。我知道，与 1997 年 5 月的我相比，2007 年 5 月的我作为首相来说，更臻完美。我还感到自己干劲十足，年富力强。我对我正在推行的政策方针信心十足，认为它是英国未来唯一可行的方针。如果能有效地加以解说，整个国家都可能会支持这一方针。而我就要离去了。

媒体已经不再报道我的选区了。他们赞赏那些特技表演和政治手腕，已经不再倾听政治辩论了。他们厌烦了。他们变得犬儒。伊拉克仍在制造太多的痛苦，并阻碍着人们对更广阔的前景进行合乎情理的分析。他们已经接受了戈登的一揽子计划，尽管我感到，他们这样做的时候有着各种各样的目的。有些左派人士真诚地认为他会采取一种偏左的计划。我有一种预感：大部分右派人士认为，他会采取保守党政府的政策。

就我而言，我认为在那个时刻、在那种政治环境下我已经尽力了。戈登已经把我套进去了。内阁的许多高级成员对于让我们产生分歧的政策并无深刻的理解，只有约翰·里德和特莎·乔韦尔是显著的例外。其他许多人可以觉察到风吹向哪里，他们想的是：我们当跟风派就成。

我也曾经想过继续留在议会里。我知道戈登带来的问题很快就会出现，工党会对此不知所措；但我也知道，尽管有些人会大声喧叫着要我回来，其他人却会激烈地反对，这将会造成最可怕的争吵，其激烈程度对任何其他人都是不利的。当他是领袖的时候我也无法参与政治辩论。哪怕我做事或者说话有一丁点出格，我都会受到不忠诚与前后不一的指责。所以我认定，除了离开英国政治舞台之外我别无选择，至少现阶段是如此。

至于这个国家的人，他们——至少其中很大一部分人——已经不再听我说话，而且对于我持续推行那些他们不赞同的政策的方式感到恼火了。他们不接受我的外交政策，认为这些政策跟随美国跟得太紧。他们不喜欢欧洲，而我好像喜欢。经人劝诱他们相信，实际上存在着更容易、更少对抗的方法来改革公共服务。他们对有关法律与秩序的政策感到困惑；他们支持其基本内容，却不觉得我们应该真正将其付诸实施。

最为重要的是，他们受到了有关"金钱换取信誉"、伊拉克的"谎言"、这种腐败、那个丑闻，以及政府的其他缺点等各种故事的狂轰滥炸，甚至可以说如同洪水般的滔滔冲击。我们就像站在一块厚玻璃板两面试图交谈的两个人。我过去觉得，现在也仍然觉得，他们是可以被说服的，但我说话的时候他们听不到；一段时间后他们根本就不再想听了。

当我大胆出去跟人们见面——在最后的几个月里我常常这么做——的时候，那些我遇到的人面前便不再有那块厚玻璃了。我们相谈甚欢，彼此都觉得这种经历很有趣。一直到最后一刻，我都还在真正地从这种不期而遇中汲取养料，但这种相遇的对象永远只能是极少的一部分人。其他的人只能间接地加入，对于他们来说，那块玻璃很快就让他们脖颈酸痛。

无论对于我或者对于人民这都让人难过。我与他们之间的关系一直都比正常的领袖与国民的关系更热切、更充满感情——如果我没用错词的话。这部分地是由于 1997 年那场胜利的轰动性效果；部分是因为新工党；部分是因为在开始时，我无论在与人交流时还是在自我感觉上都把自己当作普通人对待；而从那以后，随着时间的推移，我似乎有些疏远了他们，变得冷漠、高高在上，因此感觉到自己非常重要，而不是他们更重要。当然，部分媒体花了大力气来勾画这一形象，然后把它贴到了我身上。

不过，还有其他的原因。2005 年，我听取了市场、社会和舆论研究中心的查尔斯·特瑞威尔所作的一次非同寻常的民意调查简报。他们的理论是——当时我觉得很有趣，很有娱乐精神，但却有些牵强——我跟英国人民之间的关系更像恋人或者夫妻。开始时，人民感觉到一种非同寻常的紧密联系。他们信任我，喜欢我。然后，到了第二届任期，我突然离开了，到国外探险去了，几乎可以说有了外遇。我不再关心他们了。我有些傲慢了。我似乎认为自己现在成长起来了，比他们强大了；或者用另一句话来说，我们生分了，而且我觉得对于我的个人野心来说英国太小了。我过去总让他们有良好的感觉；但现在，听上去我似乎因为他们不肯追随我而恼火。

查尔斯说，他们过去从来没有单独研究过某一个人，并且看到他被扰起如此强烈的感情。实际上没有人是无动于衷的。没错，撒切尔夫人曾经在感情上有过这种程度的扰动，但那是有关她的政策；而这一次是有关我个人。有些人恨我，有些人喜欢我；但他们谈到我时不像是说到一位认识的领袖，而像一个熟悉的普通人。但占压倒优势的看法是，我失去了那种平易近人的特性，那正是我担任首相早期的特点，正是这一特点让我与民众形成了那种联系。

由于这一工作的特性，我是民众与外部联系的一部分。民众每天晚上从新闻中看到你——严肃的脸，严肃的话题，制定方针，其他的人说些不友好的事情，首相答问以及其中的对抗，所有这些林林总总的事情，所有这些令人烦恼的东西。偶尔我会站到一个环形剧场中间，那时的情况就有所不同；就好像我在 1996 年的德奥康纳采访中所做的那样。2006 年 3 月，就在“金钱换取信誉”纷争开始之前，我出现在电视台的《帕金森》节目中。这又一次表现了我的另一面，而且确实有效。当时凯文·斯佩西是另一位嘉宾，他做得十分得体；他跟我就乔治·布什的事争吵，用的却是一种很有趣的方式，其中完全没有恶意。我本想让这成为一次与民众从个人层次修复关系的主要努力，但一旦“丑闻”曝光，这一努力也就流产了。

但我还是意识到，这逐渐发生的、几乎不可避免的疏远并不是问题的核心。问题是我在做事情，不仅仅是制定外交政策，还有更为广泛的工作，这就造成了反对意见和不同看法；而我又不肯妥协。左派人士讨厌我支持美国，讨厌公共服务改革；右派人士讨厌我支持欧洲，讨厌政府的工作方式，当然最为重要的是讨厌我们仍旧在朝、他们仍旧在野这一事实。

1997 年的托尼·布莱尔跟 2007 年的托尼·布莱尔之间的差别是：1997 年，如果我面对如此大规模的反对，我会抢风调向，让风在我身后吹。现在我不会这么做。我会作好准备，逆风而上，如果我认为这是达到我的目标的唯一方法。

“与公众舆论紧密接触”不再是我的北极星，取而代之的是“做正确的事情”。

我知道，这在我跟公众曾在一起幸福生活的婚姻家庭中引起了不安。这似乎有些傲慢；甚至可以说是自负。但这并不是我跟另一个女人私奔了。我已经得到了结论：除非我们过一种不同的生活，否则家庭不会繁荣，不会得到良好的照顾。我想要改变定位。我能看到世界正在快速变化，我能看到我们在世界上的地位需要进行根本的、快速的调整。我们并不需要处于舒适的区域。这一次我的感觉不是关于工党的。它是关于国家的。

我审视着八国集团——这还是在2008年的经济危机之前，而且我意识到八国集团不可能存在下去。中国、印度、巴西和其他国家将要求得到桌子旁的一个席位；而且，如果得不到，它们就会设立它们自己的桌子。我看到了两国集团——美国与中国——对于欧洲的风险。然后，如果我们不慎重一些的话，就会有三国集团：美国、中国和印度。或者是四国集团：美国、中国、印度、巴西。如此等等。换言之，我们必须正视这样的事实：英国是一个不与欧洲大陆接壤的小小岛国，只有六千万人口，而在世界上还有两个国家，它们每一个的人口都是我们的二十倍，而且其经济迟早也会与此相称。在这种情况下，相信我们可以固步自封地不与国际上其他国家交往，或者忽视我们与美国关系的重要性，这是多么可笑而又多么无力。

当新的强大经济体出现的时候，我们必须与之竞争。如何竞争？通过大脑与技能，通过提升增值链。通过更为勤奋地工作。通过在价值与能力上的竞争。要做这些，我们的教育系统和福利系统的状况必须改革，不是更为谨慎，而是更为大胆。我能看到，20世纪西方政治左派与右派之间的辩论已经倒在它自己脚下垂死挣扎；尽管它还在动作古怪地出拳击打，但从本质上说，它阻挡了更为实际的辩论——有关需要做，而且紧急地需要做什么的辩论。

我审视着NHS，并为我们带来的改变感到骄傲；但我毫不怀疑：技术在发展，人们更为长寿；因此，如果不把个人责任和公众健康政策置于辩论的中心，发达国家的保健系统根本不可能在合情合理的花费与最低水平的资产供给下生存。我已经描述过，在人们试图套用19世纪刑事司法程序来处理21世纪的犯罪与社会功能异常这一问题上，我持有怎样的观点。

问题就在于，驱使我的并不是对于关系问题的不满意，驱使我的是一种感觉：除非我清楚地说明追寻一种不同的、可以培养那种关系的环境的必要性，否则我就是不诚实的，或者是不足以信任的。具有讽刺意味的是——这对我造成了损害——就在我完全敞开胸怀，说出我们应该做什么和为什么要这样做的时候，我的正直受到了最为严厉的质询。

我已经直面了曾在第一章中提到过的政治勇气的第四课——无法估量的风险，并采取了那一步骤。现在我经历的是第五课：做我认为是正确的事情，即使人民不认同。我已经通过接受并传播一个观点——好的领袖要与公众舆论保持接触——而开始了这一课。现在我要结束这一课，我认为这一观点没有多大价值，并对好的领袖作出如下定义：他们并不是知道公众想要什么并尽力令其满意的领袖，而是知道我所想的才是公众最大的利益之所在，并尽力去做。不可能在任何时候都让所有的人满意；但即使可能，这也是一种毫无价值的野心。以领袖的名义这样做，这实际上贬低了领袖的价值。

所有这些过去和现在都不意味着，领袖不应该努力说服别人，并在这样做的同时尽力施展他所拥有的一切魅力、论证和雄辩的力量。那是策略，应该有效地、恰当地运用。但战略重点应该是指出最美好的前程之所在，并带领人民向那个方向前进。

如同我说过的那样，我们在那最后的几周里在国内外都开足了马力工作。在唐宁街的公寓里我们打包收拾。我觉得从来没有哪一个时期的首相有这么多时间准备搬家。公寓里有许多大箱子，里面装着的是十年来堆积起来的琐碎之物。这是我历来在一个地方住得最长的一次。利奥从来不知道其他的地方。但我对房子并没有什么感情。离开唐宁街和契克斯的时候，我对与那里的人分别感到很难过，但并不因为那些有形的建筑感到伤心。住在具有历史意义与美丽风景的地方是件好事，但这并不是核心问题。家只是家人所在的地方。

星期六我在结束了最后一次欧洲理事会之后回国，然后就在星期日到曼彻斯特参加一次特别工党会议，宣布新领导层变更结果，并把权力移交给戈登。我发表了讲话；讲话很短，也没有倾注什么感情——动情的事我已经在最后一次年会上做过了。我看得出，他们正急切地准备欢迎新时代。现在我的内心也已经在急切地准备退出舞台了。但告别的程序还是得走完——体面地走完，而且如果可能的话还要带着热情，但是不会伤感。

6月25日，星期一，我对议会作了一份有关欧洲理事会的陈述。星期二我进行了身为首相的最后一次访问。这次去的是一所小学，这次访问具有一种梦幻般的感觉，我是跟加利福尼亚州州长阿诺德·施瓦辛格一起去的，他来唐宁街是来参加有关气候变化的一次会议。学校让孩子们排队欢迎他；在他穿过孩子们的行列之后，一个幼童尖声致欢迎词——用的是一种稍微有点结巴的经过预演的语调，显然受过一个肯定不了解阿诺德电影的老师的训练："你好，州长先生。我确实喜欢看你的电影《终结者》。"我急忙告诉他,我们大概听错了。但他的表现相当得体,学校的那些孩子非常高兴。

第二天星期三,是我的最后一次首相答问时间。我知道这会显得很怪异。我实在没有理由试图再干什么了;没有理由待在反对派阵营里发表批评意见;除了体面地离开之外没有理由再干任何事情了。但我要做的第一件事,是要站在议会会场中向牺牲的士兵的家人表示哀悼。这样做了之后,我还说了如下的话:

> 今天是这件最为令人伤感的责任最后一次落到我的身上,我希望议会能够允许我说一点有关我们的军人的事情,但这并不仅仅是关于上周牺牲的那三位战士的事情。我从来没有遇到过具有如此持续的献身精神、勇气和忠诚的人们。我真诚地为他们今天在伊拉克和阿富汗所面临的危险而感到遗憾。我知道有些人会认为,他们面临这些危险是毫无意义的。但我不这样认为,永远也不会。我相信,他们正在为了这个国家和更广泛的世界的安全,与那些想要摧毁我们的生活方式的人战斗。但无论人们对于我的决策有什么看法,我认为,对于他们我们只有一个看法:他们是最勇敢、最好的人。

最后,我也说了几句支持政治、支持政治家的话。对此我也有强烈的感触,而且知道议会将会对此表示欢迎:

> 有些人可能会蔑视政治,但我们这些处身其中的人却知道,这正是让人们昂然挺立的场所。尽管我知道其中有许多激烈的竞争,但这依旧是一个让人心跳加快的舞台。如果说这里偶尔存在着勾心斗角,但在更多的时候,这里却是让人为高尚事业奋斗的场所。我衷心祝愿各位,无论是我的朋友还是敌人,一切都好。就这样,我的话完了。

戴维·卡梅伦很友好地让他们为我起立鼓掌;他们也真的这样做了。我回来向唐宁街的工作人员道别;跟1997年不同的是,他们这次是为我的离去,而不是为我的到来而流泪。全家人跟我一起,最后一次站在唐宁街10号的台阶上任人拍照。我去了白金汉宫,对女王说了再见;她一如既往地优雅;然后我登上了去塞奇菲尔德的火车,也到那里向我选区的选民道别。

我感到冷静而且平静。我感到我还有未竟的事业；但随后我用这样的想法安慰自己：事业是永远也做不完的。我现在正在走向新的生活。我非常幸运，因为我对另一件事有着比对政治更大的热情：宗教。我曾经有过这样的抱负，现在我又有了新的抱负。我走过了一段长长的旅程，但令人苦恼的是，我知道我还有许多路要继续走下去。在我眼前还有更宏大的步骤、更重要的课程。假以时日，或许能够出现一个对这十年更为完整的评价。或许不会出现。但我自己对此的评价不会再依赖于这一评价是否出现。

无论如何，知道旅程还在继续，兴奋于还将继续探索新的挑战，那种跟以前一样有着明确目标的美妙感觉让我成了一个非常幸运的人。前面还有那么多弱点需要克服，但生命的意义正存在于对弱点的克服之中。这一点至少我已经明白了。

后　记

“西方国家”这个词是一个有些老式的旧词，是在这个世界依照对共产主义的态度划分的时候出现的，但它是“我们”这类国家的简单代名词：开放，民主，推行市场经济，在军事上充满自信（当然是自从柏林墙倒塌以来），以世界上唯一的超级大国美国为首。在 1989 年以后的差不多二十年里，西方国家设定规矩，其他国家只有回应的份。有些人支持我们，有些人反对我们，但全球发展的方向——历史似乎就在朝着这个目标挺进——看来是由我们选定的。

诚然，大厦上开始出现了某些裂缝。甚至附属建筑物上也偶尔被打出了一些窟窿。新兴力量正在离我们不远的地方忙着建筑一些不同的东西。但我们的模式本身仍然有着强大的影响，吸引了大部分的注意力。这就是 2007 年 6 月我离职时的世界图景。

从那时起的三年来见证了一场针对这种貌似无法攻破的秩序的革命。2008 年的经济危机撕碎了我们对于市场经济合理性的信心。阿富汗的战争陷入了僵局。奥巴马总统就职时也同我们在 1997 年一样，面临着一次期待的狂潮；跟任何总统或者首相都没有两样，他必须面对政治中的种种艰难选择。中国的崛起已经是实实在在的事，人们看得到、感觉得到它的脉动；这已经是一个事实，而不再是有趣的智力猜测。权力正在东移。其他国家，例如巴西和土耳其，变得坚定而自信，它们不再恳求人们准许它们发挥作用，而是直截了当地发挥作用。欧盟遇到了麻烦，并且这一次，“危机”二字并非夸大其词，而是如实说明。西方仍旧是民主国家，但我们从来没有这样对我们选出来的人缺乏尊重。

我们认为，我们的生活方式的最终胜利是不可避免的。但它现在却蒙上了一层阴霾。我们信心低落，我们的自信动摇了。最重要的是，我们在几乎数不清的方面感到虚弱。曾经牢牢地掌握在我们手中的未来似乎已经挣脱我们的双手，寻找新主人去了。看看我们大部分的媒体，我们可以看到的就是这些：心神不宁、衰退、无力、没有回应的挑战、没有实现的诺言。

我个人从来没有觉得比现在更有挫败感，或者说更想追逐领导权。我对新生活的享受远胜于过去，并在其中找到了宏伟的目标。我在为自己的世界观而奋斗，但是与过去任职时相比，方式完全不同。我已经尝试着对世界进行更广泛、更深刻的理解。中国已经不再是这样的神秘所在，尽管这只不过是一种相对的情感。中东的迷人与恐怖都是无穷无尽的。我从一种更宽阔的、与之前不同的商业视角出发来审视经济。在我的两个主要的慈善事业领域——非洲和信仰，我找到了政治上和精神上的完全满足感。

现在我完全投入了生活；但我发现往日的世界处于一种绝望的境地，为此我感到了冲击与极度震惊。或许，正是因为我现在已经不在政治的旋涡之中了，所以才能做到旁观者清。(我看到的可能是假象。)或许是因为某些颠覆性事件的方向恰恰是我在职的时候描绘过的：自由经济政策、在福利与公共服务方面的市场改革，以及对国外事务的参与和干预。不管出于何种原因，本来要写成后记的这一章，现在看上去更像一套信条。

总结一下：我非常不同意中央集权论者的重要观点，即所谓凯恩斯主义者对于经济危机的反应；我相信我们应该向国外投入的是力量和决心，而不是脆弱和优柔寡断；我认为现在是对政府进行更多而不是更少改革的时刻；如果我们充满自信而不是心怀恐惧地迎接重担，我确信我们有着巨大的机会与世界上的新兴国家和大国——特别是中国——携手共进。简言之，我们已经变得过分愧疚、过分虚弱、过分拘谨，满怀着过分的疑虑，过分缺乏使命感了。我们的生活方式、我们的价值观、那些让我们感觉崇高的事情，并不是我们作为国家存在的简单证明，而是人类进步的先驱。它们并不是曾经辉煌的政治的废墟；它们是乐观的人类历史思维方式的活着的灵魂。我们所要做的一切，只不过是要弄明白，我们必须把它们应用于正在改变的形势中，而不是作为无用的东西轻易地放弃。

2008年经济危机影响深远的巨大冲击还没有结束。它或许会作为20世纪30年代以来意义最重大的经济事件被载入史册。当时发生的事件广为人知，不需要在此赘述；但对这些事件的解释是，而且应该是，一个极大的辩论课题。

如同当今所有这类令人吃惊的事件一样，某种常规的智慧解释——它对挑战极有抵抗力——几乎立刻就出现了。这一解释大致如下："市场"出现了灾难性的失败，为了抵御通货紧缩，"政府"的救市和凯恩斯式的通货再膨胀成为必需。在2008年后期，通过政府的支持银行得以稳定；监管体系开始彻底革新，使失常的金融业重归正轨；赤字支出成了经济政策。

国家突如其来地在政治上又变成了主角。20世纪80年代与90年代以市场为主导的改革似乎错了。经济增长据说只是建立在负债基础上的假象。最重要的是，政府的权力日益膨胀。当"市场"最后被剥光了衣服示众的时候，你几乎可以在很大一部分政治与学术观点上触摸到幸灾乐祸的想法。

这使得革新派特别是左派革新派政治家断言，政治就要向着更多干预和中央集权的方向转变。这似乎与美国情绪的变化是一致的(尽管在关键的经济职位上，奥巴马任命的都是中间派)。这标志着开始于三十多年前的撒切尔/里根经济与政治哲学的那个时代终结了。

理顺所有这些，并将之归纳成章是极为困难的工作；而由于这是根深蒂固的常规的智慧解释，因此对其中任何部分提出质疑都会引起相当强烈的批评，这一事实更大大增加了其难度。但我们确实紧迫地需要把它弄清楚，这样我们才能得到一个更好的、经过深思熟虑的观点。

首先，"市场"并没有失败，只是一个领域内的一部分失败了。在对潜在风险或者价值未加真正评估的情况下，次贷债务证券化、连接、分割和出售的方法是错误的、不负责任的、极具破坏性的。有些奖励、对炒卖证券的巨额付出、奖金，这些并不仅仅是表面上骇人听闻；其本身就毫无道理，并在最糟糕的情况下助长形成了一种无论长期价值如何都可以"进行交易"的倾向，这在某种意义上显著地促成了经济危机的形成。所有这些说法都是正确的，应该遵照执行。但是，不能以此定义或代表整个银行部门，更不用说整个金融部门乃至"市场"了。

第二，政府也失败了。监控失败了。政治家们失败了。货币政策失败了。债务变得实在太廉价了。但那并不是银行的阴谋；这是宽松的货币政策和低通货膨胀两者明显的良性结合的结果。危机的责任应该由几方分担，不应完全归罪于市场，也不应完全归罪于银行。

第三，这是一种理解上的失败。我们没有发现它。你可以争辩说我们本来应该发现的，但我们没有。此外——这对于我们现在的监管要走到哪一步是很关键的——这并不是说，即使发现危机来临，我们也没有力量阻止它；这不是一种在我们缺乏干预力量的意义上来说的监管失败。如果监管人员对领袖们说，一次庞大的危机即将爆发，我们不会说：对这种事我们无能为力，除非制定出更多的规定。我们会采取行动的。但他们没有这样说。

第四，金融革新本质上并不是坏事。实际上，金融革新常常是好事：它可以增加资产流动性，提高经济活力。危险来自那种我们不明了其后果，因此无法跟踪其影响的革新。

第五，危机发生时——而且我设想，这可能适应于今天发生的任何一次重大经济危机——它的后果便通过现代全球经济的高度相关和相互依赖的性质而得到了过去时代无法比拟的放大。它本身具有冲击力；然后这一冲击又通过那种被称为“信心”的——难以理解的但却是极为强有力的——力量得到倍增。

我并不是说信心是某种与事实毫不相干的空洞情感。信心的基础要素自然是由数据运算决定的。但信心的波动部分源于处理运算时的心理状态，而这对政治有着关键的依赖。这一方程式是以运算、人的心理和政治之间的相互影响为中心的。因此如果运算结果不肯定，政治就不清晰，人的心理就陷入了麻烦，信心便因此飘忽不定。

当我说我们必须与常规的智慧脱钩，我的意思是：国家在危机开始时的干预是绝对正确的——如果不这么做，那在观念认识上就是盲目的，在实际操作上就是愚蠢的；问题——或者我更愿意说是失误——在于作出了一个一揽子计划：赤字开支、高度监控、把银行定性为造成危机的渎职者、以抛弃政府改造的机会来换取政府复兴的机会。

相当有趣的是（或许也足以预见到），公众比许多政治家和评论家更懂得这一点，这就是那次大幅度向左派倾斜未曾成为事实的原因。公众清楚地认识到，国家被迫干预以稳定市场，与政府重新成为总体经济的主要参与者，这两者之间存在着差别。政府的角色是稳定局势，然后在经济条件许可的情况下尽快撤出。复苏最后不是由政府引导，而是由产业、商业与人民的创造力、聪明才智和进取心来引导。如果你为了应对危机而采取的措施削弱了对他们的激励，限制了他们的创业精神，让他们对自己的工作环境感到茫然，复苏也就变得不确定。

金融领域也同样如此，不管这话听起来多么像异端邪说。当然应该对监控体系进行大规模修整，但最重要的是应该有全国与全球的监督系统，它们可以让我们理解这一新的金融世界并对其进行跟踪，这样我们就能够在产生系统失败的风险时进行必要的干预。我们不应该进行的是试图全面预测每一次潜在的危机,并提前制定死板的规则防止其出现。这种方法有可能摧毁我们的金融系统,使之失去革新精神;试图令其回归往日世界,那既不合情理,在经济上也没有成效。

一种结果是,当银行做的工作减少时,政府就必须多做一些。我们现阶段从不负责任的借款发展到了另一个极端,结果就连优秀的企业和客户也无法贷款。不应该也不需要用厌恶风险来代替对风险的无动于衷。例如,信用违约互换和衍生工具本身并不是坏东西。相反,加以适当的利用与理解,它们是极为有用的。因此,应该了解它们,在必要的时候监督和管制它们,但不要把它们视为贪婪的结果。依照它们本身的规律来对待它们:它们是应该被小心使用的新型金融工具。

我更愿意看到的是,谨慎地使用管制手段,不要在纠正金融领域的错误时因为它是造成错误的始作俑者而不给它说话的机会;当试图在监督和管制之间、全球和国家行动之间达到正确的平衡时,要把它当作伙伴对待,并在允许革新的过程中减少风险。

至于国家本身和政府的角色,我们也应该将之视为改革的合适对象,作为问题的一部分,而不只是作为答案的一部分。一方面,对于经济的忧虑已经从银行业务活动转移到了主权债务上,这一事实应该说明了,在已经发生的事情上忽视政府和国家的责任是何等愚蠢。

欧元区的危机并没有造成主权债务;它只不过暴露了这一问题。

事实上,很长一段时间以来,发达国家世界一直有意向——但实在过分犹豫——改革他们的福利、公共服务和政府组织。几十年来,人口老龄化、出生率下降、更高的期望值和不断变化的社会条件一直是、而且越来越成为我们无法回避的问题。这次的经济危机本应该成为(确实还可以是)我们的一个契机,让我们不再懒惰地寄希望于用更多的国家支出作为刺激金融的唯一方法,而是抓住机会加速与深化改革。在医疗保健这类服务事业中实现物有所值;在教育这一类领域中引进竞争机制;从根本上改变福利系统,使其真正成为那些需要它的人的安全网,并对那些能够并应该自立的人们提供初始帮助,随时随地询问、重新评估、改变帮助,绝不放弃社会团结,而是使其在一个改变的世界中成为有效率的工具——这才是我们作为革新派应该倡导、作为国家所应该采取的措施。

在这里仅举两个例子:采购与养老金。对于第一个例子,毫无疑问,如果采取私人企事业早已视为天经地义的方法，我们可以得到更好的价值。但我们还是混淆了公共服务的许多方面，它们在规模与目的方面都与私人服务大相径庭，但它们都以同样的方式经营，不过有些有效率，有些却没有效率。在我任首相的十年中采购工作有了很大改进，但还远未达到它应该达到并可以达到的程度。

在养老金方面，因为国民保险分摊的关系，我倾向于把收入与养老金联系起来，但作为一个社会，我们需要问问自己，现在我们的退休指的是什么。在我们这样的发达社会里，人们在六十多岁甚至年龄更大时应该仍然精力充沛。或许我是一个例外，但我认为六十岁就不再工作的想法是荒唐可笑的，实际上是可怕的。现在我们可以改变工作强度，甚至换一种工作；因此，用我祖父的眼光来分析 2010 年的世界是没有意义的。

我们逐步摸索着找到了国家和国家提供的服务的新范例，知道了新的科学技术可以通过新式工作方法省钱，知道了职业划界的灵活性，知道了外包等等。但这次危机直截了当地警告我们，这一切都需要加速进行。

这让我想起了与此相关的赤字支出。同样毫无疑问，在 2009 年的剧烈收缩和信用崩溃事件中，政府需要刺激国内需求。但是，对于这种行动有两个重要的限定条件。第一个是，当对历史上的刺激计划进行分析的时候，我想我们会发现，最有效的是那种特别有针对性的措施，例如针对汽车工业的措施。

第二个是需要根据 2010 年全球经济的情况，对这种赤字支出的操作进行极为小心的调整。

凯恩斯是一个了不起的人，一个革命性的思想家，能够给人实际建议的罕见的杰出智者。我敢说，他会对今天人们如此应用他的理论感到吃惊。

20 世纪 30 年代，英国公共支出占国内生产总值的百分之二十四，美国是百分之十九。二次大战后的 1950 年，这一比例分别是百分之三十四和百分之二十四，而今天则是百分之四十七和百分之四十五。

当然，2009 年需求急剧下降，这个时候需要进行财政刺激。凯恩斯学说的深刻含义是，如果放任紧缩使经济增长呈螺旋形下滑、支出削减，从而导致更慢的经济增长和更多的支出削减，国家就应该采取拉动需求的措施。但人们从来都没有搞清楚，2008 年的危机会不会使持续多年的经济增长剧烈下跌。剧烈下跌本身部分是出于雷曼兄弟破产后市场上出现的心理崩盘，进而导致了信心崩盘，使人们远离市场、取消投资、撤退到了堡垒之中。我在 2008 年至 2009 年注意到的是，即使那些手中有钱的人也裹足不前。但一旦市场稳定下来,他们就会走出堡垒,重新开始活动。

现在的危险是,如果政府不对赤字采取行动,买单的将是纳税人,而纳税人会担心现在的庞大赤字意味着将来的高额税收;这种前景降低了信心、投资和购买力。这样一来又增加了持续衰退的风险。正是因为这一点,财政的强化必须慎重进行。我完全同意,仓促取消刺激计划是错误的。可以这样说,这是一种在正确与错误之间,而不是在右派与左派之间进行的判断。同样,还需要平衡赤字减少带来的反向冲击:一方面由于政府减少支出而造成总需求下降;另一方面由于遏制了赤字而让消费者与商业的信心增强。需要对此加以仔细判断。如果我们无法指出一条摆脱债务的可行之路,全球经济在2010年的失败就会像20世纪30年代一样让我们陷入萧条。

今天的另一个重大不同点是新兴经济体的地位。它们具有全新的特点,也有本身的脆弱性,但最重要的是它们将继续向前发展。具有讽刺意味的是,就在我们似乎对于自由化丧失了信心的同时,它们将继续伸开双臂接受这一观念。它们面临的风险在于无法实施对自己政府的改革(例如印度),并且/或者我们会通过让经济增长停滞的政策来缩减它们的产品的市场(例如中国)。

因此,如果我们拿欧洲作为例子,则欧洲需要的是一整套措施:一份经过仔细校准的减少赤字计划;对欧洲社会模式进行根本改革——这种需要并不是因为危机才出现的,危机只是将它突显了出来;追踪系统风险的监管措施,但不能压制革新与创新精神;以及对欧元区而言,总是为单一货币政策所需要的财政协调。

但这是一个一揽子计划。如果只做一部分而不做其他部分,我们就有可能经历另一次更为糟糕的经济危机。特别是,如果只削减赤字,减少刺激,或者没有进行真正的结构改革,这些措施的不平衡就会导致计划失败,或者至少会严重削弱其效果。

再考虑一下希腊或者西班牙的问题。如果正如我希望的,它们有行得通的财政政策,可以在希腊解决赤字问题、在西班牙解决与赤字有关的银行金融健康问题,再配以影响深远的改革,则欧元可以稳定。市场将会恢复,而在任何情况下都必须进行的改革将使这两个国家更富竞争力。其结果将不会改变西方经过数十年发展所确定的基本经济原则,但会对它们进行调整与变革,使之更有效。

下面这种情况能够让我们对这一信念更有信心:现在那些蒸蒸日上的新经济体正是在准确执行更为开放的经济政策时不断提升着自己的地位;而当

它们未能这样做的时候便步履维艰。中国开放了，当它这样做的时候便大步向前迈进。印度需要减少而不是增加官僚主义和国家权力。卢拉总统之所以在巴西成功，部分原因就在于他坚持了前任费尔南多·卡多佐反通货膨胀的宏观经济政策。在中东，类似沙特阿拉伯的经济体今天正集中精力提高竞争能力并取消对企业的限制，而不是设置这些限制。如果我们采取方向相反的措施，那是很奇怪的，也是愚蠢的。

不过，我们在经济上的信心可能要比在安全上的信心恢复得更快。我曾清楚地解释了伊拉克的情况：事情是如何发生的，哪些地方出了问题，以及为什么我仍旧相信那一决定无论如何都是正确的。现在阿富汗以类似的方式陷入了僵局。与在伊拉克一样，我们推翻了一个遭到仇恨的政权，而且是抱着良好的愿望这样做的。这个国家的公民似乎也有同样的愿望，但我们受到那些抱着相反愿望的人的阻挠。随着时间的推移，问题已经不再是究竟谁抱着良好的愿望而谁没有这种愿望了；问题现在是，我们显然无法征服那些反对势力，取得决定性的"胜利"。这便让我们的盟友失去了信心，让我们的公众失去了信念；我们想问：什么时候能结束？怎样才能结束？

这是一幅迅速移动的画面；随着政治或者军事斗争的每一次进展，可能每一个月，甚至每一个星期，事情看上去都大不相同。所以，想要站在一边看清楚这一画面极为不易。我将直接回到最基本的原则，并用简单甚至是粗糙的方式对其进行说明。

这一威胁的性质是什么？这并非源于我们做过的什么事；西方根本没有理由寻求对抗。这是我们论点的最核心之所在。"9·11"袭击对于我们大多数公民来说都是突然的震撼，是完全没有预料到的。美国和英国这样的国家并没有单单挑出穆斯林来给予不公平对待；而且针对其他种族或肤色的一般种族主义把穆斯林作为歧视对象的现象正在减少，而不是在增多。

我们担心的极端主义是伊斯兰教中的一派。这与伊斯兰教的正常教诲完全是格格不入的，但我们却无法否认，这种极端主义的践行者正是以宗教名义行动的。我感到，我们经常过分地回避这种断言，好像这样一来就会给所有穆斯林带来耻辱。但如果这是真实的——这确实是真实的，我们就必须正视它，不仅仅因为这是真实的，还因为不这样做我们就无法分析这一问题，或者说就无法正确地解决这一问题。如果这是伊斯兰教中的一个类型，其答案也就存在于——至少是部分地——伊斯兰内部。消除这一类型可以由我们这些伊斯兰教外部的人所做的事来施加影响；但实际解决问题还要靠伊斯兰世界内部的人。

最成问题的是，我们有一种(自然的)倾向，相信能使伊斯兰内部人士向极端主义分子开战的最好办法是向他们示好，向他们妥协。让我解释一下我这样说是什么意思，因为这是我们现在的政策进退两难的根本原因。

常规的智慧解释是，布什/布莱尔的立场是错误的，因为他们在我们应该示好的时候采取了对抗行动。许多人接受的观点是，阿富汗是一场正当的冲突，而伊拉克不是。据此有人说，伊拉克因此“引起”了西方国家与伊斯兰世界之间的分裂，这就使我们的盟友更加难以在伊斯兰世界内部得到抗击极端主义者的推动力。同样，人们也把我们对于以色列的政策视为偏向一方，因此刺激了认为西方国家与生俱来就对伊斯兰世界抱有敌意的观点。人们也以类似的眼光看待欧盟拒绝土耳其一事。

2009 年 6 月，奥巴马总统在开罗的讲话出色地诠释了和平共处的立场，标志着一种崭新的理解方式。而且，如果他能得到所需要的支持和伙伴关系，这种理解方式就可能有效结合硬、软两种实力。尽管在阿富汗陷入了严重的僵局，他还是作出了和解的姿态。这一讲话是经过深思熟虑之后作出的。他甚至向叙利亚和伊朗伸出了友谊之手。可以说，这部分地是一种道歉，而且人们也的确是这样看待这一讲话的。其中给出的含蓄信息是：过去我们不够尊重别人，有些傲慢；现在我们将会——尽管不是卑躬屈膝——对人表示深深的尊重。但如果愿意，请加入我们。

问题是：准确地说，要尊重的是什么？奥巴马总统会说：尊重伊斯兰世界——那显然是正确的；但那不应该意味着要尊重许多隐含的观点，伊斯兰世界内部的很多人在今天的政治主张中把这些观点表述得十分清楚。

这就是问题的根本所在。极端主义分子数量很少，但他们的观点——将伊斯兰世界视为外受狂妄的西方世界、内受不胜任的宗教领导层的侵害——却能在许多人的思想上引起共鸣。的确，这正是当前许多政治领袖被迫接受这一观点的原因，因为他们担心失去支持。

这是一种有着实际后果的状况。伊拉克和阿富汗的战争被人看成是西方的战争。因为一些明显的区别，人们并没有将其视为一场为了伊斯兰世界的心灵与灵魂的斗争。而战争的结局却肯定在很大程度上被这一斗争所左右。

对于以色列我有自己的批评意见，对于如何推动局势的发展，也有一些想法，这些在前面的章节中已经阐述过了。但现在让我们暂时不去理会和平进程的细节。当我开始在巴勒斯坦问题上投入更多时间的时候，我很吃惊地发现，为“抵抗运动”筹集资金要比为更耐心而又更重要的建立巴勒斯坦国的事业筹集资金更容易。以色列能够也应该在西岸与加沙地带作出更多努力，推进必须的改变，这将加强和平进程的基础。但同样清楚的是，如果巴勒斯坦方面清楚、明确地表明放弃暴力的立场，那么和平协议在一年之内就可以达成。在穆斯林世界内部没有足够的声音这样要求他们。

今天是美国在领导着对伊朗及其核野心的挑战。但让我们坦率地说吧：伊朗对于它的阿拉伯邻国的直接威胁远比对美国的威胁大得多。它当然也是对我们的一个威胁，但这部分地是由于一个拥有核武器的伊朗对于中东地区所具有的含义，而不是由于对我们的直接威胁。

真正的问题是：单单击败宗教极端主义表面上令人恐惧的表现形式是不够的。确实，我要进一步说明的是：单靠针对极端主义分子本身是无法击败这种极端主义的。关键是，我们必须沉重打击前面提到的那种观点。人们必须公开承认存在这种观点，必须认识到其危害性；然后才能在伊斯兰世界内外对其进行批驳。人们不应该尊重这种观点。应该与这种观点对抗，反对这种观点，从政治、安全和宗教方面与之辩论。

如果我们能够满怀信心并雄辩地进行这样的辩论，这就会给伊斯兰世界内部那些知道必须进行这一辩论但又犹豫不前的人们以力量。他们之所以犹豫，就是因为担心被孤立；因为作为他们或沉默或公开宣称的盟友，我们这些西方人发现，要进行这样一场斗争太艰难、太痛苦，而且最重要的是费时太久。

这又让我回头考虑阿富汗的问题，尽管我对伊拉克也持同样的观点。发生在阿富汗的事情其实非常简单：我们的敌人认为他们比我们更能耗下去。而且不单是我们的敌人这样想，我们的朋友也这样认为。因此一般人的想法是：我应该跟那些会待下来的人，而不是跟那些要走的人讲和。现在像我们正在做的那样，为撤军拟定一个时间表，并将责任逐步转交给阿富汗人，这当然是合乎情理的；但这样做的前提是我们处于强势，而且阿富汗人真正具有接手的能力。

我们的人民会问：“认真地说吧，你觉得我们还应该坚持多久？”如果是在20世纪50年代，面对革命的共产主义的挑战，如果我问你，你觉得我们要战斗多久，那你就会回答：挑战存在一天就战斗一天。如果我说这可能会延续好几十年，你会把眉毛一扬，好像在说：那好吧，如果挑战存在好几十年，我们还有什么选择吗？换句话说，你会把这看成是对我们的安全的明白无误的挑战，这让我们别无选择，只能奋起应战，直到战而胜之。当然也会有人说：“宁可被赤化,总比死了强。"但是,对人类精神来说,那肯定是曾经提出的最不得人心的口号之一,只有少数人会接受。绝大多数人意识到这一挑战是实际存在的,必须与之对抗,不管需要多长时间。

当前这场战争的困难在于如何定义"它"到底是什么。"9·11"事件之后人们用了"反恐战争"这种说法。但人们不信任它,部分是因为它过分直接,部分是因为它似乎有过多局限。于是我们放弃了这一说法。但如果我们现在打的不是一场战争,那又是什么呢?

现在的威胁是足够清楚的：大规模杀伤性武器掌握在那些将要大规模杀伤民众的人手中。如果能搞到一种放射性极强的核装置,他们就会使用。但威胁还不仅仅如此。这一运动也具有破坏政府稳定,进而占领一些国家的能力,其中有些国家对于我们的安全与战略利益是至关重要的；这并非出自某种自私的考虑,而是出自国际社会的利益。所以伊朗问题才这样举足轻重。拥有核武器的伊朗将意味着这一地区的其他国家也要取得同等的地位；这将严重改变这一地区的力量平衡,但同样也会改变伊斯兰世界内部的力量平衡。于是就有了正在阿富汗发生的战争。

但这一威胁同样不止于此。这是一种极端主义运动,而不仅仅是一系列极端行动。这种运动并没有在战场上开始,而是在学校里开始。运动的开始并不是谈论军用武器,而是谈论宗教。你不能单单对付那些从事恐怖活动的人,你也必须应对煽动极端主义思想的神职人员；同时要增加那些起来维护正确事业的神职人员的权力。这种思想意识并非诞生于对军事统治的希望;它诞生于以对神的意愿的信仰为基础的世界观之上。我们不但要系统地摧毁这一观点,而且同样要系统地摧毁这一思想意识,要从它系统地建立起来的地方摧毁。

我们需要把最近在喀布尔或者巴格达发生的汽车炸弹爆炸事件，与在巴基斯坦的宗教学校里教授的东西,或者与也门的妇女权益联系起来。我们需要从宗教方面发起反击,而不能仅仅从政治或者军事上发起反击。伊拉克只不过是这一图景的一部分,就跟阿富汗一样;同样,在菲律宾、孟买、克什米尔、车臣和卡拉奇发生的死亡事件也是如此——实际上在任何地方都是一样，只要这种思想意识与之有联系,无论地理上多么遥远。

因此,对于"我们应该坚持多久?"这一问题的回答是:"一直坚持到击败极端主义的那一天为止。" 有时候这意味着战斗，有时候这意味着宣传，有时候——正如在以色列/巴勒斯坦问题上那样 (这并非极端主义的起因,但却是极端主义者手中的一件有力工具)——这意味着缔造和平。但在每一个层次，在每一个方面，在每一个地点，在各种不同的人群中和政治环境下，我们都要与之进行对抗，并且战而胜之。

我们需要动员并支持伊斯兰世界内部那些现代化的军队，那些接受和平共处观点的军队。但最重要的是，他们需要我们强大，需要我们表示出决心，表示出这是一场我们正在全心全意投入的战斗。他们害怕的是我们的脆弱，远甚于害怕我们的"专横"。

我们需要奥巴马(或者克林顿)主张中的道德劝告，以及布什(或者里根)态度中的简洁。我们需要一套经过严密组织的有理有据的论证，配之以坚定不移的战斗能力。现在是这样做的时候了。自从"9·11"以来的这些年来，我们已经知道，我们还没有战胜这一威胁，而且我们也无法迅速地战胜它。它还在威胁着我们。问题是：我们是否已经知道，除了战胜它之外别无选择，余下的只是如何才能战胜它？

在这样做的时候，我们应该重新振作对我们的生活方式和它所代表的价值观的信心。就国家安全来说，这并不比当年对抗法西斯主义的斗争更简单。在那些斗争中，我们知道斗争的目的：不单是为了我们国家的自由，也是为了整个人类的自由。我们的想法是：暴政和极端主义是整个人类的敌人，而不单单是某个国家的敌人。在进行那些战斗的过程中，我们对于胜利的渴望受到了不止一种精神的鼓舞：我们同时也受到信念的鼓舞，受到那种为了进步的利益而组织起来、要把黑暗势力打回黑暗中去的热情的鼓舞。

我们现在正需要一些这样的鼓舞与热情。当我们读到——无论在世界的哪一处——那些闯进闹市街道中的汽车炸弹的消息时，我们的反应不应该是听之任之或者心怀绝望，而应该是勇气、义愤以及——最主要的——决心。

在这方面，美国和欧洲应该站在一起。我们应该一起直面这一挑战；我们应该一起向新的政治力量伸出手来，说服他们跟我们站在一起。如果美国和欧洲离心离德，当今世界所面临的任何挑战都不会更容易应付。经济上的挑战将更难以应付，安全威胁上的挑战自然也是如此。当然，地缘政治的实力结构正在变化。中国、印度、巴西、俄罗斯，还有紧随其后的印度尼西亚、墨西哥以及其他国家，它们在正当地要求被当作平等的伙伴。但是很明显的事实是，它们并没有完全一致的利益或者观点。每一种情况下的同盟都会有所不同，但没有哪种同盟会在美国跟欧洲离心离德的时候更能发挥作用。没有任何机会会更容易把握；没有任何挑战会更容易应付。

我对大西洋两岸的人们对于美国与欧洲关系疏远的那种无动于衷甚感震惊。人们有一种感觉,认为这种关系属于一个已经过去了的时代。这是对于世界变化方式的一种误判;或许可以更准确地形容:这是对事物重要性的本末倒置。

人们说:新兴力量正处于上升阶段,因此我们应该与它们发展更为深厚的关系,旧有的关系也就不那么必要了。但正是由于新兴力量登上舞台使欧洲与美国的相对力量发生了改变,欧美的结合才更合乎情理。正如欧盟对增加每一个作为独立国家的成员国的力量来说是必要的,美国与欧盟也应该共同努力。

或许我们现在还没有真正了解中国(或者还有印度)崛起的重要意义。我现在经常去中国。它将来的情况如何,还有许多待解之谜,即使那些与决策有着最密切关系的人对此也并不清楚;但有些事情我们确实是知道的:这个国家正在以极不寻常的速度开放。它那已经十分庞大的经济与政治力量只不过是今后的一小部分而已。它的人民聪明、意志坚定,并对自己的国家充满了强烈的自豪感。它在民族与种族上的多元化,国家不同地区所具有的多样性,国家发展所带来的几乎无法想象的挑战——所有这些事情都是可以理解的,尽管它们所带来的全部后果尚难猜度。但那种要克服这些挑战的决心,永远不再让中国重新陷入无法预测的朦胧与黑暗的渴望,这些便是描绘这个国家及其领导层特点的情感。

我们需要给予中国符合我们双方利益的合作。而且,强大的伙伴总要优于软弱的伙伴。在赢得新兴力量好感的过程中,一个分裂的西方对任何人来说都不是明智的。

对于欧洲来说,选择与挑战极为严酷。尽管有着关于《里斯本条约》的一切辩论,我们还是必须作出一些非常直接的决定。这些决定并不指向更多的过程,关于过程,欧洲非常喜欢进行无休止的辩论。这些决定指向政策方向。如果欧洲想要强大,能够与美国、中国以及其他国家结成伙伴关系,而且自己也成为一个具有吸引力的伙伴,它就必须集中精力,作出一些基本的决定。

首先,它应该充分利用这次经济危机来重新定义其社会模式,协调财政与货币政策,让单一市场自由化,并因此从欧洲的内聚力中获益。它应该让预算与优先考虑的内容相称,而不应该让优先考虑的内容适应预算。

第二,它应该形成一套注重作战能力的真正的欧洲防御政策。欧洲需要能够投入相当数量的地面部队,加上后勤与技术支持,同时有决心、愿望与能力将其投入一场对抗新型叛乱与恐怖运动的战斗中去。这不仅需要组织与合作,而且需要在我们的社会内部进行一次关于如何进行军事行动的辩论，特别是关于采取行动将不可避免地面临的将士伤亡问题。如果没有作好了准备来面临风险并愿意承担风险的军人——我们应该为此对他们进行褒奖，这将是不可能完成的使命。

第三，欧洲将通过引入一项共同能源政策而从经济以及领导力方面得到庞大的收益。统一的布局并不是实际上不可能的事情，而从中省下的收益将是巨大的。例如，在核能政策上的分歧可以通过承认存在分歧、但在许多地方仍然可以进行合作的态度来解决。这将大大减少企业与消费者的支出。

第四，欧洲具有共同的疆界，面临着非法移民与有组织犯罪的共同威胁。这并不仅仅与《申根协定》中有关政治避难和移民的规定相关。它还与实际立法合作与警方合作相关。最重要的是，这与一个大家都赞成的态度相关：我们依旧是不存在种族主义的开放社会，但我们决心在这个体系中加入规则和秩序，否则，由于体系在决定与实施谁可以进入这一问题上的混乱，将刺激排外情绪。

第五，欧洲有着曾经在全球领先的大学。但今天，跻身前五十名或前一百名之列的欧洲大学数量，表明了我们在现代化方面能力不足。每一个国家都想要决定自己的政策；但欧洲可以通过一致同意某些改革、研究和合作方面的关键原则——至少在精英群体之间——并通过这种共识构筑欧洲参与竞争所需要的智力资本，以此来获得重大好处。今天，成功的经济依赖于成功的企业式高等教育机构。如果你去加利福尼亚，你就会看到硅谷为什么和怎样成为现实的。

这些只是五个政策方向，但想一想吧，它们可以对欧洲，不但对于其经济，而且会对其地位、自信和未来的信心造成多大的不同。它需要不再像一个小国家那样思考问题，而要开始像一个大国那样行动。这并不是有关欧洲内部大国或者小国的观点；实际上，在今天的欧洲，所有的国家与那些正在崭露头角的国家相比都是小国。这就是为什么我们需要欧洲更大更强，因而也就更能够施展影响、决定事件的发展。这种分析并非来自某种复杂的政治经验；这是一种明确、质朴的经验，是自从穴居人在山洞里进行第一次委员会会议以来便不言自明的经验：有实力的人说话算数，没实力的人说了不算。但最为愚蠢的事情是有实力但不自知；或者明明可以得到实力，却过分胆怯而不作努力。

在所有这些情况之下，英国的位置在哪里？我不想重复我从 1997 年至 2007 年间所学到的东西。让我集中探讨一下 2007 年至 2010 年间的事情。首先，为什么工党在2010年大选中失利？

答案恐怕是很清楚的。当工党是新工党时它取得了胜利。由于它不再是新工党，因此便失利了。这与作为个人的戈登·布朗无关。的确，他并不适合那种对于个人特点进行精细解剖的现代政治。他对于当一个"普通人"式的政治家感到很不舒服。正如我在其他地方说过的那样，他不需要是这样的一个人。他很强大：被视为工作勤奋、心肠很好、睿智，而且对于这个国家倾心投入。

如果他全力推行新工党政策，他个人的问题还是会让胜利变得艰难，但取得胜利却并非不可能。这是他背离了新工党路线造成的后果。正如我们根本不可能在2005年大选中失利一样，2020年的大选是我们永远不可能获胜的——一旦作出了放弃新工党立场的致命战略决策，事情便已盖棺定论。

对此有些人会挠挠头皮。我们放弃了新工党立场吗？难道戈登不是新工党阵营中人，特别是在彼得·曼德尔森回来之后？答案：是的，但同时也并不是。下面说说原因。

很奇怪的是，这次经济危机实际上也是一次机遇。开始时我们抓住了这一机遇。正是在这里，戈登表现最出色；他睿智地活跃奔忙，充满紧迫感，牢牢地把握着行动的主导。他对于银行的计划是正确的。

但接着他认为情况已经有了变化。他显然完全接受了凯恩斯的所谓"国家重新回归"并占据统治地位的理论。阿利斯泰尔·达林是一位出色的大臣，但是(我在此斗胆作一个猜测)他没有得到以他的方式实施政策的机会。所得税的顶级税率被提高到了百分之五十；2009年的预算显示了高税收、高支出政策的回归；2010年以提高国民保险金的方法对付赤字；之所以作出这样的决定，理由在于削减与投资的比例。在其他方面，民办学校计划缩水，对于公共服务进行的改革进程受到了削弱。对犯罪与反社会行为未能给予足够重视，当后来急于纠正时已经为时过晚。身份证计划——实际上是对于移民问题的唯一解决办法——也按比例缩减了。

我们本来应该做些什么？如同我早先在对经济问题的分析中所建议的那样，我认为我们应该采取新工党的方法走出经济危机：持续将直接税收比例保持在具有竞争力的水平上，逐步提高增值税和其他非直接税收以降低赤字，并利用危机进一步迅速推进改革。

我相信这样一个计划在经济上是正确的，在政治方面也是一清二楚的。但发生在2010年的事情是，我们让我们的联盟崩溃了。十三年间，我们做了足够多的事来防止彻底覆灭。在某些领域，对我们的支持加强了，但关键的中间派——这些人给我们带来了霍夫、黑斯廷斯、克劳利和多塞特的议席——叛离了。实际上他们完全无法肯定保守党的情况，但他们很肯定我们的情况：我们已经成了过去的工党。好笑的是，新闻评论员们并不总是这样看问题（媒体过分痴迷于电视辩论），而且从新闻报道上看你或许会想，税收和支出并不是什么大问题。但在表象之下，公众认为税收和支出是决定性的大问题。选民们知道，无论谁当选都会采取严厉措施。纳税人，那些热心的人们，那些在社会同情心方面赞成工党同时又需要我们对他们花费自己的钱的愿望格外留神的人，认为保守党会更温和地对待他们。

显而易见，我们失去了商界的信任。这是事情的关键。当保守党亮出了三十来个反对提高国民保险金额的企业总裁的时候，我知道在这场游戏中我们算是玩完了。有些评论员等待着工党亮出他们自己的一组企业总裁来进行回应。我致电彼得，问他我们有没有自己的企业总裁。"没有，"他回答，"他们不肯为我们出头。"这就是政治上重要的事情。工党在 2010 年的机会就在于让人相信，保守党会让经济恢复出现风险。如果雇用数以千计的员工、公司资产达到数十亿英镑的三十位公司总裁声称工党会让经济出现风险，那么选民会相信谁？答案：相信总裁。一旦失去了他们，你所失去的可不止是几张选票。你失去了经济上的信用。而几个经济学问大家，无论他们多么出名，都弥补不了这样的差别。

公众最后所做的是以引人注目的方式选择他们想要的政府。他们对保守党不很确定，因此他们让一个强大的自由民主党出来站到一边，并迫使他们联合组阁。他们选择了他们想要的保守党类型的中间派政府。（他们是否得到了这样的政府则另当别论！）有关成立一个工党—自由民主党联合政府的可能性有许多猜测，但依我的观点却根本不可能。议员们会反叛；选举的情况不支持这种组阁。真实的情况是，从任何客观角度来看，保守党只差七席就可以单独组阁，我们被打败了。原来那种一败涂地的恐怖现象并未出现，这使人感觉得到了死刑缓期执行；但这只说明我们可以活到未来的某一天继续战斗。

现在工党面临的危险是，我们慢慢地在向左派漂移——或者甚至是毫无疑问地向左派发展。如果当真如此，下一次我们会输得更惨。我们必须顶着历史的趋势前行，老老实实地正视失败的原因。

当然，你可以指出执政十三年后的疲劳、由于伊拉克而造成的信心流失、由于掌权而带来的消耗，但所有这些理由都不是决定性的因素。伊拉克战争后的 2005 年我们依然取得了胜利；公众极不可能选择把国家带入战争的首相领导下的工党，然后再一等五年，把这口气出在没有把国家带入战争的人身上。保守党在 1992 年的胜利说明，一个政党即使执政了十三年之久，再次赢得大选也是可能的。这本来是可以成功的。2010 年的大选相当于我们的 1992 年，而不相当于我们的 1997 年。

如果工党想要东山再起，它就必须正确认识到，一次失利可以多么迅速地改变政治状况。这意味着保守党必须清理经济上的赤字并确定其性质，并且可以通过指责前任政府做到这一点。

如果工党简单地将“保守党是削减者，自由民主党是其帮凶”设为咒语，他们很可能会在短期内获得好处；但这完全不可能让他们在下一次大选中胜出。与此相反，他们必须站出来维护那些可以维护的领域，同时也要解释清楚，对我们掌权十三年的批评，哪些是中肯的。他们应该批评这两个党的组合方式，但不能批评保守党削减赤字的政策。这项工作极为困难。当然，和在别的地方一样，我们经济中关键的因素是全球经济危机以及所有国家都必须削减与调整这一事实。但我们也应该接受，自 2005 年以来，工党在限制与消除潜在的结构性赤字方面有不足之处。现在回头看，没有采取 2005 年至 2006 年的“基本储蓄回顾”中提出的方针，这一失误比我当时料想的大得多。分析把这么多资金放入税收抵扣中去的得失是很关键的。所有这些光是说一下就已经困难得无法想象。但如果不这样做，我们就无法得到正确的分析，弄清我们哪些事情做对了、哪些地方有问题、今后该怎么办。

攻击保守党—自由民主党改变公共支出的本质则需要更深的智慧和更大的决心，而且要仔细考虑每一个细节。所以，举例来说，如果要像我们应该做的那样攻击他们削减学校投资的举动，我们就得准备好，说出我们可以在哪里实现比新政府更为基本的储蓄。但这要好过对他们的宏观政策进行笼统的攻击——“让经济恢复陷入危险”，把希望寄托在经济恢复是否实现上。对于每一个国家来说，取消刺激政策都是一个事关判断的微妙问题，但如果研究一下英国的政府规划数字你就会发现，到 2014 年底，公共支出仍会占国内生产总值的百分之四十二。

这种态度与在野党——他们几乎是下意识地、不情愿地通盘反对一切执政党政策——采用的比较容易的态度相反。这种容易的态度可以在短期效果上赢得选票；可以让政党感觉非常舒服；可以让党赢得最大的欢呼声。但其问题就在于，这也禁锢了在野党，让他们处于一种从长期效果来看是不负责任的、短视的，或者说是完全错误的立场。

对于联合政府来说，真正的挑战是很简单的：保守党和自由民主党的意见并不真正统一。在国内政策的许多领域中，保守党在可以放手进行的时候将表现出最好的一面——例如在教育改革方面。而当政策代表了一种妥协，即保守党本能地想要执行的艰难决定与自由民主党对老工党的直觉之间的妥协时，保守党将表现出他们最糟糕的一面；或者，正如在当保守党和自由民主党坚持成为“公民自由”的倡导者时那样，结果却无法达到公众在安全方面真正而合理的关切。

另一方面，他们对稳定有共同的兴趣。自由民主党极为希望改变游戏规则：进行选举改革。而在有些领域，例如在欧洲政策方面，自由民主党对于保守党有着健康的影响。

保守党是有选择余地的唯一政党：他们可以与自由民主党合作，这种合作很好；或者他们可以摆脱自由民主党，说与其合作组阁还算可以，但如果能够没有羁绊地组阁会干得更好，要求王室委任组阁权。自由民主党必须跟保守党联合，否则联合政府就会被人看成是一个历史错误。

工党没有什么选择，只能依靠自己。这就意味着他们必须像我说的那样，要有一个对于赤字的一贯立场。这就意味着要保持足够灵活的方式来攻击政府，无论是从左的角度还是右的角度。这就意味着作好准备随时接管政府的衣钵。它不得不一直处于竞争之中。

保守党的弱点一如既往：他们的政策过多地受到精英人士的先入之见的影响（这就是他们轻视针对反社会行为的行动的原因），因此将向上层人士倾斜，而且也太保守，特别是其外交政策。

工党也应该把注意力集中到恢复党的活力方面，而且应该以一种真正彻底的、现代的方法进行这一工作。我身为首相的时候多么希望有时间投身这一工作，但首相永远也不可能有这个时间。我们应该使用这一段在野的时间重新规划成员结构、遴选方式与政策制定。我们应该反对任何让现在高度合并而且集中了的工会重新在政策制定中占主导地位的想法。我们应该与整个欧洲甚至欧洲之外的其他现代化革新派人士加强联系，在现阶段我们在政府中的代表是相当有限的。

从这一点可以看出，我还倾向于第三条路线的革新政治，并相信这种政治代表了最好的机会，这并不仅仅是为了我们中间偏左的地位，也是为了国家的利益；而且这事实上也不仅仅是为了英国，还是为了其他国家。

但在政治革新派这一派中，许多人在看到了对于经济危机和安全威胁方面的分析之后会说：右派也会有人赞同这一观点啊，那这又有什么革新可言呢？

对这一问题的回答对于革新派政治的命运非常关键，甚至具有决定性意义。首先，什么是革新派的根本标志？我的答案是：对于社会正义的信念，即依靠作为一个整体的社会力量来为没有机会、前途与希望的人带来机会、前途和希望；这样做并不局限于我们的国家疆界之内，而应超越这一疆界；衡量我们的社会不但要以强者的条件，同时也要以弱者的条件为准；要随时挺身而出，维护所有人类具有同等价值的原则，无论他们是何种族、信仰何种宗教、是何种性别（我还要在这里加上性取向）、具有何种能力；永远不忘并总是为了最底层人、最贫穷者、最弱势者、被人遗忘的人群的利益进行努力。

值得注意的是，这些都是价值观，而不是政策。它们可以产生政策。因此在我担任首相期间才有了对非洲的三倍援助和债务取消。（这是我和戈登之间的充分合作的一个例子，人们为此恰当地赞美了他在其中的作用。）或者可以说对于健康、教育和城市中心的投资。或者说更好的产假权利。或者说《同性伴侣法》。或者说最低工资。或者说退休人员的冬季取暖费。但我们对这些的确定是基于那些静止的、不变的、不为时间所左右的价值观，而不是基于注定会受到左右与改变的政策。

其次，确实有些右派人士可能会部分或者完全认同这些价值观以及某些政策。今天的保守党正致力于援助与发展，并且是作为一个政党，而不只是作为单个的大臣们。乔治·布什加倍提供了美国对 HIV 和艾滋病的拨款。同样，确实也有些计划是左派与右派同样接受了的。奥巴马政府继续了布什在特许学校方面的努力；戴维·卡梅伦的政府继续了我在民办学校上的努力。萨科齐在他的人民运动联盟政府中也有社会主义者在担任部长。换言之，现在的政策空间可以如同单人居所一样由多人共用。

关键就在于：这就是当前的真实情况！而且这并不是一件坏事——实际上这相当好，而且顺便说一下，公众在很久以前就明白了这一点。按照你的对立面的立场来确定自己应该采取何种立场，这不仅有些孩子气，而且是完全脱离了当今政治的举动。革新派人士不必为这种政策上的共同点担心，感觉受到威胁。他们完全应该对此感到正常，因为只有在感到正常的情况下才会得到更多的机会引导其发展。

其实，无论对于右派还是左派，真正的风险都在于，当公众对于传统的政治分歧失去了热情的时候，政党和它们的活动家却对其更为痴迷。其结果将是

“正常”的民众与“不正常”的政治激进分子之间危险的不一致，这只会增加公众对于政治的不满。

当然，保守党和工党之间或者共和党和民主党之间的分歧可以是很大的，而实际上经济危机也在一定程度上让这些分歧重新流行（尽管我猜测，这种流行趋势在政治家中比在公众中更突出）。问题的要点是，对于革新政治来说，并不是必须存在这些分歧才能使它名副其实。即使大家的政策都处于同一空间，革新派政治家也会经常让它们更偏向劳苦大众一侧，而保守派政治家则不会。你不会仅仅因为与保守派有共同的政策空间而丧失你的革新派身份。这是一个我们需要适应其特点的新世界。

巴拉克·奥巴马的天赋就在于，他伸出了超越派别的友谊之手。他很明确地这样做了。今天他的有些批评者想要把他从中间派立场拉回去，这种愿望是很荒唐的。对于中间派政治的拥护并不是背叛。这是他承诺过的。

第三，当今政治中有一种超越了传统的左派与右派的新划分。这就是我所说的“开放还是封闭”。有些右派人士是自由贸易论者，有些不是。在左派人士中也是如此。在这两大阵营中都有些人是提倡移民的，有些人则反对。有些人主张一种干涉主义的外交政策；有些人不主张。有些人把全球一体化与中国、印度和其他国家的崛起视为一种威胁；有些人将其视为一种机遇。在自由贸易、提倡移民（当然是可控的）、干涉主义和支持全球一体化的政治主张之间存在着某种共同联系，但这是“开放还是封闭”的问题，而不是“左派还是右派”的问题。我相信，革新派人士应该是开放立场的倡导者，这不仅是正确的，而且是会赢得胜利的立场，就像比尔·克林顿曾确定表明过的那样。无论如何，这是当今政治的一个巨大而又重要的分界线。

第四——对于所有中间偏左派来说，这一点是策略上最为困难的——革新派必须为能够产生效率的政策感到骄傲，就像他们为能导致公平的政策感到骄傲一样。为什么？因为自从1945年以来我们得到的教训就是，对于公共服务的金钱驱动价值并非有效率无公平的问题——它就是公平问题。在官僚机构上少花些钱，你就可以把钱更多地花在一线事务上。对于我而言，对医疗保健、教育、福利和养老金的改革是同时以效率与公平为基础的。更好的服务也是更公平的服务。同样，我也与热中于提倡规定最低工资一样热中于英国央行的独立性；与热衷于赋予人们成为工会会员的权利一样热中于鼓励商业；与热中于对付贫穷一样热中于发展经济。现在确实有这种现象，即这些政策甚至态度有时更是右派人士所持有的；这是我们的错误，实际上可以说是我们的灾难。

这一点将特别聚焦于国家的角色上面，这就是为什么避免错误解读经济危机的政治后果会如此重要。“大政府”政治今天将会失败。事实上，如果你提出一种“小政府”与“大政府”之间的竞争，结果小政府会取胜。即使是现在，在危机之后也是如此。革新派必须超越这种选择，并提出一种国家观念，主动授权给人民，让他们自己选择，而不是试图代替他们进行选择。这样国家就变得更小、更有战略性，也更为活跃——并不像一些右派人士所说的那样，必然是件坏事；相反，这是基于今天世界的情况而重新进行的设计。在这样一个世界中，先进的科技所提供的选择已经经历了一场革命。任何无法与之保持一致的政治立场将注定失败。

因此，关键的是不要让人民处于两难的境地：最糟糕的一种右派解决办法是国家主义、社会倒退与对弱势群体的困境在经济上的漠不关心；或者是一种左派的解决办法——遗憾的是，无论他们出于何种好的动机，那都是另一种形式的倒退，混淆了国家与人民的利益。让人民面临这种两难境地，他们就真正存在着向右转的危险。而对于革新派来说，只有第三条道路才是走出困境的必由之路。

此外，还存在着对于政治的普遍不满，在英国和其他国家中这是个真正问题。这在对我们的下院议员的腐化推定上表露得一览无余；但议员们的花费“丑闻”是当前进行的有关政治的辩论中所有错误方式的一个象征。

过去，在20世纪80年代，我们对于下院议员的工资有一个完全合理的解决办法；办法由一个独立的委员会——高级人员薪俸审查委员会提出；主张不必让下院议员们投票决定自己的工资，而是把他们的薪水与某一高级文官的工资档次挂钩，同时对他们的花费作出严格限制。下议院本应通过这一解决办法的，但却在限制公共部门工资的那一段时间里迟疑了。取而代之的是一个没有明言的约定：工资不会随着某一个档次增长，但作出了一种安排，允许下院议员们近乎完全按照自己的估计报销花费。对于这一约定的滥用很清楚，没有什么可辩解的，不过也完全可以解释。但猛烈抨击下院议员们，把他们说成基本上是一帮浪费之徒、一帮骗子，这是不公正的，也是很具破坏性的。同所有这一类愤怒舆论的倾泻一样，那些没有犯错或略微有些糊涂的人都跟那些确实做过了头的人同时受到了惩治。没有什么人为下院议员们说一句话，这真是令人遗憾。与此相反，每个人都竞相跳出来落井下石。

说这种事情具有破坏性，是因为它完全没有找到问题的症结。新一代议员身上的问题跟他们的品格完全无关。总的来说，依照我的经验，无论对于哪个党，他们都相当热心为公。问题在于实际生活经验的缺乏、政治议员人才库受到的巨大限制，以及今天困难的政治要求的活动所具有的令人着迷的性质。人们考虑的是这样一个问题：他们没有对下院议员这一工作全身心地投入——这恰恰与实际情况相反。准确地说，这一问题就在于，现在大部分下院议员是从大学开始接触政治的；他们后来成为研究人员，或者为某个政党工作，结果被看中选入下议院；无论能力有多强，他们没有一点政治以外的生活经验。像我前面描述过的那样，我作为全职工商法出庭律师的七年生涯极为宝贵。这七年让我知道了实际的人、真实的商业和活生生的生活到底是怎么回事。

当然也有例外。有些人在比较晚的时候开始关注政治，然后进入下议院，但他们只不过是例外而已。于是这就又有了另外一个结果：最好的大臣往往是那些来自上议院的议员。大臣和下院议员的基因库现在很受限，令人担忧。如果这一现象继续下去，要不了多久我们就得考虑，大臣们是不是真的必须从上、下议院的议员中选取了。人们对于管理一个庞大的部门所必须承担的责任——很遗憾地——缺乏准备，而且这种情况已经显露出后果。你会发现，许多人是政治方面的高手，但同时却是管理方面的庸才。

这让我想到了另外一个问题：或许在管理上无能不会像在政治上无能那样，对一个人的政治生涯产生那么致命的影响。这也是一个问题。一个好的政治家哪怕是一个管理庸才也活得下去，但一个好的管理者如果不懂政治只怕很难生存。

每当我试图——举例来说——把某个人从私人部门带入政府工作时，我都会发现部分媒体立刻想要从某种角度证明，这个人在某个方面是值得怀疑的。那些打算放弃高薪而投身公共服务的人最后总要受到非难，说他们是要把脚踏上腐败的阶梯。

我认识的每一位高级政治家都相信，现代民主中媒体的角色是一个早该讨论的问题。但这一角色却没有被真正地讨论过，因为媒体集体厌恶这一讨论，他们打击那些试图参与这一讨论的人，而政治家们对挑战强有力的媒体的利益会带来的后果则有顾虑。在一个每周七天、每天二十四小时媒体都处于饱和状态的时代，竟然不去讨论媒体的影响力以及它与政治间的互动怎样影响关于政治事务的公共话语的质量，这在客观上是令人震惊的，即使在主观上是容易解释的。

当今之世，牵涉到权力的各行各业都会被置于公开暴露、仔细研究和必须对行为作出说明的严格规定之下,只有一个行业除外:媒体。仅就最近几年而言,政治家们便经历了资金募集、收入、支出和信息革命化方面的规定出台。而某些人,他们对英国发生的事件有着远比一般内阁大臣——更遑论一般下院议员——强得多的控制力,而一般公众对他们的情况却知之甚少,甚至一无所知。

无论如何,我在过去就曾提出过这一观点。我敢说我还会再次提出的!这实际上是一个大得多的问题的一部分。(在我这样写的时候,这似乎是一种有些奇特的表达方式,而我即使现在也没有完全看清其含义。)

离职后的三年使我有时间思索我们政府的制度,并研究其他的制度。我对于民主制度是最好的制度毫无怀疑。印度依旧是能够维持真正民主的发展中大国的一个光辉典范。但我觉得,我们这些处于民主制度下的人们有着一种为我们有民主制度而得意扬扬的倾向,好像只要有了普遍的选举权,这就足以让我们有好的政府。

真实的情况是,为了能够很好地起作用,那些由普遍选举来确定谁执政的地方还算不上拥有真正的民主制度。它们还需要能力、机构、文化和制度来让民主有效运转。有时候这需要时间,这就是为什么一个像中国这样的国家——不像印度——在其发展的某一时期只能为基本民主作好准备。现阶段它需要的是抱着良好愿望的领导层,为国家作出尽快发展所必需的决定。能在二十年间让四亿人口摆脱了贫穷,这一成就让人刮目相看。

同样的原则对于那些既民主又发达,但其政治制度并没有带来高效政府的国家也同样有效。换言之,民主本身需要发育成熟;在情况变化时它需要适应与改革。我要说,今天我们管理议会或者行政部门的方式在21世纪的世界中并不很有效率。许多人可能会对美国及其国会说同样的话。今天的政府行政部门所需要的,跟三十年前需要的是完全不同的技能,更接近于私人部门所需要的技能。我早已经讨论过下院议员的职位与训练。

而这场讨论——尽管承认公众已经醒悟并且感到不安——所聚焦的完全是诚信、透明度和承担责任的问题,好像它只是一个品格问题。不是这样的。这是一个效率问题。

如果我们不把它看成是一个有关人的问题,而是把它看成制度问题,我们也就不再这样担心了。而如果缺少了人,我们就真的应该担心了。制度是可以改变的。

我以乐观的笔触结束本书。我的新生活让我走遍了世界。我所做的事情有一个共同的主题。我关于今天世界的理论是，由于技术与科学的进步而得以实现的全球化正在创造一个相互依存的全球社会，在这个社会里，无论你喜欢或者不喜欢，人们都不得不共同生活与工作，并分享世界的挑战与机遇。背后的驱动力不是政府，而是人民，这是一股无法阻挡的力量。但是其后果取决于选择。在这股力量面前，我们可以选择和平地生活在一起，相互容忍与尊重，为我们面前存在的机遇而欢欣鼓舞，并争取分享这些机遇；或者，我们可以将全球化看成一种威胁，看成让我们无法享有传统的生活方式与文化的力量，看成会削弱我们身份认同感的危险。第一种选择会把我们引向一个和平的世界；第二种选择将把我们引向冲突。两种选择都摆在那里由我们挑选。

我们要选择和平共处，就需要让一些事情发生，其中的一些我正在为之努力：以色列与巴勒斯坦之间的和平；有着不同信仰的四十亿人之间的相互尊重；非洲的进步；以及对我们的自然环境的保护。一个全球社会需要可以匹配、可以共享的价值观。最重要的是，它需要这样一个世界，在这个世界上，全球政府的指路明灯是对大多数人而不是极少数人的正义。

在每一个领域中我都在试用一些我当首相时学到并思考过的东西，这些东西我只在现在才有时间尝试实施。在每一种情况下我都有一种从我的经验得来的非常规观点。

我不相信，我们能够仅仅依靠一般的政治谈判来实现以色列与巴勒斯坦之间的和平协议。不要误解我——这样的谈判是必须的；但真正的问题是“实际”的问题，不是仅仅通过谈判便可以解决的问题。以色列的实际情况是安全，巴勒斯坦的实际情况是外来的占领。它们是有联系的。当且仅当以色列人能够肯定，巴勒斯坦国会被安全并且恰当地管理着的时候，他们才会同意建立，不论其疆界划在什么地方。只有当巴勒斯坦人能够肯定，如果他们采取措施保证恰当的管理与安全时，以色列人会离开他们的领土，他们才会相信任何有关他们国家地位的保证是可信的。我们不仅需要通过谈判过程，而且需要建立一个与国家相称的机构、能力和经济，才能建立巴勒斯坦国——这不是一个仅仅通过签字同意然后便束之高阁的协议来建立的国家，而是一个在现实中成形并扎根的国家；一个既自上而下也自下而上地确立的国家。

我一直对宗教比对政治更感兴趣，但在我的信仰基金会所做的工作中，这两者重叠了起来。为在一个全球化的时代和平共处，有着不同信仰的人们不得不学习相互理解与尊重。这个基金会非常务实。我们有一项活动，利用新技术把有着不同信仰的学校联系起来，这样孩子们从小便能从真实的基础出发了解他人的文化与信仰,而不是从那种常常被极大误导了的感知出发。这一计划正在十二个国家中实施,信奉基督教、伊斯兰教、犹太教、佛教、印度教和锡克教的孩子们都可以参加。

我们有一个从耶鲁大学首先开始的大学计划，现在已有另外八所大学参与;这一计划教授有关信仰和全球化的课程。

我们有一个行动计划，鼓励不同信仰的人共同推进联合国的千年发展目标,并且我们已经开始了针对非洲的疟疾的斗争。

非洲当然是我工作的另一个主要领域。这里提出的建议是,援助的确是很重要的,但非洲真正需要的是对于其能力与治理方面的帮助。医疗保健或者农业的支持资金或许已经到位,但如果政府没有能力来分派资金,那就什么用也没有。所以我们与各国总统一起努力——现在有三个国家:卢旺达、塞拉利昂和利比里亚——帮助他们建设基本的分派资金的有效杠杆。我们雇用了高度专业化的年轻人(年龄在二十五至三十五岁之间)队伍——他们可能来自政府、世界银行、麦肯锡公司或者私立银行,他们在现场与总统小组一起工作,培养当地人对知识的接受能力,使当地人可以逐步自主适应。他们也把精力集中在得到私人部门的高质量投资上,这是很关键的一环。我与总统和政治领袖们密切合作,这样我们的提议将不仅在技术上是合理的,而且在政治上也是可行的。

最后,我还致力于气候变化的商业解决办法,并与气候集团一起提出了以实用而且适于商业机构使用的方法来达到低碳经济的报告。我在这方面的想法是，唯一能够得到政治认同的减排方案是让企业成为变革的合作者而非受害者。

这就是我的新生活。是什么让我感到乐观呢? 是人民。自从离职以来,我学到的最重要的一点是:人民才是希望之所在。

人们有时候说:年轻人已经失去了做好事的热情;他们只是痴迷于出人头地以及最新的小玩意。我的经验恰恰与此相反。在非洲为我工作的年轻人无比投入。他们都可以在别的地方赚取更多的金钱。让他们这样做的驱动力是要让事情有所改变。在我的信仰基金会中也有许多志愿者在工作,他们怀抱着极为良好的愿望,是非常有趣而又活跃的无与伦比的年轻人。他们的宗教信仰完全不带有对于其他宗教的偏见。

尽管巴勒斯坦在政治上仍旧黑雾弥漫,但我意识到,以色列和巴勒斯坦的年轻一代并没有居住在不同的世界里面，并没有因为文化、信仰与政治的原因而无法补救地分成为两极；他们正在努力为共同的成就与机会而奋斗，只是暂时受到形势的阻碍，而这种形势是他们极为乐意加以改变的。这让我感到前途一片光明。

换言之，在每一件不好的事情上——形势的有害结合或者个人的仇恨行动——人们都会发现向好的方面进行良性改变的可能，而最为重要的是，会发现那里有着抱着良好信念、良好愿望并会采取值得称道的行动的人们。

我的结论是——似乎有些奇怪：并不需要用政治的力量来解放人民，而是需要用人民的力量来解放政治。从一个政治家的口中说出这样的话似乎很奇怪；但是，就像你会从这本自传中看到的那样，有一点从来就不是十分清楚：我这十年的旅程是个人对政治的胜利呢，还是政治对个人的胜利。